世界名人大传

第三卷

主编 于立文

本书所撷选的名人均为人类历史上有重大影响的人物，并在此基础上不拘一格，无论哲学、政治、经济、军事、科学、文化、艺术等诸领域，都广有涉及。这便为读者提供了一种可能：从不同的人生角度去体会名人，从不同的价值角度去看待名人。其次，本人对名人的表述更为人性化。名人往往被神化，这便隔绝了名人与平凡人之间的共性。

辽海出版社

戈尔巴乔夫

政坛风雨度春秋

他曾经是被美国看做"邪恶帝国"的领导人,被誉为"超级世界政治明星"。他用"新思维"开创一个时代,结束了冷战,成为苏联历史上第一个也是最后一个总统。

戈尔巴乔夫以谦虚谨慎著称,他的前任勃列日涅夫和契尔年科都十分热衷于下属无止境的赞颂之辞,各种会议及报纸上更是离不开对克里姆林宫当权者经典语录的引用。戈尔巴乔夫对此不以为然。他曾打电话给《真理报》主编:"维克多·格利戈里耶维奇,你的办公室里有列宁的著作吗?""当然有。""那么,以后最好引用他的话,不要引用我的话。"

改革走上不归路

苏联的社会主义走过了70余年的历程。克里姆林宫的极权统治筑就了一个威严与壮观的摩天大楼,但是极权统治、权力斗争、残酷清洗、经济失衡、争夺霸权等许多力不从心的举动使这座大楼从内部开始了腐烂,地基在削弱,构架在动荡,墙壁出现裂痕,只剩下装点门面的华丽外表。

当戈尔巴乔夫成为这座大楼的主人时,他准备对大楼进行彻底地改造,加固地基,内部装修,结构调整,但是也许是他的建筑水平太差了,也许是这座大楼实在是不可救药了,当戈尔巴乔夫动手修筑时,这座大楼竟然发生了大崩溃,在一片尘土飞扬和巨大的震动声中,昔日大厦一朝变成了废墟——一个令人生畏的帝国在弹指间消失了。

戈尔巴乔夫进行了大胆地创新与改革,但是他的首创精神已成了庞大帝国的悲剧,他的"新思维"葬送了整个国家。还好,戈尔巴乔夫并没有被埋葬在残垣断壁里,他仍然活着,他在等待着历史的检验!

德国的《独立报》评价说:戈尔巴乔夫选择的用来革新社会主义的手段——"改革"、"公开性"和"新思维"不是导致革新社会主义,而是埋葬了社会主义;他想消灭"极权主义",但却毁掉了共产主义;他想给人们以自由,但却毁掉了这个国家;他想给社会以民主,但却毁掉了这个社会;他想给人民以秩序,但却带来一片混乱。

戈尔巴乔夫是一个悲剧性的人物,但从他出入克里姆林宫的历程来看,他无疑是本世纪最有影响力的领导人之一。

克里姆林宫的政治同美国的哥伦比亚特区和英国的威斯敏斯特的政治一样,也是随着时代的变迁而变迁的。斯大林实行个人独裁,靠恐怖手段执政;戈尔巴乔夫及其同僚则以折衷的方式来解决分歧,共同执政。赫鲁晓夫认为自己的权力至高无上,爱搞什么项目就搞什么项目,例如在并无把握的情况下贸然开垦中亚细亚的处女地。如今,苏联的政治变化已经使它的领导人不能再那样随心所欲,为所欲为。戈尔巴乔夫也有一些改变苏联农业面貌的激进主张,但是在真正干的时候他不得不慎重得多。

勃列日涅夫可以坚定不移,谨慎地保持现状;他的后任却要受到越来越大的压力,不得不大力提高产量,努力实践他许下的要为苏联老百姓创造一个奇妙的新世界的诺言。

现在轮到戈尔巴乔夫当政了。由于戈尔巴乔夫的言行举止颇具魅力,也许西方会有人认为他比他的某些前任随和些。但是,他在渥太华和伦敦有时同不太友好的人发过脾气,这表明他不会被外界吓倒。国内问题也难不倒他。这个来自斯塔夫罗波尔的人充满自信而不傲慢,受过良好教育且富有进取精神,深知自己手中掌握的权力并能迅速运用这些权力。总之,他是一位新型的苏联领导人。

莫斯科的普通老百姓很难见到他。平常只有当他的"吉尔"轿车在加里宁大街专供苏联要人车辆通行的车道上奔驰而过时,人们才能透过车窗瞅见他的尊容。他每天早晨7点半到达办公室,晚上10点左右回家。在工作期间,他需要4名体力充沛的男性助手不停地奔忙。

戈尔巴乔夫是在1952年斯大林在世时加入苏联共产党的。勃列日涅夫及其同僚常常喜欢回顾昔日的光荣历史(不管是真的还是想象的),戈尔巴乔夫及其同龄人更多的是向前看。他们既为祖国真正的成就感到自豪,也深知它的缺陷,并要求自己能够找到克服缺陷的办法。这是完全可以理解的。当戈尔巴乔夫还年轻时,苏联从一个比较落后的工业国一跃而成为技术领先的世界大国,不仅能发射人造地球卫星,而且能把无人驾驶的飞船送上别的星球。戈尔巴乔夫无疑是自列宁以来受教育最多、经验最丰富的苏联领导人。

1985年3月11日,苏联老资格的外交部长葛罗米柯向中央委员会推荐戈尔巴乔夫时发表了不拘形式、发自内心的热情讲话:"……我比其他同志更清楚,他能迅速而准确地把握住国际竞技场上事态发展的要害所在,我自己就常叹服他抓住问题中心的迅速性和准确性。而且他遇事能做出有利于党的正确结论。"最后,葛罗米柯总结道:"同志们,这个人的笑容和蔼可亲,但他有着钢铁般的牙齿。"

1985年3月,54岁的戈尔巴乔夫担任了苏共中央总书记。

为了巩固自己的地位,也为改革奠定基础,戈尔巴乔夫上台之初就进行了"文质彬彬"地清洗,把那些保守势力和顽固派都进行了大面积地更换。到1986年初,被撤换的部长已达60%,连推荐戈尔巴乔夫上台的葛罗米柯也被免去了外交部长职务,被授予最高苏维埃主席团主席。在有的加盟共和国内,县一级的行政区的第一书记一半以上被更新。

苏联当时的情况是:经济发展处于停滞不前状态,政治体制、经济体制严重阻碍社会发展,人民群众盼望改革。在此背景下,从1987年开始,雄心勃勃的戈尔巴乔夫启动了改革的车轮,从此走上了全面改革的不归路。

戈尔巴乔夫的经济改革带有明显的急功近利色彩。他曾计划500天实现私有化,最后又改为3年全部实现私有化。1989年5月,戈尔巴乔夫让雅夫林斯基(原俄罗斯联邦副总理)去美国,与哈佛大学的教授利森一起搞了个哈佛计划。计划中包括政治体制改革和经济改革,政治上要搞总统制、多党制、民主自由、三权分立;经济上就是搞私有化、市场经济。西方国家答应的1500亿——2000亿美元的经济援助也终究是口惠而实不至。

戈尔巴乔夫大张旗鼓倡导的"民主化"与"公开性",使本来步履维艰的改革进程每况愈下,危机四起,天下大乱。反共势力和民族分裂主义势力兴风作浪,主张废除

1922 年的联盟条约。

1991 年 4 月 23 日,戈尔巴乔夫同 9 个共和国领导人发表联合声明,推翻同年 3 月 17 日全民公决的结果,要把苏维埃社会主义共和国联盟改为苏维埃主权共和国联盟。这一做法直接导致了 8 月 19 日的政变事件。

在联盟条约即将签字的前一天,以副总统亚纳耶夫为首的 8 个党和国家领导人乘戈尔巴乔夫在克里米亚海滨休假期间成立了紧急状态委员会,意图挽救即将崩溃的苏联。这一事件使戈尔巴乔夫本人面临了一次生死考验,也是昔日庞大帝国的命运的转折点。从紧急状态委员会发布的文告中,我们将不难看出一批"帝国元老派"在苏联行将崩溃的前夜是怎样一种无可奈何和惶惶不安的心情,从中也可以看出戈尔巴乔夫所倡导的一系列改革得到了怎样的理解。

"八·一九"事变当天,苏联中央电台和中央电视台,共同播发了《亚纳耶夫致各国元首、政府首脑和联合国秘书长的信》和《苏联国家"紧急状态委员会"告苏联人民书》。后者以其沉痛悲壮的行文,全面论述了戈尔巴乔夫和叶利钦改变苏联共产党的性质、取消社会主义制度,导致政治倒退、经济崩溃、社会混乱、族际矛盾激化的错误行径,指出了苏联国内所面临的巨大危机。它的字字句句,在俄罗斯大地、在每个苏联公民的心中、在全世界所有关注苏联命运的人群里,引起了剧烈的具有爆炸性的震惊:

同胞们!苏联公民们!

在我们祖国和我国各族人民命运面临的严峻危机时刻,我们向你们发出呼吁!我们伟大的祖国面临致命的危险!由戈尔巴乔夫发起并开始的改革政策,原想作为保障国家迅速发展和使社会生活民主化的手段,却因种种原因已走入死胡同。无信仰、冷漠和绝望取代了最初的热情和希望。各级政权失去了居民的信任。在社会生活中,玩弄权术取代了对国家和公民命运的关心。对国家各级机构进行恶毒的嘲弄。整个国家实际上已失去控制。

出现了极端主义势力,它们奉行消灭苏联、瓦解国家和不惜一切代价夺权的方针,它们利用赋予的自由,蹂躏刚刚出土的民主萌芽。赞成祖国统一的全民投票结果遭到践踏。利用民族感情进行无耻的投机,只是为了遮盖他们的野心。无论是本国人民今天的灾难,还是明天的前途,都不能使那些政治冒险家动心。他们制造政治精神恐怖气氛,企图用人民信任的盾牌来掩盖自己,然而却忘记了,受他们谴责和被他们搞乱的联系是建立在人民更为广泛的支持的基础上的,它经历了几百年历史潮流的检验。现在,那些实际上企图推翻宪法制度的人应由于族际冲突中死亡了数千人而对他们的父母承担责任。50 多万难民的被摧毁的命运应归罪于他们。由于他们,苏联人失去了安宁与欢乐,苏联人昨天还生活在一个统一的家庭里,今天却成了自己家中被抛弃的人。

应由人民来选择社会制度,但有人企图剥夺他们的这一权利。

有些人手中握有权力,却不把权力用于关心每位公民和全社会的安全和幸福,而把它用来谋求与人民格格不入的利益,用做无原则的自我肯定的手段。滔滔不绝的话语、堆积如山的声明和许诺只能突出地证明所做的具体工作微乎其微。权力的膨胀比任何其他膨胀都更为可怕地破坏着我们的国家和社会。每位公民都对明天越来越失去信心,对自己孩子的未来感到深切担忧……

在这个祖国命运的紧要时刻无所作为就意味着要对悲惨的、真正难以预料的后果承担严重的责任。每一个珍视我们的祖国、希望在平静和充满信心的环境中生活和工作、不接受继续进行血腥族际冲突、想看到自己的祖国成为独立和繁荣国家的人，都应当做出惟一正确的选择。我们呼吁全体真正的爱国者、善良的人们终止目前的混乱时期……

由于紧急状态委员会的优柔寡断，对戈尔巴乔夫和叶利钦等主要人物没有采取强硬的措施，加之群众示威、军队倒戈，三天政变以失败而告终。

对于这次颇富戏剧性的政变，戈尔巴乔夫及其全家多少年后都始终难以忘怀。局外人也许认为有惊无险，但从克里姆林宫政变史中不难看出，每一次权力交替都要经过激烈地拼争与搏斗，不乏血与火、邪与恶的洗礼。作为从克里姆林宫权力道路上成长起来的戈尔巴乔夫，对此是深有感悟的。后来，他在回忆政变事件时，依然是心有余悸，他说道："当时，我们全家被与世隔绝，我和全家当时都认为很有可能性命不保。政治斗争是残酷的，我当时想到了刚刚死去的齐奥塞斯库夫妇。当时我意识到，不能排除他们马上对自己使用讹诈、逮捕甚至消灭的手段。还好，谢天谢地，事情最后总算平安解决了。"

"八·一九"事件后，戈尔巴乔夫重新掌权，但早已是江河日下，朝不保夕了，他从一个"真正超级大国的总统变成一个正在崩溃的联盟的傀儡领袖"。他公然置1000多万苏共党员于不顾，辞去总书记职务。苏联共产党已是群龙无首，苏联社会稳定的柱石坍塌了。

1991年这最后一个月可以说是戈尔巴乔夫政治生涯中最最困难的时期，他每天都是如坐针毡、度日如年。

12月2日，乌克兰全民公决结果揭晓，90％参加投票的选民赞成乌克兰脱离苏联；

12月3日，戈尔巴乔夫呼吁12个共和国议员支持保留联盟，但无人响应。

同一天，叶利钦发表声明承认乌克兰独立；

12月8日，白俄罗斯、乌克兰和俄罗斯3国领导人就成立独联体发表声明，宣布：苏联作为国际法的主体国家已停止存在；

12月10日，戈尔巴乔夫接见高级将领，呼吁军队支持召开人代会和举行全民公决，他的话依然不灵。

12月10—12日，白俄罗斯、乌克兰和俄罗斯三国议会批准了独联体协议；

12月13日，中亚四国和哈萨克首脑发表声明，准备成为独联体平等的共同创始国；

12月18日，叶利钦在接受意大利国家电视台记者采访时说："在独联体中将没有戈尔巴乔夫的职位"；

12月21日，除波罗的海沿岸三国和格鲁吉亚之外的11个共和国领导人聚首阿拉木图，签署独立国家联合体协议议定书，发表了著名的"阿拉木图宣言"，正式宣布苏联停止存在，组成独联体。

12月22日，戈尔巴乔夫在即将被叶利钦接管的克里姆林宫里，收到了11个共和国领导人从阿位木图致他的一封联名信。这封信正式通知他"苏联已停止存在，苏联总统设置同时取消"，并要求他即日将"核按钮"交给叶利钦，把"军队最高统帅权"转给武装力量临时总司令沙波什尼科夫将军。

读着这封信的时候，戈尔巴乔夫两眼发黑，双手颤抖，大脑里经久不息地传着一种轰轰作响的声音，听上去，就像大地陷落、雪山崩溃……

三色旗在红色帝国的废墟上升起

戈尔巴乔夫终于走到了他总统生涯的尽头。

现在他已别无选择：国内经济的崩溃已使他深陷在泥沼里，难以自拔；民主制度夺走了他对任何一个部门的实际控制权；民族情绪和不断爆发的骚乱，把国土分割得支离破碎；而各共和国希望管理自己事务的愿望和关键时各奔东西的举措，则把他赖以执政的基础消蚀一空，让他成了一个多余的人。

他为联盟的解体痛心疾首。

就在阿拉木图会晤参加者马上要签署协议的时候，他还坐在办公室那张阔大的皮椅里对来访的美国《时代》周刊记者平静地发表谈话说："现在正在进行使我们回到新联盟道路上来的工作。我们一直沿着这条道路前进。"

美国记者问："我刊星期一（12月23日）出版。在此之前，您还会是苏联总统吗？"后来就谈到了阿拉木图11个共和国领导人正在进行的会晤，谈到了苏联的未来。

"我主张把联盟作为一个国家保留下来。我反对把饼切成小块就茶吃掉。"戈尔巴乔夫随手在小纸片上画出一张饼，然后在画饼上打着叉说："谁有权把我国割成一块块？"

美国记者见戈尔巴乔夫动了感情，小心谨慎地问他："您能否保证在这个过渡时期，您将保持对'核按钮'的控制？"

"绝对能。"戈尔巴乔夫回答得相当肯定："一切将保持原样。国内和国外关于谁将把手指放在这个按钮上，有种种令人担忧的传闻，这些传闻都毫无根据。"

想不到当《时代》周刊在12月23日刊登出这篇访谈录时，戈尔巴乔夫所说的一切都成了昨日黄花。而当已由列宁格勒改回旧名的圣彼得堡各报在12月25日同时转载这篇报道的时候，人们马上明白，这些报纸同时采取这一举动的本身，对戈尔巴乔夫具有莫大的讽刺意味。

因为正是在这一天，戈尔巴乔夫已公开做出决定，要辞去他的苏联总统职务。

让戈尔巴乔夫自行提出辞职，实际上是给他留一份面子，以便让他能稍稍得到点安慰。

也许是长期较劲、积怨甚多的缘故，那个曾经被戈尔巴乔夫赶下台，然后东山再起，再然后又把戈尔巴乔夫从软禁中救出的叶利钦，却太不够意思了。

12月23日，叶利钦来到克里姆林宫和戈尔巴乔夫进行了达8个小时的长谈。虽然戈尔巴乔夫经过两天两夜的疲惫反思和自我安慰，其情绪在此时此刻已经基本平复下来了，但叶利钦依然表现得咄咄逼人，一副终于如愿以偿的模样，好像非得要让他尝够被逼进墙角的滋味。

作为一个具有浓重民主意识的政治家，应该说戈尔巴乔夫还是相当明智和富有自尊的。尽管万般无奈，还有那么一点人在屋檐下，不得不低头的辛酸，可他最后还算是慷慨大度，满口答应了叶利钦所提出的强硬要求：交出武装力量总指挥的权杖和发射2.7万枚核弹头的"核按钮"，并且把克里姆林宫总统府让给叶利钦。

同时，戈尔巴乔夫还认真负责，亲手交给了叶利钦一批极为机密和珍贵的档案材料，其中有一些是斯大林时期的绝密文件，它们是赫鲁晓夫、勃列日涅夫、安德罗波夫和契尔年科一代代人亲手交下来的。

"鲍里斯·尼古拉耶维奇,马上我就要成为你的一个子民了,"戈尔巴乔夫在做完他认为该做的一切后,谦恭地对叶利钦说;"但你得保证我的地位不受到任何人的侵犯。"

"你具体指的是什么?"叶利钦明白这是戈尔巴乔夫开始在向他提要求,但他不愿点破,继续保持居高临下的态势。

"我辞职后需要 200 名保镖。"戈尔巴乔夫说。

"200 名?"叶利钦瞪大眼睛望着他。

"是的,200 名。"戈尔巴乔夫重复道。又说:"这充其量也只是两个连队,我想不多。过去勃列日涅夫、安德罗波夫他们⋯⋯"

"不,你不能这样比。"叶利钦神色冷峻地打断戈尔巴乔夫的说话;"非常遗憾,米哈伊尔·谢尔盖耶维奇,现在不是勃列日涅夫的时代了,我只能除以 10,给你 20 名,这已经够多了。"

"什么?只给 20 名?"戈尔巴乔夫不敢相信。

"是的,20 名!"叶利钦斩钉截铁。

"⋯⋯"戈尔巴乔夫哑口无言。

"另外,"看上去叶利钦在心里早已有安排,他继续说:"再给你提供一座国家别墅、一处住宅和两辆小汽车⋯⋯"

戈尔巴乔夫不想再说什么了,只静静地听着。他心里想既然到了这一步,就任叶利钦去摆布。

"还有,你的退休金,"叶利钦最后说:"保持你现在工资的数目,由俄罗斯政府按月发给你 4000 卢布。"

戈尔巴乔夫苦笑笑,还是什么都没说。

4000 卢布当时在莫斯科,相当于 60 美元;在中国北京,相当于 350 元人民币。

第二天,戈尔巴乔夫让助手利霍塔尔召集他的全体工作人员,在克里姆林宫举行话别。

桌上摆着可口可乐和蛋糕。长期在总统身边的那些工作人员显得轻松平静,脸上满带微笑,可以看出他们这是努力装出来的,因为谁也不忍在戈尔巴乔夫面前流露出半点伤感。

戈尔巴乔夫首先打开一听饮料,又拿起了一块蛋糕,边吃边安慰大家不要为今后的工作担忧,并对他们的长期支持表示感谢。他还告诉这些支持者说,他将继续从事政治活动,今后可能把主要精力投入到新建立的"戈尔巴乔夫基金会"中去,它着重进行社会政治研究,也是一种民主政治改革思想库。

在话别中,戈尔巴乔夫再一次想到了他远在故乡斯塔夫罗波尔的母亲。他动情地说:"我的母亲大人一直对我这么说:'把手中的一切全放下,回家来!'我过两天就要去见她。可以肯定,她还会旧话重提。甚至他还会高兴地说:'米沙,感谢上帝,现在你可以休息一会了。'"

说到这里,戈尔巴乔夫和妻子赖沙,还有在场的许多人,眼里都闪出了泪光。

12 月 25 日上午 10 时,戈尔巴乔夫来到克里姆林宫他的办公室,坐在他那张阔大的靠背椅上签署了最后一道总统令:辞去苏军最高统帅职务,其时,他的首席顾问切尔尼亚耶夫和助手利霍塔尔已为他打印好了准备晚上用的宣布辞职的告人民书。他接着把这份材料认真校了一遍,加上去了一些很真挚的词句。

他一直工作到夜幕低垂,直到正式宣布辞职前3分钟,他还在办公室里捆他的文件。利霍塔尔一直陪伴着他。

这位助手几次想让他停下来,他都未答应。他似乎想通过忙乱来填充突然袭来的巨大空虚,浇灭因触景生情而喷发出来的对这个地方的怀恋。因为明天这里的主人,就不是他了。

"如果你必须走,你就得走。现在是时候了。"戈尔巴乔夫忽然这样说,声音哀哀的。

利霍塔尔惊愕地看着他,但他却一点儿也没有反应。利霍塔尔明白他是在自言自语,也许连他自己也不知道在说些什么。

18时59分,戈尔巴乔夫端端正正地坐在总统接待厅的办公桌前,身穿着一套纹丝不乱的西装;呈现在人们视线里的这个接待室,也像他的着装那样,显得整洁肃穆,有一点让人喘不过气来的感觉。

电视台的电视摄像机开始启动了,强烈的灯光照射在他的脸上,把那张已经明显憔悴和衰老了的脸,照得像身后那堵墙壁那样白,看不见丝毫血色。这个昔日的电视明星,忽然感到有些呼吸急促,心在怦怦乱跳。

因为这是在进行实况转播。

19时整,戈尔巴乔夫低沉的声音,开始在这个已被称做独联体的区域,同时也开始在全世界回响——

亲爱的同胞们!公民们!

鉴于独立国家联合体成立后形成的局势,我停止自己作为苏联总统的活动。做出这一决定是出于原则性考虑。

我坚决主张各族人民的独立自主,主张共和国拥有主权。但是同时主张保留联盟国家,保持国家的完整性。

事态沿着另一条道路发展,肢解国家和分裂国家的方针占了上风,对此我是不能同意的。即使在阿拉木图会晤并做出决定后,我的这一立场也没有改变。

此外,我坚信,如此重大的决定本应该由人民自己投票做出。

尽管如此,我将尽一切所能,使那里达成的协议导致社会中的实际和睦,并且有助于走出危机和改革进程。

我最后一次以苏联总统的身份向你们发表讲话,认为有必要对1985年所走过的道路做出自己的评价。更何况这方面还有不少相互矛盾的、肤浅的和不客观的结论。

命运就是这样,当我担任国家领导职务的时候,已经清楚,国家的情况不妙。我们国家什么都不缺:土地辽阔,石油、天然气和其他自然资源丰富,人也不笨,可是我们的生活却比发达国家差得多,而且差距越来越大。

原因是明摆着的——只为意识形态服务,挑着可怕的军备竞赛重担的社会,在官僚命令体制的压制下喘不过气来,已经到了奄奄一息的地步。

许许多多的局部改革尝试,一个接一个地失败了,国家已经没有前途。再也不能这样生活下去。一切都应当加以根本改变。

因此我从未因为我没有利用总书记职务尽情"作威作福"几年而感受到遗憾。我认为这样做是不负责任的和不道德的。

我懂得,在我们这样的社会进行这种规模的改革,是极其困难的事情。然而,我今天仍然确信 1985 年春天开始的民主改革在历史上是正确的。

国家革新和国际社会根本变革的进程，比能够预料到的要复杂得多。但是已做的一切应该受到应有的评价。

社会获得了自由，在政治上和精神上得到了解放。这是最主要的成就，我们对此还没有充分的认识，因为还没有学会利用自由。

但是，已经做了具有历史意义的工作：

——极权制度已被消除，这种消除推动了国家早日成为幸福繁荣的国家的机会；

——在民主改革的道路上实现了突破，自由选举、新闻自由、宗教自由、代表制权力机构、多党制度成为现实，人权被认为是最高原则；

——开始走向多种成分经济，确立了各种所有制形式的权利平等。在土地改革范围内，农业开始复兴，出现了家庭农场，数百万公顷的土地正在交给农村居民和公民。生产者的经济自由已经合法化，经营活动、股份制和私有化也已开始实行起来；

——在经济转向市场时，重要的是要记住这是为了人。在这一困难时期，一切都应该为了人的社会保障，尤其是当这涉及到老人和孩子的时候。

我们生活在一个新世界中：

——结束了"冷战"，停止了军备竞赛和国家推动的军国主义化，它们曾使我国经济、社会意识和道德严重扭曲，消除了世界大战的威胁。

我想再次指出，在过渡时期，我尽了一切努力来保持对核武器的可靠控制。

——我们对世界开放了，不再干涉别国内政，不再在国外使用军队。我们得到的回报是信任、团结和尊重。

——我们成为在和平民主基础上改造当代文明的主要支柱之一。

——各个民族、各个国家获得了选择自己的自治道路的真正自由。对我们这一多民族国家进行民主改革的探索使我们走到了签署新联盟条约的门槛外。

所有这些变化都需要付出巨大的努力，经过尖锐斗争，同时遭到过旧势力和反动势力日益强烈地反抗，以及来自以前的党和国家以及经济机构的反抗，受到我们的习惯意识形态偏见、平均主义和依赖心理的抵制。我们对待这一切没有耐心，政治素质低，害怕改革。

正因为如此，我们失去了不少时间，新的制度还没有建立，旧的却已经摧毁。于是社会危机更加激化。

我了解对目前的严重形势的不满，也知道对各级政权机关以及我本人活动的尖锐批评。但是我要再次强调，在如此巨大的国家里，而且带着如此沉重的遗产进行根本改革，是不可能没有痛苦的、没有困难的和没有动荡的。

八月叛乱使总危机达到顶点。危机中最有害的是国家解体。直到今天我还对我国人民失去一个大国的国籍感到不安，它会给所有人带来十分沉重的后果。

我认为极端重要的是保留最近几年的民主成果。它们是饱经痛苦后得到的，用我们的整个历史、我们的惨重经验换来的。在任何情况下都不得以任何借口抛弃这些成果。否则对美好未来的一切希望都将被埋葬掉。

……我是怀着忧虑不安的心情辞职的。但又是满怀希望的，相信你们，相信你们的才智和精神力量。我们是伟大的文明的继承人，现在这一文明能否振兴，走向现代化的为之无愧的新生活，将取决于大家，取决于每个人……

读完这份公开书，戈尔巴乔夫整整用去 12 分钟。读到最后，他眼睛湿润，嗓子嘶哑,心里像被无数只手剧烈撕扯着,几乎读不下去了。

他感到自己是在为他的人民做一次最悲壮的燃烧。他听见自己的骨头在大火里劈劈啪啪呻吟。他激动又凄苦,欢愉又苍凉,每读一个字,他的心都在提醒自己:这是最后的时刻……

真正最后的时刻,是在宣读完公开书之后。

19时20分,按照事先安排的程序,戈尔巴乔夫要把"决定世界末日"的"核按钮"——只装有发射原苏联2.7万核弹头密码的黑色公事包,郑重其事地交给独联体武装力量临时总司令沙波什尼科夫,再由沙波什尼科夫转给叶利钦。

这只黑色公事包足有1.5公斤重。

还是在实况转播的电视摄像机面前,戈尔巴乔夫下意识地摸摸西装口袋,但很不巧,竟然忘了带签字笔。他一时有些茫然。

CNN电视广播公司总经理汤姆·约翰逊先生及时为戈尔巴乔夫救了驾,他眼疾手快,从自己口袋里马上摸出了一支圆珠笔,迅速递给了这位几秒钟后就要成为平民的总统。

戈尔巴乔夫说了声谢谢,当即用汤姆·约翰逊先生的这根圆珠笔,在放弃他任总司令之职同时把核武器控制权转交给叶利钦的政令上,快速签上了他的全名:"米哈伊尔·谢尔盖耶维奇·戈尔巴乔夫"。

就在戈尔巴乔夫交出"核按钮"的一瞬,聚集在电视机前的人都感到听见了一声巨响,并且都知道这是那座矗立了69年的红色帝国大厦,在突然间彻底倒塌了,从此后被分裂成为15块碎片。

19时38分,寒风呼啸,冷气袭人,在克里姆林宫上空飘动了69个春秋的印有镰刀和锤子的苏联国旗,像深秋的一片枯焦的落叶那样,在寒风中徐徐沉落,直到落进历史的深渊。继之俄罗斯联邦的红、白、蓝三色旗,迎着夜色,开始缓缓升起,升起。当俄罗斯三色旗升到最高点的时候,因为天已经完全黑了,这使得簇拥在克里姆林宫四周看升旗的人群,一时还看不清旗上的颜色……

梦想重新出山

一个正在努力的政治家总是十分向往有朝一日大权在握,一个正在掌权的政治家总是想使自己的权力永久牢固,一个失败的政治家总是对自己的权力与辉煌的过去无限地留恋,梦想卷土重来。

成为一介平民的戈尔巴乔夫并没有丧失东山再起的"雄心壮志"。俄罗斯独立后的社会与经济发展走进低谷,当人们吃不到面包、喝不上伏特加酒时,戈尔巴乔夫就成了人们发泄牢骚的对象,"没有戈尔巴乔夫,我们今天就不至于挨饿受冻",成了普通群众的口头禅。

面对困境,戈尔巴乔夫却一点也没有难为情,他根本不像一个失败的政治家,而好像一个正要参加总统竞选的候选人。按照戈氏自己的说法,他正在积极参与俄罗斯"因民主取得胜利而开始的进程"。

戈尔巴乔夫是前苏联的第一位总统,也是最后一位总统。下台后他并没有去隐居,也没有深居简出,他仍然在静静地观察着复杂多变的俄罗斯政坛。当他访问日本时,有人问他:"您是否打算重返政治舞台?"他报之以微微一笑:"我从来没有离开过它!"

俄罗斯国内没有多少人对戈尔巴乔夫的现在感兴趣了,对他感兴趣的大多是一些想要搜寻点新奇历史材料的记者与作家。戈尔巴乔夫本人也乐于结交一些同笔杆子打交道的人,以便自己在"总结历史"时有所帮助。1995 年,经过多年时停时续的写作,戈尔巴乔夫写出了自己的简短的回忆录,对自己从外高加索斯塔夫罗波尔到克里林宫的历程做了深情地回忆,以感伤的笔调描写了自己从农家子弟成为一名世界级政治家的辛酸苦辣。

戈尔巴乔夫升上克里姆林宫权力最高层的过程多少有些传奇色彩,这其中他个人能力与外界的机遇都是很重要的。从某种程度上说,宽广的灰色的红场上每举行一次悲哀的国葬,他几乎都得到一次晋升。在库拉科夫的葬礼后,戈尔巴乔夫被调到莫斯科,后来又加入政治局。在苏斯洛夫的葬礼后,他接管党的部分组织工作。在勃列日涅夫的葬礼后,他显然身居更加重要的地位,成了安德罗波夫的助手。在安德罗波夫的葬礼后,他被公认为仅次于契尔年科的"第二总书记"。在这个过程中,他还参加过为前总理柯西金、国防部长乌斯季诺夫元帅和党内元老佩尔谢举行的葬礼。苏联领导人为什么这样接二连三地逝世呢?道理非常简单,统治集团已经老化,由于各种各样的原因,他们都尽可能长时间地当权。许多俄国人认为,他们恋栈太久了,以致随着年龄的老化,他们变得墨守成规,抗拒变革,更加反对首创精神和进步。

在伏尔加河流域北高加索斯塔夫罗波尔边疆区,有一个 3000 人口的名叫普里沃尔耶的村庄,今天仍然屹立着一栋有三个房间、一个厨房和一个小花园的砖砌平房。1931 年 3 月 2 日,当代国际风云人物米哈伊尔·谢尔盖耶维奇·戈尔巴乔夫就出生在这里。他的祖父是当地第一个集体农庄的主席,父亲是拖拉机站的驾驶员。

少年时代的戈尔巴乔夫遭遇了两件大事。一件是 1931 年苏联农业集体化处于高潮的时候,他刚刚出生就经历了恐怖的饥荒,农民背井离乡,几乎每个家庭都失去了亲人,到 1932 年 10 月,斯大林派来一个特别委员会,不得不在北高加索地区宣布紧急状态。在集体化运动过程中戈尔巴乔夫的一个中农亲戚被无辜镇压,他对此刺激很深。第二件是 11 岁时,纳粹德国侵入他的家乡,并占领了 6 个月,同时他父亲在前线英勇牺牲,他成了孤儿。战争给人们的生活带来重重阴影,生活贫困的戈尔巴乔夫基本上处于失学状态。

戈尔巴乔夫 15 岁上中学时,每逢寒暑假,就到拖拉机站去当临时工,或者在收割机上当助手。当时的农业机械粗笨原始,连驾驶室也没有。炎热的夏季,气温在 30℃以上,在太阳直晒下,仅十几分钟,操作者便汗如雨下,而且往往被飞扬的谷草和尘埃所笼罩,连呼吸都感到困难。特别到了冬天,凛冽的寒风经常使戈尔巴乔夫冻得浑身发抖,休息时不得不到草堆里去暖和一下身子。艰苦的劳动锻炼,培养了他同逆境作斗争的决心和韧力,这对他后来的从政是大有裨益的。

由于表现突出,1949 年戈尔巴乔夫 18 岁时就荣获劳动红旗勋章,这种勋章是专门颁发给有突出贡献的劳动者的。

无懈可击的家庭出身,祖父和父亲都是共产党员的良好社会关系,高中毕业时名列第二获得银质奖章,特别是一般中学生很难获得的劳动红旗勋章,使戈尔巴乔夫于1950 年秋被国立莫斯科大学法律系所录取。

戈尔巴乔夫一生从政的崇拜偶像就是革命导师列宁。他对列宁的理论学术非常钦佩,对列宁"进一步,退两步"的教导尤为欣赏,这就是为达到某种目标而需要机动灵活和急流勇退的能力。列宁所倡导的"分开性"原则,更是后来戈尔巴乔夫上台后"新思维"的主要内容。

戈尔巴乔夫的发迹是从家乡开始的。1955年6月,戈尔巴乔夫大学毕业,他既没有当律师,也没有去检察院,而是回到故乡斯塔夫罗波尔。最初在当地团组织中做基层工作,后又当上了斯塔夫罗波尔边疆区的农业部长,期间他又到农业学院学习相关课程,并在1967年取得了"农业经济学家"的头衔。年富力强的戈尔巴乔夫可谓是"官运亨通",几经升迁,1970年,他升任斯塔夫罗波尔边疆区委第一书记。

戈尔巴乔夫很懂得与群众打成一片的道理,并身体力行。他在担任边疆区党委负责人时,经常深入基层,与村民交谈,遇有村民生活困难,即令下属限期解决。更令人称道的是,戈尔巴乔夫的演说本领十分高明,他的演讲水平已经和列宁齐名。列宁的演讲逻辑性强,能紧紧抓住听众,而戈尔巴乔夫的演说则以富于感染力著称。戈尔巴乔夫具有相当大的个人魅力,就连一向对共产党人没有好感的玛格丽特·撒切尔首相在伦敦同他会谈后也说:"我喜欢戈尔巴乔夫先生。我们是可以一道办事的。"

美国中西部一家食品加工公司的总经理安德烈亚斯1984年底在莫斯科会见过戈尔巴乔夫,他也说戈尔巴乔夫注重实效,彬彬有礼,富有幽默感,对美国的情况了如指掌,甚至对美国国内政界的一些微妙关系也一清二楚。

戈尔巴乔夫在仕途上一帆风顺也得益于"贵人相助"。第一位欣赏他的人是苏共中央书记库拉科夫,他原在斯塔夫罗波尔任党的第一书记,后升入政治局,主管书记处中的农业工作。他发现了戈尔巴乔夫的才能和发展潜力,推荐戈氏继任了自己升任中央后所留下的地区第一书记的职务。1978年库拉科夫去世,苏共首席理论家苏斯洛夫和克格勃首长安德罗波夫推荐戈尔巴乔夫继任库拉科夫的职务。苏斯洛夫和安德罗波夫都出生在斯塔夫罗波尔地区,都曾在戈氏的家乡任职,并经常在斯塔夫罗波尔地区的温泉疗养,对戈尔巴乔夫是耳熟能详,素有好感。

安德罗波夫执政后,把戈尔巴乔夫提升为政治局委员,兼任负责意识形态工作的书记处书记。

戈尔巴乔夫在负责意识形态工作期间的做法使一些苏联知识分子相信,他能容忍知识分子和文艺工作者享有一定程度的自由。莫斯科纷纷传说这样一件事,苏联有一部名叫《稻早人》的电影,文化当局只允许在小电影院放映,但是,戈尔巴乔夫认为,这部影片值得让广大观众一看,于是下令在大电影院放映,结果卖座率一直很高。

80年代初的几年,克里姆林宫频繁更换主人。戈尔巴乔夫的机会又来了。在同安德罗波夫、契尔年科的交往与权力斗争中,戈尔巴乔夫变得更加成熟、善于忍耐和等待时机。契尔年科是个平庸的政治家,但他并不是阴谋家,他知道戈尔巴乔夫是自己上台时的最大对手,但同时他很清楚,克里姆林宫现在需要的正是像戈尔巴乔夫这样的人。他拒绝了一些政治局委员要他把戈尔巴乔夫排除在第二书记职位以外的建议,对戈尔巴乔夫的工作予以支持。

当时,有谁来接替契尔年科,在西方舆论界产生了争论。西方专家在研究克里姆林宫的继承传统时,给理想的继任者画了一幅像:他大约60岁,俄罗斯人,受过高等技术教育;他应该在担任一个重要的州或共和国第一书记以后,被提升为政治局委员;他应该在中央书记处里干了几年,具有工业、农业、民族、外交方面的广泛经验,而且与克格勃和军队有联系,他还应该受到大多数政治局委员欢迎;他既不是改革派,也不是保守派,而应该是中间派;他还应该是一个精明强干的管理人员,具有某些领导气质。

在当时，全部具备条件的人几乎没有，而戈尔巴乔夫是最接近这个"形象"的人。结果，在被契尔年科耽误了一年以后，戈尔巴乔夫如愿以偿地入主克里姆林宫，成了这个世界上两个超级大国之一的主人。

戈尔巴乔夫是一个很现实的人，他认识到，除军事力量之外，苏联在大多数领域仍然落在西方后面。在他访问加拿大期间，有两件事似乎给他留下深刻印象：一件是，加拿大的超级市场里商品琳琅满目，应有尽有。第二件是，只需要少数工人，就可以完成生产任务。从那以后，他就常常谈到如何改进消费品的供应和提高劳动生产率的问题。

戈尔巴乔夫在任期间，提出了名噪一时的"新思维"，其中的几个核心观点是：

——"承认全人类的价值高于一切，人类的生存高于一切"，"全人类的利益高于阶级利益，要使国际关系人性化、人道主义化。"

——在核战争中，既不会有胜利者，也不会有失败者，因为不会有谁会保全下来。因而通往安全惟一道路是政治解决的道路，是裁军的道路。

——应承认各国人民和各个国家的利益，承认它们在国际生活中的平等地位，承认各国人民有权选择自己的社会发展道路和社会制度，不干涉他国内政，不应把意识形态的分歧搬到国家关系中来，使对外政策服务于意识形态分歧。

下台后的戈尔巴乔夫对自己的过去要进行认真地总结，他的目标就是有机会就东山再起，重新夺回自己失去的一切，再度入主克里姆林宫。他有自己的优势。一是他很年轻，照比那些曾经入主过克里姆林宫的老人们，戈尔巴乔夫无疑是年富力强的，他还可以至少干上连续两个总统任期；二是他的身体十分的健康，这和叶利钦的身体状况形成了鲜明的对比，在这个有"病夫治国"传统的国家里，戈尔巴乔夫还是有希望和有机会的。戈尔巴乔夫的健康，来自于他的开朗性格、为人随和，几乎同所有人都合得来，而且他不抽烟，偶尔喝点酒。他非常注意健康和饮食，一有时间就锻炼身体，保持散步的良好习惯。失去权力并没有给他太大的打击，他仍然保持着旺盛的求知欲和强烈的好奇心，对任何新鲜的东西他都要问个究竟。

戈尔巴乔夫下台后，并没有从历史舞台上消失。面对困境，他根本不像"被击败的政治家"。他说："……一切都在变化，什么事情都可能发生。我现在 61 岁，再过 5 年才 66 岁……"当 1993 年俄罗斯议会与总统权力之争白热化，诉诸全民公决的时候，他曾私下表示，如果人民信任他，他愿意重新出山。

第一任国际绿十字会会长

纵观戈尔巴乔夫的政绩和生平，他的才能更多的是体现在外交方面，在治国安邦方面反而相形见绌。他有外交家的风度，却少有当权者的果断魄力；他有演讲家的口才，却少有实干家的实绩；他有冒险家的精神，却少有驾驭复杂局势的气魄；他给西方人留下了良好的印象，但却在国内怨声载道。总之，在戈尔巴乔夫身上，体现出他是外交才能强于治国才能，他当外交部长还是足够胜任的，这也是他成为前苏联改革牺牲品的重要原因。

戈尔巴乔夫在任期间，展开了卓有成效的全方位外交活动。他在外交上主要干了三件大事：一是结束了东西方几近半个世纪的冷战，与美国签署了中程导弹条约，双方各自销毁部分核武器；二是与中国实现了关系正常化；三是从阿富汗撤军，把前苏联从中亚的泥潭里救了出来。由于如此出色的表现，1988年，戈尔巴乔夫被授予诺贝尔和平奖，对他的外交"新思维"打了个高分。

戈尔巴乔夫访问过许多国家，除了英国和加拿大外，他还去过西德、法国、比利时、越南、保加利亚、匈牙利、捷克斯洛伐克、蒙古、葡萄牙和意大利。在访问西方国家时，戈尔巴乔夫像美国南波士顿的政治家一样能说会道，从容不迫，使群众为之倾倒。他既像装卸工人那样刚强有力，又有迷人的微笑。戈尔巴乔夫身高5英尺10英寸，爱穿深色西装，喜欢聊天，当他会见普通群众时，常常提出一连串问题，你生活得怎么样？受过什么教育？做什么工作？拿多少钱？自己有房子吗？而且总能记住每个人的名字。

实际上，戈尔巴乔夫到莫斯科卫星国以外的国家进行访问的次数，比苏联非外交部的其他任何高级官员都要多。他的出访有些是按照苏联集团的礼仪进行的礼节性访问，但有些则是具有实质性内容的访问，是苏联有意让他多了解一些西方工农业的生产方式和实际做法。他的加拿大之行就是属于后一类。他在渥太华同包括总理特鲁多在内的加拿大官员举行了会谈，然后又前往安大略和艾伯塔参观了经济作物农场和牧场。

访问英国时，戈尔巴乔夫在同玛格丽特·撒切尔首相和其他官员举行会谈期间，穿插着参观了英格兰和苏格兰的汽车制造厂以及化工和农业设施。

戈尔巴乔夫的出访都显示出政治宣传色彩。特别是在戈尔巴乔夫访问英国时，英国的报纸、电台和电视台都以通常报道王室活动的规格，报道了他及其漂亮时髦的夫人赖莎的活动。但是，他的出访也具有实质性的内容。戈尔巴乔夫正好把访问伦敦的时间选在苏美开始就核武器和太空武器举行微妙谈判的节骨眼上。作为克里姆林宫的使者，戈尔巴乔夫在谈到这个问题时语气强硬。他先是列举了苏联为改善同美国举行谈判的气氛而采取的措施，然后说："关键是要防止出现太空军备竞赛。这种竞赛不仅本身就很危险，而且还会加剧其他领域的军备竞赛。"

因此戈尔巴乔夫的出国访问决不只是吃吃喝喝、游山玩水。因为他跃居克里姆林宫显赫位置的方式同苏联其他高级官员迥然不同。列宁逝世后，斯大林用了好几年的时间智胜托洛茨基、季诺维也夫和争夺继承权的一批其他的潜在对手，才有了无可争辩的绝对权力；赫鲁晓夫必须借助以朱可夫元帅为代表的军事力量才能巩固权力；勃列日涅夫、安德罗波夫和契尔年科都只有在党的机关里从事多年秘密工作之后才担任了高级领导职务。他们谁也没有像戈尔巴乔夫那样当过"见习生"。

戈尔巴乔夫频频出访西方世界，并不是有些人批评的那样是个"西方化的人"，他性格坚强，有自己的独立见解，并不为人所左右。他在访问渥太华和伦敦时偶尔发火就表明了这一点。例如在英国首都，在同一位固执己见的保守党议员就敏感的人权问题交锋时，戈尔巴乔夫说："我可以给你举出英国人权状况的若干事实。例如，你们迫害全体公众，迫害各族人民。你们有230万人失业。你们在治理你们的社会，也应该让我们治理我们的社会。"

在他去年12月访问伦敦期间，每当主人批评苏联不尊重人权时，他就谈北爱尔兰问题。在参观不列颠博物馆时，他说，如果英国人不喜欢马克思主义，那他们可以责怪他们那间阅览室，因为马克思曾在那里著书立说。

1985年4月，美国国会议员代表团访问苏联，同戈尔巴乔夫进行了4个小时的会谈。参议员发言人蒂普·奥尼尔对记者说戈尔巴乔夫"像一个出生于纽约的杰出的辩护律师","他是一个语言大师,一个政治上和外交上的艺术大师"。据西方通讯社的报道,在联邦德国,有75％的选民信任戈尔巴乔夫胜过信任里根。

　　1987年12月8日开始,戈尔巴乔夫在华盛顿进行的短短三天的笑脸外交,博得了千百万美国人的欢心。一位在全国广播公司工作的美国人对记者说:"他风度潇洒、知识丰富、机智聪明、精力充沛、坚韧不拔,脸上总是挂着笑容。"在中导条约签字仪式上,里根在致词中用俄语说"信任,但要核实"时,戈尔巴乔夫冷不防插了一句:"这是你在每一次会上必说的。"顿时引起了在场人的哄堂大笑。签字完毕,里根把笔收起来正要装入口袋,戈尔巴乔夫马上将自己的笔递过去交换,接着把里根用过的那支笔插在自己上衣口袋里并笑嘻嘻地说:"让我们留着下次再用吧!"在三天的访问中,戈尔巴乔夫除与里根进行紧张的会谈外,还马不停蹄地广泛开展各种社交活动,其中包括同竞选下届总统的副总统布什共进早餐,邀请国会议员对话,同出版商、编辑会面,与实业界、文化界名流座谈,会见基辛格等一批学者、智囊人物……而每次活动,请什么人,讲什么话,事先都经过精心研究,周密安排。戈尔巴乔夫从下飞机直到离开美国前举行记者招待会,前后公开讲话不下10次,据一位苏联官员说,讲稿都经戈尔巴乔夫仔细斟酌。

　　戈尔巴乔夫做美国人的工作,不放过任何一个机会。12月10日上午,戈尔巴乔夫乘坐的高级防弹轿车在前往白宫途中,突然在路边停下。当时,站在路旁荷枪实弹警戒的警察吓了一大跳,以为出了什么意外事故,赶忙奔来,结果是一场虚惊。原来戈尔巴乔夫下车要同美国老百姓寒暄几句,问一个好,握一下手。戈尔巴乔夫虽然只花了两分钟时间,但通过电视向全美国进行实况转播,收到的效果实在难以估量。当时有幸与戈尔巴乔夫握过手,或讲过一句话的人,在接受电视记者现场采访时,激动得连说话的声音都发抖了,街上的行人和在商店购买圣诞礼物的顾客,个个惊得目瞪口呆,简直不相信刚才发生的事。

　　苏美建交已有54年,但去过美国的苏联领导人却只有赫鲁晓夫和勃列日涅夫。一位美国老记者在对照从前这两位领导人后说:"戈尔巴乔夫的风格迥然不同,他显得热情、亲切,又那样平易近人。"

　　戈尔巴乔夫下野之后,没有了权势,外交才能与"外交艺术大师"的美誉使他终于又找到了适合自己的位置。他风尘仆仆,在下台后的几个月内频频出国,做"私人访问",去德国,上日本,飞美国,凭着过去的声望,发表对国际政治的看法。他倡议成立欧洲安理会,主张独联体应逐渐变成德国式的联邦制国家。他提倡扩大联合国的责任,建议让意大利、德国等加入安理会常任理事国行列。

　　他一再呼吁西方给独联体以全面的政治和经济支持,坚信俄罗斯会"东山再起"。1993年4月,在他的倡议和推动下,世界性的环境保护组织国际绿十字会在日本京都宣告成立,戈尔巴乔夫担任了第一任会长。

恩恩怨怨何时了

　　在戈尔巴乔夫的政治生涯中,有一个人扮演了重要的角色。他开始时只是戈尔巴乔夫的一个手下,当戈尔巴乔夫是苏共总书记时,他只是一个地方的主官;开始时,二人有着共同的改革的愿望,到后来却由于政见不和而分道扬镳;最后,在克里姆林宫激烈的权力斗争中,无往不胜的戈尔巴乔夫却败下阵来,成了这个人领导下的一个普通公民。这个富有传奇色彩的大人物就是现任俄罗斯联邦总统叶利钦。戈尔巴乔夫与叶利钦之间有着某种奇特的缘份。

二人出生在同一年,相距仅一个月。鲍里斯·尼古拉耶维奇·叶利钦于1931年2月1日出生在欧亚大陆交接处乌拉尔地区斯维尔德洛夫斯克州达里茨基区的布特卡村;而同年的3月2日米哈伊尔·谢尔盖耶维奇·戈尔巴乔夫降生在北高加索斯塔夫罗波尔市西北赤卫队区普里沃尔诺耶村。

从苏联解体的历史地位来说,二人都是昔日庞大帝国崩溃的掘墓人。

在向权力顶峰攀登的过程中,他们好像一个在山前,一个在山后,互不见面,走的是不一样的道路,但是,当他们在峰顶会合时,苏联的命运却掌握在了他们的手里。

他们的分分合合是历史潮流发展的必然。戈尔巴乔夫与叶利钦之间的关系远非君子之交,而是政治家之间的勾心斗角的关系。戈尔巴乔夫下台后,并没有对这位昔日的政敌有什么好印象。他在下台后,接受记者采访时,讲得清楚:"我认为,问题不在于乌克兰,而是乌克兰的问题被俄罗斯的领导人利用了。俄罗斯领导人的立场早就众所周知了,这是在玩牌。"

的确,1991年10月叶利钦从南方休假回来后,在一次向电视台记者发表的谈话中曾经声称"要彻底摧毁中央"。为此,他采取了一系列"釜底抽薪"的办法冻结了联盟各部的账户,从财政上断了他们的后路,迫使80多个联盟的部委处于瘫痪状态。接着,叶利钦又下令由俄罗斯外交部接管苏联外交部及其下属机构并宣布成立俄联邦安全和内务部以取代原联盟的相应机构,使苏联最重要的国防、安全和外交大权全部都落到俄罗斯的手中。12月8日,他又和另两个斯拉夫国家首脑签署了建立"独立国家联合体"的协议……总之,叶利钦在联盟解体过程中,确实扮演了一个"急先锋"的角色。

叶利钦从小就意志坚强,不安于现状,精力充沛而又喜欢冒险。聪明、倔强、敢想敢干是叶利钦幼年时期的性格特点。根据叶利钦的回忆,他小时上学,"学习成绩不错"。"每次都是班长","但品行却没什么值得炫耀的,曾经不止一次地差点被学校开除"。他"总是喜欢出点馊主意,出点鬼点子",甚至经常参加"打群架"。他不盲从老师,在七年级时向班主任发动犀利地进攻,为此险些被学校开除。他的父亲要用皮带管教他,他一把抓住父亲的手反抗说:"你就到此结束吧,今后我要自己教育自己。"在卫国战争时期,他从军火库里偷出两枚手榴弹玩弄,为此炸掉左手两根手指。九年级毕业后,他带领几个同学出游,走进原始森林迷了路,一个多月后被人发现,都已经饿得昏迷不醒。联系到后来的政坛风云,叶利钦少年时代的种种作为是很耐人寻味的。

叶利钦出生于1931年。在他接受高等教育和初进社会工作的时候,恰逢赫鲁晓夫批判个人迷信和斯大林。虽然直到30岁他才参加苏共,但他的政治素质,他对传统体制的最初反感,正是在赫鲁晓夫的动荡年代发展和成熟起来的。叶利钦正是赫鲁晓夫时期培育出来的一代离经叛道者的典型代表。

叶利钦在政治上的崛起相对而言是比较晚的,而且颇有起伏。他30岁入党后,到45岁才成为斯维尔德洛夫斯克州的党委第一书记,而且一干就是10年,没有得到提升。戈尔巴乔夫上台以后,他被调到中央,而且连升三级,成为苏共莫斯科市委第一书记和苏共中央政治局候补委员。然而好景不长,他在1987年苏共十月全会上心血来潮地向中央书记处及戈尔巴乔夫发起斗争,随后被撤销党内领导职务。为此,叶利钦大病了一场,整整两年在政治上无声无息。在1989年选举苏联人民代表时,他突然"东山再起",在莫斯科得到90%的选票。从此,他沿着反对苏共的道路越走越远。他先在苏共党内造反,成立苏共"民主纲领派",不久又宣布退出苏共,同"民主俄罗斯运动"一起,向苏共展开激烈的斗争,最后夺取了政权。

叶利钦同戈尔巴乔夫的关系是十分复杂而又极其微妙的。他们两人在变革苏联方面的战略目标是一致的,但方法和策略有所不同。两人既有联合和妥协,曾经三次"联手",但又有矛盾和对抗,达到"不共戴天"的地步。戈尔巴乔夫起先提拔了叶利钦,尔后又撤了他的职,并声称不会再让他"搞政治"。叶利钦起初追随戈尔巴乔夫,尔后又力求摆脱戈尔巴乔夫;他在"八·一九"事件时极力替戈尔巴乔夫保驾,甚至爬上装甲车发表演说,反对"国家紧急状态委员会",但不久又同乌克兰的克拉夫丘克和白俄罗斯的舒什科维奇一下宣布苏联解体,与戈尔巴乔夫分道扬镳。叶利钦和戈尔巴乔夫的恩恩怨怨使两人都扬名世界。

叶利钦是靠"反特权"起家的,他一度是俄罗斯人心目中的"反特权英雄"。他在担任莫斯科市委第一书记的时候,曾多次微服私访,深入下层,或挤公共汽车,或进商店排队,还经常接见来访群众,关心居民疾苦。他本人拒绝高级干部的各种特权,不接受别墅、专门门诊、特供商品等等,并声色俱厉地号召反对干部特权和腐败现象。由于苏共当时的威信大幅度下降,党群关系急剧恶化,这些"反特权"的言行便使叶利钦赢得民心,得到相当多群众的拥护。这正是叶利钦后来"东山再起"并当选为俄罗斯总统的原因之一。

叶利钦作为一个政治家来说是逐步成熟起来的。起初,他特别容易激动,鲁莽而急躁,好走极端,考虑问题不周密。他在1987年十月全会上"放了炮",并且宣布辞职,尔后又承认错误,做了检讨;他在1991年3月9日宣布支持矿工罢工,向联盟国家领导"宣战",尔后又承认犯了错误,说"宣战"一词用得不当;他在1992年制定并执行一边倒的亲西方外交政策,使俄罗斯充当西方的"小伙伴",尔后又加以改变,转向兼顾东西方的"双头鹰"外交政策;如此等等。后来,他的政治经验丰富了,思考问题比较周密了。类似的错误犯得少多了,其勇敢、刚毅、果断等等的优点表现得更加充分了,他已经成为一个成熟的政治家了。

近几年来,叶利钦运用熟练而高明的政治手腕,牢牢控制着权力,驾驭俄罗斯这条大船,顶着狂风恶浪,渡过一个又一个艰难险阻。

这几年的俄罗斯,正处于社会制度根本变化的过渡时期,经济危机十分深重,居民生活急剧下降,政坛风云变幻莫测,各种矛盾纵横捭阖。叶利钦善于在乱七八糟中取胜,往往出奇制胜,在看似极度困难的情况下化险为夷。

此外,人们不应忘记,叶利钦做过手术。据报道,叶利钦患有严重的心脏病。1995年,叶利钦曾因心脏病发作而两次住院治疗。1996年7月连任总统后,叶利钦的心脏病再次复发,长期不能工作。11月5日,叶利钦接受由10多位专家医生进行的7个小时的心脏搭桥手术,心脏停跳68分钟,搭了5处桥,尔后一直治疗和休养到1997年2月下旬,才得以康复。因此,俄罗斯近两年来的政坛风云,往往同叶利钦的患病密切联系在一起。

叶利钦也有普通人的一面。他有一个深爱着他,老实忠厚,从不干预政治的奈娜夫人。他很想要个儿子,但奈娜却给他生了两个女儿。他特别宠爱小女儿塔吉娅娜,并任命她为总统"形象"顾问。

叶利钦还有5个外孙,他是一个好外公。即使在1996年总统选举的繁忙期间,叶利钦还亲自到莫斯科市市长卢日科夫家里去为小外孙取刚刚挤出来的鲜牛奶(卢家养着一头奶牛),并亲自到商店为小外孙买玩具,甚至带着几个外孙和外孙女一起出动,到家乡叶卡捷琳堡进行鼓动宣传。据悉,在1997年11月叶利钦同日本首相桥本龙太郎举行最高极会谈时,两人的话题就是从孙子和外孙开始的。总之,叶利钦虽为一大国元首,国务缠身,日理万机,但仍热心尽外公之职责。

现在,戈尔巴乔夫是叶利钦治下的一个公民,二人的政治地位早已发生了交换。二人之间主要是政治关系,私人关系只占有很少的一部分。如今,年龄相差无几的二人又面临着不一样的境遇:戈尔巴乔夫奔忙于国际事务,他是一个不甘寂寞的人;而叶利钦似乎又恢复了克里姆林宫"病夫治国"的传统,他同样是一个不肯失去权力的人。

俄罗斯的历史还在向前发展,戈尔巴乔夫和叶利钦还会在俄罗斯未来的政坛发挥重要的作用。也许到那一天,人们还将会对他们刮目相看。

"第一夫人"风采依旧

戈尔巴乔夫以儒雅的外交风度著称于世,这当然与他的外交才能有直接的关系,但不可否认的是,在戈尔巴乔夫的国际声望里面,有他的妻子赖莎很大一部分。正是由于二人的珠连璧合、心有灵犀,才成就了戈尔巴乔夫的外交事业。有知识女性风采的赖莎,当年陪同丈夫出国访问时寸步不离,出尽了风头,也曾引起了许多非议……

1985年夏天,莫斯科街头两个妇女发生了一场争论:

"总算等到这一天了。早该亮相了。高雅,优美,风度翩翩,谈吐不凡。真正的第一夫人。到外国也不丢脸。"

"赖莎·戈尔巴乔娃高雅吗?俗气,厚颜无耻,还钻到他的前面去,跟着他到处跑。她究竟是什么人,居然还在公共场所发表讲话?应当呆在家里。"

"究竟是什么人?全国头号人物的妻子。一切文明国家都有个礼仪传统:头号人物的妻子得处处都同他在一起。"

"这是在文明国家。而我们是另一种国家。也没有这个传统。您看,她每天都要换一套衣服!这些钱哪来的?与其说话,还不如不吭气,没有一句生动的话,全是:谢谢,我很高兴,我很感激。"

"这些话也很生动啊……"

"不,不生动,客套话。"

显然,思想保守的一方明显驳倒了文明观点的拥护者。不过,在戈尔巴乔夫执政时期的苏联,大多数老百姓都投了赖莎的赞成票。

赖莎·戈尔巴乔娃是个苗条美丽的女人,开始几乎每天晚上都出现在各地的电视屏幕上,无论是莫斯科,还是闭塞的乡村,她使所有的男人和女人都激动不已。她坐在那里,模样可爱,笑容可掬,身材优美,每天都穿不同的衣服,显得神采飞扬。在苏联这个有着与众不同传统的国度里,赖莎的出现就好像引起了一场思想观念的大革命,在普通老百姓的心理产生了巨大的反响。

有的男人感到气愤,倒不是她本人不可爱,而是这样一种现象:她丈夫走到哪里带着她,似乎是在树立一个新的好榜样。男人感觉自己的老婆不在家里看电视,也想跟着我到处走。而这是和苏联的"大男子主义"格格不入的。

有的女人气愤的则是她本人:她还显得年轻吗?不仅如此,什么事也不做,也不用排队,跟着他到处出访,时时刻刻都注意发式。任何女人处在她的位置上都不会比她差。苗条吗?这也使人感到奇怪。或许,是内脏的什么病把她的肉吃掉了。研究艺术吗?如果说什么事也不用做,不干这干吗?

这些批评与非议很难说是对是错,里面很显然还有一种女人特有的忌妒心。在克里姆林宫众多的"第一夫人"中,到目前为止,赖莎无疑是做得最好的一个。

就在这种批评与争论的气氛中,每天晚上都有成千上万的人聚集在电视机面前,不仅听戈尔巴乔夫说什么,还看赖莎是否出来,穿什么衣服。如果他哪次外出时没有她,那么,已经习惯见到她,并爱她爱得发狂的人们就会感到烦闷,犹如有人夺走了心爱的玩具。然而,当戈尔巴乔夫的妻子又出现时,对于赖莎的谈论、批评和肯定又起劲地热闹起来。

当时苏联有这样的小曲:俄罗斯奔跑着三套车,米什卡、赖佳和改革。又有这样的笑话:我国成立了第一个合作企业——面条公司。在这个公司里,赖佳煮面条,而米什卡把它挂在我们的耳朵上。

在戈尔巴乔夫多次出国访问特别是几次苏美首脑会晤时,赖莎总是形影相随,全面施展"夫人外交"的本领。她频繁参观,谈笑风生,拥抱儿童,勤换装束,表现得潇洒自如,使人感到她是一位训练有素的公共关系的行家,里根的夫人南希也不得不承认赖莎"敏锐、聪明而有教养"。

苏联解体后,赖莎·戈尔巴乔娃已7年多没在电视上露面了,也不在什么"首发式"、"首映式"、服装展示会上出现了,人们几乎遗忘了这位第一夫人。

有记者问她:"您曾处在权力的高峰,经受过大起大落,感觉怎样?"

"首先,我没有过权力,更没有过什么高峰,我只是与权力同在过。处在权力高峰的是我丈夫戈尔巴乔夫,我只是在他身旁与他共命运。"赖莎说得平和、认真。

"有一点我知道,以前每当我和丈夫在一起露面,总有一些流言蜚语。人们说我有豪华的服装、珠宝等,说我干预朝政。其实,这只不过是争权夺利的一种借口罢了。"

曾经有人指出存在一个克里姆林宫的"夫人俱乐部"。赖莎说,当她和丈夫来到莫斯科工作后,结识了不少克里姆林宫的夫人们,但是没有过什么俱乐部的组织。与这些夫人们只是在一些正式宴会上见面,当时党中央领导人不鼓励非公职的私人交往。当时政治局委员们的夫人一般都不相互往来,戈尔巴乔夫当上总书记后,她曾想将这些夫人组织起来,定期联欢聚会,但也未能实现。

戈尔巴乔夫与赖莎曾经是国立莫斯科大学的同学,他们的相识颇有浪漫色彩。1932年,赖莎·马克西莫芙娜·季托连科出生在西伯利亚阿尔泰边疆区的鲁布措夫斯克,她的父亲是位铁路工程师。1950年秋天,18岁的赖莎考入了国立莫斯科大学的马列主义哲学系。

赖莎长着一头秀美的金发和一双蓝色的大眼睛,身材苗条,活泼开朗,漂亮迷人。国立莫斯科大学坐落在莫斯科河畔的小山上,校园宽阔,富丽堂皇的主楼——莫斯科的斯大林摩天楼之一——同克里姆林宫隔河相望。戈尔巴乔夫入学第三年就入了党,并当上了法律系的团委书记,显示了很强的组织能力和领导艺术。早在中学时期,戈尔巴乔夫在学习方面已经表现出广泛的兴趣。他在接受意大利记者采访时曾说过，他甚至不能肯定对哪一门课特别感兴趣。最初，他希望进莫斯科大学的物理系，因为他喜欢数学。但同时又非常喜爱文学和历史，他自称时至今日，仍然能背诵中学时所学的一些诗歌，但胸怀大志的他最终决定学习法律。

戈尔巴乔夫的大学同窗说，尽管戈尔巴乔夫从事共青团工作，但是他在法学院并不是人人皆知的人物，更不用说在整个莫斯科大学了。一位妇女对戈尔巴乔夫的看法也相类似。这位妇女虽不是法学院的学生，但是她的教室同法学院在同一座大楼里。她说，她在莫斯科大学呆了 5 年，大概是见过戈尔巴乔夫的，但是戈尔巴乔夫根本没有给她留下什么印象。

在大学期间，戈尔巴乔夫给人们留下的印象非常良好，很有才华但不骄傲，为人诚恳正直，开朗随和，善于听取别人的意见。他经常引用恩格斯的一句名言："真理总是具体的、实在的。"他在公开场合的言论，并不偏离党的方针路线，但在私下谈话中却敢于暴露自己的真实看法，颇有独立见解。

与他一同在法律系学习的捷克人梅里纳回忆说，有一次大家同看电影《幸福的生活》，影片中描绘欢天喜地的农庄庄员，围坐在堆满食物的餐桌旁开怀畅饮，戈尔巴乔夫当即对梅里纳说，这与现实不符。他还向梅里纳表示，不能因为思想认识问题就把人逮捕、判刑或流放。列宁当年并没有逮捕孟什维克的领导人马尔托夫，而是让他出国，甚至还关怀过他的病情。这种观点在今天的苏联也许是微不足道，可是在 1952 年，即使向最亲密的朋友也不能透露，否则就是反党，甚至被捕坐牢。

50 年代初苏联大学生条件还比较艰苦，戈尔巴乔夫与赖莎都住在斯特罗明卡学生集体宿舍。那原是 18 世纪时的沙皇陆军营房，楼道狭窄，房间也不大。男女生同住一幢楼，每一层有一个公用的盥洗室和男女厕所，每一间寝室里住 8 至 10 人。宿舍没有储物柜，学生把私人物品都放在床下自己的衣箱里。

一天黄昏，赖莎收拾好案头的书本和笔记，穿上外衣，嘴里哼着歌儿走出房门，正准备去吃晚饭，刚拐过楼梯，就和急匆匆迎面走来的一个小伙子撞个满怀。小伙子满脸通红，连声道歉，赖莎看见他那副窘相，不禁"噗哧"笑了，这位小伙子就是戈尔巴乔夫。这次邂逅使他俩开始相识，以后在学校的周末舞会上，两人又不断地翩翩起舞，终于由互相倾慕、情投意合发展为热恋。

苏联的高等学校是允许在校生结婚的，1954 年初即将毕业的前一年，戈尔巴乔夫与赖莎在学生食堂的一角，举行了热闹而简朴的婚礼。大约 30 多位同学前来祝贺，洞房就设在戈尔巴乔夫所住的宿舍。新婚之夜，同宿舍的几个同学知情识趣，纷纷到别的宿舍去"打游击"，这才成全了这对新人。第二天，两人又过起"牛郎织女"的生活，只有到了周末，才能再次相聚。就这样熬过半年之后，两人才在新落成的一幢 34 层的大厦里，分到一间已婚学生宿舍，他们才算有了真正的家。

1955 年大学毕业后，赖莎随戈尔巴乔夫来到斯塔夫罗波尔。戈尔巴乔夫任共青团工作，赖莎则在一所中学任教。她不满足于已有的知识，出于对哲学和社会学的浓厚兴趣，1967 年赖莎开始研究一些社会问题，选择的重点是集体农庄问题。她编制了几千份调查表发给农庄庄员们，不久就收到了 3000 多份寄回的表格。在此基础上，她又选择了 5 个有代表性的农庄，进行了实地考察和采访，最后写出一篇论文，用调查材料驳斥了农庄庄员生活水平越来越差的错误观点。这篇论文观点新颖，说理充分，方法独特，从而使她获得哲学博士学位。

1978 年,戈尔巴乔夫到中央工作,赖莎也调到首都,在母校莫斯科大学担任马列主义哲学讲师,直到 1985 年 3 月,戈尔巴乔夫担任苏共中央总书记为止。

　　戈尔巴乔夫少年孤苦,尝不到家庭温暖,自从找到了比他年轻 3 岁的赖莎,就把全部的爱倾注在她身上,两人婚后感情融洽,和谐美满,即使在出国访问时也表现出来。当着外国记者的面,戈尔巴乔夫亲热地称妻子做"莱妮奇卡",赖莎则直呼丈夫的小名"米沙"。夫妇俩出访伦敦时,都已经做了爷爷奶奶了,在英国接待人员面前,也是如此亲切地称呼。有了妻子悉心地关照,戈尔巴乔夫的衣服从来是整洁笔挺。

　　戈尔巴乔夫的脑门上有一块胎痣,正面照相时不太雅观,赖莎特地为丈夫准备了一顶帽子来盖住这块胎痣。每逢出门,因礼节关系入屋要脱帽,出屋再戴上。戈尔巴乔夫有时忘了戴帽,赖莎就轻轻地叫一声"米沙",戈尔巴乔夫心领神会,马上把帽子戴上。这些小动作,给西方人留下了深刻的印象。

　　赖莎喜欢穿高跟鞋,戴金耳环和金项链。戈尔巴乔夫访问伦敦时,发现英国首相撒切尔夫人戴的耳环漂亮,他于是在百忙之中,到伦敦商店买了一对同样的耳环,送给心爱的妻子。

　　戈尔巴乔夫下台后,赖莎和丈夫一起退到了政治生活的幕后。但他们传奇的经历仍然吸引了不少观众。

　　当有记者问道:"有人说,您对丈夫的影响很大。"赖莎则回答说,她和丈夫对一些问题经常讨论。但最后仍是由党中央政治局拍板决定。她说,如果有人认为她影响丈夫,那这些人不了解总书记。戈尔巴乔夫是善于听取各种意见的人,但最后由他自己决定后,由党中央批准通过。

　　在家庭生活中,戈尔巴乔夫称赖莎是"财政部长",家务事都由她承担。有时戈尔巴乔夫生病,经常忘记服药,赖莎总是不仅提醒,还亲自喂药。生活中总是她干的多。戈尔巴乔夫经常写个字条,放在炉子上:"你忘了往菜汤里放盐。"

　　人们经常议论赖莎的穿戴。她说,当时很多事,如怎么穿戴,都必须与戈尔巴乔夫的身份相称。穿着打扮,必须合乎礼仪。有不少衣物、服饰平常生活中是用不着的,只是为了出席某种场合而订制的,穿过一次就束之高阁了。赖莎说,她订购服装是自己付钱的。现在不少衣服用不着了,她就拿到市场上卖掉。

　　赖莎说,现在她可以随自己的意,购买进口服装了,可过去她作为国家元首夫人只能买国货。1985 年在日内瓦首次与美国总统里根见面时,美国国务卿舒尔茨走近她,揪住她的袖子问道:"您这是在巴黎买的吗?"她回答说:"不,在莫斯科。"舒尔茨感到吃惊。

　　"命运对我是很照顾的。"赖莎说道。"我很幸福,能和戈尔巴乔夫终生相伴。"她说,她不仅是他的妻子,而且也是国际重大事件的目击者和参与者。赖莎认为她感到最好的是在第一夫人时期,她曾与世界上很多名人有过交往。戈尔巴乔夫访问过很多国家,遇到过很多支持他改革的人们。当然,最不愉快的是切尔诺贝利核电站泄露事件、亚美尼亚大地震,还有 1991 年 8 月中旬发生的那次戏剧性的事件。她和丈夫在疗养时,苏联一夜间解体了,他们曾在被逮捕状态下生活了 72 小时。他们身边只有一个半导体收音机在广播,"戈尔巴乔夫下台了。"他们相对苦笑了一下。如今赖莎真的成立了一个妇女俱乐部,成员都是有头脑的、有身份的干练妇女。她们的宗旨是服务于儿童、社会、教育……

　　关于戈尔巴乔夫的家庭生活,人们知道得不是十分确切。

有的书中说他的父亲在二战死于前线。有的书中说他的父亲在 1976 年才去世。但他的母亲人们了解得不少。戈尔巴乔夫的母亲玛利亚一直居住在普里活耶村老家，过着俭朴的生活，没有过多的物质需求，这种情况在戈尔巴乔夫当上了苏共总书记后仍然没有改变。戈尔巴乔夫每年都要抽出一定的时间回乡去探望老母。在戈尔巴乔夫成为平民百姓后，他的母亲一如继往，盼望着自己的儿子早日回到自己的怀抱。没有人确切知道他是否有兄弟姐妹，目前居住在伦敦的苏联持不同政见者麦德维耶夫所写《戈尔巴乔夫》一书中，说戈尔巴乔夫是一个独生子。也有人说他的一个弟弟在从事农业工作，但是没人知道这位弟弟的名字和年龄。关于他有一个妹妹的说法，也始终未能证实。

　　戈尔巴乔夫夫妇有一个女儿名叫艾莲娜，1998 年已有 39 岁了，是一个医生，她的丈夫名叫安纳杜里，百姓却无从了解。这对年轻的夫妇为戈尔巴乔夫增添了一个外孙女和一个外孙。

　　赖莎的举止使她在西方赢得了"风云人物的风云妻子"的称呼。美国电视台记者布罗考曾问戈尔巴乔夫："你和夫人在一起是否讨论国家大事?"戈尔巴乔夫回答说："我们在一起讨论每一件事。"

科　尔

成长的岁月

作为莱茵河畔的交通要冲，因地理位置实在太得天独厚了，路德维希港发展速度十分惊人，到19世纪末，它就成了德国重要的贸易与工业中心，以至于超过了河对岸的曼海姆市。到今天，路德维希港已成为德国境内莱茵河上仅次于杜伊斯堡港的第二大港口。

德国前总理科尔就出生在这样一座充满生机的城市里。

那是1930年4月3日。这一天，天阴沉沉的，淡淡的雨雾笼罩着整个城市。6时30分，一个让人越看越喜欢的胖男婴在路德维希港市立医院出生了。在孩子响亮的哭叫声中，43岁的税务秘书和预备役中尉约翰·卡斯帕尔·科尔和他的妻子采齐利娅给他们刚刚出生的儿子取名赫尔穆特·约瑟夫·米夏埃尔。

当时的人们谁也不会想到，这个可爱的胖小子会成为日后的"德国统一之父"。赫尔穆特是他的名，科尔是他的姓。父母给他取这个名，也许与他们都是虔诚的天主教徒有关。

科尔印象最深的，是自己信教并积极参与教会活动的双亲按照普鲁士模式治家的、堪为典范的公职人员的家风。科尔60岁时曾经对人谈起自己的双亲，科尔介绍说，他们"笃信"自己的天主教。天主教教会对他们来说，是"保护性和创造性的中心"。他们对上帝的信仰、他们的生活能力以及在克服生活中的难题时所表现出来的执着和顽强都源于此。科尔介绍说，母亲不仅仅是"圣经通"，而且也十分了解天主教"圣徒"们的历史，她"各按需要和主管事务召唤"他们。不过，在宗教方面，母亲又是极其宽容的，她以各种方式尊重新教教会。不仅如此，当收音机转播礼拜仪式时，她常常不听天主教的，而是听新教的布道，她感到新教比天主教"更透彻、更深刻和更好"。

尽管父母"笃信"天主教，但他们思想自由，具有温和的民族意识，他们蔑视传教士在宗教上的、民族的甚至民族主义的装腔作势。正如科尔所说："他们对德国的历史胸中有数，为自己的人民和祖国的文化成就感到自豪，他们把自己溶入祖国的历史之中，他们同时也让'其他人'的传统和观点发挥作用，并尊重它们。"家庭的经济状况决定了他们的生活方式和生活节奏。比如，他们都酷爱音乐和戏剧，但他们又是那样难得地花得起钱去听音乐和看戏。

从小，父母就安排科尔干一些力所能及的家务劳动，让他照料母鸡、雌火鸡和家兔。他细心照料它们，不时还进行一次兔子展览。他还学着改良果树，一段时间，科尔甚至打算长大后当农民或森林管理员。由于父母的悉心引导，科尔自幼就很喜欢小动物，他任总理后，别墅里还养了一只猫，客人去他家时常常能见到它。

尽管家庭不很富裕，但是，父母还是坚持为全家订了一份路德维希港的报纸《总汇报》，并在30年代下半叶就购买了一台所谓的"大众收音机"——一种价值不到40马克的无线电广播接收机。

就在科尔诞生前后的日子里,以希特勒为首的"德国国家社会主义工人党"(即纳粹党)日渐活跃。

经过一系列阴谋,希特勒日益加强纳粹党的地位和权力。1934年8月1日,年迈的总统兴登堡病逝,希特勒利用手中的权力,颁布法律,把总统和总理两个职务合二为一,从此,他成了国家政权的单独执掌者。

就在希特勒掌握政权、大举扩军备战的1936年复活节,弗里森海姆小学来了一个新学生,在全班37个学生中,他最年幼、最瘦弱,他就是赫尔穆特·科尔,此时,他刚满6岁。

别看科尔最瘦小,但一点也没有妨碍他的敢说敢当,他尽可能到处起主导作用。他非常聪明,对自己感兴趣的东西能毫不费劲地理解和消化,但是,老师甚至校长常常感到,小科尔缺少通常孩子们那种对他们的敬畏,他性格和气质中潜在有一股领导欲。他在纳粹党的男孩子的组织"德意志少年队"中当少年队长,还有意识地培养使自己领导同龄人的能力,他在"执勤"时要求其他孩子在他面前站得笔直,并去执行他的命令。他的同学和朋友们也都乐意接受他当他们的代言人和领导人,但他当时只想当个农民或森林管理人,既不想当军官,也不想当公职人员。

科尔于1940年复活节时从四年级毕业离开国民小学,转入弗里森海姆中学。科尔最后半年的成绩单上有6个2分和3个3分(注:德国学校评分制中,1分为最好,5分为最差)。而上半年,他在总共8门评分的课程中,有3门得了3分,4门2分,1门4分,在最后6个月中,"用功"一门由3分变成2分,数学由4分变成2分。原来,第二次世界大战打响后,科尔似乎一下子懂事了。科尔后来这样回忆说:"战争突然而无情地结束了我一直无忧无虑的童年,日常生活变了样,变得黑暗、痛苦和压抑。""在战争的第一天,我遇到了来自备受赞颂的西堤(注:德国有名的防坦克工事)农民,他们从受战争威胁的前线地区撤出来,现在带着可以拿在手上的那些少得可怜的财产到某地集合。"那段日子,尽管科尔每天仍像过去那样去学校上学,但是,他和他的朋友们已经变得很成熟了,他们每天都坚持收听广播,把新闻中的重大事件一字一句地"转录下来"。

1942年,科尔就读的中学被迫停课,高年级男生和年轻的男教师均被临时征召入伍,开赴前线。低年级的学生将转到路德维希港附近的施佩耶尔文科中学继续学习。当时,学校每天只开半天课,下午1点30分上课。从路德维希港至施佩耶尔通有火车,科尔和同学们每天乘坐12点10分的那趟火车到学校上课。有时,盟军飞机11点前便空袭路德维希港。常常出现这样的现象:空袭警报突然拉响,在火车站候车的学生们争先恐后跑到地下室躲避轰炸,等警报解除后,再乘火车去上学,实际上,学校那里早就放学了。

时间不长,科尔又于1944年底被送到贝希特斯加登军训营,接受入伍前的军事训练。贝希特斯加登位于德国南部的巴伐利亚州,原为一个数千人居住的小城市,周围群山连绵,风景秀丽,是一个优美的旅游胜地。盟军空袭德国大城市后,这里就成了天然的隐蔽所。在军训营,军事教练员每天按一个所谓"国防训练"大纲对他们进行军事训练。科尔后来回忆说:"学生们在一种完全鄙视学校课堂知识的气氛中,被传授军事制度和纪律的基本概念。"

贝希特斯加登及周围地区,长期以来设有希特勒及其他知名的帝国和纳粹领导人的寓所和办公室,当地的人们也早已习惯了大规模的空袭。由于科尔办事沉稳老练,德国军事长官很快发现了他的可靠性,让他干信使工作,把重要的文件从营地送到慕尼黑和维也纳,而他的同学们则被派去开喷雾桶,用来施放烟雾,把当地笼罩起来,以模糊盟军飞行员的视线。

不过,这一点小伎俩丝毫减弱不了德国法西斯失败的命运,德国法西斯也自知留世之日不多,他们开始将重要机密材料转移到山区隐藏,开始将分散在各地的重要资料、文件集中到贝希特斯加登地区,由专人处理。科尔被指派担任从各地将重要文件、材料转运至贝希特斯加登的任务。

1946年底德国投降后,经过长达5个星期的艰难行程,科尔一行才来到曼海姆。看着一河之隔的家乡,受尽磨难的孩子们恨不得一步跨过莱茵河,投身于母亲的怀抱。然而,他们的行动被守桥的美国士兵发现,由于他们没有例行的通行证,尽管他们又累又饿地流着泪水解释,可守桥的美国兵就是不让他们过桥,而是把他们拘押在曼海姆。两天后,他们才被同意越过莱茵河大桥。然而,日思夜想的家出现在他们面前时,新的问题又出现了:房荒、疾病和饥饿主宰了生活。1988年5月8日,科尔在一次电视记者的采访中回忆道:"在路德维希港……有一段很艰难的时期,几乎没有吃的东西,这是今天人们难以想象的一种法国占领时期。当时的夏尔·戴高乐还在做着为法国占领莱茵河左岸的梦,就在这时候,我开始……从事政治活动。"

不过,在科尔从事政治活动前,他主要在迪尔施塔特农场干农活。当时,科尔和伙伴们回到家乡,由于学校还未复课,城市粮食奇缺,没有生活必需品供应,无法维持起码的生活,科尔父母想,与其让孩子在家中挨饿,不如设法让他们先找一份工作,挣口饭吃。这样,在亲戚的帮助下,科尔在回到家中不到一个月,便进入了迪尔施塔特农场干徒工。

由于这1500多万德国人流亡回自己的祖国,国内一时间人满为患。在难民的冲击下,迪尔施塔特农场也由人手不足变成人满为患。而这些流亡人员中,有相当多的农业技术人员,科尔一时渐渐不安起来,他担心,在目前这种僧多粥少的状况下,几年后学徒期满,再到农场找工作,就太困难了。为此,科尔果断地决定,立即中断在农场的学徒生活,返回路德维希港,根据情况决定自己的发展方向。

科尔回到家中,父母简直不相信,尽管营养不良,但是,科尔还是长得高高大大、膀粗腰圆。而且,科尔也变得更加成熟了,变得像大人那样思考问题了。

在科尔从农场返回家乡的这段日子里,德国发生了深刻的社会变化。各国的军事管制机构,在各自的占领区内行使最高权力,但只对本国政府负责,只有涉及全德的事宜,才共同处理。德国不再有一个中央政府,军事当局取得了对德国的统治权。只要各国的军事管制当局能够同他们的本国政府取得协调,他们就能够在他们的占领区内相当独立地行使职权。但是,各国在《波茨坦协定》的基础上,从一开始,就试图把德国作为一个整体,在所有问题上进行合作,指定执行这项共同政策的机构便是盟国管制委员会。

1946年暑假后,重又回到路德维希港的科尔被插入罗斯纳尔街理科高级中学学习。这所学校尽管被盟军的飞机炸得破败不堪,亟待重新整修,但早已于1945年9月正式复课,并将学制定为9年制。由于当时的德国处于战败国的窘境中,学校也无力对校舍进行全面修理,学生们只能在破烂不堪的教室里上课,条件十分恶劣。令科尔苦恼的是,这所理科高级中学只开数学、物理和化学课,而这之前,由于战争的爆发,科尔实际上并没有学多少东西,而现在,他被编到3个六年级班中的一个班,所以,他不得不努力去跟上他在 3 年之前在学校学过的知识。

由于战争,科尔这个有着战争经历的学生不仅在年龄上比他的同学们大一些,而且他对现实和未来的看法也与六年级的那些比他小一些的学生不合拍。同学们很自然地把他看成是他们应特别敬重的伙伴,老师们也对这个大龄学生另眼相看。经科尔和学校领导协商,由他发动同学们,自己动手将被炸得破破烂烂的校舍修好了,解决了那令财政拮据的城市父母官、老师和家长们伤透脑筋的问题。

科尔所在的班,政治气氛很活跃,50 个学生以两个军训营为主体分成两派,即所谓的哥达派和贝希特斯加登派。两派学生形成了两个紧密的团体,他们经常就战后德国体制问题进行争论。

在中学时代,科尔就显示了为人热情、乐于助人、注意工作方法、善于团结同学的特点。作为班长,他注意同不同兴趣、不同观点的同学接触,在班里享有很高的威望。他还经常组织同学间的团体活动,以增进同学间的友谊。周末舞会是同学们最喜欢的项目,科尔专门组织学生乐队为同学们伴奏。为增加周末舞会的吸引力,科尔专门去女子中学,请她们来班里一起跳舞。在当时经济状况恶劣的情况下,科尔还想方设法搞来一些小糕点和饮料,同学们至今仍对科尔的能力佩服不已。科尔还常常组织师生们参加其他一些活动,如旅游、看戏等等。有一次,曼海姆剧场上演戏剧《格茨·冯·贝利欣根》,当时,占领当局颁布了许多禁令,一般人看一场戏很不容易,而已是基督教民主联盟成员的科尔,在党友的帮助下,为师生们争取到加演一场的机会,1500 多名师生兴高采烈地走进了剧场。

科尔的一位名叫亨特·施密希的宗教老师 1990 年 3 月回忆说:"全班同学都听他的,老师们也以一定方式这样做。""他坦率沉着,绝不矫揉造作的领导方式中绝无讨好和过分殷勤的成份。""他想什么便说什么,他不会轻易因遇到什么阻碍便离开自己走的路。"

亨特·施密希回忆起他第一次记住科尔的名字和他这个人时的情景:"我曾在施派尔这座教堂城市当过老师,尔后调到路德维希港。在那里,我第一次在课堂上见到了赫尔穆特·科尔,我马上不得不注意到他。当我还在努力一个个地熟悉学生时,科尔举手要求'议事规程'发言。他的第一个问题便显然想让我难堪。他说:'我们想向您提两个问题。'而这些问题尤其在那时不是那么好'回答'的。""科尔向我问,天主教会对中学生和大学生的性欲是怎么想的? 又问我对此有何评价。我并没有生他的气,我认为,这个问题对我这个新来的宗教老师是一个陷阱,一种考验。从他的同学的反应中我可以看出,他自己正是这些问题的主谋。"

科尔一旦掌握了真理就从不让人。有一次,施密希与科尔之间发生了严重的分歧,原因是科尔不愿接受施密希的一个观点。在两个人争得各不相让的情况下,施密希要求科尔同他一起去施派尔的主教府,"到那里在更高的级别上把问题讨论清楚。"然而,到了主教府,面对教会的主教,科尔仍然毫不胆怯,一如在学校那样地进行论证,而且,最终将主教说服了。

施密希回忆说:"学校里,同学们不自觉地把科尔推为他们的头头,而老师们却认为他是一个不好对付的学生。不过,科尔并不令老师讨厌,他只是不作解释地干他认为是正确的和好的事情。而且,只要可能,老师和学生都将他视为可以借助的一臂之力:学校领导和老师用他作维护学生纪律和团结的杠杆,而学生们则把他当作使自己免遭不公正和吃亏的挡箭牌。而科尔则乐于成为这一角色,他在利用老师和同学塑造自己的威望。很明显,这威望随着时间的延续在不断递增。科尔经常能在恰当的时刻和合适的地方让由他挑选出来担任专门职务的同学们发挥作用……"

就在德国不得不在东西方力量的较量下分裂成两个国家的时候,中学生科尔正沉浸在他甜蜜的爱情生活中。科尔的女朋友汉内洛蕾·伦纳是文科中学的 15 岁学生,她出生于 1933 年,与科尔结识于 1948 年,那是在一次舞蹈课上,这堂舞蹈课是科尔精心组织的,上课地址选在弗里森海姆的"酒山"客栈。科尔请来专职舞蹈老师教舞,参加的人数很多,都是一些中学生。汉内洛蕾·伦纳也慕名前来。个子高人一头的科尔一眼就看中了美貌、清纯的汉内洛蕾·伦纳,他主动邀请比自己小得多的她跳舞。从此,两人逐渐熟识起来,感情越来越深,后来,他们成了一对情投意合的恋人。汉内洛蕾出生于柏林一个法尔茨籍高级工程师的家庭,在那段恋爱的日子里,汉内洛蕾常常坐在科尔小轿车的后排,当时,她有一个极惊人的特长,那就是她能在地图上迅速找到小轿车所处的位置,据说,这一"特长"是她父亲严格训练出来的。科尔常常是一边哼着小调,一边按照她提示的路线开车,他们一起下莱茵河游泳、一起洗蒸汽浴、一起开车去巴黎旅游。

不要责备科尔在国家濒临分裂的情况下沉溺于儿女情长,当时,他还是一个孩子,尽管他已是基督教民主联盟成员,而实际上他还不到 20 岁。

1949 年 10 月 22 日,科尔从《莱茵法尔茨报》上看到这样的观点:联邦政府"在实现德国统一之前是德国人民惟一合法的国家组织",它的"忠诚和关心"也属于德国中部的 1800 万德国人。这时的科尔已十分关心德国的前途,他和几个同学看到《莱茵法尔茨报》后进行了长时间的讨论,后来,经常在一起讨论的同学成立了一个"欧洲现实工作小组",科尔在这个小组里担任第二主席。这个小组后来还出了一名政治家:德国社会民主党联邦议员。

科尔除了担任"欧洲现实工作小组"的第二主席外,还在他与其他人于 1947 年成立的青年联盟担任第二主席,而且是基督教民主联盟的第 00246 号成员。可以这样说,作为一名中学生,他已经参与了不少政治活动。这一切也影响了他的学习成绩。据科尔的老师回忆说,科尔中学时代的学习成绩很不平均,他对文科感兴趣,对理科兴趣不浓,尤其害怕数学。为了能顺利通过中学毕业考试,从 1950 年春开始,科尔不得不强制性放弃自己的一些业余爱好和并非必不可免的义务以及费时的癖好。当时,有人以为是科尔刚刚结识汉内洛蕾,这实际上有点误解了科尔。

在中学毕业考试中,科尔的法语、英语考得很好,德语就更不用说了。他的作文《社会问题是市场问题吗?》受到评卷老师的一致好评,评卷老师在阅卷时甚至兴奋得停下了笔,读起了科尔的这篇作文。不过,科尔的数学还是考得太差了,没能及格,经过综合评定,科尔才通过了笔试。1950 年 6 月 8 日,科尔进行口试,在口试中,自信的科尔的回答与主考老师的观念产生严重的分歧。好在科尔很冷静,征得主考老师的同意,他找到许多论据,终于说服了主考老师,顺利地通过了口试。

通过了笔试和口试的科尔终于如愿以偿地领到了一份进入大学学习的"合格证",长达半年的担心终于有了结果,科尔直到此时才松了一口气。他再一次向同学们重复了他早在 17 岁就开始说的一句话:"我有朝一日要当这个州的第一把手。"

1950 年 10 月 15 日,德国高等学校开始招收新生,经过慎重选择,科尔进入了法兰克福歌德大学国家法和哲学系学习,选学国民经济学、哲学、法学和心理学。

然而,尽管科尔舍近求远来歌德大学读书,尽管他深知这样一支师资队伍并不是每一所大学都有,但是,他还是只坚持了两个学期,从1951年冬季开始,科尔转入海德堡大学学习。

1951～1952年冬季学期开始时,科尔在海德堡大学的法律系和哲学系都注了册。当时,在海德堡大学执教的有卡尔·雅斯佩尔斯、阿尔弗雷德·韦伯、亚历山大·吕斯托、多尔夫·施特恩贝格尔、古斯塔夫·拉德布鲁赫和维利·黑尔帕赫等,他们代表了这所大学的智慧与形象。

然而,日渐成熟的科尔终于发现,读史使人明志,读史使人能了解今天的社会,读史使人能够更加稳妥地驾驭今天的政治。于是,从二年级下半学期起,科尔改变了学习法学的打算,选学历史,并以此为主课,兼学国家法、公共法和政治学,准备攻读博士学位。

在完成博士论文期间,科尔为党的工作也不惜花费大量的时间和精力。比如,在1957年联邦议会的竞选中,他作为选区竞选领导人,常常深更半夜,随着张贴宣传画的小组出去活动。

经过两年的辛勤劳动,1958年初,长达160页的论文脱稿了。科尔的这篇论文共分为18个部分:(1)德国西部的边界问题以及盟国对德政策中的莱茵兰问题;(2)法国的对德政策和法国东部的边界问题;(3)自1945年德国崩溃到1947年莱茵兰—普法尔茨州建立期间普法尔茨地区的政治地位;(4)政府权力的实施和法国占领当局建立的中莱茵—萨尔省的解体;(5)中莱茵—萨尔省建立的意义;(6)1933年前普法尔茨地区的政党;(7)1945年(德国)崩溃后在普法尔茨地区重建的政党对该地区政府机构及行政管理的影响;(8)普法尔茨地区基督教民主联盟的建立;(9)普法尔茨地区新建的基督教民主联盟及其纲领的发展;(10)普法尔茨地区基督教民主联盟党组织的建设;(11)普法尔茨地区社会人民联盟的建立;(12)普法尔茨地区社会人民联盟的纲领和指导思想;(13)普法尔茨地区共产党的重建;(14)普法尔茨地区共产党党纲的说明和方针;(15)普法尔茨地区社会民主党的重建;(16)普法尔茨地区重建的社会民主党的纲领要求;(17)战后普法尔茨地区的首次选举和关于莱茵兰—普法尔茨州宪法的讨论;(18)1945年后莱茵兰—普法尔茨州地区的分裂主义。

科尔的博士论文于1958年7月28日举行答辩。这篇论文论述的是政治问题,但一点也不枯燥,其文笔流畅,材料详实,内容具体,分析透彻,指导教师和有关行家阅后大加赞赏,只是由于科尔当时仍太穷,没有能力支付昂贵的印刷费用,因而未能正式出版发行。

论文答辩时,导师富克斯和正教授恩斯特就历史对科尔进行了长达1个小时的提问,但却没有涉及到论文的具体内容。副科法律和政治学的口试由福斯特霍夫和施特恩贝格尔主持,他们分别对科尔进行了半个小时的提问。32年后,导师富克斯回忆说:"和其他考生一样,科尔也讲述了三大历史范围。最后,就学术答辩的水平评分,科尔的成绩是'令人满意'。"

综合博士论文和口试的考绩,科尔最后的总分是"加以表扬",这是博士考试成绩的第三个档次。最后,科尔被授予哲学博士学位,戴上了令全家人高兴不已的博士帽。

走上政坛

获得博士学位的科尔已经是基督教民主联盟的老党员了。我们再回过头来看一看科尔初入政坛之路。

据科尔本人介绍，早在 16 岁，他就开始从事"政治活动"了。从 1946 年开始，科尔就已经是基民盟成员了，1947 年还成为青年联盟成员。

科尔加入基民盟时，路德维希港还没有基民盟的青年组织——青年联盟。青年联盟于 1946 年开始以各城市、各地区为基础陆续分散组建，后来才逐渐成立州级组织。通常，青年联盟内，基民盟成员的比例占一半左右，成员的年龄在 40 岁以下（1968 年起改为 35 岁以下），有人形象地称青年联盟为基民盟的"政治基础学校"，其成立的主要目的与任务也确实是进行政治教育工作。因路德维希港基民盟内德高望重的老人对成立青年联盟持消极态度，所以路德维希港青年联盟成立工作迟迟未能进行。后来，州内大部分地区都成立了青年联盟，路德维希港基民盟才不得不开始组建青年联盟。科尔是组建青年联盟的热心者，他在路德维希港青年联盟成立后担任弗里森海姆青年联盟主席，成为基民盟党内最年轻的领导人。那一年，他刚刚 17 岁，在中学读 7 年级。

成立了路德维希港青年联盟后，科尔又积极投入筹建县级组织，并计划竞选主席。1947 年 10 月，州民盟第一次党代会在凯撒斯劳滕召开，由 5 个区选举产生的 25 名代表参加，科尔被普法尔茨选区选为代表，会上，选举了州基民盟执行委员会，并讨论了组建青年联盟等事项。作为一名最年轻的代表，科尔从其他党员那里学到了很多党内党外知识。1948 年，科尔所在县青年联盟成立，科尔被选为副主席。不久，普法尔茨区青年联盟成立，科尔再次参加竞选主席，结果以一票之差未能当选。

1949 年 8 月 13 日，离大选的 8 月 14 日仅剩一天时间了。基民盟在路德维希港举行最后一次竞选大会，根据大会的预先安排，由当地一位很有威望的政治家主讲，19 岁的科尔作为第二演讲人代表青年人发表讲话。当时，科尔中学还差一年才毕业，且还没有过登台发表演讲的机会，所以，一入会场，他有点紧张。但是，当第一演讲人从容不迫地讲完后，科尔看到了台下专门来为自己鼓劲的启蒙老师约翰内斯·芬克。老师慈祥的目光鼓励着科尔，于是，小小的科尔如入无人之境，滔滔不绝、很有风度地演讲起来。

科尔的演讲引来了阵阵掌声。这之后，科尔被推举为莱茵兰—普法尔茨州青年联盟的主要演讲人之一，经常出现在莱茵兰—普法尔茨州基民盟的各种集会上。

1953 年秋，莱茵兰—普法尔茨州换届选举后的第三年，普法尔茨基民盟领导班子进行了调整，需要增补一名执委会成员。参与竞选的候选人有两个，一个是著名酒城兰道市市长阿洛伊斯·克雷默尔博士，另一个候选人便是青年联盟的代表科尔。

这时的科尔仅仅 23 岁，还是海德堡大学三年级的学生。克雷默尔博士是当地很有影响的老政治家，且是一家私人印刷厂的老板，而且，他还曾担任过《莱法人》日报出版社经理。开始，人们以为，科尔根本无法和他相提并论，克雷默尔博士获胜将易如反掌。但是，熟识科尔的人可不这样认为。科尔早年的老师施密希早在 1952 年就与科尔打赌，说科尔日后至少当上部长，否则愿输一箱葡萄酒。科尔的另一位老师也认为科尔会赢得这场竞选，他说科尔在政治讨论中从不看中对手的官职或头衔，而是其论点。他认为科尔的人格魅力决定他会赢得这场竞争。

果不其然,选举的结果是23岁的科尔成为普法尔茨专区基民盟执委会委员,这个结果犹如一颗巨石,将基民盟这潭表面似乎还很平静的水击得巨浪冲天。党内元老派们开始惊慌起来,彼得·阿尔特迈尔脑海里的第一个感觉便是:党内人心思变,年轻人的挑战已渐渐地对他的权威构成威胁。

1958年夏,28岁的科尔取得博士学位。离开学校后,科尔面临的第一个问题便是如何选择今后的人生之路。他知道,莱茵兰—普法尔茨州议会换届选举在1959年举行,当时摆在他面前的路有两条,其一是从政,其二是先找份工作,首先在经济上取得独立。

经过周密的考虑,科尔决定先找一份工作,在经济上取得独立。因为,科尔认为,尽管自己当时在党内已有一定的地位,如要竞选议员已不太困难。但是,那时的议员是一种荣誉职位,而且,议员是由公民直接或间接选举产生,任期有限,没有终身任职制,所以,没有一个固定职业,将来会遇到许多困难。

由于科尔早就步入政坛,一直在路德维希港从事党的工作,接触的各行各业的人士也很多,所以,在企业找一份工作可以说易如反掌,许多企业都愿为他提供理想的工作。

莫克铸铁厂是一家颇具实力的企业,其厂长瓦尔特·莫克早就与科尔相识,两人志同道合,关系密切,科尔一获得博士学位,莫克就来到学校相邀,于是,科尔谢绝了其他企业的邀请,来到莫克铸铁厂,担任厂长助理。

1959年,科尔离开了莫克铸铁厂,来到莱茵兰—普法尔茨—萨尔州化工协会,负责路德维希港化工协会的工作。赴任之前,科尔提出了一个令人费解的条件:不参加有关劳资双方的工资谈判工作,也不参加劳工法院有关劳工事务的审理工作。科尔的这个条件获得有关方面的同意。后来,人们才得知,科尔之所以提这个令人费解的条件,是因为科尔期望在政界有所作为,他并不想长期在企业工作,一旦时机成熟,他将离开企业界而完全进入政界,而作为一名政府官员,他不但需要企业家的支持,同样需要广大职工的支持,因此得罪谁都不适宜。

1959年是科尔在州化工协会工作的第一年,这一年,联邦德国举行了第三届总统选举。原联邦总统特奥多尔·豪斯已连任两届总统,根据联邦德国基本法的规定,总统最多只能连任两届,所以,1959年任职期满后,将不能参加竞选。在新总统候选人的问题上,基民盟党内出现了分歧,经过反复协商,才统一了意见,最后推选海因里希·吕布克出任总统候选人。7月1日,吕布克当选为联邦德国第三任总统。

1959年春,对于东德和西德来说,都是不平常的一年。由于东西方两大军事集团日趋严重的直接对立,德国最大的城市柏林成为东西方冷战的前沿阵地,到1959年,长达6年之久的柏林危机愈演愈烈。

就在"柏林危机"日加激烈的1959年,莱茵兰—普法尔茨州迎来了它四年一度的州议会选举。由于柏林危机的加剧引起国际形势异常紧张,联邦德国国内的政治形势更是令人神秘莫测,为此,执政的基督教民主联盟对此次地方选举极其重视,基民盟联邦主席阿登纳(此时任联邦总理)决定亲自到莱茵兰—普法尔茨州发表演说,为莱茵兰—普法尔茨州基民盟争取选票。

阿登纳参加的集会定于4月3日晚在路德维希港举行。为了使这次集会达到预期的目的,基民盟负责全国竞选工作的总书记弗里茨·克勒尔专程从波恩赶来路德维希港,与科尔一起负责集会的准备工作。经过两人多次协商,双方一致同意将会址选在繁华的集市广场,在广场架起两顶可容纳八千余人的巨型帐篷。

4月3日8点20分,在州长阿尔特迈尔等人的陪同下,联邦总理阿登纳精神矍铄地登上讲台。会议时间不长,只有三人发言。首先,科尔致欢迎词,接着阿尔特迈尔州长发表演说,联邦总理阿登纳最后发言。

科尔精神抖擞、笑容满面地走上讲台致欢迎词。他的欢迎词有着强烈的感染力,一下子将会场内的气氛活跃起来。阿登纳是第一次听科尔演讲,他渐渐地被这个高个子年轻人的精彩演讲所吸引,他悄悄地问身边的州长阿尔特迈尔说:"这位年轻人很有发展前途,他叫什么名字?"

阿尔特迈尔详细地介绍了科尔的情况,阿登纳连声说:"这个青年很有活力,好好培养很有前途。"

在这次选举中,科尔由于在党内用人得当、知名度高而与他的两位好友,即来自特里尔的霍尔肯布林克以及来自科布伦茨的海因茨·施瓦茨一同进入议会。他们三人情投意合,目标一致,不久便被人们冠为"科尔分子"。

科尔进入议会,是人们早就料到的。年初,他当选为路德维希港县基民盟主席。州选举前,党内酝酿州议员候选人名单时,科尔又排在了有利的位置。所以,科尔非常容易地步入了州议会。而霍尔肯布林克和施瓦茨则不然,他俩进入议会,着实费了一番周折。

按照议会的规定,新当选的议员在何专门委员会任职,需要自己先提出申请,然后由议会党团主席根据具体情况最后作出安排。不久,大家的申请就交了上来。议会党团主席威廉·博登看完科尔的申请表后,大为吃惊。一天,博登把科尔的好友苏珊·赫尔曼斯·希勒斯海姆找来,对他说:"科尔这年轻人也太狂了,竟然申请在预算和财政委员会任职,这不行。请你帮助转告科尔,他的要求不合适,最好先在一个不太重要的委员会工作,做出一些成绩,四年后再考虑进入这类重要委员会工作。"博登说完自己的意见后,又加了一句:"请你转告他,这也是阿尔特迈尔的意见。"

苏珊·赫尔曼斯·希勒斯海姆听了博登的一番话后,即如实地转告了科尔,也劝科尔现实一些。然而,进入州议会仅仅是科尔近期的目标,他的更远大目标早已制定,他在内心深处常常告诉自己:"我迟早要当联邦总理。"所以,科尔认为,一旦进入州议会,一定要进入重要部门,早点了解政坛的内幕,所以,科尔不顾博登等人的反对,坚持申请在预算和财政委员会任职。好在州长阿尔特迈尔认为科尔很有才能,在既恨又爱中同意他进入了预算和财政委员会。

1960年初,议会讨论经济预算,议会党团主席博登安排科尔作专题演讲。这是科尔当选议员后第一次在议会演讲。

1960年6月27日,科尔与相恋多年的未婚妻汉内洛蕾在弗里森海姆圣·约瑟夫教堂举行了婚礼。此时的科尔已30岁,既从政,又是化工联合协会的工作人员。而汉内洛蕾也已27岁,在巴斯特的企业任外语秘书。

科尔与汉内洛蕾在科尔18岁时相识后,就形影不离。此后,因各自事业的追求而天各一方,他们曾整整分隔了11年,这11年内,科尔在法兰克福、海德堡上大学,而汉内洛蕾则到盖尔麦斯海姆和巴黎去学英语和法语。在这11年里,书信成了他们之间倾诉相思的惟一纽带。汉内洛蕾曾这样回忆说:"11年中,我每星期总可收到3～4封科尔的来信。"后来,汉内洛蕾将她精心保存的科尔来信数了数,一直到结婚,科尔总共给她写了 2000 封表达爱恋的书信。他俩于 1958 年定婚。

新婚刚刚过去,科尔又一门心思投身于政治活动当中。1960 年 10 月,路德维希港举行市议会选举,在大家的一致推举下,科尔当选为市议会基民盟议会党团主席。在这一岗位上,科尔整整工作了 19 个春秋,积累了大量丰富的地方工作经验。

1963 年 5 月 9 日,基民盟议会党团主席选举开始了,科尔以 38 票赞成、3 票反对的绝对优势当选为主席。这样,科尔迈向州长宝座的道路已基本铺平了。同年 10 月 4 日出版的《莱茵信使报》这样评论道:"这次选举结果并非出人意料,在上届立法期内,别看科尔是个新手而且是最年轻的议员,但已有破竹之势……"该文援引多方书面材料,以证实这位议会党团新主席的"干练才能",该文还说在党的高层领导那里,"他从来没有靠山或后台老板"。该文认为,科尔信赖的人马来自青年联盟,依赖的是自己"老家"普法尔茨基民盟基层党员对他的支持。

科尔当选为基民盟议会党团主席后的第一件事就是建立了议会中新的交往方式,这在迄当时为止的"老先生议会"中被视为禁区。在讨论中,科尔常常充满自信地要比别人高出一筹,而不管发言者的年龄和声望有多高。他纠正别人的发言,或指出别人违反议事规程而打断他们的发言,只要别人是出于炫耀而大讲其成绩时,他就认为这样做是毫无意义的。反之,如果科尔想使某项事务"获得通过",他就会硬着头皮讲下去,而不管大会主席的摇铃,或要求遵守规程及其他插话叫喊。科尔的政策充满较量的色彩,这尽管随之不久便引起了与社会民主党之间的麻烦,却使他有了追随者。社民党人汉斯·克吕贝尔从 1957 年起任市长,科尔通过自己对他近乎"粗鲁"的指责使他经常不知所措。克吕贝尔是行政专家,在行政管理方面颇有经验,可是在议会的较量中,往往败在这位年轻的基民盟领导人手下。科尔总是要求他克服机构臃肿和官僚办事习惯。

跟市议员和州议员一样,基民盟和青年联盟的干部如果没有额外收入,连自身的生存都难以保证。所以,在科尔从事政治活动时,他一直在企业供职,直到 1969 年当选为莱茵兰—普法尔茨州长,他才完全脱离了企业界。

1964 年 10 月,莱法州基民盟在诺伊施塔特举行代表大会,科尔在这次大会上如愿以偿地实现了领导层更新换代的目的,他自己也作为国务部长爱德华·奥尔特的接班人被选为基民盟党的专区主席。在朝着自己制定的目标前进时,他有条不紊,目的明确,他十分清楚地知道,他将不得不力排众议,克服习以为常的做法和消除僵化的结构。据《普法尔茨人报》1965 年 5 月 16 日报道,当科尔的权力及其对事态发展的个人影响早已稳固之后,他于 1965 年公开预言说:"今后若干年里,全州将会出现百年不遇的结构性变化。"该报介绍说,在内政方面,科尔主要投身于教育事业、幼儿园和托儿所、妇女再就业和社会生活中的平等地位和司法与行政改革方面的问题,该报一再地提到基督教民主思想财富的基本原则,说科尔非常愿意把这些基本原则作为执行政策的方针。该报指出,科尔不仅在党内,而且在公共场合多次提出,要"思想大转变","要抛弃旧结构和旧习惯"。科尔号召所有公民参与建设"一个民主的德意志国家",这个国家"既不应是纳税人的团体",也不应是"各种组织的组合",更不应是"任何一种虚伪、冷酷和官僚主义的机制。"

科尔取得了节节胜利,相反,州长阿尔特迈尔却连连失利。他终于开始服输了。1965 年 4 月 30 日出版的《法兰克福汇报》说科尔"已经把议会党团主席和议会党团建成为除了州长和州政府以外的第二个权力中心,并且善于发挥这个中心的作用,""整个年轻的一代"都站在了科尔的一边,把科尔"视为是一种政治舞台上的年轻英雄,在这个舞台上,老一代人几乎是在不受任何限制的情况下统治了 15 年之久。"1966 年 2 月 9 日出版的《自由报》甚至这样宣称:州议会里没有科尔博士的时代曾持续了不短的时间,科尔博士曾经有几年无法发挥现在落在他肩上的那种有影响的作用。尽管现在该州的基民盟和由它领导的州政府与这位朝气蓬勃的州议会党团主席之间还有一些差距,但是,这位议会党团主席正以巨人的步伐向基民盟莱法州主席宝座和州长的交椅迈进。

1969 年 5 月 16 日,在莱茵兰—普法尔茨工作和生活了 22 个春秋的彼得·阿尔特迈尔州长不得不正式宣布辞去州长的职务,由科尔接替他的这一职位。

阿尔特迈尔交权实在迫于无奈,这位年近七旬的老人曾经对基民盟党的工作作出过巨大的贡献。今天,在年轻一代逼人的气息下,他不得不含泪告别政坛。

刚刚当上州长的科尔的年纪只有他前任阿尔特迈尔州长的一半。从学生时代起就不断研究名人传记的科尔极欣赏丘吉尔的这一观点:"政治家必须能够预见到在政治上明天会发生什么,后天将要发生什么,来年又将发生什么。同时,他也必须有能力说服别人确信,为什么这一切后来又没有发生。"科尔同时认为,作为一名政治家,还必须具备能叫人看得见、确确实实的个人条件,主要是才智敏捷、理解力强、身体健康、体力好、耐力强以及有善于同人打交道的能力,同时具有某种内在的幽默感。

科尔当上州长后,每个莱茵兰—普法尔茨州的居民都从当地传媒上得知,一个地地道道、土生土长的普法尔茨人出任他们的州长。科尔非常懂得利用普法尔茨人这一身份赢得包括其他党派在内的同乡人的热烈欢迎。1969 年 5 月 20 日,科尔对传媒发表讲话时说:"请允许我指出,我当选为莱茵兰—普法尔茨州的州长,意味着第一次由一个普法尔茨人担任我们州最重要的职务。"

精力充沛的新州长科尔以两袖清风的姿态立志改革。他常常嘴里叼着烟斗,深入到群众中去"欢迎对领导个人的批评"。他为政从简,把应酬排场减少到最低程度。州的各级官员实施"接近选民原则",他本人也实行州长定期公开接待日,公布州长接待群众的时间表,亲自接待来访者,并让人们直接称呼他的名字,而不称州长。他在州议会里挂起 1832 年在汉巴哈宫前飘扬的旗帜,象征着他奉行 1832 年汉巴哈节战士们争取自由和统一的政策。1972 年,他推行了"市民代表制",仿效瑞典设立专门机构,聘请市民代表作为政府和市民的中介人,以沟通情况、化解矛盾。科尔的这些举措,在联邦德国均属首创。

科尔的改革政策是大刀阔斧的,从 1969 年 5 月的最后一周起,一批为数不少的官员和政治上的"世袭者"不得不打点行装另谋出路。与此同时,一批新人被委以重任。这些人事方面的调整,显示了"州政府的新风气"。在这个时期,以及以前曾在科尔手下工作或与之共事过的官员中,有不少人以后成了联邦德国知名的政治家,这与科尔对他们的提携和支持是分不开的。

为了便于进行经济改革,科尔于 1974 年重新划分了莱茵兰—普法尔茨州的行政区域。将原来的 5 个行政区改为 3 个,即科布伦茨区、特里尔区和莱茵黑森—普法尔茨区,下设 12 个直辖市,24 个县,164 个联合乡和 2272 个地区。新的行政区划分意味着无数地方自治权被取消了,使联邦政府的各项计划能很快在各地方贯彻。科尔以极大的热情推行政区划的改革,备受赞扬,其他各邦也相继效法。

然而,尽管科尔政绩卓著,赢得了党内外选民的信任,但是,科尔所走的路仍然并不一帆风顺。1971年10月初,科尔在与当时的基民盟议会党团主席赖纳·巴泽尔角逐基民盟主席一职时,就遭到了一次沉重的打击。科尔在1976年回顾这段插曲时曾说,自己之所以遭到失败,是因为自己当时太"不识时务"。科尔介绍说,早在1971年8月初,基民盟的州一级党组织以及党的主席团已一致提名巴泽尔为党的主席候选人。但当时心高气傲的科尔没有理会这一点,仍在萨尔布吕肯举行的第十九次基民盟党代会上与巴泽尔展开了竞争,当时,只有汉堡、下萨克森、莱茵兰—普法尔茨3个州的基民盟执委会以及附属的青年联盟和基民盟社会委员会支持科尔,而其他大多数州和地区的基民盟组织早在选举前的两个月已一致推举巴泽尔为党主席候选人。在10月4日的选举中,巴泽尔获得了520张选票中的344票,而科尔得票仅为175张。事后,科尔不甘示弱地公开说:"谁要干一番事业,就要敢于挑战"。后来,科尔终于发现,他对思维敏捷、能说会道的巴泽尔估计不足,而且,巴泽尔有一批有威望的基民盟州主席支持。后来,科尔对自己不加思考盲目冒进的行为进行了自我批评,并把它视为"不识时务"而记载在脑海深处。

科尔从失败中汲取了教训,于1973年6月12日在波恩举行的第二十一次党代会上,以获得600张选票中的520票当选为基民盟联邦主席。自1982年以来担任联邦新闻局国内处处长的政治学教授沃尔夫冈·冈格斯多夫在1971年时曾是基民盟的代理发言人,他曾亲眼目睹了科尔是如何克服在萨尔布吕肯所遇到的困难。他在1990年初回忆说:"1971年10月,德国的一场重要演出在萨尔州大厅举行。在德国基督教民主联盟的历史上,首次有两位政治家为了继承康拉德·阿登纳的遗产而竞争该党主席的职务。从1966~1969年在大联合政府担任总理的库特·格奥尔格·基辛格辞去了基民盟主席的职务,把这个位子让给一个较为年轻的人。当时担任基民盟和基社盟议会党团主席的赖纳·巴泽尔利用其反对党领袖的身份,在过去的一段时间里已大大加强了自己的地位。他想使自己在预计于1973年举行的联邦议院大选中理所当然地成为联邦总理勃兰特的竞争对手,而在萨尔布吕肯举行的党代会上他能否当选为党的主席,则是他成为联盟党总理候选人的先决条件。对于被社民党和自民党联合政府在1969年取而代之的联盟党来说,这意味着继续推行其迄今为止的反对党纲领,批评家一再称之为等待中的执政党。联盟党还一直没有进入反对党的新角色,他们在联邦议院中的所做所为,在别人看来好像还担负着政府责任似的,或者好像勃兰特政府马上就要垮台,他们又要掌权似的。

科尔在莱茵兰—普法尔茨州长任内,政绩显著,赢得了选民的信任,与社会民主党也相处得较为融洽。当年的美因兹市长、社会民主党人约克尔·富克斯,在科尔去波恩任职后,曾撰文谈到当年基民盟在科尔领导下与社民党共事的情况。他认为:"相互接触,有时甚至妥协,是必要的。对此,我与科尔有相同的看法。那时,我们都在实际的、积极的民主政体中工作,积累经验。民主政体只有具备实际、积极这两个先决条件,政府与反对党才有可能共事。我同科尔经常来往,经常一起交谈,不过我们不谈意识形态方面的分歧。经常来往并不是说我们之间不存在政治党派。实际上,我们之间的立场毫不相同,大家都在试图实现自己的政治目标。比如,在美因兹巴罗克式德意志大厦的州议会上,两党之间相互争论的事时有发生,但是,争论之后,我们又坐在一起,相互间又恢复了过去那种热情。"伯恩哈德·福格尔是接替科尔的州长职务的,他对前任州长科尔给予了相当高的评价:"在科尔的领导下,莱茵兰—普法尔茨变成了一个充满希望和活力的州。尽管这个州是由阿尔特迈尔创建的,但是,只有科尔当政之后,这个州才变成了联邦德国最有生机的一部分。经过科尔政府的行政改革、兴建高等院校以及社会政策方面的调整,这个州几乎在一夜之间神奇地变成了联邦德国各个州的领头羊。这一点,联邦参议院看得尤为明显。可以这样说,这一切的取得,全都应该归功于科尔的政策。"

进军波恩

科尔 1969 年 5 月当选为莱茵兰—普法尔茨州州长时,是整个联邦德国最年轻的州长。但是,科尔的目标并不仅仅在于一个州长的宝座,他在心中早就盯着联邦总理的位置了。

1973 年,在全体基民盟党员决心寻求一位强有力的领导的情况下,科尔又一次被推举出来。当时,基民盟的党员决定寻找的领导有如下要求:不一定在某一方面很内行,但必须具有一种魅力,能让人充满信心和一股向上的动力,以便把基民盟失去的传统选民重新夺回来。基民盟党员挑过来找过去,也只有科尔一人合适,于是,43岁的科尔在这次党的特别代表大会上被一致推举为基民盟联邦主席,成为基民盟历史上最年轻的主席。同一次大会上当选为党的总书记的是库特·比登科普夫。

从最年轻的州长到基民盟联邦最年轻的主席,科尔越来越成为全国民众瞩目的政治领袖。

1976 年 10 月 3 日,联邦议院大选,基民盟和基社盟得票 48.6%(基督教民主联盟38%,基督教社会联盟 10.6%),成绩出人意料,离绝对数仅差 35 万张选票。而施密特领导的执政联盟仅获 50.5%的选票(社会民主党为 42.6%,自由民主党为 7.9%)。

这次选举的结果充分说明科尔具有总理竞选人的素质,说明他热情和真诚地从事政治活动,以及接近人民群众的态度,赢得了公众的信任和喜爱。只是因为科尔领导的联盟党所得选票数没有超过 50%,再加上自民党不顾脱离执政联盟,所以科尔未能上台执政。

然而,几乎所有的人都认为,虽说赫·施密特保护了权力,但真正的胜利者是科尔,因为,科尔是非执政联盟的领袖,且是第一次竞选如此重要的岗位,而且是与现任总理相较量。而且,科尔的联盟党在这次大选中的得票率比 1972 年大选时上升了 4个百分点,已成为议会中实力最强的政党。

自从科尔当选为基民盟联邦主席后,在连续几次党代会上,都受到了代表们的欢迎。然而,正如俗话所说的那样,树大招风,在对科尔的一片赞扬声中,也悄悄地刮起一股反对之风。1966 年靠科尔支持出任联邦总理,后于 1969 年被维利·勃兰特所替换的库特·格奥尔格·基辛格多次暗示,联邦议院议长卡尔·卡斯滕斯将会取代科尔。而且,自科尔 1976 年 10 月 3 日在一次电视采访中公开表示他想成为联邦总理后,基社盟主席施特劳斯对他的攻击越来越猛烈。早在 1977 年初就对施密特总理的缺乏自信以及他同自民党的矛盾了如指掌的科尔,希望能在不久的将来争取自民党和联盟党联合,而这一点对施特劳斯来说,只是不识时务的天方夜谭而已。1977 年 6月,施特劳斯指责科尔以一种不可忍受的方式向根舍讨好,并且企图在波恩和其他州败坏科尔的名声。直到 1987 年,也就是他猝死的前一年,他在对约瑟夫·罗万提到科尔时,仍然这样说:"我每天早晨都在问自己,究竟是应该推翻他,还是应该支持他。"因此科尔不得不时时刻刻提防着他。当时的报刊在提到科尔时,也开始指责他仅仅是一名地方性的政治家。基民盟内部也有一些人认为科尔遇事常常优柔寡断。

实际上，来到波恩的科尔已不再做那些"短期行为"的事情了。1976年10月初下决心成为联邦总理的科尔将自己的行为和目标早就确定了下来，他现在正一步一步地脚踏实地地实现自己的大政方针。

一直致力于登上总理宝座的科尔还是按计划一步步地争取选民。他在表示同施密特进行不同程度的"合作"，尤其在有关对付恐怖主义活动方面上的"合作"之后，毫不留情地在1978年6月初指出施密特总理的"严重的弱点"：显而易见的是内政各个方面已处于停滞状态。目前议会的状态是，每隔几个星期联邦总理就发表一项政府声明，声明毫无内容，基本上是报告其出访情况，因为对在联邦共和国的政府活动他无从谈起，这种活动已陷入停顿。

1979年1月24日，科尔在联邦议院作了一次较为成功的演讲，这次演讲，使科尔在新闻媒体记者的心中留下了良好的印象，赢得了相当部分传媒的支持。1月25日，《科隆评论报》的一篇文章称科尔为"一位有韧性的反对党领袖"。该报的另一篇报道说："科尔的一段话特别触及了自信的总理"。科尔的这段话说："你已不知怎样执政了，所以你求助于首脑会晤——一个首脑接着一个首脑地会晤，这样就可以使你的报告尽可能不谈国内公民关心的事。自我表演代替了领导工作。"

从1979年初开始，科尔在公众面前着力展现一种全新的形象。《斯图加特新闻报》年初的一篇文章标题为《一股电流冲击了联盟党科尔赢得一片掌声》；《法兰克福新新闻》报赞扬道：科尔是"所能想象的最好的科尔……他使联邦总理目瞪口呆"，"是当之无愧的佼佼者"。

1979年春，联邦总统预选，当时，社会民主党赞成自由民主党人瓦尔特·谢尔连任总统，攻击基民盟提出的候选人卡尔·卡斯滕斯曾参加纳粹党。科尔的一些顾问，也主张支持谢尔连任，认为这样可与自民党达成交易，换取他们将来同意与基民盟联合组阁。然而，科尔却敏锐地识破了社民党的图谋，他没有为党内的那些顾问的主张所左右，凭着他的政治敏感，坚持自己的既定方针，1979年5月23日，卡尔·卡斯滕斯终于被选为联邦德国第五任总统。

1979年5月中旬，科尔在杜塞尔多夫沙多广场遭遇了一次炸弹谋杀，在这件谋杀事件中，科尔处危不惊，给人们留下了镇定自若的印象。《西德意志汇报》5月17日报道说："事件发生后，科尔在有2000人参加的集会上表现得泰然自若。"科尔在这次炸弹谋杀之后对记者说，任何炸弹的威胁也不会吓倒他，因为一位政治家的命运总有威胁相伴随。

1981年2月初，在为期4天的财政辩论期间，记者们意外地看到，科尔对政府的计划采取了广泛的支持态度，比如在外交政策、武器出口和安全政策方面。当然，科尔也猛烈地抨击了施密特和他的第三届政府，认为这届政府是一个"即将倒台的政府"。科尔谴责施密特具有"关键性的弱点"，认为由于社民党和自民党之间的派系之争，社民党已"丧失了政治活力"。科尔批评社民党的左派企图取消北约的双重决议以及为苏联在波兰国内政局发展方面所实行的政策火上加油。他责问道："如果苏联人看到社民党是如何背离自己的总理，从而背离了整个北约，并且打算放弃1979年双重决议中所拟定的应在谈判倡议的同时所进行的补充军备的话"，"苏联怎么会愿意就欧洲的中程导弹进行谈判呢？"科尔指出，社民党的一部分领导人的这种态度是有害的，他们不断地批评"美国新一代领导（指里根）的对苏声明"，其影响是有百弊而无一利。

对于联合政府的能源政策以及德国国内对核能源的争论,科尔指出:"目前,思想家们正进行着一场不顾我国前途和公民利益的辩论,从表面上看,这场辩论只涉及能源问题,实际上却是要束缚经济,其根本目的是要改变整个德国的经济结构。"科尔对施密特说,反对党准备在能源政策上同他及其政府合作。科尔强调说,之所以发生能源供应状况的日益困难,其根本原因就在于"近七年的耽搁"和"联邦总理持续性的执政弱点"。

科尔的言行不仅在党外,同时也在党内获得了广泛的欢迎。1981年3月9日,在基民盟在曼海姆举行的第29次党代会上,科尔再次以绝对多数票(715张有效选票中的689票)当选为联邦执委会主席。这次党代会开得异常顺利,没有发生任何人事争执,这在基民盟的历史上是前所未有的。当时,尽管患重感冒,科尔仍然豪情满怀地发表了重要演说。3月10日出版的《法兰克福汇报》这样报道说:在2个小时的原则发言中,他怀着演说家富有的激情,把党描绘为"新型的反对党",并博得了基社盟头面人物齐默尔曼·施托伊伯、施特劳斯、多林格内等人的喝彩。此时,科尔再一次发现,在他认为有了"崭新的联盟感"的联盟党内,已不存在能与其抗争的对手。

在这次党代会上,尽管科尔和施特劳斯均显示了团结及个人间的和好,但他俩的发言表现出策略上的不同。施特劳斯认为联盟党所需要的只是等待通过无情而猛烈的轰击就能使之加速到来的议会大选这一"真相大白的时刻"。而科尔却恰恰相反,他反而呼吁人们为了整个国家的利益,有义务持建设性的态度,并准备再当4年反对党领袖。

当选总理

1980年10月5日大选之后,尽管由社民党和自民党组成的执政联盟再次当政,施密特再次连任总理,但是,就是从施密特新政府上任那一天起,社民党和自民党联合政府内部开始出现分裂的迹象,社民党的基层也开始出现了拆台现象,大约有一万名党员脱离母党社民党而成立了一个右翼政党。

随着形势越来越明朗,科尔发现,一个走上总理宝座的机会来了。因为,联邦德国《基本法》规定,反对党通过联邦议院投票表决的方法取代执政党是重新组织新政府的一种手段,人称"建设性不信任案"或"建设性不信任投票"。根据《基本法》第67条规定,反对党可以提出一名新总理对原总理表示"不信任",如该议案获得联邦议院半数以上议员的赞同,新总理就可获得组织新政府的权力。

由于科尔多年来注重维护同自民党高层领导人的关系,特别是与自民党主席汉斯·迪特里希·根舍关系亲密,所以,形势对他极为有利。根舍向科尔保证,自民党不会反对基督教联盟党制定的政策,科尔则向根舍许诺,一定会帮助自民党保住其地位。

科尔与自民党人的频繁接触引起新闻界的关注,新闻界猜测,科尔很可能要通过提出"建设性不信任案"途径上台执政。然而,说起来容易做起来难,1972年4月,基民盟联邦主席赖纳·巴泽尔就曾试图通过这一途径推翻勃兰特政府,但未能成功。现在,要想通过提出"建设性不信任案"上台执政,必须得到联邦议院497名议员中的249名议员的支持,然而,联盟党在联邦议院中仅占226席,因此,要想成功,还必须获得 23 名自民党议员的支持。由于自民党内部对于这一做法尚存异议,因此,就连自民党主席根舍,对于科尔能否获得足够的 23 票也心中无数,就更不用说科尔了。

自民党与社民党分手后,科尔与根舍进行了频繁的磋商和谋划,科尔说:"使波恩政局得以变化的人物显然是汉斯·迪特里希·根舍,这是他作出的历史功绩。"

9 月 20 日晚,科尔与根舍以及基社盟主席施特劳斯举行了长达数小时的会谈,三人商定,在 10 月 1 日那天对现政府提出"建设性不信任案",选举基民盟主席科尔为联邦总理,并决定在 1983 年 3 月 6 日举行大选。

三人会谈之后,科尔当即召集了联盟党议会党团会议,会议一直开到 21 日凌晨。会上,科尔向出席会议的议员介绍了他们刚刚达成的协议,并进行了秘密投票。投票结果,科尔以 228 票赞成、1 票反对、1 票弃权的绝对多数当选为联盟党总理候选人。同时,自民党主席也召开会议,通过了三人协议。9 月 27 日晚,基民盟、基社盟、自民党三党领导人在联邦议会大厦科尔办公室就今后的执政纲领进行了协商。出席这次会议的除科尔、施特劳斯、根舍外,还有自民党的沃尔夫冈·米施尼克、奥托·拉姆斯多夫,基社盟的弗里得里希·齐默尔曼和基民盟的格哈德·施托尔滕贝格。七人会议开得严谨、愉快、轻松、活泼,会议一直进行到 28 日凌晨 1 时,大家达成了共识。协议就人事问题作了安排:在新政府中,基民盟有 7 名部长,自民党有 4 名部长,基社盟分得 5 个管辖范围,它的主席施特劳斯不参加组阁,仍在慕尼黑担任巴伐利亚州州长。最后,以 7 人同饮完一杯葡萄酒结束了这次会议。

9 月 28 日,联盟党和自民党一起向联邦议院议长理夏德·施蒂克伦提出"建设性不信任案"议案,并正式要求在 10 月 1 日召开联邦议院全体大会,对这一议案进行表决。

10 月 1 日上午,在议长理夏德·施蒂克伦的主持下,联邦议院全体大会正式举行。在进行"建设性不信任案"表决前,议员们进行了五个多小时的激烈辩论。施密特的矛头主要对着自民党领导人根舍,施密特说,根舍自 1982 年 8 月起,就有目的地偏离两党早先达成的执政协议,这之后,根舍又决然地转向而成为反对党。施密特说:"很多年之后,选民们都不会忘记你们的这种行为。"施密特最后干脆这样说:"我是在任期未满时,在没有举行新的选举的情况下被推翻的。尽管你们的行为是合法的,但是,你们在精神上和道德上是不合理的。"基民盟政治家巴泽尔则认为:"由于现政府已丧失了行动能力,国家正处于严重的经济和财政危机之中,所以,联盟党和自由民主党为拯救国家,依据《基本法》采取联合行动,是合法的。"基民盟总书记海纳·盖斯勒和自民党议会党团主席沃尔夫冈·米施尼克等也作了有理有据的发言。

辩论结束后,至关重要的提案表决开始了。在公布投票结果前几分钟,精神焕发的科尔来到支持自己的人群中,为议员签名留念。下午 3 时 10 分,联邦议院议长理夏德·施蒂克伦宣布了令全德人民关注的表决结果:联邦议院以 256 票对 235 票的优势,通过了"建设性不信任案",推翻了以施密特为总理的社会民主党少数派政府,这是联邦德国成立 33 年来,联邦议院首次罢黜一位在职总理。

在施密特沮丧地走下总理宝座时,科尔被联邦议院推举为继任总理,这是联邦德国第一位在不信任投票中产生的总理。科尔终于实现了他在 1976 年大选失利后的誓言:"我总有一天会当上总理的。"

在 10 月 4 日由联邦议会主持的仪式上,科尔新内阁宣誓就职。在这之前,德意志联邦共和国总统卡尔·卡斯滕斯任命科尔为联邦总理、任命了新内阁各部部长。

在就职仪式上,科尔举起右手宣读誓文说:"我宣誓,我要致力于德国人民的福利,增加他们的利益,使他们的利益不受损害,维护联邦的宪法和法律,认真地完成我的职责和对一切人主持正义。上帝保佑我。"

刚刚当选联邦总理的科尔年方52岁,这又开创了一个纪录。科尔之前的5任总理就任时都比他岁数大:第1任总理阿登纳就任总理时已73岁高龄;第2任总理艾哈德就任总理时66岁;第3任总理基辛格就任总理时62岁;第4任总理勃兰特和第5任总理施密特就任总理时都是56岁。

这之前,科尔已开创了联邦德国史上几次纪录,这之后,人们甚至将科尔的名字当成了"最年轻"的代名词。瑞士《世界周刊》1982年10月6日发表的彼得·哈特迈尔的文章曾经这样写道:"科尔成为联邦德国有史以来最年轻的总理。这之前,他曾经是联邦德国最年轻的州长、最年轻的联邦议院议员,这看上去似乎是青云直上。"

1982年10月13日,科尔在他的"施政纲领"中阐明了他的"中派联合政府"所奉行的政策。科尔表示,作为一名基民盟的总理,他将奉行基民盟三位前总理——阿登纳、艾哈德和基辛格所推行的"中派联合政府"政策,推进"中间道路政治"。科尔说:"这个联邦共和国的未来将不会处于两端,而是处于中间。"科尔强调,新政府的首要任务是使经济复苏和解决失业问题,恢复德国人的"自信心"。在谈到外交和安全政策问题时,科尔表示,联邦政府将首先考虑如何尽快使德美关系从阴影中摆脱出来,并继续稳定和加强两国之间的友好合作关系。科尔同时指出,他将支持北约组织定于1983年底在联邦德国部署导弹的计划,并尽力促进北约组织的稳定。同时,他还表示要为加速实现欧洲共同体的团结不懈努力,并表示赞同前总理施密特关于加强同苏联及东欧国家接触的态度,并愿意同民主德国领导人埃·昂纳克举行会谈。

在"施政纲领"中,科尔没有许诺会出现什么奇迹,甚至没有说新政府能一举解决困扰全联邦的失业问题。因为,当时的情况实在太触目惊心了:联邦共和国中几乎每14个人中就有一个人没有工作。如若科尔硬着头皮说能解决失业问题,未来将会为此而疲于奔波。所以,科尔只是心情沉重地说起20万登记失业的年轻人,并指出,将把振兴经济和整顿国家预算的工作放在首位。科尔说:"我们不仅仅是处在经济危机之中,而且存在着一种因恐惧和无所适从而造成的强烈的不安全感,害怕经济走下坡路,为工作岗位担心,为环境遭到破坏发愁,为军备竞赛不安,以及许多青年人为自己的前途担忧。"科尔明确指出:"前途的问题不在于国家能够为我们的公民做多少事,而在于怎样能重新发扬自由、活力和自身的责任感。中派联合政府就是建立在这一思想基础之上的。"

1982年10月11日出版的美国《新闻周刊》发表文章指出:"科尔天生是一块总理料",是"保守的西德基民盟主席",是"战后德国最年轻的总理"。《新闻周刊》甚至还检讨了过去对科尔的"错误评价",然后得出这样的结论:"科尔现在首次登上政治舞台,众所瞩目。但是,如果他想在那里呆下去的话,必须拿出更多的政绩来。"

科尔入主总理府之后,已不能继续以他作为议会党团主席和反对党领袖所采取的方式进行领导,他每天总是从由他自己组织的所谓"厨房内阁"开始他一天的正常工作。从早晨8点钟起,科尔在总理府举行的"早晨碰头会"期间与"厨房内阁"讨论形势。在"早晨碰头会"上,没有决定权的与会者不受拘束地多方面讨论存在的问题和困难,科尔认为,要解决问题和困难就必须作好充分的准备。当然,科尔绝不会总是按照他们的建议和讨论结果行事,这不仅仅是由于他的性格,而且也是由于他的领导方式所决定的。

应该说，刚当总理那几个月，科尔是相当忙的，各种各样难以预料的难题使这位新总理显得有点难以应付，好在他当了多年的州长和反对党领袖，已有了相当熟练的处理问题的经验，所以，还能应付得忙而不乱。

科尔的内阁会议也与以往的内阁会议不同。在内阁会议上，一般先由主管部长们介绍情况，例如介绍安全问题、外交事务和法律计划方面的情况，在讨论中，科尔尽量听取别人的意见，但在需要时也加以指点。

科尔认为，在政治工作上，发挥个性要比发挥职业专长更为重要。科尔与同事交往时，始终有一个明确的限度，他不仅相信各个部长的工作能力，而且也相信整套领导班子的工作能力，尤其在讨论有关十分明显的风险的内阁会议上，特别明显地显示出他的这一领导作风。科尔喜欢自己承担一切责任。尽管他相当注意倾听大家分析的结果，但是，他并不愿意总是遵循政治分析结果和把政治分析结果作为他决策的准则，有时，他甚至仅相信他自己的直觉。后来，有人曾这样说过："所有的分析家经常不得不承认，许多事情的发展往往与他们的预言不一致，科尔的一大优点就是他对事物的发展有一种令人难以置信的直觉……而且在违背所有的预言和相反建议的情况下他仍能获得成功……如果遭受一些挫折，他在短时间内心情不好，但他能控制自己的情绪。"

在担任总理的最初几个星期里，科尔的言行时刻表明他需要这个职务只不过是为了能够充分发挥他的才能。某些事情不能马上获得成功，这与暂时的挫折和偶尔的失败一样，对科尔的影响很小，由于他的耐心和具有使事情水到渠成的能力，因而懂得在适当的时候使自己转败为胜。他与其前任的领导方式完全不同，至少在刚开始时，人们，特别是从施密特政府过来的几名自民党部长，还把他与施密特进行比较。施密特所喜欢的顽固的"集体思想"与科尔的领导作风有明显的差别。施密特是任用他自己以前担任部长（即担任国防部长和财政部长）职务时的"领导班子"，施密特让人把他认为是正确的或者是合适的观点记录下来。他曾自信地说他喜欢由"集体"来迅速作出决定，"因为对外我当然一直是扮演主角；这与我的举止和说话方式有关……别人根本没有我现在所具有的这种会对公众产生影响的说服力。"而科尔则不一样，正像他1976年10月8日在联邦德国广播电台的专题节目中所说的那样："我不属于那些相信这种幻想的政治家，即他们在选举之夜从亲爱的上帝那里得到了解决人生一切问题的专门知识。"

科尔认为，"厨房内阁"对他至关重要；而施密特则认为"厨房内阁"对他是多余的。施密特认为他自己有判断力，他每次回答关于他为什么不利用这样一个机构时都是同样一句话："我自己有判断力！"

1983年3月6日，这天是星期天。凌晨的波恩与以往任何一个星期天相类似，街上的大小商店一律不开门营业，街上看不到几个行人，只有几只水鸟在莱茵河上盘旋嬉戏。上午8时，联邦德国大选正式开始，全国4300多万选民不分男女老少，络绎不绝地到各自选区的投票站投票。

选举结果出来后，喜不自禁的科尔高兴地对拥护他的选民们说："我们曾经期望有一个好结果，这就是好结果。""我们采取中间派政策。选民们认识到了这一点，并且也是这样采取行动的。德国社民党明显地失败了。"

3月29日上午，科尔在联邦议院的选举中，以271票的绝对多数再次当选为联邦总理。当天晚上,科尔带着他的内阁成员,正式宣誓就职。

3月30日,科尔和他的内阁部长们一起来到联邦总统官邸,接受了卡斯滕斯总统的任命书。卡斯滕斯总统握着部长们的手说:"我们目前面临着极其严重的困难,经济滑坡、失业、环境以及财政问题都必须立即解决。""节约应该成为公众的道德标准,公民们应准备作出一定的牺牲。""联邦共和国应继续充当可靠的条约伙伴和盟国,加强欧洲共同体的力量,维护国内国际间的和平与自由。这一切,应视为联邦共和国新一届政府追求的最高目标。"

科尔再次当选为联邦德国总理引起国际社会的不同反响。美国总统里根亲自打电话给科尔,向他表示最热烈的祝贺。美国副总统布什向新闻界发表讲话,称科尔取得了"辉煌的胜利",同时指出,美国提出零点方案时所持的态度并不是要么接受要么拉倒。美国国务院3月6日对全世界发表声明表示,对科尔当选为联邦德国总理"非常高兴"。美国人认为,科尔当选为总理是莫斯科的一次失败,使莫斯科不得不在中远程核力量会谈中表现出灵活性。

总理的新时代

科尔1982年上台执政时,联邦德国的经济形势十分困难,世界性的经济危机使联邦德国的经济从1980年年中起进入停滞状态。到1982年7月,联邦德国工业生产率下降到1978年以来的最低水平,国民经济的增长率下降到零,企业纷纷破产,失业人数飞速增长。1982年上半年失业人数为170万,失业率达7.1%。到年底,失业人数则突破了200万大关,失业率达8.6%,是50年代初以来的最高失业率。

科尔执政前,社民党长期执行赤字预算政策,公共债务不断增加。

面对这一严峻的形势,科尔在1982年10月接任联邦总理后认为,联邦政府的最迫切的任务是"缓和过高的失业率和重新振兴经济"。科尔指出,基民盟、基社盟和自民党组成的中间的执政联盟目前经历的这种失业现象甚至比重建年代还要糟糕。科尔分析说,在有就业能力的人中,几乎每14人就有一个失业,到冬季失业者可能达到250万,整个经济生产在停滞了两年之后,几个月来开始下降。联邦德国重建以来,从来没有像今天这样,有这么多的企业倒闭,有这么多的自立者失去了生计。过去几年,50多万个工作岗位莫名其妙地消失了。1982年,又有1.5万家企业登记破产。最为令人不安的是,有将近20万青年失业。而且,由于联邦政府财政困难,几乎没有什么能力投资创造新的工作岗位。正常年景投资额为社会总产值的24%,目前达不到21%。而且,捐税负担也很大,每个熟练工人每赚一个马克就得向国家缴纳60芬尼。科尔坦率地向国民介绍了国内的经济形势:到年底,联邦的债务将增至3000亿马克以上,联邦、各州、市镇和邮政部门的总债务将增至约7000亿马克。科尔介绍说,仅国家部门付的利息就要达600亿马克左右,每一天,国家部门就要增加2亿马克以上的债务。科尔指出,如不立即采取果断措施,那么,仅联邦的1983年预算的实际亏空就要增至550亿~600亿马克。

科尔认为,造成政府财政困难的原因首先是由于全球经济当前正处于一种深刻的结构危机之中,其次是由于联邦德国的经济结构脆弱,难以应付对外经济的新挑战。

针对这些情况,科尔政府提出当前政府的4点施政纲领:①要创建新的劳动岗位;②要确保社会福利网;③要实现人道的对外国人政策;④要更新德国的对外和安全政策的基础。

为了使自己的措施能够顺利实施,科尔从 10 月 6 日起开始同德国工会联合会、德国职员工会、德国公务员联合会的领导举行会谈,讨论政府的经济纲领。10 月 8 日,科尔又和德国工业联邦联合会、德国雇主协会联邦联合会、德国工商大会、德国银行联邦联合会、德国农民联合会、德国手工业中央联合会、德国批发和对外贸易联邦联合会、德国储蓄和汇划银行联合会以及德国合作社银行和赖夫艾森银行联邦联合会等经济联合会的最高代表举行了座谈。联邦总理科尔和代表们接着向新闻界发表了讲话。

在所有的会谈中,科尔均提出这样一个观点:联邦德国当前最为迫切的任务是克服失业,尤其是克服青少年失业,所以,最重要的任务是提供充足的培训岗位,优先于所有其他任务的任务是对青年人进行第一流的培训,这样将会为年轻人的个人幸福和他们的长远生活提供机会。而所有这一切,均建立在振兴经济的基础之上,所以,振兴经济是一项全国性的任务。所有参加座谈的人士都认为,他们的观点与政府的看法是一致的,个人利益必须服从国家的整体利益。

为了复苏经济,科尔政府采取先增加固定资本投资、再扩大出口的做法,通过降低税收、利率和缓增工资的办法调动企业主的积极性,鼓励他们增加投资。在这基础上,通过发展新的科学技术,提高国内企业出口的竞争能力。1984 年 3 月 14 日,科尔政府通过了一项发展信息技术的总方案。根据这项方案,联邦德国的研究与技术部到 1988 年将为信息技术的研究投资 30 亿马克。与此同时,科尔政府还注意引导汽车工业进行技术改造,提高其自动化程度。德国纺织工业也广泛采用了微电子技术等高新技术,从而使断线接头、输送、供料等生产过程自动化。可以这样说,大力推进高技术的应用,是科尔政府加速经济发展的有效措施。实践证明,这一措施发挥了巨大作用。

科尔为振兴经济所制定的四大经济目标中,经济增长、物价稳定、国际收支平衡早已达到预定指标,唯有充分就业一项尚未完成,失业问题成了始终环绕在科尔心间的一大难题。科尔上台之初,失业人数为 200 万左右,这之后一段日子里,失业人数不但没有减少,反而增加到 230 万人。科尔政府想尽了法子,增加了不少就业岗位,但由于这段日子成为劳动力的人口飞速增长,故工作岗位的增加根本无法满足不断增加的就业人口,也就是说,就业岗位的增加没有跟上失业人口的增加。不过,从 1986 年起,联邦德国的失业人数开始下降,从 1986～1988 年,联邦德国的失业率连续保持在 7.9%,至 1989 年,失业率已下降到 7.5%,失业人数首次降至 200 万以下。到 1990 年,失业人数再度下降,仅剩下 178 万人,失业率降为 6.8%。不过,尽管不少经济学家认为这一成绩已很可贵,但与科尔的计划却相距甚远。

不过,90 年代后,由于税收改革造成国家收入的减少和因资助住房建设需要提高财政支出,加上两德统一后,为资助民德地区经济的复兴和发展,国家需支出一大笔费用,而且,苏联解体后,大量苏联、东欧难民和移民流入德国,增加了国家财政支出,使国家财政赤字明显增加。到 1991 年,联邦政府的债务已超过 9000 亿马克,也就是说,如不扭转这一状况,联邦政府每年均要拿出 400 亿马克来支付利息,这大概可称为科尔政府经济发展形势中的喜中之忧吧。

第二次世界大战后,德国的工业受到严重摧残,科研力量十分薄弱。战后,为恢复和发展经济,联邦德国在进口项目中把引进先进技术放在首位。从 1950～1970 年的 20 年中,联邦德国的工业增长达4.3倍,对外贸易增长近 11 倍,而技术进口则增长57 倍。

引进先进的科学技术为联邦德国的技术发展、提高生产率、增加新产品和加强竞争能力创造了有利条件。

尽管联邦德国历届政府都重视发展科学技术,但科尔执政后,还是感到联邦德国在不少领域里落后于美、日等科技大国。于是,科尔政府决定采取更加强有力的措施,迅速奋起直追,在短时间内弥补与美、日的差距。

德国科技政策的总目标是大力发展科学技术,以改善生活和工作条件,提高国际竞争能力,促进经济和社会的发展。

德国科技的重点包括促进基础研究,加强预防研究,促进面向市场的技术,加强有前景的研究领域以及扩大国际合作。

科尔政府科技工作的重点首先放在以教育部和研技部为代表的联邦政府和州政府共同资助的基础研究上。通过德意志研究联合会共同资助大学,特别是重点研究领域的科学研究,共同资助马克斯·普朗克学会和 13 个大研究中心的科学研究。在联邦政府资助的研究与开发费用中,基础研究的比例由 1981 年的 24.6％提高到 1986年的27.5％,仅研技部近年来为大型基础研究设施提供的费用就高达 35 亿马克。

科尔政府科研政策的另一重点是通过欧洲共同体研究规划和"尤里卡"计划加强与扩大欧洲的国际合作。国际合作除在欧共体成员国内进行外,还包括欧洲自由贸易联盟。1987 年与经互会国家签订的科技合作协定也有助于德国与这些国家加强了解和扩大经济、科技、文化方面的合作关系。

在注重与科技强国合作的同时,科尔政府还注重与发展中国家进行科技合作,科尔政府将加强与发展中国家的科技合作看成是德国对外关系的一个重要组成部分。德国经济合作部发展政策的重点是为发展中国家提供发展援助、技术咨询和技术培训。德国研技部的合作重点包括研究和试验可适用于发展中国家的新技术,使现有的技术适应于发展中国家的实际使用条件,通过培训科学家和交换资料,加强发展中国家大学、研究机构和企业的研究与发展能力。据介绍,德国研技部每年用于与发展中国家科技合作的经费为 1 亿马克。科尔政府之所以与发展中国家合作,除了学习发展中国家极少数技术外,主要是研究可适应发展中国家需要的技术,以便向发展中国家转让技术和出口产品,同时扩大德国所缺乏的资源和原材料的来源。

科尔政府大力发展科学技术使联邦德国一跃成为科技强国,同时促进了联邦德国经济的持续发展,这也进一步稳固了科尔政府的地位。

科尔开始执政的 1982 年是一个多事之秋。当时的世界形势因为东西方的对峙而显得动荡不安,美苏两个超级大国在欧洲争夺核优势的军备竞赛愈演愈烈,大有一触即发的趋势。作为地处北约最前线、东西方集团军事对垒前沿的联邦德国,稍有不慎,就会成为两大军事集团战争的牺牲品,所以,科尔执政后,迅速调整了联邦德国外交政策的中心思想。这个中心思想在 1982 年 10 月 13 日政府声明中作了十分明确的表述:"它仍将是一个主张自由的政策,一个主张欧洲和世界和平的政策,一个主张欧洲联合的政策,一个主张人权反对饥饿和贫困的政策。"

科尔这位在外交政策和安全政策上并不内行的年轻总理展开了他独特的外交攻势,成为国际政治舞台上的活跃人物。

科尔上台后很快就宣布:联邦德国外交政策的基础仍然是"大西洋联盟和欧洲共同体","大西洋联盟的核心依然是同美国的根基深厚的友谊"。这一政策与施密特政府相差无几,有人提出疑问,科尔政府解释说:"立足大西洋联盟,依靠美国核保护和北约集体防御,维护自身的安全不是施密特特有的政策,而是由联邦首任总理阿登纳制定的,历届政府均执行这一政策,这不是某一政党和个人所能改变的。"不过,人们认为,科尔比之前每一届政府都更加强调修好同美国的关系。科尔甚至这样对新闻媒体说:"我们一定要让美国人清楚这样一个事实:这里有他们最为忠实的朋友。"

1982年11月14日,科尔接任联邦德国总理才一个月又13天,就飞越大西洋,到美国进行为期3天的访问。科尔在离开联邦德国前对德新社记者说:"我将我的这次访问看成是在平等伙伴基础上加强的德美合作的新开端。"科尔采取了一系列具体的措施来修复德美关系。例如:投资5亿美元改善美军在联邦德国的军事设施,帮助土耳其军队实现现代化,以满足里根加强土耳其通往伊朗东部通道的防卫和阻止苏联向波斯湾推进的愿望,并立即改变社民党左翼实行的反美宣传方针。科尔强调,联邦政府最迫切的任务是通过谈判来建立和稳定军事均势,并使军备保持在尽可能低的水平上。

实际上,科尔执政后,不仅积极改善同美国的关系,同时也没有完全放弃前几届社民党政府推行的东方政策。所以,他一面与西方友好,同时又积极与东方接触,想方设法和苏联对话,扩大同苏联的经济贸易,企图用经济纽带来同东方达成协议。

1983年7月4日,科尔执政后首次出访苏联,陪同科尔出访的有外交部长根舍。这次会谈的主要议题当然是已经白热化了的欧洲中程核导弹问题。会谈中,双方存在严重的分歧,苏联部长会议主席吉洪诺夫在宴会上说:"一旦在西欧部署美国新导弹,欧洲和整个世界局势将急剧恶化。战后德国的土地上将首次出现对苏联的军事威胁,苏联及其盟国将会立即采取补充的应对措施。"吉洪诺夫声称,苏联决不会在日内瓦苏美会谈中作出任何让步,苏联希望科尔政府三思而行,希望科尔政府采取现实主义立场考虑任何不谨慎行动将会承担的责任。

科尔并没有对苏联领导人的强硬态度妥协,他在讲话中说,如果苏美在日内瓦谈判中不能就裁减欧洲核武器问题达成可以接受的折衷方案,联邦德国将坚持执行北约部署美国新导弹的决定。不过,科尔又婉转地说,希望苏联领导人能理解联邦德国对安全的需要。科尔在讲话中坚决否认了西方谋求军事优势的指责。他说,即使日内瓦谈判失败,北约各国部署新导弹的数目也比苏联已经部署的针对西欧的导弹数目少得多。科尔表示,他希望日内瓦谈判能够取得互相平衡的结果,否则,西方联盟将别无选择地部署新的巡航导弹和潘兴Ⅱ式导弹。他说:"现在达成一项协议还为时不晚,而且即使部署导弹的工作开始后,谈判仍可进行下去。"

7月5日,科尔再度与苏联部长会议主席吉洪诺夫、外长葛罗米柯会谈,双方除了坚持自己的观点外,都表示希望日内瓦谈判能达成某种协议。不过,双方对经济合作兴趣似乎更浓烈一些,表示要进一步加强经济合作。

7月7日,科尔结束了对苏联的访问,乘专机回到波恩。7月8日,联邦德国政府对外宣布,苏联建议把目前在日内瓦进行的欧洲导弹问题谈判推迟一周休会,把下一轮谈判提前一周开始。科尔认为,这是一个好兆头,说明双方还有变通的余地。

1983年10月24日,法国总统密特朗出访联邦德国,科尔在与密特朗会晤时表示,尽管联邦德国准备部署美国的中程核导弹,苏联仍会回到日内瓦裁军谈判的协商桌上来。同年 11 月 6 日,科尔到印度访问时,再度指出:"如果苏联不考虑美国在日内瓦提出的建议,联邦德国就不屈服公众的压力,将在 11 月中旬部署美国导弹。

在与美国密切协作的同时,科尔极力保持与苏联的对话。科尔对社民党政府推行的东方政策持有异议,但他一上台,就明确强调要保持对外政策的"连续性"。1982 年 10 月 7 日,科尔执政后的第 7 天,他就会见了俄罗斯社会主义联邦共和国部长会议主席米哈伊尔·索洛绍采夫,科尔对苏联客人作出了与对美国相同的表示,认为联邦德国是苏联"实在的诚实的可靠伙伴",并保证将继续遵守前任政府与苏联和东欧国家签订的所有条约。当然,他也毫不犹豫地指出,如果苏联不在规定的日期之前削减部署在欧洲的核武器,联邦德国就会在计划的日子里部署美国的潘兴 II 式导弹。

1983 年 7 月 4 日,应苏共中央总书记安德罗波夫的邀请,科尔以联邦德国总理的身份访问苏联。在会谈中,苏联人试图迫使科尔放弃部署中程核导弹,但科尔不为苏联的软硬兼施所动,坚持自己固有的观念,同时,力图在美苏之间进行疏通,使美苏坐到谈判桌上。

伟大德国的创造

到 1987 年,科尔总理的首届内阁任期已满(从 1983 年第十届联邦议院正式选举计算),将要进行再度选举。根据《基本法》的规定,联邦德国于 1987 年 1 月 25 日进行第十一届联邦议院的选举,报名参加选举的党派共有 16 个,但有希望进入议会的仅有联盟党(基民盟和基社盟)、社民党、自民党和绿党几个大党,联盟党和自民党宣布将继续联合执政,而社民党则表示,将不与绿党结盟。这次选举,实际上就是执政的联盟党、自民党与社民党和绿党之间的斗争。

科尔击退的三次攻击分别是:一是绿党攻击科尔,认为科尔在弗利克财团向政党捐款案中未说真话;二是社民党在修改罢工法问题上对科尔进行攻击;三是苏联切尔诺贝利核电站泄漏后,社民党和绿党反对核电站的浪潮。在击退了这三次攻击之后,科尔更加坚信了自己的能力,于是,联盟党提出了前所未有的竞选口号:继续这样干下去。

科尔之所以提出这样的竞选口号是与当时的形势相吻合的。当时,社民党威信下降,存有很多不利因素:首先,人们还未忘记施密特时代通货膨胀、失业严重的局势,对社民党心存顾虑;第二,社民党近年来与德国工会在经济政策上站到了一起,1986 年刚刚发生的"新家园住宅建筑公司案"使社民党在群众中的威信严重下降;第三,施密特 1982 年下台后,社民党两次更换总理候选人,但其威信都远远低于施密特,这次参加竞选的候选人约翰内斯·劳也同样如此;第四,社民党在地方选举中接二连三地失败,在 1986 年 11 月汉堡州的选举中失去了绝大多数,没有保住第一大党的地位;第五,社民党此次选举中以高失业率问题攻击执政的联盟党,认为一旦社民党上台,将由国家出资创造就业岗位。社民党此言一出,执政党立即毫不客气地指出,大量失业正是社民党留下来的,科尔政府已想方设法创造了 60 万个就业岗位。

1987 年 1 月 26 日凌晨 1 时即将来临,整个联邦德国都清醒着,人们拭目以待,等待着选举结果。1 时整,官方终于发表了统计结果:执政的联盟党(基民盟和基社盟)获得 44.3%的选票,比 1983 年的选举少 4.5%的选票;社民党获得 37%的选票,比上届选举少 11%的选票;自民党获得 9.7%的选票,比上届选举增加 2.1%的选票;绿党获得 8.3％的选票,比上届增加 2.7％的选票。联盟党和自民党选票之和超过了半数,保住了执政党的地位,从而保住了科尔的总理职位。

1987 年 3 月 11 日,经过 6 个星期的反复酝酿和磋商,联邦德国议院再次选举 56 岁的科尔为联邦总理,并由他组成中右联合政府,再度执政 4 年。科尔在接受任命时发表了言短意赅的讲话,获得一致好评,各政党负责人纷纷祝贺他再次当选为联邦总理。

在联邦德国经济走上快车道的时候,整个西方经济增长缓慢。所以,从西方各国不断传出要联邦德国充当"火车头"的呼声,希望联邦德国飞速的经济增长拉动西方其他国家经济的发展。美国国务卿舒尔茨、财政部长贝克、联邦储备委员会(中央银行)主席沃尔克等人也在各个场合发表讲话,要求联邦德国和日本降低利率,放松银根,以刺激国内消费,加快经济增长,成为西方经济发展的"火车头"。

美国人还认为,科尔政府使贸易顺差过大,影响了世界经济特别是美国经济的发展。所以,他们认为,联邦德国应大幅降低利率,使经济增长的动力由出口型转到国内需要的轨道上。为此,美国人自己主动降低利率,并要求联邦德国和日本也这样做。

关于美国人批评科尔政府银根太紧,刺激国内消费不足的说法,联邦德国经济界认为这种批评也是缺乏根据的。经济界人士认为,由于第一阶段的减税措施,使消费者名义收入大幅提高,私人消费和私人投资一样,已经取代出口,成为当前经济发展的动力。他们指出,联邦德国已经"开足了马力",如果再放松银根,人为刺激需求,就很可能引起通货膨胀,而这是科尔政府最不愿意看到的,这也是科尔不愿意联邦德国充当西方经济"火车头"的根本原因。

此外,联邦德国经济界人士认为,美国经济增长缓慢、外贸逆差巨大的原因与其他国家没有什么关系,主要原因是美国政府的预算赤字过于庞大。一位德国经济学家甚至这样不客气地说:"自己家的事应在自己家中解决。"

1988 年 1 月 29 日,来自美国、联邦德国、英国、荷兰、意大利等国的 170 名代表在慕尼黑举行了第二十六届国际防务知识大会。在这次大会上,德美两国在短导现代化问题上存在严重分歧。联邦德国主张就短程导弹(射程在 10～500 公里)问题继续同苏联谈判,谈不成时再对短程导弹搞现代化。美国人认为,应该先对短程导弹更新,然后再和苏联谈判。根据科尔总理的意图,联邦德国国防部长朔尔茨在会上主张大大减少战术核武器,在北约武装力量进行结构调整后,再对留存下来的核武器实行现代化。美国国防部长则断然认为,要尽快在短时期内使北约在欧洲的核武装力量现代化。由于双方互不相让,这次会议未能达成协议。

分析家认为,科尔政府的立场还与他的欧洲政策有关。根据科尔的计划,他首先想将整个欧洲联合起来,实现欧共体内部市场,然后再实现"欧洲联盟"。联邦德国外长根舍也认为,目前,欧洲有三种活力:共同体内部市场的发展已不可逆转;苏联和东欧各国的改革提供了"历史性的机遇";裁军和东西方接近也势在必行。根舍认为,这三种活力有一定的内部联系,要使三者汇合在一起。基于这些,科尔政府对短程导弹现代化改装的态度就不言自明了。1988 年 2 月 9 日,科尔在接见 5 名美国议员时肯定地说:"目前没有必要单独就短程核武器现代化问题作出决定。"

1989 年 5 月 30 日,北约 16 国首脑会议召开前夕,德美双方的立场仍未接近,尽管多国首脑从中斡旋,但收效寥寥,直到美国人提出有关常规裁军的四点建议后,会议才出现转机。四点建议冲淡了双方在核导弹问题上的分歧,也为早日进行短程核导弹谈判提供了机会。16国首脑磋商后,同意在裁减常规武器达成协议后,再与苏联进行裁减短程核导弹谈判。

尽管科尔取得了相当的成功,但是,联邦德国与美国的关系也不再像过去那样天衣无缝了,相互间有了较深的矛盾。1989年初,联邦德国与美国围绕利比亚一座化工厂是否是化学武器工厂的问题展开了一场激烈的争论。本来,作为盟国,这类问题本可通过内部渠道来取得一致意见,但是,美国人没有这么做,也没有采取正常的外交渠道,而是展开了公开的新闻战。美国新闻界甚至公开指责联邦德国"见利忘义"。

1989年下半年,东欧政局发生急剧变化,苏联军队也陆续撤离东欧。在这种情况下,美国总统布什于1990年5月3日宣布,决定中止核导弹更新计划,同时也不搞核炮弹现代化,并决定在1990年下半年与苏联举行短程核导弹的谈判。

联邦德国与美国的一场争论由于东欧政局的变化而自动变得烟消云散。然而,德美关系却蒙上了一层阴影。

科尔连任总理后,更加加快了推进欧洲一体化的步伐。所谓欧洲一体化,就是指欧洲政治、经济和防务的一体化。科尔首先推动了联邦德国与法国的"一体化"。科尔于1987年6月19日向法国建议,联合组建一支5000人的德法陆军联合旅,由两国军官轮流担任指挥,这一建议受到法国总统密特朗和总理希拉克的支持,密特朗认为其可能成为"西欧防务合作的胚芽"。之后,两国决定着手建立一个"军事合作混合小组",并联合研制新型作战直升机,且于1987年9月17日至24日联合举行了代号为"勇敢的麻雀"的联合军事演习。科尔和密特朗亲临演习现场,并一同宣布成立"法德联合防务委员会"。1987年10月,德法最高领导层举行磋商,之后双方签订了加强军备生产的协议,同意在军备控制政策上加强协调行动,并达成了广泛的科技、经济、文化合作协议。科尔和密特朗还联合声称,两国将加强联合行动,采取新的反恐怖措施。此外,两国中央银行还各自调整了部分利率,从而增强了欧洲货币体系对美元和日元的抵制能力,短期内稳定了欧洲货币体系。

不过,尽管德法两国领导人竭力促成双边合作,但仍无法从根本上避免两国间的矛盾,一些合作项目甚至停滞不前或倒退。如法德坦克计划、欧洲战斗机计划和高速火车计划等。法国《费加罗报》曾刊登一篇题为《巴黎——波恩:开花与结果》的文章,把德法合作形容为"只开花而未结果"。

关于政治一体化,科尔提出了他的见解。他认为,政治一体化,首先要求欧洲各国在外交上密切合作,对外要用一个声音说话,最终建立具有联邦性质的欧洲合众国。其次,要扩大欧洲议会在决定议长和委员会委员人选以及其他事务中的立法作用。再次,还要在欧洲范围内,保证议会的明确监督作用。科尔指出,没有强有力的议会监督,成立经济和货币联盟是不可想象的。最后,科尔认为要不断提高欧洲共同体各机构的办事效率,确认和扩大欧洲共同体理事会的作用和职责范围。

1988年2月11~12日,在科尔的力促下,欧共体12国首脑会议在布鲁塞尔举行,12国首脑决心把共同体的复杂财政开支建立在牢固合理的基础上,从而解决了一个关键性问题。这次会议就欧共体的农业政策、结构基金和财政预算问题达成了一揽子改革协议,为欧共体的巩固和发展,为建立欧洲内部统一大市场扫清了障碍。这次会议出人意料地取得了令人不可想象的成功,人们普遍认为这一成功是科尔一手造成的,使本已"抛了锚"的"欧共体之车"重新开动起来了。

至此，科尔政府的欧洲政策中心思想全面形成："德国是我们的祖国，联合的欧洲是我们的未来。"

欧共体在对外关系方面也取得了引人注目的成果：1988 年 6 月 25 日，欧共体与经互会在卢森堡发表声明，相互承认对方，并正式建立外交关系。从此，东西欧两大 30 年来不相往来的经济集团开展了交往，从而为欧共体发展与苏联、东欧各国之间的经济、政治关系奠定了基础。

全德总理

德国统一是采用民主德国 5 个州申请加入联邦德国的形式，因此，原来的联邦总理就变为全德总理，但由于仍采用"德意志联邦共和国"的国名，所以，人们将科尔称为全德首任联邦总理。

在德国统一的当天，科尔就德国统一日致函各国政府。科尔在信中说："德国人民通过自由自决并同邻国达成一致以及在最终解决德国问题的条约基础上实现了统一。过去从德国土地上爆发的第二次世界大战曾给欧洲及世界带来无穷的灾难，今后从德国土地上只会产生和平。""统一后的德国将致力于在全世界建立伙伴和紧密合作关系，德国清楚地意识到，欧洲各国边界的不可侵犯性、互相尊重领土完整和主权是和平的基本条件。因此，德国将不对任何人提出领土要求。""德国愿意为联合国在建设和平的世界和应付全球挑战中发挥重要作用而作出贡献，愿意在将来参加联合国为维护和恢复和平而采取的行动，包括派遣它的武装部队，并将为此创造所需要的国内条件。"

科尔在信中还说："德国统一与欧洲统一是密不可分的，德国人将像争取德国统一那样继续坚持不懈地争取欧洲统一。""首先是在 1992 年建成欧共体内部大市场，坚定地向建立经济货币联盟前进，并将为建立欧洲政治联盟提供有力的帮助。""统一后的德国特别愿意为已经获得自由并已走上政治、经济和社会改革道路的中欧、东欧及东南欧国家与欧共体发展更为密切的联系作出贡献。""统一后的德国的位置在北大西洋联盟之中，德国将推动这个联盟的发展，以适应时代提出的新任务。""愿意同盟国一起根据西、东关系的发展和时代要求的不断变化，来继续发展这一富有成效的联盟，并把它作为欧洲新的集体安全结构的柱石予以保护。"

科尔最后说："在德国人解除了由于分裂而带来的精神负担之后，将以新的活力和充满信任的合作精神，来同所有怀有同样崇高目标的国家和人民共同塑造和平的未来。"

应该说，从 1990 年 10 月 3 日德国统一日到 12 月 2 日全德首次大选期间，全德议会和全德政府都是临时的。全德临时议会由原联邦德国的 497 名议员和从原民主德国 400 名议员中选出的 144 名议员组成。全德临时政府由原联邦政府的全体成员和原民主德国政府中的 4 名官员组成。

1990 年 10 月 4 日，代表全德国的总理科尔在柏林国会大厦主持召开了德国联邦议院全体会议，并就第一个全德联邦政府的政策发表声明。科尔说："随着今天全德联邦议院全体议会的进行，统一德国的议会将开始工作。摆在我们面前的是重大内政和外交任务。在今后的时间内，要求倾其全力完成这些任务。从现在起，《基本法》将适用于全德人民。"科尔认为，指导《基本法》的将是下列双重誓言："绝不允许再发生战争！绝不允许再出现专政！"

根据两德统一之前的决定，全德统一后的第一次议会选举于 1990 年 12 月 2 日举行。同一天，首都柏林市议会也举行东西柏林统一后的首次选举。

选举结果揭晓后，科尔表示，他和自民党将继续联合执政，尽早开始组阁谈判，争取在年底之前提出新政府组成名单。自民党主席根舍表示，自民党的选举结果为下一届政府工作提供了一个良好的基础。

这次大选结束后，德国的内、外政策由于执政党的连任而具有一定的连续性和稳定性。不过，朝野之间，甚至执政党之间，仍存在着一系列的矛盾和斗争。就拿执政党之间来说吧，联盟党和自民党在有关原民德地区的经济建设和内政、安全等问题上有着明显的分歧，在是否增税、外国人避难法、堕胎法、减轻家庭负担、缩短兵役等问题上，也各有不同的设想。在解决原民德地区经济上，自民党认为，为振兴原民德地区经济，减少失业，避免社会动荡，要对民德地区给予倾斜，实行低税政策，甚至可将原民德地区建成一个低税区，自民党建议在原民德地区将普遍实行的 65％ 的企业收益税降到 40％。自民党的这一提议，受到联盟党的坚决抵制，联盟党认为，这将会给原西德地区的企业逃税找到可乘之机，联盟党主张通过有针对性地采取促进投资的政策来振兴东部经济。

两德统一后，科尔政府将如何融合东西部关系，一时间成了全世界众多眼光关注的焦点。

两德合并之初，原民主德国部长会议主席、全德联邦议院议员德·梅齐埃坦率地承认："新的经济制度、新的政治结构给我们带来了许多困难"。"德国统一进程还不能因为民主德国加入联邦德国就算结束了"。科尔总理在 1990 年 10 月 4 日德国联邦议院发表的政府声明中也认为："德国人民作为一个民族愿意在一个自由和统一的德国里生活。现在的问题是：德国在经济和社会方面也应尽快地再次成为一个整体。"

德国统一的速度出人意料，连科尔本人也没有想到会这么快。科尔曾对美国《时代》周刊说过这样一段话："当我去年 11 月在联邦议院拟定十点统一计划的时候，我们是按照完全不同的时间范围着手做的。我想，1990 年我们将同民主德国建立一个契约性或者以条约为基础的共同体；1991 年或 1992 年，我们将建立邦联结构。然后在 1993 年或 1994 年，我们就可以统一起来。"然而，不到一年时间，两个社会制度和意识形态完全不同的国家就闪电般地统一起来了，把许多具体问题留给科尔和他的政府慢慢解决。

为了尽快扭转东部地区的落后局面，科尔政府积极推行向东部地区大规模投资的政策。到 1990 年底，约有 10％ 的东德企业找到了西方投资伙伴，而且，西方各国及德国西部企业家也决定向东部地区投资。此外，东部地区 196 家储蓄银行向私人发放的贷款大幅度增加，到 1990 年底，大约已增至 40 亿马克，这些贷款主要发放给手工业者、中等企业和自由职业者，以刺激生产的发展，创造就业岗位。

1991 年 3 月 8 日，在科尔的主持下讨论并批准了"共同振兴东部的工程"。该工程规定 1991 年和 1992 年两年，联邦每年向东部各州追加 120 亿马克的援助，主要用于学校、医院和养老院的修缮，扩大交通领域的基础设施和提供工作岗位措施。联邦政府同时通过了增税决议，决定从 1991 年 7 月 1 日起对所得税、工资税和法人所得税增加 7.5％ 的附加税，为期一年；矿物油税每升提高 25 芬尼；保险税增加 3％，达

10％；烟草税从 1992 年 1 月 1 日起，每支香烟增税一芬尼。财政部长魏格尔在记者招待会上说："由此产生的额外收入，将给'共同振兴东部的工程'提供必要的活动余地。据估计，由于增税，联邦 1991 年预算可增加 180 亿马克的收入，1992 年将增加 280 亿马克。

随后，科尔列举了联邦政府的各项援助计划，他提出了"东部繁荣是我们共同的事业"的口号。科尔在文章中估计道："在 3 至 5 年内就可达到我们伟大的目标，即在实现外部统一后，也将在经济、社会和生态方面实现内部统一。"

由于科尔政府卓有成效的努力，德国东部的经济开始明显增长，经济增长率从 1993 年的 5.8％提高到 1994 年的 9.2％，这样，新联邦州就成为目前欧洲经济增长最快的地区。1994 年，每个就业者创造的经济实绩将近 53％，首次超过德国西部人均实绩的一半，而 1991 年的生产率只及西部水平的一半。

1996 年 1 月 30 日，联邦内阁通过了"投资和工作位置行动纲领"，这个纲领包括促进就业，改善投资环境等内容。科尔在通过这一纲领时说："为了我们共同的未来，必须降低人工成本，消除雇佣障碍，使我们的税收法更有利于增长。""为了创造更多的工作位置，为了保证子孙后代的社会安全，我们必须要走新的路子。"

经过科尔政府全力"振兴东部"的努力，德国东部经济发生了巨大的变化，许多领域的基础设施实现了现代化，国营企业几乎已全面私有化，成为欧洲经济增长最快的地区。居民的生活水平与统一前比有了明显的提高，社会福利也有了明显的好转，卫生保健水平也有明显的提高。当然，尽管经济已重新起步，但由于其经济基础尚不牢固，财政赤字仍然存在，失业率仍然居高不下，所以，科尔政府的压力仍然十分沉重。

不过，科尔总理信心十足，他说："到 2010 年，德国东部的经济将显示出强大的效率和竞争能力，将和德国西部的经济完全融合在一起。"

第二次世界大战结束后，希特勒阴魂不散，新纳粹分子时有活动。科尔上台后，立即表示，对纳粹分子绝不手软，并对他们的活动多次予以打击。比如，1989 年 4 月 20 日是希特勒的百岁生日，联邦德国约 2.5 万极右分子，特别是其中的 1500 多名极顽固的纳粹分子，纷纷举行所谓的纪念活动。科尔政府多次出动警力，阻止此类活动。

德国统一后，右翼势力，特别是其中的新纳粹分子，更是猖狂活动，到处兴风作浪，而且使其活动领域逐步扩大到德国全境。而其中最为恶劣的行径是新纳粹分子不断袭击生活在德国的外国人，新纳粹分子公开提出这样的口号："德国是德国人的德国"、"清除德国境内的外国人"。

新纳粹分子的一系列言行引起了旅德外国人的不满，也引起了德国正直人民的不满和愤怒。

科尔多次发表讲话，强调指出德国是一个友善的国家，他说："德国的历史是一部友善的历史。目前，联邦德国的 8100 万居民中，有 688 万外国人，其中 290 万人是就业人员。在这些就业人员中，绝大多数外国人是在有空岗位的行业中工作，不少人干些德国人不愿意干的工作。因此，他们并没有夺走什么工作岗位。"科尔说，191.8 万土耳其人是外国人中最大的群体，这些外国人中不少曾长期在德国工作，与德国人友好相处，对德国的经济作出了巨大贡献，每年为德国的国民生产总值创值 2000 多亿马克，是整个德国经济效绩的 10％左右。1992 年 12 月 31 日，科尔在他的新年献词中再次特别肯定了数百万旅居德国的外国公民的辛勤劳动以及对德国经济发展所作出的贡献。科尔痛心疾首地说："德国是一个友善之邦,任何形式的排外行为都是德国的耻辱。"

对于新纳粹分子,科尔从来毫不手软,并公开加以斥责,在德国 1995 年 5 月 6 日为纪念第二次世界大战结束 50 周年发表的声明中,科尔强调指出:"对于大多数人来说,战争的结束是威胁生命恐惧的结束。"他要求人们共同纪念数百万受迫害、折磨和谋杀的犹太人及其他受害者。

科尔指出,德国目前人口的 2/3 是战后出生的,因此有必要用多种形式,让后来人了解"希特勒发动的这场战争的可怕后果以及纳粹的暴力统治"。

德国数百名社会名流在这之前在报上发表了题为"反对忘却"的呼吁书,认为二战结束对德国来说不只是解放,而且也是新的迫害的开始。此呼吁书遭到了大多数政治家和工会等社会组织的谴责,但也有少数政治家为此文辩解。

科尔认为,20 世纪最重要的教训是和平和自由是不会自动到来的,必须为欧洲的和平秩序而努力,不要让可怕事件重演。科尔强调说,对从希特勒野蛮统治下解放出来这一事实"不能怀疑"。

1995 年 6 月 6 日,科尔在以色列耶路撒冷访问时重申,德国人民一定会吸取纳粹德国为害世界的教训。科尔在以色列总理拉宾为他举行的欢迎仪式上还说:"我们将记住(纳粹)以德国人民的名义在德国犯下的——首先是针对犹太人民的——罪行。"科尔说,1933~1945 年纳粹恐怖时代的教训已经记取,这些教训已成为今天德国民主的一部分。科尔随后参观了记录德国法西斯杀害 600 万犹太人罪行的耶路撒冷大屠杀博物馆。他在留言簿上写道:"德国人对以他们的名义犯下的罪行深感羞愧。"

1994 年是全德统一后的又一个大选之年,科尔在德国已经担任了三届总理,执政 12 年之久,已达 65 岁。

1994 年 10 月 16 日,德国举行了统一后的第二次联邦议院选举,以科尔为首的执政联盟的得票率为 48.4%,在联邦议院的 672 席中得到 341 席,以微弱多数险胜。11 月 15 日上午,科尔在联邦议院全体会议上,在参加投票的 671 名议员中获得 338 票,以比当选总理所需的法定票数仅多一票的优势第五次当选为德国总理,从而使其有可能打破阿登纳的纪录,成为联邦德国历史上任期最长的总理。

科尔在当选后向记者发表谈话时表示,在未来 4 年中,他的政府的主要目标是完成德国的统一,包括精神上的统一,以及推进欧洲的联合。

1994 年 11 月 23 日,第五次当选为德国总理的科尔在联邦议院发表题为《迈向未来——共同革新德国》的施政纲领时指出,德国政府在今后 4 年中的中心任务是,对外促进欧洲统一,对内减少失业。关于德国的对外政策,科尔说,欧洲的政治统一是他这一任期的中心任务。在 12 月上旬在德国埃森举行的欧盟首脑会议上,他将努力争取通过一个使中、东、南欧国家进一步靠近欧盟的战略。科尔还宣布,德国今后将原则上参加国际社会为维持和平和国际安全所采取的行动。在内政问题上,科尔说,创造面向未来的工作岗位是一项重要任务,他不久将邀请劳资双方就此问题进行对话。德国目前的失业人数约 350 万人。科尔说,国家应通过消除官僚主义变得更加精干,减少国家债务。德国的公共债务已超过 1.6 万亿马克,大致相当于国民生产总值的一半。

科尔第五次当选为德国总理后,我国新华社驻德国记者发表了一篇名为《科尔何缘得以连任?》的新闻分析和一篇名为《科尔施政纲领增添国际政治战略革新》的述评,较为准确地分析了德国的形势和科尔本人得以连任的原因以及德国的政治走向。

德国统一之父

从两德相继建国到 1990 年两德统一,在长达 40 年的时间里,美、苏、英、法四大国之间以及美苏两大国之间围绕德国是否统一和如何统一,展开了一系列错综复杂的斗争。这些斗争主要反映了战后东西方之间,特别是美苏之间在欧洲的剧烈争夺,尤其是对德国的争夺。

从两个德国建立那一天开始,德国人民就希望消除分裂、重新统一。然而,悠悠 40 载,两德统一的历程是漫长而艰难的。纵观德国从分裂到统一的历史,大约可分为四个阶段,东西方对峙阶段、两德正常并存阶段、西攻东守阶段、迅速发展阶段。

1982 年至 1989 年 10 月,这段时间被称为西攻东守阶段。科尔一上台,就将德国统一问题列为其政府的重要目标之一,他在就职仪式上发表的第一个政府声明中强调说:"德意志人的民族国家是破裂了,但德意志民族仍然存在并将继续存在下去。"科尔为政府制定的目标是:"致力于在欧洲实现一种德意志人民在其中可以通过自由的自决重新获得德国的统一。"

科尔执政之初,一些观察家曾经预料,两个德国之间的关系将会再度冷却,实际上也确实出现了低潮。1982 年 10 月 14 日,民主德国的《新德意志报》发表评论认为:"科尔政府的声明中坚持德国统一的言论代表了联邦德国的反动势力,在做 1939 年德意志帝国的美梦。"

科尔上台后,昂纳克曾致信科尔。10 月 26 日,科尔复信昂纳克时,希望昂纳克不遗余力地避免军备升级。科尔要求昂纳克施展自己的影响力,以使苏联削减部署在民主德国的核导弹,尽力不增加部署新的导弹。科尔在信的最后说:"在越来越困难的国际形势中,两个德意志国家应进一步发展和扩大睦邻关系与合作。这种关系的进一步发展将有利于两国人民,有利于欧洲局势。"

从 1983 年下半年起,两德之间的关系逐渐活跃起来,不但没有出现"冰冻期",相反,两个德国之间的关系比施密特执政时还要密切。原来,自 1982 年美国在欧洲部署新的导弹后,苏联也宣布在民主德国和捷克斯洛伐克部署新的导弹,美苏还中断了日内瓦中程核武器谈判。在美苏两个超级大国剑拔弩张的背景下,两个德国政府和人民都看到,双方处于东西方对峙的最前沿,如果东西方爆发战争,受害最深重者就是两个德国。为此,两国政府对导弹问题极为关心,希望美苏走到谈判桌边。

1983 年 7 月 1 日,科尔政府主动以巴伐利亚州银行为首的一个银行财团向民主德国贷款 10 亿马克提供风险担保,这笔贷款数额超过了任何一笔联邦德国已给民主德国的贷款。科尔之所以为这笔贷款提供担保,其目的是藉以表明政府有意继续同民主德国合作,并消除苏联利用导弹问题干扰两个德国关系的危险。

正是这笔贷款使两德之间关系明显活跃起来,联邦德国政界一些重要人物,如施特劳斯、埃贡·巴尔等接二连三地到民主德国访问,1983 年 9 月 15 日,西柏林出版的《每日镜报》对此评论道:"科尔正用他的大步子超过前任社民党政府对民主德国的小步子政策。"

面对科尔政府主动伸出的手,民主德国也做出了一些友好姿态:1983 年 9 月,民主德国拆除了两国边界部分地段上已设置了 13 年之久的 SM—70 型自动射击武器,同时取消了原来对 15 岁以下的联邦德国儿童入境必须兑换 7.5 马克/天的规定。民主德国还以法律形式允许本国公民移居联邦德国与家人团聚或同外国人结婚。1984年 2 月,民主德国部长会议主席斯多夫的侄女贝格夫人一家逃到联邦德国,过去,这类事情一定会引起相互攻击,但这一次,两国政府内部协商解决了,外界几乎不知道这件事。在此期间,两德还实现了通邮通航。此外,两个德国之间的贸易也明显增加,1983 年比 1982 年增加了 8%。

科尔对两德关系的积极发展表示由衷的高兴,1983 年底,科尔再次通过新闻媒体向昂纳克发出了访问联邦德国的邀请,这之前的 1981 年,科尔的前任——施密特总理曾向昂纳克发出过类似的邀请。

1987 年,苏联和美国削减中程导弹问题的谈判取得重大进展后,昂纳克于当年 9月 7～11 日对联邦德国进行了正式访问。昂纳克的这一次访问,引来了全世界所有关心政治的人们的眼光,后来,人们将这次访问视为两德关系中最为引人注目的一次历史性访问。

昂纳克还邀请科尔到民德进行访问,科尔愉快地接受了昂纳克的邀请,并于 1988年 5 月以私人的身份访问了民主德国。

面对科尔政府给予的种种"好处",以昂纳克为首的民主德国政府是既害怕又喜欢,害怕联邦德国带来负面影响,喜欢联邦德国带来的经济效益。在民主德国政府的犹犹豫豫之中,人员往来问题也就慢慢地放松起来。从 1984 年民主德国批准本国公民移居联邦德国之后,1987 年移居联邦德国的人数为 18956 人,而 1988 年则飞速增至 39832 人。1988 年前往联邦德国探亲的民主德国公民为 678 万人次,约占民主德国 1700 万总人口的 1/3 以上。与此同时,到民主德国探亲和旅游的联邦德国公民也达 555 万人。

从 678 万和 555 万这两个数字可以看出,在科尔政府的精心策划下,民主德国与联邦德国已经密不可分了,两德统一只是早晚的事了。

科尔担任联邦德国总理后,联邦德国和苏联的亲密程度一度比施密特执政时降低了,因为,科尔比施密特更加密切了联邦德国同美国的关系。然而,科尔并不想冷却联邦德国和苏联的关系,他追求的是一种多极外交。所以,科尔在密切同美国关系的同时,也在想方设法密切同苏联的关系。

1988 年 10 月 24 日,科尔开始了他对苏联进行的为期 4 天的正式访问。科尔率领的代表团由 60 人组成,包括外交部长根舍、国防部长朔尔茨、环保部长特普费尔、科技部长里森胡贝尔、农业部长基希勒以及一些特别代表。随同代表团前往苏联的还有 200 多名联邦德国的新闻记者。

科尔这次对苏联的正式访问是戈尔巴乔夫上台以来科尔首次正式访苏,所以,苏联对这次访问也极其重视。科尔总理一行抵达莫斯科时,在机场上受到了苏联部长会议主席雷日科夫和外交部长谢瓦尔德纳泽的热烈欢迎。

在短短的 4 天中,科尔和戈尔巴乔夫举行了 3 轮会谈,双方主要讨论了两国在经济和科技领域的合作、欧洲安全和裁军等问题,同时还就柏林问题、德国政策、人权等问题交换了意见。联邦德国决定与苏联共同进行宇宙飞行,并协助苏联建立高温核反应堆。两国还签订了 7 个协议,即环保、核安全设施、宇航、反应堆研究、文化、海上事故救援和食品等协议。联邦德国经济界还同苏联有关部门签订了 30 亿马克贷款协议和包括建立合资企业在内的大约 30 个合同。在 30 个合同的签字仪式上,苏联领导人戈尔巴乔夫高兴地说："今天是伟大的一天,双方的对话意义重大。我们将把两国关系更向前推进一步。"

1989年6月,科尔访问苏联后的第7个月,苏共中央总书记戈尔巴乔夫对联邦德国进行了回访。戈尔巴乔夫的这次访问同样受到了超规格的接待。科尔和戈尔巴乔夫就双边关系、裁军和东西方关系交换了看法。6月13日,两人发表了高度评价双方关系的联合声明。声明说,联邦德国和苏联认为,战胜欧洲的分裂以及与欧洲的传统相连接,是他们政策的首要任务,双方愿意共同探讨如何通过建立欧洲和平和合作——欧洲的和平秩序和欧洲大厦,来实现这一目标。他们认为,这座大厦之中也应该有美国和加拿大的位置。赫尔辛基欧安会和马德里、维也纳续会的最后文件确定了实现这一目标的方针。

德苏关系的改善使科尔的外交才能为世界所瞩目,不少外国外交家和观察家纷纷撰文或发表讲话,赞扬科尔杰出的外交技巧。例如,罗伯特·J·麦卡特尼在1989年6月16日出版的《国际先驱论坛报》上发表文章认为:"联邦德国政府本周成功地表演了一项困难的走钢丝平衡术,一方面它对戈尔巴乔夫历史性的来访予以热情接待,而另一方面又没有使美国人担心波恩可能背离西方联盟。联邦德国在东西方关系中的声望和影响因此提高了一大截,并使自己作为西欧最重要的大国地位进一步得到巩固。"

柏林一分为二后,东部是民主德国的首都,西部却是"西方自由世界",有3条铁路、3条公路、2条小道、3条"空中走廊"通往联邦德国。为制止公民出走和其他非法活动,民主德国于1961年8月13日沿西柏林边界修起了总长达154公里的隔离设施。这堵由钢筋水泥和充电铁丝网构成的柏林墙隔断了原来一个城市的两部分住户以及原来一个国家的两部分居民之间的正常交往。

1989年10月7日是民主德国建国40周年国庆日,这一天,在东柏林、德累斯顿、莱比锡、波茨坦及其他几乎所有的大中城市都爆发了大规模的示威游行,要求"民主、自由和人权"。实际上,在10月6日,戈尔巴乔夫已应邀来到民主德国,尽管民主德国新闻媒介以低调报道戈尔巴乔夫来访的消息,但戈尔巴乔夫的言行还是很快传遍了全国。在向位于市中心的法西斯和军国主义殉难者纪念堂敬献花圈时,戈尔巴乔夫又一次向记者说:"我们需要新思维。我认为,新思维现在不仅牢固地印在政治家和学者的头脑中,而且更重要的是,也牢固地印在广大人民群众的头脑中。"戈尔巴乔夫还表示,民主德国的形势不存在任何危险,他说:"危险只威胁那些对尖锐的生活问题熟视无睹的人。谁能承受它的冲击力,并在相应的政策中使其发生变化,谁就不会被吓倒。"

面对全国各地大规模的示威游行,昂纳克在庆祝民主德国建国40周年举行的盛大集会的讲话中仍坚定地表示,民主德国将继续坚持走社会主义道路,"永远前进,绝不后退"。戈尔巴乔夫也发表了讲话,他说:"民主德国也像任何别的国家一样,有他自己的发展问题,需要加以思考和解决。""我们毫不怀疑,德国统一社会党一定能够同所有社会力量一起找到共和国发展进程中提到日程上来的而且是人民所关心的问题的答案。"戈尔巴乔夫在与昂纳克会晤时,不仅介绍了苏联改革的经验,而且敦促说:"迟到者将会受到生活的惩罚","社会主义需要振奋精神",暗示昂纳克要在民主德国实行改革。

国庆日这一天,民主德国历史上第一个反对党——民主德国社会民主党宣布成立。在教会的帮助下,反对派组织发动了一系列的游行示威,要求进行"民主改革",并提出由联合国监督民主德国举行选举的要求。这之后,民主德国国内要求改革的呼声越来越高,批评昂纳克僵化的人越来越多。

面对日渐紧张的国内局势,德国统一社会党中央政治局于10月11日发表声明指出,德国统一社会党愿就社会存在的所有问题与广大公民进行对话和讨论。声明同时指出,民主德国政府绝不允许工农政权、社会主义的价值、理想和成就受到侵犯。声明表示,民主德国政府将从自身寻找公民大批出走的原因,但反对任何旨在蛊惑人心和改变国家宪法根本宗旨的建议和游行示威。声明同时指责联邦德国无视国际法干涉民主德国内政,煽动、蛊惑、诱使民主德国公民出走,以达到其改变欧洲的和平秩序、在民主德国国土上消灭社会主义的目的。声明最后严肃地指出:"民主德国是在德国统一社会党领导下,为了人民利益而建立起来的国家,社会主义在德意志土地上的存在不是可有可无的,民主德国人民永远选择社会主义。"

这之后,德国统一社会党许多高层干部纷纷下基层和群众对话,以缓解紧张局势,新闻媒介也不断刊登对话情况,并开始刊登群众的批评性来信,且进行讨论。10月14日,德国统一社会党中央机关报《新德意志报》首次刊登批评性来信,电视台新闻联播节目也在评论中向观众作自我批评,表示要从根本上改变过去那种报喜不报忧的做法。

然而,这一切根本无法扭转全国的局势,各大中城市的游行示威仍持续不断,有时甚至多达数十万人。这时,德国统一社会党领导层内部产生了严重的分歧。10月17日,领导成员在中央政治局会议上发生了激烈争论。在10月18日召开的德国统一社会党十一届九中全会上,执政18年之久的党和国家领导人昂纳克"因健康原因"宣布辞去党内外职务,政治局委员、中央书记埃贡·克伦茨被推选为德国统一社会党新任总书记。10月24日,克伦茨又当选为民主德国国务委员会主席、国防委员会主席。一个月后,克伦茨建议人民议院取消包括昂纳克在内的27名德国统一社会党议会党团代表的议席。至此,昂纳克失去了最后一个职务。

克伦茨当选为德国统一社会党总书记后,于10月23日同苏共中央总书记戈尔巴乔夫进行了一次电话谈话,戈尔巴乔夫再次热烈庆祝克伦茨当选,并邀请克伦茨访苏。11月1日,克伦茨来到了莫斯科。在欢迎仪式结束后,戈尔巴乔夫鼓励克伦茨,不要被面临的问题所吓倒,并风趣地说:"马鞍已备好,任重道尚远。"戈尔巴乔夫还表示,苏联将尽全力认真执行对民主德国已承担的经济义务。戈尔巴乔夫的话给克伦茨以极大的鼓舞,克伦茨在莫斯科举行的招待会上表示:"我们党开始了转折。"回国后,克伦茨一方面大批更换党政领导人,加紧制定全面改革计划,以改变德国统一社会党的形象,保持党的领导地位;另一方面开放柏林墙和两德边界,以缓和群众的不满。

11月9日,有消息说:民主德国边防站决定,公民凭身份证即可去西柏林。得知这一消息后,人潮汹汹涌向联邦德国。这一消息在欧洲乃至世界引起强烈反应,西方各国领导人对此纷纷称颂。美国总统布什和英国首相撒切尔夫人表示,愿意把两国在联邦德国的军事基地当作临时住所,以接纳民主德国难民。布什高兴地说:"这是一个富有戏剧性的事件。这是东德,当然也是自由的一件引人注目的大事。"他命令美国驻联邦德国部队和驻联邦德国大使馆向联邦德国提供"一切可能的帮助"。撒切尔夫人则称赞11月9日是"一个自由的伟大的日子",认为开放边界是"拆除柏林墙的前奏"，表示完全支持"东德人民关于实行自由选举和多党制的要求"。法国总理米歇尔·罗卡尔认为，开放两个德国边境是"非常巨大的事件"，并将"带来和平；如果柏林墙倒了，那就再也不会交战了"。北约秘书长曼弗雷德·韦尔纳在声明中说："40年来对结束欧洲的分裂和结束德国的分裂所抱的希望，从来没有像今天在开放柏林墙的消息宣布之后这样美好"。苏共中央总书记戈尔巴乔夫甚至令人莫名其妙地致电美国总统布什，声称："支持民主德国领导人作出的决定。"

　　民德宣布开放边界的第二天，就开始部分拆除柏林墙，在西柏林不少地方，民众运来了掘土机，锤子的敲击声更是24小时不绝于耳。后来，柏林墙终于在1990年5月31日被民德政府宣布拆除。1990年8月13日，民德国防部长埃佩尔在柏林墙建墙29周年纪念会上宣布，到1990年12月，柏林墙全部消失。

　　伴随着边界的开放，民德国内自由化倾向一天比一天严重，原来潜在的新纳粹势力甚至公开"浮出了水面"，暴力事件出现的频率越来越高。1989年12月28日，柏林特雷普托苏军烈士陵园甚至被新纳粹分子涂上了"占领者滚回去"、"为自由欧洲人民实现民族主义而战"等口号，有人甚至用红、黄颜色书写"希特勒活在人间"的标语，声称"要做希特勒曾经命令做的事。"一些人甚至冲击国家机关，煽动反犹太主义和仇视外国人的情绪，破坏犹太人墓地，并威胁犹太人说："布痕瓦尔德的焚人炉子正等着你们。"极右组织"光头党"甚至殴打佩带德国统一社会党党徽的人，并持刀袭击外国留学生宿舍。

　　民主德国一时间陷于混乱之中，而克伦茨等人却毫无办法，一步步向反对派作出让步：1989年12月1日，人民议院九届十三次会议通过修改宪法第一条的提案，从宪法中删去了民主德国受"工人阶级及其马列主义政党领导"的内容。12月3日，德国统一社会党十一届十二中全会决定将昂纳克、斯多夫、辛德曼等12名前领导人开除出党，党中央委员会和政治局集体辞职。政治局决议称："政治局接受大部分党员的批评，承认目前党的领导没有能够根据九中、十中全会的精神揭露并严肃对待一些前政治局委员所犯的全部严重错误。为维护党的继续生存，保证特别党代会的政治和组织的筹备工作顺利进行，政治局认为有必要宣布辞职。"全会成立了由埃尔富特专区党委第一书记赫伯特·克罗克尔为主席的25人工作委员会来筹备德国统一社会党特别党代会。12月6日，克伦茨辞去国务委员会和国防委员会主席职务。12月7日，民主德国16个党派和政治组织举行民主德国历史上第一次圆桌会议，寻求摆脱国家危机的出路。经过长时间激烈的辩论，圆桌会议决定于1990年5月6日举行人民议院大选，通过"自由选举"决定国家的未来。

　　正在民主德国群龙无首，国家前途没有定向的时候，科尔和他的政府已开始制定统一德国的一系列计划，并千方百计地使这一系列计划得以实现。

　　就在民主德国国内一片混乱之时，联邦德国总理科尔公开对传媒说，他"从内心深处感到历史的方向在朝统一前进"，"德国问题已经摆上案头"。于是，科尔果断地把多年来束之高阁的德国统一问题重新提上了议事日程。联邦德国的一些政治家也一改过去在德国统一问题上谨言慎行、等待观望的态度，大造声势，并加大新闻宣传的力度，把尽快实现统一作为紧迫的政策目标。

　　为推动统一浪潮，实现统一目标，科尔接过民德部长会议主席莫德罗提出的关于在两德建立"契约共同体"的建议，提出了建立德国邦联结构的"十点计划"，要求民德"取消德国统一社会党对权力的垄断"，举行有各独立政党，包括非社会主义政党参加的"自由、平等、秘密选举",建立一个"民主的、合法的政府",在民主德国实行社会经济体制全面改革的前提下,发展两个德国间的邦联结构,并在此之后建立一个联邦,即德国的联邦国家制度。

科尔的"十点计划"将德国统一分为三步:第一步,两德建立一个越来越密切的、包括一切领域和层次的契约共同体;第二步,发展德国两个主权国家间的邦联结构和建立一个联邦,即德国的联邦国家制度;第三步,通过采取广泛的政策谋求欧洲的和平,使德国人民能够在自由自决的情况下重新获得统一。

德国统一问题一经科尔提出,就引来全世界关注的目光。西方各国首脑纷纷发表各自的看法。美国总统布什公开表示他不担心德国统一,但美国舆论界却认为布什政府不会对德国统一持欢迎态度。法国总统密特朗一方面对德意志民族要求统一的愿望表示"理解和肯定",承认德国问题变得"更具有现实意义","德国统一顺理成章",但另一方面又认为,解决德国问题需以和平与民主的方式进行,但"目前条件还不成熟",告诫联邦德国不要推动与东德的重新统一,认为德国的重新统一,可能会打破欧洲的微妙均势。苏共中央总书记戈尔巴乔夫明确表示反对"人为地强行推进德国统一",他肯定地指出:"两个德意志国家的存在是历史发展的结果,是第二次世界大战的实际结局,应当从这个现实出发。今天两个德国的统一问题不是迫切的政治问题。""德国统一问题远没有到提上议事日程的时候。"戈尔巴乔夫为首的苏联人甚至警告说:"科尔提出的'十点计划'孕育着危险的后果。"英国首相撒切尔夫人警告说:"如果德国重新统一来得太突然,那么就得冒德国重新统一不会以和平方式实现这个更大的风险。"波兰和捷克斯洛伐克领导人也对德国的统一问题表示担忧,波兰还要求联邦德国明确承认第二次世界大战后形成的德波之间的奥德—尼斯河边界。

1989 年 12 月 17 日,科尔出访民主德国前两天,联邦德国《星期日图片报》刊登了题为《科尔携带千亿马克投资计划会晤莫德罗》的署名文章。该文介绍说,科尔将携带拟定的投资计划和信贷建议会晤莫德罗总理,联邦德国经济界今后十年向民德的投资每年增至 100 亿马克,科尔政府打算为经济界 1000 亿马克投资计划提供担保。文章认为,承担这项担保的条件是民德推行市场经济,并担保投资安全和支付往来自由,以保证获得的利益返回国内。

1989 年 12 月 19~20 日,应莫德罗之邀,科尔对民主德国进行工作访问。随同科尔访问民主德国的有联邦经济部长赫尔穆特·豪斯曼、德意志内部关系部长多罗特·维尔姆斯、联邦总理办公厅主任鲁·赛特尔斯及一批专家。民德总理汉斯·莫德罗和外交部长奥斯卡·菲舍尔前往机场迎接。

访问期间,科尔在数十万人的集会上说,联邦德国将尊重民主德国公民自己决定自己国家未来的权利,并宣称:"实现统一是联邦德国的政治目标,"但统一进程需要考虑邻国的忧虑,应将统一纳入欧洲一体化的进程。集会现场,多数市民打着联邦德国国旗,并高呼"我们是一个民族","德意志,统一的祖国"。当然,也有不少市民打着民主德国国旗,反对两德统一。

在科尔日益强烈地感到需要完成两德统一使命的同时,民主德国领导人的观念也在发生变化,从两个月前所说的德国统一"不符合现实",转变为赞成统一。莫德罗在他的《新年献词》中明确说:"为了克服民主德国的危机,我们需要支持,尤其需要来自联邦德国的支持。""两个德国对和平、安全、裁军和缓和共同承担着特殊的责任,两德的条约共同体到 1990 年将具有轮廓。"

由于两德统一已成为大势所趋,所以,苏美英法四大国深深地意识到,如果继续持反对、抵制态度,不仅阻止不住两德统一的步伐,而且还会引起两德的反感,因此,四大国均调整了他们的对德政策,并于 1990 年 2 月 13 日在渥太华同两德一起共同制定了后来被人们称为外交杰作的"2＋4"方案。

　　所谓"2＋4"方案,就是说先由两德商讨解决与统一有关的"内部问题",再由两德同四大国一起解决与统一有关的"外交问题"。这个方案的确定具有极其重大的历史意义,它首先表明四大国共同确认了"德国有权统一",并接受两德已开始进行的统一的进程;另一方面,它表明四大国已改变了它们长期反对德国统一的做法,并把如何统一德国问题提上了议事日程。

　　但在两德之间,四大国之间以及它们相互间对如何解决德国统一的内部和外部条件仍存在严重分歧和激烈争论,欧洲其他国家对德国统一也深怀疑虑。

　　两德之间的矛盾主要集中在两个德国是对等联合还是民主德国根据联邦德国《基本法》并入联邦德国。此外,在统一的进程以及统一后如何保障民德公民的社会福利等问题上均有分歧。

　　四大国和两德围绕德国统一后如何确保欧洲的安全和力量均衡等问题展开讨论,争论的分歧首先集中在统一后的德国的联盟归属和外国驻军问题上。西方三国主张统一后的德国仍为北约的完全成员国,而苏联则坚决反对,坚持统一后的德国不得结盟。后来,苏联又提出统一后的德国可以既是北约成员国又是华约成员国的主张,但这一主张遭到北约的断然拒绝。当时,联邦德国基本上赞同西方三国的主张,而民主德国则支持苏联的主张。

　　德国统一也引起其他欧洲国家的关注。欧洲的这些国家对两德和四大国达成的"2＋4"方案非常不满。特别是波兰,其历史上曾两次遭德国入侵,且科尔对波兰西部边界的表态"含糊不清",所以,波兰强烈要求直接参加涉及其西部边界和安全的谈判,并要求签订一项保证战后波兰边界不受侵犯的条约。荷兰、比利时等国也提出了以不同形式参与的要求,欧共体国家坚持要利用欧共体机制干预德国统一进程,北约发言人主张以"2＋15"(即除联邦德国以外的北约 15 个成员国)方式讨论德国统一问题。欧洲大多数国家还主张把德国统一问题提交欧洲安全与合作会议讨论,也就是"2＋33"方案,即由 35 个欧安会参加国最后确认两个德国的统一。

　　1990 年 3 月 18 日,令世界关注的民德首次"自由选举"进入关键时刻。为报道这次选举,各国有 2470 名记者前往采访,有 33 家外国电视影像公司在东柏林共和国宫开设了临时办事处,现场报道的外国电视公司达 50 多家,其盛况堪与奥运会相比。

　　联邦德国特别重视民主德国的这次大选,并千方百计影响和插手这次选举。因为,这次大选关系到德国统一进程,也关系到 1990 年联邦德国的大选和科尔总理的地位。2 月 15 日,科尔在议会讲话中直言不讳地指出,这次选举对两德统一"具有关键性意义"。科尔表示,他希望民主德国通过选举产生一个"民主、合法的有行动能力的政府"和一个"以尽快统一为目标"的施政纲领。

　　选举结果公布后,基民盟主席洛塔尔·德·梅齐埃即表示,他将出面组阁。然而,尽管以基民盟为首的德国联盟得票数最多,但其得票数未过半数,于是,德国联盟主动同自民盟协商,很快达成联合组阁的协议,两个联盟选票之和为 53.4％,在 400个议席中有了 213 席,执政无问题。然而,德国联盟想修改民主德国宪法,以便按联邦德国《基本法》第 23 条加入联邦德国,实现统一的捷径。而修改宪法需要 2/3 的多数通过,所以,德国联盟决定拉上社会民主党,组织大联合政府。经过一番商谈,于4月9日和社民党达成联合组阁的协议。

民主德国选举刚刚结束,联邦德国有关解决统一问题的意见、建议就不断在报刊刊出,其中最重要的是3月28日联邦银行提出建立货币联盟时东、西马克兑换率的建议。4月5日,在民主德国联合政府各方正忙于组阁谈判时,科尔政府即把建立两德经济、货币和社会联盟的最初草案摆到他们面前。观察家认为,科尔政府意在告诉民德新政府,其存在的惟一目标便是推进两德统一。这之前,联邦银行于3月29日建议民德公民的存款每人按1:1比价兑换2000马克,其余存款和工资、养老金、债权等一律按2:1折算。联邦银行的这一建议首先引起民德各党和广大群众不满,认为这将使民德公民陷入无法生活的困境,因民主德国公民的工资只及联邦德国公民平均工资的1/3,如果再以2:1折算,这样,民德公民的工资实际上只相当于联邦德国公民工资的1/6,而一旦两德统一之后,物价又将基本拉平。联邦银行的这一建议在联邦德国内部也引起不同看法,社民党指责科尔违背了在民德选举期间向民德公民许下的诺言,认为科尔的行为有"欺骗"民德公民的嫌疑。自民党则警告说,这将会产生不堪设想的政治后果。

1990年5月5日,两个德国和苏美英法四国外长云集波恩,举行首次"2+4"外长会议,出席这次会议的有联邦德国外长根舍、民主德国外长马尔摩斯·梅克尔、美国国务卿贝克、法国外长迪马、英国外交大臣赫德和苏联外长谢瓦尔德纳泽。这次为期一天的会议主要是通过制定新的国际条约和协定来取代战后的一系列条约和协定,确认德国在被人为地分裂了整整45年之后重新获得统一。

由于两德内部统一一浪潮的迅猛发展,两德在解决外部问题上的立场和观点越来越接近,使"2+4"变成了"1+4",或者变成了苏联为单独一方对其他4方的"4+1"。这种谈判对苏联十分不利。

"2+4"首次会谈结束后,德国统一后的归属问题成了苏联和西方斗争的焦点。苏联主张德国中立化,是因为德国中立化将意味着美国的势力退出欧洲,这样,苏联便可占尽地缘政治上的便利。科尔坚决主张,统一后的德国"既不能中立,也不能非军事化",继续留在北约是件"生死攸关"的大事。

1990年9月12日,苏美英法和两个德国的外交部长终于在第四次"2+4"莫斯科会议上签署了《关于最后解决德国问题条约》。该条约除了前言外,共10项条款,对统一后的德国领土、权力与义务、军队与武器装备,对苏美英法过去在整个德国的权利与义务以及与此相关的一切协定、决议与协议、乃至今后在德国的驻军、德国与苏美英法四国的关系等所有问题都作了明确的规定。

1990年9月24日,民主德国国家人民军正式宣布退出华约组织,准备接受联邦国防军的整编。

1990年10月1日,苏美英法四国外长在纽约正式签署终止战胜国对柏林和德国的权利的文件,以使分裂45年之久的德国从10月3日统一之日起成为一个完全的主权国。

1990年10月3日,对德意志民族来说,是一个具有重大历史意义的日子。这一天,民主德国正式加入联邦德国。德国人民迎来了民族统一的国家庆典。

政治大国外交进程

两德统一后,德国的总面积达35.7万平方公里,人口达7850万,是除苏联之外欧洲最大的国家,其经济实力也明显增强,国民生产总值在欧共体中所占的比例由原来的25%提高到30%,经济学家们预测,到本世纪末,德国的国民生产总值将等于或超过英法国民生产总值之和。

两德的统一,不仅是面积的扩大和经济地位的提高,实际上,德国的政治地位也明显提高。两德统一前的民主德国和联邦德国,分别受制于苏联和美英法。两德统一后,德国最终摆脱战败国的地位,获得了全部主权。

两德统一后,其不仅成为经济上的巨人,而且成为政治上的大国,同英法两国平起平坐。而且,科尔总理致力于建立欧洲经济——货币联盟和政治联盟,强调发挥"西欧联盟"和"欧洲支柱"的作用,并同法国一起组建"德法联合旅",公然同美国在北约的领导作用分庭抗礼,从而引起美国的不安。美国人担心,这样下去,会建立一座"欧洲堡垒",削弱北约这条纽带,从而在欧洲架空美国。

美国《基督教科学箴言报》发表文章指出:重新统一的德国"一直想染指中欧、东欧,并渴望成为俄罗斯享有特权的伙伴。""如果德国势力东移,很可能成为美国在欧洲的一大烦恼。"美国人认为,德国崛起及其在东欧的扩张,很可能想填补由于东欧巨变和苏联解体而出现的"力量真空"。

美国人的担心又恰恰经常被印证,科尔总理经常不顾美国、联合国和欧共体的反对,自行其事。而且,科尔还竭力使德语列为欧共体的一种语言,访问华盛顿的德国官员甚至要求同美国同级官员用德语进行会谈。

1996年2月18日,科尔抵达莫斯科,进行为期3天的正式访问。这是叶利钦宣布竞选连任总统后前来访问的第一位西方国家领导人。科尔此行的主要目的就是支持叶利钦竞选下届总统。据俄通社—塔斯社报道,俄德两国领导人主要讨论了俄罗斯目前的形势、欧洲安全、车臣战争以及两国关系的现状和前景等问题。叶利钦称,他竞选连任总统是为了使改革不可逆转。在谈到北约东扩问题时,叶利钦说,俄罗斯"坚定不移地反对北约向东扩至俄边境"。

会谈结束后,科尔向报界发表了谈话。科尔赞赏叶利钦关于他竞选总统并与俄罗斯继续改革密切相关的看法,赞赏叶利钦关于要尽快结束车臣战争的计划。他指出,俄罗斯是德国在其东方的最重要伙伴,欧洲的未来在很大程度上取决于德俄关系。关于北约东扩问题,科尔认为,这个问题应无限期推迟讨论,在此期间应考虑采取某种办法来处理。他强调,建立欧洲安全体系是这个问题的可能解决办法。他建议把俄罗斯的安全利益同尊重俄的邻国加入北约的权利结合起来。两位领导人会谈后宣布,双方在包括双边关系在内的所有问题上的立场"实际上完全吻合",只是在北约东扩问题上仍存在着一些分歧。

1996年4月29日,在英国访问的科尔与英国首相梅杰就英国"疯牛病危机"、欧洲一体化进程以及其他双方共同关心的问题举行了会晤。在会晤后举行的联合记者招待会上,梅杰说,他与科尔讨论了困扰英国的"疯牛病危机"以及欧盟关于在世界范围内禁止英国出口牛肉的禁令。梅杰希望欧盟委员会能认真考虑英国提出的包括宰杀4万头肉牛的最新建议,并尽快解除禁令。

科尔敦促欧盟有关部门尽快研究英国的建议。但他拒绝回答记者提出的食用英国牛肉是否安全的问题,他说在欧盟尚未作出有关决定之前,他作为一位欧盟成员国首脑发表议论是不合适的。关于欧洲一体化进程问题,科尔表示德国将尽可能加强与英国的合作。他认为,"欧洲大厦"的建立也许要经历几个不同的发展阶段。梅杰表示,英国支持欧洲一体化进程,但是在欧洲单一货币等问题上,英德之间还存在着不少分歧。他表示相信两国的分歧能随着欧盟的不断发展而逐步得到解决。两位领导人在会谈中还就双边经贸关系、波黑局势、欧盟扩大等问题进行了深入的探讨。

1996年5月22日,科尔在接见来访的南非总统曼德拉时表示,德国愿意与南非发展更为密切、更令人信赖的合作关系。科尔在会谈中向曼德拉保证,德国将努力促进欧洲联盟和南非尽快缔结贸易与合作协定。

1996年5月23日,科尔和美国总统克林顿在美国中西部城市密尔沃基就北约东扩、俄罗斯总统选举、波黑和平进程和国际自由贸易等广泛的国际和双边关系问题举行会谈。两国领导人在会晤后的记者招待会上表示,两国将进一步加强迎接21世纪到来的"伙伴关系",双方表示在许多国际问题上持相同立场。

关于北约东扩,克林顿和科尔都认为北约应该根据冷战结束后"变化了的世界"新形势,以"远见和谨慎"的态度推进既定的东扩进程。对于即将举行的俄罗斯总统选举,美德两国领导人表示,他们坚定地支持"坚持俄罗斯市场改革进程"的候选人。在谈到波黑和平进程问题时,克林顿和科尔认为,目前波黑正处在"非常关键的阶段",面临着"至关重要的挑战"。两位领导人敦促国际社会继续对波黑有关各方施加必要的压力,为波黑的战后重建尽可能提供经济援助。克林顿重申,美国派驻波黑的和平协议执行部队将按原定计划于今年底撤出。他认为,美军目前作出推迟撤军的决定只会给波黑和平协议的落实带来不利。在克林顿和科尔会晤期间,美德两国政府还签署了航空安全和开放领空两项合作协议。按照协议,今后美德两国的航空公司可以自由进入对方国家的所有民航机场。两国航空管理部门将为两国航空公司的班机提供相同的安全保障和服务。科尔和克林顿都强调,这两项协议解决了美德两国"在至关重要的经济领域"的合作问题,是两国在加强伙伴关系方面迈出的"又一重大步骤"。

1996年10月26日,科尔率领包括一些部长和40多位企业家在内的115人组成的代表团来到雅加达,对印尼进行友好访问。28日,科尔在雅加达举行的记者招待会上说,他和印尼总统苏哈托就扩大两国在经贸、科技和文化领域的合作深入地交换了意见。科尔说,双方共同探讨了总价值近10亿美元的合作项目,其中已达成协议的合资企业等项目总额为6.91亿美元。双方还成立了经济和技术合作论坛,以迎接两国下世纪面临的挑战。

1996年10月29日,科尔从印尼来到马尼拉,开始对菲律宾进行为期3天的访问,以增强两国间的经贸关系。科尔抵达后立即会晤了菲律宾总统拉莫斯。他们在随后举行的联合记者招待会上说,双方在会谈中着重讨论了德国对菲律宾的经济援助和加强双边经贸合作的问题。科尔在记者招待会上说,他对菲律宾的访问表明,德国对增加在菲律宾的投资很感兴趣。他说,菲律宾的经济开始快速发展,前景非常广阔。当天下午,科尔和拉莫斯还参加了德国向菲律宾提供经援协议的签字仪式。根据协议,德国将为菲律宾的一些发展项目提供13亿比索(4900万美元)的贷款。

1997年1月4日上午,科尔乘专机来到莫斯科,与俄罗斯总统叶利钦一同探讨了解决北约东扩问题的方案和双边关系问题,当晚,科尔离开莫斯科回国。据俄通社—塔斯社报道,北约东扩问题是这次会晤的主要议题。叶利钦在会谈结束后说:"我们寻求了这一问题的解决方法,商定今后继续讨论俄罗斯与北约问题。"科尔离开莫斯科前在机场举行记者招待会上称,北约东扩不会在欧洲形成新的分界线。在这个问题上他同叶利钦有分歧。会晤时双方还达成协议:俄总统叶利钦将于今年4月对德国进行短暂的工作访问,德国总统赫尔佐克将于今年下半年对俄罗斯进行正式访问。据俄总统新闻秘书亚斯特任布斯基说,叶利钦和科尔对双边关系表示满意。两位领导人商定,将共同努力减少妨碍两国经济关系发展的官僚主义限制。

1997年1月6日,科尔与美国总统克林顿进行了半个小时的电话交谈,科尔向克林顿通报了他4日访问俄罗斯并同俄总统叶利钦会谈的情况,特别是俄方在北约东扩问题上所持的立场。克林顿和科尔就北约与俄罗斯加强对话,以消除俄在北约东扩问题上的担忧问题进行了较深入的讨论,双方认为,北约的扩大应按北约外长在1996年12月举行的会议上的决定进行。这个决定计划在1997年7月在西班牙首都马德里举行的首脑会议上邀请部分前华约成员国加入北约,并在1999年北约成立50周年之际正式接纳这批新成员。科尔和克林顿电话交谈后同时宣称,北约将按照不久前北约外长会议所制定的时间表执行东扩计划。

1997年2月9日晚,科尔在接受法国电视一台的采访时说,在冷战后的形势下,美国已成为欧洲的伙伴,因此它不应当是指挥欧洲的"上级领导"。他说:"北约组织应当成为欧洲安全防务的轴心",但这"并不意味着对美国人唯命是从"。关于法国提出的共享法国核威慑力量的"协调核威慑"建议,科尔强调,德国并不想从"旁门"进入核武器国家俱乐部。科尔说,1998年春天欧盟将根据每个成员国的经济和财政状况来决定其是否有资格加入欧洲货币联盟,"任何一个国家都不应当被排除在这个进程之外"。他说,德国"并不想对其他国家说三道四",但是"这个进程对每个国家来说的确是相当困难的"。他表示反对设立一个政治机构来监督指导未来的欧洲中央银行。他说:"德国的经验表明,没有政府的干预,欧洲中央银行未来的运转情况也许会更好些。"

1997年4月9日,科尔和来访的法国总统希拉克在波恩会谈后再一次强调,德国和法国不会允许对实现欧洲单一货币的时间表和趋同标准作出改变,两国领导人表示,双方将协调政策,使将于6月召开的旨在进一步完善《马约》的欧盟政府间会议取得成功。观察家认为,科尔和希拉克的表态,显然是为了平息人们对经货联盟可能会推迟实现或放宽标准的疑问。

1997年5月7日,科尔总理抵达惠灵顿,开始对新西兰进行为期两天的正式访问,两国领导人就双边关系、俄罗斯问题和亚太地区形势进行了会谈。新西兰总理博尔格说,德国对新西兰在过去十年中进行的经济和社会改革非常感兴趣,科尔同他特别讨论了这个问题。他说,新西兰欢迎德国企业前来投资,也鼓励新西兰企业到德国投资。被问及新西兰是否支持德国成为改革后的联合国安理会常任理事国时,博尔格说,新西兰对这个问题的态度是"谨慎"的,将取决于改革后的安理会的结构。新西兰外交部的官员说,新西兰并不支持德国成为安理会常任理事国。科尔说,他希望能有更多的德国资金投入新西兰,也希望更多的新西兰企业到德国去投资。德国企业正把新西兰看作进入亚洲的跳板。新西兰外交部官员说,新德关系不存在重大问题,科尔访新的目的是加强两国的关系并探索德国在亚太地区的商业机会。

1997年10月3日，科尔在斯图加特举行的纪念德国统一7周年庆祝活动上强调，统一后的德国必须致力于建立一个统一的欧洲。他说，尤其是中、东欧和东南欧国家的许多人，希望德国在建立一个统一的欧洲问题上能发挥重大作用。科尔同时还表示，如今的德国在历史上第一次与所有邻国和睦相处，这是德国统一7周年以来最重要的。

1997年12月1日，在德国政府举行的传统的外交使团招待会上，科尔总理强调，德国需要并谋求一个统一的欧洲，这个欧洲并不以波兰西部为界。他说，德国主张欧盟东扩是因为它"服务于我们这个大陆的政治和经济稳定，并符合所有欧洲人的利益"。他说，德国的地理位置和历史使德国有义务和所有的东欧邻国建立伙伴关系。科尔还说，欧洲经济与货币联盟是走向统一欧洲的"第二个关键工程"。他说，欧元将作为稳定货币准时到来，它将增强以出口为主的欧洲经济地位，将使欧盟成功地与日元和美元区抗衡。关于新的欧洲安全格局问题，科尔说，创建一个新的欧洲安全格局是欧洲国家目前共同的目标，今年在这个问题上取得了"重大突破"，北约分别与俄罗斯和乌克兰签署的基本关系文件"为欧洲安全开辟了一个新时代"。他强调，俄罗斯属于欧洲，因此北约与俄罗斯应进行伙伴合作。科尔重申，北约的大门继续向其他国家开放。

从以上介绍可以看出，全德第二次议会选举之后，科尔积极谋求世界政治大国地位的行动越来越明显。他频繁出入国门，将德国的影响力传到每一个国家，从而使德国的国际地位越来越高。这同时，科尔政府也有条不紊地加快国内经济发展的步伐，减少失业率。

1997年4月3日，已在总理宝座上稳坐了15年的科尔在他67岁生日时，出人意料地宣布，他将继续作为基督教联盟党的总理候选人，参加1998年10月的联邦大选。

笔者完稿时，离1998年的德国联邦大选还有几个月的时间，所以，现在预测大选结果为时还早。让我们一起等待德国人民自己的选择吧！

德国和中国，远隔千山万水。但是，山山水水未能阻止两国人民的传统友谊。

科尔认为，中国幅员辽阔，是世界上具有重要影响的国家。他很重视中国在世界上的战略地位。早在1974年，当时任莱茵兰—普法尔茨州州长的科尔，在他当选为基民盟联邦主席后的第二年，就偕夫人来到中国。

科尔首次出访中国前接受了德国电视台的采访，科尔高兴地对记者说："中国是世界政治发展中的一个非常大的国家。对我们来说，尤其是考虑到亚洲、考虑到第三世界的广大地区，在缓和政策的重要问题上，从第一手了解中国领导人的看法，是十分重要的。"针对勃兰特政府希望发展对华关系但又担心发展对华关系得罪苏联的态度，科尔坚定地说："我们不必借中国这根政治杠杆来推行德国的东方政策，但是也不必由于顾及苏联而对中国'行为鬼祟'。"

科尔的首次中国之行是极其愉快的。到达北京的当天，科尔兴致勃勃地偕夫人登上了闻名于世的万里长城。之后，他们又饶有兴趣地参观了令世人赞叹不已的故宫古建筑群和故宫收藏的稀世珍宝。

访华期间，中国国务院副总理邓小平、外交部副部长乔冠华等会见了科尔，双方就共同关心的世界政治问题、欧州形势和德国问题及其他双方感兴趣的问题交换了看法。

科尔任总理后,不论在政治、经济和科技领域内,还是在文化、教育领域内,两国都建立起日益深入的友好合作关系,德中两国高级领导人互访增加,两国高级领导人之间建立了定期政治磋商制度,定期就双边关系和重大国际问题及时交换看法,在联合国等国际组织内,两国经常就东西方关系、裁军、和平以及南北合作等问题协调政策,相互支持。两国部长一级和一般人员的交往也逐年增加,两国外交部长每年都进行一次互访或定期在国际会议的场外举行会晤。其他各部部长及州长、市长等也经常互访。如1983年,联邦德国有内政、经济、邮电、交通和经济合作5位部长和3位州长访问了中国。中国去联邦德国访问的代表团和考察团更是络绎不绝。此外,两国还分别在中国的上海和德国的汉堡开设了总领事馆。

科尔1984年10月出访中国后,中国共产党和中国政府领导人也分别于1985年6月和1986年6月对联邦德国进行了友好访问,两国不同级别的政治磋商和各专业团体间的互访也不断增加,两国政治关系进一步密切,经贸关系也飞速发展。据统计,1986年德中贸易额已相当于两国建交之初的16倍。两国技术合作总额也逐年增长,到1987年已超过1亿马克。从1985年起,德中之间还进行了财政合作,1985年开始提供5000万马克的金额,到1987年翻了一番,达1亿马克。此外,科尔政府放宽了对中国的技术转让条件,并扩大了两国间的科技合作。两国间的经贸合作也从单一的中央一级合作扩大到省与州之间、企业与企业之间的合作。

科

尔

卡斯特罗

童年岁月

1926年8月13日凌晨2时,菲德尔·卡斯特罗带着一声长长的啼哭来到了这个充满离合悲欢和恩爱仇怨的世界。他出生在父亲的庄园里,体重12磅。他的母亲名利纳·鲁斯·冈萨雷斯,原为庄园里的厨娘,是一位能干的女性。第一次世界大战期间,欧洲各国打得不可开交,而加勒比地区可谓偏安一隅。素有"蔗糖王国"的古巴蓬勃发展,安赫尔·卡斯特罗乘着给美国联合果品公司照管产业的机会不断增加自己的地产。利纳·鲁斯·冈萨雷斯正是在这一期间随着大批到奥连特来寻找工作的人来到了安赫尔·卡斯特罗的农庄。她自己的家乡比那尔德里奥也可称得上烟草之乡,但生性刚强的利纳愿意走出来看看世界。她先是给安赫尔当佣人,这是因为她父亲弗朗西斯科是安赫尔的朋友。弗朗西斯科当时拥有牛群,专门与人签约负责搬运甘蔗、木材或其他东西。在交通不发达的农村地区,这种搬运业颇有些供不应求。

安赫尔结过两次婚。其原配夫人玛丽亚·路易莎·阿戈特是当地的一位小学教师。婚后生了一男一女,佩德罗·埃米略和利迪亚。丰腴强壮的利纳·鲁斯·冈萨雷斯很快博得了安赫尔·卡斯特罗的好感。俩人的感情自然发展到无法控制的地步。玛丽亚·路易莎难以忍受这种难堪的地位,离开了安赫尔,后来则名正言顺地离了婚。她死于1984年。在正式和安赫尔结婚前,利纳为安赫尔生了三个孩子:安杰娜、拉蒙和菲德尔,虽然父母亲后来正式结了婚,但在一个天主教盛行的地方,这种"私生子"的阴影在菲德尔的童年时代一直伴随着他。婚后,利纳又生了四个孩子:胡安娜、劳尔、爱玛和奥古斯丁娜。这种多产无疑加强了利纳的地位,同时也为这个家庭带来了意想不到的快乐和烦恼。当然,谁也没有想到,他们中的一位将成为举世瞩目的英雄,一位将在未来半个多世纪的世界政坛和新闻舆论界不断引起轰动的热门人物。

安赫尔看着一天天长大的孩子,心里充满着喜悦和焦虑。一天,利纳问他:"我们该给孩子起个名字了吧?""我知道。我在想应该给他同时找一位有势力的教父。"安赫尔回答道。经过一段时间的考虑,他们决定给孩子取名为"菲德尔"。名字来自菲德尔·皮诺·桑托斯,当时古巴政坛上的一位富有的政客。多年的社会经历和苦心经营使安赫尔·卡斯特罗认识到,在古巴社会,要出人头地,金钱和政治地位是关键的。当然,事情并非如他想象的那样顺利。好在经过几年的努力,菲德尔·皮诺·桑托斯和他的妻子同意成为菲德尔·卡斯特罗的教父和监护人。安赫尔和利纳高兴极了,他们相信,这位贵人会给他们的小菲德尔带来好运。不过,据菲德尔·卡斯特罗回忆,这位教父并非如他父亲想象的那样慷慨大度:"他并没有给我多少礼物。实际上,我记不得他给过我任何礼物。"但是,在人事关系错综复杂的社会生活中,卡斯特罗能在政坛上很快地显露才华并引起世人注意,这位在政界上层有不少朋友的教父是否起过一点作用呢?我们不得而知。

一位西方哲人曾经说过:孩子在成长为大人的过程中,有两个甩不掉的影子,一个是艰难困苦,另一个是欢乐幸福。孩子生活在过于困苦中固然是不幸的,而生活在过于幸福的环境中同样也是不幸的。然而,在实际生活中,这种绝对的"过于"是不多见的。况且,物质生活与精神生活的统一也是难于实现的。这在卡斯特罗的童年环境中表现得甚为突出。

物质生活是优裕的。小菲德尔和拉蒙、劳尔经常在父亲的庄园里追逐打闹。虽然田野里是一望无际的甘蔗,但因为农庄是在一片森林里逐渐开垦出来的,所以农庄周围的森林又成了淘气的男孩子们历险的好去处。不只一次,他们和父亲带着猎狗到森林去打猎。安赫尔生性沉默寡言,只在这时,他才与儿子们尽享天伦之乐。有时找到一个猎物,他们会穷追不舍,直到精疲力尽或将猎物捕获到手。看着前呼后拥的猎狗和在前面牵着猎狗的孩子们,安赫尔有一种说不出的骄傲。小菲德尔每次总是兴致勃勃,不时向劳尔发出命令。钓鱼是另一种乐趣,有时全家出动,浩浩荡荡,在小河边排成一列。

但是,小菲德尔在幼年和早期学校生活中不如意的事也不少。从某种意义上来说,他的出世是非法的,而又是出生于一个破裂的家庭。这对菲德尔·卡斯特罗已成了一种无形的沉重负担。每当和小伙伴发生冲突,对方首先骂出来的总是与以上两件事相连。在他进了拉萨尔的天主教小学后,这种社会的歧视使他感受更深。这一切在卡斯特罗幼小的心灵里留下了深深的烙印。最初,他在说不过人家时,总是以拳头论理。这种境遇培养了卡斯特罗一种倔强的性格。在后来的学校生活中,他逐渐学会用实际行动来消除这种不公正的社会偏见。事事总要争先,一次失败再来一次。他的弟弟劳尔成了他一生中最亲密的战友,这也是从孩童时代开始的。后来,劳尔对卡斯特罗的倔强性格和好胜心是这样评论的:"他在各方面都取得了成功。在运动方面,在学业方面。他无一日不进行斗争。他性烈如火。不把最有势力、最强壮的人放在眼里,如果他被打败了,第二天再打。他绝不罢休。"

由于他那好斗和倔强的性格,卡斯特罗为此吃了不少苦头。但印象最深的不是与童年伙伴之间的打斗,而是学校老师的惩罚。有一次,他与一个叫伊万·洛萨塔的同学发生争执,双方动起手来。伊万当然不是卡斯特罗的对手,被打得眼青鼻肿。伊万是天主教小学神父们的得意门生。晚上祝福式过后,一个神父将卡斯特罗叫到房间。轻轻地关上门后,神父盯着卡斯特罗问道:

"今天是怎么回事,你能解释一下吗?"

"我和伊万在玩,后来,他……"卡斯特罗刚一开口,神父顺手拿起一个蝇拍,劈头盖脸地打在卡斯特罗的脸上,打得他眼冒金星,一个趔趄,差点摔倒。对这一件事和其他一些虐待,他始终不能忘记。后来,他决心不让那些丝毫不懂儿童心理的人成为教师。这对古巴独立后教育政策的实施产生了影响。

1940年,卡斯特罗已在拉萨尔教会学校读到了五年级。当时虽然他顽皮捣蛋,但成绩优秀,并逐渐成为班里一帮孩子的首领。神父们决定让他转到纪律要求更严格的耶稣会学校去。这样,菲德尔来到了位于圣地亚哥的多罗雷斯耶稣会学校。卡斯特罗后来回忆,这里的人文环境要比拉萨尔好,虽然严格一些,但更公平一些。

他在学校乐队吹军号。这是他最得意的时刻,穿着海军蓝的乐队服装,总有一种威风凛凛的神气。他对同学有一种神秘的吸引力,总有一些调皮孩子听他的话。有一次,学生们举行诗歌比赛,所有的同学都要参加,并由广播播送后由家长评出第一名。卡斯特罗的诗歌并非出类拔萃,但他的那帮小兄弟们竭力说服自己的父母投菲德尔的票。卡斯特罗也知道艾尔皮迪奥的诗写得最好,但是家长们的信上写得十分策略:"对母亲们来说,艾尔皮迪奥的诗优美而动人,但我们的票投给菲德尔。"由此可见,在童年时代,菲德尔·卡斯特罗已表现出非凡的说服力和组织能力。

这一年的 11 月 5 日,富兰克林·罗斯福第三次当选美国总统。消息传来,从小就有远大志向的卡斯特罗突发奇想,为什么不给罗斯福总统写一封信表示祝贺呢?他马上拿起笔来,工工整整地写了一封信,末了还希望总统给他寄一张 10 美元的钱币,"因为我从未看到过 10 元的美钞,我希望能有一张。"信中还不无稚气地问罗斯福总统是否需要铁来建造军舰,并自告奋勇要带罗斯福去参观马亚里附近最大的铁矿。信发出后,菲德尔怀着一颗志忐不安的心等待着,他相信罗斯福总统会给他回信,会给他寄一张 10 元美钞来。他的这两个愿望实现了一个。

1942 年 9 月,姐姐安杰娜带着卡斯特罗来到哈瓦那的贝伦学校读高中。这里的感受与拉萨尔和多罗雷斯大不一样。大部分学生来自富裕的城市家庭,从穿着打扮到饮食卫生都与来自一个小村庄的菲德尔大相径庭。很少有同学邀请他到家里去作客,课余他只能和姐姐呆在父亲为他们租的住宅里。同学们看不起他,背地里叫他"乡下佬"。卡斯特罗再也找不到那种前呼后拥的"小头目"的感觉了。这种歧视深深地刺痛了卡斯特罗那颗骄傲的心。他的性格也变得更加孤傲。据一位当时的同学回忆,卡斯特罗十分孤僻,在各种聚会时显得很不自然,并认为卡斯特罗的父母将他置于这样一所富有子弟的学校是一个错误。

他与在拉萨尔教会学校和多罗雷斯学校一样酷爱历史。他有自己的崇拜对象:何塞·马蒂,这位为古巴人民的独立解放事业而奋斗的民族英雄。他心目中的英雄还包括列宁、希特勒、何塞·安东尼奥·普里莫·德里维拉、墨索里尼、庇隆。课余时间,他阅读了大量的历史著作。安杰娜细心地照顾着自己的弟弟,为他准备衣服,擦鞋,甚至帮他剪指甲。他的饭量很大,长得也很快。据他回忆,贝伦学校的伙食很好,又很多,"这是一所非常棒的学校。"他曾在信中这样写道。当他在 3 年后离开学校时,他体重已达 190 磅。

他开始在体育方面崭露头角。学校招收篮球队员时,他颇为自信地报名参加。出乎意料,他被排除在外,这使他十分失望。贝伦学校专门招收那些富家子弟,各方面条件相当不错,学生的身体素质也相对较强。一些学生在单项体育竞技上都很出色。为了证明他自己,卡斯特罗说服了主管教士在一个操场晚上亮灯,并开始了持之以恒的训练计划。每天晚上,他练习拍球、投球、运球,直到深夜。第二年,他终于被贝伦学校篮球队吸收为队员。他深深认识到,只要坚持,就会有结果。在他于 1945 年毕业前,他已当上了队长。

卡斯特罗还热衷于棒球,并一度为学校棒球队当投球手。他还曾梦想着到美国去当职业棒球手。在山区徒步旅行是卡斯特罗的另一爱好。哈瓦那西面的山是学校爬山队经常去锻炼的地方。老师觉得卡斯特罗体质不错,将他也选上了。由于他的出色表现,他还被选为爬山队的队长。每当卡斯特罗回忆起这些往事时,总有些得意,"他们当时选我当了队长,管我叫'探险者将军'。"为了表彰他,学校还推荐他参加评选,并以 1943~1944 年度古巴最优秀的学校全能运动员而获奖励。

贝伦学校也是耶稣会教士所办。这里的办学方针是思想自由、服从权威和纪律严明。教学中对智力的要求重于感情,强调个人服从集体。这些给菲德尔留下了深刻的印象。在贝伦的岁月,卡斯特罗也逐渐训练了自己能言善辩的口才,因而以辩论家和运动员而知名。学校的老师对卡斯特罗的领导才能也非常赏识,卡斯特罗对耶稣会教会学校给予他的严格教育是十分感激的。他觉得耶稣会学校使他养成了孜孜不倦地追求知识的习惯,并使他学会了如何思考。但他对耶稣会学校男女分校的制度不满意,他觉得这种做法使得学生们时时刻刻想着女人。在贝伦学校,卡斯特罗的散漫性格逐渐被纠正过来。他在这里的最大受益是严格的纪律训练。

在这一个时期,美国对古巴的渗透进一步加剧了。美西战争后,美国于1899年1月1日对古巴实行军事占领。1901年2月,古巴制宪会议拟定宪法草案后,美国国会于同年3月通过了由参议员普拉特提出的"普拉特修正案",旨在把古巴变成美国的保护国。该修正案主要内容为:未经美国允许,古巴政府不得与任何其他国家缔结条约,出让领土和举借外债;古巴同意美国对其内政可行使干涉权;美国有权在古巴租借加煤站及海军基地等。慑于美国的压力,古巴制宪会议被迫接受该修正案,并作为附录列入古巴宪法。

从此,美国凭借普拉特修正案从古巴获取了关塔那摩作为海军基地,并多次对古巴进行武装干涉和军事占领。1924年至1933年间,古巴独裁者马查多继续承认普拉特修正案中丧权辱国的条款,并为美国的经济渗透大开方便之门,从而换取了美国对其独裁统治的支持。在随后的年代里,古巴总统如走马灯式地更换,卡洛斯·曼努埃尔·德塞斯佩德斯、格劳·圣马丁、卡洛斯·梅迪埃塔、米格尔·马里亚诺·戈麦斯、费德里科·拉雷多·布鲁先后担任总统。但这段时期,实权始终掌握于亲美的陆军军官富尔亨西奥·巴蒂斯塔·伊·萨尔迪瓦手中。这位独裁者最后于1940年7月跳到前台,当选为古巴总统。

1934年1月20日梅迪埃塔就任总统后,曾与美国开始就"普拉特修正案"展开谈判,并于5月29日与美国签订一项协定,从而废除了该法案,取消了美国对古巴主权的限制。

20世纪上半叶,美国资本已逐步渗透到古巴的各个行业,在有些部门已占统治或支配地位。据1927年的统计,美国垄断公司控制了古巴最大的糖厂和甘蔗种植园(联合果品公司即为一例);美国的花旗银行控制了古巴统一铁路公司;美国电力公司控制了古巴公用事业的90%;美国钢铁公司占据了铁矿蕴藏量3亿吨以上的大矿区;美国和英国的金融资本控制了75%的古巴银行业务。在1929年到1933年的世界经济危机期间,古巴制糖业受到严重打击,蔗糖产量一跌再跌,从1929年的500万吨跌至1933年的199万吨。

在二战期间,美国以"泛美防御"的需要为借口,对包括古巴在内的拉丁美洲国家进行军事和政治上的控制。这主要表现在以下方面:在拉美政府中安插亲美派(巴蒂斯塔即为一例),支持各国的独裁政权或反民主势力镇压拉丁美洲的民族民主革命力量;打着"大陆联合防御,反对法西斯侵略"的旗号,于1942年策划成立了"美洲国家安全委员会",以控制各国的国防大计;加强军事渗透,用美式武器装备拉丁美洲各国军队,派遣军事代表团,建立军事基地,到1945年时大型美军基地已达92个之多;美国控制了拉丁美洲全长15000公里的战略公路,整个军事和民用航空网,以及海上运输事业。实际上,通过二战,美国已建立起对拉丁美洲的全面控制。

卡斯特罗正是在这样一种局势下完成了自己的高中学业。

大学时代

1944年,古巴革命党竞选获胜。曾是大学教授的拉蒙·格劳·圣马丁当选为古巴共和国总统,任期四年。虽然格劳·圣马丁在竞选过程中大肆攻击巴蒂斯塔的腐败政府,并靠这一点赢得了选民的信任,但当政后也一如前任。贪污成风,腐败盛行。一方面是国家债台高垒,另一方面是政客们中饱私囊。

1945年10月,卡斯特罗开始在古巴最著名的学府哈瓦那大学学习。9月,他和两个姐姐搬进了一幢新宿舍。在他的强烈要求下,父亲帮他买了一辆新车——福特V-8。他决定进法学院。这个法学院与美国的法学院不同,它不需要专科学院的学位作为入学的条件。相对其他专业而言,课程的要求也较松。卡斯特罗的这一选择虽然很难说是经过深思熟虑的,但法律专业与现实政治的联系是不言而喻的;另一个因素似乎是卡斯特罗喜欢辩论。

由于课程要求不严,这为卡斯特罗参与其他的社会政治活动提供了条件。哈瓦那大学的政治空气活跃而紧张,大学生成为各个政党派别争夺的对象。卡斯特罗的政治意识十分强烈,当时他几乎每天都要到"麦地那美味"咖啡馆去。那里是大学生谈论政治、交流信息的地方,各种人物聚集此处,高谈阔论。一位同学后来在谈到当时的卡斯特罗时回忆:"他无时无刻、无时无刻不在谈论政治,谈论如何管理国家的那些辉煌而理想主义的计划,如何改善各种事务。"同学们对他的善辩和说服力记忆犹新。

卡斯特罗从大学二年级开始已逐渐成为激进派的学生领袖。他支持古巴革命党领袖爱德华多·奇瓦斯,并于1947年1月第一次以政治家的身份批评了格劳·圣马丁的改选主张。他愈来愈积极地卷入了政治斗争之中,这样也使他受到了各种邪恶势力的威胁。

校园政治可说是国内政治的缩影。暗杀、帮派、攻击成了哈瓦那大学每天的"必修课"。随着政府腐败的日益加剧,古巴人民对清廉、和平、改革和秩序的要求日益提高。早在1947年5月15日,原古巴革命党的领袖爱德华多·奇瓦斯决定成立古巴人民党,以更好地与格劳·圣马丁政府的贪污腐败作斗争。古巴人民党的方针是"民族主义、反对帝国主义、社会主义、经济独立、政治自由、社会公正",这些正好是古巴人民所需要的。这些原则也是卡斯特罗的政治理想。他参加了古巴人民党的成立大会并成为奇瓦斯的坚定支持者。在随后的8年里,他一直为这一理想而努力。

在哈瓦那大学期间,卡斯特罗爱上了他在法律系的朋友拉斐尔·迪亚斯·巴拉特的妹妹米尔塔。尽管米尔塔的家里不同意这一婚姻,这两位恋人的感情是抑制不了的。1948年10月12日,两人举行了婚礼。随后到美国度蜜月。安赫尔对这一结合十分满意,除了婚礼的费用外,还为他们的美国之行准备了旅费。卡斯特罗和米尔塔沉浸在幸福之中。在迈阿密的沙滩上,两人偎依着,憧憬着古巴的未来;嬉闹、追逐、游泳,这一切又使他暂时摆脱了尘世的烦恼。他们的盘缠很快用光了,卡斯特罗不得不卖掉自己那块珍贵的手表和其他值钱的东西。幸好,安赫尔又寄来了一笔钱。

他们开着安赫尔作为婚礼礼物送给他们的新车来到纽约。此时,米尔塔的哥哥拉斐尔正在这里工作。卡斯特罗夫妇决定寄住在拉斐尔的寓所里。这是西82街155

号的一套房间,拉斐尔为一些低收入的西班牙家庭所属的基督教的长老会教堂工作。卡斯特罗利用这段短短的旅游时间进了一所语言学校,以提高他的英语水平。他仍然记得在给罗斯福总统的贺信中将"biggest"("最大的")写成了"bigest"。米尔塔的专业是哲学,她更喜欢思考一些较抽象的问题。两人有时讨论问题竟忘了关灯睡觉。据说,正是在这次美国之行中,卡斯特罗买了一本马克思的《资本论》。但这一巨著太厚,他没有读完。据他自己回忆,当时读到了第 370 页。

当时他对共产党是采取敬而远之的态度。从革命目标上看,他十分赞赏其斗争哲学,而且朋友中有好几位都是共产党员。但他对共产党的组织形式颇有微词,他认为这是一种典型的宗派主义,即一种极其狭隘和教条的方式。当时,共产党在工会中有较强的社会基础,在大学生中则有较少成员。大学生虽然主张改革,但在思想倾向上多主张反对共产主义,这与他们的阶级出身不无关系。

我曾经对共产党人有过偏见吗?有过。我曾经一度受过帝国主义和反动派反对共产党人宣传的影响吗?受过的。我曾经认为共产党人是什么样的人?我曾经认为他们是贼吗?不,我从来没有这样认为,在大学里和在其他地方,我一向认为共产党人是诚实的人,是正直的人,如此等等

卡斯特罗以一种十分谨慎的态度对待他周围的共产党人。他倾听他们的发言,观察他们的行动,从心底里佩服他们的意志和勇气。但是,他对共产党员那种对纪律的要求,对个人自由的限制和领导那种近乎专制的作风却看不惯。然而,卡斯特罗从未公开反对过共产党。这两方面是因为他的几个朋友都是共产党员,另一方面是他习惯于采取一种同盟军的战略。这一点与奇瓦斯不同。奇瓦斯拒绝与任何党派结盟,拒绝与任何组织妥协,这使古巴人民党处于相对孤立的地位。

1949 年 9 月 14 日,卡斯特罗和米尔塔迎来了他们俩惟一的儿子,他们称这位小家伙为菲德利托,但正式取名为费利克斯·菲德尔·卡斯特罗·迪亚斯——以示两人爱情的结晶。孩子出生后,为家庭带来了欢声笑语,也使卡斯特罗产生了一种紧迫感。他日夜苦读,终于在 1950 年的夏天以一篇关于国际法及其比较立法的论文获得了法学博士学位。他暂时解脱了。

毕业后,卡斯特罗与他的两位同班同学办了一家律师事务所——阿斯皮亚苏——卡斯特罗——雷森德律师事务所。当然,他感兴趣的决不是当一辈子替人打官司的律师。

蒙卡达之役

1948 年的选举是政府一手操纵的。

普里奥政府上台后的表现与其前任不相上下。普里奥在竞选中的口号是"真诚"、"革新"和"反对共产主义"。就任后,贪污腐化仍然盛行。当前总统格劳·圣马丁被指控贪污后不久,一切证据从法官的房间里不翼而飞,整个指控只好放弃。在首都,各种政治谋杀和恐怖活动甚于往日。普里奥自己也开始积敛财富。所有这一切引起了人民的强烈不满。

1952 年 3 月 10 日清晨,古巴人民发现巴蒂斯塔发动的政变已推翻了普里奥政府。

卡斯特罗认识到,只有尽力团结一切反对巴蒂斯塔的各种力量,组成一支统一战

线,才能彻底推翻军政权。在与其他组织、特别是古巴人民党的领袖进行接触后,他发现,在这些领袖中,没有人表明自己具有这种认真对待古巴人民解放事业的态度、能力和决心,更缺乏推翻巴蒂斯塔的手段。他决定自己拟订一个行动计划。

1953 年 2 月,卡斯特罗和阿维尔开始讨论具体的行动方案。卡斯特罗提出以蒙卡达兵营作为袭击目标。他的理由有几点:第一,这一带地形复杂,正规军不便于集中。第二,这一兵营位于奥连特省,这里有三座大山,成事后易于隐蔽。第三,奥连特省有光荣的反抗传统,起义后可将兵械发给群众,拉起一支队伍;并以此为根据地,"点燃国内的燎原之火,成为开路先锋"。当然,根本原因是蒙卡达有一个军械库,要进行一场推翻巴蒂斯塔的武装斗争,武器是必需的。在夺取了政权后的一次电视演说中,卡斯特罗解释了这一点。

他们计划,起义一旦成功,还将颁布其他有关法律,以规定土地改革和教育改革,公用事业和电话的国有化,住房改革和教育改革。

一切已基本准备就绪。古巴在不自觉地等待,等待着一个历史的转折点。

在随后的几次扩大会议上,大家更详细地讨论了攻打两个兵营的计划。主要的问题还是钱。在募捐得来的 1 万多美元中,已花去了 5000 元用于购买武器。他们已搞到了一批枪支弹药。这些武器包括 3 支美国陆军步枪、6 支旧式温切斯特步枪、一挺机关枪、一大批猎枪、几支左轮手枪。为了便于伪装,他们还从一些士兵手上买到了一些军装,共约 100 多套。

1953 年 7 月 24 日,近 200 名起义者陆续从哈瓦那出发。他们分乘公共汽车和小车开上了去奥连特的征程。两个城市之间约 600 英里,大部分对攻打兵营的计划不清楚,知道详细计划的只有 6~7 人。劳尔·卡斯特罗和一些先遣人员已先到圣地亚哥去安排住宿。他们在街上碰到一些醉醺醺的士兵和已进入狂欢节气氛的市民。当晚,劳尔等人简直无法睡觉,班戈鼓被敲得震天响,各种音乐和歌舞声使整个城市陷入喧嚣之中。

7 月 25 日晚 9 点到 10 点,人员基本都到达了位于锡沃内的恩内斯托的农场。虽然人们并不十分清楚确切的计划,但整个旅行的神秘气氛和领导人员紧张严肃的表情使他们相信:一个十分重要的行动即将开始。根据英国史学家托马斯的统计,攻打兵营的起义人员中大多数是工厂工人、农业工人和店员。这些人的职业可谓五花八门:学生、教师、钟表匠、出租汽车司机、医生、牙医、书店店员、扫烟囱工、木匠、屠宰工、蚝贩、男护士。大部分人来自哈瓦那。40 岁以上的只有 5 人,绝大部分是 30 岁以下的年轻人。

(但是攻打蒙卡达兵营由于寡不敌众而失败)最后,卡斯特罗、何塞·苏亚雷斯和奥斯卡,阿尔卡德于 8 月 1 日凌晨熟睡时被萨里亚中尉率领的军队俘虏了。

铁窗岁月

卡斯特罗最怕落在以杀人取乐的士兵手里,从而失去为自己辩护的机会。他需要机会——面对公众和舆论的机会。这样,他将会把事实公布于众;他将对巴蒂斯塔军政权倒行逆施的违宪行为进行揭露和谴责;他将赞颂蒙卡达起义者的英勇业绩,以告慰战士们的在天之灵。萨里亚曾与卡斯特罗同过学,此时,他对萨里亚的举动颇为不解,觉得有些反常。

这位高大的黑人中尉虽比卡斯特罗大 20 岁,但他曾通过开放大学计划,在哈瓦那大学法学院选修了一门行政法。尽管他是一位职业军官,但他心底里还是有正义感。在校园的一些活动中,他认识了卡斯特罗,并对卡斯特罗的所作所为极为钦佩。这些背景,卡斯特罗当然不会知道。萨里亚中尉在蒙卡达兵营的正式职务是行政官员。8 月 1 日,他只是由于偶然的机会才被派出巡逻。由于上面有命令,不许让卡斯特罗活着,"一旦俘虏,就地正法",他才不得不让卡斯特罗保持沉默。

萨里亚中尉为了保护卡斯特罗等人的安全,从一个当地农民那里借调了一部带有篷盖的卡车。随后,他命令将车子开往圣地亚哥。他还有意用他那高大的身躯挡住窗户,以使路人无法辨认车上的人。

为了确保卡斯特罗的安全,萨里亚中尉没有将车子开往兵营,而是开到圣地亚哥市监狱。

卡斯特罗被关押在牢房里,他此时的心情很不平静。他想起了阿维尔·桑塔马里亚等朝夕相处的战友,想起了出发前人人争当第一行动组成员的动人情景,想起了在蒙卡达兵营门前遇上巡逻队的事,多不凑巧啊! 要是整个行动提早 20 秒或推迟 20 秒,结局可能完全不同了。从士兵们的谈话中和他们随意对待战俘的举动中,卡斯特罗可以推测:他的那些被俘的战友们凶多吉少。

蒙卡达之战中被俘的起义者中约有 80 人被杀害,这些屠杀暴行主要发生在 7 月 26～29 日。后来的幸存者在市监狱里呆了几天后,全部转移到博尼亚托监狱。

到了博尼亚托监狱后,蒙卡达的被俘者被关到一处,与普通刑事犯分开。卡斯特罗则被关到普通刑事犯那边,但他独居一间牢房。

在后来的法庭审判中,卡斯特罗担任自己的辩护律师,并做了著名的辩护词:历史将宣判我无罪。

卡斯特罗的自我辩护像一颗重磅炸弹。硝烟过后是一片寂静。法官、被告席上的人和听众们被他的雄辩所征服,没有人出声。卡斯特罗发现人们还没意识到他已讲完,他用力拍了一下桌子,高声说,"行,我讲完了。"法官似乎如梦初醒,摇着铃子喊到:"安静! 安静!"尽管此时的法庭仍然鸦雀无声。

卡斯特罗绕过桌子,走向他的律师包迪利奥·卡斯特利亚诺斯博士,将那本法典还给他。他问包迪利奥:"你觉得我的辩护词怎么样?""棒极了! 看看那些人的表情吧。"他指着台上的法官及检察官等人,向卡斯特罗努努嘴。这时,所有的听众像从魔法中苏醒过来,开始作出反应,有的诅咒这罪恶的制度,有的讥笑政府的所作所为,有的谴责巴蒂斯塔军队的暴行,还有的啧啧称赞卡斯特罗的勇气。为了恢复法庭的尊严,法官宣布判处菲德尔·卡斯特罗 15 年监禁。

1954 年 11 月 1 日,巴蒂斯塔在没有竞选者的情况下当选为古巴总统。当卡斯特罗在监狱里听到选举结果,没有作出任何反应,他仍然读自己的书。"一场闹剧",他说道。古巴人民在睁眼看着这个通过"竞选"上台的独裁者如何动作。

墨西哥之行

1955 年 2 月 24 日,巴蒂斯塔正式就职。

为了表示美国对新政权的支持,艾森豪威尔总统派尼克松副总统在 2 月初访问了古巴,向巴蒂斯塔保证在 1956 年 12 月 31 日蔗糖法到期以前美国不会改变从古巴进口蔗糖的指标。同时,新政府还与苏联签订了向苏联出口食糖的协定。为了争取民心,巴蒂斯塔还开始了几个长时段的公共工程计划,以图改善普通民众的生活。这样,巴蒂斯塔的各种措施使反对党陷入极度的困境之中。现在只剩下一点,只有对政治犯实行大赦,他的政权才具有合法权。社会上要求大赦的呼声越来越高,巴蒂斯塔最后于 5 月 7 日宣布在全国实行大赦。

5 月 15 日,因参加袭击蒙卡达兵营而被判刑的人全部获释。监狱的大门口站满了群众,有亲人,他们为了这一天的到来望眼欲穿;有记者,他们已抢占了摄影和采访的最佳位置。

卡斯特罗很快就发现,哈瓦那的政治气氛并不利于他的活动。首先,他所属的组织人民党采取的是一种温顺柔和的策略。巴蒂斯塔的一系列政策特别是大赦对一些党员产生了影响,他们认为和平议会道路是惟一可能取得成功的手段,有些还幻想巴蒂斯塔恢复 1940 年宪法。第二,卡斯特罗的威望仅限于新闻界。对他的欢迎是大型的,但没有一个政治组织的领袖表示愿意和他合作。第三,他自己的行动受到种种限制。5 月 19 日,卡斯特罗在哈瓦那电台谴责巴蒂斯塔政权。随后,电台负责人被解职。5 月 21 日,人民党发表声明,要求重新选举和恢复 1940 年宪法。3 天后,巴蒂斯塔政权禁止人民党利用广播和电视播放任何节目。5 月 29 日,卡斯特罗在《波希米亚》周刊发表了一篇谴责巴蒂斯塔的文章,随之而来的是他被禁止在任何公共场合发表演说。

6 月,劳尔·卡斯特罗因涉嫌参与大学生的恐怖活动而遭指控,他不得不到墨西哥使馆寻求政治避难。6 月 24 日,他被迫流亡墨西哥。弟弟的命运对卡斯特罗是一个警告。3 天以后,哈瓦那的法庭颁发了逮捕前总统普里奥的命令,指控他策划了针对巴蒂斯塔政权的各种恐怖活动。卡斯特罗对这一切不断升温的镇压措施极为反感,他对大选已完全失去信心,决定出走。他在给友人的信中指出:"我们是古巴人,做一个古巴人意味着一种责任。"为了出走,他必须借钱,办理护照都得花钱。他说:"我不是一个百万富翁,只是一个已经将并继续将自己的一切献给自己祖国的古巴人。"

1955 年 7 月 7 日,卡斯特罗登上了飞往墨西哥的飞机。临别前,他向古巴全国政治组织的领袖和新闻界发出一封信,表明他的政治意向和出走的目的。

抵达墨西哥城后的日子是孤独的。但经过两星期的联络,他已和流亡在墨西哥的古巴革命者取得了联系。7 月 19 日,卡斯特罗与一批支持者举行了一次会议,正式决定发动"7.26 运动"。对这一决定,卡斯特罗已酝酿良久。

从 1956 年 3 月 19 日起,它已开始独立地进行活动了。

卡斯特罗是十分注意策略的。在一次会议上,有人提出了暗杀巴蒂斯塔的想法,立即遭到了卡斯特罗的反对。他认为,"7·26 运动"反对的是一种制度,而不是巴蒂斯塔个人。"我反对这种人身攻击",卡斯特罗表达了自己的意见,"这不会使我们当权,而权力却会落到反动的军事委员会手里"。

为了筹措经费,卡斯特罗于 1955 年 10 月初决定到美国去。他借钱买了去迈阿密的机票,又从那里坐火车到了纽约。他似乎在有意沿着何塞·马蒂的道路前进。80 年前,何塞·马蒂为了自己的理想,为了古巴的解放事业,曾经在美国进行了一次募捐旅行。卡斯特罗的目的是在流亡美国的 26000 名古巴人中建立一个"7·26 爱国俱乐部"。他建议古巴流亡者有工作的将一天的工资捐献出来,其余的一星期捐一元钱。这次他主要到了四个城市:纽约、费城、坦帕和迈阿密。募捐旅行十分成功,这并不仅仅指募捐的款项而言。通过卡斯特罗的出色组织,在美国的古巴人联络网建立起来了。这对后来卡斯特罗在马斯特腊山开展游击战期间得到的经费和道义支持起了很大的作用。在他离开迈阿密之前,卡斯特罗于 11 月 10 日发表了"致古巴人民的第二份宣言",一方面感谢在美国的古巴人的慷慨捐助,另一方面为了鼓舞古巴国内革命者的斗志。

回到墨西哥城以后,卡斯特罗开始忙于募集人员和武器,开展秘密的游击战训练。正是在这时,他与后来成为他亲密战友的切·格瓦拉会面了。

卡斯特罗的乐观主义精神极大地感染了切·格瓦拉。当然,由于他具有在危地马拉的亲身经历,对一些组织过程中的实际问题十分清楚。

卡斯特罗的远征队在墨西哥城外 20 里的查尔科区的圣罗莎农场开始了正规训练。卡斯特罗对队员的要求是十分严格的。

担任圣罗莎远征训练基地实际总指挥的是阿尔维托·巴约上校。这是一个经历复杂并具有传奇色彩的人物,卡斯特罗一直寻找的理想人选。

随后,巴约以要在墨西哥投资的萨尔瓦多上校的身份,从一个名叫里维拉的人手上买下了圣罗莎庄园。庄园价为 30 万比索,另付 3 万比索作为保密费。为了保证安全,庄园还雇了一些中美洲国家的工人作为掩护。

然而,正在人们期望着早日打回古巴去时,一名奸细混入了"7·26 运动"。在这个巴蒂斯塔特务贝内里奥的密告下,墨西哥的警察们于 1956 年 6 月 22 日逮捕了菲德尔·卡斯特罗,并袭击了安东尼娅的寓所。警察还在这一寓所设下埋伏,抓获了不少来联系工作的革命者。随后,墨西哥警察又包围了圣罗莎农庄,逮捕了巴约、格瓦拉和其他一些游击战士。他们的罪名是准备袭击另一个国家。

格拉玛号

墨西哥的大逮捕行动是与古巴国内的政治局势密切相关的。

由于巴蒂斯塔政权的高压政策,1956 年上半年的古巴充满着危机和阴谋。巴蒂斯塔为了更紧密地投靠美国,积极地镇压国内的进步势力。警察的酷刑,进步党人的尸体,地下刊物的流行,极端帮会的猖獗,整个古巴陷入一片混乱之中。巴蒂斯塔为了讨好美国,断绝了与苏联和其他社会主义国家的邦交,查封了古苏友好协会;与此同时,美国政界对巴蒂斯塔则大肆赞扬。

暴力充斥着古巴全岛。当宪政在一个独裁国家不起作用时,暴力和阴谋这一对孪生兄弟取而代之。

被捕后的第二天,卡斯特罗即发表了一篇简短的声明,否认他与共产党员及前总统普里奥有任何关系。后来,在古巴的《波希米亚》杂志上出现了一篇由一个同情巴蒂斯塔政权的墨西哥记者写的长篇报道,标题为"7·26 集团关押在狱"。报道出自诋毁的目的,又一次将卡斯特罗及其同伴与共产主义挂上钩。第二个星期,卡斯特罗的长篇答复在同一杂志出现,他再次否认了这种捕风捉影的指控,并指出,这一事件是巴蒂斯塔和美国大使馆的一项阴谋。

在一位同情卡斯特罗和"7·26 运动"的墨西哥律师的热情帮助下,菲德尔·卡斯特罗和他的伙伴们于 7 月 25 日被当局释放,条件是要他们离开墨西哥。正是在墨西哥前总统的干预下,卡斯特罗等人免遭遣返。

为了协调流亡者和国内"7·26 运动"成员的行动,古巴各省的领导者在 9 月份被召到墨西哥城开会,讨论即将实施的计划。各省代表都未表示异议,但卡斯特罗计划登陆的奥连特省代表弗兰克·派伊斯不同意起义时间。他认为很多准备工作尚未完成。卡斯特罗极力说服弗兰克,一定要夺取圣地亚哥,并表示政治家首要的责任是实现诺言。计划的成败事小,实现登陆诺言的事大。弗兰克最后终于被说服。

一切都已准备就绪。卡斯特罗已从一个美国医生埃里克森那里用 15000 美元买下了一艘摩托艇"格拉玛号"。虽然快艇的很多部位都需要修理,但这已经是够理想的了,这艘船可以挤满 100 人左右。经过拆换发动机和油箱等关键部位,快艇已准备待命出发。

1956 年 11 月 25 日夜里 2 点,"格拉玛号"载着 82 名(关于人数有不同说法)准备为拯救古巴而牺牲的勇士们出发了。图斯潘在黑幕下渐渐离远了。"格拉玛号"属轻型快艇,可以舒舒服服地睡 8 个人,但现在装有 82 人,还载有所弄到的粮食、服装、两架几乎没有炮弹的反坦克炮、35 支带瞄准镜的步枪、55 支门多萨步枪、3 挺汤普森轻机关枪和 45 挺手提机关枪。远征队员的士气很高,虽然是禁航期间,河口仍很平静。为了保证安全,船上的灯火全部熄灭了。

11 月 30 日凌晨,"7·26 运动"组织的 300 名战士袭击了圣地亚哥警察总局、海关和港务局。监狱也被占领,政治犯被释放。派伊斯命令在海关放火,然后乘乱率领起义者撤退了。圣地亚哥陷入极度的慌乱之中,警车声、口哨声、呼救声……12 月 1 日,弗兰克·派伊斯第二次率领起义者突袭港务局,并又一次放火制造混乱。在急促的求救声中,巴蒂斯塔被迫紧急调令 280 名增援部队到圣地亚哥。最后,起义军寡不敌众,被增援部队击败。

同一天夜里,"格拉玛号"仍在黑暗中摸索前进,希望找到克鲁斯角的灯塔。但是,天幕下是一片漆黑,灯塔无影无踪。由于缺乏淡水和食物,人们情绪低落。皮诺船长极力辨认着方向,并派副手罗克中尉爬到船桥去寻找灯塔。

不幸的是,当"格拉玛号"靠岸后不久,远征队的战士们在登陆时遭到了敌机的扫射。很明显,巡逻艇发现"格拉玛号"后打电报通知了巴蒂斯塔的军队。远征队很快进入了沼泽海岸上的红树丛林。

阿莱格里亚德皮奥战斗发生后的 15 天,"格拉玛号"的幸存者会合了。牺牲者的名单不断增加,他们中间有杰出的领导者胡安·曼努埃尔·马克斯、史密斯上尉等人。卡斯特罗在这时显示出作为组织者和领袖的非凡毅力和卓越才能。他以饱满的热情向幸存者宣布:向古巴出征的第一阶段已取得了胜利。针对一些同志中存在的悲观情绪,他的话具有极大的鼓舞作用:"最后的胜利是属于我们的。"

这时,古巴已到处在传播卡斯特罗率众在奥连特省登陆的消息。当政府宣布"7·26 运动"的远征队已被悉数消灭时,各派政治力量反应不一。但是,由于政府和军方一直未将卡斯特罗的尸首示众,关于远征队全部被歼的说法一直难以取信于人。

登陆计划从策略和战术上看是失败的。用格瓦拉的话说:"因为这些计划没有具备顺利地实现我们意图的一切必要的主观条件,也没有恪守革命战争的一切规律。"这些规律只是卡斯特罗及其战友们在随后的斗争用鲜血为代价才逐步掌握的。然而,这一行动从战略上看具有无比重要的意义。第一,它向巴蒂斯塔反动政权再次提出了公开挑战,表示了古巴人民为争取社会公正而进行不屈不挠的坚强决心。第二,它正式开辟了一个革命根据地,为后来的游击战打下了基础。第三,它培养了一个坚强的领导班子,这些领袖在未来的斗争中起到了决定性的作用

马埃斯特腊山区的游击战开始了。

夺取政权

马埃斯特腊山是古巴人民争取自由和独立的堡垒。在历史上多次反抗暴政和抗击外来侵略的斗争中,马埃斯特腊山都成为游击战斗的根据地。

"7·26运动"的游击队员正是在这些热爱自由的山民们的支持下挺过来的。农民们送来了食物,他们的同情和支持使游击队员感到了温暖。有的农民甚至冒着生命危险,在巴蒂斯塔搜索部队的眼皮底下将受伤的游击战士藏在他们家。

卡斯特罗的根据地在日益扩大,但条件仍十分艰苦。

巴蒂斯塔加强围剿的办法是强迫马埃斯特腊山区的居民移居到具有战略地位的一些村庄,这些村庄被政府军严密把守。这一个办法可谓一举三得。其一,政府方面企图割断起义军与山区民众的联系。一旦失去这种联系,起义军没有后勤支持,没有外面的消息,最后必然自行灭亡。其二,这些村庄由于有重点把守,无异于集中营。山民们和外界对卡斯特罗的部队也一无所知。其三,这种集中营的建立有利于政府军的防卫和对这一地区治安的维持。

在这种情况下,起义军的严密纪律和团结一致更为重要。

在马埃斯特腊山区的游击队进行斗争的同时,城市里的游击战和破坏活动也在进行。卡斯特罗为了与城市的斗争互相配合,派遣伊格莱斯中尉下山与市民抵抗运动联系,要求城市抵抗运动放弃原来的非暴力政策。各城市又有各支机构和特别行动小组。特别小组主要负责破坏活动,以安放炸弹为主。

"7·26运动"在马埃斯特腊山区的发展使其他党派产生了联合斗争的想法。7月初,劳尔·奇瓦斯和人民党的另一位领袖费利佩·帕索斯来到游击队营地,拜访卡斯特罗。7月12日,三人发表了一个总宣言,宣言号召古巴人民组成一个公民革命阵线,以结束暴力的政权;并认为解决古巴问题的惟一办法是进行自由选举,建立一个民主政府。宣言提出应该绝对保证新闻自由,保证各工会的自由选举权,并强调起义军是"为一个自由、民主和正义的古巴这个美好的理想而战斗的",拒绝外国的干涉和调停,不同意以军政府取代巴蒂斯塔,坚决要求美国在内战期间停止向古巴运送军火。宣言提出应有一个无党派的临时总统,临时政府应于就任一年之内举行选举。

在山区,游击战最初以拉据战的方式进行。

正是在这种斗争环境中,起义军逐渐与人民建立了感情。正如卡斯特罗后来指出的那样,游击战争变成了发动群众的因素,游击战争使斗争尖锐化,使镇压更残酷,从而加深了旧政权的矛盾。"我们好像火柴,是放在稻草上点火的火柴,……在稻草上点火,就好比是在我国的现实条件下进行游击战争,这一斗争逐渐地变成了全民的斗争。斗争当然扩大了;只有人民,全体人民才是这个斗争的惟一行动者和决定因素,决定这个斗争的胜负的是人民群众。"

卡斯特罗在思考下一步行动。一场革命的风暴即将来临。

1958年3月12日,菲德尔·卡斯特罗签署的"7·26运动告人民书"发表了。告人民书号召全体古巴人民以各种形式反抗巴蒂斯塔独裁政权,自4月1日起不再向

巴蒂斯塔政府纳税;号召敌军反戈一击,归附起义军;号召城市居民于 4 月 9 日参加反独裁政权的总罢工。

从 4 月下旬开始,政府军就开始集结部队。为了鼓舞古巴人民,表达"7·26 运动"反抗暴政的坚强决心,卡斯特罗发表了讲话。他指出,古巴人民知道,斗争在顺利地开展着。古巴人民知道,在一小群为了达到目标,面对着种种危险也决不退却的人登陆以来的 17 个月时间里,革命力量在不断战斗;诞生刚一年多的革命之火,今天已经是不可战胜的了。斗争不仅在克鲁斯角到圣地亚哥的马埃斯特腊山区展开,而且还在其他省份展开。他谴责了独裁暴政血腥镇压罢工的暴行,但对胜利充满信心:独裁统治血腥地镇压了最后一次罢工,而使得尸体堆积如山,但这也挽救不了独裁政府,因为无论是枪杀数以百计的工人和青年,或是对人民进行史无前例的镇压,都不能削弱革命,反而加强革命,更加证明革命是必要的,是不可战胜的。

6 月 29 日的遭遇战是一个转折点。

这次战役以后,起义军迅速转入反攻。在随后的 35 天内,起义军将巴蒂斯塔政府军全部赶出了马埃斯特腊山区。

起义军在马埃斯特腊山区反围剿的战斗中取得的胜利使卡斯特罗看到了解决古巴问题的希望。

1958 年 10 月,卡斯特罗在马埃斯特腊山区根据地颁布了第一部土地改革法,即"第 3 号法令。"

一切都按卡斯特罗的计划在进行。

一场关系古巴命运的决战即将开始。

巴蒂斯塔政权已处于风雨飘摇之中。

1958 年的下半年是暴风骤雨的半年。

卡斯特罗在 8 月 18 日和 19 日的讲话不仅大大鼓舞了古巴全国革命者的信心,而且也极大地动摇了巴蒂斯塔军队的军心。旧制度已经不是在腐朽,而是在分崩离析。军人们特别是高级军官已经在为自己谋后路了

时间已愈来愈紧,巴蒂斯塔在台上的日子已指日可数了。

12 月 30 日,切·格瓦拉从设在拉斯维利亚斯大学的指挥部里正式发动了对圣克拉腊城的攻击。

1 月 1 日凌晨 3 时,一架银灰色的飞机从哥伦比亚兵营的军用机场起飞。飞机上载着巴蒂斯塔和他的妻儿、已经当选而尚未就任的总统安德列斯·里维罗·阿圭罗、原参谋长罗德里格斯·阿维拉等 40 人。飞机直向多米尼加共和国飞去。一个时代结束了。

当卡斯特罗得知圣克拉腊已被拿下的消息后,他立即指示第 8 纵队乘胜进击,占领卡巴尼亚,向哈瓦那进军。

与此同时,其他各条战线也在发起进攻。

卡斯特罗于 1 月 2 日从圣地亚哥出发,1 月 4 日到达卡马圭。在向哈瓦那的进军途上,他先后与从哈瓦那来汇报情况的西恩富戈斯和格瓦拉会面,了解了哈瓦那各方面的情况。1 月 6 日,革命指导委员会将总统府交给了临时总统乌鲁蒂亚,但对自己在政府中没有什么地位却耿耿于怀。

1 月 8 日,哈瓦那再次沉浸在狂欢之中,卡斯特罗的车队从东面缓缓地驶进了首都。市民们蜂拥街头,都希望亲眼目睹这位久誉盛名的革命者。

胜利确实来得过于迅速了,起义军面对的是一堆烂摊子:这里既有为了保住自己利益的负隅顽抗者,也有为争夺胜利果实的机会主义者;既有等着立功受奖的英雄,也有等着接受审判的战犯,但更多的则是心里怀着无限希望的古巴人民。他们看到了一个等待已久的英雄和他带来的一个和平幸福的古巴。

古巴人民在期盼。

国际社会在观望。

卡斯特罗清楚地知道自己身上的担子。

新政改革

古巴新政府成立了,由乌鲁蒂亚担任暂时政府总统。

总理米罗·卡多纳博士逐渐觉得自己的职位是有名无实。一方面要使政府运转,一方面自觉得没有权力,米罗·卡多纳提出辞职,并推荐卡斯特罗担任总理。

1959 年 2 月 16 日,卡斯特罗在有总统、部长和一些记者参加的就职仪式上发表了就职演说。

卡斯特罗在此时牢记着曾经向古巴的农民和工人们作出的许诺,曾经向在巴蒂斯塔统治下呻吟的劳苦大众所作出的保证:

我惟一担心的事,是到了这个过程结束的时候,人们能不能从我们手里得到他们所要求的一切,如果他们信赖我们,定能得到这一切;如果人民协助我们,定能得到这一切;如果人民了解我们,定能得到这一切。现在存在着种种急躁情绪,然而,没有谁比我们更着急。我们要求人民,不要着急,因为我们已经够着急了。我们是劳动的人,我们是行动的人;我们喜欢做事,更甚于议论。

……

我愿意借这个就任总理职务的时刻,对工人们、对农民们说,我们是时刻记着你们的,我们没有忘记你们。一项比马埃斯特腊山土改法内容更为广泛的土地改革法正在制订,并且在很短几个星期内就会成为现实,无地农民的问题就将解决。

随后,卡斯特罗列出了政府必要尽快解决的一系列问题。这些问题包括排干萨帕塔沼泽地的计划,排干考托河下游土地的计划,解决住房问题,保护民族资本,进行政府改革,反对当官欲望……

卡斯特罗接任总理职务后,很快发现政府部门的效率极低,而费用庞大。办公费用高达每年 100 万比索,而政府运作十分混乱,完全没有组织,它却要面临一系列带根本性的巨大任务。他决定进行压缩。他把总理办公室裁减至最小编制,仅留下几个秘书收发和答复信件。他进行裁减的理由非常简单:国家有大量的办公室供他需要时使用。他可以到武装部队部去讨论军事问题,到教育部去讨论教育问题,到农业部去讨论农业问题。

经过一段时间的实践,卡斯特罗对总理的例行性接待活动也进行了一些必要的改革。

2 月底,美国报刊编辑协会向卡斯特罗发出访问美国的邀请。与此同时,美国派驻古巴的新大使也抵达了。

4 月 15 日下午 5 时,满载着卡斯特罗等一行 50 多人的飞机离开了古巴国际机场,飞机上还带有送给美国人的 100 箱朗姆酒。

他将与美国副总统尼克松会晤。艾森豪威尔总统为了避免与卡斯特罗会面,驱车到卡罗来纳州打高尔夫球去了。他确实失去了一个机会。尼克松与卡斯特罗相互问过好之后,便开始讨论正题。尼克松对古巴政权中有共产党人这一情况深表不安,并向卡斯特罗出示了有关档案资料。卡斯特罗不以为然。"你们美国人管得太宽了。"他心里想。尼克松在会谈中还提到了古巴的审判和处决问题,"很多美国人对此深感不安。"卡斯特罗轻描淡写地提了一句,"因为他们不了解古巴。"随后,尼克松还就选举、美国的援助等问题与卡斯特罗交换了看法。两人的会谈持续了两个多小时。

从后来披露的情况看,尼克松对卡斯特罗的印象并不好。他后来表示:"我相信卡斯特罗或者是对待共产主义非常天真,或者是受着共产主义的训练,我们必须恰如其分地如此看待他和对付他。"他随后极力支持艾森豪威尔制定的颠覆古巴的计划,并建议立即把一批古巴流亡分子组织起来,以推翻卡斯特罗政权。这就是后来的第40号计划的雏型。

在结束了美国的访问之后,卡斯特罗又访问了加拿大。随后他又顺访了巴西和阿根廷,并在拉美21国委员会的第二次会议上讲了话,第一次向拉美的邻国表明了古巴的外交意向。5月7日,他回到古巴。

5月17日,菲德尔·卡斯特罗在马埃斯特腊山区召开了部长会议,内阁部长全体出席。在会议上,"古巴土地改革法"正式公布了。

土地改革法不可避免地要触及外国资本特别是美国资本在古巴的利益。

土改法的公布引起了美国在古巴的资本的恐慌和反抗。

对经济利益的触动必然带来政治上的对抗。

两个阵营

在访美期间,卡斯特罗并未直接向美国提出请求援助的要求。但是,古巴政府的代表先后与国际货币基金组织就向古巴贷款一事进行过两轮谈判。

这实际上意味着古巴在接受贷款时必须放弃一些主权。卡斯特罗认为这种条件是不能接受的。

经济上的利益冲突已经以政治冲突的形式表现出来,而政治冲突又必然要反映到政府内部里来。

卡斯特罗此时已转向共产主义了吗?简单的肯定或否定是难以说明问题的。劳尔·卡斯特罗和切·格瓦拉可以肯定是共产党员,他们对菲德尔·卡斯特罗的影响也是客观存在的。艾森豪威尔政权的敌视态度正在起作用,古巴的经济发展需要国际援助也是事实。一个民间流传的故事似乎可以说明古巴革命领袖的身份:

古苏关系迅速升温。

5月8日,古巴与苏联恢复外交关系。两国的贸易额不断加大。美国此时已断绝了对古巴的石油供应,而古巴没有自己的原料,石油则是古巴主要的动力来源。苏联决定承担向古巴供应原油的任务,但这意味着要调整自身的海运系统,购置远洋油船。通过与意大利政府谈判,苏联与其达成协议。意大利无视当时西方国家之间已取得的一致意见,执意向苏联出口其所需的油轮。这一决定曾一度在西方盟主美国和意大利之间引发了一场不大不小的争吵。7月6日,古巴发布第851号法令,授权政府在认为符合维护民族利益的要求时通过决定,对属于美国人的所有财产和企业采取强制的剥夺方式收归国有。

美国人对卡斯特罗政权进行封锁。美国石油公司拒绝提炼来自苏联的原油;7月6日,艾森豪威尔总统决定削减约95％的古巴糖进口限额。7月9日,艾森豪威尔宣称,美国决不允许在西半球建立一个“受国际共产主义操纵”的政权。同一天,苏联总理赫鲁晓夫在莫斯科发表演说,并宣布如果美国对古巴进行军事干涉,苏联将使用火箭。这十分明显地表态,已无疑将古巴纳入了社会主义阵营。

处于两个阵营之间的古巴处境十分敏感。

在古巴与美国交恶的同时,卡斯特罗加速与社会主义国家发展关系。继5月8日古巴与苏联恢复外交关系,古巴又于9月28日与中国建立了外交关系,并于10月向中国派出了青年代表团和卫生代表团。11月18日,由切·格瓦拉少校率领的古巴政府经济代表团访问中国,受到北京各界人士的热烈欢迎,并受到毛泽东主席的接见。随后,古巴和中国共同签订了经济合作协定、1961年贸易协定书和科学技术合作议定书,同时双方发表了联合公报。

1961年1月3日,在卡斯特罗要求美国将驻哈瓦那使馆人员减至11人之后,美国宣布与古巴断交。

猪湾事件

卡斯特罗在联合国大会上的发言是直率的,其反美倾向性是不言而喻的。美国下定决心要拔掉眼皮下的这棵刺。1960年初,中央情报局局长艾伦·杜勒斯向艾森豪威尔总统递交过一份计划,要求总统授权中央情报局训练和武装古巴在美国的流亡分子,以期在适当时期对古巴进行武装入侵。这一计划为艾森豪威尔正式批准,代号为“第40号计划”。

肯尼迪上台后继承了艾森豪威尔针对古巴的敌视政策。

卡斯特罗始终保持着警惕。他深知,作为邻邦的美国是不愿看到他投向莫斯科一边,是不愿坐视他执掌古巴政权的。在1961年初,他已听到了一些风声。在1961年1月2日的庆祝古巴革命胜利两周年群众大会上,他面对各国来宾,冒雨发表了慷慨激昂的演说。他将那些破坏分子和流亡者比作“蛆虫”。

蛆虫们真的竟相信有一天他们的帝国主义主子会把他们重新放回来,带着一面他们想叫做国旗的旗子,唱着他们想叫做国歌的的歌子,在地图上画上一小块颜色,来加强这样一种幻象:蛆虫们正在那里统治,蛆虫们是那里的主人。蛆虫们只能靠腐烂生活,他们在这里已经不能生存了,也不能替帝国主义作工具了,因为今天这里已经不是1959年1月1日以前的世界,已经不是以前我国人民生活其中的腐败的世界了。

面对美国政府新总统肯尼迪的敌视政策,卡斯特罗毫不畏惧。他代表英雄的古巴人民决定了自己的选择:

我充满信心和警惕地等待着,镇静和坚定地等待着。祖国所面临的危险没有吓倒我国人民,而是燃起了他们的热情。我们充满信心地等待着,我们满怀信心地等待着任何事变。不管走狗有多么卑劣和背信弃义,他们不能吓倒我们。我们生活在真正危险的危险时刻里,不仅美国政府而且美国新当选尚未上任的总统都对此有责任,因为假如他们以为能把责任全推到现政府的身上,我们将揭露:任何侵略,没有美国新当选的统治者的同谋都是不可能付诸实行的。

从古巴情报人员提供的证据看，一场入侵已是迫在眉睫。卡斯特罗十分冷静地分析了局势，将军事力量作了相应的布署，同时利用一切机会揭露美国政府的阴谋，并对古巴人民进行战备教育。

猪湾事件于 4 月 15 日开始。

4 月 15 日凌晨，数架 B－26 型轰炸机借着晨雾的掩护，于同一时辰对哈瓦那城、圣安东尼奥和圣地亚哥三座古巴城市的机场进行了空袭，投掷了具有高度破坏力的炸弹，发射了火箭并用机枪扫射。随后，合众国际社和美联社发表了一系列电讯，对事件的过程和参与人进行了歪曲事实的报道。而真实情况则大不相同。

1961 年 4 月 14 日晚到 15 日凌晨，古巴总参谋部。

卡斯特罗抽着雪茄，看着地图，在思考着面临的入侵。从奥连特省不断打来电话，各种迹象表明，随时随刻都会发生进攻。又发来了一份电报，奥连特方面向总参谋部报告：有一大批船只到了巴拉高附近，靠近杜阿瓦的地方。

卡斯特罗立即发出命令，派去一个营驻扎在巴拉高，另一个营驻扎在巴拉高和摩阿之间。许多不同地点都驻扎着正规部队，总参谋部又派出迫击炮连和反坦克炮连增援这些地区。所有的部队都已进入警戒状态，炮兵部队则开近了海岸。

在联合国，古巴代表揭露并谴责了美国的暴行。他指出，这次侵犯无疑是企图发动一次由华盛顿组织、提供装备和资助的大规模入侵的序幕，古巴政府在小组委员会和世界公众舆论面前严正地控诉美国政府企图用武力来解决其和联合国成员国之间的分歧。

吉隆滩战役是在 4 月 17 日正式开始的。

4 月 14 日，近 1300 名美国雇佣军携带坦克、大炮等重武器从尼加拉瓜出发。当雇佣军在卡贝萨斯港登船出发时，他们才被告知：登陆地点将在猪湾。甚至先于主要进攻的由美国海军部队蛙人组成的先遣队也直到出发前才知道他们的攻击目标已从特立尼达德改到了萨帕塔。这些雇佣军已经听到了空军的突袭已取得"巨大成功"，这对他们的士气无疑是一大鼓舞。

4 月 17 日凌晨 3 时 15 分，卡斯特罗在睡梦中被电话铃警醒了：吉隆滩和长滩发生战斗，敌人已经登陆，在那里担任警戒任务的几个排的士兵正在抵抗。卡斯特罗立即指示："向附近几个地区查询，迅速确定消息是否准确。"因为当时的古巴很紧张，到处都有入侵的传闻。过不多久，第一批伤员已经运出，他们证实一支入侵部队正在以火箭筒、无后坐力炮、半口口径机关枪及船上的大炮攻击警戒部队，向萨帕塔沼泽地带的吉隆滩、长滩发动的攻势很猛。

古巴胜利了，人民在享受击溃了一支受美国支持、由美国训练并提供一切装备的雇佣军之后的欢乐。卡斯特罗笑了。

在关于美国雇佣军入侵事件和吉隆滩战果的电视演说中，卡斯特罗在缅怀烈士、表彰功臣和庆贺胜利的同时，没有忘记以胜利者的自豪教训幕后操纵者：

5 月 17 日，卡斯特罗宣布，愿意用俘虏的美国雇佣军换取 500 台美国推土机。美国为此成立了"推土机换取自由委员会"。但美国政府以重型机械可能用于军事目的为由予以拒绝。卡斯特罗要求以 500 台推土机的估价 2800 万美元现款换取这些俘虏。这一提议在美国政党政治的争吵声中被否决，谈判破裂。1962 年 4 月 18 日，所有的被俘雇佣军被判处徒刑。卡斯特罗将赎金提高到 6200 万美元。又经过一段时间的讨价还价和付款方式的谈判,1962 年 12 月 23—24 日,美国以价值 5300 万美元的食品和药品作为交换条件,1113 名被俘的美国雇佣军返回美国。一个星期后,肯尼迪飞到迈阿密观看体育比赛,并借此机会看望了这场由他促成的猪湾事件的生还者。

导弹危机

9 月 2 日,苏联和古巴政府发表了联合公报。公报宣布:苏联将应古巴政府要求向古巴提供武器和军事教官。9 月 4 日,美国总统发表特别声明,就古巴采取的防卫措施提出强硬条件:古巴政府在加强本国防御能力方面采取的措施须按美国政府的意见行事。声明威胁古巴,如不执行美国要求则后果不堪。这种干涉别国内政的做法是明显违反国际法准则的。9 月 6 日,赫鲁晓夫发表声明:"在美国大选以前不准备进行任何活动,因为不然的话,可能影响国际局势,加剧我们两国的紧张关系。"当时在美国内部存在着两种不同的意见,一些强硬派主张迅速采取行动,保卫美国的利益;温和派则认为,苏联不会将进攻性的导弹引进古巴。

在这一段时间,美国的 U-2 型飞机不断入侵古巴领空。

10 月 14 日,U-2 型飞机拍摄的照片清晰地表明:在古巴确有苏联进攻性导弹存在。10 月 15 日晚,中央情报局的摄影情报分析专家将这一过硬的证据交给了邦迪,他当时担任肯尼迪总统的特别助理。当时时间已很晚,邦迪要求将材料准备得更充分一些。第二天一早,他又对中央情报局作了详细指示之后,急急忙忙地跑去向总统汇报。肯尼迪看过照片,向邦迪问道:

"这一切实际上意味着什么?"

肯尼迪觉得这些照片与以前看到的没有什么两样。

"这些导弹可能是用来进攻美国的。"邦迪的回答并不十分肯定。

毫无疑问,接下来的是一场角力。虽然是两个核大国的角力,但由于角力场安排在加勒比海的这个岛国,古巴成了世界舆论注意的中心,而卡斯特罗是一个极会利用舆论的人。

赫鲁晓夫同意从古巴撤走苏联的喷气式轰炸机,肯尼迪总统于 11 月 20 日宣布结束美国对古巴的封锁。但是,美国政府声明将继续进行空中监视,并且收回不入侵的诺言。

1963 年 1 月 7 日,参加解决加勒比海危机谈判的苏联代表库兹涅佐夫和美国驻联合国代表史蒂文森向联合国秘书长吴丹递交了一份联合信件。信件指出:"美利坚合众国政府和苏联政府希望,在危机的形势下为防止战争威胁而采取的行动,将会解决它们之间的其他分歧和使战争威胁得以延续的紧张局势普遍缓和下来。"

加勒比海危机就此结束。

卡斯特罗后来曾认为:"在吉隆滩之役以后,帝国主义势力妄图以武力解决古巴问题的做法,引起了加勒比海危机。美国政府在一度使世界处于核灾难边缘之后,便不得不进行妥协,承认不侵犯古巴的义务。这一情况,再加上苏联方面的坚定立场和坚决的支持,成为了我国安全的重要保证。"

1962 年这一危机的解决,虽然使肯尼迪对其核对手苏联取得了宣传上的胜利,但却不得不默认了古巴反美政权这一既成事实。因此,可以说,加勒比海危机主要反映的是一个心理和威信的问题。

封锁暗杀

只有加速古巴的社会主义建设，才是惟一的出路。

与社会主义国家关系的正常化在很大程度上缓解了美国的经济封锁带来的困难。1960年2月，苏联部长会议第一副主席米高扬访问古巴时签约，规定苏联从古巴购买500万吨糖，并提供古巴一亿美元贷款；1960年7月，当艾森豪威尔宣布减少进口古巴蔗糖时，赫鲁晓夫立刻宣布苏联愿意购买美国拒绝进口的70万吨古巴蔗糖；与中华人民共和国建交后，中国人民克服了自身的经济困难，也从古巴进口蔗糖；还有捷克、南斯拉夫……

卡斯特罗对美国政府的敌视政策习以为常。作为西半球第一个建立社会主义的国家，古巴受到美国的如此重压又是一种"特殊的荣誉"。古巴的胜利，是拉丁美洲人民的胜利；古巴在美国政治围攻和经济封锁的各种敌对政策和措施中坚如磐石，这本身就是一种强有力的证明。

我们希望全世界所有国家之间的关系都得到改善。古巴和美国的关系，只能在所有社会主义国家都同美国改善了关系的时候才能改善。我们对社会主义阵营的团结，比对为了一己的目的而改善同美国的关系更为关心。我们不愿意在美国继续干涉越南的情况下同你们改善关系。我们不会单为自己去要求和平。这个问题取决于美国同所有社会主义国家的关系，我们对于单为自己而改善关系不感兴趣。"

很明显，卡斯特罗对改善古美关系不抱任何幻想。

美国方面仍在打卡斯特罗的主意。中央情报局不断派出别动队，寻机在适当机会干掉卡斯特罗。

我们注意到，尽管中央情报局及其附属或收买的特务组织策划了数十起暗杀菲德尔·卡斯特罗等古巴革命领导人的事件，但没有一个古巴领导人被害。这一方面说明这些暗杀阴谋是不得人心的，另一方面也证明了古巴内务部的工作极有成效。在与外国势力的颠覆破坏阴谋作斗争时，他们依靠群众，成功地保卫了古巴领导人和广大人民的安全。

改革进程

实际上，卡斯特罗一直将古巴革命看作是世界被压迫人民反对帝国主义侵略政策整个斗争中的一部分。早从60年代初起，他就把非洲大陆开始出现的民族独立运动与拉美的反帝斗争融为一体。在他看来，从某种意义上说，非洲的革命形势更加令人乐观。

1961年，在南斯拉夫首都贝尔格莱德举行了第一次不结盟国家首脑会议，参加会议的有25个国家。会议强调了不结盟国家应当全力支持民族解放运动。古巴总统多尔蒂科斯率团出席了会议，古巴与亚非民族独立运动的领导人有幸第一次结识。

不可否认，苏联与美国在非洲地区的争夺从某种意义上决定了古巴的外交取向，而苏联的态度及其对某一非洲国家的好恶，必然对古巴产生一定的影响。如索马里曾要求苏联支持它反对埃塞俄比亚，遭到苏联的拒绝。索马里继而转向北大西洋公约组织、沙特阿拉伯、伊朗和美国寻求军事援助。古巴在这种情况下出兵埃塞俄比亚以反击索马里,从客观上来看,确实充当了苏联的军事同盟。

古巴除了向非洲各国提供军事援助外,还尽力利用自己文化教育方面的优势,以不同方式向非洲提供不同形式的援助,主要是为非洲学生提供奖学金和向受援国提供专业人员。

古巴革命胜利后,文化教育事业有了较快的发展。在发展本国教育的同时,古巴还大量接受外国留学生,又以非洲学生所占比重为多。

古巴向非洲国家提供的援助以劳动密集型为主,援助的主要方式是向受援国提供专业技术工人和熟练工人。

古巴政府提供的这种援助在很大程度上是无偿的。

改革与纠偏

1975年12月召开的古巴共产党第一次全国代表大会提出:大力推进社会主义物质基础建设,把实现工业化作为经济发展的中心任务。

这一次大会具有重大的历史意义。从这一次会议后,古巴正式推出了新的经济管理和计划体制。

古巴革命确实为拉丁美洲国家树立了一个光辉的榜样,同时也在世界历史上占有突出的地位。然而,古巴在社会主义建设方面却远不尽人意。诚想,革命胜利后15年中所取得的建设成就有以前任何时期所不能比拟的。但是,还是走了一些弯路。而这些弯路,这些挫折,完全是可以避免的。

可以这样说,古巴自1975年开始的经济改革是卡斯特罗和古巴共产党在充分认识到自身的缺点和形势的需要后,痛下决心开始的一场新的革命。

里根政府上台后,一反卡特政府与古巴的缓和政策,古美关系重新处于对抗状态。卡斯特罗对里根上台的严重后果有清醒的认识。他指出,里根的竞选胜利给拉丁美洲带来了"显而易见的危险"。

布什政权为了进一步加紧对古巴的封锁,参众两院专门成立了领导小组负责对古巴的经济封锁。1990年1月,美国军舰以检查毒品为名,竟然公开在国际海域拦截古巴商船,甚至进行炮击。随后,美国军队又在古巴附近的水域不同寻常地同时进行三个军事演习。1991年,戈尔巴乔夫与美国国务卿会谈后单方面宣布:驻扎在古巴的苏联军队将撤出古巴。古巴确实面临着新的考验。

从1976年到1985年的十年经济改革给古巴经济带来了活力。经济和社会发展取得了举世瞩目的成就。仅从1980年到1985年的五年计划看,社会总产值以平均7.3%的速度增长,这实际上已超过了原定计划的5%的速度,其中工业生产的增长率为8.8%。

除了生产率增长之外,生产效益的提高和消费水平的提高是衡量一个国家经济情况的两个重要的指标,古巴在这两方面成绩斐然。

随着改革的发展,一些不良倾向和与改革目标背道而驰的现象也产生了。这些现象日益严重,并已明显危害着古巴人民的利益,同时也成为改革的一种障碍。1986年4月左右,卡斯特罗认识到与这些错误和不良倾向进行斗争的重要意义。他适时地在各种重要场合对古巴政治经济生活中存在的一些严重问题提出了尖锐批评,号召全党揭露和批判各种资本主义倾向。这样,在古巴共产党内开始了纠正错误和不良倾向的进程,即所谓"纠偏进程"。

迎接挑战

1989 年的苏联东欧剧变冲击着整个世界。

卡斯特罗一方面要经受东欧剧变和苏联解体造成的严峻考验,另一方面还要面对美国政府日益加剧的经济封锁。1992 年 10 月,美国总统布什批准实施托里切利法,再次从经济上给予古巴沉重打击。

不管怎么样,古巴的经济正处于极其困难的境地,而大批知识分子外逃美国也不是光荣的事。卡斯特罗面临着极其严峻的形势。一方面是苏联的解体和东欧集团的崩溃,另一方面是美国政府日益加剧的经济封锁。为了克服这双重负面因素带来的困境,适应世界范围内的改革浪潮,更坚定地走社会主义道路,1991 年底以来,卡斯特罗政府采取了一系列改革开放的措施:

很明显,近几年古巴政府采取的一系列改革措施已取得了效果,古巴经济已经走出了低谷。东欧剧变和苏联解体后,世界共产主义运动遭到了暂时的挫折。国际共运的前景如何? 社会主义的大旗是否还应坚持扛下去? 卡斯特罗将目光转向了中华人民共和国,他决心亲自到那里看一看。1995 年 11 月 29 日,一架银白色的飞机徐徐降落在中国北京的首都机场。菲德尔·卡斯特罗·鲁斯在掌权 36 年后第一次访问中国。

江泽民主席曾于 1993 年 11 月到古巴进行过友好访问,他受到卡斯特罗和古巴人民的隆重热情的接待。

卡斯特罗指出,这次来中国访问实现了他长久的心愿。古中两国相距遥远,但两国关系取得了令人满意的发展。在国际领域,两国也进行了良好合作,古巴赞同以和平共处五项原则为基础处理国家之间的关系。古巴对中国在保持国家稳定和发展经济方面所取得的成就感到高兴并受到鼓舞。中国的成功及其经验不仅使古巴从中受益,而且对全世界也很重要。

克林顿政府上台之初,与古巴的关系开始出现缓和迹象。

1995 年,克林顿政府改变了收容古巴偷渡者的政策。10 月,克林顿签署了一项行政命令,宣布一些加强与古巴联系的措施,放宽美籍古巴人回古巴及给仍在古巴的亲人汇款的限制,并允许两国在学术、文化、艺术及宗教等方面进行交流,允许美国的人道主义救济机构和新闻机构到古巴活动。这种缓和政策引起了美国国会的一些极右派议员的不满,"赫尔姆斯—伯顿法案"就是在这样一种背景下起草的。而克林顿政府一直对这一法案持否定态度。2 月 24 日击落飞机事件使极右派的这一法案很快获得政府各方人士的支持,克林顿已别无选择。

1996 年 11 月 19 日,教皇约翰·保罗二世在梵蒂冈与卡斯特罗举行了会谈。在这次开诚布公的会谈中,双方研究了有关恢复古巴教会正常活动的问题。

卡斯特罗——这位在 33 岁时就使自己和古巴闻名于世的伟人,始终执著地坚守自己的信念。巴蒂斯塔独裁政权曾试图扼杀他,结果导致了自己的垮台;美国政府一直采取各种方式想改变他,结果适得其反。

卡斯特罗过去、现在和在未来的有生之年将永远坚守自己的信念。对于任何敌

对势力的挑战,他的回答只有一个:

誓死保卫社会主义!

附　录

大事记

1926年8月13日　　生于奥连特省马亚里市比兰村一个甘蔗园主兼木材商家庭。

1931年　　卡斯特罗进了马尔凯恩的一所社区公立学校。

1933年　　父母决定将卡斯特罗与拉蒙和安杰娜一起送往古巴的圣地亚哥;两年后,卡斯特罗与拉蒙进了法国圣母玛丽亚兄弟会办的拉萨尔学校。

1940年　　菲德尔·卡斯特罗在五年级时从拉萨尔学校转学至圣地亚哥的多罗雷斯耶稣会学校。

7月14日　　巴蒂斯塔上校当选古巴总统。

11月6日　　卡斯特罗写信给富兰克林·罗斯福,祝贺他第三次当选为美国总统。

1942年9月　　卡斯特罗和姐姐安杰娜来到哈瓦那,他在贝伦上学,姐姐照顾他。他在这所著名的耶稣会学校一直读到1945年6月毕业。

10月16日　　古巴与苏联建立外交关系。

1944年5月31日　　拉蒙·格劳·圣马丁当选古巴总统。

1945年9月　　卡斯特罗进入哈瓦那大学学习法律。

1946年9月　　卡斯特罗再次当选为年级里的班代表。

1947年1月　　卡斯特罗在一封致古巴总统拉蒙·格劳·圣马丁的请愿书上签字。

5月15日　　爱德华多·奇瓦斯创立古巴人民党,卡斯特罗参加了成立大会并成为古巴人民党党员。

9月20日　　拉蒙·格劳·圣马丁下令海军阻止"军事远征",并逮捕参与者。卡斯特罗得以逃脱。

1948年4月　　卡斯特罗来到波哥大参加由庇隆政府组织的反美示威活动。

6月1日　　卡洛斯·普里奥·索卡拉斯当选古巴总统。

10月12日　　卡斯特罗与米尔塔·迪亚斯·巴拉特正式举行婚礼。同一天,卡洛斯·普里奥·索卡拉斯正式接替拉蒙·格劳·圣马丁,就职为古巴总统。

1949年9月14日　　卡斯特罗与米尔塔·迪亚斯·巴拉特惟一的孩子出生,取名费利克斯·菲德尔·卡斯特罗·迪亚斯,小名菲德利托。

1950年　　卡斯特罗获得博士学位。

1951年8月5日　　古巴人民党创建人爱德华多·奇瓦斯在CMQ电台作完控诉教育部长贪污罪行的广播演说后自杀。

1952年1月28日　　卡斯特罗在报上揭露普里奥·索卡拉斯总统滥用职权的行径并对总统提出控告。

2月19日　　卡斯特罗在广播里宣布他将提出普里奥·索卡拉斯与黑帮联系的

详细证据;这一个月,卡斯特罗忙于参与国会选举。

3月10日　巴蒂斯塔在美国支持下发动军事政变,解散国会与政党,实行独裁统治。

3月23日　哈瓦那大学董事会宣布巴蒂斯塔的政变是非法的、没有宪法根据的行径,卡斯特罗将一些武器藏在他妹妹家。

5月1日　巴蒂斯塔政权取消了工人大游行,卡斯特罗及其同志在科隆墓地碰头,商讨下一步计划。

1953年2月　劳尔·卡斯特罗到维也纳参加世界青年大会;菲德尔·卡斯特罗致力于建立自己的组织。

7月24日　菲德尔·卡斯特罗率起义军从哈瓦那出发,向奥连特省进发。

1953年7月26日　菲德尔·卡斯特罗发动反对巴蒂斯塔独裁政权的武装起义,率领近两百名战士攻打圣地亚哥的蒙卡达兵营,失败后被捕。

蒙卡达事件审判在圣地亚哥首次开庭,卡斯特罗担任自己的辩护律师。

古巴总统巴蒂斯塔亲临蒙卡达兵营,向7月26日事件的有功者颁发十字荣誉勋章。

卡斯特罗受到秘密审判,被判处15年徒刑。卡斯特罗作了闻名世界的辩护词:“历史将宣判我无罪。”

随后,菲德尔·卡斯特罗被送往哈瓦那的拉卡巴纳的军事监狱服刑;内务部长却命令将他和同伴送往古巴最大的监狱松树岛模范监狱服刑。

总统巴蒂斯塔来到模范监狱参加一座新电厂的落成仪式,在卡斯特罗建议下,政治犯唱起“7.26”革命曲子;作为惩罚,卡斯特罗被单独囚禁。

5月30日　《波希米亚》周刊发表卡斯特罗的妻子的信,纪念卡斯特罗被单独囚禁一百天;为此,《波希米亚》派记者去监狱采访。

7月11日　卡斯特罗与《波希米亚》的谈话在周刊上发表。卡斯特罗的妻子因此被内务部解雇。

7月26日　巴蒂斯塔政府内务部长埃尔米达等人到监狱访问卡斯特罗,卡斯特罗重申自己的政治理想和原则不会放弃。

11月　格劳·圣马丁退出总统选举;巴蒂斯塔·伊·萨尔迪瓦连任总统,同时宣布将在全国实行大赦。

12月　卡斯特罗的妻子米尔塔·迪亚斯·巴拉特与卡斯特罗离婚;1959年移居美国。

1955年5月6日　巴蒂斯塔签署释放所有政治犯的法案。

5月15日　菲德尔·卡斯特罗与松树岛模范监狱的政治犯一起获释,随后即开始组织“7·26运动”。

6月24日　劳尔·卡斯特罗被巴蒂斯塔政府指控进行恐怖主义活动,他被迫流亡到墨西哥城;菲德尔·卡斯特罗对所谓的选举失去信心,于7月7日离开古巴,飞往墨西哥城。

7月19日　卡斯特罗召集支持者开会,正式提出组织“7·26运动”。

10月　菲德尔·卡斯特罗前往美国,为“7·26运动”在古巴流亡者中寻求帮助。

11月　菲德尔·卡斯特罗与切·格瓦拉第一次会面。

1956 年 3 月　　　卡斯特罗宣布脱离人民党,成立"7·26 运动"革命组织。

6 月 22 日　　　墨西哥警察逮捕了卡斯特罗并搜查了古巴流亡者的住所,一些流亡的"7·26"运动成员遭逮捕。在一名墨西哥律师的帮助下,古巴流亡者于 7 月 25 日获释。

10 月 12 日　　　卡斯特罗重新与儿子团聚,并拒绝将他送回给前妻米尔塔。

10 月 21 日　　　卡斯特罗的父亲去世。

11 月 25 日　　　午夜 12 点 20 分,卡斯特罗等 82 名战士乘船离开墨西哥;于 12 月初在古巴奥连特省南岸登陆,受挫后转入马埃斯特腊山区开展游击战;卡斯特罗担任起义军总司令。

1957 年 1 月 17 日　　　卡斯特罗率起义军进攻拉普腊塔兵站并取得胜利。

5 月 20 日　　　卡斯特罗向美国呼吁,要求美国停止向巴蒂斯塔运送军火。

5 月 28 日　　　卡斯特罗亲自指挥了对乌维罗军事基地的袭击,又一次取得胜利。

5 月 36 日　　　古巴陆军宣布对奥连特省的卡斯特罗起义军加强围剿。

7 月 12 日　　　马埃斯特腊山宣言。

1958 年 2 月 16 日　　　卡斯特罗攻打阿瓜松林的驻防军。

3 月 12 日　　　卡斯特罗发表宣言,号召从 4 月 1 日起发动对巴蒂斯塔政权的"全面战争"。

4 月 17 日　　　起义军电台通知所有"7·26"运动领袖到马埃斯特腊山举行会议。

5 月 24 日　　　巴蒂斯塔政府军对马埃斯特腊山的围剿开始。

10 月　　　卡斯特罗在马埃斯特腊山区根据地颁布第一部土地改革法,即"第 3 号法令"。

12 月 31 日　　　卡斯特罗攻占拉斯维利亚斯省首府圣克拉腊。

1959 年 1 月 1 日　　　凌晨 2 点钟,巴蒂斯塔·伊·萨尔迪瓦辞去总统职务,到多米尼加共和国避难。同一天,卡斯特罗发表声明,谴责由坎蒂罗负责的残留军政府,并号召举行全国总罢工;圣地亚哥城防长官乘直升飞机至卡斯特罗的司令部,宣布圣地亚哥城投降,次日,卡斯特罗向圣地亚哥市民讲话,宣布该城为古巴临时首都;并任命乌鲁蒂亚为临时总统,卡斯特罗任武装部队总司令。

1 月 5 日　　　卡斯特罗向他派往各省的临时指挥官发布命令,主持军事法庭以审判战争罪犯,乌鲁蒂亚任命何塞·米罗·卡多纳为总理,并于次日宣布在今后 18 个月期间将通过颁布政令进行统治。1 月 7 日,美国承认古巴新政府。

1 月 8 日　　　卡斯特罗抵达哈瓦那,受到市民们的热烈欢迎。

1 月 23 日　　　卡斯特罗飞抵委内瑞拉首都加拉加斯。

2 月 16 日　　　卡多纳辞职,卡斯特罗出任政府总理。

4 月 15 日　　　卡斯特罗出访美国,访美期间,他会见了美国副总统尼克松,接受了美国新闻界的采访,拜访了联大秘书长,并在哥伦比亚大学作了关于土地改革的讲演;他宣布他的政权不是共产党政权,他所领导的是一场"人道主义的"革命;离开美国后,他出席了在阿根廷首都布宜诺斯艾利斯召开的美洲国家组织的有关会议。

5 月　　　古巴第一次土改开始。

6 月 4 日　　　颁布土地改革法,其中规定将大地产收归国有。根据这一法令,美国糖业公司预期在一年内将损失 166.6 万英亩土地。

7 月 17 日　　　卡斯特罗宣布辞去政府总理职务,并在电视上批评乌鲁蒂亚总统的政策;随后,乌鲁蒂亚辞去总统职务,由多尔蒂科斯担任总统;7月26日,卡斯特罗同意重新担任政府总理。

　　10月15日　　卡马圭地区军事长官马托斯辞职,抗议共产党对古巴军事力量的控制,遭到卡斯特罗的谴责;11月11日,马托斯审判开始。

　　11月3日　　美国国务院宣布,不容许古巴流亡分子在美国建立临时流亡政府。

　　11月18日　　卡斯特罗出席古巴工人联合会第十次代表大会,在会上提出"保卫革命"的口号。

　　1960年2月　　苏联部长会议第一副主席米高扬访问古巴。双方签订协议,规定苏联从古巴购买蔗糖500万吨,给予古巴1亿美元贷款。

　　2月24日　　中华全国总工会主席致电古巴工联总书记,谴责美国飞机轰炸古巴。

　　3月17日　　美国总统艾森豪威尔正式接受中央情报局的建议,授权其训练和武装古巴流亡分子。

　　5月10日　　毛主席接见古巴军队总监察威廉·加尔维斯·罗德里格斯。

　　1960年5月15日　　卡斯特罗参加海明威举办的钓鱼比赛并获个人奖。

　　6月23日　　卡斯特罗为对付美国的经济侵略,宣布将没收美国人在古巴拥有的全部产业和企业产权。

　　7月6日　　艾森豪威尔宣布减少进口古巴蔗糖。随后,赫鲁晓夫宣布苏联愿意购买美国拒绝进口的70万吨古巴蔗糖,古巴反美情绪急剧高涨。

　　7月7日　　古巴工人联合会代表团访问中国。

　　7月15日～8月7日　　中国贸易代表团访问古巴。23日古中两国政府签订贸易和支付、科学和技术合作、文化合作三项协定。

　　7月23日　　毛主席接见古巴工人联合会代表团。

　　9月2日　　通过第一个哈瓦那宣言。

　　9月18日　　卡斯特罗赴纽约参加第十五届联合国大会;赫鲁晓夫到古巴代表团下榻的旅馆拜访了卡斯特罗,随后纳赛尔与尼赫鲁也拜访了他;9月26日,卡斯特罗在大会上发表演说。

　　9月28日　　中华人民共和国与古巴正式建立外交关系。

　　10月13日　　美国禁止一切货物输往古巴(医药品和大多数食品除外)。

　　10月14日　　古巴接管了382家私人公司,包括大部分银行;10月25日古巴宣布接管166家美国企业。

　　10月15日　　卡斯特罗宣布古巴革命已进入建设社会主义的新阶段。

　　10月20日　　周恩来总理接见古巴青年代表团。

　　10月22日　　刘少奇主席接见古巴卫生代表团。

　　10月28日　　美国照会美洲国家组织,控告古巴接受来自苏联集团的大量重武器。

　　11月18日　　毛泽东主席接见古巴等国的新闻工作者和法律工作者。

古巴国家银行行长埃·切·格瓦纳少校访问中国。

　　11月19日　　毛泽东主席接见格瓦纳率领的古巴政府经济代表团。

　　11月21日　　首都各界集会欢迎古巴政府经济代表团。

　　11月30日　　中古签订经济合作协定、1961年贸易协定书和科学技术合作议定书,双方发表联合公报。

毛泽东主席和周恩来总理接见古巴等拉丁美洲12个国家的外宾。

12月2日　　中国纺织工会全国委员会和古巴纺织工会全国委员会在北京发表联合声明。

12月4日　　中华全国学生联合会和古巴大学生联合会参加国际学生联合会第六次代表大会的代表在北京发表联合声明。

12月16日　　美国停止进口古巴蔗糖。

12月24日　　毛泽东主席接见以埃·希瓦为首的古巴妇女代表团全体成员。

1961年1月3日　　美国宣布与古巴断交。

2月3日　　美国总统肯尼迪下令执行扶植古巴反革命流亡分子的计划;3月17日,肯尼迪在宣布对拉美政策时攻击卡斯特罗。

3月6日　　卡斯特罗在拉美种植园工人第一次代表大会上发表演说。

3月13日　　面对迫在眉睫的入侵行动,卡斯特罗在纪念攻打总统府4周年大会上的演说中提出:"誓死保卫祖国!"

3月22日　　古巴两个主要反对党民主阵线和人民革命运动在纽约达成协议,成立由前总理卡多纳任主席的革命委员会。卡多纳于4月9日号召全体古巴人起来反叛卡斯特罗政权。

4月　　谣言盛传各种反卡斯特罗武装力量在古巴革命委员会的领导下聚集在危地马拉、路易斯安那和佛罗里达。

4月14日　　近1500名美国雇佣军携带坦克、大炮等装备从尼加拉瓜出发;4月15日清晨,美制B—26型飞机同时轰炸哈瓦那、巴尼奥斯的圣安东尼奥和圣地亚哥;4月17日,美国雇佣军在美国军舰和飞机的掩护下,在古巴拉斯维利亚斯省的吉隆滩登陆,经过72小时激战,古巴全歼和俘获入侵者。

4月18日　　苏联总理赫鲁晓夫要求美国停止入侵古巴并答应援助卡斯特罗政府。

4月23日　　卡斯特罗作了4个小时的电视讲话,对美国中央情报局一手策划的"猪湾事件"进行分析。在随后4个晚上的电视节目里,被俘的雇佣军成批出现,由一组组记者进行讯问。

5月1日　　卡斯特罗正式宣布古巴为社会主义国家。

5月17日　　卡斯特罗宣布,愿意用俘虏的美国雇佣军换取500台美国推土机,美国方面因此成立所谓"推土机换取自由委员会"。

6月9日　　卡斯特罗在国际学生联合会执委会会议上发表讲话。

7月　　卡斯特罗建立革命统一组织;1962年5月改名为社会主义革命统一党;1965年改名为古巴共产党。

12月2日　　卡斯特罗在电视讲话中宣布自己为"马克思列宁主义者",并宣布将组织一个统一的党,以便在古巴实现共产主义。

1962年1月31日　　美洲国家组织成员国的外交部长开会,在美国的操纵下通过决议,停止古巴的会员资格;1964年通过集体制裁古巴的决议。

2月　　卡斯特罗发表第二个《哈瓦那宣言》。

3月　　古巴的消费品实行配给制。

9月2日　　苏联宣布与古巴达成向古巴提供武器和技术专家的协议。

9月11日　　苏联指责美国蓄谋入侵古巴,警告入侵意味战争。

9月13日　　肯尼迪总统宣称,如果威胁到美国安全,美国将采取行动。

10月10日　　美国政府同意支付6000万美元以换取1113名古巴囚犯。

10月22日　　加勒比海危机,美苏第一次冲突爆发。

10月27日　　卡斯特罗致函联大代理秘书长吴丹,就与美国和解事宜提出5点计划。

10月28日　　古巴政府就肯尼迪关于古巴问题致赫鲁晓夫的复信发表声明。

11月1日　　卡斯特罗就与吴丹会谈的情况发表电视演说。

11月15日　　卡斯特罗致函联大代理秘书长吴丹,19日再次致函吴丹。

12月23日　　1113名美国雇佣军俘虏以价值5300万美元的食品和药品作为交换条件,返回美国。

1963年1月7日　　美、苏宣布两国关于古巴危机的谈判结束。

2月18日　　苏联通知美国,苏联驻古巴1.7万名士兵中的数千名将于3月15日以前撤走。

3月30日　　美国务院和司法部宣布将采取一切必要步骤使美领土不被古巴流亡分子用作侵袭古巴和苏联船只的基地。

4月　　卡斯特罗首次访问苏联,双方发表“联合公报”。

7月26日　　卡斯特罗在蒙卡达袭击10周年纪念会上发表长篇讲话,其母作为贵宾出席;11天后,她在卡斯特罗妹妹胡安娜家中去世。

10月　　古巴颁布第二个土地法。

1964年1月11日　　卡斯特罗政府从英国购买价值1100万美元的汽车。

1月12日　　卡斯特罗第二次访问苏联,双方签订了食糖协定和“联合公报”。

7月21日　　美洲国家组织开会宣布孤立古巴。

12月11日　　卡斯特罗派遣格瓦拉参加联合国大会,以表明古巴在一系列国际问题上的立场;随后,格瓦拉访问了8个非洲国家和中国,直至1965年3月回国。

1964年~1966年　　古巴领导层就发展战略和经济体制问题展开辩论。

1965年3月　　卡斯特罗攻击中苏争端。

6月　　卡斯特罗发表强调农业的讲话。

10月　　古巴社会主义革命统一党更名为古巴共产党,卡斯特罗任第一书记。

10月3日　　卡斯特罗公布其亲密战友格瓦拉放弃古巴国籍,辞去党内外一切职务,后离开古巴到非洲和拉美一些国家组织游击战。

10月　　卡斯特罗宣布古巴人可以自由离开古巴;11月6日与美国签订每月空运3000~4000古巴避难者离开古巴的协定。

1966年1月2日　　菲德尔·卡斯特罗和劳尔·卡斯特罗检阅古巴武装力量,菲德尔·卡斯特罗作重要讲话。

1966年2月　　古巴与苏联签订新的贸易协定。

年初　　卡斯特罗就中国不能提供古巴所要求的大米数量发表反华言论;2月6日,他在古巴共产党机关报《格拉玛》上发表声明谴责中国;3月13日,他在哈瓦那大学攻击中国。

1967年5月　　卡斯特罗拒绝在苏美拟定的《核不扩散条约》上签字。

6月26日　　苏联部长会议主席柯西金访问古巴,卡斯特罗到机场迎接;苏、古之间发生严重摩擦。

8月　　卡斯特罗创立的"拉丁美洲团结组织"（OLAS）在哈瓦那举行第一次会议。

8月6日　　古巴政府官员在新闻发布会上宣布破获一起由美国中央情报局派往古巴刺杀卡斯特罗的阴谋。

10月9日～15日　　卡斯特罗的亲密战友格瓦拉在玻利维亚被政府军俘获后残遭杀害；14日，古巴政府发表讣告；10月15日，卡斯特罗发表讲话，对格瓦拉的逝世表示哀悼。

1968年1月　　11位老资格的共产党领导人由于反对古巴在国外的革命活动而以叛国罪受审，并被判处长期徒刑。

3月　　卡斯特罗在全国开展"革命攻势"运动，对55636家私营商业和手工业实行国有化。

8月　　卡斯特罗公开支持苏联侵略捷克斯洛伐克的行径。

1969年7月　　苏联舰队驶抵哈瓦那，参加蒙卡达事件的周年纪念活动。

10月27日　　卡斯特罗在哈瓦那的卓别林剧场向古巴共产党和蔗糖工业的领导干部宣布蔗糖"群众战争"计划；11月5日，卡斯特罗向革命军事力量的军官进一步解释蔗糖"群众战争"计划。

1970年9月　　西恩富戈斯港事件，美苏第二次冲突爆发。

9月28日　　卡斯特罗向保卫革命委员会的干部解释"民主化"计划。

1971年11月　　卡斯特罗访问智利。

1972年5月～6月　　卡斯特罗访问东欧国家后访问了非洲的几内亚、塞拉利昂、阿尔及利亚、刚果、坦桑尼亚和埃塞俄比亚等国。

7月　　古巴正式加入经互会。

12月　　卡斯特罗访问苏联，同苏联签署五项基本经济协定；苏联承诺向古巴提供3亿卢布贷款用于27项经济合作项目。

1973年　　古巴与美国关系有所缓和，双方签订关于防止劫持飞机和船只及其他犯罪行为的协定。

9月　　卡斯特罗赴阿尔及尔参加第四次不结盟国家会议；随后到越南进行访问，黎笋、范文同等到机场迎接。

1974年　　苏共中央第一书记勃列日涅夫访问古巴。

1975年5月　　古巴加入加勒比多国海运公司。

7月　　美洲国家组织第19次外长协商会议通过取消对古巴经济和政治制裁决议，美国也投了赞成票。

9月　　卡斯特罗向安哥拉派出1.5万名士兵。

10月　　古巴加入拉美经济体系，随后同许多拉美国家恢复和发展了外交、军事和经济等双边关系。

1976年　　古巴开始实行第一个五年计划和新的"经济领导和计划体制"。

6月　　卡斯特罗断然拒绝美国国务卿基辛格提出的古巴从安哥拉撤军是古美关系正常化先决条件的建议。

10月　　古巴一架飞往加拉加斯的客机在巴巴多斯上空被炸毁，机组人员与乘客全部遇难；古巴随后宣布废除古美1973年签署的关于防止劫持飞机和船只的协定。

12 月　　卡斯特罗担任国务委员会主席兼部长会议主席,卡特政府宣布停止美国飞机对古巴的侦察飞行;随后又取消去古巴旅行的诸种限制。

1977 年　　古巴允许职工从事第二职业。

1 月　　美国国务卿万斯宣布,美愿为古美关系正常化进行无条件谈判。

2 月底　　卡斯特罗与《华盛顿邮报》的两名记者进行长谈,会谈时间长达 7 个小时。

2～3 月　　卡斯特罗先后访问了阿尔及利亚、利比亚、南也门、索马里,并与埃塞俄比亚实权人物门格斯图举行了会谈。

3 月　　卡斯特罗向扎伊尔派兵。

9 月 1 日　　古美均在双方首都互设照管利益办事处。

10 月　　古巴外贸部长丰特访美。

12 月　　卡斯特罗派出 1.7 万名作战部队卷入埃塞俄比亚和索马里冲突。

1978 年 4 月 21 日　　埃塞俄比亚临时军事行政委员会主席门格斯图访问古巴,卡斯特罗表示坚决支持埃塞俄比亚人民保卫国家尊严的斗争。

5 月　　古巴再次派兵进入扎伊尔。

5 月 13 日　　美国总统卡特发表讲话,指责卡斯特罗是苏联人的工具;4 天后,卡斯特罗在办公室召见美国驻哈瓦那照管利益办事处负责人莱尔·莱恩,对卡特的指责进行回应。

6 月　　美国国务院古巴事务办公室主任韦恩·史密斯到达哈瓦那;在回国的前一天受到卡斯特罗召见;与此同时,古美双方正在谈判关于古巴释放政治犯的问题。

8 月 1 日　　古美双方就古巴释放政治犯一事达成协议。

9 月 1 日　　古巴透露 48 名政治犯及其 30 名家属将准许离开古巴以寻求进入美国;两天后,古巴方面再次透露,另外 1700 名具有双重国籍的古巴人及其家属成员可以离开美国;10 月底,迈阿密的银行家伯纳多·贝恩斯抵达哈瓦那以率领第一批古巴政治犯及其家属离开古巴,并与卡斯特罗进行了会谈。

9 月 12 日　　卡斯特罗出席埃塞俄比亚纪念推翻海尔·塞拉西皇帝四周年庆典。

10 月　　苏联第一次将新式作战飞机米格－23 可变翼歼击机运至古巴,导致美苏第三次冲突。

11 月 20 日　　卡斯特罗与古巴在美国的流亡者的谈判开始。

12 月 31 日　　卡斯特罗就中美关系正常化发表讲话,攻击中国;美国驻哈瓦那照管利益办事处负责人莱尔·莱恩、中国驻古巴大使馆外交官员和埃及的外交官员先后退出会场。

1979 年 8 月 3 日　　美国参院外委会主席丘奇向公众透露苏联驻古巴战斗旅情况,美苏第四次冲突发生。

8 月 28 日　　不结盟国家会议在哈瓦那开会。

10 月 12 日　　卡斯特罗在纽约联合国大会上发言

1980 年 1 月 11 日　　卡斯特罗的长期战友、秘书和顾问塞丽娅·桑切斯死于胃癌。她的逝世给卡斯特罗极大打击。

1月　　古巴内阁大改组,撤换20多名部长。

4月　　一万名古巴人涌入秘鲁使馆寻求避难。

12月　　古巴共产党召开"二大",通过了第二个五年计划(1981~1985年)。

1980~1981年　　古巴允许一些服务行业自谋职业,允许农民开设自由市场。

1981年4月19日　　卡斯特罗发表讲话,对古美关系发表看法,允许保持"平静而负责的态度"。

7月26日　　卡斯特罗指责中央情报局对古巴的各种破坏活动。

1982年4月4日　　卡斯特罗告诫古巴青年共产党员,要准备为坚持马克思列宁主义而献身。

5月　　卡斯特罗在与古巴小农谈话时,说美国的社会制度是"腐朽的和令人厌恶的"。

9月1日　　卡斯特罗政府宣布无法继续偿还12亿美元的商业债务。

1983年3月10日　　卡斯特罗将不结盟国家运动领袖的职务传给英迪拉·甘地。

7月26日　　卡斯特罗在圣地亚哥城庆祝革命30周年,谴责里根政府对古巴的行径。

11月14日　　卡斯特罗在哈瓦那革命大厦向在美国对格林纳达入侵中死难的古巴人致哀。

1984年4月　　苏联总统戈尔巴乔夫访问古巴。

1985年3月12日　　卡斯特罗致函戈尔巴乔夫,祝贺他当选为苏共中央总书记。

1986年2月4日　　卡斯特罗在古巴共产党第三次全国代表大会上讲话。

6月　　卡斯特罗在企业管理会议上讲话,反对抄袭其他国家的经验。

12月　　卡斯特罗坚持古巴政府决不会接受全方位的市场经济制度。

1987年1月　　古巴实行27项经济紧缩措施,以节支增收、平衡预算。

5月　　卡斯特罗在会见古巴农民时表示,古巴决不照搬其他国家的经验。

1988年7月26日　　在纪念古巴革命35周年的集会上,卡斯特罗表示:古巴将继续坚持马克思列宁主义原则并第一次公开批评苏联政府的改革。

12月　　一百多位外国艺术家、作家、科学家(包括几位诺贝尔奖获得者)致信卡斯特罗,要求他举行一次自由的秘密投票来决定古巴的领导人;卡斯特罗致新年献辞并纪念古巴革命胜利30周年,他的讲话以"不进行社会主义即死亡! 不坚持马克思列宁主义即死亡!"的口号结束。

1989年4月初　　苏联共产党总书记戈尔巴乔夫访问古巴,双方未能达成任何实质性协议,仅签订了一个25年的友好条约。

1990年初　　东欧国家开始转入市场经济,在美国的压力下,停止向古巴输出产品和技术作为回应,卡斯特罗宣布古巴处于紧急状态。

1991年　　苏古结束了长期实行的记账易货贸易,开始以硬通货为支付手段。

7月26日　　卡斯特罗在蒙卡达讲话中表示:古巴革命的名称和理想永不改变。

8月　　泛美运动会在哈瓦那举行。古巴国家代表队获取的金牌总数超过美国。一个拉丁美洲国家超过了美国——这在泛美运动会的40年历史上是第一次。

10月10日　　卡斯特罗在古巴共产党第四次代表大会开幕式上讲话,表示决不屈服于霸权；会议修改了宪法，将全国人民代表大会成员的选举改为直接选举。

11 月 2 日　　卡斯特罗在哈瓦那召开的少年先锋队代表大会上讲话；古巴经济下降 25％，陷入危机。

年底　　古巴开始采取一系列改革开放措施。

1992 年　　古俄双方达成协议，俄军于 1993 年全部撤出古巴，两国长达 30 年的军事关系正式结束。

3 月　　联合国人权委员会表决谴责古巴的决议时，俄罗斯赞同谴责古巴。

6 月　　卡斯特罗在里约热内卢签署了世界生态协议。

10 月　　俄罗斯宣布，原来答应帮古巴建造一座核电厂的计划不能兑现，因为古巴没有现金购买设备；美总统布什批准施托里切利法，使古巴经济受到打击。

1993 年 2 月底　　卡斯特罗对美国广播公司的戴安·索耶表示，他可能五年内退下。

3 月 15 日　　菲德尔·卡斯特罗在古巴全国人民政权代表大会选举中再次当选为国务委员会主席。

6 月 19 日　　古巴外交部长罗伯特·罗瓦伊纳访问中国。

8 月 11 日　　加拿大解除对古巴实施了 15 年的双边援助禁令。

9 月　　卡斯特罗颁发关于个体劳动的第 141 号法令；古共中央政治局通过关于农牧业生产合作基础组织的决议。

11 月 17 日　　欧共体委员会决定向古巴提供价值 147.5 万欧洲货币单位的人道主义援助。

1994 年 8 月 19 日　　古巴出现新的逃美难民潮，克林顿宣布"来自古巴的非法难民将不再被获准进入美国"，美国在关塔那摩海军基地设立古巴难民营。

8 月 20 日　　克林顿宣布对古巴进行新制裁。

9 月 1 日～9 日　　古巴与美国就移民问题举行谈判，双方就阻止非法移民问题达成一致协议。

10 月 26 日　　联大再次通过决议，要求美国尽快解决对古巴的封锁。

1995 年 6 月 12 日　　全国政协主席李瑞环访问古巴。

7 月 15 日　　古巴与伯利兹建交。

10 月 15 日　　古巴国务委员会主席卡斯特罗结束对乌拉圭 37 小时的访问。

11 月 2 日　　联大第 4 次通过要求美国停止封锁古巴的决议。

1995 年 11 月 29 日～12 月 8 日　　古巴共和国国务委员会主席兼部长会议主席菲德尔·卡斯特罗对中国进行国事访问。访问期间，江泽民、李鹏、乔石、李瑞环会见了卡斯特罗，并进行了亲切的会谈。卡斯特罗还访问了西安、上海和广州，并在江泽民主席的陪同下参观了深圳。

1996 年 2 月 6 日　　古巴和海地两国外长在太子港签署了两国恢复外交关系的公报，决定恢复中断 40 年之久的外交关系。

2 月 24 日　　两架属于居住在美国的古巴流亡分子的小飞机因进入古巴领空被古巴空军击落。为此，美国对古巴采取了一系列新的报复和制裁措施。美国国会通过了强化对古巴经济封锁的赫尔姆斯—伯顿法案。

3 月 23 日～24 日　　4 架"海盗飞机"非法进入古巴领空。

4 月 1 日～5 日　　第三届拉美声援古巴会议在哈瓦那召开。

玻利瓦尔

富有的孤儿

1783 年 7 月 24 日,西蒙·玻利瓦尔出生在加拉加斯。

小西蒙·玻利瓦尔的童年是快乐的,又是悲伤的。快乐与悲伤交织在一起,构成了小西蒙的童年生活。

作为出生在 18 世纪西班牙美洲殖民地的儿童,小西蒙的快乐和幸福首先在于他的肤色:他是一个白人。

西蒙出生后最初一段时光,是在加拉加斯城外不远的一处别墅中度过的。稍大之后,他随着父母,有时住在城里家中,有时住在郊外别墅,有时也到乡下的庄园中去住。住在城里时,他时常和姐姐、哥哥一起,穿过通道,到后面紧挨着的外祖父家去。西蒙度过幼年时光的这些地方,不论是城里家中,城外别墅、庄园,还是外祖父家中,都有宽敞明亮的房屋,高雅舒适的摆设,优美迷人的自然环境伴随着他。

享受着富足、疼爱、愉快,就像小苗滋润着雨水,照耀着阳光一样,小西蒙一天天、一年年地长大了。这样一直到他 10 岁那年,厄运突然降临,结束了他童年的幸福。1792 年 7 月 6 日,距西蒙 9 周岁生日还差 18 天,肺结核病夺走了他母亲的生命。

西蒙在玩乐中度过了人生的最初 10 年,没有接受任何正规教育。10 岁时,外祖父为他聘请家庭教师,才开始了他的学生生涯。

西蒙先后有过五六位老师,为他教授不同的课程:数学、拉丁文、文学、历史、地理、音乐、击剑、骑术、舞蹈,当然,还有圣经和教义问答。西蒙的老师都是加拉加斯最好的,不少是当时著名的教育家。有趣的是,老师当中还有一个比西蒙大两岁的男孩,名叫安德烈斯·贝略。这个人后来靠刻苦自学成才,成了拉丁美洲伟大的诗人、政治家和法学家。当然这个比学生仅大两岁的小老师,在当年的教学生涯中,远没有后来在其它方面那么成功。一方面,那时他自己的知识很有限,另一方面,作为老师,他实在是太年轻了,以至于他甚至得不到学生足够的尊重。这样,他的教学效果自然就不会太好。

在所有这些老师中,对西蒙影响最大,使他终身难忘的是西蒙·罗德里格斯先生。

玻利瓦尔的外祖父最初雇请罗德里格斯,只是让他担任普通抄写员的工作。但这个抄写员非比寻常,很快以他出色的工作与才华赢得了全家人的敬重。所以,当需要为玻利瓦尔聘请家庭教师时,外祖父很自然地想到了这个不平凡的抄写员。在1795 年出逃事件发生后,为了更好地教育玻利瓦尔,罗德里格斯辞去了公立学校中的职务,开始做玻利瓦尔的专职家庭教师。

能遇上罗德里格斯这样的教师,是玻利瓦尔的幸运。另一方面,能有玻利瓦尔这样的学生,罗德里格斯觉得也实在是一桩奇遇。一个孤儿,想象力丰富,身体健康,富有,门第高贵,而且至今不会读,不会写,没有什么书本知识,玻利瓦尔的情况与卢梭设计的理想教育对象实在太吻合了!跟卢梭在小说里所写的爱弥儿简直一模一样!

这真是天赐一个"爱弥儿",天赐的礼物!罗德里格斯想这真是天赐的机会,让他实现自己的理想,实现自己的使命。如果不是他不信教的话,真要以为这一切都是出自上帝的安排。

玻利瓦尔成年之后,经常称赞罗德里格斯是能在轻松的气氛中给人教益的教师,把他比作循循善诱的苏格拉底。他的课总是生动的、具体的,充满了引人入胜的趣味。他没有架子,富有朝气和热情,不但是老师,而且是朋友。正是在与他生动活泼、不拘一格的交谈中,玻利瓦尔日渐进步,暴躁脾气有所收敛,逐渐学会了思考。

玻利瓦尔对自己的老师始终怀着亲切、信任、感激之情,成年之后,仍时常向他请教,对他言听计从。30 年后他在给老师的信中写道:"是您培养了我为自由、正义、伟大壮丽的事业奋斗的心灵。我已走上您给我指引的道路。您是我的引路人。您将看到我的言行,您将看到我的思想,看到我描绘在纸上的灵魂,您一定会说,所有这一切都是我的!"

1797 年,玻利瓦尔 15 岁。按照当时的习惯,可以确立一种职业了。

摆在面前可供选择的职业有两种:教士与军官。这是当时社会上最为荣耀的职业,也是贵族青年通常所从事的职业。

教士的黑教袍和军官的红制服,哪一个对他更合适呢?玻利瓦尔当时未成年,还没有选择的权利。一般地说,年轻人总是向往军装,厌恶教袍的。玻利瓦尔的监护人最终为他选择了从军的道路,理由倒不是考虑到年轻人的好恶,而是考虑到父业子承的必要。既然玻利瓦尔的父亲是个军官,那么两个男孩中有一个必须继承父亲的职业。选择的结果,玻利瓦尔被认为更适合做父亲的接班人。于是,他就被送到父亲生前所在的阿拉瓜山谷的白人民卫营,当上了士官生。可以说,玻利瓦尔的军人生涯从这时就开始了。虽然他第一次从军时间不满两年,但毕竟是他少年时一段新颖的经历,必定给他留下了深刻的印象。在这里,他参加操练,并结合学习数学、地形测绘、物理等课程。这些,当时被认为是培养军事人才的基本课目。他和几个朋友一起在家里专门为他开办的学堂中进行这种学习。

第二年,玻利瓦尔晋升陆军少尉,正式成为西班牙皇家军队的一名军官。服役手册上他所得的评语,在"勇敢"、"勤奋"方面是优秀,在"能力"、"品行"方面只是良好。

在欧洲成长

1. 丑陋的西班牙

1799 年 1 月 19 日清晨,一辆豪华马车行进在从加拉加斯到拉瓜伊拉港的山路上。车中一位十六七岁的少年显得异常兴奋,不停地说着、笑着,还不时将头探出窗外,向前张望。这位少年就是玻利瓦尔。

马车直奔码头,那里停泊着即将开往西班牙的"圣伊尔德丰索号"。玻利瓦尔迫不及待地上了船,正式踏上了前往西班牙的旅程。

西班牙又是一个与委内瑞拉大不一样的地方。从桑托尼亚乘车去马德里,沿途看不到委内瑞拉那样色彩缤纷的风光,没有那么多五颜六色的花卉,也没有那么多各式各样的鸟禽。所能看到的,只是一片片单调的麦地。真正使玻利瓦尔感到新奇的,是这里的葡萄园和橄榄园。这是委内瑞拉所绝对看不到的,因为在殖民地,国王禁止种植葡萄和橄榄。

来到马德里,玻利瓦尔见到了日思夜想的埃斯特万舅舅。埃斯特万这时在西班牙王宫中当差,是个普通的办事员。起初,他们一起住在埃斯特万的朋友曼努埃尔·马略家中。不久,佩德罗舅舅也来到了马德里。他几乎是与玻利瓦尔同时启程来西班牙的,但他的运气不好,所乘的船途中两次遇到海盗,所以迟到了很多天。之后,他们3人在花园街安置了新居,搬离了马略的家,但与马略仍保持密切的联系。

学习很快就开始了。佩德罗舅舅在给卡洛斯舅舅的信中,描述了当时玻利瓦尔的学习生活:"这孩子现在由埃斯特万照管,很用功。他学西班牙语兴致很浓,讲得准确,写作尤其好。他也学舞蹈,还读一些好书,从中学历史。准备让他学法语和数学,对他管得挺严。他表现得还可以,确切说,表现得良好。他在这里过得满有意思。"埃斯特万舅舅所写的一段札记也记载了玻利瓦尔这时的学习情况:"在马德里王宫里,很容易请到一些老师帮助他丰富知识,并给他以适合他年龄的训练。在家里,早晨剑术老师叫醒他练击剑,接着是上法语课,最后是舞蹈课。下午一部分时间用来学数学。每门课他都听话,而且很满意。"大多数课程都是过去已有的,当然程度提高了。只有法语是一门新课,这也是那时贵族青年的必修课。

但是,平静的生活很快就被打断了。原因是埃斯特万舅舅突然被捕了。

埃斯特万舅舅有时领着坡利瓦尔到宫中去玩。在那里不难听到一些发生在豪华宫殿中的丑闻。当时的王后玛丽亚·路易莎是个丑陋而淫荡的女人,宫中有个叫曼努埃尔·戈多伊的公爵是她的相好。后来,不知怎么,戈多伊突然不吃香了,曼努埃尔·马略,也就是埃斯特万舅舅的那个朋友,接替了戈多伊伺候王后的差事。于是,马略一下子飞黄腾达起来。据说,有一次国王、王后和戈多伊3人坐在王宫的阳台上,一向萎靡不振的国王伸个懒腰,突然问戈多伊:"那个马略是什么人?我看他天天都乘坐新的马车,用新的马匹,他哪里弄来那么多钱?"戈多伊回答说:"陛下,马略一个铜币也没有。可是谁都知道,有一个丑婆子供养他,她偷丈夫的钱来让情夫发财。"国王听了大笑,转身问王后:"路易莎,你觉得如何?"王后回答:"陛下,您知道曼努埃尔总喜欢讲笑话。"

西班牙政府的昏庸无能和腐败的程度之深,若不是亲眼看见,简直难以想象。

像所有喜怒无常的女人常做的那样,王后突然对马略失去了兴趣,重又钻进了戈多伊的怀抱。于是,马略倒霉了。傲慢和爱报复的戈多伊,立即以官方的名义开始迫害马略和他的朋友们。埃斯特万舅舅就在这时候被关进了蒙塞拉特监狱。也许是因为与马略的关系,也许是因为别的什么事,没有什么明确的解释,没有人知道究竟是为什么。埃斯特万虽然被捕,但他在宫中的差事并没有被开除,玻利瓦尔还要代他领工资。一切都是乱七八糟的。瞧,这就是西班牙!

埃斯特万被捕后,佩德罗舅舅离开马德里,迁去加的斯居住。玻利瓦尔举目无亲,只好到加拉加斯同乡乌斯塔里斯侯爵的家里居住。幸运又一次伴随不幸而来。这次变故使玻利瓦尔遇到了人生中第二位导师。同西蒙·罗德里格斯一样,在玻利瓦尔的教育、成长过程中,乌斯塔里斯侯爵也发挥了重要作用。

在跟随乌斯塔里斯侯爵学习的同时,玻利瓦尔还遵照侯爵的意见,在圣费尔南多学院学习数学。

玻利瓦尔在乌斯塔里斯侯爵处所受的教育,是罗德里格斯对他的教育的继续和补充。这两位导师年纪一老一少,社会地位悬殊,但他们都是自由主义的思想家,有着崇高的理想、奋斗的热情,又都是教书育人的天才,自然教育的出色实践者。所以,他们给予玻利瓦尔的教育,从内容到形式都是一致的。所不同的,只是侯爵的知识更渊博,阅历更丰富,思维更周密,修养更深厚。如果说罗德里格斯的教育还带有青年人的粗疏、激烈、偏狭的话,那么,侯爵的教育就为他补充了严谨、平和、优雅和宽容。

对玻利瓦尔来说,侯爵的家实在是块福地。在这里,他得到两个重大的意外收获。一个是遇上了侯爵这样好的人生导师,另一个是认识了漂亮的马德里姑娘玛丽亚·特雷莎,他未来的妻子。

玛丽亚·特雷莎·罗德里格斯·德尔·托罗——阿莱萨是个 18 岁的妙龄女郎。她身材颀长苗条,举止文雅大方,浑身散发着青春的气息,一双美丽的大眼睛透出善良、纯真与热烈的光芒,摄人心魄。她的父亲贝尔纳多·罗德里格斯·德尔·托罗先生,同乌斯塔里斯侯爵一样,也是侨居西班牙多年的加拉加斯人。他的家庭是侯爵家的常客,于是,他的女儿和我们的主人公就得以一见钟情。两个年轻人只是相互对望了那么几眼,生活就改变了,世界就改变了,天、地、人,一切都改变了。初恋的火焰是纯净的、美好的,又是炽热的、旺盛的,它叫人陶醉,让人迷恋。很快,两颗年轻人的心都被这火焰熔化了。几个星期之后,刚满 17 岁的玻利瓦尔就写信给佩德罗舅舅,宣布说:"我热烈地爱上了一位美貌出众、品德贤淑的小姐,她是一位同乡和亲戚的女儿特雷莎·托罗小姐。我决定同这位小姐结婚。"

1802 年 5 月 26 日,马德里圣何塞教堂又迎来了一对新人,这就是 19 岁的西蒙·玻利瓦尔和 20 岁的玛丽亚·特雷莎。

婚礼是隆重的,女方的宾客中不乏当朝的达官贵人。但玻利瓦尔身边一个亲人也没有,埃斯特万舅舅仍在狱中,佩德罗舅舅没能从加的斯赶来。即使这样,玻利瓦尔心中仍是高兴的。一来他终于娶到了中意的新娘,二来他马上就可以回到故乡去了。

3 年时间慢慢过去了,玻利瓦尔已由少年成长为青年,并且做了丈夫。他的第一次欧洲之行就要结束了。

2. 特雷莎死了

玻利瓦尔生来是个急性子人。他先是急着结婚,现在一旦结了婚,又急着要回美洲。结婚没几天,新郎就带着新娘登上了返回故乡的航船。在玻利瓦尔感觉中,这次横渡大西洋的航程似乎比上次短了许多。在新婚妻子的陪伴下,几个月的航程很快结束了。1802 年 7 月中旬,他们顺利到达加拉加斯。

在加拉加斯,等待着玻利瓦尔的是他一生中最大的厄运。死神又一次在他家宅院的上空盘旋,但他对这一切浑然不觉。假如他能稍有知觉的话,他肯定就不会那么急于离开西班牙,返回加拉加斯了。

特雷莎突然病了,发高烧,吐黑水。热带流行的黄热病染到了她的身上。又是一个不治之症,并且是急症。毫无办法,束手无策。来自欧洲的人对这种病没有抵抗力,染上后发作得更厉害。眼看这可怜的女人被病魔折磨得不成人样,得病没几天就离开了人世。那是一个令玻利瓦尔终生难忘的日子,1803 年 1 月 2 日,距他们回到加拉加斯还不满 5 个月。

就像拳击比赛中当面挨了一记重拳,玻利瓦尔被打蒙了。不可能!不可能!这不是真的,这不是事实,这是梦!他在心里反复对自己这样说。然而,特雷莎的遗体是真的。她静静地躺在那里，无声无息，既不说，又不笑，也不呼吸，她的手已经凉了，身子已经僵了。她确实已经死了，死神已带走了她年轻的生命。这一切太突然，太过分了，玻利瓦尔悲痛欲绝。就如同落入了冰窖，他的心凉透了。

埋葬特雷莎之后，有好几个星期，玻利瓦尔一个人默默地待在田野里，他试图弄明白刚刚发生的事情。现在他已不是个小孩，这回他实实在在地掂出了失去亲人带给人的痛苦的全部分量。沉重，太沉重了！命运为什么这样跟人过不去呢？

站在特雷莎的墓前，玻利瓦尔发誓："我非常爱我的妻子，为了她，我将不再结婚。"

他说到做到，一生忠实地履行了自己的诺言。后来他虽然也随意爱过几个女人，但确实再也没有结婚。

革命开始了

1. 美洲要独立

俗话说，光阴似箭，对成长中的青年人来说更是如此。

玻利瓦尔第二次来到欧洲，在西班牙短暂逗留，在巴黎生活了一年多，到意大利旅游了一圈，回到巴黎又略作停留，转眼之间，两年半的时间过去了。这时候，玻利瓦尔身上的美洲情结又苏醒了。他又开始思念家乡，又想回家了。再说，既然已经确立了为祖国独立而献身的志愿，再待在欧洲似乎也没有什么意义了。

1807 年 6 月，玻利瓦尔回到加拉加斯。

回国后最初一年的生活是平静的。玻利瓦尔又一次当上了农场主。他工作勤奋、认真，致力于管理和发展自己的庄园。因为圣赫尔特鲁迪斯庄园的界标问题，他同一个叫尼古拉斯·布里塞尼奥的人打了一场引人注目的官司。宴会，舞会，各种社交活动仍是应接不暇。只是由于服役年限，他在皇家军队中的军衔又被晋升，现在他成了上尉玻利瓦尔。

似乎一切都没有变，玻利瓦尔还是玻利瓦尔，还是加拉加斯那个热情、愉快的青年贵族，还是那个富有、慷慨的农场主。

从西班牙殖民者来到美洲的第一天起，美洲人民的反抗就开始了。可以说，一部西班牙的殖民史，同时也就是一部美洲人民的反抗史。最先起来反抗西班牙殖民者的是美洲原来的主人印第安人，然后是黑人，后来，混血种人、土生白人也开始从事反抗活动。反抗是全民族性质的，在反抗的行列中，包括了美洲人民的各个种族、各个阶级。反抗的形式多种多样，从小范围的到大规模的，从和平对抗到武装起义。反抗的条条溪水、道道河流，最终都汇集到一个方向，流向一个目标，汇成一股滚滚洪流，那就是争取独立。

在争取独立的斗争中，英勇的海地黑人为拉丁美洲人民作出了榜样。

海地位于委内瑞拉以北，加勒比海中的海地岛上，原是西班牙的殖民地，1697 年割让给法国。那里 90％的人口是黑奴。1790 年，借法国本土爆发大革命之机，海地的黑人奴隶们在他们的英雄和杰出领袖杜桑·卢维杜尔的领导下，开始了英勇壮烈的独立革命。经过 13 年浴血奋战，他们粉碎了西班牙和英国的武装干涉，打败了拿破仑派来的 4 万多法国精兵，终于在 1804 年 1 月 1 日正式宣告独立，成立了拉丁美洲第一个独立共和国——海地共和国。

海地的独立给仍处于殖民统治下的拉丁美洲人民以极大的鼓舞,揭开了整个拉丁美洲革命的序幕。后来,在领导委内瑞拉独立运动的过程中,玻利瓦尔在最困难的时候,曾两度得到海地共和国的无私帮助。

在委内瑞拉,反抗殖民者的斗争同样是由来已久,争取独立的道路早已有先驱者在探索。反抗的形式同样是多种多样的,有政治的,有经济的;有合法的,有非法的;有偶发的,也有经过精心组织准备的。其中比较典型的,1793 年瓜尔和埃斯帕尼亚的革命是独立的一次尝试。在此之前,有 1795 年科罗地区各种族人民的反抗斗争,1730 年反对西班牙吉普斯夸公司垄断可可生产的斗争,1684 年奥里诺科地区袭击西班牙传教士的斗争,等等,等等。1806 年,委内瑞拉、也是西班牙美洲独立革命的先驱和精神领袖弗朗西斯科·德·米兰达,在美国组织了一支由 3 艘船、1500 支枪、260 人(主要是美国志愿者)组成的舰队,一往无前地驶向委内瑞拉,先后在卡贝略港和科罗登陆,打响了西班牙美洲独立革命的第一枪,在委内瑞拉的土地上树起了由红蓝黄三色组成的共和旗。这种唐吉诃德式的冒险虽然失败了,但它引起了广泛的关注,促进了独立思想的传播。

在反抗斗争的进程中,逐渐产生了一批先知先觉者,他们形成了斗争的骨干力量。他们信奉美国革命和法国革命的思想,认准美洲的独立和解放为自己的目标,看清了这是历史的必然趋势。他们在斗争中不断探索通往独立与解放的道路,同时也在等待适当的时机。

1808 年,等待已久的机会终于来到了。

2. 拿破仑旋风刮到美洲

19 世纪初年,有一个巨人在欧洲大陆上横冲直撞,所向披靡,他像一阵强劲的旋风,所到之处卷走了地上的一切。后来,这个巨人一脚踏进西班牙,陷入了给其带来灭顶之灾的沼泽地。但经他这一踏,却无意中松动了套在西班牙美洲身上的沉重锁链,为西班牙美洲挣脱枷锁,争取解放制造了可乘之机。这个巨人不是别人,就是赫赫有名的法国皇帝拿破仑。

1806 年 11 月,为了征服英国,拿破仑颁布了"大陆封锁令",宣布封锁不列颠诸岛,禁止大陆各国与英国通商,禁止英国商品进入欧洲大陆。为了有效实施这一计划,他必须监视直至占领从地中海到大西洋,从北海到波罗的海的全部港口。这时,他发现,拥有西南欧主要港口的葡萄牙和西班牙成了他封锁线上的两大缺口。于是,他派出大军,先是于 1807 年 11 月占领葡萄牙,又于 1808 年 2 月占领西班牙,并迫使西班牙国王卡洛斯四世退位,将国王父子抓去法国囚禁,宣布以其长兄约瑟夫·波拿巴取而代之。拿破仑的占领激起了西班牙人民的强烈反抗,并诱发了西班牙第一次资产阶级革命。西班牙各阶层人士:贵族、教士、军官、资产阶级、学生,联合起来,一致向法国宣战。他们拥戴王子费尔南多为国王,在加的斯成立了由资产阶级和自由派贵族掌权的摄政委员会,通过了宪法,宣布实行君主立宪制。在西班牙,法军陷入了全民游击战的汪洋大海。

法国和英国之间封锁与反封锁的斗争,切断了西班牙与美洲殖民地之间的联系,拿破仑的入侵进一步削弱了西班牙对殖民地的统治。殖民地面临着前所未有的独立的大好机会。

这真是一幅有趣的历史图画。西班牙为了独立而反抗拿破仑,而同时美洲殖民地为了独立又反抗西班牙。

宗主国西班牙发生重大变故的消息传到加拉加斯,加拉加斯市议会即向督军提出要求:建立自己的执政委员会,其中要由人民选举的代表参加。督军认为这是谋反,是要脱离宗主国而独立,对这件事进行镇压,主要参加者均被皇家检审庭审讯,有的被关押,有的被软禁。1809 年 1 月,西班牙摄政委员会为了拉拢殖民地,被迫宣布美洲殖民地已不再被认为是殖民地,而是已成为西班牙王国实体的组成部分。这显然只是一个权宜之计,无法令人相信。它对加拉加斯人没起什么作用。1810 年 4 月 19 日,加拉加斯市议会开会解除了督军的职务,宣布成立执政委员会,接管整个委内瑞拉政府的权力。这一举动激怒了西班牙的摄政委员会,它立刻宣布"加拉加斯省处于严格封锁状态,任何本国和外国船只不得驶进港口"。4 月 19 日的事件,标志着政权已从西班牙殖民当局转到土生白人,即当地的商人、地主和知识分子手中,标志着委内瑞拉独立革命的开始。

玻利瓦尔大概没有参与 4 月 19 日的事件。他当时正在乡下庄园里,不在首都。但不管怎么说,有一点是清楚的:玻利瓦尔是坚定的独立派,他对 4 月 19 日事件的主事者态度不够坚决很不满意。他们仍然打着拥护费尔南多国王的旗号,不敢明确宣布独立。他们所要的只是西班牙国王恩准下的自治。

当然,革命既然已经开始,玻利瓦尔不会只做一个旁观者。他为自己找到了合适的位置和有意义的工作。他要求执政委员会派他到伦敦去,去争取英国政府支持革命,或至少使其保持中立。执政委员会接受了玻利瓦尔的建议,任命他为外交代表团的团长,并把他的军衔晋升为民卫团陆军中校。这样,玻利瓦尔就成了"中校和加拉加斯首席代表"。正像玻利瓦尔不满意执政委员会一样,执政委员会中许多人对玻利瓦尔也心存疑惧,没有好感。对玻利瓦尔的任命并非出自他们心甘情愿,很重要一个原因,是由于玻利瓦尔能够支付代表团的全部费用。当时国库空空如也,根本没有钱。后来的事实证明,执政委员会的担心并不是多余的:玻利瓦尔到英国后,根本不按执政委员会的意思行事。

有了玻利瓦尔的钱做后盾,代表团很快就组成了。正式成员共 3 人,玻利瓦尔之外,一位是玻利瓦尔过去的小老师,现在是加拉加斯公认的博学之士安德烈斯·贝略;另一位是扎实肯干的绅士路易斯·洛佩斯·门德斯。随行的还有玻利瓦尔的两个黑奴仆人。

1810 年夏天,玻利瓦尔率领他的代表团在伦敦共活动了 3 个多月,在这 3 个多月里,他主要做了两件事。

他会见了英国外交大臣韦尔斯利侯爵。会见中,他抛开加拉加斯政府确定的目标,提出了他西蒙·玻利瓦尔的目标。他以雄辩的口才、激烈的言词,直接抨击西班牙殖民制度,强调委内瑞拉完全彻底独立的目标,并为此正式要求英国政府的援助。然而,不管玻利瓦尔口才如何雄辩,言词怎样激烈,最终的结果,代表团在英国政府那里还是一无所获。应该承认,代表团的使命完全失败了。不过这并不是冲动的团长的过错,也不是团长鲁莽的行动违反外交惯例的结果。实际上,代表团在它组成的同时,就已经注定要失败了,因为英国人在反对拿破仑的战争中需要利用西班牙的力量,他们反对西班牙美洲殖民地的任何革新。代表团在伦敦期间,英国政府在给库腊索岛的英国总督莱亚德将军的指示中,就明确指出:"只要西班牙国这坚决抵抗法国入侵,成功的合理希望可能实现,阁下就有责任制止可能导致西班牙各省和母国分裂的任何举动。"瞧,英国政府已经做了宣判!

玻利瓦尔在伦敦的主要收获是见到了仰慕已久的米兰达。也可以说,这才是他来英国的主要目的。

米兰达令玻利瓦尔着迷。这位南美独立运动的先驱着实令人倾倒!他身材高大匀称,容貌俊美,举止文雅、庄重。虽年已60,满头白发,但精力充沛,充满活力。他博览群书,知识渊博,头脑明晰。米兰达虽然是出生在加拉加斯的土生白人,但21岁即离开祖国前往西班牙从军,以后周游列国,结识各国政要,与美国的华盛顿、塞缪尔·亚当斯、亚历山大·汉密尔顿,法国的拿破仑,英国的皮特首相,俄国女皇叶卡特琳娜均有交往,其阅历之丰富无人能及。他参加过援助美国独立战争的西班牙远征军,以中将身份参加过法国革命战争,雅各宾专政时期坐过法国的监狱。1784年在美国游历期间,他形成了争取西班牙美洲殖民地独立的思想,并开始为此制定计划,寻求国际支持。1798年后,他长期居住英国,专门致力于解放西班牙殖民地的事业。他建立了"美洲大同盟"组织,指导美洲各地争取独立的斗争。几乎后来南美各国所有的"解放者"在这期间都直接、间接地从他那里得到教益和帮助。他的重要思想之一,是美洲殖民地独立后,应建立一个统一的国家;这个国家的名字应该叫做"哥伦比亚共和国",以表示对新大陆发现者哥伦布的纪念。在经过长期的谈判、等待之后,他对寻求英、法两国的帮助感到绝望,于是前往美国,组织了1806年那次唐吉诃德式的远征。

在米兰达面前,玻利瓦尔虚心求教。他认定:米兰达将成为美洲殖民地的"解放者"。米兰达对这位来自祖国,具有自由思想的年轻代表也十分赏识,热切地向他了解祖国的情况。可以说,两人一见如故,两代人之间围绕美洲独立的种种问题展开了热烈的讨论。听着米兰达睿智的话语,一个大胆的想法在玻利瓦尔心中形成,并且不断得到强化:争取米兰达回委内瑞拉,由他去领导独立革命。玻利瓦尔热情洋溢地对米兰达说:"您为什么不与我们一道回委内瑞拉去呢?现在已经是返回祖国的时候了!"对玻利瓦尔的提议,米兰达起初有些犹豫。他说,他是被宣布了死罪的,他的头是悬了赏格的,加拉加斯的执政委员会也并没有取消他的罪名;他在英国期间,英国政府每年给他一笔高额年金,如果离开英国,就可能失去这笔钱,而他没有其它生活来源。对米兰达提出的困难,玻利瓦尔觉得都不在话下。他大包大揽,答应将为米兰达组织凯旋招待会。至于钱,他许诺说:"您将立即得到1000镑。这笔钱执政委员会将支付。"(事实上,直到玻利瓦尔死后,这笔钱才由其继承人支付。)事情就这样谈定了。玻利瓦尔将两位同伴留在英国,以便继续谈判。自己于9月21日启程回国。3周后,米兰达也踏上了回国的航程。

后来的事实证明,在劝说米兰达回国这件事上,年轻的玻利瓦尔有些太冲动了。米兰达已经60岁,他已经习惯于在欧洲过安定、舒适、排场的生活,在他这个年纪,也只适合过这样的生活。作为一个打天下的将军他已经太老了。再说,他远离祖国多年,对委内瑞拉的情况已经相当隔膜,基本上跟一个外国人差不多了。所以,米兰达最终的结局是以失败而告结束。历史的结论是:南美的"解放者"将不是弗朗西斯科·德·米兰达,而是西蒙·玻利瓦尔。对这一点,当时的玻利瓦尔不可能看清,所以,他把米兰达摆到一个不属于自己的位置,结果给这位先驱者带来了悲剧的下场。

3．尴尬的第一共和国

　　玻利瓦尔回到加拉加斯，匆匆忙忙向执政委员会递交了一份只有5行的报告，便草草地结束了自己的使命，投入迎接米兰达的工作。

　　这项工作的难度还是不小的。米兰达去国多年，在国内没有什么朋友；当时人们的思想多数还是保王主义的，在他们的心目中，多年以来，米兰达一直是一个危险的共和分子、罪人、无信仰的人，让他们一下子接受米兰达，是不容易的。玻利瓦尔到处宣布米兰达将军即将到来的好消息，在家里，在朋友中间，在政府里，在"爱国委员会"的集会上。他向人们介绍米兰达，极力夸奖他，赞扬他。第六天，米兰达抵达拉瓜伊拉，受到一批青年欢天喜地的迎接。玻利瓦尔把他安置在自己家中，然后就与执政委员会交涉，要求给予米兰达以适当的位置，取消对他的起诉。执政委员会对米兰达十分冷淡，对他采取防范、猜忌的态度，完全不是当作一个忘我的革命者来欢迎。在他到达第一天，执政委员会就这样写信给他："由于新政府派往伦敦的代表路易斯·洛佩斯·门德斯和西蒙·玻利瓦尔对您的推荐，执政委员会给予您相应的许可，以便按您的意愿，来本城短暂居留。"随后，只是作为小小的帕奥镇的代表，米兰达成为立法议会中一名普通的议员。

　　玻利瓦尔还没有资格进入立法议会，但它进入了另一个"议会"——爱国委员会，一个激进的俱乐部组织，在某些方面类似于法国大革命时期的雅各宾俱乐部。这个组织是在玻利瓦尔出使英国期间成立的，它由在政治上持激进观点的人组成，主张走彻底独立的道路，而立法议会则谨小慎微，仍在宣誓"组成保卫委内瑞拉和费尔南多先生的美洲联盟权利的会议"。爱国委员会打破阶级界限，向一切社会阶级开放，也向妇女开放。它经常组织讨论会，组织游行，各种活动搞得有声有色。爱国委员会逐渐成为激发人民热情的革命中心，而玻利瓦尔则很快成了爱国委员会的灵魂。

　　在爱国委员会的活动中，玻利瓦尔第一次显示出演说才能。1811年7月3日，爱国委员会又一次开会，继续讨论迫使立法议会宣布独立的问题。这时，有人指责加拉加斯有两个议会在活动，爱国委员会已经变成了另一个议会，要求加强联合。针对这种指责，玻利瓦尔回答说："不是有两个议会的问题，那些最了解联合的必要性的人怎么会去助长分裂呢？我们所希望的是，这种联合要切实有效，要有助于我们鼓起劲头争取解放的光荣事业。如果我们只是为了休息，为了躺着无所事事而联合起来，那末，这种联合在过去是耻辱，在今天就是背叛。目前，国民议会还在讨论早该决定的事情。他们说些什么呢？他们说，我们应该从一开始就组织一个联邦，好像我们大家还没有联合起来反对外国暴政似的。又说我们应该从效果考虑西班牙政策的好坏。如果我们坚决要成为自由人，那西班牙卖奴隶给波拿巴或保持这些奴隶，这跟我们有什么相干呢？这些怀疑都是过去思想禁锢的可悲的后果。他们还说，伟大的计划应心平气和地制定。已经心平气和了300年，还不够吗？爱国委员会理所当然地尊重国家的议会，但是议会应该听取集中体现了智慧和一切革命利益的爱国委员会的意见。让我们毫无畏惧地为南美洲的解放奠定基石吧，如果动摇，就会失败。希望我们这个团体派出一个代表团，把这些感情转达给至高无上的议会。"这是现在收集到的玻利瓦尔最早的一次演说，从中可以看出，他那时已经是一个成熟的政治活动家。

　　在群众高涨的革命热情的推动下，7月5日，立法议会终于决定宣布独立。7月14日正式发表了独立宣言，这个新生的国家定名为"委内瑞拉联邦共和国"。在加拉加斯第一次升起了委内瑞拉国旗,这是米兰达设计的红蓝黄三色旗,红色表示爱国志士洒下的鲜血,蓝色表示他们事业的崇高目标,黄色表示南美洲的土地。12月21日,立法议会通过并颁布了宪法,这是西班牙美洲第一部宪法。委内瑞拉历史上的第一共和国就这样建立起来了。在宣布独立的最初那些日子里,加拉加斯沸腾起来,到处是一派欢乐景象。人们穿上节日的盛装,乐队和舞蹈者的队伍随处可见,爱国委员会的成员手举旗帜,在全城游行。加拉加斯最有身份的人士都加入了欢庆的行列。那真是一个普天同庆的场面。

委内瑞拉宣布独立后,虽然西班牙摄政当局忙于对付拿破仑的侵略,不能全力镇压革命,但他们在殖民地还有一定的力量。他们一方面下令从海上封锁新生的共和国,一方面在西部占据科罗省和马拉开波省,在东部占据瓜亚纳省。在共和国国内,保王派的势力仍很强大,群众中根深蒂固的保王意识更是不可能一下子消除。新生的政权面临重重危险,并不巩固。在宣布独立的当月,加拉加斯就发生一起未遂叛乱。与此同时,加拉加斯西部的重镇巴伦西亚城也发生叛乱,重新落入保王派手中。在攻打巴伦西亚的战斗中,共和国的军队被击溃。形势是严峻的,需要一个有经验、有决断的人来指挥军队。这时,米兰达将军被请了出来,受命指挥进攻巴伦西亚的战斗。结果将军首战告捷,不几天就拿下了这座城市。玻利瓦尔作为上校和阿拉瓜营的营长参加了这次战斗。这是他一生中第一次参加战斗。在战斗中他表现出色,在军事上初露锋芒,受到米兰达的肯定。

当然,胜利还是暂时的。1812年初,西班牙海军中校多明戈·蒙特维尔德率领500人的正规军,从波多黎各前来增援。他一到达科罗,立即被推举为委内瑞拉西班牙驻军的首领。蒙特维尔德的部队向加拉加斯开进,一路上未遇到有力的抵抗。共和国的军队有的叛变,有的溃散,共和国的疆域在缩小,迅速呈现出瓦解的迹象。正当共和国的处境变得日益困难的时候,3月26日,一场空前的大灾难又降临到它头上。地震,空前的大地震。这次地震毁坏了几乎半个国家,而受损失最严重的恰恰是共和国所控制的地区。人民死亡达2万以上,共有4.5万人口的加拉加斯就有近万人死亡,几千人受伤,无家可归者不计其数。地震造成大片的废墟,50年后在城市中仍能见到它们的遗迹,部队也有不小的伤亡。驻扎在巴基西梅托的部队正要出发去进攻敌人,这时营房倒塌,大部分人都被埋在废墟下。结果,蒙特维尔德不战就占领了这座城市。地震帮了蒙特维尔德的忙。

蒙特维尔德在乘胜前进,他重新占领了巴伦西亚,并继续向加拉加斯逼进。共和国危在旦夕。这时候,政客们又把米兰达请了出来。4月23日,政府任命他为最高统帅,并授予他非常权力。米兰达终于得到了他应得的东西,但这一切为时已晚。兵败如山倒,当士兵们心中已经认输的时候,任何统帅都无力回天。最致命的是,新政权已经失去了人民的拥护。这个政权只关心土生白人的利益,它脱离群众,漠视其他阶层群众的要求,使人民从革命中得不到实际的好处。相反,封锁和战争,导致商业瘫痪,农业毁坏,再加上地震,给人民的生活造成了很大的困难。人民不知道自己为什么要忍受这一切,所以不准备再忍受了。此外,新政府是一个"思想家"的政府,是一个脱离实际的知识分子组成的政府。他们热衷于坐在屋里从事制定法律的纷争,为了所谓民主,他们反对建立强有力的政治体制,反对建立常设的正规军。共和国的军队多是些缺乏训练、缺乏装备的民卫部队。最重要的,缺少军官,特别是既有坚定的革命立场,又有军事经验的军官。一些军官富有革命热情,但没有军事经验;一些有经验的军官,有的靠不住,轻易就带着队伍叛变,又有很多是外国人。对于导致第一共和国最后失败的这些原因,玻利瓦尔后来做了深刻的分析,并在以后领导革命的过程中从中吸取了教训。面对当时的情况,米兰达能做些什么呢?当务之急是整顿军队。其中一项措施就是任命玻利瓦尔为卡贝略港要塞司令。这个要塞位于巴伦西亚以北50公里,北面靠海,是加拉加斯西面的重要屏障。然而,连米兰达也信心不足。他不善于领导眼前这支部队,他是一个吉伦特派的绅士,只适合做纪律严明、装备精良、给养丰富的部队的将军。他不善于激发和使用广大官兵的热情,而革命热情恰恰是一切革命军队赖以取胜的重要法宝,它在一定程度上可以弥补他们作战经验的不足。于是,米兰达犯了致命的错误,他不是主动进攻,寻机歼敌,以鼓舞士气,而是采取了自杀性的消极防御的战略。在保卫拉维多利亚镇的决战中,共和国军队一开始打退了蒙特维尔德的进攻,并使其遭受重创,但米兰达没有命令乘胜追击,而是命令部队回到要塞中,加强工事,加强防御。米兰达不信任自己的军队,害怕他们回到开阔的战场上就会逃跑或投降变节。他认为把他们结束在要塞中更保险些。正当米兰达同蒙特给尔德在拉维多利亚对峙的时候,东部的巴洛文托发生了黑人暴动,从东面威胁着加拉加斯。6月30日,又传来消息:由玻利瓦尔镇守的卡贝略要塞失守了。听到这个消息,米兰达不禁大叫一声:"委内瑞拉的心脏受了伤!"他知道一切都完了。这场战争打输了。

玻利瓦尔的勇敢是不容怀疑的。他在卡贝略战斗得非常顽强。但是,他也遇到了与米兰达相同的难题。发生了可怕的叛变!6月30日,玻利瓦尔手下的一个军官率领守卫圣菲利佩城堡的部队叛变。他们释放了被关押的西班牙战俘,用炮火轰击玻利瓦尔所坚守的阵地。叛军控制了全城,但玻利瓦尔没有马上撤退,更没有考虑投降。面对敌人的劝降,他回答说:"想让我采取这么可耻的措施,这个城市就得先化为灰烬。"他在自己的阵地上又坚持战斗了7天,到第4天,干渴开始折磨人们。淡水用光了,人们挖井找水,结果找到的仍是咸水。到7月6日,玻利瓦尔身边只剩下40个人,他不得不放弃阵地,乘船撤往拉瓜伊拉。玻利瓦尔先后13个夜晚没有睡眠。这是他经历的第一次重大失败,他的精神深受刺激,许多天他都不能使自己冷静下来。

米兰达决定投降。他与蒙特维尔德进行谈判。7月25日,在圣马特奥签署了投降书。蒙特维尔德答应保证所有人的人身和财产安全。之后,米兰达来到拉瓜伊拉,准备从那里乘船出国。7月30日,蒙特维尔德进入加拉加斯。第一共和国在度过她的周岁生日后灭亡了。

"解放者"的诞生

1. 三十而立

从不害怕失败,失败只能激起他的斗志,而不能挫伤他的锐气;每次失败之后,总是急切地投入新的战斗,这是玻利瓦尔性格中的一个主要特点,也是一切伟大人物所必然具备的共同特点。玻利瓦尔的敌人说,战败的玻利瓦尔比战胜的玻利瓦尔更危险、更可怕。1812年的挫折,使玻利瓦尔性格中的这个特点初步得到了展示。

那年8月,逃离委内瑞拉之后,玻利瓦尔在库腊索岛短暂停留,不久即转往新格拉纳达的卡塔赫纳——那是一个已经宣布独立的城市,在那里投入了新的战斗。

在反抗西班牙殖民统治,争取独立和自由的斗争中,委内瑞拉不是孤立的。在委内瑞拉爆发独立革命的同时,整个西班牙美洲,北起墨西哥,南到拉普拉塔,险秘鲁以外,都举起了独立的旗帜,建立了革命的政权。委内瑞拉的革命虽然暂时失败了,但紧靠委内瑞拉的新格拉纳达总督区的独立革命还在继续。

玻利瓦尔只身来到卡塔赫纳,但他带来了一份珍贵的礼物:《卡塔赫纳宣言——致新格拉纳达的公民们》。这是他发表的第一篇重要的政治文献。

在这篇文章中,玻利瓦尔提出了他终身为之奋斗的两个重要思想:第一,在反抗西班牙殖民者的斗争中,殖民地的各个部分应当联合起来。"只要我们还没有把美洲各国政府的力量集中起来,敌人就将取得最完全的优势。"第二,为了战胜西班牙殖民者,必须建立坚强的中央集权制政府。

在完成《卡塔赫纳宣言》之后,他马上着手将其付诸实践。他刚刚放下笔的手,马上又拿起了枪。

2."惊人的战役"

玻利瓦尔来到新格拉纳达,得到的第一个职务是巴兰卡斯镇的驻军指挥。当时他手下共有 70 个人。在未来七八个月的时间里,他以这 70 个人为基础,逐步扩大力量,长途奔袭 2000 公里,重新解放了加拉加斯,建立了委内瑞拉第二共和国。这次战役史称"惊人的战役"。这是玻利瓦尔独立指挥的第一次重要的军事行动。它充分显示了玻利瓦尔的作战风格,也证明了他提出的进攻战略的正确。这次战役的胜利,使玻利瓦尔一举成名。

玻利瓦尔是 1812 年 12 月下旬到职的。上任伊始。他很快用自己的计划激起了战士们的热情。这些战士,多数是自由的新格拉纳达人,也有一些英勇不屈的委内瑞拉人和少数反对西班牙殖民制度的欧洲进步人士。几天之后,他开始了向加拉加斯的进军。他们征用了这个滨河小镇上渔民的全部独木舟,然后沿马格达雷那河溯河而上,向内地挺进。他们机警地与沿岸敌人作战,同时招兵买马,扩大自己的军队。15 天后,他们占领了几百公里以外的奥卡尼亚城,肃清了马格达雷那河两岸的敌军据点,同时自己的队伍也扩大到 500 人。

下一个目标是库库塔,那里是从新格拉纳达进入委内瑞拉的门户。正好,驻守库库塔的友军提出了援助的请求,他们正受到一支有 1400 人的保王派军队的威胁。玻利瓦尔当然愿意前去,幸好,卡塔赫纳政府也批准了他的计划。

现在,摆在玻利瓦尔面前的,是一个他一生将要多次面对的敌人:安第斯山。安第斯山从北到南横贯南美大陆的西部,它包括一系列高峻平行的山脉。那里峰峦陡峭,洞深流急,许多山峰海拔高度都在 4000 米以上,高处终年积雪,人迹罕至,难以翻越。但是,为了独立战争的需要,在以后的岁月里,玻利瓦尔和他的战士们不得不一次又一次以生命为代价征服这座高山,不得不一次又一次从许多不同的地方踩过这座高山那又湿又滑的脊梁。

他们从奥卡尼亚出发了。从那里到库库塔只有惟一的一条山路。山路崎岖,大雨如注。脚下的羊肠小道很滑,一不小心就会跌进深渊。寒冷,寒冷袭击着这些热带温暖之乡的儿女。但是,他们过来了。玻利瓦尔防止了士兵开小盖,避开了敌人的埋伏。他用仅有的一条船,渡过了水深流急的苏利亚河。一过河,他马上向敌人发起进攻。激战 4 小时,敌人溃败。玻利瓦尔大获全胜,与友军会师,并缴获敌人大量物资。

战斗胜利后,玻利瓦尔获得新格拉纳达联盟"公民"称号,并被新格拉纳达联盟政府提升为准将,任命为旅长。

这时的时间是1813年3月初。玻利瓦尔已经来到了委内瑞拉的大门口。他急于进军,然而不行。他不得不在此停留两个月。出现了分歧:新格拉纳达人与委内瑞拉人的分歧,地方主义与大陆主义的分歧。玻利瓦尔率领的是新格拉纳达的军队,有人主张它只应在自己的国土上作战,而不应越出国界。玻利瓦尔则认为,为了战胜敌人,各殖民地应当联合起来,一起对付共同的敌人。他再次向新格拉纳达政府发出呼吁。

这时的新格拉纳达有两个政府:北方主张实行联邦制的各省组成了新格拉纳达联盟,南面主张建立中央集权国家的5个省以波哥大为中心建立了新格拉纳联邦省。两个政府都作出了英明的决定,支持玻利瓦尔,并调给他军火和兵员。对新格拉纳达人民的慷慨援助,玻利瓦尔终生心怀感激。

5月14日,玻利瓦尔继续前进,开始向加拉加斯进军。每天行军40公里,4天后,占领梅里达城。6月10日,又攻克特鲁希略城。一切都很顺利。玻利瓦尔的队伍已经发展到1500人。这是一支靠得住的队伍,士兵和军官都经受了实战的考验,他们手拿砍刀、长矛或步枪,在战场上学会了打仗。无论在炎热的平原,还是在海拔1600米或4000米的寒冷的高山上,他们都能打胜仗。军官都绝对可以信任,其中再也没有动摇分子和叛徒。在梅里达城,玻利瓦尔第一次被人们称颂为"解放者"。在特鲁希略,他发表了著名的《决战宣言》,宣布对敌人实行"灭绝战"。

玻利瓦尔的灭绝战,其实只是对敌人早已实行的灭绝战的反应。

第一共和国失败后,西班牙殖民者在委内瑞拉复辟。他们狂叫要"杀绝所有的美洲人","7岁以上的一个活的不留"。蒙特维尔德认为,对美洲人的"宽容是一种犯罪",西班牙的法律不适用于委内瑞拉,对委内瑞拉应采用征服法。他规定,凡曾在共和国任职或同革命进行过任何合作的人一律处以死刑。他们不只杀害革命者,而且也杀害无辜百姓,老人、孩子、妇女,他们都不放过。委内瑞拉人生活在恐怖之中。保王军像土匪一样抢劫,将整个城镇洗劫一空,然后放火将房屋烧毁。他们以杀人为乐,运用各种酷刑。许多人被割掉了耳朵,许多人被活活剥皮。一个西班牙军官将割来的耳朵装箱寄回西班牙,西班牙人竟用这些耳朵来做家门或帽子上的装饰。西班牙殖民者蔑视美洲人,把他们看作背叛了主子的奴才,低人一等,而不把他们看作平等的交战对手。只有以牙还牙,才能教会他们平等待人。

玻利瓦尔写道:"委内瑞拉的人们:一支兄弟的军队,受新格拉纳达至高无上的议会的派遣,到这里解放你们来了。……派我们来是为了消灭西班牙人,保护美洲人,并重建原组成委内瑞拉联邦的各共和政府。""对于你们的不幸,对于野蛮成性的西班牙人对你们的折磨,我们不能袖手旁观,无动于衷。……他们犯下了滔天罪行。委内瑞拉共和国遭受了最骇人听闻的浩劫。因此,正义要求我们以牙还牙,客观需要迫使我们进行复仇。这些魔鬼使哥伦比亚受尽了磨难,洒满了鲜血,要在这块土地上消灭他们,要让他们受到罪有应得的惩罚,以便洗刷我们所受的耻辱的污点,并向世界各国表明,侮辱美洲儿女的人不能逍遥法外。"玻利瓦尔明确划分了西班牙人和美洲人。这两种人不可调和,中间隔着死亡的深渊。一切不支持、不参加革命的西班牙人都将被处死,一切犯了错误,甚至有变节行为的美洲人都将被赦免。玻利瓦尔第一次使用"美洲人"这一概念,以激发美洲人民的民族意识。他树起一面大旗来团结、召集一个新的民族：美洲人。

阵营划清了。一方是西班牙人，一方是美洲人。新的更加残酷的战斗开始了。共和军开始枪杀战俘。半年之后，在加拉加斯，玻利瓦尔下令一次处决了800名战俘。他没有忘记两年前在卡贝略失败的教训。一个爱国者军官甚至走到了这样的极端，他规定了一种独特的晋升制度：凡上交20个西班牙人首级的士兵当即晋升为少尉，上交30个首级者晋升为中尉，上交50个首级者晋升为上尉。……

3. 解放者：高于一切的称号

玻利瓦尔继续向加拉加斯前进。

从东部传来了令人鼓舞的消息。就在玻利瓦尔从西部进入委内瑞拉的同时，流亡在特里尼达岛上的爱国者，在马里尼奥、皮亚尔和贝穆德斯三位年轻领袖的率领下，攻进了东部几个省。他们多次打败敌人，包括打败蒙特维尔德本人。他们控制了东部地区。此外，玛加里塔岛居民起义，宣布解放，并控制了全岛。蒙特维尔德的力量很大一部分被吸引到东部去了。

大好的机会！真是上帝保佑。玻利瓦尔善于捕捉战机，他从不放过任何一次机会。立即兵分两路，杀向加拉加斯。在进攻巴里纳斯途中，大雨倾盆，河水陡涨，一时找不到渡船。兵贵神速，时间就是胜利！玻利瓦尔身先士卒，跳入河中泅水。半夜，守城的1100名保王军弃城出逃，共和军猛烈追击，这股敌人被消灭了。

蒙特纳尔德从容调动军队来阻击玻利瓦尔。他瞧不起这千把冒险分子，他拥有在数量和装备上都胜过他们10倍的军队。在位于圣卡洛斯和巴伦西亚之间的塔瓜内斯特，决战开始了。7月31日，蒙特维尔德的主力被打败，这位统帅仓惶逃往卡贝略港。这样，通往加拉加斯的大道变得畅通无阻。

1813年8月7日，玻利瓦尔率共和军胜利进入加拉加斯。加拉加斯仍然是一片地震的废墟，但人民解放了，人民自由了。人们从四面八方拥来，欢迎解放者的队伍。教堂的钟声响了。人们呼喊着："祖国的解放者万岁！""新格拉纳达万岁！"在玻利瓦尔通过的街道上，撒满了鲜花、月桂和橄榄枝。与此形成鲜明对照的，是在拉瓜伊拉港和通往拉瓜伊拉的道路上，又一次挤满了惊恐万状的逃难者。西班牙人害怕报复，纷纷弃城而逃。一年前，那里也是这样挤满了逃难的人群，其中就有玻利瓦尔。可今天情况完全不同了，胜利者和逃难者交换了位置。

玻利瓦尔激动地流下了眼泪。

一个战时统帅的工作是多方面的。玻利瓦尔在初步显示了军事指挥才能之后，又开始显示他的行政领导才能。

他的视野是广阔的，处事是缜密的。他四处网络人才，筹组新的政府。他要改革国家制度，建立集中统一的领导权。他马上与外国进行接触，积极争取外援。他给仍在伦敦的洛佩斯·门德斯和安德烈斯·贝略写信，要他们向英国政府通报情况。他派人去东部，去与马里尼奥取得联系——后者已经解放了东部重要的港口城市库马纳。他与主教谈话，寻求宗教界的支持。当然，还有一些更急迫的工作要做：招兵买马，扩编部队，训练部队；布置防御，准备敌人反扑；开设兵工厂，制造枪支、弹药、被服；整顿税收，以解决经费不足问题。

一件对玻利瓦尔一生具有重要意义的事情发生了。10月14日，加拉加斯市议会举行特别会议，代表委内瑞拉，任命玻利瓦尔为共和军总司令，并正式授予他"解放者"的光荣称号。玻利瓦尔说:"'解放者'这个称号胜过人类为之骄傲的一切称号。"对此,他十分感激和珍视。"解放者"这个称号既是对他的肯定、奖赏,又激励着他在以后的岁月里,为委内瑞拉人民和美洲人民的利益不懈奋斗,最终使他以这个称号而名垂千古。

1813 年末发生了上百次战斗,局面是一个混战的局面。委内瑞拉历史学家奥古斯托·米哈雷斯这样叙述当时的情况:"谁想按某种顺序来叙述这种无止境的战争,或是想较确切地来阐明某次战斗的作用,都会是徒劳无益的。爱国派和保王派,不管人数的多寡和形势的利弊,什么地方遭遇就在什么地方厮杀。"

玻利瓦尔亲自指挥了几次大的战斗。围攻卡贝略的战斗出现了僵持局面,敌人的多次突围被打退了,但共和军也无法攻破敌人的堡垒。11 月 11 日,在巴基西梅托,玻利瓦尔不等骑兵赶到,即贸然向敌人发起进攻。结果,败得很惨。1000 多人的队伍损失 80%,只有他和少数幸存者趁着夜色逃了出来。12 月 5 日,在阿劳雷,爆发了另一场更大的遭遇战,双方投入的兵力超过 1 万人。在数量上,敌人占据着优势。但这次玻利瓦尔准备充分,战前动员有效地激发了战士们的战斗欲望,部队打得勇猛、顽强。战斗开始了。双方摆开阵型,步兵对步兵,骑兵对骑兵,短兵相接,展开了白刃战。人们在马上,在地上,用长枪,用利剑,相互拼杀。刀剑声、喊杀声、马嘶声,响成一片。在战斗的紧要时刻,玻利瓦尔拔出长剑,亲率预备队,风驰电掣般冲向敌人骑兵侧翼。士兵们看到统帅亲自投入战斗,士气大振,勇气倍增。这场战斗持续 6 个小时,结果敌人留下 1000 多具尸体,狼狈逃窜。

利用短暂的战争间隙,1814 年 1 月 2 日,在加拉加斯召开了人民代表会议,宣布成立委内瑞拉第二共和国。玻利瓦尔向会议报告了自己的工作,赢得了与会人员的信赖与尊敬。他达到了自己的目的,会议决定授予他最高执政者的权力。

第二共和国在战火中诞生了。但她注定将又是一个短命的共和国,在敌人的进攻下,6 月 15 日,短命的第二共和国又失败了。

路在何方

1. 黑暗中的光明

玻利瓦尔继续寻求支持,但这里的人们更加关心的是内战。作为换取支持的条件,玻利瓦尔卷入了内战。他奉命率部队攻占了新格拉纳达联邦省的首府波哥大,使其并入了新格拉纳达联盟。参加内战不是玻利瓦尔的本意,对此他感到痛苦。他发出呼吁,希望统一新格拉纳达的武装力量,向保王军发动大规模进攻。"我希望在战争方面广泛地授予我权力,因为我决心攻克圣马尔塔、马拉开波、科罗,并经过库库塔重新解放南部,如果可能的话,直捣利马。"利马是秘鲁总督区的首府。玻利瓦尔所考虑的不仅是新格拉纳达和委内瑞拉。他得到不少热烈的回应,但反对派的势力增强了。卡塔赫纳省的首脑现在是卡斯蒂略将军,他在 1813 年就是玻利瓦尔进军的反对者,并且对玻利瓦尔抱有个人成见。玻利瓦尔真诚地请求和解,但遭到拒绝。一怒之下,他率部队包围了卡塔赫纳城,希望以此促使城内发生变化,让他的支持者取得权力。玻利瓦尔深受刺激:"我是来解放新格拉纳达的,不是来接受侮辱的。""如果给我支援,便和敌人血战沙场;如果拒绝给我支援,便和叛徒们作战。"然而,卡塔赫纳城内并没有发生他所期待的变化。国王派遣的大部队即将到来,而新格拉纳达仍是如此的不觉悟。玻利瓦尔失望了。1815年5月8日,他断然辞去军职,乘上一艘英国帆船,驶向当时的英国殖民地牙买加。陪同他的只有少数几个同胞。

尽管在一段时间里,玻利瓦尔四处漂泊,屡遭挫折,几乎一事无成,但委内瑞拉独立革命的势力还是在发展壮大,革命的形势发展到了一个新的阶段。

时代已经进入19世纪,觉醒了的人民是无法征服的。西班牙人虽然猖獗一时,但他无法扑灭全部革命势力,也无法阻挡革命势力的成长和壮大。独立革命的烽火在委内瑞拉各地燃起,并且越燃越旺。星星之火,渐成燎原之势。

出现了一批新的革命领袖。在东部,有马里尼奥、皮亚尔和贝穆德斯;在西部,有乌达内塔、派斯、塞尔维埃斯和桑坦德。在马加里塔岛,有阿里斯门迪和戈麦斯。这是一代新人。他们与第一共和国时期的革命者有很大不同。他们是军人,不是政客;他们只有实干,没有空想;他们扎根在群众之中,有自己坚定的追随者,而不是高高在上,孤家寡人;他们勇猛、凶狠,绝没有书呆子式的"博爱"。他们中的许多人属于一个新兴的社会阶层:考迪罗,有点像中国历史上的军阀。他们有自己拉起的军队,自己打下的地盘。他们能征善战,打仗有自己的一套。但是,他们眼界狭窄,没有革命的全局意识,本位主义、山头主义、地盘观念严重。他们注意实际利益,不太关心理想、道义、政治信念这类问题。在自己的势力范围内,他们是独裁者,实行绝对集权,但论道全国政治,他们反对中央集权。在这一点上,他们和第一共和国的政客们相同,是联邦制的拥护者。天无二日,民无二主。各个考迪罗之间互不相让,争权夺利,把个革命队伍搞得四分五裂,无法统一。

4月初,玻利瓦尔抵达瓜亚纳,与皮亚尔会合。皮亚尔就是一个典型的考迪罗。

马上制订了一个作战计划:兵分两路,一路往东,由玻利瓦尔率领,借佯攻安戈斯图拉以迷惑敌人;另一路向西,这是主力,由皮亚尔率领歼灭敌人。敌人中了圈套,以为玻利瓦尔所在的是主要作战方向,皮亚尔趁虚而入,一举歼灭了敌人的一股。战斗结束后,将所有的西班牙俘虏统统枪毙,作为对他们不久前在巴塞洛纳屠杀爱国者的报复。玻利瓦尔回到营地,受到士兵们的热烈欢呼。全体官兵再一次拥戴他为最高统帅,恢复了他应有的地位。

很快,玻利瓦尔看出了皮亚尔建议的价值:瓜亚纳是一个适合建立革命根据地的地方。这里远离敌人统治的中心加拉加斯,中间隔着难以逾越的大草原、荒僻无路的热带森林和无数水流湍急、纵横交错的河流,敌人的军队轻易不会来到这里,并且这里恶劣的地理环境使它易守难攻。有奥里诺科河连通大海,布里翁的船可以运进武器。这地方既能避开强敌围攻,又有着交通的便利,可以从容积聚力量。以这里作为立足点、根据地,无疑具有很多好处。玻利瓦尔产生了这样的想法:占领奥里诺科河上的重要港口要塞、瓜亚纳省的首府安戈斯图拉,控制奥里诺科河。

应当赶快实施这一计划,因为莫里略正率大部队离开新格拉纳达,回委内瑞拉增援。然而,发生了可怕的背叛和分裂,使计划的执行受阻。

马里尼奥在北方的卡里亚科召开一次会议,成立了一个政府。这个政府实行联邦制,设置一个由3人组成的执政委员会,按月轮流执政,玻利瓦尔被任命为三执政之一,而马里尼奥,理所当然地被任命为军队总司令。这次会议,历史上称作"卡里亚科小国会"。又是一次权力斗争!全军处于无所适从、分崩离析的状态。

皮亚尔也参与了马里尼奥的分裂活动。这位来自库腊索岛的勇士,作战机动灵活,打过不少好仗,但是性情骄横暴躁,又生性多疑,难以与人团结。几乎所有的共和军将领都是他闹意见的对象。玻利瓦尔劝他和解:"将军,我宁愿同西班牙人战斗,也不愿在爱国者之间怄气。您却在防范您的伙伴们,要知道他们都是您的朋友。您如果要好好为事业服务,就不应该离开他们,否则就是为压迫者效劳。确实,如果我们自己处于分裂状态,如果我们自己闹得乱糟糟,如果我们自相残杀,我们就会削弱共和派的队伍,就会使西班牙人变得强大起来,西班牙便会取胜,他们将有理由称我们为叫化子。"心平气和,通情达理,姿态无疑是高的。但是,原则不能放弃。"在这里,只要我手握宝剑活着,就不会出现无政府状态。"玻利瓦尔在别的场合这样宣称。他表达了控制局面的信心。

皮亚尔陷于孤立,但是高傲的本性使他拒绝和解。他提出辞职,玻利瓦尔予以批准。随后,他离开瓜亚纳北上,去与马里尼奥会合。

现在,玻利瓦尔的力量增强了。几名始终忠诚于解放者的将军前来投奔。其中有拉斐尔·乌达内塔,从1813年"惊人的战役"起即追随玻利瓦尔,具有忘我精神和高昂的斗志,随时准备承担最艰巨、最危险的任务。1814年失败后,他率西部的部队退入新格拉纳达,之后一直在新格拉纳达和委内瑞拉四处转战。新格拉纳达人弗郎西斯科·德·保拉·桑坦德,未来的总统。1813年,他也在解放者的队伍中,但那时这位21岁的营长部在地方主义的立场上,拒绝参加"惊人的战役"。1815年新格拉纳达革命被镇压后,桑坦德与一批新格拉纳达革命者进入委内瑞拉西部的阿普雷平原继续战斗。在那里,他逐渐显示出自己过人的才干。玻利瓦尔任命他为自己的参谋长,以后还要授予更重要的职务。从此他将追随玻利瓦尔,但仍将时常暴露自己的地方主义立场。年轻的安东尼奥·何塞·德·苏克雷,共和军中的后起之秀,杰出的军事才能将使他成为玻利瓦尔手下最得力的战将。

时机成熟了。布里翁带领他的船队来到了奥里诺科河河口。西班牙人害怕通往大海的退路被截断,准备放弃安戈斯图拉逃跑。马上开始进攻,贝穆德斯第一个进入安戈斯图拉。7月17日,这个港口要塞被占领。敌人共有2000名军人和1800名移民,登上所掌握的30条船仓惶撤退。玻利瓦尔命令部队沿两岸追击。奥里诺科河口,布里翁严阵以待。这位聪明的私掠船船长是个海战老手。他只有大小14艘船,但是,他机智弥补了他兵力的不足。他把自己的船在河口一侧排成一字长蛇阵,迫使敌人的船只一艘挨一艘从他面前列队通过。他集中全部炮火,猛烈轰击最为靠近的敌船,这样依次消灭敌人。战至第二天黄昏,已有几艘沾满血迹的敌船沉入奥里诺科河河底。敌人宣布投降,1700多人被俘获,缴获大量金银。

这是一次具有决定意义的胜利,这是一个重要的转折点。它标志着玻利瓦尔的部队完全控制了奥里诺科河,从此有了一个稳固可靠的立足点。被迫流亡的日子一去不复返了。奥里诺科河是整个委内瑞拉南部地区同外界联系的惟一大通道,敌人失去了它,也就失去了对整个南部地区的控制。很快,整个南部都将落入共和军之手。玻利瓦尔认为:"这次打击使我们取得了永久的优势,不可改变地确定了瓜亚纳、巴里纳斯,甚至于新格拉纳达的命运。"

随岁月的新旧交替变换自己活动的地点,这似乎已经成了玻利瓦尔的一种习惯。1815年岁末,他离开牙买加到达海地;1816年岁末,他离开海地,第二次远征委内瑞拉。1817年岁末,他将率部队离开安戈斯图拉,前往阿普雷平原。

这是一次精心组织的秘密行军,解放者希望它能产生突然袭击的效果。浩瀚的奥里诺科河将委内瑞拉一分为二,河的北面分布着几乎所有的城镇、村庄、居民和田地,河以南则只有草原和森林,基本上没有人烟。玻利瓦尔的队伍沿河的南岸行进。那里没有道路,因为这是人的足迹第一次踏上那里的土地。队伍不得不同时担负起探险者的角色,在没有路的地方找出路来。700公里的路程足足走了一个月。1月30日,终于见到了派斯。这是一个粗壮的汉子,中等身材,胸宽肩阔,脖子短粗,脑袋硕大,深栗色的头发乱蓬蓬的,活像一头雄狮。玻利瓦尔骑在马上就跟他热烈拥抱起来。

派斯对解放者的印象如何?

"由于生活在城市里,身体并不健壮,体格算不上高大魁梧,但是精力充沛。他有两个主要特点,一是极其好动,一刻也不肯安静,再就是有着一双炯炯有神的黑眼睛,鹰一般锐利的目光。他是驭马的高手,喜欢在阿普雷大草原上纵马驰骋,追逐鹿群。他兴致勃勃,谈笑风生,待人和蔼可亲。当面临事关重大的抉择时,他能够行动果敢,当机立断。在他的身上,兼有文人的温文尔雅和军人脾气暴烈的气质。他酷爱战斗。或许仗打得太多了,只要战斗还在进行,他总是能够镇定自若。为了阻止溃败的士兵,他常常以身作则,对他们大声喝斥,直至使用他的佩剑。"

年轻的考迪罗,过去的牛倌,虽然没有多少文化,但在识人才方面无疑有着过人的聪明。他对解放者的观察受到后代历史学家们的称赞。

派斯决定将自己的权威置于玻利瓦尔的权威之下。举行了归顺仪式:请来神父做主持,当着在场官兵的面,派斯宣誓:承认玻利瓦尔为最高统帅。之后,其所属部队接到命令,也都进行了同样的宣誓。

现在,应当马上开始行动!

包围了阿普雷河畔的港口圣费尔南多镇。派斯主张占领这个地方,但玻利瓦尔有更大的打算:包围只是为了转移敌人视线,主力应渡过阿普雷河,直扑卡拉博索——趁莫里略尚未发现玻利瓦尔。

渡河战斗打响了。敌军用7条战船封锁河面,共和军无法泅渡。必须夺取敌人的船只!但共和军没有一条船,连木筏也没有。怎么办?这时,玻利瓦尔第一次目睹了派斯和他的长矛兵的神勇。只见他率领50名士兵,赤身露体,骑着光背马跃入水中。他们用嘴咬住长矛,一只手划水,另一只手抚摸着马的脖子,推着他们逆水游泳,不时躲避着河里的鳄鱼。很快,他们靠近敌船,从马背上一跃而起,挥舞长矛夺取了所有敌船。

渡过了阿普雷河,队伍继续前进。第三天,也即2月12日拂晓,突然降临在西班牙人面前。战斗开始进展顺利,莫里略只抵挡了1天,便趁夜仓惶撤退。解放者命令追击,但派斯一再提出疑义,贻误了战机。派斯和他的手下人想首先去占领敌人放弃的要塞。他们更为关心的是那里面的财物。他们不想错过抢劫发财的机会。派斯提出,他的队伍不适于在山地作战。他的马都在平原上长大,马蹄软嫩,没挂过掌,走不了崎岖多石的山路。总之,他不想走出平原,那里是他的领地。服从不是派斯所具备的美德,他的服从向来都是勉强的。

玻利瓦尔不改初衷,率领自己的4000人继续向加拉加斯挺进。他又一次经过自己的圣马特奥庄园,那里现在已被一个叫拉米雷斯的保王分子拍卖。大雨滂沱,战士们疲惫不堪。3月16日,又是在拉普埃尔塔,决战爆发了。战斗十分激烈,玻利瓦尔和莫里略都亲自上阵。敌人冲过来了。解放者手举旗帜,一马当先,高声召唤士兵们冲锋。一名临阵脱逃的旗兵被他挥剑刺死。一名紧跟在他身旁的军官身上,已经两处负伤。莫里略也负了伤,他被一柄镖枪狠狠击中并钉在了马鞍上。最后,共和军伤亡1200多人。这次战斗又失败了。拉普埃尔塔是一个不祥之地,4年前,就是在这里的一次失败断送了第二共和国。

形势继续恶化。4月17日夜,敌人突袭了玻利瓦尔的宿营地。西班牙人从一个逃兵那里搞到了共和军的口令,于是,畅通无阻潜入共和军营地,借夜色掩护靠近了玻利瓦尔睡觉的地方。突然间,枪声大作,共和军一片混乱。玻利瓦尔的吊床被打了两三个洞,跟他在一起的同伴有两人毙命,一人受伤。他的马也负了伤。但他安然无恙。幸亏当时他坐在床上,还没有睡觉。突围中,玻利瓦尔同部队走散,独自一人在草原上迷了路。共和军群龙无首,损失惨重。一匹在战斗中失去主人的战马救了玻利瓦尔的命,帮他返回卡拉博索。

对加拉加斯的第三次进攻就这样失败了。玻利瓦尔的力量虽然已经有了增强,但还没有强大到可以夺取加拉加斯。不过,形势毕竟有了变化。进攻虽然失败了,但玻利瓦尔还有退路可走,他现在的回旋余地广阔多了。他有了自己的后方根据地,共和军控制的地盘总的说明显增多了。敌人仍然是强大的,他们仍然占据着国家的中央地带,占据着国家最重要的城市和港口,但是,他们已不像1814年那样强大。胜利虽然又一次属于他们,但是他们的优势已经没有以前那样明显。最重要的,攻守已经易位。西班牙人已被迫由攻势转入防御,共和军则开始进入战略反攻阶段。共和军控制的地区已连成一片,从马加里塔岛到东部地区,再往南到瓜亚纳,向西延伸到阿普雷平原,解放区已经对敌占区形成了一个庞大的弓形包围圈。黎明前的黑暗是暂时的,黑暗即将过去,曙光就在前头。对敌人来说,这一次的胜利是最后一次,而第四次,胜利将属于解放者。

解放者即刻开始了第四次进攻的准备。

回到安戈斯图拉,他立即以疯狂的热情投入工作。一切从头开始。征兵,练兵,造船,发展兵工厂,开设医院,各项备战工作一起展开。

各方面情况都在好转。英国和美国的态度发生了对革命有利的变化。在对拿破仑的战争结束之后,英国剩下的武器没处使,愿意卖给委内瑞拉共和军。英国还容许志愿人员来美洲。这些人从欧洲战场上下来之后无法谋生,宁愿到遥远的异国冒险。这样,路易斯·洛佩斯·门德斯和安德烈斯·贝略在伦敦等地购买武器和招募志愿军的活动顺利展开,于是一些满载武器和英国退役军官的船只驶进了安戈斯图拉。美国国会通过"中立法案",承认南美革命者作为交战一方的地位。从大陆南端的拉普拉塔联合省传来了兄弟般亲切的致意。那里是反抗西班牙殖民暴政的又一个中心,始终飘扬着独立的旗帜。伟大的圣马丁刚刚从那里翻越安第斯山,解放了智利。普埃伦东最高执政在信中写道:"上帝为了给无辜者雪耻,为了赐给他们的祖国以新的生命,给他们派来了一位天才,让这个献身于委内瑞拉的天才把他的无穷力量贡献给所有的国家,在他的领导下,委内瑞拉革命一定会取得最后的胜利。"玻利瓦尔在复信中畅谈共同的理想:"一旦委内瑞拉军队斗争的胜利完成了独立大业,我们将立即以最大的热忱为缔结美洲条约而努力,把我们所有的共和国组成一个政治实体,使美洲以过去任何国家都无可比拟的威武雄壮的姿态出现在世界面前。"

敌人的力量也得到了增强。又有一支2800人的远征军从西班牙开来委内瑞拉。攻取加拉加斯的困难似乎更大了。但是,现在玻利瓦尔有了新的计划,这个计划能赢来最后的胜利。这计划就是:进军新格拉纳达,那里敌人的力量相对比较薄弱,人民的革命热情比较高;解放新格拉纳达之后,联合它与委内瑞拉两方的力量,一起进攻加拉加斯,最终战胜西班牙殖民者。这是一个真正的、卓越的战略。从头脑中产生这一战略的那一刻起,玻利瓦尔进入了人类一流伟大战略家的行列。

在执行这个计划之前,玻利瓦尔还有一件重要事情要做:召开正式议会,制订宪法,为第三共和国,也为自己的权力奠定法律的基础。会议从 1818 年底开始筹备,1819 年 2 月 15 日正式开幕。开幕当天,玻利瓦尔发表长篇演说,就他提交的一份宪法草案作了详尽的说明,全面、系统地阐述了他关于确立民主共和制度的政治思想和具体主张。

"委内瑞拉的政府过去是、现在还是、也应当是一个共和政府。它的基础应是人民的主权。""委内瑞拉的公民都按宪法规定享有完全的政治平等。"在这一点上,玻利瓦尔从不含糊。但是,他强调,民主制度的具体形式一定要适合所在国的国情。在这个问题上,脱离实际的空想是要误国祸民的。瞧! 这才是他的中心意思。"一个政府的优越性不在于它的理论,不在于它的形式,也不在于它的机构,而在于它适合所在国家的性质和特点。"他没有忘记第一共和国的沉痛教训,他大声疾呼:"立法者们,我们不要想入非非,我们的要求要有节制。奢望取得人类还没有取得的东西,取得最伟大最明智的国家也未曾取得的东西,这是办不到的。无限的自由,绝对的民主都是暗礁,一切实现共和的希望都曾在这些礁石上撞得粉身碎骨。""我们不要向往做不到的事情,不要因为把我们提高到超出了自由领域反而滑落到专制的领域。从绝对自由总是要滑到专制,介于绝对自由与专制这两个术语之间的术语就是社会的最高自由。抽象的理论是造成无限制的民主这种有害的思想的理论。"他指出,第一共和国宪法弊端重重,无法执行,应予改革。为保证政权的巩固和国家的稳定,他主张,应以集权制取代联邦制,以总统制取代"三头执政",保留民选的众议院,设立世袭的参议院。他特别请求议会追认他所作出的两项重要决定:"我请求确认奴隶们的绝对自由,就像恳求我的生命和共和国的生命一样。""如果我对于人民有某种功绩,那么我请求人民代表们听取我的请求,以作为对我微薄贡献的奖励。请国民议会下令,根据我为照顾委内瑞拉的军人们而以共和国的名义制定的法律分配国家的财产。"演说最后,他对把新格拉纳达和委内瑞拉联合成一个伟大国家的光辉前景,作了富于想象、充满激情的展望。

安戈斯图拉国民议会部分地采纳了玻利瓦尔的主张。会议选举玻利瓦尔为总统。

大决战

1. 过雪山草地

1819 年 2 月 27 日,玻利瓦尔率领 2000 人的队伍,离开安戈斯图拉,再一次溯河西进。

这是一次非凡的进军,其艰苦卓绝的程度在人类战争史上罕有其比。它在战略上产生的突然袭击的效果,使人联想到拿破仑在马伦哥战役中通过险要的大圣伯纳德隧道,越过欧洲天险阿尔卑斯山。它所经过地区自然条件之恶劣,对中国人来说,不能不令人想起工农红军伟大的长征。

　　首先要通过的仍然是草原,热带的草原。那里的气候明显分为干季和湿季两个季节。在湿季,那里草木茂盛,郁郁葱葱,地面一片汪洋,像一望无际的湖泊;在干季,景象迥然不同:百草凋萎,树木落叶,原野变得枯黄,甚至呈现为盐碱沙漠。

　　在帕亚山口打了第一个胜仗。这是个地势险要的关口,有 300 名敌军在守卫。但桑坦德的先头部队一个冲锋就拿下了它。这次胜利使部队的士气有所振作。这时,玻利瓦尔发布了告新格拉纳达人民书,宣布委内瑞拉兄弟已经前来帮助他们,号召他们自己起来,挣脱压迫者的桎梏。

　　前面是一座更高的山峰,海拔达 4000 米。有两条路,一条是人们常走的,敌人防守较严;另一条通过皮斯巴高地,在冬季从来没有人走过,但敌人没有防守。玻利瓦尔决定走皮斯巴。出发前分发了口粮,但很多士兵把口粮全扔掉,随身只带一支步枪。这山空手攀登已十分吃力,他们不敢再给自己增加一点负担。雨仍是连绵不绝地下着,有时还夹着冰雹。凛冽的寒风吹到战士们几乎是赤裸的身上。许多人累死了,许多人冻死了,许多人死于高山病。马匹也差不多死光了。就在这时,发生了一个奇迹。一个士兵的妻子居然就在这高山上生下了自己的孩子,然后抱在怀里继续行军。婴儿那细弱的哭声,俨然是人类向大自然挑战的号角,在此时此地,听起来是那样的嘹亮,那样的激越!听到这声音,安第斯山想必是害怕了吧!面对这些不怕死亡的人,安第斯山想必是认输了吧!

　　到了!到了!新格拉纳达的第一个小镇就在前面。7 月 5 日,历时 4 个月的艰苦行军终于结束了。回头望去,高高的安第斯山峰静静地矗立在那里,正默默地向它的征服者们致敬呢!

2. 博亚卡大捷

　　新格拉纳达的人民热烈欢迎解放者的队伍。他们拿出了自己所能拿出的一切。妇女们甚至脱下自己的衣服,改做后拿给战士们穿。

　　玻利瓦尔立即着手整顿部队。在经过这样艰难的行军之后,部队几乎已经无法作战:人员牺牲 1/4,加上开小差的,减员还要更多;装备大部分被丢在路上;全军寄予希望的骑兵已经基本上没有马匹;虽然小镇上的居民给予全力帮助,但部队仍然缺吃少穿。利用短暂的休整时间,玻利瓦尔派人去收集遗弃的武器装备,征集马匹,训练装备骑兵,集中弹药,整编部队,努力恢复战斗力。

　　虽然部队处境困难,但玻利瓦尔仍然急于寻找敌人作战。拖延对敌人有利!一旦敌人的援军赶到,仗就更不好打了。当面敌军有 3000 人,兵强马壮,以逸待劳,指挥官是巴雷罗。自 1816 年初重新征服新格拉纳达以来,他们还没有尝到过失败的滋味。但是,现在,必须战胜他们!

　　7 月 11 日,在加梅萨打了一场遭遇战。之后,敌人后撤待援。7 月 25 日,在巴尔加斯沼泽地,一场更激烈的战斗爆发了。1500 名敌军占据了有利地形,居高临下,企图把共和军阻截在沼泽地里。敌人火力很猛。共和国军处于不利地位。巴雷罗先是用猛烈的炮火轰击共和军,之后即出动最精锐的部队向共和军的中路发起冲锋。共和军的防线被突破,步兵阵地落入敌手。这时,由鲁克率领的英籍军团冲上去,打退了敌人,收复了阵地。很快,敌人发动反扑,阵地得而复失。英籍军团又一次冲上去,经过激烈拼杀,再次夺回了阵地。但第三次,敌人的反扑更猛烈,阵地再次丢失。共和军处境危急,眼看就要失败。这时,玻利瓦尔投入了预备队。这是由胡安·何塞·龙东上校率领的由平原人组成的骑兵队。玻利瓦尔向龙东高喊:"上校,拯救祖国在此一举!"这时,敌人的骑兵冲过来,准备最后结束战斗。龙东立刻发起冲锋。平原人的队伍异常勇猛,敌人的骑兵被冲得七零八落,赶上来支援的步兵也很快被打垮。共和军全线反击,收复了阵地。战斗最终以共和军胜利而告结束。

在这次战斗中,英籍军团表现出色。他们的指挥官鲁克英勇负伤,几天后去世了。当医生为鲁克截肢时,他高喊"祖国万岁!"有人问他,他所说的祖国是指英国还是爱尔兰,他回答说,他的祖国就是脚下这块即将把他埋葬的地方。这次战斗还使龙东上校成了委内瑞拉家喻户晓的传奇英雄。在人民心目中,他成了胜利的象征。后来,人们无论是下棋、打牌,还是进行体育比赛,每当表示不认输的时候,就说:"我们还没有输,龙东还没有出马呢!"玻利瓦尔后来写道:"要是没有龙东,我真不知道巴尔加斯一战会有什么结果。"

巴尔加斯战斗之后,遭受严重损失的敌军得到部分增援,并开始向波哥大撤退。共和军虽然打了胜仗,但伤亡也不小。计划中应由派斯从库库塔运来的人员、武器、给养一样也没见到。桀骜不驯的派斯又一次抗命不遵,根本没有执行分派给他的任务。为了征集兵员,玻利瓦尔宣布实行战时军事法,命令凡 15 岁到 40 岁的男子必须在 24 小时内自愿作为骑兵参战,违令者处以死刑。就这样,终于组织起来两个新营。

巴雷罗正在向博亚卡桥运动,想从那里跨过峡谷似的博亚卡河,走捷径撤向波哥大。不能让他溜掉,必须截住他! 玻利瓦尔命令部队追击,桑坦德一马当先,率领他的部队冲在最前面。8 月 7 日下午 2 点,终于赶到博亚卡桥,并占领了制高点,堵住了敌人的退路。敌人的前锋刚刚过桥,其余部队像一条剧烈蠕动着的长蛇,正在前面蜿蜒起伏的山路上行进。共和军后续部队迅速赶来,一举将敌人包围。敌军仓促应战,一开始即陷入被动。共和军发起了冲锋。战马嘶鸣,杀声震天。敌人在顽强抵抗,但是他们已经没有退路。在进攻中,安索阿特吉将军的部队发挥了主力作用。玻利瓦尔在战场上飞驰。他冒着敌人的炮火,一会儿冲到这个部队,一会儿又冲到另一个部队,用力勒住座下咆哮不安的战马,果断地下达命令。敌人要垮了! 他们的阵形乱了,开始后退。巴雷罗和他的参谋们站在一块高地上指挥,他使劲叫喊,打着手势下达命令。敌人的号手拼命吹号。但是,一切都无济于事。部队已经不听指挥,他们已经开始逃跑。共和军穷追猛打,一往无前。一个战士的枪口对准了巴雷罗的胸膛,敌人宣布投降。1600 多名保王军官兵被俘虏,缴获大量武器装备。这是一次次定性的胜利! 占领新格拉纳达的敌军主力被消灭了,新格拉纳达已经解放了,自由了!

1821 年 4 月 28 日,委内瑞拉的战争重新开始。

双方都在为最后的决战做准备。拉托雷将他的部队集中在中部,等待迎击玻利瓦尔。玻利瓦尔从容调动兵力,牵着拉托雷的鼻子走。5 月 14 日,他命贝穆德斯率军从东面进攻加拉加斯,拉托雷被迫分出一部分兵力前去增援。在西面,发动了一次对卡贝略港的佯攻,拉托雷又一次上钩,乖乖地分出兵力去保护这个至关重要的港口。这样,玻利瓦尔达到了自己的目的,不但分散了敌人的兵力,而且将拉托雷的主力置于自己的三面包围之中。趁敌人中路防御削弱,玻利瓦尔亲率主力,前进至位于加拉加斯西南 200 公里处的圣卡洛斯。决战的时候到了! 拉托雷就在前面。他的兵力不足 5200 人,其中一半西班牙人、一半本地人,而玻利瓦尔的部队已超过 6400 人。优势在解放者一边。

6月24日拂晓,在圣卡洛斯以北60多公里的卡拉博博平原上,玻利瓦尔和拉托雷的两支大军相遇了。玻利瓦尔登上高处一间茅屋的屋顶,透过渐渐被风驱散的大雾,观察敌人:敌人布置了6路步兵和3路骑兵,形成了严密的阵形;敌人的炮兵控制了共和军前面的山谷要道。玻利瓦尔皱起了眉头。但很快,他紧皱的眉头又舒展开了。他发现,敌人的阵形有漏洞,拉托雷加强了正面和左翼,但忽视了右翼,因为右翼地段沟壑纵横,不利于部队运动。有机可趁。玻利瓦尔当机立断,命令派斯率1500平原人走小路从侧面攻击敌人薄弱的右翼,自己率主力在正面牵制敌人。

军号骤响,派斯率他的草原骑兵开始冲锋。他们沿战场西面一条人迹罕至的小路飞驰。道路崎岖,地形狭窄,敌人各种武器一起开火,向他们射击,但是他们全然不顾,冒着枪林弹雨,向敌人的右翼猛扑。已经接近敌人了。但是,面前一块洼地迟滞了他们的行动,敌人趁机向他们扑来。派斯处境不妙!这时,英籍军团的900名步兵赶到,他们沉着而准确地向敌人射击。一个指挥官牺牲了,接替他的指挥官又牺牲了,但英籍军团的火力没有减弱。英籍军团为共和军赢得了宝贵的时间。派斯摆脱了被动,借着树林的掩护,冲到了敌人的右后方。玻利瓦尔的主力开始从正面向敌人进攻。战斗异常激烈,共和军3位师长有两个在战斗中牺牲。被誉为"共和国第一黑人"的彼得罗·卡梅霍中尉,是派斯手下一名获得解放的奴隶,在战斗中一贯冲在最前面。他经常一边冲锋,一边高喊:"冲在我前面的,除了我的马头,再也没有别人。"这次,战斗正在激烈进行的时候,他突然调转马头,走向派斯。派斯迎上前去,不解地问道:"你怎么了?难道害怕了吗?"中尉答道:"我的将军,我只是来向您告别,因为我已经死了。"说完,他和他的马一起倒在派斯脚下,再也没有起来。

敌人渐渐支持不住了。莫拉莱斯带着骑兵逃跑了,步兵也丧失了斗志。只有一营步兵困兽犹斗,他们排成方阵,把拉托雷保护在中间,将这个可怜的指挥官救出了战场。敌人溃败了,拉托雷损失了3500人。卡拉博博战役,解放战争中的第二次决定性战役胜利了。敌人在委内瑞拉的主力被消灭,现在委内瑞拉同新格拉纳达一样自由了。随后,加拉加斯,库马纳——敌人在委内瑞拉东部的最后据点,卡塔赫纳——敌人在新格拉纳达的最后巢穴,相继被解放。到1821年年底,除了卡贝略港和科罗省还有少数敌军顽抗外,整个委内瑞拉和新格拉纳达都获得了解放。

卡拉博博大捷后第五天,玻利瓦尔进入加拉加斯。解放者又回来了!这个几乎濒临死亡的城市重又现出了生机。断壁残垣,满目疮痍,地震和战争联合起来,一起来摧残这座城市。居民只剩下1/3,解放者众多的亲友所存无几,幸存的人忍受着心灵的创痛,恐怖、悲伤、仇恨,一年又一年地折磨着他们。现在好了,解放者回来了,加拉加斯永远地解放了。人们欢呼,人们跳跃,鲜花、美酒、乐曲重又回到了人们的生活中。人们涌进解放者的屋子,拥抱他,吻他的脸和手,向他诉说着敬佩和感激。

故乡总是令人愉快,故乡总是让人留恋。但是,玻利瓦尔在加拉加斯只停留了7天。在这7天里,他组织了委内瑞拉临时政府。然后,他骑上马,匆匆地离去。一个信念,一个强烈的信念夺去了他所有的安逸,促使他不停地行动,催促他继续去战斗:只要西班牙在美洲还有一个据点,整个大陆的独立都将受到威胁。必须把西班牙人从美洲的每一寸土地上赶走!

玻利瓦尔启程前往库库塔,那里议会正在开会,为哥伦比亚制订宪法。安戈斯图拉的宪法只是委内瑞拉的宪法。路过圣马特奥庄园,玻利瓦尔发现革命前他所拥有的1000名奴隶中还剩下3人,他立即宣布给他们自由。他真诚希望尽快解放奴隶,但议会制订了所谓逐步解放的法律,以繁琐的手续来拖延这一进程。7月14日,他在途中写信给议会议长,要求"宣布今后出生于哥伦比亚的奴隶的儿女应该是自由人",并希望以此"作为对仅为自由而流血牺牲的解放者军队所取得的卡拉博博战役胜利的奖赏"。

库库塔议会仍选举玻利瓦尔为总统,桑坦德为副总统。按照玻利瓦尔的意愿,颁布了法令,明确了分工,规定总统在战争中"亲自指挥军队,他认为有必要指挥多久就指挥多久,副总统则留在首都负责行政事务;总统在他解放的地方可以扩充军队、征税、接纳敌军中的任何等级的军官或整个部队来服役,授予军衔和晋升军阶(但尽可能取得参议院的批准),建立政权,奖励在战事中有功的城镇或个人,惩办犯罪分子和敌对分子,等等"。在这个议会中,中央集权制的拥护者又一次战胜了人数众多的联邦制的拥护者。但是,玻利瓦尔对它仍很不满意。与安戈斯图拉议会一样,它也没有采纳玻利瓦尔所设计的政治体制。总统不是终身制的,而是任期只有4年;参议员不但不是世袭的,连安戈斯图拉议会所确定的终身制也被取消,改为任期8年。议会没有把国家划分成起源于殖民地时代的传统的3个省,而是划分成7个省,以满足地方主义的欲望。议会决定把首都设在位于新格拉纳达中央的波哥大,这无疑将引起委内瑞拉的不安。总之,议会的一系列决定削弱了哥伦比亚的中央集权制,玻利瓦尔预感到他的中央集权主义的伟大创造哥伦比亚将面临分裂的前途。

玻利瓦尔到达库库塔。他听到钟鼓齐鸣。8月30日,议会通过了宪法,人们正在庆祝新宪法的诞生。解放者阴郁地对他的副官奥利里说:"听,他们在为哥伦比亚敲丧钟。"

奔向秘鲁

1. 南方战役

新格拉纳达解放了。委内瑞拉解放了。但是,哥伦比亚还没有全部解放,它南部的基多地区还在西班牙人手里。

下一步的目标是解放基多,然后继续南下,在西班牙人的最后巢穴秘鲁,与圣马丁会师。

10月9日,玻利瓦尔离开波哥大,前往波帕延组织指挥南方战役。

南方战役仍是一次艰难的战役。艰难首先来自安第斯山,其次是敌人。基多城位于安第斯山群山环抱的盆地中,整个战役沿安第斯山展开。进军的路上,高山峻岭纵横交错,绵延不绝,其中有些不是普通的山,而是火山。山中河流湍急,成为难以逾越的障碍。不时出现的山间盆地,其中有些流行着致命的疟疾。像往常一样,与复杂的地形相伴的,还有恶劣多变的气候。高处的寒冷和低地的闷热仍将一如既往地考验解放者和他的部队。桑坦德对以本地的人力、物力去解放其他地方不热心,他的支前工作做得很糟糕。玻利瓦尔得不到足够的兵员和枪枝弹药,被迫再次在敌强我弱的情况下作战。北路军将要经过的城市帕斯托是新格拉纳达保王主义的一个堡垒,那里及其周围的居民大多是狂热的保王分子,并且勇猛、强悍。

正当玻利瓦尔的北路军在邦博纳受阻的时候,从南方传来了苏克雷胜利的喜讯。5月24日,苏克雷的南路军在皮钦查山麓大败敌军主力,随后占领了基多城。帕斯托的敌人陷于孤立,玻利瓦尔准备乘机发起新的进攻。敌人见大势已去,识趣地主动提出投降。玻利瓦尔兵不血刃进入了帕斯托城。此后,从帕斯托到基多,再到瓜亚基尔,这段路程实际上成了凯旋大游行。沿途人民箪食壶浆,欢迎解放者的队伍。6月15日,基多城张灯结彩,上午8点半,20个钟楼钟声齐鸣,玻利瓦尔身着朴素的军服,骑马入城,300名军官和700名长矛骑兵排成整齐的队形,簇拥着他。7月13日,玻利瓦尔到达哥伦比亚的南部边疆瓜亚基尔。

　　经过10来年的艰苦奋战,哥伦比亚终于全部解放了。第二年11月,卡贝略港的敌军也宣布投降,至此,西班牙在哥伦比亚的领土上再也没有一兵一卒。哥伦比亚,这个有着250万平方公里辽阔土地的伟大国家,她是玻利瓦尔解放并创建的,是人类到那时为止所建立的面积最大的共和国。她是玻利瓦尔的骄傲,但也将为玻利瓦尔带来无尽的痛苦。

2. 双雄会

　　在瓜亚基尔,等待着玻利瓦尔的,是两个相互联系着的棘手问题。一个是瓜亚基尔的归属问题,一个是与南部解放者圣马丁的关系问题。

　　圣马丁姗姗来迟。7月26日,载着圣马丁的帆船抵达瓜亚基尔。两位英雄见了面,他们热烈握手并拥抱。这不是普通的会面。这两个人加在一起,足以代表全部的西班牙美洲。你可以认为这是南美洲南方和北方刚刚获得解放的人民欢聚在一起,相互握手、拥抱。玻利瓦尔说:"欢迎您来到哥伦比亚的土地,我认识著名的圣马丁将军的愿望终于实现了。"圣马丁回答:"我与北方解放者会见的愿望也同样实现了。"看得出,圣马丁情绪不佳。

　　圣马丁是伟大的,但是,他有自己的弱点。他基本上是个职业军人,对处理政治事务不擅长,也不太感兴趣。他在政治上不是一个彻底的共和主义者,他认为美洲各国实行民主共和制的条件还不成熟,因而,倾向于实行君主立宪制。具体到秘鲁,他主张把王位交给某位欧洲的亲王。同时,他已经着手在利马重建贵族社会。他的这些做法,迎合了秘鲁上流社会的口味,却失去了一些下层群众和爱国人士的支持。此外,在军事上,在占领利马之后,圣马丁也犯了严重的错误。他没有乘胜追击敌人,敌人的兵力完好无损地撤进了山区。他认为敌人已是强弩之末,已经没有能力反抗,只会在孤立中不断削弱。他要等敌人自行削弱,然后轻易将其战胜。结果敌人得到喘息的机会,在山区恢复了力量,而圣马丁自己的部队反而在无所事事和恶劣的气候中消磨了斗志。圣马丁的失误使秘鲁处在危险中,对这一点玻利瓦尔看得很清楚。在解放基多之后,他迅速集结兵力,随时准备出兵秘鲁,援助圣马丁,联合对付西班牙人的最后一股势力,以夺取独立战争的最后胜利。还有一个弱点妨碍圣马丁继续发挥作用,那就是他那多病的身体。病痛使他身体越来越虚弱,使他精神不安,情绪倦怠。他越来越感到自己力不从心。

　　就在这种情况下,两位英雄之间的会谈开始了。

　　会谈的大致经过是这样的:圣马丁26日中午到达,欢迎仪式后即在其住处会谈1个半小时;晚餐前,圣马丁对玻利瓦尔进行礼节性回访,时间只有半小时;27日下午1点至5点,两人会谈共4小时;当天晚上,不等晚会结束,圣马丁即悄悄地乘船离开了瓜亚基尔。关于会谈的内容,众说纷纭。因为会谈只在玻利瓦尔和圣马丁两人间进行,没有任何第三者在场。看来,会谈中并没有什么特别重要的事情发生,两位解放者并没有就南美大陆的革命事业作什么深刻的讨论,双方只进行了一些范围有限的友好交谈。玻利瓦尔写信给桑坦德说:"我亲爱的将军,圣马丁将军在这里作了 36 或 40 小时的访问后,已在前天晚上离开这里。这可以称之为不折不扣的访问,因为我们没有做别的事,只是拥抱、谈话和告别。我相信他是来和我们肯定友好关系的,以便依靠这种关系去对付他的内部或外部敌人。"瞧,事情很简单,这只是一次增进了友谊和了解的一般性会见。谈话的内容,大概涉及到瓜亚基尔问题,美洲各国独立后的政体问题,建立西班牙美洲联盟的问题,等等,但对所有这些问题都只是泛泛而谈,并没有特意要决定什么事情。会见就这么平静地结束了。

但是,1 个月零 24 天之后,问题发生了。9 月 20 日,在秘鲁第一届议会上,圣马丁突然宣布辞职隐退。人们把这件事与不久前两位解放者的会见联系在一起,种种猜测产生了,问题开始变得复杂。

圣马丁自认为比不上玻利瓦尔。他是对的。他的政治观点是保守的,他欠缺政治才能,他的病弱之躯已经难膺重任,最重要的,他缺乏实力,他的权力基础不稳。无论在拉普拉塔、在智利,还是在秘鲁,他都得不到足够的支持。就在他来瓜亚基尔会晤玻利瓦尔期间,利马发生了人民暴动,反对他的护国政府,而军队却保持中立。这件事成了促成他隐退的直接原因,他看到人民已收回了对他的信任和支持。回到利马,他平息了暴动,随即召开议会,交回了权力。他写信给他的朋友、智利最高执政奥希金斯解释自己的举动:"你会责备我没有完成事业就罢手。你是很有道理的,但是我的道理比你的更充足。我不愿意人家把我叫作暴君,说我想当国王、皇帝甚至魔王。另一方面,我的健康情况相当恶化,这个国家里的气温将把我送进坟墓。总之,我牺牲了自己的青年时代为西班牙人服务,牺牲了自己的中年时代为祖国服务,我现在有权利安排自己的晚年了。"

圣马丁的晚年是贫穷而又孤寂的。从 1824 年起,他长期旅居欧洲,陪伴他的只有他的独生女儿。1850 年 8 月,72 岁的圣马丁病逝于法国布洛涅海滨,那时,玻利瓦尔已离开人世 20 年。

3. 成为秘鲁独裁官

现在,解放秘鲁的任务落到了玻利瓦尔一个人的肩上。这是一副光荣而又十分沉重的担子。它能给你带来美洲最后解放者的荣誉,但在荣誉之前,首先是沉重的压力,沉重到让人难以负担。

圣马丁退隐之后,玻利瓦尔即组织部队,随时准备出发去援助秘鲁。他积极向秘鲁革命政府推荐自己的作战计划,并呼吁智利和拉普拉塔政府继续从南方提供支援。但是,他遇到了出乎意料的困难:秘鲁人拒绝援助,他们甚至将玻利瓦尔派去援助他们的一支哥伦比亚部队退了回来。时机还不成熟,玻利瓦尔必须等待。秘鲁人不信任外国军队,他们希望靠自己的力量赢得独立。然而,他们很快就发现这样做是错误的。一支由拉普拉塔、智利和秘鲁人组成的 4000 人的队伍在圣马丁以前的得力助手鲁多辛多·阿尔瓦拉多将军的率领下,发起进攻莫克瓜和托克帕拉的战役,结果被守敌彻底击败,部队只生还几百人。军队的惨败在利马诱发了政治分裂。利马省长里瓦·阿圭罗借助军队支持,上台担任共和国总统,而议会拒绝承认这个总统。革命队伍内部的混乱给了敌人以可乘之机,西班牙将军坎特拉克趁机回师利马,共和国轻易就失掉了这座首府城市。这时,事情发生了戏剧性的变化,秘鲁革命政府先后 4 次派出代表团,向玻利瓦尔求援。玻利瓦尔一接到秘鲁的请求,当即派苏克雷率6000大军前往,而他自己一俟哥伦比亚议会批准,也立刻踏上了前往秘鲁的征程。出发前,他向秘鲁派来的代表声明:"哥伦比亚将对秘鲁尽自己的义务,将派遣它的军队一直打到波托西。这些勇敢的军队回到家园时所得到的惟一奖赏是:他们为消灭新世界的最后暴君贡献了自己的力量。哥伦比亚不要秘鲁一寸土地,因为它的光荣、幸福和安全是建筑在自己的巩固的自由之上的,是建筑在自己兄弟们的独立之上的。"

1823年9月2日,在经过一年的等待之后,玻利瓦尔终于来到了利马。这天对玻利瓦尔来说,是一个重要的日子。从这天起,他将开始实现自己多年的宿愿:消灭秘鲁的西班牙人,攻克西班牙在南美的最后堡垒,夺取南美解放事业的最后胜利。

投降吧,西班牙

1. 胡宁战役

秘鲁是一个多山的国家,其地形南北狭长,自西向东分成3个景况迥异的条状地带。沿海沙漠区,宽只有30至130公里,气候特别炎热,不适宜驻军。中部山区,属安第斯山脉的中段,平均海拔4000米,空气稀薄,但气候较温和。东部亚马孙林区,那里几乎还没有人烟。

决战将在山区展开。秘鲁战争的关键在山区,谁占领了山区,谁就取得了主动权,谁就赢得了胜利。现在玻利瓦尔所占领的只有北部沿海地带,山区在敌人手中。自从圣马丁来到秘鲁,狡猾的敌人就躲进了山区。在那里,他们退可守,进可攻,山区保王思想严重的牧民为他们提供了充足的兵员。要想战胜秘鲁的敌人,必须主动向山区进攻。

自担任秘鲁独裁官之后,玻利瓦尔就加紧准备进山作战。由于各国都拒绝增派新的援军,他只能在现有军队基础上作战。他加紧扩建和训练部队,在短短几个月内大大提高了部队的素质。针对即将开始的战役的特点,他每周两次对部队进行爬山训练,使他们逐渐适应山地的地形和气候。他颁布了给印第安人分配土地和取消酋长制的法令,以争取印第安人对解放军的支持。他派出小分队,四出收集情报,侦察敌情。

经过4个多月的紧张工作,各项战役准备基本就绪。这时,得到情报,敌人内部发生了分裂。1823年4月,在神圣同盟支持下,法国波旁王朝的军队再次入侵西班牙,帮助费尔南多七世镇压了西班牙第二次资产阶级革命,恢复了封建专制统治。之后,西班牙军队中支持君主专制的"臣仆派"得势,反对君主专制的自由派被排挤。西班牙国内形势再次骤变的消息传到秘鲁,驻秘鲁的西班牙军队也分裂成两派。拉塞尔纳总督、坎特拉克将军和巴尔德斯将军倾向于自由派,而驻上秘鲁的奥拉涅塔将军倾向于"臣仆派"。现在,奥拉涅塔将军宣布脱离总督而独立,拉塞尔纳只好派巴尔德斯率5000人马前去征讨这个反对派。敌人内哄,同时山区的雨季结束了,进军的时机成熟了。

6月14日,玻利瓦尔率8000人的大军,开始向安第斯山挺进。他把队伍分成三路,以便通过不同的隘口进入山区。进入山区后,三支部队将在塞罗——德帕斯科会合,再一起南下,向敌人主力所在的万卡约进发。

像往常一样,安第斯山仍是那样难以逾越,与以往几次不同的,这次要过的山更高,很多地方海拔高达 5000 米。早上出发时,烈日当空,烤得人皮肤疼。中午,爬到半山腰儿,天上又飘起了雪花儿。队伍沿山间蜿蜒起伏的羊肠小道前进,高度不断增加,空气越来越薄。高山上的风呼啸着,发出刺耳的声音,使呼吸更感困难。心脏的跳动越来越剧烈,仿佛要从胸膛里跳出来。仍有一些士兵得了高山病,头晕,呕吐,最后昏迷。又有一些人被安第斯山夺去了生命。更可怕的是雪崩,必须仔细加以防备。也有有利的条件,就是这次上山事先做了精心的准备。干练的苏克雷充分显示了他的组织才能。他在进军沿线设立了许多仓库,每隔一段路就在山洞里放上木柴、大麦、土豆、干肉和盐,有的地方还建了一些大茅屋,用来安置掉队的士兵。这些办法大大缓解了部队的困难,减少了伤亡。

　　部队进入山区,一面适应新的环境,一面进行训练。一个多月后,部队到达胡宁湖附近。敌人派出一支部队,由坎特拉克率领,由南往北搜索解放者的部队。双方都想首先发现敌人,以争取主动。坎特拉克的队伍前进到胡宁湖东岸,正沿湖北进。玻利瓦尔当即决定,自己的部队沿湖西岸南下,绕到湖的东南,截断敌人的退路。坎特拉克发觉了解放者的企图,急忙后撤。但是已经晚了。解放者亲率骑兵飞速前进,终于截住了坎特拉克。8 月 6 日下午 4 点,双方的骑兵相会于胡宁湖边的一块台地。这是一块孤单而壮观的台地,海拔达 4200 米,周围是山巅积雪的高山,山上飞瀑急湍,泻到此处汇集成湖。敌人的骑兵有 1300 人,而解放者只有 900 人,步兵远远落在后头。敌人自恃人多,冲了上来。解放者命令吹冲锋号,向敌人发起冲击。这是一场短兵相接的战斗。只在开战时响了几下手枪,之后双方即舞动长矛,展开了肉搏。解放者的部队在武器上占了便宜。他们所使用的是委内瑞拉提供的一种特制长矛,长 10英尺,而敌人的长矛只有 7 英尺。解放者的骑兵以委内瑞拉草原骑兵为骨干,战士们能把缰绳固定在膝盖上,自如地操纵军马,腾出双手挥动长矛。凭着他们双臂的神力,随着马的高速奔驰,他们能把敌人的身躯刺穿,然后从马鞍上挑起将近 1 米。他们使用了派斯创造的战术,时而分散,时而聚合;一会儿作鸟兽散,一会儿又迅速集结成一股。有时候看起来他们似乎在败退,但等敌人尾随追来,他们突然回马,往往把敌人杀一个措手不及。

　　下午 5 时光景,暮霭已经开始降临这块血肉模糊的高地。共和军终于突破了敌人的左翼,打乱了敌人的阵脚。他们冲入敌阵,左挑右刺,越战越勇。坎特拉克支持不住了,趁着夜色撤退。这场战斗使他损失了 1/3 的兵力。他被吓坏了,马不停蹄,一口气儿撤了几百公里,一直到库斯科才停住脚。共和军以微小的代价赢得一次重大的胜利。这次胜利打击了敌人的气焰,振奋了自己的士气,并打开了重新进入科马的门户。

　　胡宁战役胜利后,玻利瓦尔决定把山区的部队交给苏克雷,自己前往利马。此前不久,沿海部队组织的一次对利马的进攻失败了,玻利瓦尔决定亲自去指挥,重新占领利马,以便从那里接应将要到来的哥伦比亚援军,并动员秘鲁全部解放区的力量,为即将到来的最后决战作准备。最后的决战必须精心准备,因为敌人的力量增强了。巴尔德斯已经打败了奥拉涅塔,正带领他的部队前来与坎特拉克会合。情况又发生了对敌人有利的变化。

　　在前往利马的途中,玻利瓦尔收到了来自波哥大的通知。7 月 28 日,议会根据桑坦德的提议,决定废除 1821 年 10 月 9 日颁布的法令,收回过去授予玻利瓦尔总统的指挥南方战争的特别权力;撤销他对哥伦比亚军队的指挥权,直至他回到哥伦比亚;不承认他在战争中晋升官兵的权力。这是胡宁战役之前作出的决定,如果不是解放者及时取得了胡宁战役的胜利,下一步将要做的可能就是要撤回在秘鲁作战的哥伦比亚部队。此外,议会还讨论了解放者由于未经国会正式批准就接受了秘鲁独裁官之职,因而是否已不再是总统的问题。桑坦德企图出任下一届总统,他向解放者发起了进攻。苏克雷和高级将领们得知议会的决定,写信表示强烈的抗议,他们要求玻利瓦尔继续指挥军队。玻利瓦尔虽然也很气愤,但还是尊重哥伦比亚政府的决定,断然把军事指挥权交给了苏克雷,而自己只限于经常地向他提出意见和建议。

玻利瓦尔与桑坦德之间的长期对立和斗争正式开始了,矛盾公开化了。桑坦德唆使议会残忍地剥夺了玻利瓦尔指挥最后决战的荣誉。

玻利瓦尔来到利马附近。他追究了上次进攻失败的责任,认为是胆怯造成的后果。他下令枪毙了5名失职的军官。集结起3000人的部队,紧紧包围了利马和它的外港卡亚俄。11月,他重新进入利马。

2. 阿亚库乔:最后一战

在玻利瓦尔指挥部队重新解放利马的同时,苏克雷率领主力继续在山区与敌人周旋。

现在,坎特拉克和巴尔德斯已经会合,敌人在数量上占有绝对优势。两股敌人,一股来自南面的库斯科,一股来自上秘鲁的波托西。他们自恃人多,采取了攻势,主动寻找、追逐、迂回共和军,不断发动袭击。他们的计划,是先通过不断的滋扰、袭击疲惫、消耗共和军,然后再突然发起总攻击。苏克雷率领部队缓缓而行,以逸待劳,谨慎地运动,从一个村庄到另一个村庄。解放者的意见,不要急于与敌人决战,要小心地保存实力,寻找战机。同时,他在利马正组织新的力量。又有1200名哥伦比亚士兵抵达秘鲁海滩。敌人气势汹汹,以为苏克雷不敢应战,他们展开强行军,实施大迂回,企图包围苏克雷。他们急于洗雪胡宁惨败之耻。12月3日,共和军中了极危险的埋伏。当他们穿过科尔帕瓦伊科深谷时,后卫部队受到隐蔽在密林中的敌军的袭击。敌人想迫使苏克雷在不利的条件下决战,但苏克雷没有上当,他置被围困的3个后卫营于不顾,率主力继续前进。这次袭击使共和军伤亡300人,并被夺走了一部分大炮和枪支弹药。敌人更嚣张了,他们以为胜券在握,加快了行军的步伐。就这样,两支大军在深山里追逐着,躲避着,时而爆发一些小规模的战斗。双方都在寻找适当的时机,适当的地点,决战的时刻越来越迫近了。

12月9日,两支大军终于在阿亚库乔台地相遇,双方摆开了阵势。敌人的兵力共有9300人,而共和军只有不足6000人。双方都清楚,这将是最后一战。西班牙军队如果战败,就等于宣布西班牙在南美洲殖民统治的寿终正寝,因为这是西班牙留在南美洲的最后一支主力部队,而共和军的胜利,则将标志着南美独立战争的最后结束。

这是一个寒冷的上午。敌人占据了一块高200米的高地,共和军分布在下面的高原平地上。敌人首先发起进攻。苏克雷看出了敌人的弱点,发现了胜利的征兆。他命令部队猛烈还击,把敌人堵在高地上,只让他们一部分、一部分地分批进入平地,这样就能逐次地分割、消灭敌人,使敌人的兵力优势无法发挥。共和军将士个个奋勇向前,忠实执行主帅的意图。敌人的进攻不断被打退。敌人一股接一股地冲下高地,然后如石沉大海,有来无回。战斗进行了不到两个小时,敌人开始溃退。坎特拉克将军亲自参战,也无济于事。绝望中,拉塞尔纳总督率他的参谋部投入战斗,也已经无力回天。最后,受了伤的拉塞尔纳决定投降。随他一起投降的,还有坎特拉克以下军官共 600 人,士兵 2000 多人。

这是一个以少胜多的光辉战例。战争就这样结束了。西班牙人已经彻底失败,殖民地已经不存在了。此后,还有一些分散、零星的战斗,但大规模的战斗已经没有了。

得到阿亚库乔胜利的喜讯,玻利瓦尔激动万分,他终生为之奋斗的伟大目标之一终于实现了。正在吃晚饭的玻利瓦尔叫喊着把这一喜讯告诉周围的军官,并和他们一起举杯庆贺。他跳上一张饭桌,即席发表了热情洋溢的演说。他马上给阿亚库乔的部队发去了贺信:"你们已经解放了南部美洲,这块占世界 1/4 的土地是铭刻你们荣誉的纪念碑。什么地方你们没征服呢? 南美洲沉浸在你们勇敢的胜利中;而阿亚库乔和钦博拉索一样,昂起了它那高于一切的头颅。"

战争结束了,玻利瓦尔及时召集秘鲁议会开会,交回议会授予他的无限权力。他没有辜负议会的托付,在不到 1 年的时间里就为他们的国家赢得了独立。议会请求玻利瓦尔继续行使最高权力 1 年,并授予他终身总统的荣誉和"秘鲁国父与救星"的称号;决定把特鲁希略城命名为玻利瓦尔城,在利马为玻利瓦尔建一座雕像;决定分别颁给玻利瓦尔和军队各 100 万比索的特别奖金。玻利瓦尔接受了权力,并任命了一个执政委员会,以便当他不在时代他行使权力。但是,他退回了奖金。尽管他当时经济上正处在困境当中,但他一贯的原则是不从秘鲁取得任何东西。在前不久给桑坦德的信中,他这样写道:"我要顺便告诉你,我目前的地位是如此之奇特,虽然我是哥伦比亚的总统和秘鲁的独裁者,但是我没有办法维持生活。为了不给秘鲁添麻烦,我没有领取发给我的工资;我在哥伦比亚已经不再掌权,我也不能要求在那里领取工资。因此,我现在靠借钱生活,在我返回瓜亚基尔以前,还得靠借债过活。"在秘鲁所给予的一切荣誉中,最使玻利瓦尔感动的是议会送给他的一枚奖章,上面印有"献给我国的解放者——西蒙·玻利瓦尔"字样。"解放者",这是故乡的人民 12 年前授予他的称号,他一直视为人民给予的最高荣誉。现在,这个称号扩大了范围。现在,他成了哥伦比亚加秘鲁的解放者。

战争结束了,秘鲁人民给了玻利瓦尔很高的礼遇。但是,他并没有沉溺、陶醉在胜利和荣誉之中。在利马,他只停留了 4 个月。1825 年 4 月 11 日,他动身到秘鲁南方各省和上秘鲁巡视。这次巡视长达 10 个月。他要亲眼看一看他解放的这片国土,了解它的实际情况,为它的和平建设作规划。

在上秘鲁,苏克雷扫荡了西班牙的残余部队,负隅顽抗的奥拉涅塔一命呜呼。经玻利瓦尔批准,在那里成立了一个新的国家,以一劳永逸地消除秘鲁和拉普拉塔两国在上秘鲁归属问题上的争端。上秘鲁议会决定以解放者的名字命名自己的国家,先称"玻利瓦尔共和国",不久改称"玻利维亚"。解放者来到这个以自己的名字命名的国家,抵达波托西城,登上了具有象征意义的波托西山峰。波托西的银矿是全世界最大的银矿,在过去很长一个时期内,它的银产量占到全世界银总产量的 1/2。在世人心目中,波托西的山峰是财富与权力的象征。玻利瓦尔登上山顶,在那里展开了哥伦比亚、秘鲁和拉普拉塔的国旗。这是一个激动人心的时刻! 面对群山,玻利瓦尔慷慨陈词:

"至于我,我站在这座巨大的银山上,它的极为丰富的矿藏在 300 年的时间里,一直是西班牙的国库。我把自由的军旗从炎热的奥里诺科河畔带到这里,胜利地插在这座山峰上。同这个荣誉相比,我认为这座山的宝藏算不了什么,在我的荣誉中,蕴藏着的是举世的赞叹和钦佩。"

安第斯山群峰肃立,它正以其磅礴雄伟的山势与这个伟人在声誉上所达到登峰造极的高度交相辉映。

玻利瓦尔沿着荣誉的天梯继续向上攀升。在他一再倡议和不懈努力下,美洲国家间的第一次国际会议在巴拿马召开了。巴拿马大会讨论了建立美洲国家联盟的重大问题,并签署了相应的条约。巴拿马大会的理想是宏伟的,目光是远大的,虽然它在实践中没能产生直接的结果,但它的影响是深远的。玻利瓦尔因此被作为倡导拉丁美洲联合,推进拉丁美洲和世界建立国际性合作组织的先驱者载入了史册。

3. 得到的仅仅是独立

战争结束了。相比之下,战争是短暂的,和平的日子是漫长的;战争是单纯的,和平的岁月更复杂;战争中的胜利是易于获得的,和平时期的胜利更艰难。玻利瓦尔不单单是一个军人,战争不是他惟一的事业,战争的结束远远不是他事业的完成。玻利瓦尔首先是一个革命家、政治家。他认为,"任何革命都有三个阶段——战争、改革、组织",现在在南美,已经完成的只有第一项任务。取得战争胜利,建立国家政权,对真正的革命而言,只不过是过渡时期的任务,真正的革命还没有开始。奴隶制、奴役制还普遍存在,自由、平等的目标还远没有实现。然而,前景不容乐观。玻利瓦尔说,"我害怕和平甚于害怕战争",因为他越来越清楚地认识到:"我们现在处于悬崖之上。更恰当地说,我们站在即将爆发的火山之上"。

战争结束了,以前被战争掩盖着、限制着的各种内部矛盾,一起呈现出来。

人人都不满意,所有的国家、所有的地区都在埋怨。

委内瑞拉人不满意。他们觉得在大哥伦比亚,委内瑞拉得不到应有的重视。首都设在遥远的波哥大,加拉加斯的地位被降低了,委内瑞拉成了国家偏远的一隅。为了战争,委内瑞拉付出了最多的牺牲:最多的军队,最多的财物,但没有从中得到相应的好处,换来的只是人口凋零,普遍贫困,国家破败,满目疮痍。由于战争和地震,委内瑞拉已失去其人口总数的近1/3。

新格拉纳达人也不满意。他们指责委内瑞拉人垄断了共和国3个地区文职和军职的中高级职务。他们抱怨,联合加重了他们的经济负担:他们承担了中央政府的几乎全部开支;他们出钱养活军队,而军队中2/3是委内瑞拉人;他们认为他们的钱财在外流,大量经济收入被用于补助委内瑞拉。他们想,如果实行分离,就能摆脱"委内瑞拉人的统治",肯定会生活得更自由、更富庶、更幸福。

厄瓜多尔人开始反对"哥伦比亚人",也即委内瑞拉人和新格拉纳达人,他们已经不把自己当成大哥伦比亚这个共同国家的一部分。针对委内瑞拉解放军多数属有色人种这一情况,基多的白人贵族讥讽他们的国家已经成了一个"塞内加尔军营",说那里实行的是"黑人专政"。

总之,主张哥伦比亚解体的势力在增长,哥伦比亚分裂的势头在发展。

此外,秘鲁人想自己掌握自己的命运,他们的民族主义情绪在增强。他们怨恨解放者把瓜亚基尔并入哥伦比亚,怨恨解放者允许上秘鲁独立,甚至对一个委内瑞拉人成了他们国家的解放者这一点也开始不满。一种反对哥伦比亚、反对玻利瓦尔的情绪、势力、阴谋正在秘鲁全国酝酿。

　　受玻利维亚议会的委托,玻利瓦尔为这个新生的共和国起草了宪法。在这部宪法中,他把人类既有的经验与南美大陆的具体情况结合起来,本着既维护民主制度又保证国家稳定,既要防止专制又要防止无政府状态的原则,提出了一系列独特的政治设计。根据他的设计,这个国家应有4个权力机构:立法机构、行政机构、司法机构和选举机构,立法机构采取三院制:评议院、参议院和监察院;总统是终身制的,并可以任命副总统——他的继承人,但是,总统的权力受到严格限制。为应付当前的局势,他打算用这部宪法来统一3个国家,建立一个由玻利维亚、秘鲁和哥伦比亚3国组成的总的联邦。步骤是,先由秘鲁和玻利维亚联合,然后再让哥伦比亚加入。这无疑是一个宏伟的计划,然而曲高和寡。各地、各国的首领们关心的是保住自己的领地,看住自己的地盘,没有人关心统一,没有人关心美洲整体,没有人关心未来。玻利瓦尔的计划注定只能落空。

　　国与国之间、地区与地区之间,矛盾在发展,在加深。各国、各地区内部不同阶级之间,不同政治势力之间的矛盾、斗争也日益激化。基本的分野是两派,一派是革命势力,一派是反革命势力;一边是玻利瓦尔、普通老百姓和革命事业,一边是以桑坦德、派斯等人为代表的暴发户、寡头集团。从前的庄园主玻利瓦尔为了革命变成了穷人,而从前的一些穷人则大发革命财,现在他们成了大庄园主、奴隶主。他们不想解放奴隶,不想给印第安人以平等,玻利瓦尔发布的有关法令在他们那里大多成了具文。他们开始把玻利瓦尔视为危险人物,称作破坏分子。

　　混乱的局势令人忧虑。作为摆脱危机的出路,出现了许多劝解放者建立君主制、登基称王的建议。对此,解放者作出了毫不含糊的回答:

　　"我既不是拿破仑,而且也不想当拿破仑。我不想仿效凯撒,更不想仿效伊图维德。因为这类榜样跟我的荣誉不相容。解放者的称号胜过人类为之感到骄傲的一切称号,它将永葆其不灭的光辉。""要么当一个解放者,要么就不要活,这是我长期以来恪守的箴言。解放者这个称号高于一切,因此,我绝不会降低自己的身分去登上王位。""没有什么情况迫得我们非建立王国政权不可。哥伦比亚从来就不是一个王国,它周围的其他各国也都是共和国。如果建立起王国的宝座,它将因其金碧辉煌、高不可及而令人敬而远之。新出现的贵族统治将会把平等彻底摧毁,混血人的权利就将荡然无存。"

　　解放者对民主制度的忠诚是可靠的,是经得起考验的,是不容怀疑的。

　　解放者建造了一座大厦,但是,还没等这伟大的工程全部完工,有些地方的支柱就倾倒了。坍塌开始了。大厦将倾的第一条裂缝恰恰出现在委内瑞拉。

　　派斯因为在加拉加斯实行强制征兵受到控告,参议院受理了这一控告,宣布停止派斯委内瑞拉部队总司令的职务,并传他到波哥大去交待问题,副总统桑坦德随即任命新的总司令接替了他的职务。在此之前,发生了"因方特事件"。委内瑞拉人、共和军上校莱昂纳多·因方特因战致残后居住在波哥大,他被控杀人,并被判处死刑。上诉法院的审判长,委内瑞拉人米格尔·佩尼亚博士认为对因方特的审判不公正,因而拒绝在死刑判决书上签字,结果他也在参议院受到指控,随即被停了职。在这种敌对气氛很浓的情况下,派斯不敢贸然前去波哥大,但又不想落个对抗国会的骂名。于是,他的手下在委内瑞拉制造一系列骚乱,以为他不去波哥大制造借口。

　　委内瑞拉的分裂迫在眉睫,一触即发。

15 年艰辛奋斗得来的成果就要付之东流。玻利瓦尔接到了情况通报,他必须马上返回哥伦比亚。至于秘鲁,他管不了那么多了。

他总是顾此失彼。由于离开哥伦比亚到南方作战,他失去了委内瑞拉和新格拉纳达,那里现在已分别成了派斯和桑坦德的领地,已经被他们 2 人的势力牢牢控制。现在他离开秘鲁而北上,秘鲁也将很快落入他的政敌之手。

1826 年 9 月 3 日,玻利瓦尔从卡亚俄港登船,急匆匆地向瓜亚基尔进发。

自称最蠢

1. 分裂

9 月 12 日,玻利瓦尔抵达瓜亚基尔。上岸后,他立即发表演说,表明自己的立场:

"哥伦比亚公民们! 你们不和的叫喊我在秘鲁首都就听到了。我给你们带来了橄榄枝,你们作为珍贵的祝福收下它吧! 我再一次为各位效劳,就像一个兄弟那样。我不想知道谁有过错;但是我永远不会忘记你们是我的骨肉兄弟,是我的战友。我一视同仁地亲吻你们大家,张开双臂拥抱你们:进来吧,深深地走进我的心里,格拉纳达人和委内瑞拉人,不管你们谁是谁非,你们全属于解放者的军队,你们都是伟大的共和国的公民。

"你们之间的争吵只能归咎于一个人,那就是我。我没有及时赶到。两个友好的共和国,我们的胜利的果实,用他们的铭谢和酬劳把我羁留彼地,使我未能及时赶来。现在我甘愿为你们牺牲;你们把气出到我身上,打我吧,只要你们能息怒和好,我甘心情愿承受这一切。

"哥伦比亚公民们! 我踏着祖国的土地;但愿你们互相辱骂的喧嚣声会平息,你们不和的错误会终止。不再有什么委内瑞拉,什么孔迪纳马卡:我是哥伦比亚人,我们都将是哥伦比亚人,否则死神就将笼罩大乱之后留下的荒漠。"

他一刻都没有停歇。在 4 个月的时间里,马不停蹄地赶路。从瓜亚基尔到基多,从基多到帕斯托、波帕延、波哥大,从波哥大到科罗、卡贝略、巴伦西亚。这些熟悉的地方,是他过去率领大军胜利前进的里程碑,但是今天,他正反其道而行,他正沿着过去胜利进军的道路急匆匆地后退,一直退回最初的起点。这时,他一定想起了神话中那个被罚在地狱中推石上山的神。每当他把石头推上山顶,石头都会自动滚回山下,他就只好回到山下,再次推石上山,这样循环不已,永不停息。玻利瓦尔对苏克雷说:"我不想像神话中那个被判决的神那样老是重新开始他的工作"。其实,那个神又何尝想那样做呢!

在波哥大,副总统桑坦德忐忑不安地迎接总统。举行了权力移交仪式,玻利瓦尔重新开始直接管理哥伦比亚。桑坦德说出了自己的想法,他主张解放者亲率大军,挥师委内瑞拉,一举平乱,恢复法律和秩序。他的话别有用心,玻利瓦尔未予理睬。解放者有自己的一套打算。他直接写信给派斯:"为了委内瑞拉和你,我是坚定不移的:委内瑞拉是我的母亲;我必须为她牺牲一切。我的惟一使命就是拯救以委内瑞拉命名的一切,我已宣布对所有的人都绝对宽恕。我曾大声疾呼过,你有权用正义来对抗非正义;用不服从来对抗滥用权力。我被诽谤和敌人所包围,因为我没有充当卑鄙的报复的工具。我为美洲效劳得太多了,现在已是我竭尽全力为加拉加斯效劳的时候了。"

12月,玻利瓦尔来到委内瑞拉,他看到那里已经处在内战的边缘。加拉加斯和巴伦西亚两地正在积极策划委内瑞拉的分离,同胞们已经分裂成两派,互相争斗。他激动地发出呼吁:"你们已用兄弟残杀的罪行玷污了你们勇士的荣誉。这难道就是由于你们的美德和勇气而应获得的桂冠吗?不!收起你们杀害自己父母妻子的武器吧,不要毁灭我们的祖国。我只是号召人民平静地讨论他们的利益和他们自己的主权。"他许诺,将在年内召开国民代表大会,来讨论解决所有有争议的问题。派斯仍不悔悟,他是倔强的。玻利瓦尔坚定地采取措施,逼迫派斯就范。他的主导思想是要争取团结,防止分裂和内战。他从马拉开波发出命令。要求委内瑞拉各省直接隶属于他,不再服从除他之外的任何上级。接着,他调动几支军队开往委内瑞拉中部,以示告诫。出现了积极的变化,解放者的政策奏了效。派斯手下的人开始感到泄气和惶恐,不少人见风使舵,转而投靠解放者。一支驻守加拉加斯的警卫部队,全军开拔,投奔解放者;卡贝略要塞也反戈一击。派斯日益孤立。玻利瓦尔以亲切的口气给他写了又一封信:"我想您一定疯了,竟不愿来看我,怕我怠慢您。我的将军,难道您能够相信,我对待您,我的老朋友,会比对待我的宿敌还气量狭窄吗?您可不要相信会有这种事。我要主动拥抱您,这等于在您脸上击上一掌。莫里略去见我时,随身带了一队卫兵,而我却孤身赴会,因为背信弃义的做法太卑鄙了,一位堂堂男子的心胸里根本不会有这种想法。"同一天,他发布命令,重申派斯为委内瑞拉总司令,重申任何人都不会因这场动乱而受到追究。派斯的立场终于发生了动摇,他停止了对抗。1827年新年伊始,解放者进入巴伦西亚城,在那里受到人民的热情欢迎。几天后,在通往巴伦西亚的道路上,派斯投入了解放者的怀抱。他们真诚地拥抱,然后并辔进入加拉加斯。在加拉加斯,欢庆的场面自然超过了巴伦西亚。动乱结束了!和平恢复了!

这是玻利瓦尔最后一次回到加拉加斯。他在委内瑞拉停留近半年,最后一次治理他出生的这片土地。他继续致力于恢复秩序。和平的到来激发了很多人的野心和欲望,许多地方出现了骚乱和动荡。他调兵遣将,控制各地的局势。他确立财经制度,命令停发已经退役的军官的薪金。亲自了解解放奴隶的法令的执行情况。投入很大精力关心公共教育事业,制订公共教育条例,开办大学。发布命令,取消对担任科学界要职的人的种族和宗教限制。他吩咐卖掉他最后一笔财产——阿罗亚矿山,以支付给予受聘前来的英国教育家兰开斯特的报酬。

这是最后一次机会。这是玻利瓦尔最后一次在祖国的土地上为未来描绘宏图。此后,一切都将崩溃。他将为保住现有的建树而疲于奔命,再也无力顾及未来。

委内瑞拉的分裂暂时制止住了,但玻利瓦尔为此付出了沉重的代价。在新格拉纳达,反对玻利瓦尔的人增加了,反对玻利瓦尔的势力增强了。新格拉纳达人认为玻利瓦尔偏袒委内瑞拉,包庇派斯,没有给他应有的惩罚。他们甚至认为,玻利瓦尔和派斯一起反对波哥大。对玻利瓦尔没有惩罚派斯,桑坦德极度失望和恼火。他怒气冲冲地对玻利瓦尔说:"如果没有道义上和物质上的力量来按宪法的规定制约那些捣乱分子并支撑现政权,那么联合体就应解散,分头成立独立的委内瑞拉、新格拉纳达和南方共和国。"安抚派斯的结果,是桑坦德公开提出分裂,恢复1815年的新格拉纳达共和国。

桑坦德已经习惯于独自一个人治理这个国家,现在解放者回来了,他有了一个强有力的上司。对此,他很不舒服。在担任多年事实上的一把手之后,他已经不能心甘情愿地在任何人面前居于从属地位。再说,在波哥大,他现在有不小的势力。起码,议会在他的控制之下。他暗中指挥自己的党羽,发起了反对玻利瓦尔的攻势。他们在报刊上肆无忌惮地发表攻击解放者的言论,同时,成立了秘密团体,专门从事反对解放者的活动。他们在各阶层人士中散布对解放者的猜疑,破坏解放者的声誉。他们打着法律的旗号,攻击解放者在委内瑞拉破坏法制,说解放者与人民为敌,企图扼杀自由,建立个人专制。这时,驻守利马的哥伦比亚第三师的部队发生叛乱。叛乱是由该部队参谋长、新格拉纳达军官何塞·布斯塔曼特发动的。叛乱者否认总统和解放者的权威,打着捍卫自由的旗号,反对实行玻利维亚宪法。叛乱的消息传到波哥大,解放者的政敌们欢欣鼓舞,大搞庆祝游行,又是敲钟,又是奏乐,又是放烟火。桑坦德公然加入了游行的行列,并下令为布斯诺曼特晋升军衔。然而,他们高兴得太早了。叛乱的部队撤回哥伦比亚,当即就被忠于解放者的部队制服,布斯塔曼特被逮捕。

玻利瓦尔决定断绝与桑坦德的关系。"桑坦德是一个叛徒,我再也不能同他一起共事了;我既不相信他的道德,也不相信他的心。"解放者这样宣布。他给陆军部长苏布莱特写信:"我已不能再忍受桑坦德的背叛和忘恩负义,我今天给他写信说,不要再给我写信了,因为我不想给他回信,也不想给他朋友的称号。苏布莱特将军,您知道了这件事,可以把它告诉有关人员。在我命令那些向桑坦德开火的人冷静下来的同时,波哥大的报刊却朝我开火,竟然如此忘恩负义!"桑坦德怎么说呢?他回信对解放者的指责作出答复:"我确信我是无辜的。因此我将坦然地忍受最近的这次打击。……我祝福您永远健康,祝您诸事顺遂。我将永远怀着感激的心情由衷地热爱您。我的手永远不会写一行有损于您的字。即使您永远不召唤我,不把我当作朋友,但我仍深深地崇敬您,给您以理所当然的尊敬,永远当您的朋友。"好一个温良敦厚的桑坦德,好一副无辜受屈的嘴脸!他的另一副嘴脸暴露在他写给党羽胡安·马迭多的信中:"我给你寄上在利马再版的一本小册子,里面揭露了我们的英雄的成千上万事实。尽管你们出版此书的摘要会遇到一些困难,但是在爱国者的聚会上散发,让人们知道我们的解放者、或说是奴役者的'功绩',一定大有好处。最近我寄出一份索托马的揭发材料,揭发解放者、总统的一个卑鄙的、违反宪法、且十分荒谬的命令,这个命令宣布要把政府迁往委内瑞拉,而把波哥大留给他那些不受器重的部长们。这是玻利瓦尔所采取的最荒谬和任性的步骤,必须向人民、向全世界揭露这个人的荒唐可笑和独断专行,这个人还口口声声说他是按照法律来进行统治的,并且热爱人民的权利呢!你想发表什么内容,就补充进去把它作为社论来发表。我们除了公众的利益外,别无他图。"显而易见,桑坦德是一个典型的两面派。在给其另一个党羽的信中,他解释了自己的行为:"干我这一行,当遇到强大且又居高临下的敌手,而自己又有希望用小股出击,奇袭,伏击等各种作战手段把他吃掉时,那么就要避免同他硬拼。"显然,桑坦德善于玩弄权术,在这方面,他远远胜过玻利瓦尔。玻利瓦尔讨厌权术,讨厌口是心非,虚与委蛇。他从不拉帮结派,从不搞地下活动,甚至不愿伪装同敌手维持以往的友谊。事实证明,在政治斗争中,过分的高洁与率直往往是会吃亏的。玻利瓦尔对桑坦德简单拒斥的态度,使他丧失了对敌人的势力进行分化瓦解的机会。

委内瑞拉的局势已经好转,但在新格拉纳达,局势正朝危险的方向发展。分裂分子越来越猖獗,他们正加紧为哥伦比亚掘墓。在分裂分子的聚会中,甚至传诵着这样的诗句:

如果将破利瓦尔这个词掐头去尾，

我们就会得到

橄榄树——和平的象征

这就是说，

如果我们砍掉暴君的头和脚，

就能得到我们盼望的

持久和平。

玻利瓦尔在加拉加斯待不下去了。他必须返回波哥大,去为维护哥伦比亚作最后的斗争。

1827年7月5日,他在拉瓜伊拉登上了前去卡塔赫纳的帆船。他没有想到他会一去不复返。他在无意识中向自己的出生地作了永别。

在卡塔赫纳这个令人亲切的城市,玻利瓦尔停留1个多月,以收集、研究关于新格拉纳达危机的各方面情况。在波哥大,议会正在开会,桑坦德的派系力量控制着议会,因为大多数议员是在桑坦德作为副总统受委托主管政府工作期间当选的。波哥大的上层人物们议论着玻利瓦尔,不是作为"解放者",而是作为"老家伙西蒙"、"暴君"和"干瘪香肠"。玻利瓦尔来到波哥大,他在那里受到前所未有的冷遇。没有欢呼,没有迎接,他在议会的讲话没有掌声。斗争的焦点集中于即将召开的国民大会。这是玻利瓦尔提议召开的会议,旨在修改1821年的库库塔宪法,讨论解决国家面临的危机。桑坦德派起初不同意召开这个会议,但后来当他们做了大量手脚,确信可以控制这次会议时,就改变了立场。他们提出一份联邦宪法草案,主张废除中央集权,改采联邦制度,最终目的是促使哥伦比亚逐步解体。玻利瓦尔针锋相对,坚持自己的一贯立场:加强中央集权。他郑重地提出告诫:"显而易见,如果不给政府一种能够与无政府状态斗争的极大力量,哥伦比亚就会崩溃。无政府状态将使成千个叛乱分子抬头。"

1828年3月,玻利瓦尔离开波哥大,来到布卡腊曼加。国民大会将在奥卡尼亚召开,他将在那里就近观察这次会议。最后的胜负将在国民大会上决出。哥伦比亚的命运取决于奥卡尼亚大会。

2. 独裁

3月30日,奥卡尼亚大会开幕。会议始终处在激烈的争吵中。由于桑坦德及其同伙的极力阻挠,玻利瓦尔没能前去出席会议。桑坦德的理由是,玻利瓦尔的威信令人生畏,他的出席将妨碍代表们自由讨论。玻利瓦尔只好用信件向大会提出自己的意见。他对共和国所面临的危机进行了分析,雄辩地论证库库塔宪法的弊病,论证政府组织的不合理,再次强烈呼吁建立一个坚定、强大、公正的政府。同时,他向会议辞去总统职务。支持玻利瓦尔的代表们提出了另一个宪法草案。反对派抨击这个方案比玻利维亚宪法更具君主主义色彩,不过是使玻利瓦尔永远执政的专制统治的工具。反对派在会前进行的频繁勾结见到了成效,会议被他们控制。玻利瓦尔派在会上居于少数,眼见的难以有所作为,最后他们急中生智,集体退出大会,使大会因不足法定人数而流产。对奥卡尼亚大会的失败,玻利瓦尔非常失望。他通过这次大会挽救哥伦比亚共和国,使其免于分裂的希望失败了。危机不但没能消除,现在反而更加沉重了。共和国现在实际上已没有政府,局势完全处于失控状态。

满腔失望的玻利瓦尔离开布卡腊曼加,启程返回波哥大。他对国家的前途深感忧虑。行至索科罗,听到从波哥大传来的消息:奥卡尼亚会议的失败在那里激起一次群众游行,集会中群众一致拥戴玻利瓦尔出任独裁官。在全国其他重要城市,这项动议也都得到响应。6月24日,玻利瓦尔进入首都,又一次受到欢呼。人们欢天喜地,举行斗牛仪式来欢迎他。经过反复考虑,解放者接受了独裁权力。他颁布了新政府组织法,对政府进行了改组,并承诺将在1830年1月召开新的国民大会修改宪法,同时交出权力。

对自己新的一次掌权,玻利瓦尔满腹狐疑。在战争年代,他曾受人民委托而行使独裁权,他认为在那时是完全必要的,可现在已经是和平时期。他怀疑自己权力的合法性,怀疑它可能产生的后果。他彷徨迟疑,进退两难。他早就说过这样的话:"为了挽救国家,我应当成为一个布鲁图,但为了使国家不致陷于内战;犬概我更应成为西拉,这不符合我的个性,我绝不这样办,我宁可失去一切,连生命都在所不惜。"我愿意成为任何人物,但我宁可为理想而死,也不愿被人们当成暴君,哪怕是有当暴君的嫌疑。我最热烈的追求,我最大的向往是博得热爱自由的名声。我梦寐以求的,是成为布鲁图;我若要充当西拉,尽管他是罗马宪法的挽救者,却使我感到厌恶。"没完没了的反省和疑虑开始折磨这个一贯勇往直前的人。骑士唐吉诃德突然变成了王子哈姆莱特。

玻利瓦尔注定将得不到片刻安宁。一场忘恩负义的侵略进一步加剧他所承受的痛苦,使其增长至极点。

在玻利维亚首都,爆发了反对苏克雷总统的暴乱,暴徒们打伤了总统的一条胳膊。秘鲁的加马拉将军以维持秩序为名,派兵侵入玻利维亚。之后,苏克雷辞去总统职务,率领最后一批哥伦比亚士兵返回哥伦比亚。秘鲁军队随即侵入哥伦比亚,1829年2月1日,他们占领了瓜亚基尔。他们的打算,是要将玻利维亚和瓜亚基尔统统并入秘鲁。在哥伦比亚国内,在南部的波帕延,两名分裂派军官得到波哥大暗杀失败的消息后,铤而走险,再次煽动一部分部队发动武装叛乱,幸而很快就被平定。玻利瓦尔不能容忍秘鲁的侵略,他决定亲自出征,用自己的剑保卫哥伦比亚的领土。他置自己的健康于不顾,强支病体,跋山涉水,前往基多。这是一只垂死的雄狮竭尽全力发出的最后一声怒吼,虽然虚弱,但十分悲壮,这增加了它的威风与威严。

这次战争耗去了玻利瓦尔将近1年的生命。在苏克雷协助下,终于打败了秘鲁军队,收回了瓜亚基尔,签订了和约。这场战争耗尽了他最后一点精力,加速了他的死亡。然而,伤害并没有到此结束。在北方,多年来一直深受信任的海军部长科尔多瓦将军发动了又一次武装叛乱,企图夺取国家最高权力。奥利里将军带兵讨伐,战斗中科尔多瓦被杀死。事件很快得到平安。又一个惊人的消息传来,留在波哥大的部分政府成员搞了一个在哥伦比亚建立君主立宪政体的方案:玻利瓦尔在有生之年以解放者、总统的名义治理国家,同时,选一位外国王子做他的继承人,此后,王位将世袭下去。他们着手推行自己的计划,企图造成既成事实,并就此与法国和英国驻波哥大的外交官进行接触。这件事深深伤害了玻利瓦尔的感情。他对他那些过分热心的支持者说:"没有人来担当君主制计划中的主角,因为我不愿,任何一个欧洲亲王也不愿登上这华丽的断头台。""你应该了解我已经厌烦公职了,这么多忘恩负义的行为和每天都对我犯下的罪行使我感到厌烦。你已经看到国民大会把我置于怎样无可奈何的境地:要么牺牲国家,要么以我为代价拯救国家。……我是窃国大盗!是我在搞篡权活动！我的朋友，太可怕了，我不能忍受这种说法！我对它如此嫌恶，宁可让哥伦比亚灭亡也不愿别人叫我'窃国大盗。'"

玻利瓦尔预感到哥伦比亚的解体不可避免。他急于辞去公职，交出权力，退出政治生活。12月24日，他发出通知：将于第二年1月召开国民大会，届时他将结束自己的政治生涯。

3."把我的行李装到三桅船上"

1830年1月15日，玻利瓦尔返回波哥大，他面容苍白、憔悴，眼睛暗淡无神，声音弱得几乎听不见，身上瘦骨嶙峋。以前那个生机勃勃的玻利瓦尔不存在了，回到首都的几乎是一具僵尸。

5月初，国民大会选举产生了新的政府，任命了新的哥伦比亚总统和副总统。但是，这个哥伦比亚已经不是玻利瓦尔的大哥伦比亚！分裂正式发生了，委内瑞拉和厄瓜多尔已经脱离大哥伦比亚，各自成立了新的国家。哥伦比亚共和国现在只剩下一个名称。第二年，连这个名称也被改为"新格拉纳达共和国"，为的是去掉一切玻利瓦尔中央集权制的痕迹。55年后，这个名称才得到恢复，成为今天的哥伦比亚共和国。

玻利瓦尔决定离开南美大陆，到牙买加或英国居住。

在他解放的这片土地上，已经没有他的立足之地。在这里，他将永远得不到安宁。他害怕有人会借他的名字制造新的混乱。他谢绝了厄瓜多尔各省邀请他前去居住的好意，他写道："共和国即将分为几派所有，我无论在哪里，都会有人来找我，去当那里闹起来的一派的首领，而我的尊严和地位却不允许我成为宗派的头子。""你们应该清楚，祖国的利益要求我作出牺牲，永远离开给予我生身之地的国土，以免因为我留居哥伦比亚而妨碍我的同胞们的幸福。"他变卖了手头拥有的全部值钱的东西，但是，所得的钱无法使他在国外维持体面的生活。他已经不像年轻时候那样有钱，他的万贯家产早已在战争中，在对亲戚、朋友及战友的不断馈赠、补贴中消耗殆尽。他视金钱如粪土，他说："我是赤身来到世上的，还要空手而去。"一位将军前来看他，两人进行了如下的对话：

"您要到哪儿去？先生！您只剩下6000或8000比索了，您准备没吃没喝地住在某个外国吗？"

"假如我不死在旅途中，英国人是不会让我饿死的。"

"这会丢哥伦比亚的脸。"

"她希望这样。不，不是哥伦比亚，是委内瑞拉希望这样……委内瑞拉！"

委内瑞拉的确给了垂死的玻利瓦尔一个沉重的打击：他们拒绝自己这个伟大的儿子，不允许他踏上祖国的土地。委内瑞拉正在巴伦西亚召开的制宪大会在派斯一伙的煽动下，极力诋毁、侮辱玻利瓦尔。这个会议发表一项声明，说他们可以和新格拉纳达进行谈判，但先决条件是必须驱逐玻利瓦尔出境。声明煞有介事地宣称："经过一系列形形色色的灾祸的教训而变得谨慎从事的委内瑞拉，认为西蒙·玻利瓦尔是一切灾祸之源。它一想到原先几乎沦为他的永久属地这一危险情景，至今仍觉得不寒而栗。因此，委内瑞拉声明，只要玻利瓦尔留在哥伦比亚境内，问题就没有任何商议解决的余地。"《委内瑞拉报》上刊登了这样的选民意见："鉴于玻利瓦尔将军是祖国的叛徒，是企图破坏自由的野心家，议会应该把他驱逐出委内瑞拉。"派斯对玻利瓦尔心存畏惧，也许他害怕玻利瓦尔第二次返回委内瑞拉将他制服。殊不知，这次他的担心完全多余。他正在神气活现地向一个濒死的人身上捅刀子。玻利瓦尔受伤的心在默默地流血。

另一次打击来自南方。在帕斯托附近的贝鲁埃科斯山中,正在赶路的苏克雷元帅中了埋伏,被暗杀了。玻利瓦尔在卡塔赫纳得知苏克雷的死讯,悲痛万分。苏克雷是他晚年最为器重的将领,战功卓著,品德高尚纯正,具备多方面的才能。玻利瓦尔始终认为,苏克雷是惟一一个能在各个方面代替他的人物。"我认为,这一罪行的目的是从祖国夺走我的接班人。"玻利瓦尔对这次暗杀作了一针见血地评论。巨大的悲痛使他陷入长时间地沉默,痛苦使他经常神情恍惚。

在哥伦比亚,玻利瓦尔确实不可能得到安宁。人民并没有忘记他,人民还离不开他。人民还需要他的服务,虽然他已经失去了服务的能力。8月份,又一次支持玻利瓦尔的反政府起义爆发了。在波哥大,一支即将被解散的由委内瑞拉人组成的部队首先起事,他们打垮政府派来的军队,推翻了政府。各地都发生了响应他们的起义。起义的人们一致要求,请玻利瓦尔回来执掌最高权力;在他到职之前,先把权力委托给乌达内塔将军。劝说玻利瓦尔重返政界的信件开始像雪片一样飞向卡塔赫纳,前来游说的使者也是摩肩接踵,络绎不绝。玻利瓦尔拒绝接受权力,拒绝重任总统,拒绝一切劝说。政府是合法的,他不想反政府,不愿意打内战。"如果我接受了权力,我的名誉就会受到损害,从而使我变成一场不能带来好结果的革命的同谋。我已被诬蔑为嫌疑犯。我更不会为短暂的占有这个变革的果实而作一个同谋,因为这个变革是不会长久的,因为用武力屈服委内瑞拉和厄瓜多尔各省是不可能的。""人家要求我作出比任何人都更多的牺牲,以让大家都去各行其是。我的朋友,这是不公平的。我要为自己评评这个理。现在,我老了,疾病缠身,已经感到厌倦、失望。我被人纠缠不休,屡遭诬蔑,未得好报。而我所要求的报酬,不过是安心休养,保全自己的名誉。很不幸,这正是我未能得到的东西。"10月2日,玻利瓦尔从图尔巴科直接写信给乌达内塔:"我刚从卡塔赫纳来到这里,身体有些不好。神经感到刺激,胆部有病,风湿病又犯了。我现在的身体状况简直令人难以相信。几乎已是油尽灯灭,并且,无论在什么地方,无论采用什么办法,都不可能完全康复,对此,我已不抱任何希望。只有像奥卡尼亚那样的气候,才能减轻我的病痛,热带气候会要我的命,而寒冷的天气对我也不适宜……。"对这样一个病入膏肓、无药可医、一心等死的人,人们的期望确实是太高了,要求的确是过分了。人们的失望也就很自然,很必然了。

最后的日子来到了。12月1日,玻利瓦尔抵达圣玛尔塔。在那里,一位法国医生为他作了检查,确诊他的肺结核已经到了最后阶段,无法挽救了。在圣玛尔塔郊区一个友人的别墅里,玻利瓦尔度过了生命的最后几天。

他预感到死神已经临近。一天下午,坐在院里的树阴下,他忍着痛苦,苦笑着对陪伴他的几个朋友说:"耶稣、唐吉诃德和我是这个世界上最有名的蠢人!"这是解放者所讲的最后一句诙谐的话,里面包含着真理。这3个人,同样的理想主义,同样的执著追求,同样的勇于奉献,又同样的没有好下场。这的确令人感慨!

一天上午,玻利瓦尔轻声地问他的法国医生:

"您到这块土地上来寻找什么?"

"自由。"

"您找到了吗?"

"找到了,我的将军。"

"您比我幸运！因为我还没有找到。不过，您还是回到飘扬着光荣的三色旗的美丽的法兰西去吧，因为您不能在这里，在这个有许多恶棍的国家里生活。"

自12日起，玻利瓦尔的病情最后恶化，发高烧，说胡话。一天晚上，昏迷中的玻利瓦尔断断续续地轻声呼唤："走吧！走吧！……这些人不愿意我们留在这个地方。……小伙子们，我们走吧！……把我的行李装到三桅船上。"

当玻利瓦尔还清醒的时候，他周围的人安排他接受了临终圣礼，签署了最后宣言。最后宣言将解放者的伟大形象最后一次呈现在他所解放的各国人民的面前：

"哥伦比亚同胞们：

你们已经亲眼目睹了我为在暴君统治过的土地上建立自由制度而作出的努力。我不图私利地工作，抛弃了家产，乃至安居乐业的生活，当我确信你们怀疑我的无私精神时，我便放弃了权力。我的敌人滥用你们的轻信，践踏了我心目中最神圣的东西，即：我的名誉和我对自由的热爱。我成为他们迫害的牺牲品，是他们把我引到坟墓的大门口。我宽恕他们。

在我同你们诀别的时候，我对你们的亲密感情驱使我倾吐我的最后愿望。我惟一渴望的荣誉，就是哥伦比亚的巩固。保持联盟会带来无可估量的裨益，你们大家都应当为此贡献力量：人民应当服从现政府的领导，摆脱无政府状态；神职人员应当向上天祈祷；军人应当仗剑保护社会福利。

哥伦比亚同胞们！我的最后祝愿是祝福祖国。如果我的死有助于结束派系之急，巩固联盟，我将瞑目进入坟墓。"

12月17日，大哥伦比亚成立11周年纪念日，下午1点，解放者玻利瓦尔平静地停止了呼吸。他的生命与他所创立的伟大共和国，在同一年停止了存在。

汉尼拔

少年大志

地中海象一个平静的大湖,风景秀丽,南欧、北非和西亚环绕在它的身旁。但是,自古以来,地中海并不平静,一直是大国列强角逐的场所。

距今两千多年以前,在地中海沿岸兴起了两个势力强大的国家,一个是意大利半岛上的罗马,另一个是非洲北岸的迦太基。

古罗马的首都,就是今天的意大利罗马城。关于罗马城的建立,在意大利民间广泛流传着一个美丽动人的故事。

故事大约发生在公元前八世纪。

那时,意大利中部台伯河出海口附近,居住着一群从特洛耶流亡到这里来的人。台伯河两岸长满了森林,阳光灿烂,土地肥沃,不仅宜于农作物的生长,也有发展畜牧业的良好条件。另外,此处离海只有二十五公里,交通十分方便。流亡者在海岸处建造了一座新城市,取名亚尔巴龙伽。

亚尔巴龙伽国主有个弟弟,名叫阿穆留斯。阿穆留斯生性残暴,野心勃勃,仇视当上国王的哥哥,一心欲夺其位。后来,他施展阴谋诡计,终于取代了他哥哥的统治。掌权后的阿穆留斯,生怕他哥哥的后代会报仇,因此下令杀死他的侄子,并强迫侄女去作祭司。按照当时的规定,担任祭司是不能结婚的。阿穆留斯认为这样一来,就能绝他哥哥的后代,再也没人向他复仇了。

可是不久传来了一个可怕的消息:那个当祭司的侄女竟生了一对孪生子!阿穆留斯立即下令,把当祭司的侄女处死,并把两个婴孩扔到台伯河里去。

有个奴隶奉命扔孩子。他把孩子装在篮子里,来到一个名叫帕拉丁的山冈上。这时台伯河正在泛滥,河水不断上涨。奴隶把篮子放在山冈下的河岸上就走了。他想河水再涨高一些,就会把孩子冲进河里淹死。

河水果然汹涌地上涨了,可是孩子并未被冲走,因为篮子给长在河边的树枝挂住了。不久河水退去,孪生子从篮里落到地上,咿咿啊啊地啼哭起来。

这时,正巧一只母狼来到河边喝水。它听到哭叫声,便奔到孩子们身旁。也真奇怪,母狼不仅没有伤害这对可怜的孪生子,而且慈爱地低下头来,用长长的舌头舐干了孩子的身体,并用自己的奶喂养他们。

这件奇事被一位牧人发现了。他把这对孪生子带回家去抚养,还替他们起了名字,一个叫罗慕路斯,一个叫勒莫。不久,这位牧人打听出来,这对孪生子正是被新国王处死的那个女祭司生的。为了保证孩子们的安全,他决定保守这个秘密。

兄弟俩长大后,各人练就一身好武艺,逐渐为人们所爱戴。牧人、流浪者甚至逃亡奴隶都纷纷投奔到他们这里来。有一次,他们和另一群牧人发生了冲突,勒莫被对方抓住,押送到一位老人那里。老人看到勒莫的英俊仪表,不禁大为惊讶,便好奇地问:"年轻人,能不能告诉我你的出身,以及你的父母是谁?"

勒莫见这位长者态度和蔼,不像要加害自己的样子,便从容地说:"在这决定我生死的时刻,我可以告诉你,我和哥哥罗慕路斯是孪生兄弟,我们的出身非常神秘。据说我们一生下来就被扔给鸟兽,可是鸟兽不但不吃掉我们,反而养活了我们。当我们躺在大河边上的时候,母狼拿自己的奶来喂我们……"

老人听了几乎昏厥过去,原来他就是被撵下台的亚尔巴龙伽国王。眼前这位漂亮的小伙子,竟是被自己残暴的弟弟下令扔到台伯河里去的外孙!他不禁扑上前去,紧紧搂住勒莫,哭着喊道:"我的孩子!我的孩子!"

再说,养育孪生兄弟的牧人知道勒莫被抓以后,就把他俩出身的秘密原原本本地告诉了罗慕路斯。罗慕路斯听了,立即带着队伍向亚尔马龙伽进发。他决心除掉阴险毒辣的阿穆留斯,为自己的母亲和舅父报仇。一路上,痛恨阿穆留斯的人们纷纷加入了他的队伍。在勒莫的配合下,起义的队伍终于杀死了阿穆留斯。兄弟俩把政权交还给了自己的外公。

孪生兄弟在完成了这番事业之后,并不打算留在外公那儿。他们同聚集在他俩周围的许多人一起,决定建立一座新的城市。这座新城的地点,正是从前台伯河洪水退去时把他们留下的地方——帕拉丁山冈。这座新的城市,就是罗马城。传说这件事发生在公元前753年4月21日,古罗马人把这一天作为开国的纪念日。

其实,台伯河下游,早在远古时期,就有人居住,建立了许多原始村落。后来,通过联合与吞并附近村落的方式,逐渐形成了罗马城邦。

罗马史的最古时期称为"王政"时期。传说这个时期先后经过七个王,约统治了二百五十年。大约在公元前510年,罗马废除了"王政",成立了共和国。共和国的首脑初称军政长官,后改称"执政官",由百人团会议从贵族中选举产生。执政官共二人,有同等权力,是国家的最高统治者和法官,也是军队的最高统帅。执政官身穿镶有暗红边的朵裂,出门时有扈从十二人,肩荷笞棒一束,中插战斧,象征国家最高长官的权力。这种笞棒称"法西斯",近代意大利法西斯党即由此得名。执政官任期二年,遇有紧急事变,两个执政官推举一名为独裁者,称为狄克推多,任期半年。元老院是主要的权力机构,由民族长老和退任的执政官组成,共三百名,他们有决定内外政策和批准法案等权利。退位的执政官在元老院中有很大的影响,现任的执政官不过是执行他们意旨的工具。人民大会虽然存在,但不起决定作用。在这里可以看出罗马共和国贵族专政的实质。

早在"王政"时代,罗马氏族制度开始解体,出现了平民与贵族的斗争。所谓贵族,是指氏族中的权贵。他们利用权势,霸占公有土地,剥削普通氏族成员和奴隶。所谓平民,是指外来移民和被征服的拉丁地区的居民。平民虽有人身自由,但不能担任官职。他们虽然可以经营农业、手工业和商业,但不能参与被掠夺来的国有土地的分配,而且受到氏族贵族的压迫和剥削,其中有些平民甚至由于负债而沦为奴隶。到了共和国时期,平民与贵族的矛盾日益尖锐。经过两个世纪的斗争,平民一步步争得了推举保民官、设立平民会议、担任高级官职、废除债务奴隶及分配少量国有土地等权利。罗马各自由民阶层之间的关系得到了调整,扩大了共和国的社会基础。

罗马军队以重装步兵为主。这种步兵大多数是从农民中征集的。步兵配备两面口的短剑和投掷的长矛以及防身的甲胄、盾牌。全军分若干军团,每一军团约四千二百至六千人。除重装步兵外,还有一定数量的轻装步兵和骑兵。在统一意大利及以后一个多世纪中,这支军队成为罗马向外扩张的有力工具。

早在共和国初期,罗马奴隶制经济就有所发展,在农业、采矿业、手工业和其它生产部门都广泛使用奴隶劳动。随着奴隶制经济不断发展,奴隶的需要量越来越多,但是由于债务奴隶制的废除,奴隶的来源逐渐减少。因此,罗马奴隶主阶级需要通过对外战争来掠夺奴隶。从公元前四世纪中叶开始,罗马利用当时的国内外有利形势,凭借一支由自由公民组成的强大的军队,不断向外发动侵略战争,先后征服了意大利各部落和许多城邦,统一了整个意大利半岛,从一个台伯河的小城邦一跃而为西部地中海的奴隶制强国。但是,罗马对意大利的征服,只是扩张的第一步。奴隶主对土地、奴隶和商业利益的贪求,不会以此为满足。另外,罗马在统一意大利之后,控制了全部商业城市。商人在罗马的政治作用日益显著,直接影响国家政策,积极要求向海外扩张。盛产粮食、居于海上贸易重要地位的西西里岛便成了罗马奴隶主掠夺的主要对象。

然而,罗马要夺取西西里岛,绝不是轻而易举之事。在西部地中海,迦太基是其劲敌。

迦太基位于现在北非突尼斯的东北部,它是由腓尼基人建立的一个小小殖民地。建城时间大约在公元前 800 年左右。关于迦太基的建城问题,流传着"一张牛皮"的故事。

据古代神话传说,迦太基城的建立者是一个腓尼基泰尔族的妇女,名叫埃利萨。她的丈夫颇有才干,却被心胸狭窄、老奸巨猾的首领格美利翁以莫须有的罪名,阴谋暗杀。埃利萨得知其夫被杀,痛不欲生。这天晚上,疲劳至极的埃利萨昏然入睡。睡梦中,一神灵托梦于她,告知其夫被害的全过程,并劝她尽快逃走。埃利萨一梦惊醒,得知暗杀者乃格美利翁,既惊且惧。她早知此人心怀鬼胎,垂涎于她的美貌,便当机立断,吩咐仆人打点行装,带上全部家产,串联上众多欲摆脱格美利翁暴政的人们,披星戴月,登船逃向远方。

埃利萨和逃亡者们在地中海上漂泊数日后,终于看到陆地,立即弃舟登岸。在岸边向当地居民打听,方知已到非洲。众人经一番商议,均同意留在此地。当地酋长乃一好客之人,他召见并盛情款待逃亡者。席间,他道:"你们憔悴困之,不知从何方到此?本酋长以为,既来之,则安之。有何要求,尽请开口。但能满足,绝不吝啬。"埃利萨欠身答道:"酋长大人,我们从东方腓尼基逃到贵地。蒙大人盛情接待,万分感激。现我们初到贵地,尚无立锥之地,还请大人赐予一张牛皮,我们需要一张牛皮所能包围得下的一块土地立身安命。不知大人意下如何?"酋长听罢,哈哈大笑道:"区区小事,何足挂齿。来人,赐予他们一张牛皮。"不一刻,侍从取来一张牛皮,递给埃利萨。埃利萨接过牛皮,躬身施礼,再三感谢酋长的大恩大德。

辞别酋长后,埃利萨拿着牛皮,率众人来到海边。众人对埃利萨此举,困惑不解,如此一张牛皮,能围多大的土地,我等众人何以立身?埃利萨见状,对众人笑道:"你们不要着急,看看这张牛皮能围多少地。"于是她将牛皮铺开,顺边缘将牛皮剪成一根很长很细的皮条。众人用这根皮条围了相当大一块地。酋长与当地居民见到此等情形,都惊讶得目瞪口呆。可酋长一言九鼎,只好听任埃利萨等在牛皮围成的土地上忙活。这块用牛皮围成的地,便是日后的迦太基。因为这个原故,所以,这个地方叫做"柏萨",意为"一张牛皮"。

建国初期,迦太基还是一个小国寡民的国家,土地面积只限于柏萨城内外的一部分。但是随着它的势力增长,迦太基逐步向周围地区扩张,并且把它的势力伸入到西西里、撒丁尼亚以及地中海的其他岛屿。到公元前七世纪,迦太基已经发展为西部地中海一个强大的国家,统辖着北非西部沿海、南西班牙、西西里大部、科西嘉、撒丁和巴利阿里群岛等广大地区。

迦太基是地中海上的一大商业枢纽,当地居民素以航海和经商著称,海外贸易在迦太基经济中占绝对优势。北非的绛红、苏丹的象牙和奴隶、中非洲的鸵鸟毛和金砂、西班牙的白银和咸鱼、萨丁尼亚的粮食、西西里的橄榄油和希腊的艺术制品等,都集散于迦太基。从埃及和腓尼输入迦太基的有毡子、陶器和玻璃珠等。有的商人甚至带着黄金、白银和食盐从中非洲越过沙漠来到迦太基。有的则从西班牙运来铁和锡,当时最珍贵的琥珀也从遥远的波罗的海运到迦太基。这些运到迦太基的商品,有的又重新装上船只,启运到地中海区域的各个地方转卖。为了追逐暴利,迦太基商人有时还会冒险到更远的地方航行。例如迦太基人汉诺曾经率领一个舰队(大约六十艘船只)出地中海,进入大西洋,并且环行了非洲西部海岸。

迦太基拥有强大的陆军和海军。陆军装备精良,是职业的雇佣兵,其中有亚洲人、希腊人、西班牙人和沙漠里的游牧人。迦太基的海军拥有五十支桨的战船几百艘,在罗马兴建海军之前,这支舰队在西部地中海是无敌的。迦太基政府依靠这只强大的军队,控制了西部地中海的移民城市、商业据点和广大的领土,它几乎垄断了整个地中海的贸易。

迦太基在海上势力的扩张,引起罗马极大的不安。过去,两国的关系一向比较友好。公元前五至四世纪,迦太基和罗马曾经订立了好几个和平友好条约,迦太基以不插手意大利半岛的事务为条件,换取了罗马不涉足西西里的保证。公元前三世纪初,当希腊伊庇鲁斯国王皮洛士入侵意大利时,两国曾经缔结同盟,共同对付皮洛士。迦太基以为,只要打败希腊人,就可以探囊而得西西里。它还以为,以农业为主的罗马只要占有全部意大利就可以心满意足了,不会再同它争夺海上势力。然而,随着局势的变化,迦太基的如意算盘落空了。

公元前三世纪中期,罗马征服南部意大利以后,积极要求向海外扩张,梦寐以求的是夺取富饶的西西里和它的商业城市,确立自己在地中海的霸权地位。当然,迦太基也不会坐视罗马将它的触角伸进自己的势力范围,动摇自己在地中海的霸权地位。这样,昔日的"盟友"终于成为势不两立的敌手。

公元前264年,罗马借口迦太基人准备进攻意大利,派遣执政官克劳狄乌斯率领一小股部队突然闯进麦山那湾(位于意大利与西西里之间)。迦太基慌了手脚,被迫撤出自己的军队,并正式向罗马宣战,史称第一次布匿战争。

战争刚一打响,罗马人就利用他们在陆地上的优势,迅速从迦太基人手里夺取了西西里的大部分地区,可是海洋仍然为迦太基舰队所独霸。因此双方进行决定性的战斗主要还是海战。

古代海战的方式与近代有很大的不同。当时没有枪炮,当两军相遇时,双方的指挥官都要考虑怎样利用自己的船头去撞击敌舰的船尾或中腰,把它撞伤甚至撞沉。这样的海战就要求船上的水手和船长有高度的灵活性和丰富的战斗经验以及船只的坚固。当时罗马只有一些小型的船只,海军力量远不能与迦太基相匹敌。他们懂得:没有强大的海军,要战胜迦太基是根本不可能的。为了改变这种被动局面,他们开始大肆扩建海军,决心着手建造坚固耐用的大船。结果在一年之内就建造了一百艘五帆大船和二十艘三帆的舰船。但是,罗马船只仍嫌太少,装备技术较差,船只笨重不灵活,水手技术不熟练,缺乏海上作战经验。总之,罗马的战舰在数量和质量方面都不及迦太基。为了弥补这些缺点和发挥罗马步兵的优势,罗马人又采用了一项新的技术装备,在每艘战舰的头部都装上叫做"乌鸦"的小吊桥,上面装有栏杆,末端有尖钩(形如乌鸦嘴)。这些吊桥垂直地装在罗马战船的头部,系在桅杆上。当这样的战船驰近敌舰时,就迅速放下吊桥,钩住敌舰的甲板,然后通过吊桥迅速登上敌舰,与敌人展开短兵相接的厮杀。这样,罗马的陆军就充分发挥了他们的威力。据古代史家记载,由于这项新的发明,在公元前260年,年轻的罗马舰队在米雷海战中取得了巨大的胜利。号称"无敌舰队"的迦太基海军遭到毁灭性的打击。

罗马人被这次胜利冲昏了头脑,他们决定远征非洲,企图一举占领迦太基本土。但结果事与愿违,罗马的远征军在海上遇到了可怕的风暴,有二百多艘战舰沉入大海,大部分士卒葬身鱼腹,约有二万五千名官兵在海上丧了命。紧接着,军事行动重又在西西里境内展开,双方互有胜负。公元前241年,在爱加斯特群岛附近,罗马大败迦太基海军,约有一百二十只战船被击毁。迦太基损失惨重,无力再战,被迫向罗马求和。罗马因连年战争,已被弄得民穷财尽,需要喘息时间,也乐于接受谈判。同年,罗马与迦太基签订和约。和约规定:迦太基必须付给罗马人战争赔款三千二百塔连特,分二十年还清;立即释放迦太基扣留的全部罗马战俘;迦太基退出西西里和意大利之间的一切岛屿。这样,西西里就被罗马占领,并成了它的第一个"行省"

正当地中海区域战火连天、动荡不安之际,当迦太基与隔海相望的罗马争夺西地中海霸权之时,汉尼拔诞生了。

汉尼拔于公元前247年出生在迦太基一个军事贵族家庭。他的父亲哈米尔卡是迦太基著名的将领,绰号叫巴尔卡,意思是闪电,以英勇善战著称,在中等奴隶主阶级和富裕商人中享有很高的声望。汉尼拔是哈米尔卡的长子,他的两个弟弟也是迦太基著名的将领。

第一次布匿战争并没有彻底解决罗马与迦太基两国的争端,双方的恩怨并未了结。罗马虽然是战胜国,但是贪得无厌的奴隶主贵族并不以此为满足,对迦太基及其殖民地的富裕垂涎三尺,终日虎视眈眈,伺机再夺迦太基的土地。

第一次布匿战争结束后,迦太基因战败,赔偿割地签约求和,导致了国内众多百姓不满情绪高涨。公元前241年,迦太基爆发雇佣兵起义。以此为契机,大批居民和奴隶也参加起义。不久,起义人数达到十万人。起义者攻城掠地,声势浩大,几乎波及整个迦太基,持续三年之久。迦太基内乱,对罗马来说却是一个良机。因此,公元前238年,罗马乘人之危,强行霸占了迦太基的撒丁岛和科西嘉岛,并建为两个"行省"。后来,罗马又以清剿海盗为名从北部侵入西班牙。"

迦太基在第一次布匿战争中,虽然战败,但并不甘雌伏,而罗马新的挑衅更使它感到如芒在背。旧恨未解,又结新仇,迦太基人恨透了罗马人,以哈米尔卡为代表的贵族千方百计欲报仇雪恨。哈米尔卡受迦太基政府之命,担负起内息动乱、外战罗马的使命。他首先清理内部,率军将起义平息,并促进国内安定,利用其广阔殖民地的丰富资源,很快偿清赔款,迅速使迦太基摆脱重负,恢复元气。尔后,他于公元前237年,挥师西班牙。

迦太基决定出兵西班牙,一方面用来补偿在西西里和撒丁岛的损失,另一方面是要取得一个同罗马进行新战争的前沿基地。

古代西班牙是地中海上的第三个大半岛,土地肥沃,物产丰富,盛产金、银、铜、铁和建筑木材。主要民族有伊伯利亚人、凯尔特人和维赖尼人等。它的地理位置很重要，谁如果掌握了西班牙的南部，谁就握有了通往大西洋道路的钥匙。从赫拉克列阿柱（即直布罗陀海峡）起，这条道路就分开了，一条是沿着西非海岸向南到几内亚；另一条是沿着西班牙海岸向北到布列塔尼亚和不列颠诸岛。古代世界的冒险家和航海者很早就知道这两条航路。第一条使地中海诸国可以输入黄金和象牙；第二条可以得到珍贵的银和锡。因此西班牙对于迦太基来说，无论从经济上，还是战略上，都具有反罗马的军事基地的意义。

公元前237年，迦太基政府派遣名将哈米尔卡率军渡海侵入西班牙。舰队的统帅是他的女婿哈斯特路巴尔。年龄只有九岁的汉尼拔也随着父亲哈米尔卡到了西班牙，接受战争的洗礼。

哈米尔卡在第一次布匿战争中曾任过统帅一职，打过不少漂亮仗，但后来饮恨西西里，受元老院之命与罗马签订丧权辱国的和约。他始终认为这是他一生的奇耻大辱，恨不能有朝一日喋血战场，与罗马再拼一个死活。不成功，便成仁，父业子继，因此，他便将只有九岁的儿子汉尼拔带到前线。在出征前举行的祭神仪式上，汉尼拔跪在神坛前庄严宣誓："待我长大成人之后，定要成为罗马不可调和的敌人。"这誓言句句似钉，字字像铁，牢牢印在脑海中，成为他终身不渝的追求目标。

公元前237年初，哈米尔卡在迦底斯（腓尼基人最古老的殖民地）登陆后，发动了一系列的攻势。首先，他攻占了几座原来由腓尼基人建立的旧城市，保证了迦太基人对海峡的控制权。接着，他又夺回迦太基在第一次布匿战争期间丧失的领地。经过九年的征战，哈米尔卡逐步征服了当地一些土著居民——伊伯利亚人和凯尔特人。沿海地区的一些城市，如迦底斯、玛卡拉等都并入迦太基领土之内。哈米尔卡将获得的部分财富分给他的士卒；另一部分送交迦太基国库，以讨好元老院。为了扩充兵力，哈米尔卡还从当地居民中募集十五万军队，并用当地的物质补充了自己的装备，为迦太基在西班牙的统治奠定了基础。然而，公元前228年冬，哈米尔卡在一次与伊伯利亚人的战斗中阵亡了。

迦太基人痛失主帅，但并未因此而停止对西班牙采取行动。在极短的时间里，便任命了哈米尔卡的女婿、著名将领哈斯特路巴尔为主帅。哈斯特路巴尔接掌帅印后，立即着手整训军队，补充器械。准备就绪后，他率领五万步兵、六千骑兵，誓师出征，继续拓展其岳父的未尽事业。哈斯特路巴尔出征后，连连得手。不久，他在西班牙的地中海沿岸建立起一座新迦太基城。该城附近有巨大的银矿，可为迦太基提供丰富的财政支援。

正当哈斯特路巴尔春风得意之时，一件意想不到的事，断送了他的性命。原来，自迦太基人入侵西班牙后，当地人的反抗从未停止过。贵族们频频组织暴动和骚乱。哈斯特路巴尔面对西班牙当地贵族的骚乱，极为恼怒，便残暴地处死了其中一个首脑。以警告骚乱者，不要与迦太基为敌。这个贵族首脑的手下对将军此举颇为愤怒，发誓要报此仇，以血还血。他们特意选出了一些武艺高强的人作为杀手，专门对付哈斯特路巴尔。公元前221年的一天，哈斯特路巴尔与随从外出打猎，被杀手发现。杀手们跟踪而至，隐于林中，乘将军不备，突然发难，一击得手。可怜将军一时大意，竟一命归阴。哈斯特路巴尔将军之死，使迦太基痛失一员大将。

哈斯特路巴尔将军死后，他的内弟、哈米尔卡之子汉尼拔被任命为迦太基驻西班牙军队的最高统帅。是年，汉尼拔年仅二十五岁。

远征意大利

汉尼拔虽然年轻，但他却是一位思想成熟、体力充沛、意志坚强、精力旺盛的人物。

年青的汉尼拔有着良好的军事和文化素养。他自小就多次随父远征，在军营中受父亲和姐夫的多方面教育，精通希腊、拉丁等多种当时通用的语言，对希腊战史有深入的研究，非常崇拜建立赫赫战功的希腊亚历山大大帝。他是个优秀的运动员，精于骑马和击剑，多年的军营生活培养了他坚韧不拔的毅力和吃苦耐劳的精神。成为统帅后，汉尼拔生活仍很简朴，人们常常看见他裹在军用斗篷里和士兵睡在一起，因而深受将士拥戴。汉尼拔的头脑中深深植入了对罗马的仇恨，第一次布匿战争中迦太基的失利时时燃烧起他复仇的烈焰。他最大的心愿就是用武力打败罗马，征服意大利，洗雪迦太基战败的耻辱。在他看来，迦太基经过长期的备战，已有足够的力量战胜罗马。这样不但可以使迦太基称霸地中海（如果征服罗马，世界上再没有别的国家可以和迦太基争雄了），而且可以使自己享有一世的光荣。

但是，当汉尼拔出任西班牙军事统帅时，他遇到了来自两个方面的威胁。一个是来自国内的，那些害怕哈米尔卡的反对党人，听到哈米尔卡和哈斯特路巴尔死亡的消息后，他们藐视汉尼拔的年轻，阴谋迫害哈米尔卡的拥护者。这些遭受迫害的人不断向汉尼拔告急，并且忠告他说：如果忽视那些在国内支持他的人，他自己也会受到他父亲的政敌迫害。汉尼拔也预感到这一点。他认为，对他的拥护者的迫害，就是反对他的阴谋的开端，他决不允许这伙敌对分子对他构成威胁。另一方面是来自国外的威胁。公元前221年，当汉尼拔担任西班牙统帅时，罗马已经占据山南高卢，并把原属迦太基控制的萨根敦城（位于伊倍拉河以西）纳入自己的势力范围。这是罗马新的挑衅，因为早在公元前226年，罗马和迦太基就签订条约，规定两国势力范围以伊倍拉河为界，迦太基占据伊倍拉河以西大片土地，罗马人不得越过伊倍拉河。但是到了公元前221年，罗马公然与萨根敦缔结了同盟条约，实际上就是要把这个城市划归自己的势力范围。这就直接威胁着迦太基在西班牙的属地。汉尼拔对此绝不能容忍。

为了转移国内政敌的视线和报复罗马新的挑衅，汉尼拔在西班牙发动了一系列的战争。公元前221年——前220年在两次夏季战役中，他出兵西班牙中部，征服了欧尔卡德斯人、瓦凯伊人和卡尔培塔尼人，从而保证了自己的后方安全。公元前219年春，汉尼拔又征服了东部沿海的一些地区。接着，他以挑战的姿态，越过伊倍拉河，准备进攻罗马在西班牙的同盟者萨根敦城。这是一个比较富庶的城市，在战略上极为重要。为了制造战争借口，汉尼投首先唆使突布利提人向他提出控诉，说他们的邻邦萨根敦人正在侵略他们的国家，还做了许多对不起他们的事情。与此同时，汉尼拔又遣使回国，带去他亲笔写的私人信件，说罗马人正在煽动西班牙人暴动，阴谋反对迦太基。为了迫使迦太基元老院授予他发动战争的权利，他几乎每天都派特使去迦太基报告，说罗马人与萨根敦已正式结盟，准备占领迦太基的属地，并秘密煽动西班牙人暴动。最后，迦太基政府授权汉尼拔，让他全权处理萨根敦城之事。汉尼拔接到这个命令，兴高采烈，立即率军进逼萨根敦城，将萨根敦城团团包围。

萨根敦人遭到汉尼拔的突然袭击之后，一面拼死抵抗，一面速派使者去罗马求援。罗马元老院得知迦太基人破坏和约，便当即派了一个使团径去西班牙，与汉尼拔谈判。罗马使者对汉尼拔施加压力，说："将军阁下，你们发动对萨根敦城的进攻，为不义之举。阁下不会忘记当年迦太基与罗马的和约吧？现如今你单方毁约，一切后果将由你承担。"汉尼拔回敬道："我不会忘记和约，但更不会忘记罗马是我们最大的敌人。"罗马使者见汉尼拔口气很硬，便威胁道："还请将军收回成命，不要一意孤行。否则，我们将去迦太基，控告将军的无耻行径！"汉尼拔面露不屑，耸耸肩道："悉听尊便！"接着下令送客。罗马使者只得起身告辞，悻悻而去。

谈判破裂后，汉尼拔担心罗马派军支援，下令加紧攻城。大军昼夜不停，轮番进攻。萨根敦城墙坚固，易守难攻；城内人民英勇善战，誓死不屈。汉尼拔深知要攻破这样坚固的城市，势必要付出重大的代价，于是他决定用长期围困的办法，迫使敌人屈服。为了实现这一战略目标，他命令士兵沿着城墙建筑一道长墙，并在外围挖掘一道壕沟，用重兵防守。在汉尼拔看来，用这样层层围困的办法，在得不到援兵的情况下，不要很久，城内的敌人就会不战自降。

但是，萨根敦人并没有被强大的敌人所吓倒，也没有在敌人层层的包围下有所屈服。他们不屈不挠，继续坚持战斗。他们本来希望罗马派来援兵解围，但援兵迟迟不到。随着汉尼拔围城一天一天的加紧，萨根敦人民的苦难也一天天加深。城内既无粮草，又无牲畜，他们面临着饥饿的严重威胁。"与其饥饿而死，毋宁战斗而死。"于是，他们在一个漆黑的夜晚，突然闯出城门，向迦太基驻军发动猛烈攻击。围城者正在酣睡，根本没有料到敌人会来偷袭，因此有些人还没有拿起武器，就被敌人杀死了。但是，由于寡不敌众，萨根敦人很快全部战死。第二天，当萨根敦妇女在城墙上看见自己的丈夫遭到屠杀时，有些人从屋顶上跳下自杀，有些人自缢身死。这样，萨根敦城成了迦太基的新殖民地。

萨根敦城的陷落，引起罗马极大的不安。罗马元老院立即派遣使团前往迦太基讨取公道，同时作好战争准备。公元前218年初，罗马使团渡海来到迦太基。在迦太基政府议事厅里，罗马使者费边大声叫嚷："诸位先生，汉尼拔悍然撕毁和约，攻占萨根敦城。这是对我罗马的公然挑衅。请先生们允许将汉尼拔作为和约破坏者引渡去罗马接受审判。否则，一切后果将由迦太基承担！"罗马人的强硬态度使迦太基政府大为恼火，他们当即表示拒绝。双方剑拔弩张，气氛骤然紧张。费边口气坚决地说："先生们，本使节给你们带来了两样礼物，一为和平，二为战争，你们可任选其一。"边说边将其长袍前襟撩起，并做了个褶，向迦太基人示意。费边如此傲慢的话语与行为，使迦太基人更加愤怒，当即回答说："罗马人喜欢什么，我们就挑什么！"费边放下长袍，正色道："那好吧，本使节给你们带来战争！"迦太基人大声答道："既然如此，我们就接受战争！

罗马使团返回罗马不久，罗马正式向迦太基宣战，第二次布匿战争拉开了帷幕。

谈判破裂后，迦太基政府即刻驰书汉尼拔，告之谈判已破裂，条约已毁，授权他可以自由侵略西班牙的每一地区。接到此令，汉尼拔周身热血沸腾，他感到实现其宏图大志的时刻终于来到了。他立即率大军渡过希伯鲁斯河，向西班牙其他地区发动全面进攻。与此同时，他又派使节去拜访高卢人，以取得高卢人的配合，还派人打探阿尔卑斯山的通道。汉尼拔做好一切准备后，即将大军集结待命，以全力进攻意大利本土，仅留下一小部分军队，由其弟指挥，管理西班牙。

当时罗马人的计划是：分兵两路，一路由执政官森普罗尼亚率领，从西西里进攻迦太基本土；另一路由执政官普布利乌斯·西庇阿率领，从西班牙登陆，以便牵制汉尼拔的军队,使其不能援助非洲本土。但是,罗马的计划,却被自己行动的迟缓,及汉尼拔进军的神速所打乱。

公元前218年4月,汉尼拔亲率由九万步兵、一万二千骑兵、三十七头战象组成的庞大军队,从西班牙出发,很快越过比利牛斯山脉,沿高卢南岸向前推进,在连续作战五个月后,于9月初抵达阿尔卑斯山地区。经过侦察,汉尼拔了解到意大利北部防守十分薄弱,由此进攻罗马乃极为有利的捷径。令汉尼拔高兴的是,他最初的设想完全正确,即从海部进攻罗马乃下策,因罗马强大的海军正守卫沿海地带,陆军主力集结于南意大利,而罗马人认为阿尔卑斯山乃一道天然防线,汉尼拔根本不可能由此进入意大利。汉尼拔对天险阿尔卑斯山却不以为然,他认为由此打入意大利,可出其不意,使敌人遭到致命打击,更有意义的是,如此突如其来的打击,定会使意大利同盟土崩瓦解。

9月的阿尔卑斯山,山外还是金风送爽的秋月,山内已是雪花纷飞、寒风刺骨的初冬了。一年之中最适宜的过山时节已经错过,不久就要大雪封山。汉尼拔的部队这时业已减员为步兵三万八千,骑兵八千,且士卒个个疲乏不堪,急需休整。汉尼拔望着面孔黝黑、衣衫褴褛的部下,再仰面瞧瞧万仞群峰,心一横,大声喊道:"士兵们,山后就是意大利,如果我们在这里耽搁几个月,敌人就会守住各个山口,我们已做的努力就会付诸东流。机不可失,时不再来,我们只有咬紧牙关突过这段艰难险阻,到意大利去过冬才是惟一的出路,现在跟我来吧!"他与向导带头向崎岖泥泞的山路爬去,队伍成一路纵队在山路上蜿蜒迂回,军旗在风中噼啪作响,人们裹着羊皮,缩着肩膀,艰难地向前挪动。

汉尼拔的大军一开始攀登阿尔卑斯山,就遭到充满敌意的塞尔特族人的突袭。这些部族战士居高临下,占了上风。在狭窄的山隘,迦太基军队的驮畜因伤狂奔,排列成单行前进的部队也乱了阵脚,一时间人仰马翻,乱成一团。在此千钧一发之际,只见统帅汉尼拔带领数千精兵突然出现在高处,占领了有利地形,迦太基人见状士气大振,立即投入反攻,塞尔特人大败而逃。

汉尼拔击败这批突袭部族,赢来短暂的歇息机会,在隘口上端停留一日一夜,恢复元气。第二天又继续出发了。几天过后,又出现一批部落汉子,他们自称愿意为汉尼拔带路找出绕过险峰的捷径。原来这是一伙存心劫掠之徒,他们打算将迦太基人带进一边是参天峭壁,另一边是悬崖的狭窄通道,让预先埋伏在峭壁顶上的同伙,用巨石摧毁汉尼拔的大军。迦太基军队这一次再也难逃厄运了,石块纷纷朝部队滚下,士兵伤亡惨重,而这一次乱走狂奔的,已不限于驮畜。迦太基军队被乱石冲为两截,汉尼拔和部属被逼得躲在一些岩石丛中,避开当地部族连番进攻,其余部队则摸黑奋力前进。

次晨,汉尼拔才与其余部队会合。以后数日,当地部族人仍继续扰袭迦太基军队,但他们却极怕大象,终于悄悄撤退。

汉尼拔的大军好不容易到达峰顶,此时,人为的追袭没有了,但是自然条件却更加恶劣。顶峰挂满冰雪,牲口没有草料无法走动;人员没有掩风的地方,想歇息的人一坐下来便冻成冰棒。由于找不到向导,队伍经常走冤枉路,士卒也因饥饿、生病、寒冷、路险交加而大批减员。汉尼拔没别的办法,只能用个人的感召力或人格的力量来鼓舞士兵。他没睡过一次安稳觉,人们常常看到他裹着斗篷与士兵们挤在一起,不时起来查哨。他同战士吃一样的口粮,啃半生不熟的死马肉,在行军时则经常扛着老弱士兵的武器，与左右谈笑风生。他巧妙地动员，威严和宽厚并用，竟把来自不同民族的部队拧成一股绳，紧密团结在一起，遵守统一的命令，服从统一的意志。大家在三四百公里的漫长山地行军中齐心协力，终于在第十五天头上翻到了最后一道山梁之上。那一天万里无云，积雪反射着阳光，刺得人们睁不开眼。后面的部队突然发现前面骚动起来，人们欢呼雀跃着，听不清发生了什么事。消息很快传了下来，前面就是波河平原，该死的山路就要走完了。后面的人于是加快了脚步，没命地向山顶爬去，整个部队都乱了队形。山顶上的人越聚越多，每个人心里都欢唱着欣慰的歌。汉尼拔同士兵们一样激动，惊喜地俯瞰黄绿相间、一望无际的意大利原野，流贯跳跃的波河，影影绰绰的小村落，雪白的羊群……他扭转身体面向士兵高声喊道："士兵们，我们就要出山了！"士兵们用欢呼回应。他用手指着山下的平原说："你们看，山下的高卢人将是你们的朋友，罗马拥有的财富不久都归你们所有。大家奋勇前进吧！"

　　前后用了三十三天的时间，汉尼拔率领军队终于越过了阿尔卑斯山。当部队到达意大利平原时，只剩下两万步兵、六千骑兵和一头战象了。尽管此举历经千难万险，人员损失过半，但这次军事行动却是千古首次，历史学家直到现在仍在争论，越过阿尔卑斯山的几条不同路线中，汉尼拔行军如此神速，究竟走的是哪一条？从此以后，"越过阿尔卑斯山"便成为惊人勇气和非凡力量的代名词。

　　汉尼拔如飞将军从天而降出现在波河平原，使罗马大为惊慌，元老院的元老们吓得目瞪口呆，不得不放弃侵略非洲和西班牙的计划，集中兵力保卫意大利。他们命令科布列阿斯·西庇阿在波河左岸迎击敌人。罗马军队在河西遇到了汉尼拔的侦察骑兵，双方展开了激战。结果，罗马执政官本人身负重伤，险些全军覆没。西庇阿只得率领残部渡到波河右岸，避免与迦太基人接战，等待第二支军队的到来。

　　当时，执政官森普罗尼亚正驻扎在西西里岛。当他听到西庇阿战败的消息后，立即率领两万五千名军队前来援助。汉尼拔对这支军队的接近故意不加阻拦，想用一次打击来消灭罗马这两支军队。森普罗尼亚求战心切，一心想夺取胜利的荣誉。因此，当他到达河流域之后，就迫不及待地要求同汉尼拔决战，妄图一举获胜，结束战争。西庇阿已经尝到汉尼拔的厉害，劝他暂时避免同汉尼拔正面交战，主张利用冬季训练军队，以便在来春寻找战机同汉尼拔交战。但是好大喜功的森普罗尼亚，对西庇阿的忠言相劝根本听不进去，并以联军统帅的名义向汉尼拔宣战。

　　针对敌方急于求战的心理，汉尼拔决定迅速歼灭眼前这股敌人，以扫清前进道路上的障碍。夜间，他布置了一支由二千名步兵组成的伏击队伍，归他的弟弟玛哥率领，埋伏在长满灌木的岸边，以便从后面包抄敌人，切断敌人的退路。另一方面，他命令主力部队在营地燃起篝火，饱餐战饭，待命出击。当时，正值隆冬季节，大雪纷飞，天气异常寒冷。天刚亮，汉尼拔就命令努米底亚的骑兵出击。迦太基的军队经过一整夜的休息，人强马壮，斗志旺盛，而罗马军队由于长途跋涉，又遭遇风雪严寒之苦，已经疲惫不堪。当努米底亚的骑兵和罗马的骑兵稍一接触，森普罗尼亚就命令他的军队涉水过河，在平原上列队，准备决战。

　　当时，双方兵力几乎相等，各有四万人左右，但汉尼拔骑兵方面超过罗马人（一万比四千）。罗马人把步兵摆在中央，骑兵分在左右两翼，以保护步兵。针对罗马人的战术，汉尼拔用他的战象对付罗马骑兵，用他的步兵对付罗马军团。当交战开始，罗马人首先发起冲锋。但是，罗马人的马匹一见到战象，队伍就马上混乱起来，并开始向后逃跑。罗马步兵只好迎了上去。他们虽然很疲劳，但仍然勇敢地进攻这些庞然大物,用长矛刺伤他们,把迦太基的步兵逼向后退。在这千钧一发之际,汉尼拔立即命令他的骑兵出击,从侧面进攻敌人。失去骑兵保护的罗马步兵顿时慌乱起来,并开始向后撤退。此时,玛哥的伏兵也从后面包抄过来,切断他们的退路。在两面夹击下,罗马军队全线崩溃,一部分被杀,一部分死于激流之中,只有森普罗尼亚带着一万名步兵冲出包围圈。

这次战役,罗马损失惨重,四万军队只有一万人生还,而迦太基只伤亡四百人。

波河流域一战,罗马军队在置之死地而后生的汉尼拔军队面前,不堪一击。汉尼拔藉此一战,名声大噪,声威赫赫。波河流域之战,不可一世的罗马战败,举国为之震动,意大利半岛陷入一片慌乱之中。

威震罗马

波河流域首战告捷,大大提高了汉尼拔的声望。古罗马历史学家阿庇安说:居住在波河流域的高卢人对他非常敬畏,"把他当作一个不可战胜的和最幸运的司令官"。汉尼拔诡计多端,为了欺骗高卢人,他经常改变服装和发饰,时而变成一个老年人,时而成为一个中年人,时而又变成一个青年人,使高卢人对他捉摸不定,产生敬畏心理。结果,有许多高卢部落投靠汉尼拔,并在人力和物力方面给予他支持。

同时,罗马在波河的失利,使罗马的元老、贵族、平民等非常震惊。尽管森普罗尼亚向元老院报告时缩小了伤亡数字,但罗马人无法容忍这种耻辱。公元前217年,平民不顾元老贵族的反对和阻挠,选举民主派的领袖盖约·弗拉米尼为执政官,负责统帅军队。弗拉米尼是一位优秀的将领,不久前在同高卢人作战中建立了赫赫战功,深得平民的爱戴和拥护。因此,当他执政以后,就希望做一番惊天动地的事业,以报答人民对他的信任。另一个执政官是尼阿斯·塞维利阿,他是元老贵族派的代表。

为了对付汉尼拔的强大军队,罗马元老院下令从自由公民中征集军队,收编从波河流域溃败下来的散军,迅速组成十三个军团,并从同盟国那里征集一部分补助军,这些新征集的军队,有的开往撒丁尼亚,有的派往西班牙,有的则开往西西里。但大部分由弗拉米尼和塞维利阿指挥,去抵抗汉尼拔。塞维利阿前往波河流域。在那里,他接收了西庇阿的指挥权。弗拉米尼则率领三万步兵和三千骑兵,去保卫亚平宁山脉以内的意大利本土,企图阻止汉尼拔的进攻。

汉尼拔在波河流域战役之后,兵锋正旺。为了打击罗马有生力量,以获得更多的战利品,他挥师继续向意大利中部推进。当时,罗马元老院的战略意图是集中兵力保卫意大利中部地区。他们估计,汉尼拔向意大利中部进军的路线可能有两条:一条是通过阿里米努姆的山路,一条是通过挨特鲁里亚的山路。如果汉尼拔通过前一条路线,有执政官塞维利阿在那里把守;如果他通过后一条路线,则有弗拉米尼拦截阻击。但是。汉尼拔却选择了一条路程最短、然而也是最艰难的进军路线,即从波诺尼亚到披斯托里亚最近的路线。这是罗马人万万没有想到的。

当汉尼拔越过亚平宁山脉以后,遇到了难以想象的困难。在披斯托里亚和佛罗伦萨之间,有一片广阔的沼泽地,由于春天的积雪溶化和阿尔诺河的泛滥,到处是齐腰深的水。汉尼拔没有犹豫,跟着向导便进入泥水之中。整整四天三夜,士兵们都泡在泥汤里,渴了喝点脏水,饿了吃点干粮,困了便在死马身上打个盹,在行李堆上睡一觉。汉尼拔尤其辛苦,前后照应,两只眼睛熬得通红,其中一只还不断发炎流水。

他不断用脏手去抹，结果炎症越发利害，人还没出沼泽，便报废了一只眼睛。疲惫之师，不断减员。但是，汉尼拔还是以坚韧不拔的毅力，克服了一个又一个困难，胜利地渡过了沼泽地。

汉尼拔大军刚刚准备休整，前线负责侦察的人员传回消息，报说罗马执政官弗拉米尼已布下防线，前方无法通过。汉尼拔略一思索，断然下令："各军不得休息，立即绕道而行，务必掩迹埋踪，不要被罗马人发觉！"迦太基将士知情势紧迫，因此一鼓作气，兼程急行，神不知鬼不觉地绕开了罗马人的防线。待弗拉米尼得知迦太基人已绕道脱困时，汉尼拔大军已作休整，并在罗西军队必经的特拉西美诺湖北岸设下了埋伏。弗拉米尼闻报大急，仓皇率军拼命追赶。但他作梦亦未料到，他们此番追赶，正一步一步走入墓地。

特拉西美诺湖北岸，三面是环山的谷地，一面临湖，仅有一条狭窄的隘路从西面通向谷口，形势非常险要。汉尼拔率军行到这里，发现地形极为有利：路南是深不见底的碧蓝湖水，路北是倾斜的山坡，路中恰好形成一个半月形的小平原，东西长约四公里，宽约一公里。迎面挡着约五十米高的小山梁。汉尼拔来到这里，十分高兴，急忙纵马跑上山梁极目眺望，半月形的平原犹如一个布袋，袋口就是这山梁之间的路口。一个大胆的念头在他头脑中油然而生：若把敌人引进这里全歼，岂不易如反掌？想到这里，他命令部队停止前进，转往东面山上扎营，并连夜派出全部人马埋伏在环半月形平原的山坡上，只待罗马军队自投罗网。

公元前 217 年 6 月 21 日，天刚拂晓，罗马四个军团近三万人进入了谷口。当时，天色灰暗，浓雾笼罩着整个湖面和山谷，弗拉米尼派人前去侦察，只见灰濛濛的一片，什么也看不见。当罗马军队进入山谷时，汉尼拔立即发出了进攻的信号。只见伏兵四起，迦太基人从四面八方向罗马军队猛扑过去。罗马人遭到这突然的袭击，顿时慌乱起来，四处逃窜，战斗变成了可怕的大屠杀。经过三个多小时的激战，罗马军几乎全军覆没，弗拉米尼和二万名将士阵亡，只有一万人逃出迦太基的包围圈，躲进一个防卫很坚固的村庄。汉尼拔派遣骑兵追赶他们，并紧紧地把他们包围在这个村庄里。在死亡与饥饿的威胁下，这些残兵败将被迫投降。

特拉西美诺湖战役是汉尼拔进军意大利的一次重大的军事胜利。在这次战役中，他运用巧妙的迂回战术，不仅击毙了罗马军主帅，而且干净、利落地歼灭了罗马三万主力军，充分显示了他的军事才能。

弗拉米尼的全军覆没，再次震动了整个罗马。罗马人时刻担心敌人突然兵临城下。因此，元老院急忙加强首都的防卫措施，在城门口和塔楼上设置工事，用重兵防守；拆毁台伯河上的桥梁，以阻止汉尼拔的进攻。因为缺乏武器，放在神庙里作为战利品的武器也被拿了下来，并任命经验丰富的费边·马克西马斯为独裁官，全权指挥战争，以挽救国家的危局。

但是，汉尼拔并不急于进攻罗马。他知道，以他现有的兵力来进攻城墙坚固而又有重兵防守的罗马城是困难的。同时，罗马虽然在军事上失利，但仍然控制着意大利大部分的地区，人力和物力都比较雄厚。在没有征服意大利之前，单独进攻罗马城，也是冒险的行动。因此，他在取得特拉西美诺湖大捷之后，率领军队避开罗马，向东推进，抵达亚得里亚海岸。在部队得到一定的休整和补充之后，顺着亚平宁山脉，向阿普里亚进军，他在进军的途中。对罗马和拉丁同盟的移民地区劫掠一空，对意大利的其他地区则给以保全；对俘房来的罗马人都带上枷锁，而无罗马公民权的其他意大利人则一律释放，不索取任何赎金。汉尼拔这样做的目的是为了利用罗马和意大利各同盟之间的矛盾，进行分化瓦解，使之陷入孤立。他相信，不要多久，意大利人就会纷纷叛离罗马。

费边是一位久经战场的老将，他参加过第一次布匿战争，当过两次执政官，有过一次凯旋式。罗马人把希望寄托在他的身上。费边深知责任重大，因此不敢有任何差迟。他看到汉尼拔的军队战斗力很强，特别是他的骑兵更优于罗马骑兵。但是他孤军深入，缺乏后援；罗马虽然几经失利，兵源损失很大，但它在意大利本土作战，人员和给养补充都比较容易，占地利之优势。罗马只要注意保存实力，援助同盟城市，进行自卫，使它们不至倒向汉尼拔一边。费边认为，只要抓住有利时机，消耗敌人的有生力量，迫使汉尼拔陷入欲战不能、欲胜不成的境地，最后就能拖垮迦太基的军队。

基于这种战略思想，费边率领罗马军队尾随汉尼拔后面，敌人宿营他宿营，敌人前进他前进，始终和汉尼拔保持一定的距离，以牵制他的兵力，使汉尼拔不敢贸然分散兵力围攻城市。

费边的战术（即拖延战术）在于保存实力，使敌方旷日持久，最后陷入疲惫，战而胜之。这种战术对待强大的汉尼拔军队是必要的。但是，战争的长期拖延，使意大利的城镇、乡村遭到严重破坏，引起罗马许多公民，特别是农民的怨恨。骑兵长官鲍鲁斯也不满意费边的拖延战术，他写信给元老院，控告费边胆小如鼠，贻误了战机，主张改变战术，立即同汉尼拔决战。元老院接到信后，大为惊诧，当即下令，召回费边要求解释为何拖延避战，并令将兵权交与鲍鲁斯。

鲍鲁斯既握兵权，便极想表现自己的能耐，因此不久即寻机与汉尼拔交了一次手，并小有胜获。他取得一点微不足道的胜利后，颇有点得意忘形，当下急告元老院表功。当费边重返军营时，元老院告诉他，鲍鲁斯才堪大用，可与他同掌兵权。费边虽心下不满，也无可奈何。这样，罗马军队便一分为二，由费边与鲍鲁斯各掌一部。不久，鲍鲁斯寻得机会与汉尼拔再度交战，可他实非汉尼拔的对手，很快便大败而归，幸好有费边接应，才逃脱了全军覆灭之灾。遭此番惨败后，鲍鲁斯终于醒悟。他知自己远非汉尼拔的对手，不得不心悦诚服地接受费边的领导。

费边的拖延战略在对抗汉尼拔的战争中起了积极作用。但是，随着时间的推移，战争造成的灾难越来越大，费边的拖延战略受到的阻力也越来越大，他本人遭到的责难也就越来越激烈。特别是他在卡西努姆城的失利更增加了人们对他的不满。

事情是这样的：公元前217年春，汉尼拔在由卡姆帕尼亚回师阿普利亚的途中，为了补充给养和其他军需物资，决定进军卡西努姆城。该城四面环山，瓦尔图尔努斯河从这里缓缓流过，在山谷中形成了一片片难以通行的沼泽地，然后流入第勒尼安海。费边对那里的地形很熟悉，决定在那里堵击敌人，遂派兵把守各个隘口。汉尼拔对地形不熟悉，贸然向卡西努姆进发，结果陷入重围。但在急难之中，汉尼拔想出了一条计策。他派兵把二千多头牛的角绑上树枝，入夜后用火点燃起来。被火烧灼的牛群沿着山坡狂奔，满山遍野都是火光。把守山口的罗马士兵以为敌人强行突围便放弃隘口，冲了过去。汉尼拔乘机占领隘口，让大部队安全转移，从而化险为夷。费边当时虽然也看到火光，但由于他一贯小心谨慎，没有在夜间追击，结果使一场眼看到手的胜利失掉了。

公元前217年底，费边六个月的独裁官任期届满，元老贵族推举伊密利阿斯·鲍鲁斯为执政官；民主派则选举特林提阿斯·瓦罗为执政官。瓦罗出身于富商家庭，巧于辞令,是一个煽动家,常常以夸大的诺言来取得群众的好感。由于费边的拖延战术已使意大利农村遭受兵役之苦,田园荒芜,十室九空,消灭汉尼拔,结束战争的呼声越来越高。因此,当瓦罗接收兵权后,便决定改变策略,主张速战速决,一举结束这场战争。

但是,另一执政官鲍鲁斯不同意这样的打法。他认为,汉尼拔虽然兵锋旺盛,但由于长期的外线作战,兵源不济,给养困难,军中已经缺少粮食,主张继续用拖延战术,以疲惫敌人。前任执政官塞维利阿也在军中,他支持鲍鲁斯的意见。但是,随军的元老贵族都支持瓦罗的主张。结果,主张速战速决的意见占了上风。

汉尼拔虽然死里逃生,但孤军深入,粮草渐乏,处境不断恶劣。他遂派人回迦太基求援,可国内汉尼拔的反对派却从中作梗,甚至要求撤换他回国。汉尼拔大军期望落空,情势日显严峻。就在这左右为难之际,汉尼拔孤注一掷,决定长驱直入,进攻罗马的粮仓——坎尼。公元前216年春,汉尼拔以迅雷不及掩耳之势一举攻陷了坎尼城,改变了自己的被动局面。

粮仓坎尼失守,罗马上下震动。瓦罗决心全力夺回。是年8月2日,在坎尼城附近的平原上,汉尼拔和罗马进行了一场著名的战役,史称坎尼大会战。

当时,罗马投入战场的约有八万步兵和六千骑兵;汉尼拔只有四万步兵和一万四千骑兵。从数量上看,罗马占绝对优势,但汉尼拔的骑兵优于罗马。当瓦罗率领军队来到战场后,很快摆开了阵势:步兵排成七十列,分左、中、右三路,以重装步兵放在阵的中心,每列之间有一定距离。骑兵放在步兵的左右两翼;右翼是罗马公民组成的少数骑兵;意大利联盟的骑兵主要集中在左翼。整个队形深度大于宽度,目的是以重装步兵的强力冲击来突破对方的阵线。瓦罗指挥右翼,塞维利阿指挥左翼,鲍鲁斯指挥中路,每个指挥员都精选一千名骑兵作为机动部队,以便必要时出击。

针对瓦罗的战术,汉尼拔则把他的步兵和骑兵列成半月形,把凸面向着敌方,兵力的部署是步兵在中央,前弱后强,两翼是强大的骑兵。具体地说:就是在半月形的中心配置了高卢人和伊伯利亚人。在后面的两侧则配置利比亚人,他们是迦太基步兵中最精锐的部队。伊伯利亚和高卢人的骑兵在左翼的地方,右翼则是努米底亚人。为了对付有经验的鲍鲁斯,汉尼拔指挥中央一路,他的外甥汉诺指挥左翼,他的弟弟玛哥指挥右翼。另外,汉尼拔还精选了三千骑兵放在身旁,作为后备力量。

汉尼拔是古代著名的战略家,他善于利用各种有利因素来战胜敌人。据说,当他选择这个地方作为阵地时,已经知道这里经常在中午时分刮起猛烈的东风。因此,他首先占据东方的有利位置,并使他的阵势顺着风向,迫使敌人处于不利地位。为了切断敌人的退路,他派遣一支精锐的部队(由骑兵和步兵组成)埋伏在左边树林里,以便在风起时从后面打击敌人。另外,他又挑选五百名伊伯利亚人,暗藏短剑,混在敌人内部,在必要时配合伏兵,打击敌人,这一着是罗马人万万没有料到的。

决战前,双方指挥员骑着马来回鼓励他们的士卒。瓦罗要他的将士们牢记堂上的双亲、妻子儿女,要为自己的生存而战。汉尼拔则鼓励他的士兵们不要忘记昔日的光荣,要为荣誉而战。

上午8点多钟,广阔的战场上响起了刺耳的军号声。紧接着,十几万人共同发出震撼原野的呐喊声。一场规模巨大的血腥残杀开始了。

罗马步兵一开始就排着密集的方阵,全力向迦太基步兵的中心部猛攻。正如汉尼拔预料到的那样,他那二万名较弱的步兵抵挡不住,便向后退却。这样,半月形的阵势弯了进去,原来凸向罗马人的部分,开始变成了凹进的了。罗马人越是楔进,迦太基的队列就越是从两侧向内收缩。这正是汉尼拔的计谋:让罗马人朝"口袋"里钻。当罗马人钻进"口袋"的一定深度时,汉尼拔又指挥他的精锐步兵和骑兵迅速挤压敌军的两翼,同时向五百名强悍的步兵发出一个预定的信号。

但见这五百名步兵混乱不堪地奔向罗马人那边去,就像逃兵一样。罗马人以为他们是来投降的,在收下他们的长剑和盾牌后,就以为解除了武装,而把他们安置在自己的后卫地带。

临近中午,海面上刮起了强劲的东风,随即扬起了漫天尘土。尘土迷住了一个劲地朝"口袋"里钻的罗马士兵的眼睛。由于张不开眼睛,士兵们彼此碰撞,自伤很多,顿时阵势大乱。而迦太基人却由于背对东风,趁势大量杀伤敌人。

就在罗马人阵势大乱的时候,留在他们后卫的那五百名强悍的迦太基步兵,突然从怀中抽出短剑,奋力向就近的罗马士兵杀去。埋伏在山谷上的一支部队也冲了下来,配合他们砍杀罗马人。接着,迦太基的骑兵飞快地迂回到这里,把"口袋"紧紧扎住,完成了对罗马人的包围。罗马方面虽然兵力众多,可是因为前锋遇风受阻,无法再向东冲击,两翼受到迦太基精锐步兵的夹攻,后卫又被封住,中间的兵力挤成一团,失去了运动的自由,从而完全陷入了汉尼拔给他们准备的可怕的圈套之中。

这场残杀整整持续了十二个小时,直到黄昏后两个小时才结束。此役,罗马几乎全军覆没,五万四千名将士遗尸疆场,一万八千名官兵成了汉尼拔的俘虏,在死者中间,有不少是元老贵族和一些著名的将领,其中包括鲍鲁斯和塞维利阿,军团将校死伤不计其数,只有瓦罗和七十名骑兵生还,而汉尼拔只伤亡六千人。

坎尼会战,汉尼拔充分发挥了他的军事天才和指挥艺术。他采用两翼包抄等战术,以少胜多,出奇制胜,使坎尼会战成为古代军事史上一个光辉的范例。这次战役是罗马历史上最大的一次失败,也是世界战争史中最著名的歼灭战例之一,以致后来"坎尼"一词成了卓越歼灭战的代名词,汉尼拔本人也因此永垂青史。

壮志未酬

坎尼之灾震撼了整个罗马。罗马人起初还以为自己的耳朵出了毛病,经证实后全城一片恐慌,悲痛欲绝。妇女们拖儿带女,到神庙中祈祷,乞求神灵保佑,使罗马的灾祸尽快终了。一连数日,罗马城家家哭丧,户户举哀。坎尼会战的失败,使罗马经受着最严峻的考验。与汉尼拔几番交战均大败,损兵折将十几万,田园荒芜,十室九空,百姓怨声载道。苦心经营数年的意大利同盟,却于旦夕间土崩瓦解,萨姆尼特人、山南高卢人纷纷叛离罗马;西西里的叙拉古投靠迦太基;许多原希腊的移民城市亦乘机思变,马其顿国王腓力五世公开与汉尼拔结成军事同盟,支持援助汉尼拔反对罗马;卡普亚城在关键时刻也脱离罗马,如此众叛亲离,使罗马处于孤立无援的悲惨境地。

汉尼拔也似乎把全部赌注押在意大利各城市迅速叛离罗马上。为了达到这一目的,他亲自率领主力部队穿过萨谟奈进入坎佩尼亚地区,他的弟弟玛哥也被派往鲁坎尼亚和布鲁丁。在汉尼拔的军事重压和威胁利诱下,鲁坎尼亚和布鲁丁的城市几乎全部叛离罗马,只有沿海的少数几个希腊城市还在观望。公元前216年秋天,加普亚的大门被汉尼拔打开了。加普亚是意大利最富饶的城市,其重要性仅次于罗马。汉尼拔为了争取其他城市,他给加普亚以优惠的待遇,如允许当地居民享有充分的公民权,迦太基政府答应不在坎佩尼亚征兵等。汉尼拔还把三百名罗马俘虏交给坎佩尼亚人,用他们来交换坎佩尼亚的骑兵。结果,坎佩尼亚的一些小城市,也都以加普亚为榜样,投靠汉尼拔一边。公元前211年,汉尼拔的军队曾一度兵临罗马城下。看来,汉尼拔朝思暮想征服意大利的美梦,眼看就要实现了。

但是,罗马并不甘心失败,主要竭力固守中部意大利,以保障人力和物力的来源。汉尼拔在意大利所取得的成就主要限于南方,中部和北部意大利仍旧站在罗马一边。元老院为了挽救危局,颁布了紧急法令,选举佩图斯为独裁官;征召十七岁以上的罗马公民入伍;在同盟者和拉丁人那里动员一切可以拿起武器的人参军。由于人力不足,元老院不得不采取非常措施,由国家出钱向富人奴隶主赎出八千名年轻奴隶,组建两个新军团。武器不足,就将神庙中作为战利品的武器取出来,装备军团。经过一段时间的努力,到公元前215年,罗马恢复了军事力量。

多次惨痛的失败深深地教训了罗马人。他们在行动上比较谨慎了。公元前215年,罗马人再次选举费边为执政官。与费边一起执政的是马尔凯卢斯,他们两人战略思想不一致,个人性格也不相同。前者镇静、持重、谨慎,后者勇敢、高傲、激进。在罗马人看来,前者好似盾,后者好似矛,两人共同执掌军队,正可相得益彰。费边执政后,继续实行他的拖延战术,尽量避免同汉尼拔正面接触,以消耗他的实力,并设法切断汉尼拔与本国的联系。

为了避免在本土决战,罗马逐步把战争转移到西班牙和西西里,早在公元前218年,罗马就派遣巴布利阿斯·西庇阿和尼阿斯·西庇阿率军到西班牙,以牵制汉尼拔的军队。兄弟二人协力作战,取得了不少成就。但在公元前211年,由于偶然的军事失利,兄弟二人先后战死。公元前210年,年轻的罗马统帅小西庇阿(即巴布利阿斯·西庇阿之子)继续领兵远征西班牙。当时,新迦太基城是西班牙的重镇,也是迦太基在西班牙的军事重地。小西庇阿决定利用迦太基军队分散在西班牙各地,城内守军不多的有利时机,夺取该城。经过认真准备之后,一举攻克新迦太基城。这一胜利激励了长期苦于汉尼拔困扰的罗马,同时对整个西班牙的形势产生了重大影响,不久,小西庇阿又占领了西班牙东部和南部的一些地区。

与此同时,罗马和迦太基在西西里也展开了激烈的争夺战。西西里岛处在意大利和迦太基之间,是地中海的中心,地理位置很重要。公元前216年,西西里岛上的叙拉古曾经投降汉尼拔,罗马以此为借口,于公元前213年出兵西西里。其统帅是一位富有战斗经验的将军马赛拉斯。在罗马人看来,叙拉古一时来不及得到汉尼拔的增援,可以轻而易举地占领它。但是经过一年多的战斗(公元前213年—前212年),马赛拉斯仍没有攻下叙拉古。这是因为早在罗马人围城之前,叙拉古人民在希腊伟大的数学家阿基米德指导下建造了一些准备用以防御和进攻敌人的武器。这些早已准备好的武器在罗马人进攻时发挥了巨大的威力。传说,他设计的回转起重机抓住罗马兵船,悬在空中,晃来晃去,将船上的敌人全部摔出来,或向海上抛去,使船碎人亡,或抛进城墙,扔在地上,由本国士兵将敌军杀死或俘虏。由他设计而制造的投石器,将巨大的石块投出,摧毁了无数敌舰,打死打伤了很多罗马士兵。在这突如其来的打击下,罗马军队狼狈溃逃了。

当时,马赛拉斯的处境非常困难,只好率领自己的舰队退却了。后来,马赛拉斯决定于夜间逼近城墙。他们估计,阿基米德的投石器,力量大,射程远,在近距离内就会毫无办法。但是,阿基米德早已防备了这一着,他制造了适用于任何距离发射的小石弹和投石机,并沿着城墙开了一排不很大的投石孔,在投石孔的后面架着投石机。这些机器由于放在城墙的后面,由正面而来的敌人是看不见的。因此,当罗马军队逼近城墙时,箭和石弹像暴雨一样倾下,打得敌人四处逃窜。这时机器又调节了射程,石弹向远方射去,追击溃败的敌人,使罗马人损失惨重。最后马赛拉斯只好采取了惟一的办法:将叙拉古围困起来,待城内弹尽粮绝后迫其投降。经过长期的围困,叙拉古终于在公元前 221 年被罗马人攻破了。

西西里的陷落,对汉尼拔来说又是一次沉重的打击。在这个期间,他虽然取得了一些小胜利,但长期孤悬敌境,兵源减少,补给困难,而迦太基政府又很少增援汉尼拔。在这种情况下,汉尼拔写信给迦太基政府,请求援助,却遭到他的政敌激烈的反对。他们冷嘲热讽地说:"我们真不能理解,当汉尼拔说他正在打胜仗时,怎么还请求援助呢? 因为胜利的将军是不会要求金钱的,相反是要送大量金钱回国给自己人民的。"结果,迦太基政府既不派遣援兵,也不送去给养。汉尼拔的处境日益困难。

在意大利本土,罗马逐步收复失去的城市和地区。为了给汉尼拔以致命的打击,他们选中最富饶、人口众多的加普亚城作为主攻目标。加普亚是坎佩尼亚的首府,战略地位很重要,如果把它夺回来,罗马在南意大利的局势就会大为改观。为此,罗马人集中十个军团的兵力,准备一举拿下加普亚。当时,汉尼拔的军队正驻扎在坎佩尼亚。当他得知罗马的军事行动后,大为吃惊。汉尼拔深知,如果加普亚被罗马人收复,其他城市将会不战自降,其后果是危险的。在弄清罗马人围攻加普亚的意图后,汉尼拔立即派遣汉诺带着一千步兵和同样数量的骑兵于深夜进入加普亚,又命令他的将领哈农率兵从布鲁丁运去大量的粮食和军需物资,以便援助加普亚。这次行动进行得如此巧妙和秘密,以至罗马人一点也没觉察。第二天黎明时分,罗马人看见城墙上人数大增,才知道汉尼拔已派兵增援该城市,只好撤军。

但是,当汉尼拔离开坎佩尼亚(到琉卡尼亚)以后,罗马执政官克劳狄用重兵再次将加普亚围困起来,并在周围挖掘壕沟和土垒,在外层又修筑一条长墙,企图用长期围困的办法迫使该城投降。

汉尼拔闻讯后,立即从琉卡尼亚返回加普亚。但是,汉尼拔手中没有足够的兵力,也没有攻城设备,罗马人据守在战壕里,以逸待劳。他虽然多次发动攻势,企图突破罗马人的包围圈,但未能奏效。在这种情况下,汉尼拔才第一次决定进攻罗马城。在一个漆黑的夜晚,他率领全体士兵悄悄撤出阵地,然后以最快的速度沿着"拉丁大道"直奔罗马。沿途几乎没有遇到任何抵抗,很快就到达罗马,在离城市约有六公里的地方安营扎寨。

当时罗马城内兵力空虚,大部分军队都在加普亚,城内居民由于长期缺粮,正在闹饥荒。汉尼拔突然兵临城下,使罗马人惊慌万分。"汉尼拔来了!""汉尼拔到城门了!"到处是混乱的呼喊声、悲泣声和祈祷声,恐怖气氛笼罩在罗马城上空。元老院采取紧急措施,动员一切能够拿起武器的士兵登上城楼,守卫四门;甚至不少老年人也登上城墙;妇女和儿童运送石头和投射器;并且破坏桥梁,设置障碍,以阻止汉尼拔的进攻。与此同时,围攻加普亚的罗马军队,在听到汉尼拔进军罗马的消息后,立即分出一部分兵力,在夫拉卡斯将军的领导下,急忙进军罗马,在阿尼奥尔河的对岸与汉尼拔对峙着。然而汉尼拔并不急于攻击罗马城,因为他进军罗马的意图是要迫使罗马军队放弃对加普亚的围困。罗马人没有上他的圈套,继续加紧围困加普亚。公元前 211 年,加普亚人在内无粮草、外无援兵的情况下,被迫投降罗马。罗马为了杀一儆百,对加普亚人进行了严厉的惩罚,许多元老议员和几十名贵族被处死刑,余下的公民被卖为奴隶。

加普亚的陷落,对汉尼拔是一个致命的打击。不久以后,汉尼拔所占据的意大利许多城市和地区也被罗马军相继收复,原来叛离罗马的一些城邦又重新与罗马结盟。面对上述的不利局势,迦太基统治阶级内部勾心斗角,意见分歧,甚至担心汉尼拔战胜罗马后会夺取迦太基政权,因而置危局于不顾。汉尼拔只好向留守西班牙的迦太基将领求援。

公元前 209 年春,汉尼拔的弟弟哈士多路巴尔率军沿汉尼拔当年进军的路线,再一次越过阿尔卑斯山,进抵意大利北部。但是,哈士多路巴尔的行动很快被罗马人发觉。在美陶鲁斯河畔,遇到了数量上占优势的罗马军队,经过激烈的战斗,罗马军队全歼了迦太基援军,哈士多路巴尔也横尸疆场。后来,汉尼拔的另一个弟弟玛哥,又企图在利古里亚登陆,结果也失败了,汉尼拔求援的希望成了泡影。随着战争的拖延,汉尼拔孤军深入的弱点越来越明显地暴露出来:人力耗尽,补给困难。汉尼拔本人也被迫困于布鲁丁一隅之地。

此时,罗马的执政官是西庇阿和克拉苏。公元前 206 年,西庇阿提出一个方案,劝说罗马人应当立即派兵进攻迦太基,给敌人以决定性打击,以解除汉尼拔对意大利的骚扰,从而结束布匿战争。这一计划完全符合罗马人在战争开始(即第二次布匿战争)时的战略设想。但许多人,其中包括费边在内,反对西庇阿的设想。他们认为,汉尼拔还在意大利,远征非洲是冒险的行动。但是,西庇阿的热情和信心赢得了罗马人的支持。元老院采纳了他的计划,授命他管理西西里,在必要时远征迦太基。

公元前 204 年春,西庇阿率领由五十只战船组成的舰队,载着二万五千名军队,离开西西里西南部的利吕贝乌姆,向非洲进发。军队顺利地在北非第二大城市乌提卡附近登陆。在那里,西庇阿和东努米底亚国王结成同盟。

起初,罗马人在非洲的军事进展并不顺利。西庇阿试图攻占乌提卡城,但未能成功。公元前 203 年春,西庇阿又重新发动进攻,在乌提卡以南的一次战争中,迦太基及其同盟者西努米底亚王国的军队被击败。迦太基政府向西庇阿求和,企图利用和谈争取时间。西努米底亚国王充当中间斡旋人。经过谈判,双方恢复到战前状态。西庇阿本来不同意谈判,但他为了争取时间,摸清对方的虚实,也佯称同意",结果双方签订了和约草案,条约文本由迦太基使团带往罗马请求元老院通过和公民大会批准。

但是,在公元前 202 年春,小西庇阿重新发动战争,并把破坏停战协定的罪责推卸得一干二净。他对努米底亚国王说:"虽然我本人渴望和平,但军士会议不同意这些和谈条件,我自己也无能为力。"就在当天夜里,他用一半兵力进攻努米底亚的营地,放火烧了他们的营房。许多努米底亚人在惊慌中被大火活活烧死。他又把另一半兵力偷袭迦太基营地,很快攻占了迦太基人的重要谷仓巴格拉得。迦太基本土受到严重威胁,他们除了从意大利召回汉尼拔之外,别无良策。于是,便派遣海军大将哈土多路巴星夜赶到布鲁丁,命令汉尼拔火速班师,不得迟误。据说,汉尼拔接到命令后,心情十分沉痛。他一生想要毁灭罗马的梦想至此完全破灭了。

汉尼拔怀着万分悲痛的心情,返回迦太基稍作休整,便率军与西庇阿交战。公元前 202 年秋,西庇阿与汉尼拔在迦太基南部的扎马展开会战。罗马军队出动二万三千步兵，一千五百名骑兵以及马西尼萨带领的众多努米底亚骑兵。他们面对的迦太基军队约五万人，加上八十头战象。汉尼拔将军队置成三道防线，他对将士们说："勇士们，不要忘记我们在意大利取得的光辉胜利。迦太基的命运，取决于这次战役，一旦失败，我们将会被人奴役！"西庇阿以骑兵为先头部队，对付迦太基军队，用努米底亚骑兵对付象。他鼓励将士道："今日终于有机会与汉尼拔战于迦太基。此战关系重大，如战败，众人将无立锥之地。拿出勇气来吧，伟大的罗马将士！"随即，双方展开激战。

战斗开始，汉尼拔首先命令他的号兵吹起冲锋号，八十头战象一字排开向罗马阵地猛冲过去，后面的步兵顺势向前推进。守卫在前沿阵地的罗马轻装步兵勇敢地迎了上去，用标枪和棒刺向敌象猛射猛刺。由于遭到突然袭击，这些凶猛的动物顿时慌乱起来，一部分从罗马阵地跑掉，一部分往回狂奔，践踏自己的队伍。紧接着，双方的步兵和骑兵也展开了厮杀。汉尼拔一马当先，带领他的老兵猛冲猛杀。西庇阿也不示弱，指挥他的重装步兵以排山倒海之势冲上前去，和敌人短兵相接。开始，汉尼拔的步兵还能抵挡一阵，但他的雇佣兵战斗力太差，经不住罗马的重装步兵冲击，慢慢向后退却。西庇阿又命令他的优势骑兵从两翼包抄过去，形成了对敌人包围之势。经过一场混战，汉尼拔大败。眼看败势无法挽回，汉尼拔便带领贴身卫士冲开一条血路逃往附近的城市哈德鲁迈图。此役是汉尼拔开战以来第一次会战失败，也是最后一次。此役汉尼拔大军有一万多人阵亡，一万多人被俘，而罗马仅仅伤亡几千人。迦太基无力再战，被迫向罗马求和。

公元前201年，迦太基政府被迫接受了屈辱性的和约。条约规定：迦太基割让一切海外领地；不经罗马同意，迦太基无权进行对外战争；解散所有军队，交出一切战船战象；交出战时掠去的全部俘虏和罗马逃兵；提供罗马驻军的全部给养；赔款一万塔连特。为了保证上述条款的执行，迦太基还必须从最显赫的家族中选一百名儿童做人质。从此，迦太基丧失了它在海上的霸国地位。

扎玛战役汉尼拔虽败，但他在国内仍很受公民拥戴。公元前195年，汉尼拔当选为苏菲特（意为审判官，类似罗马执政官）。当时，人民群众对迦太基实行的寡头政府非常不满，社会矛盾日益尖锐。为了缓和国内阶级矛盾，汉尼拔实行了许多重大改革，其中包括财政改革，目的在于使腐败的迦太基重新振作起来。但是，这些措施却遭到大贵族们疯狂的反对。他们向罗马政府告密说："汉尼拔和叙利亚国王安条克发生了联系，准备发动新的反罗马战争。"在罗马元老院看来，这正是消除自己宿敌的一个求之不得的好机会，于是当即派遣三个罗马使节到达迦太基。汉尼拔知道得很清楚，他的政府准备把他交出去，以换取罗马人的欢心。如果此时不赶紧出走，就没有机会逃脱了。深夜，在两个副官的陪同下，汉尼拔逃出了家乡，乘船到了推罗（腓尼基人的殖民地），又从那里到达小亚细亚的以弗斯。在这里，他同安条克国王举行会晤，叙利亚国王非常热情地接待了这位著名的军事统帅。然而，这件事却使罗马人感到极大的慌恐，因为当时安条克国王和罗马关系日趋紧张，并于公元前192年发动了反罗马的战争。汉尼拔投奔安条克，并建议国王组织反罗马同盟，进兵意大利，这就不能不使罗马人感到慌恐了。

公元前191年4月，罗马以优势的兵力击败了安条克国王的军队。接着，他的同盟者也相继归顺了罗马。不久，罗马人同叙利亚国王安条克缔结条约，汉尼拔被迫出走克里地岛，然后又到达小亚细亚的彼提尼亚。国王普路西亚斯非常欢迎这位亡命者,并任命他为国王的军事顾问。但是,罗马很快派来使节,他们提醒国王说,必须将汉尼拔驱逐出去。在公元前183年的某一天,汉尼拔居住的房子突然被武装的士兵包围起来。汉尼拔懂得这是什么意思,便用经常带在身边的毒药自杀了,终年六十四岁。一代名将客死他乡,壮志未酬,何等悲怆。

对于汉尼拔这样一个历史人物,世界史学著作中评价不一。有人谴责他的侵略政策,说他"残酷"、"背信弃义";有人赞美他,叹息他是生不逢时的一位天才将军。总之,众说纷纭,莫衷一是。

据说,在扎玛战役后,汉尼拔和西庇阿有过一次会面,在场的还有许多旁观者。当他们谈论谁是当今将才时,西庇阿问汉尼拔:谁是最伟大的将军?汉尼拔回答说:"马其顿的亚历山大"。对于这个回答,西庇阿没说什么,他似乎认为第一位应该让给亚历山大。他接着问:第二位是谁?汉尼拔回答说:"伊庇鲁斯的皮鲁士"。听到这个回答,西庇阿颇有点生气了;在他看来,第二位应该是西庇阿自己。他又问:第三位是谁?汉尼拔回答说:"是我自己。因为当我年青的时候,征服了西班牙,带着一支军队越过阿尔卑斯山,这种事情是赫丘利以后没有人作过的。我侵入意大利,使你们所有的人恐怖万分,破坏了你们四百个城镇,常常使你们的城市处于极端危险之中。在整个征战期间,我既没有从迦太基得到金钱,也没有得到援兵。"听到这里,西庇阿不由一阵大笑,他挖苦道:"汉尼拔啊,如果你没有被我打败的话,你会把自己放在什么地位呢?""我会把自己列在亚历山大之上。"汉尼拔坚定地回答。在这里,汉尼拔用巧妙的方式评论了当代将才,也概括了他自己的一生功绩。这段引文出自古罗马历史学家阿庇安的《罗马史》,世界近代学者认为,这个故事是虚构的,不一定真实,但它所反映的内容却概括了汉尼拔一生的戎马生涯。

汉尼拔是古代迦太基著名的军事家、战略家,他的将才在古代军事史上是可以和马其顿的亚历山大以及后来的恺撒并称的。他用兵不拘陈规,敢于创新,经常以出乎意料的行动实现其战略意图。他率兵翻越阿尔卑斯山,在当时是惊人的壮举。汉尼拔是富于政治头脑的将领,善于正确判断政治和军事情况,利用矛盾分化敌人。出征时,注意战略后方基地和交通线的安全。汉尼拔统辖来自不同民族的军队在敌国作战十五年而不溃散,显示了他非凡的驾驭力和组织才能。在战斗中,汉尼拔足智多谋,总是在周密地组织侦查,详细了解敌情后,再制定作战计划。有人评论说:"汉尼拔喜欢采取偏僻和出人意料之外的路线埋伏狙击,喜欢研究对方将领的性格,注重情报工作,经常派出侦查人员。他自己常常化装,戴着假发,亲自去搜集情报。"在战术上,汉尼拔大胆果断,灵活多变,善于利用地形和敌人的弱点,力求全歼敌人。在特拉西米诺湖战役中,他使用伏兵;坎尼战役中,他又实行两翼包抄进而合围,这两战都取得了显赫成果。特别是坎尼战役,被后人誉为战术发展新阶段的标志。他还注意发挥骑兵作用,以大规模马队冲锋,并善于组织步骑兵协同作战。这些战术思想对后来的罗马军队影响很大。汉尼拔具备的这些优秀军事素质使他得以能率孤军深入敌国,征战十余载、取得屡歼敌军,横扫意大利,威震罗马,攻克大小城池四百座的辉煌战绩。当然,汉尼拔所进行的战争多是不义之战,对被征服的地区有时大加屠杀、抢夺和蹂躏,给当地人民带来了无穷无尽的灾难,这是应该谴责的。

从军事学术看,汉尼拔无疑是一位做出重大贡献的著名统帅,其战术原则至今仍放光彩。

诺米尼

非凡少年

1779 年 3 月 6 日,诺米尼出生在瑞士沃州帕耶讷市一个中产阶级家庭。

关于诺米尼的家族,也有不同说法,有不少传说,它是多少年前从意大利迁往沃州国(沃州)的帕耶讷的。但据保罗·阿耶比肖尔教授考察研究表明,诺米尼家族是来自瑞士布鲁瓦河流域的祖先,是地地道道的瑞士本地人。

同对诺米尼的家族一样,对他的国籍也有些不同的说法。因为他曾为法军服役,领准将衔,有的书把他列为法国人;又因为他曾为俄军服役,领主将衔,又有的书把他列为俄国人,例如前苏联出版的《军事百科词典》明确地说,诺米尼是"俄国军事理论家和军事历史学家,俄国步兵主将。"其实,他既不是法国人,也不是俄国人,而是地道的瑞士人。瑞士是他真正的成长土壤。

诺米尼出生的时候,他家有祖父、祖母、父亲、母亲和大哥。后来,母亲又给他生下了 4 个妹妹。一个 10 口之家,过得很是幸福。

祖父叫皮埃尔,祖母叫玛德莱娜。两位老人都很慈祥,特别喜欢小孩,经常争着来抱小诺米尼,把抱抱小诺米尼当做一大乐事。

父亲名邦雅曼。邦雅曼一生都是在帕耶讷度过的。他生平中从事公证工作达 40 年之久。1790 年和 1796 年两次当选为帕耶讷方旗骑士(按当时制度,方旗骑士相当市长),负责掌管市的钥匙和大印。1798 年大革命期间,先任帕耶讷市驻沃州国临时议会代表,后为海尔维第共和国大议会议员。作为莱芒湖(日内瓦湖)州法院法官,自 1803 年到 1818 年为帕耶讷市市民代表,1809 年起为沃州大议会代表。他的政治活动和社会活动都很活跃,对诺米尼要求非常严格。

母亲让娜是首席法官加布里埃尔的女儿,年轻时长得俊俏,和蔼可亲。在诺米尼孩提时代,她一直把诺米尼视为掌上明珠,对他极为溺爱,总是百依百顺,有求必应,但也不放松对他的教育。

时光流逝,诺米尼渐渐长大。当他 6 岁那年,有一天在大街上看到法国军官穿着整齐军装,佩着武装带,右下挂着剑,耀武扬威的神气,他简直羡慕得着了迷。

他经常喜欢带领左邻右舍的玩童们一块玩军事游戏,有时带领他们到广场搞操练检阅,有时带领他们到军队驻地附近见学,观看部队操练刺杀,有时带他们到城外野地里演习打仗。不管做哪一种游戏,他总宣布自己是将军,任命自己为指挥官。而别的玩童们,包括比他大两岁的哥哥,都心甘情愿地听从他的指挥。

1793 年他 14 岁时,就不得不结束这段值得令人憧憬的美好时光,告别那些天真烂漫的小伙伴和玩军事游戏的广场、田野,而要开始严肃对待生活了。这年春天,他在双亲的护送下,依依不舍地离别家乡,到北方的阿劳市,进了青年商业寄宿学校求学。

这所寄宿学校坐落在阿劳市佩尔加茨街 13 号,是由阿贝尔斯托克于 1782 年创办的。学校学习条件不佳。其貌不扬的阿贝尔斯托克亲任该校第一任校长,并负责讲授商业和德语课程。诺米尼觉得他缺乏师德,对他印象很坏。

诺米尼一进学校,就开始发奋图强,孜孜不倦地学习。不久,就显露出了他那聪明过人的天才。上算术课时,先生一讲即会,一点即破,心算速度甚至比先生还快。上地理课时,对先生的提问总能对答如流,对瑞士、法国、欧洲等的名山大川、重要城市、天文气象等,都能如数家珍,讲得头头是道,令人瞠目结舌。他后来成为大军事理论家,可能与他在数学和地理方面的出类拔萃不无关系,因为这两门学问都是军事学的基础。

正因为诺米尼的数学、地理成绩超群优异,阿贝尔斯托克干脆就让他当这两门课的小先生,给同学们讲课。开始,他对此感到很光荣,很高兴。但后来有一天,他突然提出抗议说:"我既然讲课,为什么享受不到先生的待遇,而仍要尽学生的义务呢?"校长对他的抗议置之不理,他就愤然离校,回到帕耶讷的家乡去了。

这时诺米尼已经16岁了。父亲考虑到他数学好,学过经商,可能在商业上有发展,就于1795年到帕耶讷市里给他办了一个市民身份证,领了40弗罗林的旅费,把他送到了巴塞尔的一家商店学徒。不久,他离开这个商店到普雷斯维克银行,向普雷斯维克先生学习货币交易业务,开始对证券交易产生兴趣。但是,这时他更大的兴趣并非学习银行业务,而是不顾父亲的意愿开始自学军事,想当将军。

于是,从17岁起,即从友人介绍他到巴黎莫塞尔曼商号从商开始,便走上自学军事的道路。

在自学军事过程中,他总是把腓特烈大帝和拿破仑作为自己的研究对象,锲而不舍地探索他们打胜仗的奥秘。最后他发现,古今名将取胜的奥秘,无非是用自己的主力打击敌人的一部分兵力。他对自己的这一发现感到非常自豪,对未来充满无限希望。

与此同时,他摆脱银行工作而成为证券经纪人后,也赚了不少钱,几乎成了大款。但是,不久因法国实施了一个新经济法,使他失去了这个赚钱的工作。于是,他想回国另找工作,把目光从巴黎转向了瑞士。

平步青云

1798年,诺米尼已经19岁了。当他把目光转向瑞士的时候,法国人已应沃州人之邀进入瑞士国土,筹划在那里建立一个姊妹共和国,图谋从那里得到巨额资源,以用于埃及战争。不久,这个年轻的共和国即宣告成立,因古地名海尔维第亚而取名海尔维第共和国,实行中央集权制,与法国结盟,参加反对第二次反法同盟的战争(1798年),后因依附法国而引起起义,于1803年被拿破仑废除。

就在这个新共和国筹建的这年的年末,即1798年的11月底前后,诺米尼逢上了一个难得的机遇。有一天,他在巴黎遇到了一位瑞士爱国者,名凯勒。此人刚从奥斯坦德打仗胜利归来,已被任命为海尔维第共和国的陆军部部长。当诺米尼得知这些信息后,就很快抓住这个良机,设盛宴欢迎凯勒。席间,他对凯勒说了不少恭维的话,既高度歌颂了奥斯坦德的重大胜利,又巧妙地展示了自己的军事才能,同时还开门见山地表达了自己的回国意愿。欢宴结束后,诺米尼又热情地提供了一辆漂亮的四轮马车,把凯勒这位英雄一直送到瑞士首都伯尔尼。而作为回报,凯勒许诺:回国就任部长后,第一件要办的事就是将他调到自己身边工作,到部长办公室当个副官。这为年仅 19 岁的诺米尼展现了一个美好的前景！真使诺米尼喜不自胜。几天后,约 12 月初,他已收拾好行装,告别在巴黎的朋友,兴致勃勃地踏上重返瑞士的旅程。

但是,天有不测风云。当诺米尼抵达瑞士国门的时候,如同打来一个晴天霹雳,传说,凯勒没有当上陆军部长,这一职位已被一位瑞士近卫军老军官弗里堡的莱蓬接替了,因为当局更喜欢莱蓬。这一突如其来的变化怎能不使诺米尼感到大失所望呢?面对这一突变应该怎么办?后退已经无路,只有继续前进,去投新的主人。

诺米尼鼓起勇气,满怀信心,转而投奔素不相识的新部长莱蓬。在他头一天见到莱蓬部长的时候,他尽量寻找机会大谈兵法,大谈自己在军事上的发现,并表示自己多么愿意到陆军部工作。可是,这位部长似乎并未理解他所谈的兵法和他的发现,谈了不一会就说:"您只要字写得漂亮就行了。"于是,诺米尼在一生中惟一一次显示了自己的外交能力。他听了部长的这句话,心领神会,接着说:"部长,请给我张白纸,我现在就写几个字给您看看好吗?"莱蓬起身从抽屉里拿出一张白纸放在办公桌面上。诺米尼又问道:"写什么字好呢?""就写写咱俩的名字吧!"部长说。转眼间,诺米尼在这张白纸上,用遒劲的圆体字,写上了部长的名字,紧接着,又在下面用他在普雷斯维克银行学到的一手流利的缩写艺术字,签上了自己的名字。莱蓬一看,赞叹不已,马上答应给他从善安排工作。果然,不几天,于 1798 年 12 月 24 日,诺米尼便被任命为海尔维第共和国陆军部的秘书。

从此,诺米尼官运亨通,平步青云,扶摇直上。其间,虽然部长易人,莱蓬被朗德尔取代,但他却连连晋升,没有受到任何影响。他于 1799 年 6 月 17 日被授予上尉军衔,任命为陆军部长的副官;翌年 4 月 23 日又被授予营长军阶。从此,年仅 21 岁的诺米尼就成了一位有为的青年营长——营职青年军官。

这位青年军官在海尔维第军中的阅历虽不算太长,但他的非凡事迹却不胜枚举。

他走上陆军部秘书工作的岗位不久,就表现出多方面的知识和不凡的才能,受到莱蓬部长及其继任人朗德尔部长的赏识和重用,成了陆军部的得力骨干。因此,他的工作很快超出了文字工作的范围,从上级计划的制定,到下级执行计划的举措,与他有关的事,他要过问,与他无关的事,他也要过问。作为陆军部长的上尉副官,曾负责组织 21 个起义营防守瑞士国土,还曾在伯尔尼建起一所军校,志愿担任教官,负责教授兵法课程。

在第二次反法同盟战争期间,苏沃洛夫率俄军于 1799 年 9 月 14 日,自北意大利越过阿尔卑斯山远征瑞士。这时,为了更好地报效祖国,诺米尼不顾艰险,日夜奔走于前线执行命令,巡视海尔维第外籍军团,改革部队的训练、补给、财务等工作,从而为 1799 年 9 月 25 日至 26 日进行的苏黎世会战的胜利,做了必要的组织准备。

在此期间,他每天都要给朗德尔部长写一个很长的报告,报告前线的最新消息、当晚评论和次日展望。在瓦莱防御中,他及时采取有力措施,主动保障了法军翼侧的安全。为此,2 天后,法国元帅马塞纳曾给朗德尔部长写信致谢。这更使诺米尼得到部长的好评。

诺米尼的才能如此令人钦佩,但更令人钦佩的还是他的洞察力,他的预言。

苏黎世胜利后的两个月,即 1799 年 11 月,在法国发生了雾月 18 日政变,拿破仑在资产阶级支持下推翻督政府,任第一执政,建立军事独裁制。这次政变在瑞士也引起了极大的震动。政变发生后几周,约于 1800 年初,在伯尔尼的一次晚餐会上,人们都在议论纷纷,议论革命、战争和欧洲版图,议论爱情、婚姻和家庭。每个人都很自信、克制，也各有风度。这时没有人注意到年轻的诺米尼坐在桌旁保持沉默：他穿着一件束紧腰身的新上装，神态从容，目光贪婪，好像在藐视一切；又皱紧眉头，聚精会神，好像专在听大家议论。

大家议论的焦点是拿破仑的预备队的行动方向问题。真是众说纷纭，莫衷一是，争论非常激烈。

有人说，拿破仑的预备队将指向莱茵河；也有人说，拿破仑的预备队将指向地中海。这时诺米尼打断他们的话说："我敢打赌，他既不会向北指向莱茵河，也不会向南指向地中海，而将向中央从瓦莱进入意大利。"

诺米尼发表这个意见时，声音铿锵有力，目光炯炯，用握紧的拳头使劲按着桌子，表现极为自信。但有人对他的发言并不以为然，甚至有的人认为这是妄言。可是，6个月后，人们看到，拿破仑的这支神秘的预备队冒着翻雪山的严寒和坠入深渊的危险，迎着暴风雪的袭击，克服了雪地搬运辎重和大炮的严重困难，终于通过了欧洲天险阿尔卑斯山的大圣贝纳德山口，突然从瓦莱进入意大利的米兰，出其不意地出现在奥地利的将军梅拉斯大军的后方。诺米尼打的赌赢了。这令不少人对他刮目相看。这是青年营长首次猜中"战争之神"拿破仑的作战行动企图。

1799年雾月18日政变后，在瑞士引起反响。整个瑞士分成了两派：一派以拉阿尔普为首，希望建立法国式的统一的共和国；另一派以多尔德为首，希望借助奥地利，重新恢复旧制度。诺米尼开始支持拉阿尔普，后因意见分歧又转向多尔德。当他带着自己按法国宪法模式写出的一份国家体制方案去见这位新的领导人时，这位领导人对他热情接待，说了很多赞扬的话，但最后告诉他不能接受拉阿尔普的人到自己那里工作。这使诺米尼第一次受到了沉重打击。

与此同时，有个老奸巨猾的奥地利军官来到陆军部工作。他诡计多端，不时算计诺米尼。在这种情况下，身为青年营长的诺米尼深感形势对自己不利，在瑞士已无用武之地，难展宏图。经过一段痛苦的思考，诺米尼终于在1801年法国同奥地利签订和约后，毅然辞去在海尔维第陆军部的工作，重返巴黎去找好运。

初次出征

拿破仑为入侵英国而苦心经营布洛涅兵营达两年半之久。1805年8月2日，他离开巴黎到该兵营停留了整整一个月。鉴于海军行动不力和反法同盟的威胁，他到8月23日最后决定放弃利用布洛涅兵营入侵英国的计划，并在支援奥国的俄军赶到之前，首先展开对奥国攻击。

诺米尼随第6军离开布洛涅兵营向莱茵河行进，途中，曾陪同内伊先到巴黎，尔后去洛林看望他的父亲。不几天后，诺米尼又随内伊元帅回到第6军军部跟部队向莱茵河继续行军。

在行军过程中，诺米尼每天晚上都要在宿营地拟定部队次日的行军计划。在路上，他总不失时机地主动行事，表现出了一个军人少有的虔诚特性。当他看到炮兵在渡莱茵河陷入沼泽地的泥坑时，他就立即从已渡过河的那个团里要来10名工兵，在炮兵前面布网填土，保障炮兵及时渡河。当部队到达符滕堡的第一个城市后，他就马上在军部的桌子上展开他从印刷厂里搞到的符滕堡的地图进行研究，并以他丰富的德国知识，主动充当翻译。凡此种种，都反映出诺米尼不仅是个理论家，而且也是个实践家。因此,他不断得到元帅的信任,同时也不断引起同事的嫉妒。

部队到达斯图加特后,在这里发生了一个更引人注目的事件:就大军主力部队应向乌尔姆机动还是应向多瑙沃特机动问题展开了一场精彩的争论。

当时马克的奥军部署在多瑙河旁的乌尔姆,注意力集中于西方向,等待着法军主力经谷地从黑森林出来。然而,法皇率其主力却从北面绕过,并沿美因兹至维尔茨堡的美因河行进。这时,主力部队可能从斯图加特向左面的多瑙沃特机动,也可能从斯图加特向右面的乌尔姆机动。内伊元帅认为应向右边的乌尔姆机动,而诺米尼却坚决地认为应向左边的多瑙沃特机动。两人各持己见,争论非常激烈。

元帅说:"战术家先生,您没参加过1800年战局,有些情况不一定了解。要知道乌尔姆的重要性,这是巴伐利亚的锁钥,我因同莫罗一起在那里转了很长时间,对那里的情况有些了解。为什么乌尔姆明明是个要点的时候,我们的主力却要选择多瑙沃特作为机动目标呢?"

诺米尼反驳说:"元帅先生,我知道,乌尔姆之所以重要,因为它是个筑垒城市,而多瑙沃特之所以重要,是因为它对着敌人的阵地,是个战略点。我们的主力如果向多瑙沃特机动,出现在马克的奥军的极右侧,那就会像拿破仑于1800年向瓦莱机动,出现在梅拉斯的极右侧一样。如果我们进抵多瑙沃特,而位于我们左翼的巴伐利亚军能占领因戈尔施塔特和奥格斯堡,那我们就可以切断奥军与维也纳的联系,切断奥军与波希米亚的联系。如果马克留在乌尔姆不动,那我们就应向乌尔姆积极运动。不过这是下一步的行动了。"

诺米尼一口气谈了这些话,其间一点也不让人辩驳,但却使元帅在自己的随员面前感到难堪。

第二天,主力部队接到上级命令,要求经埃尔茨河河谷向格平根行军。这明确地表明,主力部队将向乌尔姆机动。看来,是内伊元帅说对了。

但是,诺米尼还不让步,不认输。他说:"我们第6军可以向乌尔姆进军,但是皇帝主力部队的运动方向不会与我们冲突。"这时元帅不再听他讲话。

不过,后来事态的发展,证实了诺米尼的预想。

10月7日,第6军部队进抵多瑙河畔的迪林根后,为了加强胜利信息,诺米尼又做了很多工作。他从司令部驻过的城堡俯视赫希施泰特地形,他知道在那里进行过两次典型会战:1800年,勒古尔布和莫罗曾在那里渡过多瑙河;1704年,马尔波罗和欧根曾在那里打败过法军。诺米尼沿着河岸边走边忆战史。当他走到当年被塔拉尔和马尔森拿下的法军阵地时,不禁气愤不已。他想,当年法军在那里不是由元帅指挥的吗?他们为什么那么傻呢?如果他们不是把主力用于支援多瑙河上的右翼,使精良的步兵拥挤在一个前面没有桥梁的村镇,就不会遭受那么惨重的损失。想到那些蹩脚战术家的无能,他更对自己的战术才能充满了信心。于是,他兴致勃勃地从这个古战场回到了迪林根。

正在这时,内伊元帅接到了拿破仑皇帝的一封密信,打开一看,不禁露出了又惊又喜的神色。他看完这封信后,马上就交给刚刚回到迪林根的诺米尼看。当诺米尼接过信来一口气读完后,自言自语地说了声:还是皇帝正确!原来信的内容大意说:拿破仑将亲率苏尔特、乌迪诺、缪拉的禁卫军和骑兵军从多瑙沃特渡过多瑙河;马尔蒙和达武将从其东面向瑙伊堡进发;贝尔纳多特将率巴伐利亚军向慕尼黑运动。这样的态势,显然首先要切断乌尔姆之敌与维也纳和波希米亚的联系。至于内伊军的行动,信中说,应沿左边的河接近乌尔姆,其任务是侦察地形,构成军队运动的轴心,并掩护交通线。另外,由巴拉加伊将军率领的加强龙骑兵应全力夺占多瑙河上的所有桥梁,以便大会战需要时,能保障军队及时投向右岸。

这一次,诺米尼欢呼胜利了。他的设想和预见竟与拿破仑的谋略不谋而合。因此,内伊元帅对他心悦诚服,觉得他能料事如神,有神机妙算、先见之明,便确认他为绝对权威。而对他嫉妒的人也不再说他的兵法原则不对了。当然,在其他方面,这些害"红眼病"的人仍不会放弃对他"吹毛求疵"的陋习。

1805年10月9日,在位于乌尔姆至奥格斯堡路上的金茨堡发生了一次战斗。在这次战斗中,内伊的第6军经过苦战,终于克服奥军顽强抵抗,完成战斗任务,攻占金茨堡左边的桥梁,进抵金茨堡城。

但在马莱尔师奉命攻夺该桥梁之初,战斗进展很不顺利。由于师部侦察不够,情况不明,部署不当,而指挥夺桥的拉居埃上校又在机械执行命令中丧生,致使战斗受挫。

当晚,元帅召见诺米尼,要他制定次日行动方案。当时军的任务是:守住多瑙河左岸,同时准备向右岸发展,以便按会战要求及时支援西南面大军的作战行动。据此,诺米尼建议派两个师沿河两岸行进,元帅表示同意,并随即下达了执行命令。在执行这一命令中,要求在莱普海姆、埃尔辛根、塔尔凡根三处的桥梁都能得到相互支援;要求每个师都确信这样分割兵力实施机动是卓越的;要求每个师遇到敌人主力攻击时,仍能坚定不移地执行这一行动方案。

众所周知,在拿破仑麾下,对错误,任何人都无权去想,他自己更不愿意去想。但是在诺米尼那里,要求从实际出发,有锐利的感觉,对各种情况都有所考虑。作为一个沉着的战术家,他不愿当盲人瞎马,不会闭上眼睛走路,只会预见未来,坚持原则,直言不讳。因此,他在拟定的行动方案中,毫不含糊地写道:"退却时……"

元帅一看到"退却"这两个字,就大声叫道:"怎么? 您认为奥军能迫使我们退却吗? 您不知道我有全由精兵组成的4个师的兵力,而且还有皇帝及其部队的可靠支援吗? 我不喜欢战前就想到退却的人,这样的人还不如留在自己的家里呢!"

"元帅先生,我不相信会退却,但是退却从来不是不可能的,而要使退却不成为危险的退却,就必须做到有备无患。"

"我不要再听您谈这个问题。"

于是,诺米尼不快地把一张纸揉皱,拿着走开。不一会儿,他又拿着一张新纸走回来,并沉默不语地把这张新纸送到元帅面前。原来这张新纸是诺米尼为第6军草拟的一道命令。命令要瑞士营长、元帅的志愿副官离职回国。这是诺米尼又一次要求辞职的新行动。

元帅看到这个内容后奇怪地问道:"这是什么意思?"

诺米尼回答说:"元帅先生,您刚才对我说过,我战前就提退却,说明我对胜利缺乏信心,战前就考虑会退却的人可以走开。尽管我在此仍是志愿副官、雇佣人员,但我也不能没有命令就擅自离开您召我来的军队。"

"哈哈,瑞士先生,您的脾气不好,怎么我的脾气也不好?"

说着,元帅就把他这张新纸撕碎扔进了碎纸篓。转脸又对诺米尼说:"我性子急,一时糊涂,想不起来了,您刚起草的那个行动命令在哪里呢?"

诺米尼不无歉意地从口袋里把那张刚揉皱的行动命令掏出来说:"在这里。"

经过研究,把诺米尼草拟的行动命令中的"退却"改为"后退",即全文下发了。这样,大家承认了战术家的智慧,战术家也屈从了军语。结果,皆大欢喜。

拿破仑随员

在 1805 年 12 月 27 日的皇帝手谕中,除授予诺米尼法军上校军衔外,同时任命他为法军第 6 军参谋、副官之职。为了庆贺这一盼望已久的任命,也是为了进一步扩大自己在欧洲军界的影响,诺米尼自豪地把《论大规模军事行动》第 1、第 2 卷分别寄给了奥皇弗兰茨、沙皇亚历山大一世和普鲁士国王威廉三世等欧洲各国帝王。

1806 年春,诺米尼重返法军第 6 军驻德意志瓦尔特豪森的军部,住在施塔迪翁公爵的官邸。在那里,大家争论最多的问题,首先是会不会同普鲁士发生战争的问题。诺米尼开始对这个问题保持沉默,一言未发。也许是因为这时他已是军的副官长,发言要谨慎的缘故。

1806 年 2 月,普鲁士国王违心地批准法普联盟条约:根据该约,普鲁士获得汉诺威,但要向英国关闭一切港口,并把克累弗和纳沙泰尔划归法国。7 月 1 日—24 日,普鲁士又同俄国达成秘密协议;根据协议,一旦爆发普法战争,俄国将以武力支援普鲁士。与此同时,普鲁士同英国的关系也非常微妙。7 月 12 日,拿破仑为巩固其对德意志西部和中部部分地区的统治,签订了莱茵邦联的相关条约,从而也恶化了普法关系。在形势如此日益恶化的气氛下,一天,诺米尼斩钉截铁地说:"战争马上就要爆发了!"而内伊听后说:"那我们就走着瞧吧! 我认为,当我们手里还有 3 万奥地利战俘的时候,普鲁士不敢单独同我们较量。"

接着,在一天早晨,内伊递给诺米尼从巴黎接到的一份宣告法军将撤回莱茵河渡场的《箴言报》,并对诺米尼说:"执拗的瑞士先生,您看我们是像要打仗了吗?"

"元帅先生,您收到了要我们撤出德意志的命令吗?"

"很快就会收到。"

"我无论如何也不相信。《箴言报》如此夸张地宣告我们要撤出,这纯属谎言,完全是为了进行欺骗。"

诺米尼引用纽伦堡、柏林和莱比锡的一些事件对《箴言报》进行了反驳。同时,他还问道:"当暴风雨来临,拿破仑不会趁俄奥军队尚未赶到之机去惩罚态度暧昧的普鲁士吗?"

因内伊元帅要去巴黎旅行,这一争论暂告中止。

在内伊元帅去巴黎期间,诺米尼于 1806 年 9 月 15 日,在瓦尔特豪森为元帅写出了一长篇论文:《评同普鲁士发生战争的可能性及可能发生的会战》。

为了分析这场战争的爆发原因和预测这场战争的爆发点、过程和结局,他画出了一个棋盘,自己充当导演,用白棋和黑棋,一直把这盘棋走到了底。

根据分析,他得出结论说:"普法战争是不可避免的,肯定要爆发的。而且我们可以预见到将在哪里进行会战。"

他认为,在这场战争中,普军指望同俄国联盟,指望俄军支援,而法军则企图先发制敌,断敌通路,阻止俄军支援普军。

据此,他进一步指出,普军和俄军可能企图在最易受到攻击的左翼,到萨勒河和易北河之间会师,尔后向班贝格挺进,而法军则必须粉碎普俄两军的这一会师企图。

因此,皇帝既不会从美因兹向右翼敌军行进,也不会从维尔茨堡向敌军中央行进,而是将向萨勒河和易北河之间的左翼敌人进攻。班贝格在这次会战中的地位将同多瑙河在乌尔姆会战中的地位一样。

除此以外,诺米尼甚至还预见了耶拿和奥尔施塔特的胜利。

1806 年 9 月 15 日,诺米尼发表了他的这篇瓦尔特豪森预言。

内伊元帅从巴黎看到这个预言后说:"不过,到底怎样,还要看一看。"

结果,元帅真的看到了。两星期后,他的第 6 军便按皇帝的命令拔营向纽伦堡进发了。同普鲁士的战争真的爆发了。这场战争的命运将在耶拿战场上决定。

当内伊元帅接到要第 6 军出发的这一道命令时,诺米尼同时接到了另一道从巴黎来的命令,要他立即到美因兹去接皇帝的训令。当时他想,皇帝会要他干什么呢?莫不是因为他的那篇论文发表了,皇帝有什么问题要找他。尽管一时得不出结论,但他很自信,拿起一张预先已标好这次会战运动路线的地图,装到口袋里就出发了。

9 月 28 日,诺米尼跨过美因兹桥,来到大主教教堂。当他呈上晋见皇帝的信后,立即有人出来引见。他随即走到客厅大门旁,便停下脚步,因为他被告知,皇帝正在客厅里同召见的克勒曼和奥热罗两位元帅谈话,研究预备队兵力和从美因河向维尔茨堡及施韦因福特行军等问题。

两位元帅走出了客厅。皇帝一人在那里摆弄他的座钟,嘴里咕哝着一些听不清的词儿,一会儿又从口袋掏出几支烟来。这时,诺米尼正在窗前踱来踱去。忽然,拿破仑出现在他的面前,盯着他问道:"您是谁?"

诺米尼急步走上前去。

"啊!对,我认识您。您的书正使我着迷,因为您的书是第一部揭示出战争真实原理的书,我很喜欢。一般的书向来只阐述一些体系,说明哪些体系是好的或说明哪些体系是不好的。可是,原理则不同。凡是原理就应该是真实的和永恒的,否则就不是原理。您是在哪里做过些研究的?"

诺米尼激动地向皇帝讲述了自己在瑞士的早期情况,在乌尔姆会战中遇到的意外事件,还特别请皇帝想起在基森多夫本堂区第 6 军军部时自己向皇帝报告的一些情况。

拿破仑说:"您当时讲的那些情况,我都记忆犹新,都很宝贵。不过在您的那篇论文《评同普鲁士发生战争的可能性及可能发生的会战》发表后,我就不再对那些情况感到惊奇了,因为后来应了解的是战争的全局。"

诺米尼同拿破仑的单独谈话表明,诺米尼在战略领域里比元帅们处于更优越的地位。两人的谈话越谈越投机,越谈越使诺米尼激动。后来话题转到了对每位元帅的优点的评论上。当谈到在瑞士战局的马塞纳元帅时,拿破仑说道:"他真是一位战争巨人!"

诺米尼听到这一评价后没有完全附和拿破仑的说法。他说:"马塞纳元帅主动、有眼力、机智,但是他为什么这一次分散了兵力呢?他本来拥有 11 个师,为什么在决定点上只握有 3 个师呢?显然没集中优势兵力于决定点上!如果同弗里德里希大帝和陛下的用兵之道加以比较,那我就对他的这种部署感到不可理解。"

拿破仑听了这话一点也没有不高兴,反而表示同意他这位青年战术家颇有见地的评价。他说:"您说的对。我在苏黎世时就和您有此同样想法。这是他的一次可悲的发狂!我从埃及来到弗雷瑞斯时知道了这次会战,有人把他捧上了天,说他拯救了法兰西。询问情况后,我对从辛普朗到巴勒的密集进攻感到惊奇,很不理解。事实上,马塞纳对于战争只是一知半解。不过,他是一个在危险中不可思议的人,因为在别人晕头转向、不知所措的时候,他会有点子。"

接着,拿破仑谈到了即将发生的会战。他久已迷信弗里德里希大帝的普鲁士军队,并一直对其保持敬意。可是,现在要同这样一支军队作战,怎么办呢?他说:"您写了不少关于普鲁士的书。您觉得普鲁士军队怎么样?我觉得普鲁士军队比奥地利军队强。要战胜它,很艰巨,要做很大的努力。"

诺米尼说:"普鲁士军队过去是强大的,在1792—1795年战争中是勇敢无疑的,但不能靠过去的强大和勇敢过日子。后来它染上了一种学究气,这给它带来了不幸。另外,他们在七年战争中的战将都死了,而现在的那些将军则都是我们手下的败将了。"

在对话中,拿破仑还直接了当地谈到了内伊元帅的优缺点,诺米尼对拿破仑的某些看法还进行了反驳。

正在谈得津津有味的时候,拿破仑突然煞住车,微笑着说:"好吧,别的我们以后再谈吧!看来您对国家形势很了解,就请您留在这里,跟我一起工作,当我的随员吧!"

诺米尼听到了拿破仑的这几句话后,顿感受宠若惊,因为从现在起他就要离开自己的恩人内伊元帅而当拿破仑皇帝的随员了。

普城会战

1806年12月26日,法军同俄军的战斗正式打响。

这一天发生了普乌图斯克会战。法军(2万人、120门火炮)由拉纳元帅指挥,其任务是向普乌图斯克挺进、进至俄军后方,阻止俄军渡过纳雷夫河。而俄军(4.5万人、200门火炮)由贝尼格森中将指挥,其任务是在该城以南和以西占领阵地,进行防御。经反复激战,法军被迫退却。会战结果,法军伤亡约6000人,俄军伤亡近3000人。

这时大雨不停,泥深过膝,纳雷夫河谷成为一片泥潭泽国,道路状况恶劣,法军因长途跋涉也疲惫不堪,双方都已无法在大地封冻之前采取进一步军事行动。法军同俄普联军都被迫就地宿营过冬,双方形成对峙态势。俄军宿营在沃姆扎至马祖里亚湖之间,而法军则扎营于维斯瓦河以东华沙至埃尔宾一线,普军仍扼守维斯瓦河下游的但泽和格劳登兹两个要塞。

按照拿破仑的作战部署,大军的左翼是贝尔纳多特的第1军和内伊的第6军,分别配置在埃尔宾和奥斯提罗德以南的吉根堡地域。内伊元帅素来莽撞,因发现其部队的配置地域内人烟稀少,补给困难,便于1807年1月的第一周开始向北面较富饶的地区突袭,深入东普鲁士境内96公里,但抵阿勒河上的巴滕斯泰因时与普军莱斯托克军遭遇,被迫由原地折回。内伊的此举打乱了拿破仑的原作战计划,使拿破仑深为震怒。

在这种情况下,在1807年1月中旬的一天,诺米尼因患风湿病、头痛、重听,还要接受布瓦耶医生给他做颈上皮下串线排脓手术,正痛苦不堪,在住处休息。忽然大本营的一个传令兵跑来向他报告说:"皇帝有请!"于是,他随即穿好军装,忍痛快步来到大本营。当时在场的有拿破仑和总长贝蒂埃。他们俩都一脸怒气。拿破仑一见诺米尼就怒吼起来。

"您的元帅内伊是什么东西？您知道他在怎样作弄我们吗？他竟带着他的全军部队从姆瓦瓦开拔了，不知他这是要干什么。这能说明他懂得兵法吗？您快设法再去找到他，好好告诉他，我不要1793年的轻骑兵了，他可带着他的轻型旅到他想去的任何地方！但是他必须对我给他的10个步兵团的出发点给我做出回答。"

诺米尼听后心里想，这一任务对他来说，实在是太棘手了。于是，他回答皇帝说："我正要向陛下报告此事。陛下可以比任何人更有力地向他说明，他的部队的任意运动会如何影响我们、危害我们。"

拿破仑同诺米尼一样，都没有再多讲话。拿破仑意识到，这次对他的奉承已远超过在乌尔姆对他的奉献。而诺米尼则感到又受到了一次秘密重托，喜不自胜，以至完全忘记了自己关节炎和排脓的疼痛。

接着，诺米尼同拿破仑都趴到地图上研究内伊的盲动及其可能产生的后果。

本来军事行动已经延期。法军在纳雷夫河以西成梯次配置在密集的宿营地。唯有在左翼的贝尔纳多特的第1军受命向埃尔宾推进，以孤立但泽。而驻扎在姆瓦瓦的内伊第6军应成为第1军和在普拉斯尼茨位于法军部署中央的苏尔特第4军之间的接合部。可是，此时苏尔特元帅到姆瓦瓦勘察却发现内伊的部队已去，那里空无一人。这比拿破仑原来所担心的怕俄军指向奥特尔斯堡更令人不安，因为这样法军将面对一个完全没有人烟的空间。

这时，总长贝蒂埃在旁边没有讲话。拿破仑同诺米尼趴在地图上，你一言我一语地深入探讨着内伊惹起的麻烦和应采取的对策，好像贝蒂埃总长不在那里一样。诺米尼完全为皇帝的厚爱陶醉了。

拿破仑同诺米尼研究结束后，严肃地对诺米尼说："您就赶快去找内伊吧！"

接着，诺米尼同情况发生前由第6军派来华沙的一个青年军官费赞萨克一道出发了。此时，诺米尼的心情百感交集：一方面，因皇帝如此信任，颇为自豪；另一方面，估计第6军的原驻地奈登堡和姆瓦瓦可能已落入贝尼格森的俄军之手，深恐途中被了解其踪迹的哥萨克骑兵抓住。其次，担心向内伊传达皇帝的指责时，惹恼内伊，遭到冷遇。

这时，内伊元帅若无其事地呆在阿伦斯泰因。诺米尼经艰苦跋涉到达这里顺利地见到了他，而且一见到他就说："请允许我把皇帝要转告的话原原本本地告诉您好吗？"元帅当即说："请！"

于是，诺米尼开始毫无顾虑地向内伊传达皇帝的原话。他说，最高统帅曾对他亲口讲："难道这能说明内伊懂兵法吗？"

内伊听到此话颇感不快。一会儿，内伊和诺米尼为了研究如何更好地执行皇帝的意图，都渐渐地平静了下来。诺米尼断然向内伊建议：坚决把第6军部队向霍恩施泰因集结。

当研究好上述情况并下达相关指示后，元帅同诺米尼走到餐桌前就餐。他们边吃边急切地等待着前进各团返回来。忽然间，科尔贝尔将军慌忙来到说，当俄军突袭时，他率部向瑟堡集结，途中损失1个精骑兵连，同时从高地观察发现，俄军至少有2万人。元帅听后顿感不安。诺米尼却若无其事地安慰元帅说："这样说明敌人是在北面集结，那我们向霍恩施泰因和奈登堡机动就决不会与敌人遭遇。就让我们多吃一点,安心睡个好觉吧!"

当诺米尼回到拿破仑跟前时,拿破仑急问他:"内伊元帅现在在哪里?他的部队都集结了没有?"

"如果一切顺利的话,元帅现在应在霍恩施泰因;如果受到威胁的话,他现在可能在吉根堡。"

拿破仑想看看吉根堡这个点的位置,没有讲话,就回到了桌上的地图前。这时,一向善于识图的诺米尼一下子就看出了拿破仑的秘密,又发现了拿破仑的想法与他不谋而合。接着,拿破仑在图上用黑大头针和红大头针标出了双方的阵地。拿破仑一面在图上摆阵,一面对诺米尼说:"这很好。如果内伊能维持现状不受损失,那一切都好。贝尔纳多特呢?有他的消息吗?俄国军队呢?他们有什么行动吗?"

诺米尼说:"已把第6军的运行方案告诉了贝尔纳多特,不过后来再没有他的消息。至于俄国军队,据科尔贝尔在瑟堡遇到的意外袭击来看,俄军可能正大举向古特施塔特方向行进,因为在向奈登堡的路上没有发现任何俄国部队。我本来就怕在那里遇到他们返回。"

拿破仑笑笑说:"实际上,我们就担心他们指向奈登堡,现在看来他们的行动与我们的想法是相符的。"

这时诺米尼再看看图,便完全猜中了拿破仑的运动方向。

拿破仑定下了对贝尼格森的作战方案,企图让贝尔纳多特以维斯瓦河为依托,待贝尼格森离开涅漫河基地向前推进与贝尔纳多特遭遇时,则以主力向前推进,与贝尔纳多特协同,将敌歼灭或赶下海去。

为实现这一作战方案,8天后,即1807年元月30日,利用大雪纷飞、地面封冻、便于部队运动的机会,拿破仑率总部由华沙起程,驰进120多公里,于1月31日抵达维伦贝格。2月3日,拿破仑又率总部进抵阿伦施泰因,与大军各部同时进入指定位置,完成部队集结,做好了随时出击的战斗准备。

不料,正在这"万事俱备,只欠东风"的时刻,发生了一个意外情况。贝蒂埃派去给贝尔纳多特元帅传送作战命令的一位参谋在途中被哥萨克骑兵巡逻队捉去了。由于他未及销毁携带的文件,全部机密落入敌手。贝尼格森得知拿破仑的上述企图后,觉得情况危急,遂即向东北柯尼斯堡方向溜走。这样一来,不仅贝尔纳多特未能协同主力对贝尼格森进行预定的方向攻击,而且使拿破仑的全盘计划也被打乱了。

这时,拿破仑令第5军作为右翼在纳雷夫河谷监视俄军由艾森指挥的1个军,其余各军全力北进,对贝尼格森实施追击。

2月7日,由缪拉的骑兵军和苏尔特的第4军组成法军前卫,于海尔斯贝格渡过阿勒河后,在一个名为普略西什·艾劳的小镇追上了俄军,从而揭开了艾劳会战的序幕。诺米尼又随拿破仑皇帝参加了一场激烈的会战。

军参谋长

1807年2月9日,艾劳会战结束后,法军总部于4月1日迁至芬肯施泰因。至此,法军休整后战斗力已得到相当的补充。

这是艾劳会战后法军的情况。那么艾劳会战后诺米尼个人的情况如何呢?

他的头脑整天不让他休息。他的多疑和烦恼的天性使他的一生充满了失望。由于受到真正不公的待遇,使他的失望与日俱增。年复一年,苦难使他益感焦虑。他好像生来命苦,除忍受失望的折磨外,还要同难以想象的疾病进行抗争。

由于波兰的漫天大雪和遍地泥泞,使诺米尼染上了风湿病。部队被迫在帕萨尔格河以西地域宿营过冬后,天气一连几周阴沉,令人烦闷。诺米尼开始感到头和膝关节疼痛难忍。考虑到部队要等明春才能恢复军事行动,他便趁此机会向皇帝请假看病。请假报告递上以后,贝蒂埃总长在上面批示:"准予病假4个月,如因风湿病需要,可自行延期归队。"诺米尼看到这一批示很高兴,觉得贝蒂埃好像很宽厚。于是,诺米尼于1807年4月8日写信给贝蒂埃说,皇帝准他4个月的病假,他将去欣茨纳赫或巴登度过。信的末尾署名是:"皇帝陛下参谋部上校诺米尼。"这位总长见到诺米尼的这封信,马上祝愿他一路平安并早日恢复健康,不过内心里却有几分感到高兴。因为总长心里明白,诺米尼无关紧要的健康,与其说是受恶劣天气的影响大,还不如说是受皇帝对他选用的特殊用人方法的影响大。诺米尼离开总部经8天8夜的奔波,到达他的休假地后,贝蒂埃暗想,这个令人烦恼的瑞士人来法军后,从皇帝那里夺走了对他的厚爱,成了他的"眼中钉,肉中刺",现在由于诺米尼有了这样不满的思想和虚弱的身体,他可以不费吹灰之力,轻而易举地把这个钉子和刺拔掉。皇帝喜爱身体健康的人。一个要到海边度假的人没有什么值得可怕的。

就在诺米尼回瑞士度假两个多月以后,于1807年6月14日,在柯尼斯堡东南43公里、艾劳以东24公里的一个小镇弗里德兰,拿破仑以莫蒂埃的第8军为左翼,内伊的第6军为右翼,拉纳居中央,禁卫军和维克托的第1军随拉纳之后作为总预备队,对贝尼格森指挥的约5万人的俄军防御阵地发动了猛烈进攻。当日下午8时许,内伊军攻占弗里德兰,法军大胜。次日,贝尼格森率部渡过普雷格河向涅曼河上的提尔西特撤退。同日,莱斯托克的普鲁士军也被缪拉一直追击到提尔西特。

这时,洗海水澡的季节正旺,诺米尼的病假也未到期,但他一听说部队开始行动,弗里德兰告捷,便立即中止休假,于6月15日离开瑞士,前往弗里德兰,想去晋见皇帝。可惜,当他到达柏林时得知,弗里德兰的胜利庆祝会已经结束,他便留在柏林而未去弗里德兰。

他在柏林期间又得知,由于弗里德兰的胜利,促使法皇拿破仑同沙皇亚历山大于6月25日在涅曼河中游一只设有篷帐的竹筏上,确认了他们两个皇帝之间的友好关系。7月7日和7月9日,拿破仑分别同俄国和普鲁士在提尔西特签订提尔西特和约。根据该约,普鲁士失去了约一半的领土和人口,易北河西岸地区并入重新成立的威斯特伐利亚王国,以拿破仑的三弟热罗姆为国王。在俄普之间原波兰领土上建立华沙大公国,实为拿破仑的附庸国。科特布斯区划归萨克森,比亚韦斯托克区划归俄国。亚历山大一世答应从多瑙河两公国(瓦拉几亚和摩尔多瓦)撤军,把亚得里亚海的科托尔港转让给法国,承认法国对伊奥尼亚群岛的主权。这时,拿破仑一跃而成为欧洲大陆的独裁者、(包括比利时、普鲁士、皮埃蒙特、热那亚在内的)强大法兰西帝国的皇帝、意大利的国王、莱茵联邦的保护者和瑞士的统治者,成为凯撒大帝以来空前的统帅。

这时,诺米尼看到拿破仑同亚历山大结盟感到高兴,因为他对亚历山大也有几分好感,不希望俄法进行无休止的战争。

1807年7月底,拿破仑光荣地回到了巴黎杜伊勒丽宫。不久,诺米尼也离开柏林回到巴黎。回到巴黎后,他首先考虑的问题是想复职。复什么职呢?他觉得现在应该走出美因兹晋见皇帝后出现的那种两栖处境了。应要求固定在皇宫工作或者固定到第 6 军工作,否则皇宫和第 6 军会继续互相推诿对他食宿的供应责任。于是,他去找内伊元帅表示了想回第 6 军工作的愿望。

内伊元帅真没想到已调到皇帝身边的老副官会来找他提出这一要求,不禁感到有点喜出望外。另一方面,内伊本来就对自己的参谋长迪塔伊不太满意,但因贝蒂埃总长赏识他,也不便于把他调走。正巧,迪塔伊在弗里德兰会战中受了重伤,已不宜再任参谋长的职务。于是,内伊便立即向皇帝提出恳求,请皇帝任命诺米尼取代迪塔伊为自己的参谋长。皇帝也慷慨地同意了他的请求。

这时,诺米尼又犹豫起来。他想,做皇帝的战略密友、心腹,要比给内伊当军参谋长好。但是,在皇帝那里他始终没有固定的职位,而且在皇帝后面有个总参谋长贝蒂埃常常算计他。同时皇帝的禁卫军也已从提尔西特返回巴黎,进入了和平时期。他觉得,还是"识时务者为俊杰",应该"急流勇退"。于是,他终于亲笔给皇帝上书,说明根据自己的经历和特点,到部队工作比留在宫廷服役更为适宜,并恳请皇帝批准内伊的申请,允许他到第 6 军当参谋长。

不久,到 10 月 18 日,贝蒂埃总长向陆军部长克拉克宣布:"诺米尼应按内伊的要求调回第 6 军工作。"但他没有说明是否让他去当军参谋长。这里又有什么文章谁也不得而知。

此时,内伊把自己的部队留在西里西亚,而自己在巴黎正享受为弗里德兰的辉煌胜利而得到的荣誉。不过,他因很喜欢诺米尼,一直希望诺米尼早回第 6 军工作。11月 5 日,他给克拉克部长写信说,拿破仑皇帝在弗里德兰即答应他的要求,任命诺米尼为他的军参谋长,希望此事有尽快落实。接着,他又去找贝蒂埃总长提出质问,问他为什么此事迟迟没有落实。总长断言回答说,这个职位只能由将军担任!很明显,诺米尼只是个上校,按总长的意思,他是没有资格当这个参谋长了。

那贝蒂埃要给诺米尼怎样另做安排呢?

诺米尼听到贝蒂埃的这番话后,不禁怒火中烧。他心里想:当内伊在乌尔姆会战后为他申请军功勋章时,贝蒂埃表示反对,并让人了消对他的一切奖励;当内伊为他多方奔走,要把他改为法军正式军官时,贝蒂埃又下令"军长只能使用有正式任命的人",千方百计地设置障碍。想到这里,他对至今得不到任命,更怒不可遏。他又想,此时如果再回避贝蒂埃设下的障碍,那肯定得不到军参谋长这个职位;但如果对蒂埃直接采取反对行动,那又可能引起贝蒂埃更大的憎恨。想来想去,他只感到倒霉,碰到贝蒂埃这个摆脱不掉的鬼!

当拿破仑出发去巴黎东南的枫丹白露时,内伊元帅随行同往。因此,内伊可毫无困难地得到他所要得到的情况。就在这里他接到克拉克部长根据他最新要求所写的回信说:"皇帝已同意这一要求,并给我下达了口头命令。应调诺米尼先生到第 6 军任职,同时应将这一情况通知纳沙泰尔亲王。"

内伊元帅把这一喜讯立即告诉了诺米尼。诺米尼向元帅表示了由衷的谢意之后,马上开始收拾行装,准备动身赴任军参谋长。正在这时,他接到了一封公函。他以为这肯定是给他的任命,便很有把握地把公函打开了。但是,他一时对自己的眼睛发生了怀疑。他在公函上看到的是他被任命为"迪塔伊准将先生的副参谋长。"

这时,诺米尼已忍无可忍,不禁怒吼起来。这是个什么骗局?是谁搞的鬼?迪塔伊在弗里德兰会战中受了重伤,失去了一只胳膊,刚刚从医院里出来,这样一位残废者还能胜任参谋长吗？如果让他充当这样一位残废者的副手，那不就是说要他做苦力，而让那位残废者不劳而获，只去巴黎享受荣华富贵吗？好一个骗局？这个骗局的制造者是谁呢？是贝蒂埃还是皇帝呢？是贝蒂埃，因为迪塔伊愿为贝蒂埃赴汤蹈火，是贝蒂埃的宠儿。不是皇帝，因为如果皇帝见他主动要求离开自己而要对他惩罚的话，那这样的惩罚显然是不够的。

想到这里，诺米尼立即拿起笔来写信。当然，他不是给贝蒂埃写信，而是给拿破仑写信。这时，一种失落感不禁涌上心头。他想，作为一个外国人，他抛开原职，醉心兵法，幻想最大的统帅能帮助他实现自己的愿望，在美因兹受到皇帝接见后，这一幻想眼看就要实现了。但是，经过普鲁士和波兰两个战局之后，这样任命他当一个残废者的副职，只能说明他已经失宠。是可忍，孰不可忍？他觉得已无他途可寻。只有辞职！于是愤然给拿破仑写了一封辞职信。

第二个星期天，他因未接到拿破仑的回信，便直奔枫丹白露。拿破仑在做弥撒前见到了他。当时，他在皇宫的军官中间找了个位置坐下，就像在柏林晋见皇帝时一样，聚精会神地盯着敞开的大门，殷切地期待着皇帝驾临。

一会儿，拿破仑终于来到了。一见到诺米尼，拿破仑就怒气冲冲地说："您知道您给我写了一封多么不得体的信？您竟胆敢向我随便提出辞职！"

诺米尼深表歉意说："陛下，请原谅！我不是想辩护，实在是迫不得已。"

拿破仑说"您为什么设想我会如此亏待为我工作卓有成效的人呢？"

诺米尼把手放到口袋里，想把给他的任命函掏出来作为证明给拿破仑看看，但拿破仑教他不用掏，说："您没有看出这是贝蒂埃的错误吗？"

这时，贝蒂埃也在场。不过他没有紧跟在拿破仑身后，而是坐在副官们的后面，大家没有注意到他的表情。当拿破仑离场后，诺米尼突然觉得有人拽他的衣服。回头一看，是贝蒂埃！他凑到诺米尼的耳朵低声说："您不要再辩驳了，大家走开后，您到我那里去一下。"

诺米尼到贝蒂埃的办公室后，贝蒂埃对他很热情。贝蒂埃暗想，诺米尼为什么不按常规而越过总长直接去找皇帝伸冤呢？可以说，这大概是个误会，一切都是可以弥补的。于是，他开口对诺米尼说："您可以清楚地看到，您过急了，没有必要这样急，也没有必要这样烦神。您就到巴黎去等您的参谋长任命书吧！"

本来当晚宫里举行盛大宴会，宴会后有精彩的节目表演，要演一个名戏。拿破仑为表示对诺米尼的关心，专门派人给他安排了看戏的位置。这样，他完全可以舒适而愉快地在宫里度过一个欢乐的夜晚。

但是，他没等戏演完，就迫不及待地坐上了去巴黎的四轮马车。由于那个难忘的白天使他激动不已，以至使他把晚上观看的什么名戏全都忘得一干二净。他在马车上脑海里不断涌现的有两个最深的印象：皇帝的锐利目光和智慧，不公正决定的修正，美因兹约会生机的重现，这一切都使他终生难忘；贝蒂埃在皇宫的狡黠微笑和给他安排的优待戏票，使他从中看到了贝蒂埃对他作为一个战术家、兵法业余爱好者、编外人员、皇帝心腹和军事天才的仇视。

次日，即11月11日晨2时，诺米尼在自己住所里真的接到了贝蒂埃寄给他的参谋长任命书。这是贝蒂埃当晚为改正错误刚派传令兵送来的。难怪那天办公室主任迪弗雷纳曾对诺米尼说："这既不是错误，也不是误会，而是总长费尽心机想出的一道命令。"

这样一来,诺米尼总算实现了当军参谋长的夙愿。

赶出军部

1809 年春末,内伊元帅率部队到阿斯托加后,觉得好像约瑟夫国王要他服从苏尔特指挥,便大发雷霆。他甚至扬言,宁愿离开部队,也不愿听苏尔特摆布,无论如何,也不愿再在西班牙了。他大骂苏尔特说:"苏尔特是个叛徒,他有野心要夺葡萄牙的王冠,这里有许多通报可以作证,必须把这些情况报告皇帝。"于是他于 7 月 5 日下令给诺米尼,让诺米尼去维也纳晋见皇帝,向皇帝说明内伊放弃加利西亚的原因,并告苏尔特的状,说他有野心,有背叛行为。因此,诺米尼深信,通过执行这一任务,定能恢复元帅在布洛涅兵营时对他的信任。想到这里,他真的笑了。

1809 年 7 月 6 日,即得到内伊指示的第二天,诺米尼离开瓦格拉姆踏上了去维也纳的道路。这时,只有明白内幕的卡赛秘书一个人坐在桌旁,摇着脑袋,默默地看着诺米尼这个不幸的提台词人出发了。

诺米尼离开维多利亚时,他的两个仆人送别了他。由于临行时减掉了护卫队,所以他的警惕性特别高,一上路就把子弹上了枪膛。途中,他遇到了两次危险:一次,有两个强盗从山上对他打了 50 枪,险些把他击中;另一次,他不得不一手拿着钱包,一手拿着手枪,紧跟一个遭敌攻击的车队加速行进,险些被敌人抓住。他经比利牛斯山到维也纳,真是历尽艰难,奋不顾身。但是,他路上一直没有忘记如何寻找理由到皇帝面前去拯救内伊元帅和告苏尔特的状。

诺米尼到维也纳后,不日便进申布伦宫见到了拿破仑皇帝。他同拿破仑对惠灵顿英军向马德里进军的问题,作了有益的探讨,并同拿破仑有一条共识:"如果不适当地估计敌人的行动,那将是不慎的,甚至是愚蠢的。"他向拿破仑指出惠灵顿有 10 万西班牙部队的支援,有西班牙为他开放的通路,从而说明了惠灵顿向马德里进军的可能性和危险性。拿破仑最后同意他的意见说:"情况的确不妙。"

至于告苏尔特的状的问题,诺米尼什么话也未讲,只是从口袋里掏出了几个有损苏尔特的文件交给拿破仑看。文件的内容无非是说苏尔特有野心,想当葡萄牙国王,以至在同内伊的协同上有背叛行为。当然,这些文件都是内伊元帅要他交给拿破仑的。拿破仑看了文件后,对内伊元帅在文件中所说的一些蠢话感到吃惊。因此,拿破仑约诺米尼于当天晚上又去同他谈了一次。从拿破仑的两次谈话里,他一方面意识到,拿破仑要教训他的属臣,另一方面又感到,拿破仑又像在美因兹那样同他亲密无间了。

当同拿破仑谈完第 6 军的行动问题之后,他还顺便谈了内伊的一些情况。他一方面指责内伊,一方面又仍想效忠内伊,想从拿破仑那里给内伊要个比西班牙更好的地方。但是,由于个性驱使,他还是没有提防别人听见,向拿破仑多谈了一些批评内伊的话。

在走出申布伦宫时,诺米尼还深信,这一幸运使命使他重新得到了拿破仑皇帝和内伊元帅的信任。

诺米尼来到申布伦半个月之后,在等待期间,拿破仑皇帝又召见他谈话。当诺米尼走进皇帝办公厅的时候,只见拿破仑威严地坐在一张大桌子旁,桌子上展开了一幅西班牙大地图。诺米尼一进门,拿破仑就高声对他说:"的确,您说得对,英军已经离开里斯本向马德里进军,特别是它已在塔拉韦拉打败了茹尔当,使维克托和塞巴斯蒂尼亚的部队受到惨重损失。这显然是惠灵顿!"

拿破仑请诺米尼这位预言家坐到他的战略桌前,让他看看这次可怕的会战。拿破仑说:"茹尔当的愚蠢是他把自己的各个军连续投入了战斗。我本以为他的战斗力会更强一些。另外我也本指望苏尔特和内伊不做蠢事。"

可是,苏尔特和内伊越来越蠢,他们在西班牙分散兵力,相互串通,对马德里发出的命令置之不理,从而帮了英军的大忙,拯救了英军。

内伊元帅最狂妄的时候,竟自己回到巴黎,而把他的军交给马尔尚将军指挥。

1809 年 10 月 14 日签订申布伦和约,结束对奥战争后不久,拿破仑皇帝离开维也纳的申布伦宫回到了巴黎。现在他要致力于巩固其幅员广大的帝国,同时又要考虑尚未了结的西班牙战争。

这时,诺米尼也随拿破仑回到了巴黎。在巴黎,诺米尼见过内伊,但内伊对他不冷不热,没有谈过任何实质性问题。可是,有一天,一场暴风雨向内伊袭来。有消息说,内伊的部队在西班牙的塔马梅吃了败仗,损失惨重。拿破仑闻讯大怒,立即命令内伊火速返回西班牙。内伊见皇帝如此恼怒,便迅即重返西班牙战场。在离开巴黎之前,他要诺米尼这位参谋长到法国南部比斯开湾去同他重聚。

他还是诺米尼的主人吗?对重返难得逃出的西班牙这座监狱不感到可怕吗?诺米尼对这些问题都未考虑。他反而立即愉快地整理行装,甚至重买新马,更换装备,准备应约去巴约纳见内伊元帅,然后随元帅重返西班牙。

不料,当他出发前去向陆军部长克拉克请示的时候,部长惊奇地问道:

"您要出发! 是谁给您的命令?"

"是内伊元帅!"

"真奇怪! 有充分的理由证明,内伊元帅的目的不是要您去西班牙继续同他共事,为他效劳。"

"这话有点过分吧? 请看这是他给我的命令。"

部长看了内伊写给诺米尼的命令更感到奇怪。因为他知道,4 天前才根据内伊的紧急要求下令让别人取代了诺米尼的位置。

可是,这时诺米尼还对他的原保护人内伊元帅存有幻想。他不愿轻信部长的话是真的。他心里想,能干出这种恶作剧的人,一定是纳沙泰尔亲王——贝蒂埃总长,而不会是埃尔辛根公爵——内伊元帅。内伊怎么会一面让别人取代他的位置,一面又好像很诚恳地把自己的事情告诉他呢?但是,当想到内伊元帅怎么一会儿下令让他去找他,一会儿又 180 度大转弯,要抛弃他时,不禁忧心忡忡,如坐针毡。

这时,内伊因故滞留在法国的沙托丹,还没回到西班牙。诺米尼得知这一情况后,急派一个传令兵到沙托丹去向元帅请示,想把事情弄个水落石出。这次,内伊才说了真话,他直接了当地要传令兵回巴黎告诉诺米尼,让诺米尼留在巴黎等待陆军部长的命令,不要再去找他了,不要再回第 6 军了。

当传令兵回到巴黎把这信息报告诺米尼时,诺米尼目瞪口呆,一时陷入沉思,好像真的听到了司令部和宫廷里流传着的喋喋不休的闲话:诺米尼是元帅的提台词人,是他指挥元帅,而不是元帅指挥他,他批评过元帅,元帅的一切胜利都应归功于他。他好像自己就跻身于那些嫉妒的人群中,在倾听着这些闲话传来传去,最后经元帅夫人传到元帅耳边。他此刻才如大梦初醒,真正意识到"落花有意,流水无情",自己真的被元帅赶出了第6军。他一面忍受着报复之徒的诡计折磨,一面又摇晃着皇帝在枫丹白露强令批准的给他的新任命书,想象着那位贝蒂埃总长——纳沙泰尔亲王下一步会如何安排他!

听命于人

克拉克部长接到内伊关于要调走诺米尼的紧急要求后,觉得内伊态度很坚决,事情已不可逆转,便于1809年11月17日专门给拿破仑写了一个请示报告。拿破仑在报告上亲笔批示:"让贝蒂埃用他。"后来,把"贝蒂埃"划掉,改为"让奥尔施塔特用他",最后又把"奥尔施搭特"划掉,仍改为"让贝蒂埃用他"。从这一批示上可以看出,在究竟应由谁使用诺米尼的问题上,拿破仑是有犹豫的,最后才选择了贝蒂埃。这对诺米尼来说,真是一个倒霉的选择!

诺米尼根据克拉克部长传达的拿破仑指示去见贝蒂埃。在去之前,他一直怀有一种幻想,幻想拿破仑在把他调出第6军时会提出一个位置供他选择。直至走到贝蒂埃总长办公室的时候,他还有这种想法。真好像这种想法马上就会变成现实似的。但是,当他走到总长面前的时候,总长对他非常冷淡,一句话也不愿多讲,只是冷冷地说:"好吧,您去找蒙西翁上校吧!他会把我的意图告诉您的。"

诺米尼一听,脸就刷地红了。他想,要他离开一个军司令部和皇帝办公厅,而来听从一个刚晋升的上校支配,其前景必然是"虎落平阳受犬欺",真是莫大的屈辱!因此,无论如何,他也掩饰不住自己的抵触情绪。他觉得这样太伤自己的面子了。于是,他气愤地说道:"这样的安排不能不使我感到羞愧。要我听命于蒙西翁上校,岂不是要我成为一个多余者吗?"总长看到他如此不满,不无惊讶地说道:"您要知道,您是个上校,皇帝如果愿意,也可以把您派到印度洋西部的马达加斯加去。"诺米尼毫不含糊地说:"是的,阁下,不过我更有权离开总部。"总长也不让步,说:"那您提出辞职吧!"最后,诺米尼说:"阁下,当我认为我应该辞职的时候,我会这样做的。"

说完这话,他就气愤地走出了总长的办公室。当他下楼梯的时候,他感到自己好像坠入无底深渊,已经不能自主。他觉得,皇帝亲手把他交给他的敌人,让他的敌人任意摆布,这就从根本上决定了他的命运;贝蒂埃开始保持沉默,可能就是要设陷阱,逼他主动辞职,使他陷入绝境。当看到自己的事业将毁于一旦的时候,诺米尼又想,如果自己不"坐以待毙",那就应该"破釜沉舟",另找出路。

他果然得到了令人快慰的俄国的消息。不久,他原留在巴黎的"秘书"埃代霍菲匆匆来到了阿劳,向他转达了沙皇的邀请之意,并给他带来了一个非常周密的赴俄行程计划。这一信息当然使他感到鼓舞。但是,感到鼓舞之后,他又想到他为之服务已久的法国。于是,他又犹豫起来,不禁暗想:还是听天由命吧!

喜结良缘

拿破仑和亚历山大这两位至少表面上还是朋友的皇帝,都知道诺米尼在军事上是个难得的人才。拿破仑虽害怕太重用他,从未在总部给他安排过相应的固定职位,但也不愿让他轻易走掉,而亚历山大则千方百计想争取他为自己效劳。当亚历山大皇帝从库拉金大使那里得知争取诺米尼的计划没有实现时,甚为关切,立即向维也纳和慕尼黑发出紧急通知,要求加紧同萨拉沃男爵联系,一旦取得联系,即按原命令实施,争取他早日赴俄。

与此同时,拿破仑好像专要抵消沙皇的这一殷勤表示似的。为了尽快使诺米尼这位新将军忘掉过去的一切不快,拿破仑皇帝于1811年夏,召见诺米尼于特里亚诺宫,当面给他布置新的任务,并提出具体要求。他要诺米尼暂时推迟一下《论大规模军事行动》最后几卷的完稿工作,开始为他撰写1796年和1800年意大利战局史。具体要求是,不要像写诗、演讲那样,要不求华丽辞藻,但求言之成理,有很强的说服力。

会见结束时,拿破仑亲切地问诺米尼有无什么问题需要解决。诺米尼说,最重要的问题是希望能够看到必要的文件资料。拿破仑说,这好办,他将给有关人员下达必要的指示,让他们为他提供方便。

诺米尼听到皇帝的这一允诺感到非常高兴,信心也非常足。因为他以为,根据皇帝的命令兵站档案室的一切珍品都会对他无保留地开放,这可使他的撰写工作拥有最可靠的基础。

撰写工作开始后,一天,诺米尼满怀信心地来到兵站档案室要看文件资料。接待他的是一个殷勤而狡黠的主任米里耶尔上校。此人把诺米尼领进二楼的一个房间坐下。当诺米尼向他说明他想看些他感兴趣的会战资料后,他就给若来尼拿来几卷档案放到桌子上。

诺米尼把档案打开,本想一一细读。但这时他发现,这个房间光线太暗,看东西太吃力,更严重的是,这些档案乱七八糟,既无目录,又无序号,根本不是他想看的文件资料。于是,他一气之下,把档案往旁边一推,就走出了这个房间。这时那位主任一点也未感到惊奇,只是一笑了之。

1812年3月18日,诺米尼应召来到了巴黎的杜伊勒丽宫,要晋见皇帝,向皇帝报告撰写工作的进展情况和阅读档案遇到的问题。皇帝要他第二天上午9时来见。

第二天,3月19日,诺米尼按时来到皇帝办公室后,从副官穆东将军那里得知,皇后要分娩,接着又听到鸣放了101响礼炮。于是,他知道这次晋见又要落空,便一人来到过去常在那里遇到俄国密使的托尔托尼饭店去进午餐,在那里同巴黎人共同欢庆皇帝继承人的诞生。

后来宫廷侍从官德尚告诉他,皇帝对于昨天未能按约见到他感到很遗憾,要他后天一定来。这样,诺米尼就于3月21日见到了拿破仑。

拿破仑一见面就问他:"您前天为什么不留在办公室里多等一会儿呢?"

诺米尼说:"那天是陛下大喜的日子。101响礼炮的轰鸣告诉我,那天是全国普天同庆的日子……"

接着,拿破仑又问他:"贝蒂埃老是叫您过不去,给您设障碍,这到底是怎么回事?"

诺米尼向拿破仑一一陈述了他遇到的一些不公。他告诉拿破仑:"当贝蒂埃就任瑞士总督时,我曾请他为我的《论大规模军事行动》题词,并允许我去海尔维第军队当旅长,但他态度非常冷淡,使我大失所望。"

"这人太讨厌了。您以后有事最好还是直接找我,我是会欣然同意的。"拿破仑明确地回答说。

这一天对诺米尼来说,真是一个幸福的日子。他深深感受到,皇帝对他很理解,很重视他的存在,同时对贝蒂埃的所作所为也不是一无所知,真是什么情况都知道。

　　拿破仑在了解了诺米尼在为他编写意大利战局史中所遇到的困难后,立即给诺米尼拨款 4 万法郎作为他几卷书和附图的印刷出版经费,同时又给有关部门下达指示,要求兵站档案室务必为诺米尼查阅文件资料大开方便之门。

　　后来,诺米尼再去兵站档案室看资料时,情况就大不一样了。可能是拿破仑的指示见效了,米里耶尔上校受批评了。诺米尼感到这二楼的房间不像他刚来时那么阴暗了,显然是光线有了改善。特别使诺米尼感到欣喜的是,档案保管员从未像现在这样殷勤,天天在诺米尼来到之前,总是把文件井然有序地放满桌子,那些文件涉及到投入战斗的各师状况、各单位每天的实力统计等等,使诺米尼可得到一定程度的满足。不过,这样过了几天以后,他又渐渐开始对档案室的灰尘、一些统计数字和米里耶尔的微笑感到恼火,他发觉给他看的 2—3 张阿科莱和卡斯蒂里亚地图是用透明纸描绘的,很不完全,有些情况使他非常倒胃口。

　　这时,诺米尼发生了怀疑。他心里想,不可能没有别的资料,肯定还有资料没拿给他看。他气愤地去敲另一个房间的门,但门紧锁着,他敲了半天也无人开。不过,最后他解开了一个不解之谜,有人告诉他,那个房间的资料非经贝蒂埃批准不得公开他借。

　　原来还是贝蒂埃在作祟!他在办公室另组织人也在编写诺米尼正在按皇帝旨意撰写的意大利战局史,为此,他垄断了一些最重要的文件资料。由此可见,尽管皇帝在此对诺米尼颇为关注,寄予厚望,但由于贝蒂埃对皇帝阳奉阴违,嫉妒心太重,诺米尼仍有重重困难,前景不妙,不可乐观。

　　因此,诺米尼虽不停地仍继续编写工作,但因他要看的有些资料仍不给看,所以他又开始恼火、犹豫、泄气……

　　这给切尔内绍夫提供了新的活动机遇。他又开始对诺米尼展开了争取工作。他根据沙皇亚历山大的意图,日益加紧特务活动,不断加大诱饵,在 4—6 月三个月内,三次发出俄国寄给诺米尼款额的信息:第一次说,可给 6.5 万法郎,第二次说,可给 7 万法郎,第三次说,至少可以增至 10 万法郎。

　　俄国人之所以如此不断加价,那是因为他们越来越打起经济算盘。他们认为有机可乘的情况是:诺米尼因从军前放弃经济工作而没有巨额储蓄;布尔卡银行破产使他蒙受经济损失,影响兄妹生活;他在法军的薪俸太低,与他的才智和贡献不太相称。他们满以为只要这样不断加价,总能达到如期目的。

　　可是与此同时,法皇拿破仑在这一年也不断加大对诺米尼的投入。尽管他未能完全消除贝蒂埃给诺米尼设置的重重障碍,但他对诺米尼编写意大利战局史的工作一直非常关心,不断给诺米尼增加拨款,其拨款数额之大,甚至超过了俄国可提供的 10 万法郎的数额。

　　法皇的这些举措使诺米尼意识到,他的真正障碍不是来自拿破仑,而是来自贝蒂埃。他对法国的希望加大了,增加了留在法国的信心。因此,他在这一时期坚决避免同切尔内绍夫见面。但是,由于经常感受到贝蒂埃这只黑兽的纠缠,他又没有勇气完全切断迈向俄国的桥梁。于是,他只让埃代霍菲同切尔内绍夫保持联系,对切尔内绍夫提出的问题,只让埃代霍菲做些含糊其词的回答。他心里想,只要能维持俄法两国仍能竞相抬价就心满意足了。

　　结果,俄国失算了,诺米尼与俄国的交易完全中断了。1812 年初,拿破仑下令驱逐巴黎的俄国特务出境。当时,被撵走的俄国特务只带走了从陆军部长那里偷去的几份珍贵文件,但未能把诺米尼带走。

促使诺米尼最后决心不去俄国的有两个重要情况:第一,尽管诺米尼同法皇心照不宣,相互保密,但诺米尼明白,同俄国的战争已经临近。第二,诺米尼终于忘掉普鲁士姑娘多罗泰小姐,而于1811年夏才与法兰西姑娘罗斯小姐喜结良缘。罗斯小姐出生于罗塞莱,虽不是出身于王室宫廷,但长得非常俊俏,两只孩童般天真的大眼睛,一头金色的卷发,苗条的身段,总是含情脉脉,令人心醉,另外,她还在离巴黎不远的丰特奈有一所令人迷恋的乡间住宅。这一切都使诺米尼无论如何也不愿轻易离开法国。诺米尼同她结婚后,虽长时间异地分居,但两人感情甚笃,生活非常幸福。她后来始终是诺米尼最得力的亲密助手,经常为诺米尼工整地誊写书稿。她一生生有5个孩子,曾几度随诺米尼去过圣彼得堡,返法后陪诺米尼在巴黎安度晚年,比诺米尼晚两年去世。

出任总督

法国同俄国于1807年在签订提尔西特和约的同时,又签订秘密攻守同盟条约,结为盟友。但因拿破仑雄心勃勃,贪得无厌,图谋称霸全欧,而亚历山大也不甘示弱,不愿坐视不理,轻易就范,所以这两个盟友实际上貌合神离,同床异梦,矛盾重重,各有打算,以至最后拿破仑因向亚历山大之妹求婚遭到亚历山大拒绝,恼羞成怒,借口俄国违反提尔西特和约,撕下盟友面纱,悍然发动1812年的侵俄战争。

战争开始前,拿破仑在维斯瓦河沿线集结部署重兵达40个步兵师,25个骑兵师,共计51万人。而俄军则有巴尔克莱指挥的第1集团军15万人作为主力,集结于涅曼河之后;巴格拉季昂指挥的第2集团军5万人负责掩护涅曼河与布格河之间的缺口;普拉托夫指挥的哥萨克骑兵8000人集结于格罗德诺地域。

拿破仑于1812年5月29日,由德累斯顿出发,6月23日到达科夫诺(考纳斯),6月24日率法军20万人,4000匹马,1000门大炮及8000辆辎车,从早晨4时至下午2时,通过3座桥梁,渡过涅曼河,进入当时俄国国境。

在渡河前后,拿破仑遇到了被认为是不祥之兆的有两件事:渡河前他骑在马上走着走着,没有注意,突然因马脚下窜出一只野兔,惊得一蹦,他被摔下马来;渡河后,他遇到一阵狂风骤雨,全身被雨水淋透,不得不把头低下行进。

6月28日,拿破仑未遇任何抵抗,便进抵立陶宛首都维尔纳。原来拿破仑计划以右翼部队包围巴格拉季昂部队,以主力部队同巴尔克莱部队进行决战,一举将其歼灭于维尔纳。但由于热罗姆军行动迟缓,致使俄军得以不战而由该地东撤。结果,该计划未得实现,拿破仑被迫滞留维尔纳达18天之久。

这时,诺米尼已随拿破仑皇帝参与了这场侵俄战争。但是早在法军进入维尔纳之前,诺米尼即因俄皇曾对他表示善意而开始对深入俄国领土感到不安,觉得自己不宜于打头阵,直接与沙皇为敌。于是,他抓住一个有利时机,主动向拿破仑申述了自己的想法,而拿破仑为了尽量满足他的愿望,不顾贝蒂埃的意见,亲自把他这位史政官预先任命为维尔纳总督。这是诺米尼第一次在皇家总参谋部得到正式的职位。他对这一职位比较满意,因为他觉得在这一职位上不需同俄皇直接对抗,不需同俄军直接交锋,也是对俄皇应尽的义务。但是实际上,他因有贝蒂埃设障,在这个位置上的困难将比去档案室看资料的困难还要多。

根据拿破仑的这一预先任命,诺米尼于拿破仑进抵维尔纳的当天即 6 月 28 日,就任维尔纳总督。这一工作一开始,就非常艰巨:要安排近 20 万人的宿营和近 1 万名伤员的住院。

拿破仑在进行 14 天谈判没有结果后要离开维尔纳的前夜,曾在办公室里接见了诺米尼这位总督。拿破仑临离办公室时下达命令说:"这里还有很多大炮和大车需要牵引,待从匈牙利和加利西亚调来的牛队到后,你们应给分别套上轭;你们应安排人力准备木筏,以保障运粮队从科夫诺经维利亚河把粮食运到此地;应安排人力在维尔纳城周围挖好必要的工事,做好防止突然袭击的一切准备……"

在执行这些任务时,还不应忘记:收集掉队人员,给预备队补给必需品,建立医院,训练立陶宛人。这些任务都很繁重。诺米尼遇到了重重困难:缺乏治病必需的药品;可用于挖堑壕的工兵仅有 50 人;运粮需要的船只必须现造。这说明,当时拿破仑的计划虽然很好,但对实际情况了解不够,对障碍缺乏分析。要进行一次会战谈何容易!

在立陶宛尚未建立行政体系的情况下,诺米尼深感缺人少粮之苦,曾接连给拿破仑写报告,但均无济于事。拿破仑的答复总是:"纪律是军队的主要力量。重要的是对命令要毫不犹豫地坚决执行。"因此,诺米尼在这个总督岗位上时感不快。

但是,更令他不快的事还在后面。

在拿破仑离开维尔纳 8 天后,冯·霍根多尔将军被任命为立陶宛总督。作为刚就任维尔纳总督的诺米尼,一方面因有这样一个顶头上司而感到有几分高兴,因为他觉得在执行那些本不可能完成的任务中可以摆脱一些责任;但另一方面,他又感到难言之苦,因为他看到了一个第三者插到了他和皇帝之间。

霍根多尔是个荷兰人,作为拿破仑的副官颇受器重,曾在柏林军校学习过,原在弗里德里希军队工作,后转为拿破仑效劳。

霍根多尔同诺米尼的关系是针锋相对,互不服气,相当紧张。谈到诺米尼时,霍根多尔曾说:"可悲的诺米尼多么自命不凡和自以为是!""他自以为是,是因为他由于写出一部战术书而成为一位很重要的人物","我从未见过如此目中无人和盲目自尊的人。"而当谈到霍根多尔时,诺米尼则说:"这位总督多么可笑和傲慢"!"他可笑傲慢,是因为他娶了一个日耳曼公主"。"我从未见过如此傲慢自大和极端专制的人。"

诺米尼与霍根多尔一开始接触,斗争就公开化了。霍根多尔在由科夫诺出发赴维尔纳就任立陶宛总督前曾给诺米尼一信说,他即将赴任,但苦无良马,希望诺米尼能把自己的骏马派给他一用。

诺米尼见信咒骂了他一顿之后,不拘形式地给他写了一个不客气的回条说,不可能派出自己的马给他用,因为他自己的马已答应给一位夫人用了。

这样,霍根多尔只得骑上就地找到的一匹普通马来到维尔纳。他本以为到达维尔纳时会受到按等级应有的迎接。殊不知,到城门时,迎接他的只是一辆令人可笑的普通套车。当他被人带到维尔纳总督府时,诺米尼正懒洋洋地睡在一个漂亮房间的沙发上。他问诺米尼给他安排了什么样的住所。诺米尼说没有考虑,接着就让一个军官把他送到了一个条件很差的小旅馆。

霍根多尔这位立陶宛总督因诺米尼这位维尔纳总督没把自己的房子让给他住,感到十分恼火,竟命令诺米尼与其他一些军官集合听他训话,严厉训斥诺米尼作为一个下级总督未能到通往科夫诺的路上去迎接他。诺米尼对此只是一笑置之。

这两位总督初次接触就发生了这么多不快。不过最引人注目的,还是他们对德里萨河工程的争吵。

一天,霍根多尔传令给诺米尼,要他派遣1个营到德里萨河那边去拆毁俄军的筑垒营地。诺米尼即派希尔少校率其分队执行这一任务。但在该分队出发前发现,在德里萨河前面有俄军1个军尚在设防,于是,诺米尼命令该分队停止前往。

霍根多尔得知大怒道:"您胆敢反对皇帝的命令吗?要知道,这是皇帝的命令!"

诺米尼反驳说:"皇帝如果知道在德里萨河前面有3万俄军未撤,就不会派1000人到那里去了。"

但是,霍根多尔还是坚持要该营出发。

于是,诺米尼只得服从。但他要霍根多尔正式下达一个出发命令,并给该营增加1个侦察分队。同时,他指示该营营长要坚决执行任务,但不要不顾危险固执前进,应力避人员伤亡。

这位可怜的营长希尔少校出发了! 他一出发就再没有回来。他被俄国骑兵杀死了。他由于执行一道不可能实现的命令而牺牲了自己和该营过半人员的生命。

对于拿破仑来说,需要时,可能是可能,不可能也是可能,也就是说,行也行,不行也行。对于霍根多尔来说,在他受人指挥时,也是如此,可能是可能,不可能也是可能。他们都倡导盲目服从。但对于诺米尼来说,不可能就是不可能,不行就是不行。他决不盲从。

因德里萨河工程问题争吵后,立陶宛总督对维尔纳总督更加仇恨了。有时好像无缘无故,两人也会大吵大闹起来。一次,一位波兰少校向维尔纳市政府要一套住所。市政府不理,少校一气之下把市府的一扇窗砸碎了。市府人员向诺米尼告状。诺米尼却支持少校。但霍根多尔知道后,认为少校犯了纪律,便命令诺米尼关少校的禁闭。可是,诺米尼拒绝执行。结果,诺米尼自己被霍根多尔关了禁闭。

在诺米尼被禁闭期间,负责警卫工作的是与巴萨诺公爵要好的一位将军。这位将军不顾霍根多尔对公爵的埋怨,愿意保护诺米尼,有一天竟陪同诺米尼一起参加了在蒂森豪森伯爵那里举行的盛大舞会。

舞会上,马祖卡舞曲刚响起不一会儿,人们正翩翩起舞,忽听霍根多尔声嘶力竭地大叫起来,他要求诺米尼这个造反者立即返回部队禁闭室,并声称,如果诺米尼自己不回去,就派兵把他押回去。诺米尼屈从了。

谢天谢地! 霍根多尔不是贝蒂埃,他把对诺米尼的处理情况如实报告了皇帝。几天后,巴萨诺公爵马雷将军经秘书莫尼埃男爵宣布了皇帝的一道命令称,解除诺米尼的禁闭,并调他到斯摩棱斯克政府工作。这道命令里含有斥责。但对这些斥责的理解各有不同:霍根多尔认为,斥责是针对诺米尼的;而诺米尼则认为,斥责是针对霍根多尔的。不过,看来诺米尼的理解是对的,因为皇帝于1812年8月29日从维亚济马写给马雷的信中说:"我已命令总参谋长给诺米尼另调工作。请您明确告诉霍根多尔,让他克制暴躁,不要发任何怨言。"

诺米尼在得知要调他到斯摩棱斯克任总督的命令后,一方面因可摆脱与霍根多尔无休止的争吵而感到有几分高兴,但另一方面又因考虑到战局的进展而感到忧心忡忡。拿破仑虽未取得决定性胜利,但仍寄希望于进军莫斯科,他扬言:"和平就在莫斯科,一攻占莫斯科,亚历山大就会跪在我们面前乞求和平。"

但是,诺米尼却不抱愚蠢的幻想,他对这场战争的灾难,甚至退却,早就有所预见。他在维尔纳曾对德索雷将军说过:"如果入冬以前不能同俄国签订和约,那就希望我们能从涅曼河回去。"如今,他只得无望地骑上马从维尔纳去斯摩棱斯克。

诺米尼于1812年9月底抵斯摩棱斯克就任总督新职。那里的情况比维尔纳更糟。8月17日,巴尔克莱率俄军从斯摩棱斯克撤出时,炸毁了所有军火库,焚烧了大批建筑物,城里的居民也都随军队撤走了,留下的只有一个牧师、一个工匠和一些贫苦老人。当法军进入该市时,只见到处都是伤员,满街躺着人员和马匹的尸体,真是一片凄惨的景象。因此,诺米尼一到该市的首要任务就是忙于修建公墓和医院,还要组织军需供应,总督府的工作非常繁重、棘手。不久,诺米尼即预感到大难将要临头。

出生入死

当诺米尼陷入绝望,死神将临之际,忽然有人推开诺米尼所在的这所房门,飞进一道闪光,给诺米尼燃起了新的希望之火。原来这是维克托将军的参谋长夏托将军来了。他是同军长维克托元帅指挥后卫过完桥把桥点燃后来到这所房子休息的。他早年与诺米尼在柏林相识,并开始结下友谊。当他发现诺米尼只身狼狈地躺在冷炕上时,惊讶不已,立即让厨师贝吕纳用曾为贝蒂埃做饭的那个灶,给诺米尼做了一个母鹅大馅饼送上,还打开了一瓶从波洛茨克犹太人那里买到的波尔多葡萄酒,让饥渴的诺米尼饱餐了一顿。

诺米尼美餐之后,完全恢复了自我。可是,他做梦也未想到命运会给他做出如此奇迹般的安排。贝吕纳给他准备了一辆很好的四轮马车,马上请他上车赶路。这时,他才在退却的法军纵队里有了自己的位置。

一坐上这辆温馨的马车,诺米尼的胸中就燃起了新的希望。正走得起劲的时候,忽然车夫打开车门,叫道:"前面有哥萨克!怎么办?……"这时,诺米尼从沉思中醒来,立即披上他那件可作为防长矛胸甲用的卷毛羔皮大衣,急忙下车,步履维艰地走近一门大炮,紧紧抓住炮架,把炮弹装上炮膛,准备迎击来犯的哥萨克骑兵。可是不一会儿,那股哥萨克骑兵在视野中消失了。于是,诺米尼离开大炮,又爬上一辆辎车。因为天冷,冻得难忍,他又从辎车下来,时而快步,时而慢步,傍晚赶到了津宾村。

从法军自莫斯科开始退却以来,诺米尼历尽疼痛和艰险,出生入死,几度绝望。他的一些珍贵笔记和书稿,随着他的全部衣物用品,都落入别列津纳河,被河水冲走了。他为这些无价的损失抱憾终身。

他到津宾村时,还有时咳嗽、吐血。但因在久病中找到了良方好药,他的支气管炎和胸膜炎都治好了。他摆脱了病痛,忘记了不公。他在津宾村应邀到内伊元帅的草床上休息,又乘埃布莱将军的一辆四轮马车攀登到莫洛杰奇诺。霎时,霍根多尔的国家——立陶宛,对他来说,又成了人间天堂和乐园。

不料,走到斯莫尔贡时又遇到了想不到的麻烦。因天气严寒,他在运货马车上冻得直打哆嗦,被迫下了马车。可是,因为疲劳过度,他又无力行走。正在这时,有一匹小波兰马拉着一个雪橇从那里路过。他断然花钱把这个雪橇买下,要求卖主把他送到维尔纳。当他坐上雪橇,闭上眼睛,做起到维尔纳的美梦时,忽然有一只大手摇摇他的肩膀说:"雪橇的卖主拿着钱逃走了!"幸亏说这话的人是一位军乐队长,是个瑞士人,他认识诺米尼,主动提出愿把诺米尼送到奥什缅纳。

到奥什缅纳时,看到城里有好多房子被冻得狂怒的士兵放火烧毁了。令人喜出望外的是在该城入口发现了一幢漂亮的房子。军乐队长领诺米尼走了进去,那是巴巴奈格尔将军的指挥所。巴巴奈格尔是在诺米尼之后接任维尔纳总督的。他这时见到诺米尼感到特别高兴,对诺米尼接待非常殷勤,并邀请诺米尼坐上他的车一起向维尔纳进发。

这两位总督同车回到了他们原在维尔纳的总督府。路上尸横遍野,惨不忍睹,城里更惨,到处臭味熏天,一片凄凉。这时维尔纳真是凄惨的福地,可怜的乐土! 已不是久呆之地,因为随时都有可能落入哥萨克骑兵之手。

诺米尼在维尔纳稍事休息后,即不得不随部队继续退却。不过,这时他有了一个用两匹骏马牵引的全新雪橇,而且又把他的老传令兵里埃巴尔找来给当橇夫。当他坐上这个新雪橇出发,走出维尔纳城时,由维利亚河陡岸而上的那条路被徒劳滑行的人、车堵塞了。他的雪橇刚刚停下,又听到了连续不断的阵阵枪声。又出现了哥萨克骑兵! 于是,他立即从雪橇卸下一匹马,跨上去,带病赶上欧根亲王,同亲王策划对付哥萨克袭扰的良策。

当哥萨克的寻衅过去后,他的雪橇找不到了,橇夫也找不到了。他只得骑着那匹马继续行进。后来,巴萨诺公爵的副官发现他骑马太累,就请他换乘另一辆马车,一直来到涅曼河。

越过涅曼河,几经辗转,终于来到了但泽。但泽,这是诺米尼在退却路上有记录的最后一站。诺米尼的妹夫费瓦兹上尉曾在斯图迪扬卡村从着火的房子里救出过诺米尼,现在他因冻伤严重,在这里住进了医院,而且一直未能出去。

费瓦兹是个地道的瑞士兵,原为驻荷兰禁卫军军官、奥兰治公爵在弗勒吕斯时的副官,于 1795 年被遣散回萨拉沃老家。他本以为可以永远平平安安地在家里过下去。但因他有 8 个孩子,收入很低,入不敷出,常靠借债度日,生活十分困难,又先后到原部队和瑞士军团里找到过一份工作,借以维持生计。后来,他觉得在瑞士团里的工作太苦,直至诺米尼找他当副官才算走了一点好运。

可是,万万也没有想到,他在这个较好的工作岗位上参加了侵俄战争。在法军惨败,狼狈退却中,他在斯图迪扬卡村从火海里把诺米尼救出,扶到桥边,被人流冲散后,不久他自己的双手冻成重伤。到了但泽住进医院后,医生给他做了截肢。按照医生的分析,他只能活 6 个月。他在悲痛中留下了在科夫诺写下的一份令人心碎的遗书。

当诺米尼到医院探视费瓦兹,看到这封奇特的遗书时,不禁失声痛哭。但他马上又强作镇静,耐心安慰费瓦兹,劝他安心养伤。

到什切青后刚刚住下,诺米尼就接到了总部的一道命令,要他速返巴黎。他看了这道命令,沉思良久。他觉得自己是皇帝的预言家,对皇帝的企图能够未卜先知,在拿破仑完成这次光辉退却中的关键时刻,自己又起了重要作用,因此满以为皇帝要他速返巴黎将意味着要赋予他重任。

于是,他乘上一辆新的四轮马车,仍找里埃巴尔当车夫,飞快地从什切青出发了。途中,为了让里埃巴尔赶马快跑,尽快赶到巴黎,诺米尼连自己的钱包都送给了车夫。

可是,到了巴黎后,诺米尼并未见到特别的荣誉和优待。他刚做的一场美梦又要破灭了。当晚,他不得不自找住处过夜。真觉得大失所望。

投奔沙皇

随着时间的推移,停战日益临近期满。到 1813 年 8 月中旬,拿破仑为应付奥地利一旦加入反法同盟可能出现的危险,已重新调整了部署:主力达 20 万人,集中于易北河至博伯尔河之间地区,面对波希米亚,采取防御态势;另一独立集团,由乌迪诺指挥,约有 7 万余人,配置在易北河至施普雷河之间的维滕贝格至卢考地区,准备进攻柏林。与此同时,拿破仑从其他各方面也加强了战争准备。

1813 年 8 月 10 日,拿破仑下令给包括诺米尼在内的一批战功卓著人员授予荣誉勋位勋章。这一勋章是拿破仑于 1802 年开始设立的,当时专门授予文武双全、建有奇功的真正骑士。诺米尼获此殊荣后,更加充满了能得到晋升少将的希望。

8 月 12 日,奥地利向法国宣战,正式加入反法同盟。接着,沙皇、普王和奥皇共同成立联合司令部,决定由奥地利的施瓦岑贝格亲王担任联军总司令,任命拉德茨基将军为联军参谋长。这一形势严重削弱了拿破仑的战略地位,因为在这一形势下,联军可从埃尔茨山口走出波希米亚,直逼莱比锡和拿破仑的总部所在地德累斯顿。

面对这一严峻形势,诺米尼还在指望早日接到皇帝批准他晋升少将的命令,以便轻装上阵,继续为他已为之卖力 8 年的拿破仑效劳。

8 月 13 日,拿破仑果然在一次盛典上宣布了包岑会战后批准晋级晋衔人员的名单,其中当然也包括内伊元帅送到德累斯顿总部的申请晋升人员名单。在内伊的申请名单中,所列人员,皇帝都批准了。惟有两个人的名字被贝蒂埃用笔划掉了,而且皇帝也未想把这两个名字恢复过来。这两个名字就是诺米尼将军和他的副官科克上尉。

命该如此。这就是诺米尼自己追求的命运!他得知这一不公的信息后,真如晴天霹雳,百感交集。他本来早曾想转投沙皇,但因一心梦想晋升少将,讨个公道,就把一切前嫌都抛到了九霄云外。如今面临的不公,使他恐惧和发疯,使他的愤怒胜过了悔恨。

他想了许多,想到了历史上的许多叛逆者和统帅,而且都原谅了他们。他像拿破仑一样,总认为,人不能容忍的坏事莫过于侮辱。他觉得,自己在法军扮演提台词人角色已经 8 年,应当满足了。他之所以引起贝蒂埃的嫉恨,那是因为自己轻视等级制度,无视他的权威,想按自己的意愿去撰写意大利战局史。拿破仑在 26 岁那年被送到他不喜欢的旺代军团时,他并没有因离开原来的位置而感到极度痛苦。他这个科西嘉人没理法国对他功绩所持的不公态度,不是曾到土耳其演出过一出有声有色的话剧吗?这时,诺米尼为了要背叛拿破仑,还要回忆拿破仑的历史,借以得到拿破仑的支持。

但是,他又想,事实上是谁叛变呢?为了使贝蒂埃高兴,皇帝竟容忍贝蒂埃为所欲为,关他的禁闭,划掉他的名字。要知道,他不仅是皇帝在包岑获胜的救星,而且是皇帝一切胜利的史学家;他是为法兰西帝国最光辉的原则赢得荣誉的战术家。忘恩负义!……真正叛变的不是他,而应该是皇帝,因为皇帝背叛了自己在美因兹同他达成的秘密协定。这是诺米尼自己的想象,直至最后失望,他一直这样想。

唉!他又想,如果 3 年前能不对皇帝抱有幻想,不无限期地苦苦等待,而能当机立断,早离开法军,那不就好了吗?这不也是自己的错误吗?不过,也不能否认历史。

那时不是有人千方百计,不顾自己愿望,硬要把自己拉回来吗?不是还有人威胁说,如果不回来,那皇帝就会把自己送到万塞纳城堡去坐牢吗?不是又马上给自己授予了准将军衔吗?

凡此种种,他觉得这都是他现在要反对拿破仑这个欧洲霸主的根据。另外,他更想到,他离开法国而改投沙皇,那决不是叛变,因为他是个自由的瑞士人,而不是法国人。

经过这样反复思考,他觉得还是"走为上策",最后断然决定:走,离开法国,另谋他途,去找沙皇!于是,就在8月13日当天,他写了两封信,一封信给拿破仑皇帝,一封信给好友莫尼埃男爵。信中说:"明天我就要抛弃这面忘恩负义的法国旗帜了,因为在这面旗帜下,我只能受到侮辱。这不是我的祖国的旗帜……亲爱的,再见吧!……我不能多写了……望多加保重……我觉得我从来没有像现在这样热爱我留在法国为数不多的朋友们。"

这两封信写好后,他就着手整理行装,准备找机会脱身。但他毕竟对为之服务已久的第3军还有感情。这时,第3军配置在卡茨巴赫附近空旷地域,骑兵位于吕本一带,炮兵分散部署在后方的一些村庄。诺米尼担心一旦布吕歇尔从中间阵地发起进攻,会使第3军遭受意外损失,便建议内伊采取适当举措。但内伊以为停战有可能延期,没有引起重视。

诺米尼说:"停战期已满,应适当调整兵力部署。"

内伊不愿调整。

诺米尼说:"至少必须把炮兵向前推进,并把情况通报骑兵。"

内伊默不作声,什么也不想听。诺米尼也就不再坚持。

8月14日夜10时,内伊从睡梦中忽被军号声惊醒。出现了危急情况!这时,他立刻想起了自己的参谋长诺米尼。

可是,这时诺米尼已经不在那里了。原来他于这天晚上,草拟了一道要炮兵重返公园和一道要骑兵保卫军部的命令并分别按时发出后,就按与切尔内绍夫将军的预约,上马消失了。

两天后,内伊接到了拿破仑批准诺米尼晋升少将的修改令。这使内伊遗憾终身。他想,这道命令能早到两天不就好了吗?但是,木已成舟,不可逆转。

8月17日,战端重启,联军开始按计划行动,布吕歇尔率10万大军迫使内伊拔营。这时,内伊已悔之晚矣。

原来,诺米尼非常侥幸!他于8月14日夜,从第3军军部所在地利格尼茨顺利到达位于两军中间地带的尧尔。这时,他感到如释重负,无比轻松,好像成了一个真正自由的人。他反复思考,觉得自己问心无愧,对后人的公正也毫不怀疑。他不是法国人,离开法国当然不是叛徒。他告别了在法军的过去,来迎接在俄军的未来。

幻想终于成了现实。由于切尔内绍夫的安排,他又从尧尔来到了布拉格,见到了亚历山大皇帝。这时,他觉得自己好像初到布洛涅兵营一样,又成了一个年轻的新兵,又将全力投入研练兵法。至于他到这里来,别人会不会说自己是叛徒的问题,他已经不再考虑了。因为他认为,既然自己不是法国人,就完全有权换旗,改换门庭,况且他在离法军前,还最后一次违抗内伊命令,调动骑兵保卫第3军军部,使内伊安然脱险,他更没有向联军出卖过法军作战计划。

战后耻辱

1813年8月26—27日的德累斯顿会战后,诺米尼为联军的失败而遗憾,更为自己的建议屡遭冷遇而感慨。他曾在自己的回忆录中写道:"这次会战使我从我原抱有的一切幻想中醒悟了;它向我证明,一个人如果处在我这样的地位,就不应该参与对重大问题的评论,因为只有握有指挥权的主人才有发言权。"

尽管诺米尼内心有些体会,但他仍不甘寂寞,总想在艰难的退却路上继续发表自己的想法,为联军做点贡献,甚至幻想以自己的智慧使失败转为胜利。因此,他总不失时机地向他的主人献计献策。

8月29日,当部队向盖尔斯山移动时,发现在库尔姆那边有烟火。原以为那是预备野战仓库的烟火。后来判明,那是大炮,说明旺达姆已到达那里。接着又令人想到,随旺达姆之后到达那里的可能是拿破仑。这时,亚历山大不禁同诺米尼都感到害怕。于是,他立即派副官到施瓦岑贝格那里去,建议预防危险;到巴尔克莱那里去,催促友邻加速行进;到奥斯捷尔曼那里去,鼓励他好好在库尔姆坚持到加强部队到达。鉴于科洛雷多的那个奥地利军已开始下山向杜克斯移动,诺米尼便奉俄皇命令前去要求该军向左边的特普利茨前进。

诺米尼对科洛雷多说:"这是关系到拯救全军的问题。"

但是,科洛雷多只听从施瓦岑贝格的命令,对他的话置之不理,继续坚持向杜克斯行进。

诺米尼狂怒起来,跳上马飞奔去报告沙皇。沙皇也大怒,纵马奔往杜克斯。

晚上,沙皇在杜克斯由诺米尼陪同会见了奥地利外交大臣梅特涅,向梅特涅申述了向埃格尔进军如何荒诞、向特普利茨集结如何正确,以及施瓦岑贝格和科洛雷多如何对他们的意见置之不理。同时向他指出,为了避免一场灾难,必须支持奥斯捷尔曼军在库尔姆的行动。

结果,梅特涅被说服了,未等征求施瓦岑贝格的意见,他就亲手拟制了一道命令,令科洛雷多向特普利茨行进。

在奥军之后,普鲁士的克莱斯特军必须由马克桑进至菲尔斯滕瓦尔德。但是如何才能引导该军奔往可能发生战斗的地域呢?当时普王弗里德里希·威廉不在场。怎么办呢?还是诺米尼主动起草了一封信,经沙皇签署后,请在沙皇身边的普鲁士大臣舍勒将军,带给克莱斯特将军。该信明确要求克莱斯特将军从盖尔斯山下,沿山一侧,向克劳帕以东,直扑旺达姆的右翼。

因道路条件恶劣,车辆受损,舍勒步行跋涉,终于赶上了处于高地的普军,把信交给了克莱斯特,同时,还通报他,在库尔姆已发生战斗,而且因为路途阻塞,按原路已无法进至该地。于是,克莱斯特决定,沿山脊向东,直至通往彼得斯瓦尔德的那条道路。

这是按诺米尼建议采取的一次决定胜利的机动。8月30日上午,孤军突入波希米亚的法军旺达姆军被出现在背后的普军克莱斯特诱入库尔姆附近埃尔茨山的一条峡谷,结果全军7000人悉被歼灭,全部火炮和装备落入联军之手,旺达姆本人也被生俘。

这次库尔姆战斗的胜利,无疑使诺米尼感到十分自豪。因为他在这次战斗中的关键时刻提出了自己有远见的建议,特别是向杜克斯送去的由他草拟的那封信,对这次胜利起了决定作用。当然,也不能把这次胜利完全归功于他一个人。他自己也认为,这次胜利还应部分归功于贝蒂埃的错误和拿破仑的失策,因为法军本来可利用其德累斯顿的胜利战果,对联军实施有组织的迅猛追击。但是,法军没有这样做,当联军仓促退却时,拿破仑却一个人留在德累斯顿,听任各军自行同退却之敌接触,置旺达姆孤立无援于不顾。

然而,不管怎样,这一胜利毕竟给诺米尼增添了莫大的光彩。正因为如此,诺米尼也就更引起托尔和沃尔孔斯基的嫉恨。他们总是以诺米尼为敌,百般刁难,伺机报复。而诺米尼对他们也针锋相对,寸步不让,认为他们是忘恩负义、不知廉耻的门生,一面叫卖他的兵法,一面又暗地对他踢脚。双方有时甚至争吵得不可开交,还要沙皇出来干涉,从中调解。沙皇要他们双方抛弃前嫌,面向未来,把是非让后人评说。

不久,在联军中,因库尔姆的胜利,早把德累斯顿的失败抛到了九霄云外。为庆祝胜利,联军总部论功行赏,给各级战功卓著人员颁发十字军功章、高级功勋章及大功勋绶带等。诺米尼看到不少庸才胸前金光闪闪,盛气凌人。可是,他自己什么也没得到。因此,他不禁天真而惊讶地自问:这究竟是怎么了? 他感到这太不公平了,他想了许多许多。

他想:"因我要求向迪波尔斯瓦尔德有序退却,才保证了一次胜利;因根据我的意见向易北河实施机动,才避免了一次失败。如果没有我起草的那封信,没有我,能有库尔姆的这次重大胜利吗? 凡此种种,哪一点不是有目共睹呢? 但是为什么我却成为一个惟一没有受奖的人? 如果说这是奥地利人的问题,那还有情可原,因为都知道那可能是施瓦岑贝格、拉德茨基在搞鬼。但是,弗里德里希大帝的普鲁士和亚历山大的俄国为什么如此有眼无珠,视而不见,听之任之呢?"

他没想到,在奥、普、俄这三国君主之下,竟容忍那些无功而受禄的人员联合起来诽谤这个令人难以容忍的瑞士人。他之所以陷入如此境地,那是因为他以自己的战术家才智自负,心目中只有拿破仑,而对联军中的那些君主指手画脚,无视那些达官贵人的高职高衔。此外,他在兵法领域里的一些犯"红眼病"的同行们也不遗余力地对他进行攻击。诸如,英国将军斯图尔特曾说,诺米尼来到联军总部后,使得一切工作都变得复杂难办了;普鲁士将军缪弗林格总把诺米尼同贝尔纳多特、莫罗扯在一起,相提并论,目的是要借以痛骂联军总部的这"三个法国佬";而俄国将军托尔则断言说:"此人在战争中不可重用。"在15天的战斗过程中,一直有人在背后攻击他。有人躲在拉德茨基和朗格诺后面,总想要像埋葬德累斯顿会战一样来"埋葬"诺米尼。如果有人想到他,那只是为了要指责他,说他是第一个提出要攻城的。这些人好像忘记了他是在拿破仑尚未赶到德累斯顿时首先提出攻城的;同样,他们好像也忘记了,他在发现拿破仑已经赶到德累斯顿时立即建议停止攻城。他真感到自己好像是寓言中的一头受气的驴。

说起来,好像是天大的笑话。在联军总部给有功人员颁发重奖之后,俄皇亚历山大给诺米尼颁发了一枚圣安娜十字勋章。这是俄国勋章中级别最低的勋章。诺米尼当然对此极为不满。亚历山大看出他的不满,为了使他心理上得到一些平衡,便任命他为自己的特级副官。

但是,诺米尼总觉得,接受这样一枚勋章,不是荣誉,而是莫大的耻辱。他不禁把在法军中包岑会战后受到的不公,同在联军中库尔姆战斗后受到的不公联系起来,并将永远留在自己的记忆中。他认为这是他一生中受到的两次最大的不公。本来在库尔姆战斗中,他一直同沃尔孔斯基亲王在一起,紧随在亚历山大身边,一分钟也未离开,功劳最大,但在后来传播的库尔姆之战的画片上,他却是惟一找不到的一个人。历史就可以如此任人篡改!哪里还有公道可谈?

于是,诺米尼想,当初因包岑会战后的不公,我离开了法军,现在不应该因库尔姆战斗后的不公,而离开俄军吗?这样,他脑海又萌发了走的念头。

不久,在部队准备发动另一次进攻的时刻,他因应约要同妻子重聚,于9月间回到了布拉格。在布拉格见到妻子前,他气愤地给亚历山大皇帝写了一个辞呈,辞呈中列举了自己的战功,申述了不愿再戴的那枚小圣安娜十字勋章使自己蒙受的耻辱,最后提出了辞职。这是诺米尼有生以来第九次写辞呈。

但是,他的这个第九次辞呈没有送给亚历山大皇帝。他想见到妻子后再说。又过了几天,妻子还没有到。等得有点着急,他就踏上通往维也纳的路去迎接。不料,又同妻子走叉了路,路上没有接到。当他久别的妻子来到他的身边的时候,他对亚历山大皇帝的气已经渐消了。当他看到妻子抱来的他第一个孩子亨利的那张笑脸的时候,他不禁想到:这个才两岁的小子既不是法国人,也不是俄国人,究竟算哪国人呢?我还走吗?往哪里走呢?看来,又是"山穷水尽疑无路",但是无可奈何,还是"留为上策"。

战后殊荣

诺米尼既然认为"还是留为上策",他就要死心塌地地继续为亚历山大皇帝效劳。他在布拉格同妻子欢度了几天短暂的美好时光之后,因考虑到战争的需要,就依依不舍地让妻子离开布拉格,重新回到了距巴黎5公里的家乡丰特奈·苏布瓦。

这时的战场形势已转向有利于联军。库尔姆之战的胜利,把本已遍布波希米亚谷地的失望气氛一扫而空,而且使之变成了万众欢呼的声音。因为这一胜利使整个日耳曼都为之震动。到1813年10月上旬,当拿破仑把大本营移至莱比锡以北32公里的迪本,并宣布准备亲率主力从维滕贝格渡过易北河以击败布吕歇尔时,联军已从3个方向向他逼近,贝尔纳多特已向哈雷推进,正在切断他同马格德堡的联系。10月12日,拿破仑遂被迫面对30万人联军的包围,以其饥疲不堪的19万人在莱比锡进行一次防御战。

在这一形势下,诺米尼在布拉格;用一个备忘录的形式,向亚历山大皇帝提出了一个新的作战计划。建议:向卡茨巴赫进攻取胜的布吕歇尔把西里西亚交给由贝尼格森指挥的俄军;保障来往波希米亚的交通线畅通无阻;现在让君主们率主力向莱比锡进攻,并同贝尔纳多特会合。后因布吕歇尔担心扮演配角,愿同贝尔纳多特联合进军柏林,把诺米尼给他提出的任务交贝尼格森执行,从而使这个可行方案被迫做了一些修改。但是,这个方案的原则没有改变,即要把联军收缩成两大集团。这样,联军形成的态势是:在北面,将是贝尔纳多特和布吕歇尔的军队,而在南面,将是由贝尼格森支援的由君主们亲自指挥的军队。

拿破仑原先打算突袭布吕歇尔,后又企图进军柏林。据此,诺米尼判断,拿破仑可能企图向莱比锡重新集结全部军队,而后向企图包围他的两个集团中的一个集团实施猛攻。因此,他认为,必须预防拿破仑的进攻。

10月15日,诺米尼再次回到在佩高的联军总部时发现,又有些不懂兵法的人对作战计划胡说八道。沙皇可能受了他们的影响,向诺米尼介绍说,按照联军的进攻部署,其右翼将沿普莱瑟河右岸挺进,左翼将沿埃尔斯特河左岸挺进,中央将指向该两河的汇合处。

诺米尼马上自信地说:"这真荒唐!因为第一,从德累斯顿回到莱比锡的拿破仑,将把他的主力用于普莱瑟河以东,并将压倒我军孤立的右翼;第二,这样分三部分推进,中间有河障碍,不能相互支援,是很危险的;第三,由俄军精锐部队组成的中路军,在投向该两河汇合处时,有陷入多沼泽森林而不能自拔的危险。"

这次沙皇没再说:"这必须去请示施瓦岑贝格",而是去召见最高统帅施瓦岑贝格,并同自己的助理沃尔孔斯基一道,用外交辞令,向他委婉说明诺米尼提出的反对意见。但是,俄国人温和的说服,得到的却只是奥地利温和的执拗。在无可奈何的情况下,沙皇招呼在旁边闭嘴握拳的诺米尼上来支援。诺米尼极力使自己保持冷静,一会儿高声说:"如果两个君主和一个最高统帅尽管拥有精锐部队,但却把自己的部队推进死胡同,并让保护其退却线的一翼任敌人粉碎,那么他们的后代将怎么看待呢?我本人对殿下的感情是众所周知的。不过,如果有一天要我来总结我将参与和协助的这些事件的话,我将不得不使这一在战争史上没有先例的行动黯然失色。"

诺米尼即使按照俄、奥两国礼仪进行这样的雄辩,也未收到任何效果。

于是,亚历山大也发火说:"好吧,元帅先生,既然什么也不能使您信服,那么您就可以带您的部队去干您想干的事。但是,至于我的部队,我要带着他们沿普莱瑟河右岸挺进。"

施瓦岑贝格微微一笑,但仍不动摇,说:"很好,这是个防备万一的折衷办法。"

10月16日,一轮薄日照耀着最初按这个折衷方案开始的机动。诺米尼跟在施瓦岑贝格身旁。当他在施瓦岑贝格后面,将要走上那些消失在两河之间难行的道路时,他突然想到,有一个好地方,从那里可以清楚地观察到这些不当行动的后果。

9时,部队到达孔纳维茨前面,从一有利地形包围了普莱瑟河右岸法军的作战正面。这时,只遇到法国骑兵向施瓦岑贝格正要靠近观看的那座桥梁冲击。于是,施瓦岑贝格命令炮兵按预先计划向普莱瑟河那边射击,并说:"就往那边打好!"

诺米尼未敢直接坚持己见,便兜圈子高声说道:"您将看到一次最漂亮的会战如何因使一半部队陷入绝路、一半被敌歼灭,而最后惨败的。"

施瓦岑贝格亲王没有表态。

炮一直在打,而且越来越向右打。在亲王后面有一座钟楼叫高奇钟楼,从那里可以鸟瞰战场形势。诺米尼走近亲王,严肃而带恳求的口吻说:"殿下,请借给我两名军官,我对他们要有重托。待他们陪我到钟楼顶后,殿下将知道他们所看到的情况并定下应定的决心。"

亲王同意,并立即给他指派了两个少校军官。

诺米尼向上攀登,跟在他后面的是他的副官弗里德里希和两个奥地利少校。当他们爬上钟楼顶时,向前一看发现:一片黑压压的法国重兵从莱比锡蜂拥而来,企图加强已投入对巴尔克莱战斗的缪拉各军。拿破仑的军团正准备向普莱瑟河那边的联军一线实施猛攻。

这时的情况已不需夸张。两个奥地利少校急忙跑回总部,向施瓦今贝格报告这一严峻的形势。诺米尼则立即派他的副官去向亚历山大皇帝报告情况,并请皇帝速从马格德堡派出预备队。

施瓦岑贝格终于听从建议,调转马头,渡河来到加施维茨,从而使自己避免了一场灾难。但是,他心中难以忘却的是,他把按他原方案应向德利茨强渡普莱瑟河的马尔费尔特军丢了。这个最大的战术教训,将是马尔费尔特将军被俘。

诺米尼因取得这一胜利而感到无限骄傲。他太自负了,以至也没有自己去向俄皇报告情况。刚刚制服这位奥地利亲王,他又开始同普鲁士国王斗起来了。这时,敌人步兵和骑兵有6个集团从远处向第一线开动。联军方面两个君主在戈瑟以东一个池塘后面,周围只有几个哥萨克卫兵在护卫。

"陛下,请您上马,因为我们马上要有一场决斗。"诺米尼对普王弗里德里希·威廉说。

此刻的"决斗"一词,像在德累斯顿时的"撤退"一词一样,使普王吓了一跳。普王说:"将军,您怎么能说要有决斗呢?同英勇之师不会有决斗。"

诺米尼像在德累斯顿那样,不顾是否会有损于弗里德里希大帝的荣誉,不客气地反驳普王说:"陛下,您弄错了。从来没有把骑兵派出来而不进行决斗的。最英勇的部队也会在同骑兵决斗中无所作为。您马上就会看到。"

果然,几分钟后,法军拉图尔·莫布尔所率的几个师突破一线,消灭了在戈瑟的炮兵连,使得池塘后面的哥萨克卫兵惊慌失措。

但是,由于诺米尼原到高奇钟楼观察敌情后说服了施瓦岑贝格,又向亚历山大提出了建议,结果,这时奥地利重骑兵突然从格洛本出现,俄国预备队又从马格德堡涌出。经激烈战斗,联军在16日17时击退法军的进攻,法军企图迂回巴尔克莱右翼也未得逞。这一天,会战未分胜负,双方各损失约3万人。

但在联军的攻击下,法军连连丢失阵地,随时都有被包围的危险,致使拿破仑的处境大为恶化。与此同时,联军增调贝尼格森指挥的波兰军团和贝尔纳多特指挥的北军团共11万余人,确保了数量优势。

于是,拿破仑于10月17日准备让步,召见在德利茨被俘的联军将军米尔费尔德,并把他送回联军司令部,让他转达一个谈判休战的建议。联军方面未予置理。

17日夜,法军变更部署,拿破仑把部队收拢,集中部署在莱比锡周围。翌日凌晨,法军已沿孔纳维茨、霍尔茨豪森、茨韦瑙恩多夫、舍讷菲尔德、普法芬多夫、林德瑙一线构成环形配置。这样,拿破仑就在距莱比锡4公里、宽16公里的正面上展开了15万人和630门火门。而这时联军支援布吕歇尔的贝尔纳多特和支援君主的贝尼格森已分别到达,总兵力已达30万人和1466门火炮。施瓦岑贝格计划18日分6路纵队从南、北、东三面对法军发动攻击,从南面实施主要突击。

10月18日,联军按计划发起进攻后,激战竟日,拿破仑军队丢失了许多村庄。在兵力占绝对优势的联军的各路攻击下,法军已只有招架之功,没有还手之力。

然而,就在这一天,诺米尼在这次会战中最后一次提出了一个战术建议。当法军开始崩溃撤退时,他建议不要向遍布法军、普军和俄军尸体的普罗布斯泽达村做无益的猛烈追击,而应把骑兵预备队调到埃尔斯特河那边,以迎击必然向林德瑙桥退却的法军。但是,沙皇又一次未让诺米尼把这一建议报告施瓦岑贝格。这时,施瓦岑贝格的部队已疲惫不堪,他本人把希望完全寄托到沙皇部队的身上。结果,部队未动。诺米尼想:"这些人啊,真不应该胜利。"

10月18日夜,法军开始撤退。联军向莱比锡派出的兵力薄弱,未能切断敌人退路,造成一个严重错误。如果施瓦岑贝格不是只派1个奥军师去封锁林德瑙这个出口,而是把贝尼格森整个1个军都派到林德瑙去,那么拿破仑本人及全部法军都可能被俘。结果,只是由于法军一个少尉工兵过早炸毁了埃尔斯特河上的一座石桥,自己断绝了后卫部队的退路,使得两天前刚被授予法国元帅军衔的波兰亲王波尼亚托珍斯基落水而死,另两名军长劳里斯顿和雷尼埃连同2.3万名官兵和260门火炮全部落入联军之手。

19日日终前,联军攻占莱比锡全城,这次莱比锡会战以联军的胜利而告终。

在这次会战中,从10月16日至19日,法军损失近8万人,其中有6个将军战死,12个将军负伤,36个将军被俘,另外损失325门火炮、900辆辎车及4万枝步枪;联军损失5.4万人,其中有俄军2.2万人,普军1.6万人及奥军1.5万人。

这次会战是拿破仑战争期间最大的一次会战,因有许多民族的军队参战,所以历史上又把这次会战称为"民族大会战"。这次会战的结果是结束了1813年战局,使德国摆脱了拿破仑的统治,使近代的普鲁士从此兴起,而法国开始衰退,失去了在欧洲的许多领地,也加速了拿破仑的垮台。

联军在这次会战中虽获得决定性胜利,但也暴露出一定弱点。诸如:奥、俄、普三国君主会议没有成为指挥联军作战的名副其实的统帅;受命统率联军的施瓦岑贝格实际上也未履行总司令的职责;在军队指挥方面优柔寡断,贻误战机;军队行动互不协调。否则,拿破仑的失败则可能更加惨重。

在欢庆这次大会战的光辉胜利的时候,特别感到骄傲和欣喜的,是沙皇的中将顾问诺米尼。他在这次会战中充分展示了自己非凡的军事才能,他始终以卓越的战略战术眼光观察战局,不断向俄皇亚历山大、总司令施瓦岑贝格和普王弗里德里希·威廉提出自己独到的建议,及时弥补了三国君主会议和联军总部在军队指挥上的一些不足。可以说,在这次会战中所取得的一些重大胜利,都与倾听他在关键时刻提出的正确建议有关。同时,在这次会战中出现的一些失误,又与忽视他的正确建议有关。他在这次会战中真是战功卓著,有口皆碑。正因为如此,会战结束后,他荣获一枚大圣安娜十字勋章。这与他在库尔姆战斗后得到的那枚小圣安娜十字勋章形成了鲜明的对比。当他佩戴上这枚大圣安娜十字勋章时,又怎能不感到无比自豪和欣慰呢?

"颁发"证书

1815年,诺米尼仍住在巴黎老好人街那个朋友的家里。

这一年,在巴黎谈论"叛变"一时成为热门话题,而老好人街只不过是一个平常的庇护所。诺米尼应该料到,他个人会受到攻击。尽管他知道,他因不久前在和平谈判中为法国效劳刚刚获得路易十字勋章,在国王路易十八的眼里,他不是叛徒。但是,他也很清楚,难免有人趁火打劫,跳出来咬他几口。

所幸,他最强大的宿敌贝蒂埃因死于一场悲剧,不能出场。当然,在这场悲剧中,他会得到最大的安慰,并带着复仇者的快乐,高兴地列举贝蒂埃的罪状。

贝蒂埃本是拿破仑惟一信赖的总参谋长,但当拿破仑第一次退位后,他看风驶舵,转而投效路易十八,成为出卖拿破仑的最大叛徒。他"聪明反被聪明误","到头来搬起石头砸了自己的脚"。在"百日王朝"时期,当拿破仑逼近巴黎时,他逃到巴伐利亚的班贝格自杀身亡。

班贝格！这个地名对贝蒂埃多不吉利：1806年，这个地方曾使贝蒂埃失去对拿破仑对他的信任；1815年，这个地方又使贝蒂埃受到如此严厉的惩罚。想到这里，诺米尼怎能不幸灾乐祸呢！？他可以原谅别人，但决不原谅贝蒂埃，因为他同贝蒂埃有不共戴天之仇，贝蒂埃应对他的不幸、谋反和惹人中伤负完全责任。

不过，在诺米尼为贝蒂埃的不幸称庆的时刻，也不出诺米尼所料，萨拉赞将军所著攻击诺米尼的第一部法国书《1813年战局史》面世了。萨拉赞在该书中旧调重弹，重复贝尔纳多特公报所传播的一个无稽之谈，说诺米尼把拿破仑的作战计划亲手交给了布吕歇尔。其实，这个公报的炮制者贝尔纳多特才是真正的叛徒。拿破仑在圣赫勒拿岛时曾说："真遗憾，当时没有让人抓住他！"他已名誉扫地，完全胡说八道，不值一驳。

因此，诺米尼对萨拉赞的攻击开始未予理睬。但从1815年10月14日起，他开始对造谣中伤者进行回击。他发表了一个严正声明说："我不愿浪费时间对你们多说。我只想严正指出：第一，你们欺骗了公众，因为我一生中从未同布吕歇尔交往过，说我把拿破仑的作战计划交给他，完全是无中生有，纯属捏造；第二，我同你们绝对不同，我决没有为捞钱而损害自己的祖国，也没有为捞钱而反对不是自己祖国的另一个国家。在法国战局期间，我对我曾为之竭诚效劳并做出过重大贡献的帝国表示敬意……"

在发表这一严正声明后，为了极力证明自己无罪，他还做了其他一些辩护。他给历史学家卡佩费格、议员赖东德里和梯埃尔先生等著名社会人士都写过信。他公布了同莫尼埃男爵的通信和卡赛先生的证明。他甚至还想求助于拿破仑，指望拿破仑在圣赫勒拿岛也能替他说些公道话。

但是，在诺米尼进行反驳最多的这一时期，不论在法国或欧洲其他国家，都不允许吹嘘圣赫勒拿岛上的战俘拿破仑。面对这一占压倒优势的不公，诺米尼感到孤立、茫然。他重新打开他的藏书、地图和笔记，开始抢救他保留5年之久、从维也纳带回的一些手稿。最后，他埋头投入了《法国大革命军事批判史》的撰写工作。这时，他又进入了往日的角色，觉得好像又回到了拿破仑的身边，参谋总长也把位置让给了他，他又成了班贝格的预言家。他坚信自己能理解别人，别人也能理解自己；自己能原谅别人，别人也能原谅自己。

诺米尼的这些想法，决不是幻觉。拿破仑真的记得诺米尼。

拿破仑在诺米尼从法军出走之时，就有明确的态度。当他得知诺米尼投奔联军后，不仅没有责怪诺米尼，反而责怪贝蒂埃，说贝蒂埃对诺米尼的做法太过分了。拿破仑认为，诺米尼既然是个瑞士人，就不可能同一个法国人具有同样的民族情感。因此，在贝蒂埃的这种不公正的对待下，除非离开法军，的确没有他途可寻。

据说，拿破仑在法国战局的最后日子里还提到过诺米尼的名字。那时，樊塞拉斯·利希滕施泰因亲王，为答复一项停战建议，从联军方面来到法军总部。拿破仑接见他时，曾问道："诺米尼在你们那里怎么样？"

这位亲王含糊其辞地说："噢！他认识我，我也认识他，他的身体更健康了，他将成为法国元帅。

拿破仑在其自述中，在谈到"叛变"时，曾说："历史上的叛变，可以说不胜枚举。"他把内伊元帅的"罪行"，同诚实、正直的蒂雷纳和大孔代的罪行一一做了比较后，问道："为什么不特赦内伊这个叛逆者呢？在他气愤的时候，甚至说，内伊的军事思想是完美无缺的。"

拿破仑曾以极其讽刺的语言说:"贝蒂埃是个蠢才",重用他是"把一只小鹅当成了鹰"。但与此同时,拿破仑对诺米尼却只说一些恭维的好话。

拿破仑非常清楚地记得他同诺米尼的班贝格约会,因为那次约会是诺米尼到他身边跟随他征战的开始。

1818年6月30日,拿破仑在同古尔戈争论诺米尼的《论大规模军事行动》一书时,问古尔戈:"这真是一部非常独特的书吗?"

"是的,陛下,我把我们敌人的成功也归功于他的这部书。"古尔戈说。

于是,乌尔姆、奥斯特利茨和耶拿的胜利者拿破仑在断定自己在这三次会战之前没有看过这部书后,惊讶地多次说道:"别人可能认为我是根据他的建议打的。"

当拿破仑认真地再看这部"非常奇特的"著作时,他说:"这部书的确有些问题很奇特。"他欣然为这部书写了七个注记,这些注记都载于《文集》前头,无疑有益于诺米尼著作后来的出版。

后来,拿破仑于滑铁卢惨败,第二次退位,被流放到圣赫勒拿岛期间,还曾对人说过:"有人说诺米尼将军把法军的作战机密交给了联军,这是错误的……因为他这个军官根本不了解皇帝的作战计划。皇帝了解他,皇帝不指责别人强加给他的罪过。他没像皮歇格吕、奥热罗、莫罗和贝尔纳多特那样叛变自己的旗帜。他只是不满对他的极大不公,而被一种荣誉感迷住了眼睛。他不是法国人,他的祖国是瑞士,他对自己祖国的热爱,使法国未能把他留住。"这些话是陪同拿破仑对流放生活的蒙托洛将军当年收集的,当然在1813年是不可能公诸于众的。

拿破仑对诺米尼就是这样宽大为怀。当诺米尼所著《法国大革命军事批判史》头两卷出版并送到圣赫勒拿岛上拿破仑的手里后,拿破仑在仔细阅读中,还用铅笔在上面以自己的战例做了注释。由拿破仑亲笔做注释的头两卷书后来一直被作为珍品收藏在诺米尼的家里。这是拿破仑给予诺米尼高度评价的最有力的证明。

正是在拿破仑的大力支持下,诺米尼原因别人中伤而产生的苦闷和不安情绪才逐渐烟消云散,攻击他的谣言从此才销声匿迹。

蒙托洛将军后来于1823年在巴黎出版了一本《拿破仑时期法国史回忆录》,其内容都是根据拿破仑口述所编。拿破仑在这里给诺米尼"颁发"了两个证书:因为他所著《论大规模军事行动》一书非凡,给他"颁发"了一个战略家证书;因为他1813年离法合乎逻辑,给他"颁发"了一个道义证书。这样一来,拿破仑就把别人强加给诺米尼的所有不实之词一一推翻,给诺米尼彻底摘掉了"叛徒"的帽子,还给了他卓越战略家的本来面目,从而最有力地证明:他不是叛徒。

步兵主将

1822年秋,诺米尼开始长期住在俄国。同年10月,随俄皇亚历山大一世在意大利参加10月20日—12月14日举行的维罗纳会议。这是神圣同盟成立后召开的第四次会议。与会者,有俄、普、奥、英、法五国和意大利的君主和将领。会议期间,诺米尼曾同英国统帅惠灵顿会见,交换有关战斗队形的意见,他提出的小纵队线式队形的部署得到惠灵顿的高度评价和赞同。

诺米尼参加维罗纳神圣同盟会议后,在返俄途中,于11月18日—19日去日内瓦和洛桑访问。当路过萨拉沃时,出于对当地的关心,曾向沃州行政法院提出一个申请,要求批准在那里修建一座桥梁。但北方公路总监严厉拒绝了诺米尼的建议。11月22日他违心地重返故里帕耶讷看望。这时他因继承遗产问题与其兄、妹发生纠纷,心情颇为不快。因此,他当时写道:"我怀着非常紧张的心情回到这个可怕的小城。这是令我难心忍受的不幸和萨拉沃之耻驱使我回到这个令人讨厌的地方的。"

1823年,诺米尼在圣彼得堡期间,先住在涅夫斯基大街13号卡列尔日宾馆,不久迁往郊区一座花园住宅。这期间皇帝赋予他的主要任务仍是给法定继承人尼古拉大公和米歇尔大公讲授兵法课。

1824年,诺米尼送16岁的长子亨利进圣彼得堡幼年军校学习。

这一年,诺米尼原为出版几本书借贷的那笔款,按古里耶夫确定的还债期限临近了。诺米尼手中没有积蓄,就写信给沃尔孔斯基,要求今后5年每年以一半薪金偿还债务。不久,沃尔孔斯基答复说,陛下垂顾同意这一办法:连续5年从年薪中扣除一半金额,以偿还欠债……

这时,可怜的债务人诺米尼的一个不大的幻想破灭了。

这一年,诺米尼为撰写《拿破仑的政治和军事生涯》,曾在华沙帕斯克维奇元帅那里住了相当长的一段时间,因为帕斯克维奇元帅同布图尔林将军一样,是他的最好的俄国朋友。

此后,诺米尼又因故多次离俄回法。

1825年是俄国多事之秋,政局动荡的一年。

1825年9月,充当"欧洲宪兵"、名噪一时的沙皇亚历山大一世,陪同患肺结核的皇后前往俄国亚速海边的一个军港塔日罗格养病。一个多月后,亚历山大在一天早晨起床时突然晕倒,11月18日出现脑溢血症状,第二天就停止了呼吸。这时他才47岁。这一猝然事件的发生,使得俄国出现了皇统一时中断的局势。

为什么会出现皇统中断的这种局势呢?

原来,沙皇亚历山大一世没有儿女。其大弟康士坦丁依法应定为皇位继承人,但他因愿与一个波兰女子结婚,早已宣布放弃皇位继承权。据此,亚历山大一些当即密旨,让其二弟尼古拉为皇位继承人。可是,这一情况只有皇家成员知道,外人一无所知。结果,首都军民得悉亚历山大一世猝死后,于12月9日向康士坦丁宣誓效忠。但宫廷却又宣布尼古拉为新沙皇,要求举行"再宣誓",致使局势复杂。

在此复杂局势下,尼古拉于12月25日宣布自己为沙皇继承人,并下令圣彼得堡官吏和军队于12月26日重新向他宣誓效忠。由于得到十二月党人准备起义的情报,尼古拉提前于12月26日凌晨1时宣布即位,接受国务院议员对他效忠宣誓,成为新沙皇尼古拉一世。可是,十二月党人对此并不知道,仍然按计划于当天拂晓后举行起义,结果遭到残酷镇压,大批十二月党人领袖被捕处死,尼古拉一世巩固了他的新沙皇的地位。

当亚历山大皇帝猝死的那天,诺米尼还在巴黎。闻此噩耗,诺米尼日夜兼程赶回圣彼得堡,马上到人群川流不息的大教堂参加守灵。这时,他日夜在想:人的生命多么短暂!荣誉多像过眼烟云!大人物和平民们的死灵魂又有什么区别呢?人生真是若梦!

未等举行加冕典礼,尼古拉一世子宣布即位的第二天,即12月27日,就同诺米尼进行了长时间谈话,听取了他就形势提出的一些意见,并对他说:自己过去只是因为结婚才没有把兵法学习坚持下去,但对兵法老师诺米尼一直是敬重和关心的;希望诺米尼还清对国库的欠款,沙皇可赠给诺米尼一块土地,以补偿他还债扣除的薪金。他还鼓励诺米尼卖掉在巴黎近郊丰特奈·苏布瓦的乡间住宅,迁到圣彼得堡来定居。

这时,诺米尼已47岁。新皇帝对他的好感,又使他开始感到春风得意,对未来充满了新的希望。

1826年3月,诺米尼住在圣彼得堡。是月,他参加了亚历山大一世的葬礼和尼古拉一世的加冕典礼,受到新沙皇的热情接待。9月,尼古拉一世颁发敕书,授予诺米尼步兵主将军衔。

接着,尼古拉赋予他一个重要而光荣的使命,要他担任向莫斯科实施一次大规模机动演习的总裁判。无疑,这是一出喜剧,需时1个月。诺米尼在这一演习中担任双方两个集团的最高统帅,这两个集团在机动演习中的功过全由他评定,给他特配了一匹骏马,专用于到这两个集团进行指导。这是诺米尼一生最该心满意足的一个职务。英雄真有用武之地了!这职位太理想了!因此,他忘却一切疲劳,兴奋不已地走马上任了。

演习开始前,沙皇对诺米尼要求说:"希望您每天给我一次报告,向我如实指出演习中每一机动的优点和缺点!"

接着,演习开始,沙皇按计划轮番指挥双方部队行动。第一天,如愿以偿,部队按时到达预定位置。部队正在彼得罗夫斯克平原实施机动:3万人在莫斯科坚守防御,4万人向莫斯科实施进攻。

诺米尼对这次会战非常认真,静心观察,保持沉默。

当必须毫不迟疑地把主力投向左翼,以遏制敌人向莫斯科河进发时,沙皇竟因自己的装备而感到骄傲,想在法国派来参观的大使面前炫耀一下,宁可不顾诺米尼的兵法原则,而想以下几个骠马牵引炮兵连实施一次如意机动。于是,他下令从右翼进攻。按照发出的信号,轻炮连40门火炮由骠马牵引向小河飞奔而去,眨眼间登上陡峭的河岸,接着向假想之敌倾泻了一阵炮弹。步兵开始冲击,炮兵在后跟进。这样,沙皇就宣布自己指挥的进攻胜利。

这时,在场观看的法国元帅马尔蒙不无笑意地说:"我从未见过这样的机动演习。"

事后,诺米尼在向沙皇写的报告中指出,面对一个并不百依百顺的敌人,这样实施机动,其结果必然在莫斯科河上遭到猛攻,或被赶到河里淹死,或被迫投降。同时,诺米尼在报告最后说:"请陛下看看见尼格森在弗里德兰的阵地。"

沙皇看后一笑,接受了这次教训,并坦率承认说,他这次演习指挥失误,是由于外交上的考虑所致;如果当时不是为了要使法国人震惊,也许会采取另一方案实施机动了。

但是,沙皇内心里并不甘心承认自己的错误。他的报复心只是不直接地、无意识地表现在另一次演习中。

第二次演习的课题是沃洛科姆斯克森林进攻战斗。参加这次演习的有切尔内绍夫将军。这是一个令诺米尼有不祥回忆的人物。这个狡猾的朝臣,当看到尼古拉大公尚未成为皇帝前所亲自创建和指挥的那个轻骑兵团在现地时,就把该团500个轻骑兵全部投向森林战斗,并于不久后宣布,由于该团轻骑兵们作战英勇,已将敌人2000名步兵全部逐出森林,从而达到了预期进攻目的,取得了这次森林进攻战斗的胜利。

针对这一结果,诺米尼又给沙皇写了一个报告,指出:"用亲王 1 个团的 500 枝短枪,不可能如此轻而易举地战胜 2000 枝长枪,所谓一举攻陷这个森林,只不过是一出令人愉快的喜剧而已。"

看了这个报告,沙皇也未生气,但他马上把报告送给这次演习方案的编制人切尔内绍夫将军看。

诺米尼万万没有料到,他这个坦率直言的报告,竟如一把利刃,深深刺痛了切尔内绍夫的心,从而留下了祸根。此后,切尔内绍夫一直伺机报复,决心严惩诺米尼的直率。

1829 年 9 月 14 日,随着阿德里安堡和约的签订,这次俄土战争以俄国的胜利而告终。俄国在这次战争中取得的具体战果是:保住了南乌克兰、克里木、比萨拉比亚及高加索的部分土地,并在黑海沿岸牢固地确立了自己的位置。

诺米尼在这次俄土战争中,尤其在瓦尔纳围攻战中,无疑起了重要作用。正因战功卓著,尼古拉皇帝于战后授予他一枚圣亚历山大勋章。随后,诺米尼在俄国首创了军事学院。

尼古拉死后不久,亚历山大一世之子亚历山大二世即位

1855 年 3 月,在克里木战争已成定局的情况下,诺米尼因不堪忍受圣彼得堡的恶劣气候,便决定请准退休,由俄国政府发给养老金,最后离俄去度晚年,先赴比利时,后转巴黎。这时,他已 75 岁高龄。

此去他再未回过圣彼得堡,但他却一直未忘记为恢复法国和俄国的友谊做不懈的努力。

当他从圣彼得堡临行前,亚历山大二世皇帝——他的学生,满怀对恩师崇敬的心情,以最热情的拥抱送别了他,并且为感谢他无穷尽的建议,还送给他一个钻石鼻烟盒作为纪念。

《兵法概论》

作为军事理论家、军事历史学家、战略家、教育家和翻译家和诺米尼,一生历经坎坷,生活漂泊,但在戎马倥偬的生涯中,他却笔耕不辍,著作等身。他的著作往往同时在法国、比利时和俄国出版,还有德文和意大利文本问世。如果从 1803 年他完成《大战术理论和应用教程》起,到 1856 年他完成《兵法概论·续编(二)》为止计算,他的著述历史长达 53 年之久。也就是说,他从 24 岁开始写作,直至 77 岁,在 53 年间,一直坚持著书立说。本来,在平时要专心致志地从事著述就不容易,而在战火纷飞的年代要卓有成效地进行著述,那就更加难上加难了。但是,一般寻常人所难以做到的,诺米尼却做到了。他在从事著述活动中精力充沛,锲而不舍,废寝忘食,不知疲倦,令人感叹!正因为如此,诺米尼摘取了军事理论家的桂冠。

在谈到诺米尼被称为军事理论家的问题时,日本著名军事作家佐藤德太郎曾作过深刻的分析。照他所说,提起所谓军事理论家,一般都认为是像俗话说的纸上谈兵那样不熟悉实战,在战场上几乎不起什么作用。而诺米尼却相反,他带着他的《论大规模军事行动》加入法军不久,立即遇上了乌尔姆会战,他协助内伊将军进行了成功的战略指导,显示出他的卓越才能。事实有力地证明:他不是单纯为理论而理论的理

论家,而是以实战经验为可靠根据而开拓理论的理论家。

诺米尼在他的战史书中并不只是满足于单纯的史实的叙述,而是满腔热情地不断探索隐藏在其背后的战争原理;另一方面,在他的战争理论书中,也并不单纯阐述抽象的理论概念,而是常常回到战史的事实中,让战史为他的理论说话。在他的著述活动中,总是把理论和战史交织在一起,在他的理论书中有大量战史,而在他的战史书中又充满理论。这是他的独到之处,很引人注目。

诺米尼的著作不仅内容如此引人入胜,而且数量也令人吃惊。由于他的著作太多,有的说有 30 部的,有的说有 60 部的,至今也难以全部弄清他的著作目录。不过,众所周知,在他的众多著作中,最著名者,当推《兵法概论》。

《兵法概论》是诺米尼一生著作的最后总结,也是他享誉世界的代表作。

《兵法概论》撰写的直接目的是,根据沙皇的要求,为皇太子、军队统帅、国君及帝国军事院校提供一部最好的军事教科书。实际上,诺米尼在《兵法概论》一书中,真正实现了自己创立系统的兵法理论的夙愿。

《兵法概论》的撰写、出版,大约经历了 53 个春秋。因为《兵法概论》是在《论大规模军事行动》的基础上产生的,《论大规模军事行动》是在《大战术理论和应用教程》的基础上产生的。《大战术理论和应用教程》成书于 1803 年。《论大规模军事行动》的撰写、出版工作,在整个拿破仑战争过程中,从 1804 年至 1816 年,前后持续达 13 年之久,第 1、2 卷成书于 1804 年,第 3、4 卷成书于诺米尼在提尔西特和约签订后滞留柏林期间,第 5、6、7、8 卷成书于 1816 年。《兵法概论》的成书出版经历了一个相当长的过程。俄皇尼古拉一世早对诺米尼《论大规模军事行动》作过详细研究,认为该书很有价值,因而于 1836 年责令将其译成俄文,以作为帝国军事院校的教材之用。但诺米尼认为,该书系于多年前出版,仅能反映当时的写作意图,若欲使其成为一部适用于皇太子、统帅、国君及军事院校的教材,尚需作较大的修订补充。于是,诺米尼便着手对该书进行修订补充,除对原有章节进行调整外,还就信念战争、民族战争、最高作战指挥、军队士气、作战区、作战线、战略预备队、临时基地、山地战战略、判断敌军运动的方法及大支队运用等问题,增加了不少新的章节。1837 年 3 月该书完稿时,原拟沿用《论大规模军事行动》的书名,后因考虑到书商的意见,将其改名为《兵法概论》,于 1838 年出版了法文第 1 版,随后出版了英文第 1 版,1839 年出版俄文第 1 版。此后,诺米尼又于 1849 年为《兵法概论》撰写了《结论》、《战略概述》、《良好战略眼力的养成方法概述》和《续编(一)》,1856 年为《兵法概论》撰写了《续编(二)》。据此可以说,《兵法概论》的成书始于 1803 年,终于 1856 年,足足经历了 53 个春秋。由此我们可以看出诺米尼为这部传世之作花费了多少心血和汗水!他那锲而不舍的精神应该说真是史无前例的。这要多大的耐心和毅力!

《兵法概论》总结了法国大革命战争和拿破仑战争的经验,其基本内容包括兵法理论的精髓、地位、作用和定义,以及战争与政治的关系,人民战争、军事地理、军队统帅、领率机关、战争中的精神因素和士气、战略、大战术与交战(进攻战、防御战、遭遇战、渡河战、追击和退却、行军和宿营,以及登陆作战)、战争勤务(司令部勤务、侦察勤务和后方勤务等)和诸兵种(步兵、骑兵和炮兵)联合作战等等。

《兵法概论》的主要观点是:对战争史的研究是兵法原理的惟一理论基础;战略是进行战争的科学,战术是进行战斗的科学;进攻优于防御,进攻是一种最积极的战斗类型,而防御则是为在适当时机转入进攻所采取的临时待机行动;克敌制胜的惟一方法,不是实施旨在威胁敌人交通线的机动,而是交战;为了打败敌人,必须采取坚决的战略,坚决把主力投到决定点上,力求对敌翼侧采取迂回包围,同时从正面进行闪电突击;当不可能从敌翼侧采取迂回包围时,则应从正面坚决突破,先将敌军孤立分割成几部,而后予以各个击破;初战获胜后,应适时转入坚决连续追击,以求全歼或彻底打垮敌军。

《兵法概论》中尽管含有某些形而上学和机械论的色彩,但其主旋律还是辩证法。这也是该书获得成功,成为不朽之作的原因之一。可以说,从某种意义上看,他的《兵法概论》可算是一部军事哲学,是一部战争的辩证法。

正因为如此,所以《兵法概论》面世后,立即在世界引起很大轰动,受到军界极大重视,除被译为英文、俄文外,还被译成德文、意大利文、日文等多种文字出版,并被许多国家定为军官必修教材。

《兵法概论》的影响之大,从某种意义上说,堪同孙武的《孙子兵法》和克劳塞维茨的《战争论》相提并论。

谈到《兵法概论》的重大影响,当然应包括《论大规模军事行动》的影响,因为前者是在后者的基础上写成的,后者的精华自然也是前者的精华。从诺米尼的经历不难看出,就是这部书,打动了内伊元帅,使诺米尼成了元帅的提台词人,最终当了元帅的参谋长;就是这部书,使拿破仑皇帝震惊,先下令任命诺米尼为法军上校,继而要他随身征战多年;就是这部书,使沙皇亚历山大格外赏识,除下令把该书译成俄文,颁发全军军官学习外,还千方百计引诱诺米尼,最后使诺米尼脱离法军为俄国效劳终身;就是这部书,使诺米尼名扬欧洲,登上军事理论巨峰,成为欧洲国事理论的一颗璀璨巨星。

据说,该书被译成英文出版后,立即被美国奉为军事经典和作战指南,在美国内战中,始终是南北两军将军们囊中必备的读物。直到今天,在美国的《野战勤务教程》中,还有许多地方都可与该书的内容相互参证。

在这方面还有一则趣闻。1897年,有位日本海军军官秋山真之奉命赴美国留学深造。当他一踏上美国国土后,便迫不及待地去求见美国著名军事作家马汉,想向他请教学习海军事宜,但是,马汉当即劝他首先认真学习诺米尼的《兵法概论》。秋山对此一直感到不解,后来了解到,马汉本人即从《兵法概论》中学习战争原理并将其用于海军战略,始创立"海权论",写出著名的《海权对历史的影响》一书之后,这才恍然大悟,开始攻读《兵法概论》。《兵法概论》日文版(日本海军上校八代六郎摘译)最早于1903年问世。

至于《兵法概论》在俄国和其他一些国家的影响,那也是众所周知的。它所阐述的理论和原则,一直被俄国和其他一些国家的著名军事理论家视为神圣不可动摇的信条。

《兵法概论》产生如此广泛而深远的影响,以至凡是军事感兴趣的人们,都会感到本书"引人入胜,非读不可",的确是一部惊世之作。

巨星殒落

据圣伯夫发现,诺米尼早于1822年在圣彼得堡时,就萌发了梦想真正退休的念头。他于1822年从圣彼得堡给庞格罗斯的一封信,曾说:"……只是这些回忆,就使我不能忘记很多还活着的人。我现在陷入无限的虚无之中，得不到完成我一生事业的支持，终日航行在空际之间。我的健康状况不能使我成为一个好战士，然而我必须证明，我能成为一个好战士。我不像神话中所说的那种狐狸：他要葡萄都结酸葡萄，因为他自己够不到葡萄吃。恰恰相反，我是这样的一只狐狸：人家将把一只养肥的小鸡放在他嘴里，可是他自己既没有喉咙，又没有牙齿，不能吃他。我现在要丢掉人类的一切幻想，只希望真正退休……"

　　他的这一希望终于在 1859 年真正实现了。他原在巴黎一直过着漂泊不定的生活，先生住过巴斯底朗帕大街、奥马尔大街、昂坦堤大街等处。到 1859 年，他才迁入巴黎第 16 区巴悉钟楼街 129 号安居下来。这时，他已 80 岁高龄。

　　他尽管年老多病，经常受到发烧、卡他性肺炎、风湿症和胃穿孔等病的折磨，在同知交交往中，不知有多少次连自己的名字都叫不出来，但直到临终前始终精神焕发，有规律地看书、写信；始终不渝地关心时事，甚至有时对时事着迷；经常以自己的次子亚历山大成为俄国的著名外交家之一而引为自豪，沾沾自喜。

　　当然，他也往往把眼睛转向使他失望的过去，转向他不愿重见的过去。他喜欢与之谈及往事的，有他的孙子们，他们每逢 3 月 6 日都要给爷爷祝寿；有他的朋友，其中有梯耶尔、圣伯夫、勒孔特等；有来访的作家、史学家和外国客人，他们好奇地想看看这个几代皇帝的副官、顾问和战术家，亲耳听听他讲话。他的视力已经极度衰退，看地图都很吃力。他的听力也很弱，用助听器才能听见。但他很喜欢说话，常喜欢生动地谈到他的一些得意门生的故事，使人听了受益匪浅。他还喜欢晚间领着最小的孙子莫里斯到邻居罗西尼家里去玩。

　　他对纯美学、诗歌也感兴趣。但是，他更不忘通过历史教训研究军事。在他从事其巨著工程时，曾对庞格罗斯说："如果有位亲切而博学的作家的著作突然落到我的手中，那我会马上翻阅并赞赏它。但是，我会马上又把它合起来，为的是不使我偏离我正从事的令人烦恼的工作。我的框架已经画好，我要把里面的内容填好，使之充实完美起来。因此，我无限珍惜掌握生、死、命运的女神帕尔卡给我的每一分钟。"他虽然耳聋眼花，但是他仍忘我地进行探索。

　　他要在他那沉甸甸的多卷著作中，再增加上一些从他的苦难一生中汲取的有益教训。他喜欢重新打开 1833 年开始写的那些记回忆录的笔记本，但又感到痛心，经常抱怨：他的第一批笔记本都丢到别列津纳河里去了；他的首饰匣在维也纳期间被人盗走了；他的记忆力因生病和服一些劣质药衰退了。但是，他的历本会提醒他什么时候该做什么；这是一本功绩历本、不公历本，也是一本他一生中所见重大事件失误的历本。他觉得单是用这些散乱的笔记本和历本解释还不够，还应向子孙们做更多的解释，讲更多的事情。

　　正因为如此，他重新拿起笔来，忘我地进行写作。他还想丰富他的兵法。每看到一次会战图片，他总长时间地停下来探讨，并从交战双方的角度提出问题，做出处置，有时还高兴地用棋子摆出双方态势和战斗进展过程，并站到赢方兴奋不已。

　　然而，他决不限于因回忆一些卓越的会战和面对辛酸的余生而激动，他觉得自己的确也有许多值得称颂的地方。

　　诺米尼在宁静欢乐的暮年中，有时也受到悲伤的袭扰。

　　1860 年是诺米尼受到一次沉重打击的一年。他的长子亨利自从俄军帕斯克维奇元帅手下回到故乡帕耶讷后，日渐沉沉，变成一个愤世嫉俗者，年仅 49 岁，就猝然病逝。亨利死后次日,诺米尼将军给费迪南·勒孔特写信说:"他的短暂生命就此完结。这对我是一次多么沉痛的打击! 不过对他来说,却也是真正的摆脱。"从字里行间,我们可以看到这位老将当时忍受着多大的悲伤,在悲伤中又多会自我安慰!

诺米尼在悲欢离合中,一直没有忘记为俄国、法国乃至世界效力。

1864 年,他 85 岁的那年,还为俄国写出了一部关于农奴解放的长篇论著。他 86 —87 岁时,重新执笔,修改了他要献给俄皇亚历山大二世的一部国民宪法。

1866 年又爆发了一次战争。但这次战争既不是法国发动的,也不是俄国发动的。不过,诺米尼仍对其发了言;这是为了显示其兵法的永恒性。这时有人认为,武器的更新和铁路的发明,会把军事科学搞乱。诺米尼说,不会,这么多的发明可能引起对规律的新的运用,但是规律本身是永存的。这是一个近 90 岁的年老多病的军人所写的他的《兵法概论》的补编(二)的主题。这也是他 90 岁时于去世前 4 个月写给他的传记作者勒孔特上校的信的主题。他说:"战略原则的实施是惟一各有区别的;战略原则总是相同的。"

在离塞瓦斯托波尔会战 12 年后,在缔结提尔西特和约 60 年后,俄皇亚历山大二世于 1867 年 6 月 6 日来到巴黎时,诺米尼已成了法国的东道主。这一天,他重新穿上他最漂亮威武的俄国将军礼服来欢迎和接见他的俄国皇帝。俄皇授给他一枚大圣安德烈骑士勋章,从而使他把过去的不公和痛苦都抛到了九霄云外。

这是诺米尼生前最后一次受勋,也是诺米尼晚年得到的莫大安慰。这次受勋也反映了亚历山大二世对其幼年的启蒙老师——诺米尼的崇敬和感激之情。

随着时间的流逝,诺米尼的健康状况每况愈下。

1868 年 12 月 22 日,诺米尼的夫人阿黛莱德怀着焦急的心情,给其侄女玛丽写信说,诺米尼的生命"已危在旦夕",实在令人担忧。

诺米尼虽然具有俄国将军的品质,但他直到晚年仍然保存着 1808 年在法军获帝国男爵称号时拿破仑授予他的纹章。这纹章上刻有金质沙鹰和银质人字形条纹及雉堞形图案。

谁也没有想到,诺米尼早于 1854 年 11 月 5 日——即在去世前 15 年,尚在圣彼得堡的时候,就为自己写好一份遗嘱。遗嘱中要求,在他死后,应把家中财产一分为二,一半留给夫人阿黛莱德,另一半分给 5 个子女;当时即已分给每个子女 2.5 万法国法郎;分给长子亨利的多一些,因为他当时患病。此外,遗嘱中还对诺米尼的其他一些权利问题作了安排。

1869 年 3 月 22 日 10 时,这位曾随法皇拿破仑和俄皇亚历山大及尼古拉征战,为全世界公认的军事权威诺米尼将军,终于走完了自己非凡的战斗历程,因病卒于巴黎第 16 区巴悉钟楼街第 129 号寓所,享年 90 岁零 16 天。

诺米尼的葬礼于 3 月 25 日在巴悉新教堂从简举行。当时由瑞士上校贝尔·萨拉丹宣读了诺米尼将军的生平简历。最后,诺米尼的遗体被埋葬于蒙特马尔公墓。

格兰特

军旅生涯

1822 年 4 月 27 日凌晨,波因特普莱森特一所只有两个房间小屋内,一位临盆的母亲在呻吟。大约 5 点,伴随期待已久的第一声啼哭,母亲释去重负,一个与父亲性别相同的小生命,赤条条坠落到西部的土地。这位"西部赤子"的哭声,唤醒太阳,溶于黎明的淡淡曙光和 4 月的浓浓春意。

孩子的父亲 28 岁的杰西·鲁特·格兰特,正值盛年,主要以皮货生意为生。孩子的母亲汉纳·辛普森·格兰特,比丈夫小 4 岁。两人 1821 年结婚,"西部赤子"是他们的第一个孩子。孩子出生一个多月后,该有个名字了。汉纳·辛普森把希腊神话中一个英雄的名字——尤利塞斯赐给了自己的儿子,还把孩子外祖父的名字海勒姆拿来作教名。海勒姆·尤利塞斯·格兰特继承了家族的姓氏格兰特,也继承了先辈的血统,那是凝聚着西部伟力、战士孔武的血统。

少年格兰特爱马、爱大自然、爱旅游。他很小就显示出惊人的驭马才能,很快成为乔治敦一带有名的少年骑手。七、八岁时,他已经是一个很优秀的马车夫,地里收获的庄稼,过冬要烧的木柴,都由他套车运输。凡是那些要用马的农活,他都喜欢。自然,很小他就喜欢独自骑马外出,或者到 15 英里以外的地方去探望祖父,或者到 45 英里之遥的辛辛那提,或者到俄亥俄河对岸肯塔基州的梅斯维尔、路易斯维尔。15岁那年,他曾驱车到离家约 70 英里的地方。去时,一位邻居搭车同行。到了目的地,格兰特发现了一匹骏马,羡慕不已,执意要拿自己的两匹辕马与之交换。马的主人经不住软磨硬缠,双方成交了。用这匹未经训练调教的马拉车返回,开始一段路还算顺利,后来遇上一条狂犬,马受惊了,狂奔滥踢。格兰特使出浑身解数,勒住惊马,避免了事故。继续前行,同行的邻居已弃车而去,格兰特独自架车。经过一段险路,路面狭窄,拐弯很多,一边悬崖,一边峭壁,马仰天长啸,不敢举步。格兰特只好蒙住马眼,牵着它,拉着车小心翼翼向前挪。第二天安全到达梅斯维尔,他借来一匹马,走完剩下的旅程。爱马、驭马、旅行,培养了少年格兰特不畏艰险、敢闯敢干、独立自主的精神,体现了他作为西部人的个性。

豪放与沉郁、阳刚与阴柔的统一,这就是西部生活和家庭环境给少年格兰特打上的烙印。

青少年时期的尤利塞斯·格兰特,生活非常幸福。不缺物质,不缺母爱,也不缺学校教育。在家里,他从未受过惩罚,既不受斥责,也不挨棍棒。这在当时是很难得的。夏天,他可以到一英里外的溪流中游泳。冬天可以去滑冰,或坐着马拉雪橇在冰天雪地中玩耍。还可以尽情钓鱼,骑马外出旅行。

1843 年 9 月初,格兰特从西点军校毕业。由于分配去向暂不明朗,他只好先回到父母身边度假,满心希望能在俄亥俄河边,和儿时的同学、伙伴一起消磨一段愉快的时光。

就在毕业前 6 个月,格兰特染上了结核病,咳嗽不止。这是格兰特的家族病,曾经夺去过他两个叔叔和两个弟妹的生命。军校4年,格兰特长高了6英寸,身高达到5英尺7英寸,由于患病,体重减为117磅,与入学时正好相同。

任职没有明确,格兰特无法为自己选定军服。龙骑兵少尉与步兵少尉的军服差别很大。他急于得到自己的军官服,让少年时的伙伴们看看自己身着戎装的神气劲头。这倒不是因为虚荣心强,一心想着出人头地、光宗耀祖。而是青年格兰特已经到了恋爱结婚的年龄,他太想让儿时的女伴们看一看,给那些风华正茂的少女留下一个好印象。他找到一个裁缝,量好尺码,选好布料,单等任职通知下来。几周内音信杳无。心急如焚,加上疾病缠身,格兰特的假期过得并不愉快。

尤利塞斯·格兰特终于等到了任职通知。他被分配到第4步兵团,任见习少尉。部队驻在密苏里州圣路易斯城的杰斐逊军营。那是美国最大的军营。

9月30日,格兰特少尉到第4步兵团报到。他发现,那个军营驻扎着16个步兵连队,其中8个属于第3步兵团建制,另外8个属于第4步兵团。斯蒂文上校是这座军营内的最高指挥官。

斯蒂文上校治军严格,杰斐逊军营等级森严,军纪严明。除星期天和正常休假的军官,其余官兵每天操练必须到课,点名必须到场。格兰特从小习惯了无拘无束的西部生活,西点4年也没能根本改变他自由散漫的习惯,要适应杰斐逊军营里的新生活,还须经历一个痛苦的磨砺过程。

到了1845年5月,格兰特请假20天,专程回到圣路易斯,向登特"上校"正式求婚,表示要放弃军职,到俄亥俄州立大学作数学教授。在这期间,格兰特与登特"上校"的女儿朱莉娅相识并相恋,"上校"不欣赏这一做法,认为年轻人应该学以致用,追求事业。并且建议格兰特过几年再和朱莉娅的妹妹内莉结成连理。

这一姐妹易嫁的建议,遭到格兰特和朱莉娅的断然拒绝。

两人情真意笃,足以感动上帝,自然也感动了"上校"。老登特不再棒打鸳鸯,只是叮嘱女儿要慎重,要考虑后果和代价。格兰特的父亲杰西不愧为市长,多少有点民主意识,也只好尊重儿子的感情选择。

两位父亲态度转变,格兰特得以继续留在军营,一颗将星不致过早殒落。

这时的格兰特,同时面对战场和情场,爱人和军职、鱼翅和熊掌可以兼得,真是春风得意马蹄疾。情场得意的年轻少尉还没有机会在战场上一展身手,他那职业军人生涯还没有真正开始。没有经历战阵的军人不是真正的军人,德克萨斯危机引发的墨西哥与美国之间的战争,给了他弥补缺憾的机会。

帕洛阿尔托是步兵的用武之地。格兰特所在的步兵第4团,主战装备是后装燧发滑膛枪和分离的弹药。枪管内没有膛线,靠燧石撞击迸发火星,点燃火药,发射弹丸。弹头、发射药、弹壳分离。弹头是铅丸,发射药装在硬纸筒做成的弹壳里,纸弹壳上留有引燃火药的孔隙。射击时,必须先把弹头装在弹壳上,然后从枪的后部把弹药填入枪膛。这样的武器装备,射程近、射速慢、精度差,大大影响了步兵的战斗力。作战时,步兵的作用主要是保护炮兵,支援骑兵。按照正规战术要求,步兵协同骑兵、炮兵作战,一般展开成横队,距敌人150～200米时开始射击。早期欧洲国家军队的正规步兵战斗队形是整齐、密集的2～3列横队,而美军使用的却是散兵队形。这种散兵队形是美军在独立战争中的新创造。进攻时,火炮先行远射,步兵展开成散兵线,跟随骑兵冲锋,或利用地形地物向前跃进,抵近敌人时以猛烈火力杀伤对方。防御时,步兵则依托掩体堑壕,利用炮兵拦阻射击的效果,杀伤阵地前沿之敌并不失时机,或单独或协同骑兵发起反冲锋,打退敌之进攻。格兰特在西点学习过的这一套战术,即将接受实战的检验。帕洛阿尔托这样的特殊战场环境,却是西点战术教材中没有的。

格兰特一直跟随巷战的部队前进。在中心广场外围,美军两个团 10 个连队无法继续前进半步。弹药即将耗尽。格兰特不得不返回后方,组织输送弹药。

通向后方的路上充满危险,街垒上,建筑物中的残敌尚未肃清,随时可能与敌遭遇,随时可能被冷枪打落马下。精湛的驭马艺术派上了用场。只见他一只脚踏上马镫,两只胳膊抱住马脖子,身体紧贴在马的一侧,沿着街道策马飞奔。敌军密集的子弹统统留在了他身后。

攻克墨西哥城后,格兰特晋升中尉。连续征战,军官伤亡很多。占领墨西哥首都后,第 4 步兵团团长弗朗西斯·李召集全团军官开会,庆贺胜利,论功行赏。这时,格兰特在西点的 34 名同班同学中只有 9 人仍然是少尉。团长当众宣布了格兰特的晋升命令。

1848 年夏,26 岁的格兰特回到"白色港湾"。22 岁的朱莉娅幸福得有些晕眩。

他们把新婚之夜留在了"白色港湾"。第二天早晨,新郎就带着新娘上路了,去俄亥俄度蜜月。

萨基茨港虽然宁静,却不是船泊久留之地。对船只来说,每一次进港都意味着启航。格兰特一家这艘小船也不能长期锚泊港湾。1849 年暮春,五大湖早已解冻,航运重新繁忙起来。团队要把格兰特召回底特律。小两口举家乔迁。

转眼到了 1850 年。夏天,朱莉娅临产了。既要操持全团后勤,又要照顾怀孕的妻子,格兰特有些忙不过来。他还没有做爸爸的心理准备,也没有照料产妇的经验。在 19 世纪,生产对产妇来说可是生死大关。离家日久,朱莉娅常常思念千里之外的父母。于是,格兰特把朱莉娅送回娘家。

5 月 30 日,他们的第一个孩子在密苏里州的圣路易斯城降生。这是一个男孩,朱莉娅为他取名弗雷德里克·登特·格兰特。小生命的降生,为"白色港湾"增添了几分喜悦色彩。不久,母子俩回到密歇根州的底特律。

温馨的生活持续了大约一年。弗雷德里克开始呀呀学语。当军需官的格兰特应酬较多,结交了不少朋友。朱莉娅承担起一切家务,教育孩子,采购商品,烹饪忙炊,时间安排得很满。

时代在召唤军人,国家总是把最贫瘠、最荒凉的土地交给军人,远在太平洋海崖的淘金狂潮改变了格兰特的生活。

兵马未动,粮草先行。军队移防,最忙碌的人莫过于军需官。1851 年冬季,格兰特又回到萨基茨港。原来,依当时的交通条件,从五大湖畔到太平洋岸边,军队调到只能走水路。广袤的中西部地区,只有探险家和铤而走险之辈敢于涉足。没有道路,没有人烟,洪水泛滥,猛兽成群,这一切令人望而生畏,密西西比河以西因此成为行军的禁区。格兰特到萨基茨港,肩负着打前站的任务。他要征集船只,安排运输计划。

大军的行动于翌年春季开始。这将是一次漫长艰辛的航行。从萨基茨港上船,沿哈德逊河,经纽约进大西洋,再到巴拿马换乘太平洋的轮船,最终抵达旧金山。中途几次换船,几度装卸。要运送兵员家属、粮秣弹药、火炮枪械、营具帐篷、军马鞍辔,还要与热带流行疾病作斗争,保证兵强马壮,军需官的工作量之大可想而知。格兰特的组织才干遇到严峻考验。他兢兢业业,把一切安排得井井有条。

1852年8月,轮船总算到达旧金山。

黄金海岸的生活并不富有诗情画意,离开娇妻爱子,感情细腻,享惯天伦之乐的格兰特苦不堪言。他惦记着妻儿安危,不断写家信。按当时当地的交通条件,通邮十分困难。他盼回信,望穿秋水。一旦收到妻子信件,必定噙着热泪反复阅读。当他在信纸上发现自己新生婴儿的手印时,竟然面对众人,潸然泪下。

工作上也常常不如意。与上司关系微妙,舆论也常常捣乱作祟。这期间,他先在旧金山驻防,不久就移驻俄勒冈的温哥华兵营。那里的生活条件很差。大批淘金者涌入,导致物价飞涨,军人的生活费难以维持基本生活。格兰特不得不组织人开荒种菜。一家报纸甚至造谣说,格兰特带着一大笔军费逃走了。

提升缓慢也是困扰格兰特的一个问题。从1847年9月攻下墨西哥城至今,格兰特一直带着中尉军衔。5年多过去了,提升似乎还遥遥无期。

在温哥华艰难地挨过几个月后,格兰特终于被提升为上尉连长,驻防加利福尼亚的洪堡湾。这时,已是1853年下半年。

在洪堡湾,上尉连长的薪水是不能养家糊口的。格兰特继续带领全连开荒种地,饲养牛羊。好在周围有的是荒地和草场。

军营生活单调寂寞,官兵们都感到很苦闷。于是,军官们常常聚在一起,借酒浇愁。格兰特也时常和威士忌打交道。他的愁苦比起别人有过之而无不及,而他的酒量却不大,所以常常醉酒,有时甚至酩酊大醉。这些情况传到布坎南那里,格兰特又多了一个醉鬼的形象,成为酗酒的典型。按照纪律,酗酒是要受惩罚的。

格兰特本不喜欢军旅生涯,不喜欢离妻别子,居无定所的生活,逐渐萌生去意。

格兰特是个说到做到的人。在西部长大的人都有这种言行一致的淳朴品格。1854年4月11日,他给参谋长正式写了一封信,声称:

"我非常郑重地提出辞职申请,希望能从7月31日生效。"

申请得到批准。格兰特几经风浪颠簸,回到圣路易斯与妻儿团聚。在舆论看来,他是因为酗酒违犯军纪,不愿接受惩罚而辞去军职的。人们甚至认为,布坎南上校曾经告诉格兰特,要么接受纪律惩戒,要么申请辞职离队,被逼无奈,他选择了后者。实际情况却是格兰特去意酝酿已久,辞职是他个性心理发展的必然结果。

格兰特的戎马生涯至此告一段落。如果说不想当将军的士兵不是好士兵,那么格兰特显然不算好士兵、好军官。如果说每个士兵的背囊里都有一柄元帅的指挥棒,那么一颗可能升起的将星就此早早殒落了吗?

历史召唤

1856年,格兰特第一次投票选举总统。共和党候选人为约翰·弗里蒙特,民主党候选人为詹姆斯·布坎南。选举之前,南方各蓄奴州扬言,如果共和党人当选,就退出联邦。格兰特担心国家分裂,就投了布坎南的票。因为站在民主党一边,便成了民主党人。其实他并不赞成民主党人的政纲,不赞成保持和扩大奴隶制。

就在格兰特与厄运搏斗的这段时间内,美国国内政治矛盾空前激化。"山雨欲来风满楼",一场风暴即将席卷美国。不过,穷愁潦倒中的格兰特充分意识到自己生活中的危机,却没有充分意识到他的祖国正面临深刻的危机。他万万没有想到,正是他憎恨的奴隶制度改变了他生活的道路,决定了他后半生的命运。

1854 年初,《内布拉斯加法案》在国会获得通过。按法案规定,建立两个准州:南面是堪萨斯,北面是内布拉斯加,两地的选民可以自行决定本准州应成为自由地区还是蓄奴地区。这样,一直被视为神圣的《密苏里妥协案》所规定的蓄奴州和自由州之间的分界线被一笔勾销。

消息在全国传开后,群情激愤,许多人像听到夜间火警的钟声似的被惊醒了。废除奴隶制的呼声越来越高。美利坚合众国如同一幢裂开的房子,是弥合裂缝,支撑房梁,还是任其坍塌,历史在召唤美国人民作出抉择。

1855 年上半年,在密苏里和堪萨斯的边界上爆发了自由州和蓄奴州的移民和游击队之间的武装冲突,有 200 名男子、妇女和小孩被打死、刺死或烧死。被烧毁的庄稼,被盗被杀的牛马,以现金计算损失约达 200 万美元。双方都企图把支持自己事业的选民移居到堪萨斯。

林肯当选成了一根导火线。亚特兰大的那些梦寐以求使用暴力者的喉舌《同盟报》扬言道:"不管后果如何——要么血染波托马克河,让血肉模糊的尸体在宾夕法尼亚大道上堆到几十英尺高,要么把最后一丝自由从北美大陆上一扫而光,南部决不会在阿伯拉罕·林肯就职这种侮辱和可耻的事情面前屈服。"

"反抗林肯就是服从上帝",在亚拉巴马州的一次群众集会上,打出了这个旗号。一个演说者发誓说,如果必要的话,他们的军队将踩着"几十英尺厚的血肉模糊的尸体",一直开到国会大厦的门口。

1861 年 2 月 4 日,南部蓄奴州的代表们在亚拉巴马州的蒙哥马利组成了一个临时政府,自称为美利坚同盟,选举密西西比州的杰斐逊·戴维斯为总统,佐治亚州的亚历山大·斯蒂文斯为副总统。戴维斯在就职演说中说:"我们正跻身于世界独立国家之列,这是势所必然,而不是人们的意愿所能决定的。如果有人拒绝给予我们应有的地位,我们将谋求刺刀的最后裁决,并祈祷。

萨姆特堡垒一声炮响,美利坚合众国这幢房子裂开了。北方决心用战争来作顶梁柱,不使房子坍塌。林肯总统建议,征召 75000 志愿军,服役期 3 个月。国会通过了这一动议。

全世界都听到了萨姆特的炮声,整个北方都听到了总统的号召。美国人民的爱国热情空前高涨,参军参战热潮规模空前。

耕犁被撂在耕地上,木匠离开了工作台,学生们把书本合上,店员们离开了帐房,律师谢绝了顾客,甚至牧师们也离开说教坛到营地或帐篷里去了,他们不再宣讲和平的福音,而是宣传战争的责任。纽约有一个母亲,5 个儿子都报名参军了。她给丈夫写信说:"听到儿子参军的消息,我很吃惊,一刹那之间好似一颗子弹穿过我的心一样。但是看看我国的形势,我不能不允许他们,假如我有 10 个儿子而不只是 5 个,我也会让他们去的。"

格兰特所在的伊利诺伊州的迪克·耶茨州长通知州议会说:"本州的公民中总计有 40 万人可以服兵役。"宾夕法尼亚州的州议员们则宣布,他们州将提供 500 万美元和 10 万名士兵。

征召志愿军的号令到达加利纳,人们连夜在法院门前集会,几乎没有人留在家里。所有与会的人们情绪激昂。他们都是合众国的公民,他们从来没有像现在这样团结一心,一切党派之间的差别荡然无存。他们只有一个念头,誓报萨姆特要塞国旗受辱的一箭之仇。

格兰特成了会议主席团成员,这使他感到意外。想来大概是因为他在正规军中服役多年,并参加过墨西哥战争,有实战经验的缘故吧。

带着几分激动,几分羞怯,格兰特主持大会,宣布会议议题。发言者依次登上讲坛,他们为爱国热情所驱使,无所顾忌。他们中有两个主要发言者,一个叫霍华德,邮政局长,民主党人。另一个叫约翰·劳林斯,也是民主党人,律师。会议开到一半时,这个选区的国会参议员伊莱什·沃什伯恩来到会场。参议员径自走向主持人格兰特,自我介绍,然后应格兰特要求登台演讲。

会后,人们踊跃报名参军。加利纳子弟兵组成一个连队。根据总统征兵令,伊利诺伊州要组建6个团队。兵员充足,军官缺乏。地方官员有意让格兰特出任加利纳连的上尉连长,格兰特拒绝了,只同意尽最大努力召集管理连队。

加利纳的妇女们也和男人们一样,为爱国热情所鼓舞。她们不能应征入伍,就送子送郎参军。一群女人找到格兰特,让他介绍步兵军服的款式、用料。随后她们立即动手购买布料,缝制军装。几天之后,加利纳连穿上了新军装,面貌焕然一新。

格兰特开始整编这个家乡连队,划分班排,组织军事训练。不久,连队奉命令开拔到斯普林菲尔德,那是这个州的首府,也是林肯总统的家乡。

在斯普林菲尔德,加利纳连编入一个团队。响应号召,报名入伍的人数如此众多,以至州长耶茨作难了。州议会通过决议,扩大征召规模,每个选区组建一个团,服役期一个月,一切费用由州财政支出。在服役期间,一旦国家号召扩大征兵数量,随时可以让这些部队为国效力。即使这样,州长的难处并未消除,他象总统一样,要全权处理这个州的政治、军事事务,颇感力量不足,人才缺乏。

由于格兰特的努力,加利纳连训练管理水平很高,战斗力不断提高,很快成为伊利诺伊第11志愿步兵团中的一个优秀连队,开到前线去了。

至此,格兰特职责尽到,使命完成,打算离开斯普林菲尔德返回加利纳。但他并不知道州长早就注意到他,一些人也向这位地方长官介绍过格兰特上尉的情况。

就在格兰特离开斯普林菲尔德的这几天,总统发出了征召第二批志愿兵的号令。这一次征召30万人,服役3年或到战争结束。所有各州自行征召的军队这下都可以正式列入编制了。

州长耶茨宣布命令,任命格兰特为伊利诺伊第21志愿步兵团上校团长。格兰特从加利纳回到斯普林菲尔德,才知道这项盼望已久的任命,他终于如愿以偿,重回军队。

伊利诺伊第21志愿步兵团的兵员,绝大部分是家庭出生良好的年轻人。他们中有律师、医生、政治家、银行家、商人的儿子,有农家子弟,也不乏无赖之辈。这个团最早民主推选出来的团长,缺乏起码的纪律观念和军人素质。他常常让正在哨位上执勤的哨兵和他一起外出,到附近的村镇过夜。这样一个人,只能把团队带入歧途。参战在即,不得不临阵易将。

到6月底,伊利诺伊第21志愿步兵团已经像一支军队了。这时,团队接到开拔命令:移驻密西西比河边的奎宁斯,准备调往密苏里州参战。

7月中旬,格兰特上校和他的团队已经渡过密西西比河,进入密苏里州境内,那里有他们的战场。这一带活跃着一支南部同盟游击队,领头的叫汤姆·哈里斯。格兰特决定拿哈里斯开刀,让部队获得实战经验。不料,心虚的哈里斯不敢接战,带领手下人马退避三舍。

和平持续到 8 月初,一天,团队的传令兵悠闲地坐在树荫下翻阅报纸。忽然,他像触电一般跳起来,急急忙忙跑去找格兰特。

　　"上校,我这里有你感兴趣的消息。"

　　格兰特接过传令兵递过来的《密苏里民主日报》,上面赫然登载着,国会批准授予格兰特准将军衔的消息。有趣的是,这次授予准将军衔的人数是 39 人,格兰特名列第 21 位,而格兰特从西点毕业时,也是在全班 39 人中名列第 21。

　　格兰特对这次晋升思想准备不足。在美国,选择将军,政治因素举足轻重。格兰特认识的政界要人并不多,谁会推荐他呢?想来想去,他想起了那位伊利诺伊的众议员沃什伯恩。沃什伯恩从本州公民中挑选了 7 名将军候选人,格兰特名列第一。作为资深共和党人,林肯总统的密友,沃什伯恩在国会说话分量很重,格兰特晋升将军就不足为奇了。

　　格兰特无心插柳柳成荫,不经意穿上了将军服,肩章上一颗白色将星,带给他荣誉和责任。

　　一颗将星从此升起。

万水之父

一、初试锋芒

　　晋升准将不久,格兰特又被任命为密苏里东南军区司令。9 月 4 日,他走马上任,来到司令部所在地,伊利诺伊州的开罗。

　　这是一支由 218 个团组成的大军。行军纵队后面,是燃烧着的亚特兰大,笼罩全城的滚滚黑烟和死一般沉寂的大片废墟。行军纵队里面,是无数闪闪发光的枪管和兴高采烈、轻快行进的青年士兵。他们一路歌声不绝,笑谈向里士满的千里行军,军乐队高奏着《约翰·布朗之歌》。谢尔曼策马前进,一路上听到不少士兵对他说:"谢尔曼大叔,我猜想格兰特已经在里士满等着我们呐!"

　　格兰特与谢尔曼远隔 1000 英里,中间横亘着无数的城镇、乡村、沼泽地和河流。两人的心却离得很近。两支大军配合默契,格兰特已经挥起巨手拖住熊腿,谢尔曼正操着利刃剥掉熊皮。随着熊皮逐渐剥去,熊腿也无力挣扎了。

　　从 11 月 15 日出发起,谢尔曼军队分四路纵队前进,横扫 20 到 40 英里宽的地带,进行着一次有计划的扫荡战。杰斐逊·戴维斯曾在奥古斯塔发表的一次演讲中说:"佐治亚州一个州生产的粮食,不仅足够本州的人民和军队吃,而且可以供养整个弗吉尼亚军团。"谢尔曼的军队就在这个南部同盟的储藏室和粮仓里进行扫荡。凡是军队吃不了、带不走的统统烧毁。战火已经烧到南部腹地,玩火者终于被焚烧。

　　谢尔曼这时的主要工作是精心筹划指挥部队尽快到达萨凡纳。他憧憬着与格兰特会师的那一天,战争也将在那天结束。为着这个目标,他轻装上路,勤务兵为他带的鞍囊里只装着一套换洗的内衣、地图、一瓶威士忌酒和一捆雪茄烟。他能像普通士兵一样过简朴的生活。他在冰冷的地面上铺一条毯子睡觉。他亲自处理各种巨细问题,直到深更半夜,早晨却起得很早,白天有时就席地而卧十来分钟打个盹,以弥补睡眠的不足。

　　一路上谢尔曼亲自指挥部队破坏铁路。先把枕木堆起来点燃,然后把铁轨放在上面烧,当铁轨烧得通红时,就把它们绕在电线杆或树上弄弯。人们给这些扭弯的铁轨起了个绰号叫做"谢尔曼发针",有时也叫"林肯锥子"或"杰斐逊·戴维斯领带"。一个月的时间,共拆毁了 265 英里长的铁路线。

每个旅长都有权派出征粮队。每队通常约 50 人,由一两名军官率领。这批人天亮以前出发,他们知道当晚在何处与行进中的司令部会合。他们步行离开大部队的行军路线五六英里远,横扫这个范围内的所有种植场和农场。把搜获来的咸肉、玉米片、鸡鸭,以及所有能用来作食品和饲料的东西,统统装上农场用的大车或家用马车。这样,没有后勤补给,完全因粮于敌、以战养战的这支远征大军,反而能享用最精美的食品,他们的伙食好于任何一支部队,战场常常变成了聚餐会和狂欢会。

这支军队,在它走过的 300 英里长的地面上留下来的是孤零零耸立着的烟囱、烧塌的涵洞和毁坏的桥梁。铁路上的每条铁轨都被弯成了废铁,所有的枕木、桥梁、油罐、木棚和车站建筑物都被烧毁。从亚特兰大起,沿大路两边各 30 英里宽的地带都遭到破坏。士兵们甚至射死每一只可能在沼泽地和森林里追赶逃亡奴隶的猎狗。在广袤的南部地区,已看不到鸡、猪、马、牛、羊,也找不到一块火腿或熏肉。没有一个粮库还剩下一粒粮,根本找不到一头骡子来耕地,没有一根铁轨、一节车皮或一辆机车,也没有一点煤。

向海洋进军,打击了南方的军事力量和战争潜力,也打击了奴隶制度。远征军浩浩荡荡向前推进,在许多十字路口,黑人们又唱又跳,迎上前来。他们相信,自己的主人已被打败,渴望已久的解放即将实现。然而谢尔曼坚持他的一贯政策,告诉黑人们说,在将来一个适当的时候,他们将会获得为自己工作的自由,而不再为主人工作了。格兰特曾告诫谢尔曼:尽力争取黑人,把他们组织和武装起来。但谢尔曼对此重视不够。在一个种植场的房子里,他向一个白发苍苍的黑人老大爷解释说:"我们希望奴隶们留在老地方,不要增加我们的负担,他们会吃掉我们的军粮。我们的胜利就是他们自由的保证。我们可以吸收一些身强力壮的青年黑人来当先遣兵。"尽管如此,先后大约共有 2.5 万名黑人参加了谢尔曼的军队。

人们从南部报纸上能够收集到的有关谢尔曼大军的情况越来越少,挺进在佐治亚州的这支联邦的"失踪的军队"真的成了世界上的一个谜。北部和欧洲对此猜测纷纷。《英国陆海军新闻》的专家们评论说:"如果谢尔曼真让其部队在既没有掩护,又没有根据地支援的情况下,从佐治亚州挺进到南卡罗来纳州的话,那他要么是做了一个军事领导人未曾做过的一件最英勇卓绝的事情,要么是做了一件最愚蠢的事情。"《伦敦先驱报》认为,谢尔曼不是由于他的"惊天动地的大胆行动的成功"而荣获勋章,就是因为"使部队遭致空前未有的惨重灾难"而身败名裂。伦敦《泰晤士报》被这一戏剧性的情节强烈化吸引住了:"谢尔曼将军的远征在军事史上是亘古未有的最独特的奇迹,这是一次沿着一条陌生的路线,对无从发现的敌人进行的神秘远征。"

许多人向格兰特打听消息。他对一个来访的委员会说:"谢尔曼正在按照命令行动。我一直在等待着他。只要我一听到他到达海滨某个指定地点的消息,我就将攻占里士满。要是我在没有得到谢尔曼的消息的情况下,现在就采取行动,罗伯特·李就会撤出里士满,把他的军队拉到南部某地,而我就不得不跟踪追击,以防他猛扑谢尔曼。"

林肯为此焦虑不安。格兰特向他保证,有那样一支军队,又有那样一位将军指挥,是不会有什么危险的。于是,林肯转而安慰他人:"格兰特说他们有那样的一个将军指挥，是万无一失的。如果他们不能从想要出去的地方出去，那他们会从进去的那个洞里爬回来。"

二、总统督师

战争常常是这样，在初始阶段，与政治联系极为紧密，因政治冲突而引发；在相持阶段，与经济的依赖关系凸现出来；在结束阶段与政治再度紧紧纠缠在一起。

1865年，战争进入尾声，在格兰特面前军事问题与政治问题交织在一起。3月初，他收到斯坦顿传达的林肯的命令。命令说，除纯军事问题外，不得和罗伯特·李进行任何会谈。"对任何政治性问题，切勿擅自决定、讨论或商议。这些问题均由总统亲自处理，决不能提交作战会议或代表大会讨论决定。"

林肯打算去前线视察军队，与格兰特研究一下结束战争的条件。或许是为了摆脱华盛顿繁重的日常工作，暂时休闲一下，他决定带家眷同行。

3月23日，林肯全家登上了"女河神号"轮。这艘轮船舱房较宽敞，但无武器装备，因而不够安全。另有武器装备精良的快速通讯艇"蝙蝠号"为它护航。下午1时轮船离开华盛顿第六街码头，第二天夜里约9点钟在西蒂波因特靠岸。

格兰特上船迎接总统。他向林肯扼要报告情况，指出：同盟军逃兵日益增多，兵力逐渐削弱，预料敌人随时会发动进攻，作垂死挣扎，力图突破联邦军防线，打开一条通路，和在北卡罗来纳州的约翰斯顿会师。

随即，他陪伴林肯沿着军用铁路一路颠簸着向前线驶去。那天清晨，天刚蒙蒙亮，就在列车经过的土地上，联邦军在弗吉尼亚州的斯特德曼堡垒的大炮连续猛轰，像刈草般地把敌军成片炸翻在地。士兵们短兵相接，用刺刀和枪托拼命厮杀。南部同盟军队在约翰·布·戈登将军的指挥下占领了斯特德曼堡垒，并不断进逼，企图破坏铁路，摧毁联邦的军需仓库。联邦军针锋相对，发动反攻，把敌人击退，夺回了堡垒。林肯目睹了这一切，亲眼看到这场战斗的开始与结束。

总统仔细察看战场，只见身穿蓝色、灰色军服的尸体无声无息、横七竖八堆在一起。伤员触目皆是，有的在喘气，有的在呻吟。刚刚抓到的一大群俘虏，衣衫褴褛，满身尘土。面对这一切，林肯对格兰特说："他们曾经拚死拚活地战斗，而今却乐于歇口气了。"

格兰特麾下的联邦军向罗伯特·李的右翼迅速推进，夺取了他们掘壕固守的前哨阵地。3月25日这一天，到处都在激战，罗伯特·李用兵捉襟见肘。他写信给戴维斯说："我现在担心要阻挡格兰特和谢尔曼会师已是不可能的了。"

两军激战正酣，林肯却轻松地来到格兰特的司令部，坐在营火旁休息。格兰特发现，到西蒂波因特后，总统已不那么焦灼不安了。将军和总统谈笑风生，充满对胜利的憧憬。林肯特别对围坐在四周的参谋人员谈到政府遇到过的种种难以想象的困难，战争连连失利，财政和外交处境窘迫。他还讲到这些困难如何被人民坚定的爱国主义、北部忠诚的献身精神和军队优秀的战斗素质所一一战胜。

格兰特问道："总统先生，对于我们事业的最后胜利，你曾怀疑过没有？"林肯在折椅里欠了欠身，右手做了一个强有力的手势说："从来没有。"

26日，总统回到轮船上。有消息传来，谢里登从谢南多亚河谷进行大包抄，已绕过罗伯特·李的弗吉尼亚军团，到了北面，并于当天安全抵达哈里森斯兰丁和格兰特会师。林肯非常高兴，立即动身检阅部队。

"女河神号"沿詹姆斯河顺流而下,当它经过一个分舰队时,水兵们向最高统帅欢呼致敬。个子高高的总统,穿着黑色燕尾服,随随便便地结着一条黑绸领带,头上戴着一顶黑丝绒礼帽。经过每一艘舰艇时,总统总是挥舞着他那顶高高的礼帽,仿佛在故乡招呼朋友,看上去就像小学生似的兴高采烈。

"女河神号"又溯詹姆斯河而上,驶向艾肯斯兰丁,总统将对詹姆斯河军团的一部分部队进行战地检阅。谢里登上了船,总统和他长时间握手,并说:"谢里登将军,在这场无与伦比的战争刚爆发时,我以为,当一名骑兵身高至少要六英尺四英寸,"他继续低着头端详这个身材矮小的将军说:"可是我现在改变了这种看法。在紧要关头,五英尺四英寸就行了。"

格兰特不离林肯左右。下午,他请总统检阅詹姆斯河军团奥德将军所属的一个师。奥德和格兰特一左一右护送总统走过两英里高低不平的木排路,到达阅兵场。

总统带着一支由二十多名军官和传令兵组成的骑队,穿过森林,越过沼泽地。全师官兵已排成检阅队形等候了好几小时。官兵们向最高统帅欢呼。阅兵式结束后,他们直接开赴战场,向遥遥在望的敌人前哨阵地发起攻击。在总统的眼皮底下,重重叠叠的散兵线向前推进,占领了敌军前哨阵地的战壕,击退了敌人两次猛烈反攻,当天抓到的俘虏陡增至 2700 人。这天的战斗结束时,联邦军损失 2000 人左右,同盟军损失约 4000 人。

返航途中,林肯精神抖擞,亲眼看到官兵那种无坚不摧、骁勇善战的气概,没有什么比这更让他精神振奋的。

晚上,"女河神号"回到西蒂波因特停泊处。夜里,总统和夫人在船上设宴招待格兰特和夫人,朱莉娅这时正住在西蒂波因特。格兰特的参谋人员也应邀出席。

宴席散去,已是深夜,格兰特和林肯互道晚安,各自休息去了。船舱外面,夜色深沉。船舱里面,格兰特难以入睡。在绵延 40 英里的战线上,他指挥的 10 多万将士拥挤在肮脏不堪的泥地上。有些人住在帐篷内,更多的人住在临时兵营和窝棚里。他们今晚能睡好吗?格兰特在问自己。不久以后,他们将要投入这场战争中最激烈、最残酷的一个回合中去。作战之外,还有一个应该签订什么样的和约的严肃问题。

27 日,在格兰特宽敞的木屋里,林肯约请他和戴维·狄·波特海军少将谈了几乎整整一上午。格兰特神情严肃,静静地倾听着总统讲话,只是在林肯直接问话的时候才回答一言半语。越是临近最后胜利,格兰特越是显得郁郁不安。他考虑得最多的是,如果罗伯特·李从他现在布下的罗网中逃脱,战争也许就会延长一年、两年——或者更长。

当日傍晚,谢尔曼乘汽艇来到西蒂波因特,格兰特早已守候在岸上。他们缓步来到格兰特的木屋里。两位心心相印、肝胆相照的将军,战场久别重逢,都有说不完的话。谢尔曼打开话匣子,滔滔不绝讲了近一个小时。格兰特不得不打断他:"对不起,总统还在'女河神号'上。"

他们约请海军少将波特一同拜见总统。林肯独自呆在后舱,见到谢尔曼进来,连忙迎上前去。两人分别已经 4 年,两双大手紧紧握在一起。他们同样有谈不完的话,时而谈起胜利的辉煌,时而谈起作战的惨烈,时而纵声大笑,时而庄重严肃。

29 日上午 8 点半,林肯从"女河神号"上岸,再次来到格兰特的木屋。这时,士兵们正在把军马装上火车。格兰特及其随行人员即将乘坐这趟列车前往彼得斯堡前线。

格兰特和林肯慢步走向月台。总统在列车旁同将军及其随行人员一一热烈握手，然后站在靠近车尾处，目送他们一一上车。火车即将开动，将士们挥帽向总统致敬，总统也脱帽向将士们致意。林肯声音哽咽，向大家高喊："再见，各位先生。上帝保佑你们！记住，你们的胜利就是我的胜利。"

汽笛长鸣，火车开动。格兰特出发了，去投身于一场新的战役。大家都希望这是他的最后一仗，也是整个内战的最后一仗。

在前线的格兰特不断用电报向仍留在西蒂波因特的林肯报告战况。林肯又把格兰特的一系列电报转发给斯坦顿。格兰特写什么，林肯就原样照转，陆军部长又把这些电报交给报界。于是，预示着里士满即将攻克，罗伯特·李的防线即将崩溃的消息很快传到千百万读者手中。

北部心急如焚的读者，包括一大批投机商和赌棍在内，都从公开的出版物中获悉，谢里登率领的骑兵和第五军俘获了敌人的 3 个步兵旅，抓了数千名俘虏。

格兰特在 4 月 2 日下午 4 点半电告说："自从我军展开攻势以来，俘获敌兵总共不下 12000 人，缴获大炮约 50 门。……看来目前一切顺利，局势稳定。"

林肯回电格兰特说："请允许我向你以及你的全体部下表达全国人民的衷心谢意。……承蒙你盛请邀请，我将于明天前往你部。"

4 月 2 日夜间，撤出彼得斯堡及其防线上其他一些据点的南军重新集结，准备西窜。林肯在西蒂波因特登上铁路上的一辆单节车厢专列，前往彼得斯堡，再为格兰特送行。格兰特及其参谋人员已在那里整装待发。

3 日下午 5 点，林肯从西蒂波因特打电报给斯坦顿说："我在格兰特那里呆了一个半小时以后已返回这里。现在可以肯定，里士满已在我们手中，我打算明天去那里。"

轮船载着林肯驶往里士满。水面上飘浮着死马、毁坏的军械和破船，连河水都布满了战争疮痍。快到里士满时，轮船搁浅了。海军少将波特下令派出一艘十二桨划艇载总统上岸。

小划艇在一个叫罗克茨的地方把总统送上岸。岸上欢迎总统的全是黑人。总统同一些人握了手。

在满是尘土的大街上，林肯一行匆匆忙忙走了将近两英里，到达里士满市中心。一路上，看到的尽是烧剩的残垣断壁。大街上瓦砾遍布，持枪的士兵高度戒备。昔日繁华的都市成为虚墟，笼罩在一派恐怖景象中。半路上，林肯曾在一所监狱前停了一会，盯着它看了一阵。有人提议把它毁掉，林肯回答："不必，留着作个纪念吧。"

一队骑兵赶到，护送林肯一行来到南部同盟的总统府。这幢两层楼的房子，前面有着体现殖民地时代建筑风格的高大圆柱，现在是韦策尔将军的司令部和临时政府的所在地。

浑身尘土、满头大汗的林肯一屁股坐在长桌子旁的一把椅子上，脸色苍白憔悴，疲惫不堪。他的第一句话是："请给我一杯水。"有人告诉他，那把椅子就是杰斐逊·戴维斯坐过的，那张桌子也就是戴维斯处理文件时用过的。

林肯乘坐马车，由一队骑兵护卫巡视市区，再次察看被烧毁的 700 座住宅和一部分商店，看了监狱、城堡，目睹了成千上万无家可归的白人和黑人。

这时，搁浅的轮船已经拖到里士满。总统上船后，人们才大大松了一口气。在这一天，任何一个人都有机会在近距离内狙击总统。

林肯回到西蒂波因特，立即给格兰特写信，谈到不战而迫使南部同盟投降的可能性。虽然总统对此不抱希望,但还是对格兰特说:"我想最好还是先给你打个招呼,这样,一旦你看到有什么迹象,也就心中有数了"。

第二个格兰特

1865 年 6 月 9 日,罗伯特·李对格兰特所提出的条件写下了接受书并签字,战争结束了。

一、载誉凯旋

阿波马托克斯村的村民威尔默·麦克莱恩先生家的住宅,一幢典型的弗吉尼亚农舍,用红砖砌成的二层小楼,一楼的大门紧连着一道用木料围成的长廊。就在这里,罗伯特·李率北弗吉尼亚军团向格兰特投降。这座小楼从此成为美国历史的一座里程碑,它把洛兰特的荣誉提升到极点。

4 月的弗吉尼亚,阴雨连绵。10 日这一天,也就是受降后第二天,细雨如丝,淅淅沥沥下个不停。下午,格兰特坐在麦克莱恩家的门廊下。选择这个地方,或许是因为他迷恋大自然,或许是因为门外的风雨更能引发他思考问题吧。

他坐在那里,一动不动,任思绪自由驰骋。一阵春风吹过,几点雨星飘溅到格兰特脸上。他不禁打了一个寒战,连忙立起外衣领子,缩缩脖子,温暖温暖下巴。

就在一小时前,雨还没有这么大,格兰特正和罗伯特·李在一起。两人策马并肩,在分开波托马克军团与北弗吉尼亚军团的一块坡地上缓缓而行,讨论他们感兴趣的各种问题,回忆共同经历过的墨西哥战争。远远看去,人们还以为两位密友正骑马领略雨中情趣。谁曾想到,他们是两支敌对军队的主帅,24 小时以前双方正兵戎相见,血流成河。

此刻,格兰特不再去想一小时以前的事。近日身体不适,偏头痛偏偏在胜利时刻前来纠缠。他有些倦意,于是点燃一支雪茄。这位总司令有抽烟的习惯。一位战地记者从前线发回一则报道,披露了格兰特的这一嗜好。北方各地民众纷纷自发寄来雪茄,以表达对他们心中英雄的敬慕,也为联邦的事业作出一点贡献。一时,军邮繁忙起来,格兰特收到的雪茄堆积如山。

一边抽烟,一边等待参谋人员打点行装。他要走了,先到詹姆斯河口的西蒂波因特,那里有波托马克军团的后勤基地,再从那里到华盛顿,去见林肯总统。

雨还在下,他直起身来走动了几步,兴致极高地观赏着门外的乡间街道。这条街把只有几十户人家的小村庄一分为二。沿街向右,几千英尺处,坐落着阿波马托克斯法院。这倒使格兰特产生了联想,自己正充当着神圣的法官,用铁与血,对战争与和平,对联邦的事业,对合众国的命运,作出历史性的裁决。想到这里,他抑制不住激动的心情,抬腿向雨中走去。恰在这时,门外几个人骑马来到。他们下马,踏着木质台阶拾级而上,直奔格兰特而来。

为首的军官,是南部同盟军的将军,北弗吉尼亚军团第一军军长詹姆斯·朗斯特里特。此人是格兰特在西点的校友,也是他与朱莉娅在"白色港湾"举行婚礼时的男傧相。多年不见,想不到在这个时候相逢在这个地方。昔日的挚友,竟然各为其主,兵戎相见,厮杀多年。

格兰特认出了朗斯特里特,他称之为彼得的老朋友,罗伯特·李的"一匹忠诚的老战马"。他参加过两次布尔河会战,半鸟战役时任师长,军衔升至中将,曾与李将军联合指挥葛底斯堡战役。他与老朋友格兰特也已两次交手。先是在 1863 年 9 月增援西线作战,指挥奇卡莫加战役,突破北军防线。后来格兰特指挥发起查塔努加战役,把他赶回东线。第二次是维尔尼斯战役,再与格兰特交手,身负重伤,右臂残废。

两人全无敌意,紧紧拥抱在一起。朗斯特里特介绍了他的随行人员。亨利·汉斯,墨西哥战争中曾是格兰特的下属;乔治·皮克特,在葛底斯堡战役中损失一个师的将军;约翰·戈登,他那漂亮的脸庞上的伤痕格外引人注目,那是安提特姆之战留下的纪念。

提起安提特姆,几位同盟军将领不寒而栗。

那是 1862 年 9 月,马里兰州原野上的玉米一片金黄。罗伯特·李和杰克逊深知金秋季节是筹集军队给养的极好季节。于是,他们率领穿灰色和褐色军服的部队向前推进,渡过波托马克河。此举一箭双雕,军事上是积极防御,缓解北军对里士满的压力,经济上把战争的破坏留给北方,缓解南方物力不足的矛盾。

麦克莱伦率军迎敌。9 月 17 日,波托马克军团 9 万人马与罗伯特·李的军队在华盛顿西北的安提特姆河畔遭遇。罗伯特·李部队的人数约为麦克莱伦军队的一半。在一片玉米地和一座白色小教堂的周围,沿着一座石桥和一条牛群踩出的草原小道,骤然刮起了战争的风暴。战况惨烈,骇人听闻。玉米秆全都像用快刀削过似的。成排躺着的尸体就像片刻之前站着的队列一样整齐。一位同盟军上校被包围了,他拔出左轮手轮,向士兵们喊道:"弟兄们,我们被敌人从侧翼包围了,让我们就在这儿战死吧。"他浑身被子弹射穿得像筛子似的。军官们在横七竖八的尸体中择路而行,有个受伤未死的人叫喊着:"别让你们的马踩着我!"

在那个金色秋天的安息日早晨,双方士兵们摆成 3 英里长的阵线,面对面开火。战斗结束时,双方各伤亡 1.2 万人。李军重渡波托马克河,撤回南部,麦克莱伦没有跟踪追击。谈及那决战役,朗斯特里特说:"我们被打得一败涂地,只要在天黑之前再投入 1 万生力军就能俘获我军和全部物资。但麦克莱伦不懂得这点。"

老朋友相见,免不了叙旧。"彼得,"格兰特用拳头在朋友的后背上捣了几下,"让我们回到过去的愉快时光,一起好好吹吹牛吧!"

格兰特回忆起他们上次相见时的情景。那时他正穷愁潦倒,靠从岳父赠给的那片森林伐木,给人送木柴聊以维持生计。那次相见,两人把酒叙旧,借酒浇愁,格兰特喝多了,醉得不醒人事。

话题很自然转到了"白色港湾"的婚礼,谈到了另一位男傧相威尔柯斯,谈到了朱莉娅。

"你最亲爱的朱莉娅好吗?"

这是格兰特最感兴趣的话题。不料一位参谋过来报告:"行装打点完毕,可以出发。"将军谈兴正浓,只好无可奈何地与战场上的对手、战场下的朋友逐一握手道别。

格兰特在参谋人员陪同下起程。大千世界,无巧不有。走出村口恰好遇见了林肯的挚友,来自伊利诺伊州的众议员,一位资深共和党人伊莱休·沃什伯恩。这位众议员对格兰特有知遇之恩。当初就是经他提议推荐,国会才通过决议,授予格兰特中将军衔。这次他是专程来分享格兰特的成功和胜利的,无奈雨路难行,延误行程,没有赶上受降的庄严场面,无法感受那一刻的激动。

两人分手后,格兰特沿着沃什伯恩走过的路前往波克维尔。天气似乎刻意与人作对,雨越下越大,几乎要阻断行程。道路两旁,一派狼藉,到处是倒毙的战马,丢弃的鞍具,南军的破军服,弹药袋,等等。瘦骨嶙峋的骡马拴在树上,周围到处是它们驮载来的,已经用不着的弹药。森林边缘,散布着火炮、帐篷、炊具……

黄昏时分,格兰特一行停止前进。参谋人员支起帐篷,生起篝火。大家兴致勃勃地谈起刚刚结束的这次战役……

波克维尔是弗吉尼亚境内一个不小的火车站。从这里开往彼得斯堡的火车刚刚恢复运营。入夜,列车载上格兰特等人缓缓开行,把战争远远抛到身后。

车到西蒂波因特,天已拂晓。格兰特匆匆下车,奔向停在河边的轮船。那里有他的妻子朱莉娅。

朱莉娅是最早知道李将军向她丈夫投降的人之一。新年过后,她一直留住西蒂波因特,除了密切关注前线战况,几乎没有别的事可做。她的心情随着前线传来的消息,或阴或晴,起伏不定。这一段时间,她的确备受煎熬,仿佛统帅十几万大军的不是丈夫,而是自己。攻陷里士满,令她兴奋异常,急急忙忙随着林肯总统入城,到了城里,又心神不宁,急急忙忙返回西蒂波因特。

作为总司令夫人,一代名将的妻子,朱莉娅有点自惭形愧。她没有漂亮的容颜,却有生理缺陷。在社交场合,成为众人注目的焦点时,总觉浑身不自在,更何况她既不爱出头露面,又不善交际。

朱莉娅早就忙着操持宴会,为丈夫接风,庆贺胜利。参谋长劳林斯通知了格兰特返回的大致时间。根据劳林斯的要求,他在轮船餐厅早早准备好饭菜,一直守在那里。黎明前,睡意袭来,她在餐厅裹紧外衣,蜷曲着身子睡着了。

格兰特终于回来了,和他的 50 位将军和参谋毫不客气地享用起美味佳肴。席间,有人建议到里士满一行,搞个庆祝活动,格兰特拒绝了。下午,他走进自己的舱室,坐在桌前继续处理军务。

拿出和罗伯特·李分别签字的那两封信,反复阅读这带有停战协议性质的文件,格兰特浮想联翩,感慨万千。一丝笑意在他脸上一闪即逝。对于取得的辉煌胜利,他没有沾沾自喜,不愿安排任何庆祝活动,也不把功劳记在自己账上,而是归功于总统、政府在兵员、后勤、战略方面的大力支持,归功于北方人民的爱国热情、有效支援,归功于大批工农出身的官兵的浴血奋战,英勇牺牲。"幸运的格兰特",他的眼前浮出这样几个字。比起麦克莱伦、哈勒克等将领,他的运气的确要好得多。

收起两封信,格兰特又铺开纸张给谢尔曼写信。做完这一切,他推开椅子,站起身来,走到船舷边。

詹姆斯河水从舷旁匆匆流过,奔向大西洋,一去不复返。格兰特触景生情,脱口说了句:"让我们拥有和平吧! 愿战争像詹姆斯河水,一去不复返!"

从 1861 年 4 月中旬到 1865 年 4 月中旬,南部和北部大约有 300 万人在战争中服过役。在战斗中阵亡的和因伤因病死亡的美国人约有 62 万。其中北部 36 万,南部 26 万。

几乎在格兰特给谢尔曼写信的同时。罗伯特·李也在阿波马托克斯法院给戴维斯写信:

"总统先生,我十分遗憾地通知您,北弗吉尼亚军团已经投降。我这个同盟军总司令也已属于历史。敌军的数目是我军的 5 倍,战争每延长一天,就要牺牲成千上万的无辜生灵。请尽早结束这种罪恶,投降是惟一明智的选择。"

在北卡罗来纳州格林斯博罗的一幢普普通通的住宅里,杰斐逊·戴维斯召集4名剩下的内阁成员,两名久经沙场的将军,举行了最后一次会议,同意给谢尔曼写一封信,询问投降条件。约翰斯顿请戴维斯执笔,写完信后,他们便各奔东西。

美利坚同盟犹如日薄西山的残照,被那星光灿烂的夜空吞没,只剩下一个失败的事业永远留在人们的记忆中。

戴维斯收拾行装,准备到更南的地方去。他心里明白,北部有不少人希望看到他吊死在酸苹果树上。

与此相对照的是,摄影师亚历山大·加德纳为林肯照了一张相,当政几年来他第一次在照像机前露出了笑容。在此之前,林肯照像时面部表情几乎总是严肃和忧郁的。人们从未见过林肯脸上焕发出如此慈祥和热情的光辉。他骨瘦如柴,体重下降了30磅,两颊深陷,但在他的内心深处却激荡着和平降临大地和给一切人以良好祝愿的佳音。飓风已经过去,暴风雨已经平息。尽管前面还有险风恶浪,但最艰难的日子已经渡过,并且一去不复返了。他不能不笑,笑在战争的最后时刻,也笑得最好。

战争结束了。

整个华盛顿持续沉浸在极度的欢乐中。白宫四周,到处是眉飞色舞的白人、黑人,到处是迎风招展的彩旗、横幅。

格兰特从前线返回华盛顿,人们以热烈的欢呼迎接他。他想从下榻旅馆走到陆军部去,却不得不请警察来帮忙,从看热闹和欢呼的人群中开出一条通道。他的家乡要为他建房,纽约州决定赠给他10.5万美元的现金,费城准备为他建造别墅。

4月14日这一天,格兰特离开朱莉娅,从旅馆出发去参加林肯主持召开的内阁会议。

总统谈了他对南部重建法律、秩序和新的州政府的看法。林肯说:"我感到幸运的是这场大叛乱恰好在国会已休会时被粉碎了,这就使国会中的捣乱分子无法妨碍和干扰我们。如果我们明智、审慎,我们就将使各州重新活动起来,使它们的政府卓有成效地着手工作,在国会12月开会之前就能恢复社会秩序和重建联邦。"

关于建立新的州政府的种种细节,林肯说:"我们无法承担管理南部所有州政府的任务。他们的人民必须挑起这副担子——虽然我预料开始时他们中的一些人可能干得不好。"

格兰特自始至终静听大家发言,在重建南方问题上,他考虑不多。

会后,林肯夫妇邀请格兰特夫妇晚上一起去看戏。朱莉娅拒绝了。她不喜欢和第一夫人玛丽在一起。她忘不了上次在西蒂波因特的尴尬。那天,也是林肯夫妇邀格兰特夫妇泛舟消遣,因为坐次排列问题,玛丽对朱莉娅很是不满。

当日黄昏,格兰特夫妇登上列车前往费城,然后再往新泽西州的波灵顿。他们的4个孩子和格兰特的妹妹一起生活在那里。戎马倥偬中,他们顾不上尽父母的职责,现在战争结束,可以料理料理家务了。

在乘马车去车站的途中,细心的朱莉娅发现,一名男子骑着马紧紧跟踪着马车,下午在旅馆用餐时,此人就出现在他们桌旁。"莫非他是一名狂热的英雄崇拜者?不像!"朱莉娅这样想,一种不祥的预感袭上心来。她有点害怕。

旅途中,朱莉娅向她的"尤利斯"讲出了在心头积压已久的话:

"维克多,你现在是名将、英雄,社交活动多,崇拜者也多,以我的容貌和修养,可能与你的身份……"

说到这里,朱莉娅停住了,眼里噙着热泪。"维克多"是她对格兰特新的爱称,借用的是一个意大利国王,一位常胜将军、优秀武士的名字。格兰特明白朱莉娅的意思,连连好言相劝,打消她的疑虑。他是一个忠诚的人,像忠于国家一样,对朱莉娅忠贞不渝,像履行军人职责一样,对家庭负责。

二、重建南方

战争结束时,在硝烟尚未散尽的南方战地,大批奴隶已离开种植场。有的逃到北方,有的参加联邦军队,有的找不到工作成为由联邦政府救济的难民,也有的在奴隶主逃亡时,被带到南方腹地。在沿海及密西西比河两岸出现了由新解放的黑人所组成的黑人居留地。只是在军事行动没有波及到的南方少数地区,特别是南方腹地,奴隶们仍继续住在种植场上为奴隶主劳动。

这样,《解放宣言》发表后,南方奴隶制度已经土崩瓦解。成千上万的奴隶得到新生,尝到解放的滋味。他们开始要求人格尊严,反对使用"黑鬼"这个侮辱字眼。他们多半买一顶有边的帽子,因为在奴隶制度下面,黑人奴隶被禁止戴这样的帽子。黑人开始有姓氏,因为在过去,黑奴只有教名。他们还要求别人对他们以先生或女士相称。

然而,4年的内战炮火,虽然摧毁了南方奴隶制度,但刚从奴隶枷锁下解放出来的南方黑人,在政治上还没有取得和白人平等的权利,在经济上也没有得到保障。被打败的南方种植场主还蠢蠢欲动,他们一刻也没有忘记"复仇",准备有朝一日在南方实现复辟,恢复奴隶制度。林肯遇刺发出了一个信号,内战虽然以北方的胜利告终,但斗争还在继续。

许多种植场主顽固地主张黑人不是自由人,他们相信:林肯宣布解放叛乱诸州的奴隶,是一种战时措施,战争停止后,奴隶制度自然会到处恢复过来。在种植场主中间还流行着这样的看法:黑人是为了替白人生产棉花、大米及白糖的特殊目的而存在的,他和别人一样按照自己的方法追求幸福是不合理的。

在南方许多地区,白人的武装队伍仍在大道上巡逻,为的是把流浪的黑人赶到种植场上。种植场主任意欺凌、迫害黑人的事情,更是屡见不鲜。他们根本不把黑人看成是有任何权利的人。在对待白人邻居时表现得很正派的人们,也会欺骗黑人而丝毫不以为耻。杀死一个黑人,他们不认为是谋杀;奸淫一个黑人妇女,他们也不认为是坏事,抢劫黑人财物,他们不认为是盗窃行为。

一些叛乱军队被遣散回家后,组织起"南方十字军",以黑人作为恐怖的对象。南方各地先后出现类似的秘密组织,有"三K党"、"白人同盟","白人骑士"等等。最凶恶的、规模最大的恐怖组织便是"三K党"。

"三K党"的英文名为 kukluxklan。kuklux 起源于希腊字母 kuklos,意为圆形。klan 是苏格兰部落,取其高举火十字架,驰骋原野进行战斗之意。这个组织最初产生在田纳西州,不久就发展到亚拉巴马、得克萨斯、阿肯色及北卡罗来纳等州。

三K党徒的装束通常是一个白面罩,一个高高的硬纸帽,以及遮盖全身的长袍。行凶之前,他们一般要发出警告信,画上恐怖图画,交叉的剑,棺材、骷髅和交叉的腿骨、猫头鹰,以及带有 K·K·K 标记的列车。

三K党发展壮大之后,组织非常严密,其总部被称为"无形的帝国"。最高首脑为"大巫",手下有 10 个"妖怪";每一州设一个"王国",首脑为"大龙",手下有 8 个"九头蛇"；每一选区设一个"领地"，首脑为"巨人"，手下有 6 个"凶神"；基层单位称为"巢穴"，头子是"大独眼龙"，手下有两名"夜游神"，从事实际"工作"的便是"巢穴"。

三 K 党施行恐怖的主要对象也是黑人。他们常常把残害对象猛力地投进一个大箱子里，在箱子里安置有好些尖刀，刀尖上带有响尾蛇牙齿中的致命毒液，让刀尖戳进颤抖着的肉里，然后箱子关闭……

南部各州的民主党人，把持州议会，以过去的奴隶法典为依据，相继制定了黑人法典，并载入各州宪法之中。黑人法典禁止黑人占用无主的土地，强迫黑人在旧种植园里劳动，规定任何白人都有逮捕黑人的权利。黑人被禁止与白人通婚，被禁止佩带武器。黑人法典还禁止黑人迁移入境，规定黑人只能从事笨重的体力劳动，如有违犯劳工契约的任何行为，即取消他所有应得的工资，禁止黑人离开本乡的种植园，到旁处找工作，违者予以逮捕、判刑。

从经济政治制度入手重建南方，成了一个亟待解决的问题。各党各派在这个问题上态度各异，主张各异。

在共和党内部，保守派和激进派在南方重建问题上存在着很大分歧。保守派认为：由于废除奴隶制度和平定叛乱的胜利，北方资产阶级的统治已经得到充分的保证，可以停止对种植场主的斗争而与他们和解了。

激进派是工业资产阶级革命集团的代表，他们从资产阶级的长远利益着眼，认为要巩固内战中所获得的胜利果实，必须与南方种植场主斗争到底，只在军事上打败他们是不够的。为了在政治上打倒种植场主，他们中间一些人主张实现南方黑人的政治平等权利，把选举权给予他们，借以抵制种植场主的政治势力。激进派中的少数领袖甚至主张没收种植场主的土地，分配给南方黑人及白人劳动者。

林肯遇刺身亡后，副总统安德鲁·约翰逊依法继任总统。上任不久，他就派格兰特到南方调查研究，以便制定重建计划。

约翰逊是出身于南方的手工业者，参加政治活动后，成为民主党人，曾任田纳西州州长、联邦参议院议员。在内战中，他属于主战派，并且以反对南方叛乱分子的激烈过火言论而大出风头。内战一开始，他就猛烈攻击南方叛乱集团，多次慷慨激昂、咬牙切齿地表示："我希望逮捕他们"，"我希望处死他们"。

本来，在一般人眼中，约翰逊是一个与南方奴隶主叛乱分子毫不妥协的激进人物。当他继任总统时，激进派对他寄予很大期望。许多人甚至把他和林肯加以对比，认为林肯恻隐之心太重，不能严厉地对待可恶的叛乱者，约翰逊继任总统后，南方叛乱分子必将得到应有的惩罚。

不久，人们就发现，约翰逊把过去的主张和言论完全抛到九霄云外去了。上任 6 周后，他发表了《大赦宣言》，宣布除某些人之外，一切曾经直接间接参加叛乱的人，只要举行忠诚宣誓，就可以恢复他们的一切权利以及在内战中被没收的财产，但对奴隶的所有权除外。不在赦免范围内的只有：南部同盟政府官员，离开联邦司法、军事、国会或民政职位而逃到南部参加叛乱的人，曾经虐待黑人战俘的人，西点军校和安纳波利斯军校的毕业生，南部脱离联邦各州的州长，年收入在两万美元以上并且参加叛乱的人。

这个宣言的要害可以归纳为两点：第一，一般种植场主，绝大部分的叛乱分子享有政治权利，可以参加重建工作；第二，剥夺黑人的政治权利特别是选举权。因此，它使得激进派、废奴派大为不安。有人指出："叛乱诸州的重建，如果没有黑人选举权，就等于实际上向南部同盟投降。"

约翰逊在南方重建问题上突然来了个一百八十度大转弯,根本原因在于他本人的思想。他在灵魂深处极端蔑视黑人。1864年他曾说过:"我并不主张黑种人与盎格鲁撒克逊人平等。"此外,他受老保守派国务卿西华德的影响较大。5月9日,内阁在西华德家中开会。5月29日约翰逊就发表他那个《大赦宣言》,这个宣言体现的正是西华德的主张。

在南方重建问题上,陆军部长斯坦顿是激进派的代表人物之一。他主张对南方实行军事管制,强行推行经济,政治改造,严惩叛乱分子,把选举权给黑人。而格兰特和他的亲密战友谢尔曼,立场倾向于保守派,主张实行比较温和宽厚的重建纲领。

在接受敌军投降时,格兰特表现了异乎寻常的宽大。他不但同意叛乱军队"所有自称有马或骡的士兵都可以携带这些牲口回家,以便耕种自己的小块土地。"还准许李将军及部下的军官们把随身的军刀带回家去。当联邦军队的炮手准备放礼炮以庆祝这个胜利时,格兰特禁止这样做,并且不许联邦部队有任何欢乐、庆祝的表示。他在命令里写道:"战争结束了,叛乱分子又成了我们同国人了,因而为了表示胜利后的高兴,最好的办法便是避免在战场上做任何表示。"得到宽大处理的叛乱军队中,许多奴隶主出身的军官不但不表示感激,反而咬牙切齿地谩骂。有一个家伙抓住李的手说:"再见,李将军……为了你也为了我,我希望把每一个北方佬打入十八层地狱中去!"一个上校和另一个军官分手时,说:"愿上帝保佑你! 我想回家去再招集3个军团,然后和他们再大干一场。"

在对敌人宽大这一点上,格兰特受林肯影响较深。他非常欣赏林肯的重建政策的宽大精神,认为林肯的政策是最温和的,也是最贤明的政策。"曾经举行叛乱的人们,如果他们感到自己脖子上被套上一个颈箍的话,一定不会成为良好的公民。"在这个问题上,格兰特却遭到激进派的猛烈反对。

谢尔曼将军在接受约翰斯顿部队投降时,也对叛乱官兵实行大赦,比格兰特更进了一步,他向投降的敌人官兵许下如下条件:第一,联邦当局将承认南方各州政府,只要州官员宣誓拥护合众国宪法;第二,保障南方人的政治权利、选举权以及财产权利;第三,联邦政府决不以最近的战争为理由而侵犯任何人。消息传到华盛顿,引起了激进派的极大愤慨,他们说谢尔曼简直成了一个叛徒。陆军部长斯坦顿气得发抖,立即发表一个声明,严厉斥责谢尔曼。

其实,无论格兰特,还是谢尔曼都是按照林肯的旨意办事的。

在西蒂波因特"女河神号"召开的军事会议上,谢尔曼曾问林肯道:"应该怎样对待叛乱军队,当他们被打败的时候? 应如何对待像杰斐逊·戴维斯这样的政治领袖,让他们逃走吗?"

林肯当时回答说,他所希望的一切,首先是击败敌军,并且让南部同盟军队的士兵回家去种地或做工。关于戴维斯的问题,林肯的回答很含蓄,并没有把心中的话全部说出来,只是暗示戴维斯应当出国。林肯讲了一个故事:"一个人曾发誓戒酒。有一天他到朋友家去作客,当朋友劝他喝酒时,他拒绝了,理由是他曾经为此发过誓;当朋友提议他喝柠檬汁时,他答应了。在准备柠檬汁时,朋友手指着一瓶白兰地酒说,如果注入一些白兰地酒的话,柠檬汁的味道会更好些。这时他对客人说道:'如果瞒着我这样做的话,我不会反对的。'"林肯讲这个故事,其实是在暗示格兰特和谢尔曼等联邦将领,可以瞒着他给战犯放出一条生路。

格兰特的立场,决定了他在南方调查的成果。在写给约翰逊的报告中,他说:"我深信,南方大部分有头脑的人,诚心诚意地接受当前的局面。"言外之意,南方的种植场主已经不与联邦为敌,无须再实行过激强硬的重建措施。这个结论,符合约翰逊的需要,他立即将格兰特的调查报告公开发表。

格兰特的赫赫战功,加上稳健的重建立场,为他赢得了新的荣誉。1866 年 7 月,约翰逊把陆军上将军衔亲自授予格兰特。这是自华盛顿以来第一个荣获这个军衔的司令官。

随着形势的发展,越来越多的人开始赞同激进派的重建纲领,在共和党内更是如此。格兰特也逐步转向激进派。他们从活生生的现实中认识到:共和党的统治受到民主党的严重威胁,只有把选举权这个武器送到南方黑人手中,才能维持共和党的统治,才能保住北方资产阶级在内战中所获得的重大的胜利果实。

于是,激进派于 1867 年 2 月 6 日提出重建法案。法案宣布南方 10 个州即弗吉尼亚、北卡罗来纳、南卡罗来纳、佐治亚、密西西比、亚拉巴马、路易斯安那,佛罗里达、得克萨斯和阿肯色不存在合法的州政府,人民生命和财产得不到保障。为了恢复和平秩序,法案规定将这 10 个州划为 5 个军区,分别归合众国的军事当局管制。弗吉尼亚为第一军区,南、北卡罗来纳为第二军区,佐治亚、亚拉巴马、佛罗里达为第三军区,密西西比和阿肯色为第四军区,路易斯安那和得克萨斯为第五军区。各军区司令由总统任命准将以上军官担任,负责保护一切人的人身及财产安全,镇压叛乱、骚乱和暴行,惩办一切破坏公共安宁的分子及罪犯,必要时有权力组织军事法庭进行审判。

约翰逊断然否决了这个法案,但国会再一次以 2/3 的多数票通过,使它成为正式法律。

这样,格兰特麾下的几员大将各自占据军区司令的岗位。第一军区司令为约翰·斯科菲尔德将军,第二军区司令为达尼尔·西克尔将军,第三军区司令为约翰·波普将军,第四军区司令为爱德华·奥德将军,第五军区司令为菲利普·谢里登将军。约翰逊后来发现谢里登将军和西克尔将军同情激进派,便在国会休会后不久,把谢里登从第五军区调走,任命乔治·托马斯为该军区司令,后来又任命自己的追随者温菲尔德·汉考克代替了托马斯。不久他又用爱德华·坎比取代西克尔任第二军区司令。调走谢里登将军,在人民和士兵中间引起了普遍愤慨,一部分部队曾举行集会,愤怒声讨约翰逊,并且要求把他赶下台。

通过重建法案的同时,国会还通过另外三项法案,对约翰逊的权力作了必要的限制。第一,官吏任期法案。规定内阁阁员如果不得到参议院的同意,总统不能罢免。总统如果违背这个规定,将被视为"重大罪行"。第二,赦免法案。剥夺了总统赦免叛乱分子的权力。第三,军队指挥权法案。规定总统不能向军队发布命令,除非经过总司令格兰特。

约翰逊又着手策划武力破坏激进派的南部重建计划,开始在南方的战略要点储备武器,要求陆军部把大炮拨给他的代理人马里兰州州长斯旺。斯坦顿严辞拒绝。恼羞成怒的约翰逊在 1867 年 8 月下令把斯坦顿免职。斯坦顿拒绝离职,把办公室堵起来,吃、住都在里面。于是约翰逊便强制停止他的职务,任命格兰特为临时陆军部长。后来国会复会,约翰逊按照《官吏任期法案》的要求向参议院汇报这件事,请求予以批准。参议院讨论了很久之后,拒绝了约翰逊的请求。斯坦顿官复原职。格兰特即辞去临时陆军部长职务。为此,约翰逊非常恼火,公开指责格兰特对总统不忠。

激进派开始酝酿发动一个弹劾约翰逊的运动。1868年2月,约翰逊第二次命令把斯坦顿免职。这一事件成为弹劾运动的导火线。26日,众议院通过决议要求弹劾总统,把他的罪状递交参议院。根据宪法,参议院有权审讯总统。最后投票表决的结果,赞成判罪的有35票,反对者有19票,不足法定的2/3赞成票数,宣布约翰逊"无罪"。

弹劾运动失败,斯坦顿辞职。约翰逊也因此威信扫地,美国人民呼唤一个众望所归的总统来领导重建南方。格兰特再一次被历史推到了前台。在舆论看来,格兰特堪当总统重任,以他的崇高威望,足以巩固战争成果,建设一个统一、进步、发达的美国。共和党与民主党都着手酝酿提名格兰特为自己的总统候选人。

三、白宫八年

1868年5月,共和党在芝加哥举行全国代表大会,格兰特在第一轮投票中被一致推举为总统候选人。

战前格兰特曾是道格拉斯派民主党人,但与林肯政见相同,主张以战争维护联邦,因此他得到了一部分反对奴隶制但坚决不同意林肯当领袖的人的支持拥护。早在1863年底到1864年初的整个冬季,代表一个庞杂的利益集团说话的、具有巨大影响的《纽约先驱报》不断为格兰特竞选总统呐喊:"格兰特,人民的候选人。"许多别的报纸也都同声应和。

当时格兰特无意竞选总统。1864年1月他给全国人民的第一个信息是:"我只渴望得到一个政治职务;这场战争结束后,我打算竞选加利纳市市长。如果当选,准备在我的住宅到车站之间修建一条人行道。"

为了摸清格兰特的真实态度,林肯曾派特使约翰·伊顿持着一张由他签字的通行证,前往弗吉尼亚州的西蒂波因特专程拜访将军。两人相见,格兰特的谈话严格地局限在军事问题而不涉及其他,伊顿寻找机会巧妙地把话题转到政治方面。他向格兰特提起他在火车上同几个军人的一次谈话。伊顿转达他们的话:"问题不在于你是否愿意参加竞选,而在于你是否会为了满足人民希望有一个能挽救联邦的候选人的要求而被迫参加竞选。"

格兰特毫不迟疑地握紧双拳,往行军椅的两只皮带扶手上狠狠一捶,"他们办不到!他们不能强迫我这么做"

"这话你对总统说过吗?"

"没有,我没有想到过我的意见也值得向总统一谈。我认为他应该当选就像我军应该在战场上取胜一样,对于我们的事业具有同等重要的意义。"

伊顿回到了华盛顿,刚跨进总统办公室,林肯就迫不及待地问:"喂,情况怎么样?"

"你说对了。"

"我告诉过你,不到他平息叛乱,他们是不可能迫使他参加竞选的。"说这句话时,总统容光焕发,显出满意的神情。

千呼万唤始出来,时隔4年,格兰特终于成了总统候选人。共和党的竞选纲领支持黑人在南方事有选举权,但却同意让北方各州自行决定是否给予黑人以选举权,鼓励移民并同意给予取得美国籍的公民以全部权利,赞成与安德鲁·约翰逊总统的较宽厚的政策显然不同的激进的重建计划。

格兰特的竞选对手是民主党人霍雷肖·西摩，一个老牌政治家，1842 年当选为纽约州众议员，1852 年当选为纽约州州长。内战爆发后，他衷心地支持联邦和林肯总统。

格兰特没有参加竞选运动，也没有作任何允诺。他接受提名的信中的一句话："让我们享有和平"，成了共和党竞选运动的主题。在经历了四年内战、三年关于重建问题的争论和试图对总统进行弹劾之后，美国人民切盼能得到格兰特所保证要达到的和平。这次驴象之争的焦点是重建问题。共和党保证继续实行无视安德鲁·约翰逊总统的否决而通过的激进的重建计划。西摩则允诺实行一个宽厚的政策，使南方各州在无须反责的情况下重新回到联邦。西摩得到了南方白人的支持，但是激进的重建运动已经剥夺了许多前叛乱者的选举权，而把选举权给予了以前的奴隶，这些人绝大多数投票支持格兰特和林肯的党。当然，格兰特最大的资本是他作为战争英雄而获得的巨大声望。

按美国的总统选举制度，选票分为选民票和选举人票。选举人票按人数分给各州，某个候选人在一个州得到多数哪怕是微弱多数选民支持时，就获得了该州的选举人票。选举结果，格兰特获得 3012833 张选民票，支持率占 52%，同时获得 214 张选举人票。西摩的支持率占 47%，共获 2703237 张选民票、80 张选举人票。

格兰特成为美国第 18 任总统，也是第一位西点军人出身的联邦总统。入主白宫后，在内政方面，格兰特继续实行对南方的军事占领，制定通过了一系列强制法案，不惜使用武力对付那些否认黑人选举权的州和恐怖组织，特别是企图吓服黑人的三 K 党。在三 K 党特别活跃的南卡罗来纳州，格兰特暂停实行人身保护法，授权大规模逮捕不法之徒。

外交方面，着手解决和英国的战争遗留问题，把索赔问题提交国际仲裁。在内战期间，由于联邦的船只被在英国港口建造的"亚拉巴马号"和其他南部同盟的战舰所损毁，因此美国控告英国，要求赔偿。这一问题提交国际仲裁，由美国代表查尔斯·弗朗西斯·亚当斯和来自英国、意大利、瑞士和巴西各一名代表仲裁裁定，判决英国赔偿美国 1550 万美元。

格兰特兢兢业业，如履薄冰，一刻也不敢懈怠。他本人虽然廉洁奉公，但他的政府却丑闻不断。首先被舆论曝光的是"黑色星期五"事件。投机商詹姆斯·菲斯克和杰伊·古尔德企图垄断黄金市场。为了确保政府不在市场上抛售联邦黄金储备来挫败他们的计划，他们雇用了总统的内弟艾贝尔·R·科尔宾去对白宫施加影响，还安排在游艇上公开招待总统，以便助长猜测。让舆论相信总统站在他们一边。格兰特是个重情义的人，不知是计，欣然前往。一时间，两个投机商猖狂抢购黄金，4 天内把金价从每盎司 140 美元抬高到 163.5 美元。格兰特终于认识到自己上当，命令财政部长鲍特韦尔立即抛出 4 百万美元的联邦黄金。金价暴跌，结束了这场危机。但是在此以前，许多投资者和一些企业已经在 1869 年 9 月 24 日"黑色星期五"这一天破产了。

接着又发生了信贷运输公司案。信贷运输控股公司的主持人在修建联邦资助的联合太平洋铁路中捞得了巨额利润。他们企图用大大低于市价的价格出卖股票给国会议员的办法，阻止对他们经营活动的调查。这起涉及一批共和党国会要人的行贿受贿丑闻，正好在 1872 年总统选举年披露于世。

在 1872 年 6 月共和党费城代表大会时,格兰特再次被确认获得总统候选人提名。他继续置身事外,而让下属们去为那些已经动摇了政府的丑闻辩解。这回他的竞选对手是得到民主党支持的霍勒斯·格里利。

格里利在缅因州波特兰的演讲开始了他的竞选运动,他的目的是在全国掀起一场为实现廉洁、诚实的政府而战的斗争。尽管格里利长期反对奴隶制,但南方白人宁愿勉强与他联合,也不愿再去面对持续了 4 个年头的格兰特的激进的重建计划;而以前的奴隶们继续保持着对总统和林肯的党的忠诚。工商界代表和退伍军人支持格兰特,主要的无党派报纸支持格里利。结果,格兰特作为战时英雄的声望和公众认为他个人没有卷入那些丑闻为共和党赢得了胜利。

1873 年 3 月 4 日,格兰特发表了他连任总统的就职演说:

"……内战的结果,奴隶获得了自由,成为公民,但是他们并没有享有公民所应具有的权利。这是错误的,应该纠正。我将尽总统职权所能,为他们谋取权利。

"社会平等并不是法律所规定的问题,我也不要求为提高有色人种的社会地位而作一切事情,但我要求给他们一个公平发展的机会,给他们受教育的机会,当他们旅行的时候,要让他们确实地感到,他的行为将受到公平待遇……"

上任伊始,格兰特不得不面对波及全国的经济危机,19 世纪 70 年代,欧洲出现了经济危机。在美国国内,由于铁路的过分扩张,1871 年芝加哥大火所引起的保险业的衰退,以及在其他城市大量出现火灾,给金融保险业雪上加霜,导致一系列企业破产,引发一场严重金融恐慌。其结果,约 300 万人失业,破产企业资产总数达 5 亿美元。

政治危机也让格兰特政府雪上加霜。

格兰特在就职演说中阐明的黑人权利、社会平等,遇到了严峻挑战。先是共和党公开分裂为激进派和自由派。自由派反对格兰特在南方的强硬政策,尽管他们的代理人格里利竞选失败,不久身亡,但格兰特不得不向他们和支持他们的民主党人妥协。

南方各州的共和党也一分为二,许多白人党员转向民主党,三 K 党徒更是以暴力恐怖活动,对格兰特政府的政策投反对票。南部各州处于另一种暴乱状态,格兰特感到十分棘手。

在佐治亚州,民主党在选举中夺取了州的立法会议,激进派州长布洛克被迫辞职,民主党人史密斯当上了州长。他在就职演说时得意忘形地说:"在一个漫长的、凄凉的暴政之夜过去之后,我们一致看到:一个给我们受打击的人民(指种植场主)带来和平、幸福和繁荣的光明的日子已经正在降临我们这个可爱的州。"

在德克萨斯,三 K 党的活跃使得绝大多数黑人无法参加投票,因而在选举中民主党人获得立法会议的多数。共和党州长戴维斯依靠黑人民兵据守立法会议大厦,由于寡不敌众,被迫撤出。在 1873 年州长的选举中,民主党人又一次借助恐怖手段而得胜。共和党州长在黑人民兵的支持下拒绝承认这次选举的合法性。于是出现两个政权——民主党政权和共和党政权。但是格兰特政府承认了民主党政权。1874 年 1月,共和党人被迫把政权让出。

1872 年,阿肯色州的选举也是在白色恐怖中进行,民主党人得势。共和党人不承认对方的胜利,也出现了两个政权,双方都拥有武装,在小石城发生公开战斗。这一次格兰特政府又承认民主党政权合法。

在密西西比州,激进派埃姆斯靠黑人投票当选为州长。不甘失败的民主党人决定依靠武力夺取政权。1874年,有数百名武装的民主党人在维克斯堡举行暴动,屠杀黑人,夺取政权。不久武装暴动蔓延全州各地,他们不但有步兵和骑兵,还有大炮。埃姆斯下令解散非法武装,毫无成效。他呼吁政府派联邦军队来镇压,遭到格兰特拒绝。

在路易斯安那、亚拉巴马、南卡罗来纳、北卡罗来纳诸州,也都出现了白色恐怖和武装暴乱。

更令格兰特头疼的是,政府丑闻有增无减。首先发生的是欠税贪污案。财政部长威廉·A·理查森任命约翰·D·桑伯恩为特别代理人,负责追收欠税,私下商定,允许桑伯恩从所征收的全部欠税中抽取50%作为酬金。1874年,国会调查揭露,他征收到了40多万美元的欠税,并留下了其中的一半。这件丑闻的揭露,迫使理查森部长辞职。接着发生的是"威士忌集团案"。几百名酿酒者和联邦官员将数百万美元的酒税转移进了自己的腰包。开始时,格兰特要求迅速惩处,他指示调查者"不能让有罪的人溜走"。但是当丑闻涉及他自己的私人秘书奥维尔·E·巴布科克时,格兰特为他说情。不过,110名共谋者仍被判有罪。还有贝尔纳普贿赂案。陆军部长W·W·贝尔纳普每年从印第安人地区贸易站的商人那里得到酬金。开始时,这笔酬金是付给他的妻子。他妻子死后,他直接得这笔贿赂。他因此受到弹劾,只是由于他在参议院的审讯开始之前已辞职,才宣布无罪。

白宫八年,格兰特远不如战场上那样得心应手,八面威风。

四、千秋功过

第二任期内,由于对南方奴隶主势力妥协,加上腐败蔓延,格兰特的政治声望日益低落。1876年总统竞选前夕,他自知谋求再次连任无望,便宣布无意参加竞选。

1877年3月4日,他出席了继任者拉瑟福德·伯查德·海斯的就职仪式后,开始了卸任总统的生活。

从权力的顶峰跌落下来,格兰特陷入深深的失落之中,被一种不可名状的痛苦缠绕。为了摆脱这种被抛弃的孤独和痛苦,他开始走出美国。从1877年春到1878年秋,格兰特夫妇和儿子杰西周游了欧、亚、非三大洲。在欧洲会见了教皇利奥八世和维多利亚女皇这样一些尊贵的人物。在亚洲访问期间,他曾到过印度、泰国、中国和日本。1879年,他在天津与满清直隶总督兼北洋大臣李鸿章相识。回国后不到一年,1880年他又访问了古巴、西印度群岛和墨西哥。

1880年,他回到伊利诺伊州加利纳过退休生活。

其实,格兰特风尘仆仆,环游世界,除了观光游览,主要还是想借此机会宣扬名声,企图东山再起,参加1880年的总统选举。1880年6月,共和党全国代表大会在芝加哥召开,格兰特在第一轮投票中得304票,但党内反对他的力量推出了詹姆斯·加菲尔德,经过35次投票较量,他被击败。格兰特是美国历史上第一个想3次出任总统的人,但以失败而告终。

1881年,格兰特移居纽约市。在那里,他把自己的全部金钱都用来创办格兰特和沃德的经纪人商行。这个商行由他儿子小尤利塞斯·S·格兰特和一个银行经理费迪南德·沃德合伙开办。格兰特还从威廉·H·范德比尔德那里为商行借了15万美元,为这个商行担保。1884年,格兰特和沃德商行破产。沃德通过在账目上弄虚作假和其他违法活动保持商行继续活动,最后锒铛入狱。格兰特实际上则已不名一文。

出于对这位上了年纪的将军的怜悯,一位年老的剧团主持人巴纳姆提出,如果格兰特允许公开展出他的战利品和从世界各国的领袖们那里得到的礼品,那么他将付给格兰特 10 万美元和一部分门票收入。格兰特谢绝了他的好意,却把那些贵重的物品送给范德比尔德还账。

从此,格兰特又恢复了穷困潦倒的生活。后来,他给《世纪》杂志写了一系列脍炙人口的有关内战的文章,挣了一些钱。作家马克·吐温当时是韦伯斯特出版发行公司的合伙人,他建议格兰特写回忆录,并且预支给格兰特 2.5 万美元,相当于《格兰特回忆录》20％的版税。从 1884 秋季起,格兰特与晚期癌症作斗争,完成了他的回忆录,这部书的稿酬为他的遗孀提供了财力上的保证。在他去世前不久,国会又对他进行资助,恢复了他的上将军衔和全部薪金。

1884 年春,格兰特感到喉部疼痛。喉科专家约翰·H·道格拉斯医生诊断后,给他开了嗽口剂并让他戒烟。第二年,他经常嘶哑失声,不能说话,吞咽东西也很痛苦。经检查在舌根部发现了癌细胞,并且已经向下扩散到了咽喉。1885 年春,癌细胞侵蚀了整个一根动脉,导致了严重的出血。他的脖子肿了起来,不得不戴着围巾来掩盖被损坏了的外貌。由于吃不下食物,体重迅速减轻,从 200 磅减少到 130—145 磅之间。为了减轻疼痛,他的喉部经常搽用可卡因溶液,还经常注射吗啡。他因此染上了可卡因瘾。

1885 年 6 月底,他移居到纽约州萨拉索塔斯普林斯附近的麦克格雷格山,在那里他完成了回忆录中的最后章节。此时,他已完全嘶哑,被迫用字条与人交谈。他意识到自己的末日将至,写道:"如果我能完全康复,我的生命对于我的家庭和我来说当然是宝贵的。从来没有一个人比我现在更心甘情愿地去死。"

7 月 22 日,格兰特病情迅速恶化,脉搏消失,呼吸微弱,手脚冰凉。家人问他要什么东西,他答道:"水",这是他最后的话。

一块海绵放在他的双唇上,这是他最后一次饮水。1885 年 7 月 23 日上午 8 时左右,将军魂魄乘风远去,美利坚民族的英雄溘然仙逝。

格兰特夫人拒绝授权作尸体解剖。他的遗体放在奥尔巴尼和纽约市供人凭吊了几天。1885 年 8 月 8 日,大约有 100 万人参加了送葬行列,把他的棺木送到临时墓地。1897 年,威廉·麦克金莱总统正式为格兰特墓举行落成仪式。庄严的纪念碑从德里弗岸边俯瞰着哈德逊河,一代名将、两届总统在这里长眠。根据格兰特的遗愿,墓碑上赫然刻上他的名言:"让我们安享和平!"

格兰特墓一度曾是旅游胜地。1896 年李鸿章访美时,曾凭吊格兰特墓,在墓旁植树一棵,立碑一块,至今树碑仍在。

斯人作古,盖棺论定。一时,仁者见仁,智者见智,众说纷纭,莫衷一是。

他的前任总统安德鲁·约翰逊如是说:"格兰特是内战中出现的最伟大的人物。叛乱当时已接近尾声,南方港口已被相当有效地封锁,而格兰特在指挥波托马克军团之后,又获得了他需要和能够调遣的人员补充。但是,格兰特比任何其他的人都更多地帮助创造了这些条件。他在多纳尔逊、维克斯堡和教士岭的胜利都为阿波马托克斯的胜利作出了贡献……格兰特待我很不好,但是在战争期间他是在正确的地方的正确的人,不论过去或现在有什么错误,整个世界绝对不能贬低他。"格兰特战场上的对手,南部同盟军总司令罗伯特·李毫不掩饰他对格兰特的钦佩与折服。他说:"我曾经仔细查阅古代和现代史中的军事文献,从未发现过一个比格兰特更高明的将军。"

为格兰特树碑建墓的美国第 25 任总统威廉·麦克金莱则说:"作为一个志愿兵,他忠诚无畏;作为联邦陆军总司令,他勇猛无敌;作为一个重新联合和强盛的国家的总统,他信心十足。他的天才帮助他取得了这些成就,他赢得了我们和全世界的尊重。他的突出的品格辉煌灿烂,不仅如此,他的家庭生活和日常的美德也使得我们更加热爱他。"

也有另外一番批评舆论:

"他用政府的公务机构作为腐败和个人影响的工具,专横跋扈干涉州和市的政治事务。"

"他挑选内阁官员是用挑选自己的军事幕僚的模式,根据他们和他的融洽的私人关系,而不是根据他们在国家中的声望和公众的需要,因此他比任何其他总统都更多地降低了阁员们的品德。"

"这位忠诚而心地坦白的士兵并没有给总统的职位增添什么声望。他自己也知道,他失败了……他绝不应该被选为总统。"

占主导地位的评论是,有两个格兰特。第一个格兰特是战场上威镇敌胆的常胜将军,一代叱咤风云的名将。第二个格兰特是缺乏政治训练和政治经验,在南方奴隶主复辟势力和猖獗的腐败现象面前无所作为的政治家,一个平庸的、失败的总统。

离开总统职位时,格兰特也对白宫八年有所总结。他说:

"对我来说,未经任何政治训练就被召唤到总统办公室来,既幸运又不幸……错误已经铸成,正如所有的人能够看到和我所承认的那样;不过我认为,这些错误更经常地发生在挑选和任命来襄助执行管理政府的各项职责的助手上面。"

"真实的情况是,我是一个士兵,但更是一个农民……我从未不无遗憾地进入军队,也从未不无快乐地退休。"

千秋功过,后人评说。1962 年美国历史学家投票评论历届总统。格兰特在 31 位总统中位居第 30 名,是两位"失败的"总统中的第一位。他排在哈定之前,布坎南之后。

事实胜于雄辩,无论如何,第二个格兰特无损于第一个格兰特的光辉。

艾森豪威尔

步入军旅

公元 1890 年 10 月 14 日,德怀特·戴维·艾森豪威尔——第二次世界大战期间盟军最高统帅和美国第三十四届总统、一位享有崇高声誉的世界风云人物静悄悄地降生在得克萨斯州丹尼森铁路附近一个租用的小木屋之中。

得克萨斯,美国大平原诸州之一,占据美国本土面积的十二分之一,是一个很大很了不起并具有独特传统的名州。美国人的个人主义、拜金主义和对企业的开拓精神等在这里都被完完整整地保存下来。在这里白手起家而获得大笔财产的人总能得到人们的极大尊敬。林登·约翰逊、约翰·康纳利、财富甲天下的亨特兄弟、拥有国王牧场的克莱伯格家族、发射第一枚由私人出资制造的火箭的小戴维·汉纳、以及在石油工业中发财的乔治·布什等神话般富有而又有权势的人物,都反映了得克萨斯的地方特色,同时也能解释其自高自大、自吹自擂和极端保守形象的社会根源。但艾森豪威尔却不一样,他虽然出生在得克萨斯州,却丝毫没有得克萨斯人的血统。

艾森豪威尔是一个百分之百的日尔曼人后裔,他的祖先原来居住在欧洲来因兰地区,因属于宗教异端门诺教派而受到正统教派的排斥,被迫由德国迁入瑞士。他的玄祖父汉斯·尼古拉斯·艾森豪尔(后几代人才采用艾林豪威尔的拼读法),于公元1741 年由瑞士迁往北美的宾夕法尼亚,过着颠沛流离的生活。后来他的曾祖父弗雷德里克·艾森豪威尔和祖父雅科布·艾森豪威尔离开宾夕法尼亚迁居堪萨斯州的迪金森地区,和大多数"西进运动"的农民一样过着艰难的移民生活。他们视战争如深重罪孽,对和平无限向往。他的父亲戴维·雅各布·艾森豪威尔——简称戴维(1863——1942 年)于 1878 年移居堪萨尼州的阿比森,后因经营小百货商店破产而被迫来到了得克萨斯州的丹尼森铁路上寻找工作。当第三个儿子德怀特·戴维·艾森豪威尔出生后,戴维又偕同家人返回阿比森居住。

刚出生不久的德怀特·戴维·艾森豪威尔由父母取乳名叫艾克。1891 年不满一周岁的小艾克便随同父母回到堪萨斯州的阿比伦定居。直到中学毕业,艾克一直生活在这个小镇,所以说,堪萨斯州的阿比伦才是艾克的真正故乡,艾克的性格和形象以及理想和成就都能从这里找到真正的源头和根底。

堪萨斯州是一个神秘的州,《恩波理亚新闻报》的著名主编威廉·阿伦·怀特说:"在这个国家里,无论要发生什么事情,都首先发生在堪萨斯。"因而堪萨斯"很难说是一个州,而是一种预言"。约翰·布朗领导的废奴运动发生在这里,美国的禁酒运动也诞生在这里;这里有最早的布尔·摩斯进步主义的坚定追随者,这里还是平民党和农村不满情绪的温床;这里又是"高质量人才的最好资源"地,也是名人的输出地。所以,美国学者尼尔·R·彼尔斯在《美国志》中写道:"提到堪萨斯输出的名人,第一个名字当然是德怀特·戴维·艾森豪威尔。"

艾克的童年和青年时期是在堪萨斯州的阿比伦度过的。阿比伦是一个典型的美国中西部小镇,人口不过四千人,相当于中国的一个普通乡镇而已。这里的居民过着穷乡僻壤的乡村生活,只靠一条铁路与外界保持着联系。这里有良好的农业生产条件:土地肥沃,气候温暖,雨水充足。但这里也有炎热的夏天(气温高达40℃以上)和严冷的冬天(最冷时为零下20℃),可以说是磨练人的身心的理想环境。小镇里的人相互认识,自给自足,政府和警察似乎是多余的。人们强调勤俭治家,劳动致富,艰苦创业。除了艰苦的体力劳动外,人们在社会观点、宗教信仰和人生哲学等方面都是保守而谨慎的。但人们的地区观念又是极强烈的,因为他们都是欧洲移民的后代,都是基督的虔诚信仰者,都是共和党的投票人,他们就象一个大家庭一样有着共同的命运、共同的安全感和共同的外部威胁——气候的反常和商品价格的下跌,这些正是阿比伦人热爱工作、热爱乡土的重要原因。

当艾克一家迁居到阿比伦的时候,阿比伦已进入了十九世纪末和二十世纪初的新时期——美国开拓西部疆界已经结束,小镇已由过去的牛仔旅店变成了铁路终点站和起点站,大批的西部畜群在这里装进火车运往东部。随着牲口贩子的增多,小镇兴起了很多饮食服务行业,沙龙和妓院皆日夜营业,社会治安也开始变坏了。尽管小镇发生了巨大的变化,但开拓西部时代的阿比伦传统依然存在。年轻的艾克不仅受到这种传统的熏陶,而且对西部小说具有浓厚的兴趣,直到晚年依然如故。

艾克随父母迁到阿比伦时,他父亲戴维的全部家当只有二十四美元十五分,他母亲艾达的全部家当也只是日常穿着的衣服和一架从娘家带来的乌木钢琴,这样一个比阿比伦大多数贫穷家庭还要贫穷的家庭,在小镇南部租赁了一幢狭窄的木屋住下,这里住的都是当地的贫困居民和新迁来的移民,富足的居民则安居在阿比伦北部那些设备较好的住宅中。

由于生活的艰辛,戴维的脾气日益暴躁和专横。一家人必须围着他转,他的决定必须全部被接受。为什么戴维的性格会出现这种变化呢?话得从头说起,戴维从小就厌恶起早贪黑地下地干农活,对农场里一切都不感兴趣。14岁时他就要求上大学,后来总算上了堪萨斯州兰康普顿的一所不大的学校,该校是江河教友会主办的,被人们称作兰恩大学,主要进行职业培训。戴维二十岁进入这所学校,认真学习了学校开设的各门功课,决心将来开创一番属于自己的事业。但学业尚未完成,他便爱上了美丽迷人的女同学艾达,俩人随即中断学业结婚成家。年轻的戴维变卖了父亲赠给他的一百六十英亩土地,与人合伙开起了一个"希望"店铺。时过三年的一天早晨,戴维一觉醒来,发觉他的同伙股东古德携带店中全部的存货和余款逃跑了,留给他的除了空铺以外,就是一大堆没有付款的账单。经商失败后,戴维便将余下的财产交付当地的一名律师,委托他收回别人拖欠"希望"店铺的账款,结果这位律师收回各主顾的欠款之后,也同样携款逃跑。这次的打击比第一次更重,戴维只得四处打工维持生计。他去得克萨斯铁路上打工,周薪十美元。后寻机回到阿比伦,在一家食品厂找到一份机修工的工作,月薪五十美元。原有的理想化为泡影,发财致富的希望一片渺茫,戴维便日渐变成了全家人心目中的凶神恶煞。

但艾克的母亲艾达却笑口常开,她以惊人的忍耐和毅力帮助戴维承受命运的打击。艾克后来回忆说:"父亲两次破产,每次母亲只是微微一笑,更加努力工作,帮助父亲渡过难关,从而使这只破败的小船没有沉沦下去。"艾达,全名艾达·伊丽莎白·斯托弗·艾森豪威尔(1862——1946年),她的出身与戴维相似,她家于1730年由来因迁居美国宾夕法尼亚边区,后又迁居弗吉尼亚的悉尼山,1862年艾达生于此地。艾达幼年父母双亡,随叔父毕利·林克生活。二十一岁时到兰恩大学读书,在这里结识并爱上了戴维,炽热的爱情压倒了他们的理想和抱负。1885 年 9 月 23 日,二十二岁的艾达与戴维正式结婚,开始生儿育女并挑起了生活的重担。艾达不仅容貌端庄、性格开朗,而且天资聪敏,信仰虔诚。她总是笑容可掬,宛如开阔的草原和明朗的天空,时时弥补着戴维的暴躁和严肃。

艾克继承了父亲的暴躁性格,一发火便什么也不顾,怒发冲冠、满脸通红,只有毫无约束的行为才能使他怒气消退。不仅如此,不大不小的艾克还在跟一位五十岁的男文盲鲍勃·戴维斯学习探险、狩猎、钓鱼等活动的同时,浸染上了难以克制的鲁莽性格。但这种不好的性格并非铁打不变。

一次,小艾克因为没有获准在万圣节前夕与年龄较大的孩子一起外出游玩而发怒,他用指关节猛击苹果树树干,直到鲜血直流仍怒气难消。那天夜里,他的母亲彻夜未眠,一边给他包扎伤口,一边解释仇恨情绪如何无益,并语重心长地告诉他:"能控制自己感情的人要比能拿下一座城市的人更伟大。"小艾克终生铭记着这句话,他把这个时刻称作他一生中最有价值的时刻。从此以后,他努力避免憎恨、鲁莽和公开诋毁任何人。到他成名后,著名的"艾森豪威尔微笑"表明他已形成了乐观而愉畅的性格。虽然有时他也忧愁不解或暴跳如雷,但决不会持续很久。

戴维·艾达夫妇勤劳治家,自食其力,靠自己的艰苦劳动还清了一切债务,并给别人提供力所能及的帮助,因而深受镇上居民的敬爱。同时,他们从不吸烟、饮酒,不赌博,不骂人。这些美德对小艾克兄弟的影响极大,所谓身教胜过言教,这便是极好的例证。同时,戴维夫妇也注重对孩子们的严格管教,制定严明的家规,并教育孩子们热爱劳动。艾克兄弟自幼就被要求负责完成规定的各自的劳动任务,年龄稍大一点,便被安排轮流值日。轮到值日时必须四点半起床,给父亲烧早饭,备马送父亲上班,中午到乳品厂给父亲送午饭,晚上帮助母亲把锅碗洗刷完毕后,大家团坐一起颂读《圣经》。笃信宗教,膜拜上帝是一家人的生活中心。每天晚上,戴维朗读《圣经》,祈求上帝降福。艾克兄弟长大后,便代替父亲轮流读《圣经》,一直等到父亲站起来给墙上的时钟上发条时,大家才能上床睡觉。信仰宗教总是同热爱和平紧相联系,戴维夫妇用宗教观点解释战争的可诅咒性,特别是艾达,说战争"能把人变成野兽",并千方百计地用这种言辞和情绪去教育和影响艾克兄弟。

严格管教孩子的同时,戴维夫妇也注意尊重孩子们的合理要求,并鼓励支持孩子对自己的事作出重大决定。一次,艾克的膝盖受了伤,透入骨髓的剧痛使他卧床不起,并且高烧不退。医生认为只有立即截肢才能挽救病人的生命,可按照阿比伦人的传统,体力和大无畏的精神是男子汉必备的品质,所以艾克断然拒绝截肢手术,表示宁死不截肢作废人。在这个时候,戴维夫妇对医生说,他们不能代替艾克作出决定,只能等待奇迹的早日出现。奇迹果然出现了,强壮的肢体帮助艾克战胜了疾病,从小就具有坚强意志的艾克从此有了更加坚强的意志。这个拥有严父慈母的家庭造就了能够取得巨大成就的人才。艾克兄弟六个,除艾克成为将军和总统外,阿瑟·艾森豪威尔成了密苏里州堪萨斯城的银行家;埃德加·艾森豪威尔成了华盛顿塔科马的著名律师;罗伊·艾森豪威尔成了堪萨斯城的著名药剂师;尼尔·艾森豪威尔成为宾夕法尼亚州沙勒罗伊的著名电气工程师;米尔顿·艾森豪威尔成为约翰·霍普金斯大学校长和艾森豪威尔总统的非正式顾问。他们都是出色的实干家,对自己、对社会都怀有极强的责任感。但这个家庭却没有产生伟大的艺术家、诗人或思想家,因为戴维夫妇目光有限。自从他们遭受了第一次破产的打击后,他们不敢再接受任何出格越轨的事,凡事谨小慎微,不敢冒风险,也不想投资发大财,他们埋头苦干,从不鼓励孩子们创造。他们所要求的方式是:接受世界现状,并提高其运转效率,而不是改变这个世界的运转方向。

1900年7月4日,艾克正式进入他家对面的阿比伦林肯小学读书。他非常喜欢希腊、罗马的战争故事。谁发起攻击?何时何地?从哪一翼?谁是胜利者?谁是英雄?建立了哪些功绩?艾克从小就崇拜英雄。他的一位邻居达布利是个单身汉,年轻时当过著名的警察局长比尔的助手,艾克常去听他讲述那些动人的往事,听得如痴如醉。有时达布利还带着艾克和市警察局长亨民·恩格尔一起到郊外去练习射击。

1904年夏天,艾克由小学升入阿比伦中学读书,他真正感兴趣的课是历史,特别是战争史。他自己寻找这方面的书籍看。后来,他的阅读范围扩大到近代欧洲和美洲的军事史,并将全部的注意力集中在"重大的戏剧性故事方面"。大量军史的阅读影响了其它各门功课的学习,这使母亲艾达感到十分不安,她不得不把他的军史书籍锁进柜子里,但艾克总能找到机会偷出他要看的书。"阅读历史本身就是目的",而不是为了思考那些战争的因果,也不是为将来实现理想作准备,因为他并没有立志要踏着战争史中那些英雄的足迹前进,而是立志要当一名铁路工程师。但他崇拜的英雄已逐渐集中到汉尼拔、拿破仑和华盛顿三人身上,这说明他的历史学习更深入了一步,他的历史知识在全班和全校都是名列前茅的,因而,同学们都预言他将来能当上耶鲁大学历史系的教授。

中学时代的艾克对体育运动的兴趣比对学习的兴趣大得多,有人将他当时的兴趣按重要程度进行排列,结果是:运动、工作、学习和女孩子。

在体育活动中,参加橄榄球和垒球运动成了他的中心活动。他不是一名出类拔萃的运动员,但他具备杰出运动员才有的那种决胜的顽强意志。他喜欢同年纪比他大,个头比他高的同学争胜负。随着集体球赛的增多,他懂得了整体配合的重要性,并展示出了自己在领导和组织方面的天赋。每当球队胜利时,他就赞扬全体队员,而输球时,他总是第一个引咎自责,认真总结失败的原因。作为阿比伦中学体育会的联合会员,艾克将每月会费进行计划开支,以购买球棒、垒球和球衣为重点,而让队员们挤上免费货车去参加各地比赛。在中学的最后一年,艾克被选为体育联合会主席。他起草了缜密的联合会章程,健全了组织,使该会成了"一个永久性的团体"。

1909年5月,艾克与他的二哥埃德加一起以优异的成绩毕业于阿比伦中学。对继续读书的问题,兄弟二人进行了慎重的协商。埃德加后来回忆说:"我们商定第一年我先上大学念书,他去工作并把钱接济我;接着由我去工作,把钱给他,让他去读大学。"艾克谨守诺言,前往乳制品厂工作,他持重、勤奋、节约,把挣来的钱都寄给二哥交学费。由于各种原因,艾克与埃德加的协商在执行时推迟了一年,艾克拼命攒钱,准备1911年秋季进密歇根大学学习。他在乳制品厂的工作先是制冰,继而当司炉工,后来当了上夜班管理员,从下午六点工作到第二天早晨六点,每周干七天,每月工资九十美元,收入与父亲相当。

1910年夏天,艾克交了第一个不像他一样爱好体育运动的好朋友——镇上医生的儿子埃弗雷特·斯韦德·黑兹利特。斯韦德建议艾克报考安纳波利斯的海军军官学校,因为那里有一支仅次于密歇根大学的橄榄球队,同时还可以免费上学。

1910年10月,艾克参加了安纳波利斯海军军官学校的入学考试,当海军成了他最大的凤愿。正在等待入学通知的时候,传来了令人失望的消息,他被告知年龄已超过了海军学校的入学要求。为了得到免费上学的待遇,艾克不得不再次接受好友斯韦德的建议,改变计划报考西点陆军学校。

1911 年 6 月,艾克以二十一岁的年纪考入西点军校,与同届同学相比,他的年龄最大。西点军校的一切课程都是死记硬背,这很合艾克的口味。但西点的制度是挖空心思找出违反规定的人,并毫不客气地淘汰这些人。而且西点的思想保守顽固,集体高于一切,强调服从,并专心于过去,以悲观为主。个人的才华被认为是危险的和多余的,协调配合被尊为关键。战争在此变得合理化和程序化,学生们在此接受不过问政治但要绝对服从命令和执行政策的教育,军人的偏见、自负和各种传统以及献身精神和责任感贯穿于全部教育内容之中。这一点对艾克的吸引力不大,从而决定了艾克在学校里只能是一名普普通通的学生。

在西点军校,第一学年结束时,艾克在二百一十二名同级同学中名列第五十七,第二学年在一百七十七名学员中名列第八十一,第三学年在一百七十名学员中名列第六十五,第四学年在一百六十四名学员中名列第六十一。四年共得学分为二千零八十四,品行在一百六十四名毕业生中名列第九十五,学得最好的课程是工事、军械、射击和典操,由于抽烟和拖拉等各种过失而得到多次记过处分。有一次,他因无视警告仍带着舞伴在舞厅狂舞而受到从军士降为二等兵的严惩。艾克把他的品行不良归咎于除运动外他对任何事情都缺乏兴趣,这也许是符合事实的解释。在西点的第二年,他就成了出色的名星中卫。除了参加足球大赛外,艾克在拳击、摔跤、击剑、游泳等运动项目中也有着良好的成绩。正当他球运亨通的时候,灾难性的打击又来了。在一场比赛中,他的膝部严重受伤,被抬进医院躺了三十多天。从此,他不得不告别足球,但他对其他体育运动的爱好丝毫不减。

1915 年 6 月 12 日,艾克的四年军校生活结束了。西点军校考试委员会作出决定,授于毕业生德怀特·戴维·艾森豪威尔以美军尉官军衔。从此以后,阿比伦镇上那个鲁莽的艾克变成了一个十足的职业军官艾森豪威尔。

在西点军校学习的四年是艾森豪威尔一生的重大转折时期,他的辉煌的军人生涯也在这一时期打下了坚实的基础。在这里,他首先学到了自己的专业,他熟悉了陆军的组织、传统和习俗;他懂得了怎样行军、怎样骑马、怎样射击、怎样架桥和怎样写作战命令;他掌握了必备的数学、地理、物理和化学知识,更吃透了大量的军事史中的战略战术。西点军校的军事艺术史教学中,总是重点地、详细地介绍理想的军事领袖的生平事迹、思想方式和个性特点,使学员们明白一个伟大的将领必须具备什么样的高尚动机,应具有什么样的责任感、荣誉感和价值观,应学会怎样审时度势和当机立断。学校建立了西点毕业的名将纪念室,其中有美国南北战争时期担任过总司令、历任美国第十八任总统的格兰特将军,有南北战争时期担任过南方军队司令的罗伯特·李将军,有在北方军队中担任西线总指挥的谢尔曼将军。艾森豪威尔最感兴趣的是格兰特将军,他并非出身名门显贵,而是与艾森豪威尔有着类似的经历。他在军队中,三年升为联邦的陆军总司令,八年成为美国总统。他有一个冷静、沉着的头脑,还有着卓越的军事指挥才能和超人的贡献,这一切都使艾森豪威尔激动不已,同时也成了他心中的楷模。

艾森豪威尔的军人气质、领袖才能来自阿比伦,来自父母,来自体育运动,更来自于西点军校。

1915 年 9 月 15 日,拥有少尉军衔的艾森豪威尔来到得克萨斯州圣安东尼奥的休斯敦萨姆堡军营服役,从此开始了他正式的军人生涯。自此直到第一次世界大战结束,艾森豪威尔先后任陆军第五十七步兵团军需官,堪萨斯的利文思堡训练暂编少尉军官,第六十五工兵大队暂编中校和巴顿筹建的步兵坦克学校教官等职务。这是一个壮志难酬的平淡时期,艾森豪威尔不仅失去了在第一次世界大战中一展身手的良机,而且还被加上了一顶"不上战场的指挥官"的头衔。

战区司令

第一次世界大战的结束,使三十而立的艾森豪威尔的雄心壮志遭到了严重的挫伤。接下来是美国军队缩减和军人退伍。自 1919 年 11 月德国签署停战协定以来,不到六个月时间,总共有二百六十万名士兵和十二万八千名军官收到了退伍证明书。到 1920 年 1 月 1 日,军队人数只剩十三万人,直到二十世纪二、三十年代,军队还在压缩,到 1935 年,美国军队人数名列世界第十六位。艾森豪威尔的军阶也时升时降,1920 年 7 月 30 日,才给他恢复上尉军阶,三天后擢升为少校,此后,这个军衔保持了十六年之久。在此期间,艾森豪威尔经历了各种各样的生活,主要可归结为两类:一是进各类军事院校继续读书;二是担任普通参谋工作。

自 1919 年秋天进巴顿协助筹建的步兵坦克学校后,艾森豪威尔先后任教官、校长和特种兵营坦克训练员等职,因工作出色而获奖并被送进马里兰州的坦克学院学习,于 1921 年毕业。在他从坦克学院毕业之际,他甜蜜的小家庭发生了重大的不幸。

艾森豪威尔的小家庭刚建立不久。妻子玛丽·吉尼瓦·杜德——人们都爱称她为玛咪——是一个肉类包装商的女儿。婚前,她是一位身材苗条,有着深褐色头发,紫蓝色眼睛,活泼、迷人和极富吸引力的少女。1915 年 10 月,她从家事学校毕业后,在圣安东尼奥军官俱乐部的草坪上结识了年轻英俊的少尉艾森豪威尔,两人一见钟情。艾森豪威尔后来回忆说:"她是一位活泼、可爱、富有吸引力的少女,个子比一般人小,脸上和仪态流露出一种愉快、潇洒的神情。"玛咪则认为:"他差不多是我见过的最漂亮的男子汉。"年轻的少尉发起了强大的爱情攻势,他每隔 15 分钟就打一次电话,尽管姑娘每次都有礼貌地回绝他的约会,可他仍然穷追不舍,热烈的程度一天高过一天,姑娘终于被征服了,玛咪全家人都被感化了。1916 年的情人节,十九岁的玛咪接受了艾森豪威尔的求婚,7 月 1 日,举行了婚礼。1917 年 9 月 24 日便生下胖小子(长子)取名为杜德·德怀特(又名艾基),小家庭更加温暖无比。虽然是迁徙无常的军队生活,但女主人富有魅力又和蔼可亲,她总是设法在家中创造一个令人愉快、不受拘束的轻松环境。小艾基聪明可爱、格外动人。1921 年 1 月 2 日,三岁的艾基因患猩红热突然夭折。孩子死在艾森豪威尔的怀中,他怎么也不相信这么活泼的儿子会突然死去,他久久地抱着艾基不愿放下。玛咪视艾基为自己的命根子,沉重的打击引起她严重的神经障碍而卧床不起。艾森豪威尔在医院里度过了几个不眠之夜,这可以说是他一生中最痛苦的时刻,虽然他和玛咪后来又生下一个儿子(约翰),但艾基的可爱形象怎么也不能从他们的记忆中抹去。

1922 年,艾森豪威尔运气有所好转,他作为第二十步兵旅的主任参谋被派往巴拿马运河区,在学问渊博、品德高尚的运河区司令福克斯·康纳将军手下工作。康纳坚信:新的世界大战不可避免,"艾克很有发展前途"!得出结论后,他对艾森豪威尔的关注是不惜代价的。他把艾森豪威尔作为弟子看待,常给他讲授军事史,教他拟写野战命令,指导他阅读各种军事著作,并鼓励他报考有名的利文沃斯参谋指挥学院。在康纳将军手下工作三年,艾森豪威尔得到了巨大的教益。每读完一部军事著作,他都要与康纳将军进行长时间的、详尽的交谈,并结合实际的军事问题同康纳将军认真研究。他把博学的康纳将军视为自己探索军事艺术的导师。每当他完成一项任务后,康纳将军便赞扬道:"艾森豪威尔,你正好以马歇尔常用的方式处理了那件事。"听到这样的表扬,艾森豪威尔总是感到巨大的鼓舞。

在巴拿马,随着艾森豪威尔运气的好转,他的小家庭也恢复了往日的欢乐。玛咪又恢复了昔日的活力,她特别热情亲切地接待各位来客。艾森豪威尔是个桥牌名手(在当时的桥牌界是很少有人能与他匹敌的),因此,总是招引一批又一批朋友来访,他们的家自然就成了吸引同僚的中心。1922 年 8 月 3 日,玛咪又生下第二个儿子,取名为约翰·谢尔顿·杜德·艾森豪威尔(后来成为外交官、作家、将军)。小约翰的到来,给本来就热闹的家庭增添了无限的欢乐。欢乐之余,玛咪总是创造条件让艾森豪威尔认真读书和钻研军事论文。渐渐地,对军事理论的钻研变成了艾森豪威尔新的更强烈的癖好。

经康纳将军的推荐,艾森豪威尔少校于 1925 年被利文沃思参谋指挥学院正式录取。这所学校是美军总参谋部的直属院校,也是当时最有权威的军事学院。怀着对康纳将军的提拔和厚爱的无限感激之情,艾森豪威尔发奋学习,终于以第一名的优异成绩毕业于利文沃思参谋指挥学院。学院的老师和陆军参谋部的将领个个都认为艾森豪威尔是极有天赋和大有前途的军官。带着师长们的厚评,艾森豪威尔来到法国编写关于第一次世界大战期间美军参加过的战斗的战场手册,他不止一次地实地考察那些进行过重大战役的地方,为他后来指挥盟军在法国登陆熟悉了地形。

从法国回到美国后,艾林豪威尔又被保送到华盛顿陆军大学深造。1928 年 6 月,他从陆军大学毕业,完成了一系列的军事正规教育,时年已三十八岁。三十八岁的年龄对于一个军人来讲应该是进入了飞黄腾达的年龄了,可他仍然是一个少校,而且看不到什么升迁的希望。他只好随遇而安,尽力完成上级交给的各项任务。与此同时,他把大部分精力投入到战争的准备工作之中,以此表明他对未来仍充满信心。

1929 年 11 月,艾森豪威尔任美国陆军部副部长办公室助理,主要任务是负责制订下一场战争中对美国工业人员的动员计划,同时还负责一些专题研究工作。当时,世界风云骤变,世界性的经济危机爆发,德国法西斯上台,新的世界冲突在所难免。美国也正处于经济危机时期,好在军人的薪水有保障,艾森豪威尔一家的生活才得以日益富足。

1930 年秋季,道格拉斯·麦克阿瑟将军接任美军参谋长,负责提出"秘密的"工业动员计划,艾森豪威尔和莫斯利被通知着手进行这一工作。1931 年春,艾森豪威尔不仅提出了完整的工业动员计划,而且还出席了由工业界巨头参加的公开听证会,直接与美国经济界巨头和麦克阿瑟将军接触。由于他与工业家们的和谐合作,加上制定计划的才能和优秀的行文风格,给麦克阿瑟参谋长留下了良好的印象。很快,麦克阿瑟就请艾森豪威尔给自己起草讲演稿、信函和报告,并亲自任命艾森豪威尔为参谋长助理。

艾森豪威尔几十年的军人生涯中,有两个对他影响极大的(甚至是决定他命运的)重要领导人,一个是麦克阿瑟将军,一个是乔治·马歇尔将军。这两个人都是美军参谋长,都是美国的权威将军,但他们的主张和领导风格截然不同。麦氏夸夸其谈,以自我为中心,喜欢参与政治争论;马氏为人谦逊,说话平稳,党派观念不强。麦氏认为,军队首脑与总统之间是对抗的关系;马氏认为军队首脑应支持总统。麦氏认为亚洲得放在战略第一位;马氏认为欧洲得放在首要地位。但两人有一点是共同的,那就是都重用艾森豪威尔。艾森豪威尔先后在这两位参谋长手下工作了十一年。

艾森豪威尔先是在麦克阿瑟手下工作了七年。麦克阿瑟在艾森豪威尔的考绩报告中写道:"在军队中,在该军官的同辈中,没有一个能胜过他……。在精力、判断能力和接受任务方面尤为突出。"后来又说:"他是军队中最好的军官。当下一场战争来到时,他应当立即登上领导岗位。"麦克阿瑟同艾森豪威尔都毕业于西点军校和陆军参谋学院,都是有名的体育爱好者,都对西点军校橄榄球队的胜败表示极大的关注,因而他们便有了共同的话题进行讨论。艾森豪威尔和玛咪经常同麦克阿瑟及其夫人琼一起参加各种舞会和宴会,因而关系非常密切。艾森豪威尔非常赞赏麦克阿瑟的果断和风度,以致于在后来的领导生涯中处处效法麦氏的辩论艺术。他通过观察麦氏的行动来学习他的领导方法,但他不赞同甚至反对麦氏的固执己见和骄傲自大。1935年,麦克阿瑟的参谋长任期届满,艾森豪威尔希望因此而离开麦氏去野战部队中服役,谁知麦克阿瑟于1936年作为陆军元帅到菲律宾帮助该国组建政府军队,他坚决要求艾森豪威尔继续作他的高级助手。

于是,艾森豪威尔又跟随麦克阿瑟来到了菲律宾。他们在国内的薪金照领,菲律宾政府还另付一份薪水,麦克阿瑟每月三千美元,艾森豪威尔每月九百八十美元。有了这样的收入,艾森豪威尔一家就可以在马尼拉过上豪华的生活,这是艾森豪威尔愿意随往的一个重要原因。在菲律宾,艾森豪威尔积极参加建立军事学校和组建空军的活动,同时还组织军训并帮助制订岛国国防计划。工作之余,他极好打桥牌和玩高尔夫球,特别是陪菲律宾总统奎松玩桥牌,深得奎松的称颂。1936年7月1日,当了十六年少校的艾森豪威尔终于得到了中校的军衔。此外,艾森豪威尔在菲律宾还学会了驾驶飞机,并取得了飞机驾驶证。这时,他年已四十八岁。

1939年9月1日,希特勒进军波兰,欧洲战争爆发,第二次世界大战拉开了帷幕。艾森豪威尔断言:"美国不久会意识到,已不能保持中立,美国很快就会卷入这场战争中去。"他坚决谢绝了麦克阿瑟和其他朋友的挽留,于1939年12月13日决定启程回国,他要在美国找到自己参战前的合适位置。

1940年2月,艾森豪威尔回到美国,先是接任美国西部军区司令部后勤计划官,后很快被派到驻加利福尼亚第十五步兵团担任副团长兼第一营营长。他根据指挥部的命令,加紧训练国民警卫队,一切工作都开展得非常顺利,他感到从未有过的称心如意,他高兴地告诉朋友:"我现在过得非常愉快。""有时确实累极了,但是这种生活真美!我属于部队,与部队在一起,我总是快乐的。"妻子玛咪和儿子约翰回到美国后也比在菲律宾时更加健康快乐,约翰被选派到西点军校学习,入学考试顺利通过,成绩名列第一,这使艾森豪威尔"挺起胸膛,脸上增光",更使玛咪乐得合不拢嘴,她又有了新的话题,见人便把自己的儿子夸奖一番,并更加热情地款待客人。艾森豪威尔显得异常精神焕发,他双目有神、步履如风,虽已秃顶,但仍保持着运动员的健壮和蓬勃生气,加上他思想活跃、思路敏捷,说话滔滔不绝,表现出少有的乐观和自信,因此五十岁的他看上去好像只有四十岁。

1940年9月,驻本宁堡的第二装甲旅旅长巴顿写信给艾森豪威尔,告诉他很快要成立两个装甲师,希望他能去指挥其中的一个师。1940年11月,巴顿再次来信催促他早日申请调动。他焦急万分,无奈中校军衔太低,不敢提出申请。陆军总参谋长马歇尔将军早已知道艾森豪威尔的声名,并十分欣赏他的工作才能,因而决定派他到第九军担任参谋长。于是,他于11月11日晋升为上校,从而使多年夙愿变为现实。时隔不久,1946年6月11日,沃鲁特·克鲁格中将申请调艾森豪威尔去第三集团军担任参谋长,马歇尔两天之内就作了肯定答复。

1941年7月1日,艾森豪威尔偕妻子玛咪来到第三集团军司令部所在地休斯敦萨姆堡,这天正好是他们结婚25周年纪念日,他送给玛咪一块白金手表作为纪念,玛咪表现出从未有过的快乐,她戴上丈夫赠送的金表,直到晚年也未曾摘下过。他们又回到了二十年前的故地,住上了一幢漂亮的旧式砖房,既找到了往日的美好回忆,又看到了前程的一片光明。8月到9月间,第三集团军举行大规模的路易斯安那演习,四十多万人分成两军进入"战争"之中,有才能的军官都要在这场演习中崭露头角。这是美军进入战争之前规模最大的军事演习,艾森豪威尔渴望得到这次考验。为了筹划这场演习他几天几乎没有睡觉。每天早晨,他都要把主要负责的军官召集起来进行讲评,军官们对他的品格和组织领导才能众口称赞,他的声誉也得到了空前的提高。

1941年12月7日,日本偷袭珍珠港,第二次世界大战的战火烧到了太平洋。与此同时,日军对东南亚展开了全面进攻。12月8日,日军在马来亚东海岸三个地方同时登陆。香港、关岛、菲律宾群岛、威克岛和中途岛等地几乎在同一时间遭到日军的猛烈进攻。在马尼拉,麦克阿瑟的远东航空大队遭到毁灭性的轰炸。一连串的突袭事件惊醒了美国人,使他们感到受了奇耻大辱。12月8日,罗斯福总统身披蓝色海军斗篷来到国会大厦,宣布美国正式对日宣战。很快,艾森豪威尔接到了总参谋部的电话,马歇尔将军命令他火速赶到陆军部。为国家、为反法西斯战争服务的时机终于来到了。

1941年12月14日大清早,艾森豪威尔乘坐的火车由圣安东尼奥抵达华盛顿,他顾不得吃早饭,立即到宪法大街陆军部向总参谋长报到。马歇尔神情异常严肃,在宣布艾森豪威尔负责总参谋部作战处远东科工作的同时,布置了策划太平洋行动的紧急任务。形势十万火急,美国太平洋舰队在遭日军偷袭后笼罩着一片悲观失望的情绪,美国在菲律宾的空军分遣队损伤严重,美国在菲律宾的陆军部队大都是菲律宾士兵,这样的境况想要抵抗住日本的猛烈进攻是难以想象的。"日本人企图快速占领菲律宾,美国急需解决的问题是什么?"马歇尔突然向艾森豪威尔提出这个问题,艾森豪威尔必须准确地作出回答。

带着这道急需解答的难题,艾森豪威尔来到新分配的陆军部作战计划处办公室。经过几个小时的紧张思考,答案出来了:在当前的形势下,必须放弃菲律宾,把美国撤到澳大利亚,在那里建立起一个反攻基地,然后增援菲律宾。要完成这项计划,"速度是最重要的",应立即将飞机、弹药和各种装备从西海岸和夏威夷运到澳大利亚去。当书面建议呈送到马歇尔的办公室时,已经是黄昏时分。马歇尔听完艾森豪威尔的回答,脸上露出了满意的笑容,他高兴地说:"我同意你的意见,尽你所能去拯救他们。"这样,有关菲律宾和远东作战区的筹划工作便落到了艾森豪威尔的肩上。

1941年12月,艾森豪威尔在设法增援菲律宾的同时,着手建立美军在澳大利亚的军事基地。美舰"霍尔布鲁克"号和"共和国"号载着五千士兵,"梅格斯"号和"布罗姆芳坦"号载着各种物资装备抵达澳大利亚。整个冬天,经过不懈的努力,艾森豪威尔把增援物资源源不断地运到了澳大利亚基地。到 1942 年 2 月 21 日,美军在海外的二十四万五千官兵中,太平洋的兵力占了十几万,而当时,欧战区才有三千七百八十五名美国官兵。就在这十分紧张的时刻,1942 年 3 月 10 日,艾森豪威尔的父亲戴维去世了,艾森豪威尔不能前去奔丧,只能把办公室的门关闭半小时,写一篇悼词来悼念父亲勤劳、诚实的高尚品质。

在这段不愉快的日子里,英国首相邱吉尔于圣诞节前抵达华盛顿,会同以罗斯福为首的美国军政要员举行了一个代号为"阿卡迪亚"的重要会议。会议决定建立一个联合指挥体制,即联合参谋长委员会,总部设在华盛顿。会议还决定在太平洋地区建立 AEDA(美、英、荷、澳)联军司令部,会议最后通过了《联合国家宣言》。艾森豪威尔以美国陆军总参谋部作战处处长和陆军少将的身份参加了阿卡迪亚会议,并在会上同英国总参谋部的将军们建立了和谐友好的合作关系。他在会上对世界战局的分析给罗斯福和邱吉尔留下了良好的印象。会后,马歇尔让艾森豪威尔起草发动第一次进攻的计划,艾森豪威尔提出该计划的中心内容是 1942 年英美应在西欧尽快开辟新战场。1942 年 3 月下旬,艾森豪威尔和他的参谋人员拟定了一份详尽的进攻西欧的具体计划,代号是"围捕"。马歇尔把此计划送呈罗斯福和参谋长联席会议,很快获得了批准。4 月中旬,英国也同意了"围捕"计划。

为了贯彻实施"围捕"计划,5 月 23 日,艾森豪威尔前去英国实地考察。6 月 8日,他将一份对欧洲战区的指挥草稿呈交马歇尔,主张对派往欧洲战区的美国陆、海、空部队实施绝对统一的指挥,并推荐麦克纳尼将军前去担任欧洲战区司令。过了三天,马歇尔将军经总统兼三军总司令罗斯福的批准,任命艾森豪威尔担任欧战区司令。这完全出乎艾森豪威尔的意料,因为艾森豪威尔的最大愿望只是希望能够指挥一个师的兵力。连康纳将军也曾预言,在未来的战争中,领导美国军队的将是乔治·马歇尔。但马歇尔将军以工作为上,他深信艾森豪威尔是一位十分内行的,并善于调和不同意见的军事领导人,是惟一的解决英美将军之间复杂的外交问题的合适人选。英国人也认为艾森豪威尔是容易合作的伙伴。正是这样,艾森豪威尔才越过了 366名比他著名的高级军官而一步登上了美国驻欧洲统帅的位置,从而为他进一步登上盟军总司令的高位奠定了基础。

1942 年 6 月,艾森豪威尔要到伦敦走马上任。临行之前,他分别拜访了陆军部长、海军部长和三军总司令罗斯福总统。陆军部长史汀生答应在集结军队和物资装备方面给以坚定的支持,海军金上将斗志旺盛,性格坚强,保证将在自己的职权范围内支持这位欧战区总司令。稍后,艾森豪威尔拜访了罗斯福和正在白宫作客的邱吉尔首相。第一次和这两位了不起的大人物交谈,艾森豪威尔显得有些拘谨,但这两位领导人的乐观和充满信心的谈话给了艾森豪威尔极大的鼓舞。更令人高兴的是,他们正在考虑如何进攻和夺取胜利,而不是防御和等待。罗斯福总统强调,欧洲战区要在向希特勒巢穴发动进攻时起到主力军的作用。这是一次令人鼓舞的谈话,使艾森豪威尔信心倍增。

艾森豪威尔认为,要顺利完成总统和参谋长交给他的重大任务,必须有几个他十分熟悉的得力助手。经验丰富、为人审慎的马克·克拉克将军,参谋联席会议的秘书比德尔·史密斯将军,以及陆军部的李少校和海军军官哈理·巴瑟都是合适的人选,艾森豪威尔要求把他们带到伦敦去,马歇尔将军毫不犹豫地同意了他的要求。

就在一切已经准备就绪的时候,从老家传来一不幸消息,艾森豪威尔 49 岁的弟弟罗伊猝然去世。手足之情使艾森豪威尔悲痛不已。但他不能前去送葬，飞往英国伦敦的飞机正等候在华盛顿的国际机场上。艾森豪威尔吻别了母亲，又同19岁的儿子约翰握手话别，最后才向妻子告别。他坚决不让玛咪去机场送行，"但是，我想在旗杆旁看到你。"他说。时过不久，当飞机从华盛顿近郊艾森豪威尔住宅上空飞过时，在旗杆的底座旁，艾森豪威尔看见了小小的人影，那是玛咪在为他默默送行。

6月24日，艾森豪威尔飞抵伦敦。时年52岁的他已被提升为中将。第二天，他的名字，他走马上任的消息无不出现在伦敦报纸的头条位置。在记者招待会上，他的谈吐举止是那样令人赞叹。和颜悦色的微笑，质朴、自然的答问，无不使记者为之倾倒。"但是关于日后的军事行动，他什么也没有透露"，这是当时《纽约时报》记者失望的报道。作为欧战区司令，艾森豪威尔是不能随便公开自己的行动计划的。美国政府关于建立欧洲战区的指令规定："欧洲战区指挥将领的任务将是在欧洲战区准备和实施军事行动，以反对轴心国及其同盟"，"欧洲战区的指挥将领，将指挥现在和以后派往欧洲战区的所有美国陆军，包括被派遣去与陆军协同作战的海军陆战队在内"。当时，住在英国的美军只有五万五千人，艾森豪威尔面临的任务比指令所规定的要复杂艰巨得多。他要把美国人、英国人和加拿大人组成一支能够完成重大作战任务的武装力量，需要调和各种各样的矛盾，尤其是战斗训练方法的差别，物资装备的不同，语言习俗的差异和各国将军在很多问题上各持己见等等，这使艾森豪威尔遇到了前所未有的困难，但他澄清了自己的信念并抓住了问题的关键。他认为要解决这些问题关键是努力消除英美军人之间的民族观念以加强英美人的团结。用他的一句通俗的话说出来，就是："叫谁做王八蛋都没有关系，但绝不准说某人是美国王八蛋，或是英国王八蛋。"这正是艾森豪威尔解决问题的特点，同时也表明他真正抓住了实现英美友好合作问题的核心。所以，8月14日，盟军参谋联席会议发布命令，任命艾森豪威尔为盟军总司令，负责指挥将在11月实施的"火炬"计划。

五星上将

1942年，是艾森豪威尔官运亨通前所未有的一年。3月，由准将升为少将，7月，由少将升为中将，成为美国十六名中将之一。军衔升迁的同时，职务的骤升更是令人目不暇接。3月还是一名作战处处长，6月一跃成为欧战区总司令，8月又被参谋长联席会议任命为进攻北非的盟军总司令。之后，直到第二次世界大战结束，艾森豪威尔一直是当然的盟军最高统帅，成功地指挥数百万盟军部队进行北非登陆战役（"火炬"战役）、西西里岛战役（"哈斯基"战役）和诺曼底登陆战役（"霸王"战役）等著名战役，取得了人类战争史上最为辉煌的战绩。

许多人认为，艾森豪威尔担任盟军总司令这个具有重大意义的职务，无论在业务上还是声望上都面临着许多难以克服的困难。他不单在英国军队中，即使在美国军队中也鲜为人知。他战前的军衔仅是中校，比他刚到伦敦时管辖的三百六十六名将领都低，而且没有任何实战经验，在实践中，他从未指挥过一个连。对于人们的担忧和议论，艾森豪威尔没有过多地考虑，他考虑的是如何高效率地开展工作。他一到伦敦就对部下宣布："我们将在最大限度地不搞形式主义的条件下进行工作，不是为了向上级写工作报告，而是为了取得战争的胜利。我始终将竭力做一个对你们有用的人，但是我要求你们自己解决自己的问题，不要依赖我。"他自己勤奋工作为部下作出了最好的榜样。他早晨六点一刻准时起床，每天工作不少于十二小时，常常过了午夜才休息。他常把自己说成是"头脑简单的乡下佬"，以简朴的作风和不拘礼节的风度去感染别人，并时刻表明他是一个普通人。他具有较强的公共关系意识，认为英美友谊是取得最后胜利的绝对必要的条件，并努力使之成为真正的和持久的友谊。由于艾森豪威尔勤奋朴实的工作作风，使他很快在军队中树立了良好的形象，与英国同僚们的联系也渐渐建立起来。

来到英国的年轻美国军人日益增多，到 1942 年夏天达到了二百多万。他们的吃、住、训练、装备等问题都得从营养不良和住房拥挤不堪的本地居民处得到解决，这首先就得解决美英军民之间的关系。艾森豪威尔制定了以英国的风俗习惯来教育军人的计划，要他的指挥官们整顿美国士兵的风纪，对他们加强责任感和历史使命感的教育。他说："要使英国人相信，我们到这里来不是糊里糊涂地混日子，而是肩负重任的反法西斯战士。"艾森豪威尔决心在英国建立一支最优秀的美军部队，"他们不仅有良好的纪律，而且具有强大的作战实力。"首先，他按自己制定的标准选拔优秀的军官，这些军官必须掌握现代军事技术，顽强勇敢，多谋善断，不仅要打硬仗，还要会打胜仗。其次，精简地面部队的机构，避免部队大量集中和高级军官闲置无用。再次，保障供应。派强干的约翰·李少将负责供应处，清理港口，修建仓库，平整机场，建造营房，一切都有条不紊的进行。

短短的几个月时间，艾森豪威尔已把英国建成了坚强的、巨大的反法西斯基地。在此基础上，1942 年 11 月 8 日，打响了北非登陆战役——著名的"火炬"战役。

"火炬"计划是英美联军在法属北非登陆，然后由西向东出击，彻底消灭北非的德军，控制地中海，巩固中东，为日后的意大利和巴尔干半岛的军事行动创造有利条件。作为总指挥，艾森豪威尔第一项任务是挑选英、美军官来充实指挥和参谋机构中的各个重要位置。如此多国部队的指挥机构，必须每个部门既有美国人又有英国人，而且还要求各国的军官友好相处，竭诚合作，艾森豪威尔对此进行了精心地筹划和组织。第二项任务是确切判断哪些海、陆、空部队在这次行动中放在哪些位置上才能更有效地发挥作用。由于时间仓促，不仅形势不甚清楚，兵力和供应的总数也难以明了。艾森豪威尔决定首先确定进攻的战略目标和重点地区，然后根据进攻目标再决定动用的军事力量。

一切准备就绪后，11 月 5 日，艾森豪威尔冒险飞抵直布罗陀，在这里设立了"火炬"战役指挥部。11 月 8 日凌晨，由 500 多艘军舰和海船组成的庞大的英美联合舰队，载着十万大军，在一千七百架飞机的掩护下，分三路在预定的地点卡萨布兰卡、阿尔及尔、奥兰强行登陆，战斗异常激烈，最后大获全胜。这是一次意义重大的战役，"它表明盟国武装力量的实力正在增长，并展示了德意志同盟不久将崩溃的局面。"

但形势依然十分严峻，因为德国人正以惊人的速度作出反应。希特勒命令空运精锐部队和坦克去突尼斯，"火炬"战役取得的战果有重新丧失的危险。艾森豪威尔认为，稳定局势的最佳方案是争取北非的法国军队，但这不仅仅是一个军事问题，更直接的它是一个重大的国际政治问题，因为它与在北非建立一个什么样的国民政府紧密联系。当时的北非有三种势力：一是戴高乐将军领导的自由法国势力；二是维希政府管辖下的达尔朗海军上将的势力；三是徒有虚名的让亨利·吉罗特将军的势力。三者之中，达尔朗是臭名昭著的附敌分子，他曾向希特勒投降，仇视戴高乐的抵抗运动，具有很强的反英情绪。但他拥有二十万军队，五百架飞机，四艘战列舰，十二艘巡洋舰,四十艘驱逐舰,二十多艘潜艇及其他舰艇,是一支强大的军事力量。艾森豪威尔认为,只有同达尔朗达成停战协议,才能迅速解除盟军在地中海潜在的海军威胁,并避免"耗费大量鲜血,造成无数痛苦"。所以,11月13日,艾森豪威尔飞抵阿尔及尔,达成了达尔朗协议,并宣布一切后果完全由他个人负责。

但这个协定给艾森豪威尔造成了极大的政治危机,英国国内,自由法国内部,美国舆论界,都对这一协定表示强烈的不满,他们称艾森豪威尔是"法西斯主义者"和"百姓的叛徒"。强烈的抨击使艾森豪威尔无法辩解,他情绪日益变坏,经常冲动地发脾气,一支接一支地吸烟,整个盟军的士气也因此而跌落。玛咪从美国来信告诉他,"头头们正在准备把你撤职",英国方面也在流传着英军总司令哈罗德·亚历山大将军将成为新的盟军总司令的说法。

艾森豪威尔的前途将在卡萨布兰卡会议上决定。1943年1月14日,罗斯福、邱吉尔各带一帮军政要员在卡萨布兰卡聚会,讨论1943年的战略问题并适当安排英美联军的指挥权。会议的结果是艾森豪威尔不仅继续担任盟军总司令,而且新来的英国第八集团军也要听从他的指挥,因为即将打响的突尼斯战役仍然需要艾森豪威尔这样一位能使混合参谋班子共事合作的高手,同时,马歇尔将军仍然是艾森豪威尔的坚定支持者。为了加强突尼斯战役的统一指挥权,盟军参谋长联席会议又任命英人亚历山大为地面部队副总司令,坎宁安海军上将为海军副总司令,空军元帅阿瑟·特德为空军副总司令,协助艾森豪威尔指挥作战。这三位英国的副总司令的军阶都比艾森豪威尔高,艾森豪威尔当时佩戴的三星中将军衔是为了工作需要才临时戴上的,而他的副手们都拥有四颗星的佩戴。但艾森豪威尔从未被军衔吓住,他与他们建立了亲密的个人关系,彼此友好合作,共同致力于夺取战争的胜利。

正在人们为艾森豪威尔的军衔问题担忧的时候,1943年1月20日传来了晋升的消息,美国参谋部推荐他为上将,以便维护他在盟军中的统一指挥大权。四星军阶在当时美军中是最高的,只有马歇尔和艾森豪威尔两人才是上将。这个突然的提升,对艾森豪威尔是意料之外的鼓舞,增强了他在突尼斯战役中必胜的信心。1943年3月,英美联军与蒙哥马利指挥的英国第八集团军在突尼斯境内会师,势力远远超出隆美尔所率领的德意志联军,一方是二十个师又两个旅,另一方只有十四个师又两个旅。隆美尔跑回欧洲向希特勒请求从北非撤军。3月20日,英美联军向敌人的主要阵地——马雷特防线发起进攻。这是一场激烈的战斗,德方以六个师防守,一直顽强抵抗到4月中旬才撤退到突尼斯北部。4月19日,盟军发起总攻,战线在一步一步地向前推进,第34步兵师在艾森豪威尔指挥下拿下了最难攻打的六零九高地。天空中,盟军空军一天出动飞机达二千架次。5月13日,在盟军的猛烈攻击之下,德意志联军在突尼斯的余部全体投降。艾森豪威尔指挥的盟国军队俘虏敌军二十七万五千人,其中,百分之五十以上是德军。这一重大胜利,与三个月前苏联红军取得的斯大林格勒大捷相映生辉。艾森豪威尔受到了来自各方的电贺,并被选为"美国第一父亲"。

突尼斯战役刚刚结束,攻打西西里岛的"哈斯基"作战计划就被提出。在进攻西西里岛之前,艾森豪威尔主张先攻占位于突尼斯和西西里之间的班泰雷利岛。为了保证进攻的胜利,6月7日晨,他和海军副总司令坎宁安乘坐皇家海舰"曙光号"前往班泰雷利岛侦察,当他发现该地守军并不强大时,立即返回阿尔及尔,命令盟军发动进攻。仅仅一昼夜的战斗,守军一万多人全部投降。首战告捷,大大鼓舞了盟军士气。7月7日,艾森豪威尔飞抵马耳他坎宁安的指挥所,亲自指挥代号为"哈斯基"的西西里战役。

　　7月10日凌晨，"哈斯基"战役打响了。三千二百艘军舰运载着十六万英美军队，在一千架飞机的掩护下，向西西里岛东南部发起了强有力的攻势，准备进行两栖登陆。守卫西西里的二十三万意军和四万德军全力阻挡盟军登陆。7月9日晚，七、八级的西北风一阵紧似一阵，海上波涛一浪高过一浪，防守的德意志士兵高兴得"谢天谢地"，庆幸自己有了放心睡大觉的时机，而英美军队正是利用了这一险恶的天气，顺利地实现了登陆计划。

　　盟军登陆以后，遭到意军的顽强抵抗，德军也拼命反击，使盟军的进展极其缓慢，直到8月5日英军才攻占塔尼亚，取得了东海岸的完全胜利。在中部和西部，巴顿将军指挥美军大步东进，于8月16日占领西西里首府墨西拿城。8月17日，整个战役结束，盟军伤亡三万余人，而意德军伤亡达十六万五千人，其中十三万二千人被盟军俘虏。

　　西西里战役的胜利，加速了墨索里尼的垮台。在邱吉尔的要求下，艾森豪威尔指挥盟军向意大利本土发起进攻。早在7月19日，艾森豪威尔便命令盟军对罗马进行空袭，破坏其铁路车站和主要军事目标，为下一步攻打意大利本土创造条件。由于连年战争，意大利经济日益恶化，财政赤字空前增大，物价成倍上涨，人们怨声载道，军队士气涣散。7月25日，意大利发生政变，墨索里尼被废黜一切军政职务，巴多格里奥上台组建新政府。艾森豪威尔企图用同巴多格里奥合作来和平占领意大利，因而派人前往罗马秘密会见巴多格里奥。就在拖延的过程中，德国赶调军队进入意大利北部，至8月份，德军已把十九个师的兵力调进了意大利。9月8日，当艾森豪威尔与巴多格里奥发布停战宣言时，德军立即包围了罗马，解除了意军的全部武装，巴多格里奥政府逃到布林底西，于10月13日对德宣战。与此同时，英、美、苏三国政府发表宣言，承认意大利为共同作战的一方。

　　随着意大利对德宣战，法西斯轴心国自行解体，反法西斯的国际联盟不断壮大。早已计划好的横渡英吉利海峡的"霸王"行动（原称"围捕"计划）就要提到议事日程上来了。就在这个时候，艾森豪威尔的私生活又在伦敦和华盛顿引起满城风雨。原来，艾森豪威尔与妻子玛咪已分别一年有余，长时间的单身生活使艾森豪威尔时常感到孤独和苦闷，在这种情况下，为他开车的司机凯·萨默斯比成了他的情人兼私人秘书。于是，将军与女秘书的罗曼史就愈传愈远了。

　　艾森豪威尔同萨默斯比到底是什么样的关系呢？1976年，凯·萨默斯比回忆录《难以忘怀——我和德怀特·D·艾森豪威尔的恋爱故事》的出版，揭开了所有的谜底。早在1942年5月，在艾森豪威尔和马克·克拉克将军对伦敦进行为期十天的访问时，出生于爱尔兰的二十四岁的凯·萨默斯比奉命给这两位将军开车。在一个明媚的五月的早晨，漂亮迷人的凯·萨默斯比被安排去接一位微不足道的两星将军，因为别的女司机已抢走了其他美差。凯·萨默斯比很不情愿地来到了洛罗斯文诺尔广场等候接站，她等了又等，时过中午还不见来人。她饿得不行，便溜出去吃东西。当她一边吃着三明治，一边闲逛着回来的时候，大使馆内只剩下一辆军用"帕卡德"汽车和两个美国军官在车旁等候。凯·萨默斯比受惊非小，她极抱歉的说道："哪位是艾森豪威尔先生，我是您的司机。"艾森豪威尔不但没有生气，反而被眼前这位极有礼貌而又美丽可爱的姑娘迷住了，他感到自己忽然间年轻了许多，一种从未有过的兴奋掠过心头。

有道是有情人终成眷属。时隔一个月，艾森豪威尔作为欧战区总司令再次来到伦敦，而凯·萨默斯比被派去担任他的私人司机。尽管他对她一片痴情并时刻关注，可她却敷衍了事，她对他只有两颗星而失望，因为她的女伴们的主人的军阶都比较高。但这种局势很快就被打破了，艾森豪威尔的快速晋升满足了女司机的虚荣心，她可以借炫耀自己的主人的方式来炫耀自己。与此同时，她的未婚夫理查德·阿诺德上校在北非牺牲了，她申请加入女子军团，授衔为上尉，并被提升为艾森豪威尔将军的私人秘书和军事助手。这样，他们的关系便由工作自然地转入爱情。而战争又加深了他们的感情。凯·萨默斯比感到将军处处关注她，艾森豪威尔更感到了这位活泼可爱的女性打破了他同玛咪分离后的孤独和寂寞。他们心心相印，甚至在打桥牌时也能配合的极为默契。当他把手放进她的手里时，她马上就有一种温情的、近乎震颤的感觉，这样的情投意合，这样的激情和钟情，是她以前恋爱时从未有过的。一天晚上，在农场的草坪上，她接受了将军狂热的吻，她那迷人的眼睛、娇嫩的面腮和醉人的双唇，无处不使将军心颤。她感到了将军的如饥似渴和迫不及待，而她自己的每个反应更像开了闸的河水，一发而不可收……。平静下来之后，将军捧着她的脸说："我爱你，但除了爱情，我没有什么东西给你。"是的，这是将军的真心话，因为，他不愿意放弃家中原有的妻子，更不愿抛弃心爱的儿子。

玛咪已感觉到了丈夫有外遇，更知道凯·萨默斯比每天同丈夫在一起。她忧心忡忡，在给艾森豪威尔的信中流露出诸多不满，说丈夫不再是她"个人的财产"。但艾森豪威尔在每封信中都作出保证，保证永远爱她和她的儿子。"不管人们怎么说"，他在信中写道："作为一个人，至今我仍牢记在心，我是这个家庭（你的、约翰的和我的）的三分之一成员。"尽管这样，玛咪仍然感到自己是一个远离丈夫，被丈夫冷落的女人。而凯·萨默斯比也总感到对玛咪抱歉，她常对将军说："这一定使玛咪心烦意乱，我对不起她。"这两个女人都是善良可爱的，都愿意为将军奉献一切。二战结束后，艾森豪威尔凯旋回国，登上了总统宝座，一切都发生了变化，玛咪成了和艾森豪威尔形影相随、亲密无比的总统夫人，而凯·萨默斯比只好把真挚的爱情埋进心底，独自忍受远离和冷落的煎熬，直到1973年医生给她宣判死刑之时，她才向世人公开了她与艾森豪威尔的恩爱史。

1943年11月28日到12月1日，苏、美、英三国首脑举行德黑兰会议，通过了在欧洲开辟第二战场的决议。12月4日到6日，罗斯福和邱吉尔在开罗会晤，商订1944年实施在法国北部登陆的"霸王"计划。执行这个宏伟计划的盟军最高统帅是谁呢？艾森豪威尔认为马歇尔是最佳人选，他认为任命马歇尔为盟军总司令是惟一正确的选择，但同时对自己回国任参谋长表示不满。罗斯福的打算怎样呢？他的内心也是非常矛盾的。一方面他认为完全应该让马歇尔有机会作为野战部队的总司令而名垂青史；另一方面，美国武装力量的领导人和顾问们多数（参谋长联席会议中）坚决反对任命马歇尔为欧洲盟军统帅，他们认为，在战争的关键时期，替换马歇尔对西方盟国日后军事力量的发展极为有害。罗斯福最后还是接受了参谋长联席会议中多数人的意见，于1943年12月2日致电斯大林元帅："已经决定立即任命艾森豪威尔将军指挥'霸王'行动。"这是人类战争史上令人垂涎的指挥职务，给艾森豪威尔的青云直上创造了绝无仅有的良机。

1943年的最后几天，艾森豪威尔先后得到两条令人惊喜的消息，一是任命他为"霸王"行动总指挥，这使他和盟军总部的广大官员兴奋不已；一是通知他回家度假两周,这更使他喜出望外。他在 1943 年的最后一天的中午启程,告别了他最为艰苦的一年,于 1944 年元月 2 日抵达华盛顿。玛咪在几小时前才得知丈夫要回来,当丈夫于凌晨 1 时 30 分出现在她面前时,她还没入睡。他们有无数的事和无数的话要说,以致整整一夜都在高兴地交谈着。玛咪一刻也不愿离开丈夫,但事实是无情的,早饭刚吃完,丈夫就要到陆军部去见马歇尔总参谋长。他这次回国,名义上是度假,实际上是运筹"霸王"战役。玛咪比谁都能理解这些,她全心全意地支持丈夫的工作。而马歇尔也是一位颇通人情的将军,他早已在白琉璜喷泉为艾森豪威尔夫妇准备了一幢幽静的房子。1 月 6 日,处理完公务后,艾森豪威尔和玛咪一道登上了马歇尔的铁路专车,住进这幢完全与外界隔绝的大房子。但度假很不愉快,因为艾森豪威尔两次把玛咪喊作"凯"。

1944 年 1 月 12 日,艾森豪威尔前往白宫拜访罗斯福,他们交谈了两个小时。令人震惊的是,罗斯福顽固地认为"法国人民不会服从戴高乐!"艾森豪威尔无论如何解释,罗斯福一概不为所动。这使艾森豪威尔深感不安,但他无能为力,只好带着这个不安回到伦敦。一回到伦敦,他就投入到"霸王"战役的紧张备战之中。

"霸王"战役的中心内容是横渡英吉利海峡,采取重点突破的办法,尽快在诺曼底强行登陆。这一行动是对敌人有准备的设防阵地进行直接的正面的进攻。为了赢得战役的胜利。作为数百万大军的最高统帅,艾森豪威尔必须知己知彼,统筹兼顾。英国莫刚中将领导的计划小组建议一切计划均以三个师的登陆兵力为中心。对此,艾森豪威尔立即决定将其兵力增至五个师。关于登陆的具体准备,空权的使用、后勤系统的建立、民政和政治问题以及同盟战略问题,都需要反反复复、认认真真地考虑和作出解答。

随着战斗的临近,艾森豪威尔更加忙碌了。他向部下强调:"战备工作多一分,将来的牺牲和损失就少一分。"他力求让所有的士兵都能见到他,还设法同成千上万的士兵逐一谈话,交流思想,听取意见。从 2 月 1 日至 6 月 1 日,他视察了二十六个师,二十四个机场。五艘战舰和无数的仓库、工场、医院,以及各种作战设施。为了领导好几百万士兵,他专门对五十多个师一级的指挥官进行了严格挑选,因为师一级的指挥在战争中最为重要,所以它的指挥官必须有坚强的意志、良好的组织指挥才能和身先士卒英勇顽强的战斗精神。特别在美军之中,艾森豪威尔对各级指挥官都亲自作认真挑选,如布雷德利为美军第一集团军司令,巴顿后续部队第三集团军司令,都是艾森豪威尔亲自选拔并在"霸王"战役中发挥了关键作用的优秀将领。

无论准备工作多么充分,战争的风险是谁也不敢绝对担保的,艾森豪威尔给玛咪的信中写道:"我绝不能看到这样的事实:发回家的消息,给全国各地的家庭带来痛苦和不幸;母亲、父亲、兄弟、姐妹、妻子和朋友们难以保持轻松达观态度和对世事永恒公正的信念。"每当想到战争中多少年青人与世永别,他就感到无限沮丧。这种心情在邱吉尔身上也时时出现,他对"霸王"战役不时地产生怀疑。5 月初,艾森豪威尔与邱吉尔共进午餐,邱吉尔突然激动起来,他含着热泪说:"我和你一起把这件事做到底;如果失败了,我们一起下台。"但艾森豪威尔却表现得异常坚定。

为了确保诺曼底登陆成功,1944 年 6 月开战前夕,盟军动员了八十六个师共二百八十八万人,九千余艘各类舰艇,一万三千七百架作战飞机。今登陆前一周,盟军飞机对德军防御地投下了九千四百吨炸弹,炸毁了八十二个具有战略意义的铁路枢纽。一切都按计划进行着,唯独天气变化多端,不以人的意志为转移。为此,从三月份开始，艾森豪威尔就开始观察英吉利海峡的气候变化情况，研究那变化莫测的风向和海浪的变化规律。可从 6 月 1 日至 4 日，一股令人焦虑的低气压笼罩着海岛，空中行动的条件日益恶化。艾森豪威尔心情异常忧郁，"他延缓作出最后决定"。6 月 4 日上午 9 时 30 分，斯泰格上校突然送来了最新的气象报告，这是一道令人兴奋的报告，它宣布："天气出现转机"！正下着的倾盆大雨将在三个小时内完全停止，接下来的是三十六个小时的好天气，风力中等。这是千载难逢的时机！艾森豪威尔和全体军官们一片欢呼。

6 月 6 日凌晨 1 时 30 分，英美三个空降师从英国起飞，在登陆地两翼着陆，抢占了部分军事要地。盟军登陆战开始。海、空军进行空前的炮击和轰炸，掩护四千二百六十六艘船只运载的一百多万盟军在法国海岸登陆。凌晨 6 时 30 分，诺曼底登陆成功。接着，其它海滩登陆也都一一成功。艾森豪威尔在房中不停地走动，他的情绪随着一份份传来的捷报而逐渐高涨。

6 月 7 日早晨，艾森豪威尔登上了英国布雷舰"阿波罗号"去视察滩头阵地，亲眼看到了一片残败的希特勒"大西洋壁垒"，心中的无限感慨难以述说。6 月 12 日，盟军将五个登陆场连成一片，形成了一个正面宽八十公里，纵深十二至十八公里的统一登陆场。艾森豪威尔陪同前来视察的马歇尔将军、英国国王和阿诺德将军，乘坐一艘驱逐舰，登上了奥马哈滩头阵地。马歇尔向罗斯福总统发了报告，内容是："艾森豪威尔和他手下的人冷静而自信，以非凡的效率完成了无比巨大的复杂的任务。"

7 月 24 日，盟军登陆场已扩展到正面宽一百公里，纵深为三十至五十公里，歼灭德军十一万三千人，击毁坦克二千一百一十七辆和飞机三百四十五架。7 月 25 日，登陆盟军转入进攻，在法国来兹地区包围了德国第七集团军，俘虏了八个步兵师和两个装甲师。8 月 25 日，盟军几乎占领了整个法国西北部。与此同时，盟军在法国南部实施了"铁砧——龙骑兵"计划，在夏纳市以西登陆，于 8 月底占领了马赛和土伦，并继续向北推进。9 月 2 日，"霸王"战役和"铁砧——龙骑兵"战役的盟军在蒙巴尔会师，继续向东挺进，不仅占领了全部法国，还解放了比利时，并兵抵荷兰边境。

随着战局的胜利发展，盟国内部出现了分歧。诺曼底登陆以后，英国人的"单刀直入"观念和艾森豪威尔的"宽大正面战略"发生争执。艾森豪威尔主张盟军应以正面从法国至瑞士的广大开阔地上向德军进攻，使盟军在"宽大正面"上保持优势。而蒙哥马利等英国将军则认为此种战略缺乏想象力、浪费时间，因此力主"集中"战略。正当英美双方争持不下之时，德军于 1944 年 12 月 16 日上午在阿登地区展开了反击。艾森豪威尔花了整整四十天的时间，以伤亡八万多人的代价阻止了德军的反扑。这一战争插曲致使盟军未能先于俄军攻克柏林。

反法西斯的第二次世界大战，使艾森豪威尔从一个名不见经传的美国中校参谋官一跃而成为世界著名的将军，主要原因在于他能够领导一大批不同国籍的，不同兵种的现代化部队协同作战。他为打败德、意法西斯做出了不朽的贡献，他也获得世界军事史上最高的权力和荣誉。1944 年下半年，他晋升为五星上将，这一军衔由美国国会在 1946 年定为永久性的军衔。

1945 年 5 月 8 日，法西斯德国投降，欧战结束。艾森豪威尔由盟军总司令变为驻德美军统帅。同年 12 月，杜鲁门总统将他召回华盛顿，继乔治·马歇尔任美国陆军总参谋长，从此，他的历史又揭开了新的篇章。

当选总统

从 1946 年到 1948 年，美国社会掀起了一股"艾森豪威尔热"，形形色色的政客纷纷盘算着利用这位将军的显赫名字，进行最冒险的政治赌博——赌博的筹码是艾森豪威尔入主白宫。与此同时，东部财团的显贵们也纷纷向他靠拢，并督促他当总统候选人。由于艾森豪威尔一向标榜自己讨厌政治，并从来不表明自己属于哪一政党，使得民主党人和共和党人都把他看作是自己的代表。这一切都标明，"艾森豪威尔热"的实质是要把艾森豪威尔推向总统的宝座。但艾森豪威尔却向朋友们吐露，他已享够多种荣誉，愿意退役去当一名小小的学院院长。于是，1948 年 2 月，他辞去了参谋长的职务，6 月，接受了哥伦比亚大学校长的任命。

由于艾森豪威尔所受的专业教育与长期的军人经历，使得他并不适合担任哥伦比亚大学校长的职务，而他对知识分子的不信任更使得他同所有教员的关系都很紧张。所以，他基本上是个挂名校长，大多数人都认为他当这个挂名校长是入主白宫的一个跳板，因为按照美国传统，国家总统必须具备一定的文职工作经验，而他缺少的正是这个经历。两年半的校长生涯一转眼就过去了，哥伦比亚大学却因他的任职而获得了巨大的资金和显赫的声名。

1949 年 4 月，北大西洋公约组织成立，这是在美国庇护下建立的一个北大西洋各国的政治军事联盟。根据参加国首脑的意见，艾森豪威尔是领导这一组织的惟一合适人选。这样，1950 年冬，艾森豪威尔应杜鲁门政府之邀，离开哥伦比亚大学，出任北大西洋公约组织军队的最高统帅，常驻巴黎。1951 年 1 月 7 日，艾森豪威尔来到巴黎，开始领导西方大国——北约成员国的海、陆、空军队。为了突出美英在新的军事同盟中的地位，艾森豪威尔聘请蒙哥马利元帅担任最高司令官的副职，同时，还聘请艾尔弗雷德·格伦瑟中将任参谋长。整个北约司令部驻地集中了来自十二个国家穿着四十种军装的二百名军官。北约是"冷战"的畸形产儿，艾森豪威尔却不断强调它的重要性，指出只有西方的政治军事统一，才能使资本主义世界免遭"共产主义的威胁"，并主张为了北约的政治利益，可以利用西德的军事经济潜力。

担任北约部队总司令，是艾森豪威尔政治生涯的重要阶段，他不仅利用该职务巩固了在美国右翼政治集团中的地位，而且将这一任职当作他政治上的最高砝码，由此开辟了通向白宫的捷径。1952 年 4 月 11 日，他得到白宫同意：从 1952 年 7 月 1 日起，解除他北约部队总司令的职务并从军队退役。1952 年 6 月 1 日，他返回美国，宣布以共和党候选人的身份参加总统竞选。

1952 年 6 月 2 日，艾森豪威尔的提名竞选活动在他的家乡堪萨斯州开始，两万多人在冒雨倾听他的演讲。所讲的主要内容是：在决定对外政策上参议院有更大的作用；减低税率；在朝鲜实行"体面的停战"；公民权保护归各个州负责；政府历行节约，等等。此后，他旅行五万英里，作了二百二十八次演说，以高度的热情和真诚打动了四百万美国人的心，终于以选民票三千三百九十三万六千二百三十四张（百分之五十五）对二千七百三十一万四千九百九十二张（百分之四十四），选举人票四百四十二张对八十九张，彻底击败了民主党的史蒂文森，当选为美国第 34 任总统。四年后，他又取得连任竞选的成功，一共当了八年的军人总统。

美国历史学家拉尔夫·德·贝茨在他所著的《美国史》中分析说："动荡不安的战

争年代和战后冷战的紧张局势，也许就是使一个军人得以执掌国柄的历史背景。挑选一个深孚众望但未染指政界的军人，固然可以造成问题的混乱，但他可资作为正直的象征，维持住团结、和平和安定。"这是极其中肯的分析。艾森豪威尔之所以能在竞选中获胜，除了他在二次大战中英雄形象的号召力之外，与他发表制止战争的见解和强调和平与安全的主张有着极大的关系。他在竞选过程中说："在现代战争中，取胜的惟一途径便是制止发生战争。"并向厌烦朝鲜战争的美国人表示："和平事业是自由人民眼中的瑰宝，新政府的第一个任务是结束这场涉及美国千家万户，孕育着第三次世界大战危机的悲剧冲突。"当时，投票人为税收增加和物价上涨而苦恼，为"华盛顿一团糟"而苦恼，特别是为旷日持久的朝鲜战争而苦恼，他们认为艾森豪威尔能带来和平和安全，所以，他们都喊出了"我爱艾克"的响亮口号。

1953年1月20日，艾森豪威尔身穿深蓝色双排扣大衣，围着引人注目的白色围巾，在三十六位亲属和一百四十位即将参加政府工作的成员的陪同下，参加盛况空前的总统就职典礼，并发表就职演说。在冗长的演说词中，他特别强调了战争的危险和所谓共产主义的威胁。他要人们认识到，"善与恶的力量已在史所罕见地集结、武装和对立起来。"他答应他的政府"把发展遏制侵略势力和促进和平条件的力量作为治国的首要任务。"并"把美国的力量和安全看作世界各地自由人民的希望和依托。"他还宣称："美国人民，实际上，一切自由的人们，在作出最后抉择时，都要记住，一名士兵的背包并不象一个囚犯的锁链那样沉重。"

就职演说之后，艾森豪威尔便开始主持白宫的工作。他认为，总统在本质上是一个消极被动的位置，行政首脑如同裁判一样，没有什么主动性，只有用得到的时候，他才发挥作用。所以，他谋求间接统治，把权力交给那些他信得过而且观点和他一致的人们，尽量使自己回避由于部下所作所为而可能引起的争论和批评，并力图谨慎地超脱于党派政治之上。在这样的认识指导下，他认为，首要的任务是组建一个得力的内阁班子，这个班子的成员是有能力并经过考验的工作人员；是依靠自己的努力而获得成就并懂得管理大型企业的实业家；是具有重大成就并能向他们请教和同甘共苦的人。根据这些原则，他的第一个内阁，被称之为"九个百万富翁和一个自来水工人的政府"组建起来了。这是一个典型的由职业军人和亿万富翁组成的联合政府。

在这个"富豪内阁"之中，最关键的职位是国务卿。艾森豪威尔看中了约翰·高斯特·杜勒斯。杜勒斯来自洛克菲勒集团，他的外祖父约翰·福斯特和舅父罗伯特·兰辛曾分别担任本杰明·哈里森总统和威尔逊总统的国务卿，他自己也曾在许多场合担当外交政策顾问，在外交事务中机智练达。1919年，杜勒斯担任美国出席凡尔赛大会的代表团成员，后又主持起草日本和平条约，成为共和党外交政策的发言人。艾森豪威尔对杜勒斯的好战言论和关于"解放共产党卫星国"以及"大规律报复"的思想不完全赞同，特别是对杜勒斯的极端自信、武断、自高自大和古板正经感到难以忍受，但他却离不开杜勒斯，因为杜勒斯不仅支持北大西洋公约组织，而且还为美国的外交制定了系统的政策和执行这些政策的措施。

新政府中第二号铁腕人物要数财政部长乔治·汉弗莱，他是克利大兰巨产公司及M·A·汉纳钢铁制造公司总经理。他负责主持平衡预算、精简政府机构和打击浪费的工作。此外，当时世界上最大的私人企业通用汽车公司总经理查尔斯·威尔逊任国防长，领导当时世界上最大的"雇佣部门"和"采购部门"；洛克菲勒集团的赫伯特·布朗内尔任司法部长；埃兹拉·塔夫脱·本森任农业部长；共和党全国委员会主席、密执安州的旧车商阿瑟·萨默菲尔德任邮政部长；得克萨斯州报纸发行商的妻子、妇女辅助队指挥官奥维塔·霍比夫人任卫生、教育和福利部部长；波士顿财团的重要成员辛克莱·威克斯任商务部长；得克萨斯财团的安德生任海军部长等等。内阁中独一无二的非富豪、非公司大亨、非新教徒成员，是芝加哥劳联的水电工人联合会主席马丁·德尔金，他任劳工部长之职。艾森豪威尔之所以罗织工人领袖马丁·德尔金，目的在于出现危机时，可通过他争得工会的支持。可惜由于德尔金与他的内阁同僚们缺乏共同语言，于十个月后即行辞职。

在白宫和内阁之间，艾森豪威尔增添了白宫秘书和内阁秘书两个新职位来处理大量来往文件。同时又设总统助理和特别助理罗织各方面的专家。总统助理一职由艾森豪威尔政府中具有影响的人士担任，他是前新罕布什尔州州长谢尔曼·亚当斯，他跟总统的亲密程度仅次于杜勒斯，他被破例授权处理国家内政事务，并享有政治决策权。总统特别助理中，纳尔逊·洛克菲勒和埃米特·休斯最有名。亿万富翁、纽约州长洛克菲勒被委任负责和平与裁军倡仪，并在起草总统的和平利用原子能计划方面担任主要工作。休斯曾是《时代》、《生活》和《新闻周刊》等杂志的撰稿人，帮助总统起草演说搞并出席过很多内部会议。另外，来自加利福尼亚州财团的政客尼克松任副总统，他也是白宫工作班子中的重要人物。这些人物也都是金融寡头或地方财团利益的代表和代言人。

艾森豪威尔政府是典型的金融寡头与军事头目的联合政府，这样的成员结构决定了这个政府的内政和外交的基本属性。正如美国的历史学家贝茨所说的那样，"艾森豪威尔的行政作风是他在军队里用惯了的那一套，是象军队一样逐级节制，派出代表，便宜行事。"加上杜勒斯等政府核心人物的好战思想的作用，使外交与军事决策呈现一致性，表明这个政府以极快的速度进行着国家机构的军事化。特别是其大搞扩军备战和军备竞赛，反映了军事首领和垄断集团在控制政府权后是怎样捞取最大限度的利润，又是怎样利用这些钱财去满足他们侵略扩张的野心的。

在内政方面，艾森豪威尔推行所谓的"新共和主义"，实际上是在国家干预经济生活的问题上进行折衷调和，既承袭二十年代共和党政府不干预社会经济问题的保守主义主张，又认可罗斯福新政府以来民主党政府的社会经济改革、承认国家干预社会经济的自由主义原则。其内容表现在经济、军事和政治等三方面。

在经济方面，实行新的财政政策，廉价出售国有企业，加快大规模的公路建设计划的实施，实行有条件的社会福利制度等。新财政政策集中表现在1954年通过的长达千页的国内税收法案上面，它规定战时奢侈品的课税减少一半，企业得到减税补贴，石油、公用事业和天然气工业可以从政府手里得到特权。与此同时，实行私人经济和联邦政府经济并举的政策。到1954年底，在移交联邦经济总署的一百五十四个工厂中，有一百零一个被出售，三十六个被出租。公路建设的经费大多来自联邦经费——1956年通过的联邦公路法规定拨出三百三十多亿美元去修筑4.1万英里的州际公路。此外，在农业政策方面，也是尽可能地放弃政府控制，减少政府花费并走向自由市场；在社会福利方面，建立专门的福利部门，增加公共卫生、医院建设的开支，并规定最低工资为每小时一美元。这些经济政策推行的目的是为了寻求平衡，但由于对军事工程的拨款日益增加，结果却导致了国内经济的严重衰退。

在政治方面，艾森豪威尔一方面主张改变种族隔离的现状，另一方面又表示要"消除共产党的阴谋"。为了缓和黑人斗争的形势，最高法院宣布种族隔离违反了宪法。1954年,艾森豪威尔按最高法院的决定,派军队到阿肯色的小石城去帮助学校取消种族隔离,以确保对联邦法院法令的执行。1957年,艾森豪威尔签署了八十二年来第一个民权法案并由国会通过。同年,还建立了"公民权力委员会"调查各种阻挠黑人投票的控诉。1960年,国会又通过法律,保证黑人在各地真正行使选举权。在强调民权的同时,艾森豪威尔对猖狂侵犯人权的麦卡锡主义听之任之,并借以迫害美国共产党和打击民主进步力量。1954年,艾森豪威尔政府举行了耸人听闻的意见听取会,听取谎言家麦卡锡对文武官员进行卑劣的指控;在"安全"的旗号下,对公职人员和公民进行"忠诚"测验,清查所谓的"危险分子",宣布二千二百多个与共产主义有"联系"的"危险分子"不再受政府雇佣,并经国会通过了《共产党管制法》的法案。

约瑟夫·麦卡锡是威斯康星州的参议员,他认为共产党人迷惑了整个联邦机构,特别是国务院和军队。由于他极端疯狂的指控,在全美国掀起了反共高潮。艾森豪威尔对麦卡锡很不信任,并声称他"厌恶麦卡锡以及其鼓吹的东西",但是,他还是容允了麦卡锡的猖狂。所以哈里·S·杜鲁门说:"艾森豪威尔在其任职期间所干的最丑恶、最愚蠢的事情,……是他怯懦地回避了所有麦卡锡主义的问题,甚至当他周围善良而正派的人们越来越多地受那个可怕的人伤害时,他仍然视而不见。"

在军事方面,艾森豪威尔一面鼓吹"和平""裁军",一面又大力发展核武器。为了同苏联进行空中技术竞赛,大搞扩军备战,不惜大量投资。在他任职八年间,有五年出现财政赤字,累积赤字数高达二百一十七亿美元,主要用于军备竞赛之中。随着与军事工业有关的垄断组织的空前膨胀,艾氏自己也曾感慨地说:"庞大的军事机构和巨大的军火工业相结合,这在美国是一种新的情况。……我们一定要警惕军事——工业集团有意无意地取得不恰当的势力。"

在外交方面,艾森豪威尔上台后,首先面临着朝鲜停战的难题。历时三载的朝鲜战争,是第二次世界大战后,美帝国主义在朝鲜半岛蓄意进行的一场大规模的侵略战争。美军伤亡被俘三十九万八千人,被击毁、击伤和缴获坦克三千零六十四辆,战争耗资上百亿美元,不仅军事上失败了,政治上也遇到了重大的挫折。1951年7月10日,陷入军事政治困境的美国,在各方面舆论的强大压力下,被迫开始了关于朝鲜停战的谈判。然而,谈判困难重重,毫无进展。艾森豪威尔为了捞取政治资本,讨取党魁们的欢心,便利用美国人民的反战情绪,打起了"和平"的旗号,声称"新政府的首要任务是尽快地体面地停止朝鲜战争"。并说:"为达到此目的,如需要我亲自去朝鲜一趟,我一定前往。"于是,1952年11月29日,在他宣誓就职前一个月,在国务卿约翰·杜勒斯、国防部长查尔斯·威尔逊和太平洋舰队司令阿瑟·雷德福海军上将的陪同下,艾森豪威尔前往朝鲜战场考察,了解军事和外交形势,以便安排停战事宜。入主白宫后,他采取了各种步骤,逐步解决朝鲜问题。1953年4月11日,在板门店达成关于交换病伤战俘的协议。5月22日起,派杜勒斯访问印度,会谈中杜勒斯告诉尼赫鲁,美国愿意"光荣地结束战争"。6月间,艾森豪威尔多次同李承晚交涉,表明美国的立场。终于于7月27日,在板门店签署了朝鲜停战协定。同年11月,又同朝鲜签订《共同防御条约》,使美国在南朝鲜获得了无限期驻军的权力,把南朝鲜变成了美国的军事基地。此后,美国公然蛮横地蹂躏自己签订的国际协定,继续无耻地破坏朝鲜的和平和统一。可见,朝鲜停战以后,艾森豪威尔并没有像他高喊的那样谋求真正的世界和平,而是在对外政策上继续推行杜鲁门政府的"冷战"政策,仇视和恐怖共产主义。

对此,美国政治评论家约瑟夫·格登指出:"朝鲜战争,它是第二次世界大战后美国军事和外交战略的转折点,它标志美国第一次试图通过诉诸武力来阻止共产主义军事扩张的冒险行动,而且是这类冒险活动漫漫长路上的第一步。"果不其然,就在朝鲜战争刚开始两个月,美国就给印度支那的法国人送去了第一批军事援助,以资助其与当地的起义者作战,后来这场战争演变成为越南战争。在越南战场上,无论美国如何拼命援法,法国侵略者仍摆脱不了灭亡的命运。1954年5月,奠边府被围困56天的法军,终于竖起白旗,宣告投降。1954年7月的日内瓦会议签订了印度支那停战协定。在签字时,艾森豪威尔政府拒绝为停战承担责任,顽固地宣称美国不受停战协定条款的约束。

对中国,艾森豪威尔政府奉行"扶蒋反华"的反动政策,扬言将使用核武器,阻挠大陆和台湾的统一。杜鲁门政府时期,曾派第七舰队进占台湾海峡,企图帮助蒋介石进攻中国大陆。艾森豪威尔上台后,又继承杜鲁门政府的衣钵,公开和蒋介石签订了《共同防御条约》,并派军事顾问团帮助蒋介石在中国沿海岛屿建筑反攻大陆的军事阵地。面对美蒋的军事挑衅,中国人民解放军于1955年1月18日一举攻下了美蒋苦心经营的大陈岛前哨阵地江山岛。战后,艾森豪威尔命令美国的第七舰队和其他美国军队从大陈岛等地退驻台湾。1957年11月,艾森豪威尔轻微中风。至此,他仍以六十七岁的高龄,带着多病的身体,继续执行他那"国际宪兵"的任务。1958年8月,蒋介石的军队和中国人民解放军在金门和马祖发生冲突。艾森豪威尔听到这个消息后,感到有"导致失去台湾"的危险,便于8月29日下令从美国第六舰队调出两艘航空母舰加入在台湾海峡的第七舰队。然后,扬言要"对共产党中国的机场使用战术原子武器"。这一举措遭到了美国的民主党人和广大公众的强烈谴责。中华人民共和国主席毛泽东于9月8日发表了针锋相对的讲话,指出美国侵略者的一套,不过是在人类前进道路上散发着臭气的垃圾。苏联部长会议主席也于9月7日写信给艾森豪威尔,警告他必须悬崖勒马,否则后果不堪设想,中国六亿人民是不可战胜的。在这样的形势下,艾森豪威尔感到了强大的国际危机的压力,只得自认为1958年是他"一生中最倒霉的一年"。

在世界各地,艾森豪威尔政府到处推行他的控制和奴役政策。1956年7月26日,埃及政府宣布将苏伊士运河公司收归国有,这一举动遭到了英、法、美三个帝国主义大国的一致反对。美国提出所谓的"杜勒斯计划",企图阻止埃及管理运河并把运河权交给"国际机构"管理,遭到了埃及政府强烈抗议。为了维护美国垄断集团的利益,1957年3月9日,艾森豪威尔签署了国会通过的美国对中东的政治纲领,其内容就是所谓的"艾森豪威尔主义"。

"艾森豪威尔主义"规定:1."同中东一般地区的任何一个国家或国家集团进行经济合作和援助",以发展他们的经济;2."对这个地区希望获得军事援助的任何一个国家或国家集团执行军事援助的计划";3.在中东使用美国的武装部队以"保护"这个地区的国家免受"国际共产主义的侵略"。

为了实现"艾森豪威尔主义"纲领的目标,美国政府拨出两亿美元由总统支配,以便对中东各国"提供援助"。为什么艾森豪威尔政府要如此"援助"中东呢?原来中东拥有当时世界已发现的石油蕴藏量的百分之七十,并且开采成本非常低廉,石油垄断组织可以在那里获得高额利润。美国垄断资本家在中东开采石油的利润是成本的百分之四百,并已在中东拥有二千七百五十亿美元的石油资源总值,其利润比世界上任何其他国家的石油公司的利润都要高出好几倍。正是由于这个巨大的经济利益,艾森豪威尔才不得不对中东地区给予"特别"的关注。这就是"艾森豪威尔主义"的真实目的,正如埃及的《政治周刊》主编鲁兹·优素福著文所说的那样:"艾森豪威尔主义是建立在美国的陈旧的'皮鞭和蜜饼'政策原则上的,这个政策早就破产了。现在大家知道,美援不仅不会带来利益,而是相反地会破坏接受美援国家的经济。"

艾森豪威尔的对外政策确实给美国的垄断集团带来了巨大的利益。五十年代中,美国的百万美元公司让位于亿万美元的跨行业大型联合企业。此类公司中,最有名的通用汽车公司和电话电报公司利润都超过了十亿美元。在每个经济部门和行业中,都是少数几家大公司横行霸道。与此同时,贫困的、勉强糊口的穷人家庭仍占了美国家庭的百分之二十五。1962 年,杜鲁门的经济顾问利昂·雷塞林在《美国的贫困与剥夺》一书中则报道有百分之四十的美国家庭生活贫困。所以,艾森豪威尔的告别演说中指出:"庞大的军事机构与军事工业的盘根错结,是美国未曾经历过的新现象。它所产生的全面影响——经济上、政治上甚至精神上的影响,在每个城市、每个州议会、在联邦政府的各部门都可以感到。"这也许正是艾森豪威尔政府内外政策及其后果的真实写照。尽管艾森豪威尔到处出访,到处阐明美国的"和平愿望",但他年复一年地要求大量拨款,实行所谓的对外"援助"计划却从未改变。

晚年生活

1960 年 1 月 20 日,艾森豪威尔还有一年的总统任期。在这期间,他重点考虑的是他以后的退休生活,而当时几乎所有的其他美国政治家都在考虑即将举行的 1960 年总统大选。

1960 年初,面对财政赤字和越来越高的国防经费,艾森豪威尔感到了"潜在的危险",他提出削减国防开支的主张,却未能得到响应。参谋联席会议不愿意支持他,新的国防部长汤姆·盖茨,原子能委员会主席麦科恩以及共和党领袖们也都不支持他。此外,白宫记者没有一个站在他的一边。但艾森豪威尔坚持认为"美国的国防不仅是强大的,而且是令人生畏的"。在这期间,他拟订了禁止核实验条约,继之以进行某种"实际的裁军",这是他总统任期内,最后工作的"主要目标",其目的在于退休后,在人们心中留下"美好的印象"。5 月,他满怀信心和希望,带着他的计划,前赴巴黎参加首脑会议。岂料,U—2 飞机事件使艾森豪威尔最后一次参加的首脑会议毫无成果且不欢而散,并使艾森豪威尔长期希望加强的美苏关系趋于紧张。所谓 U—2 飞机事件,是 1960 年 5 月,U—2 型间谍侦察机侵入苏联领空,被苏军击落。这一事件引起了赫鲁晓夫的极大愤怒,并对 1960 年美国总统竞选中的艾森豪威尔政府和共和党人极为不利。

1960 年总统竞选开始时,艾森豪威尔最初不愿介入,他冷眼旁观民主党争取提名的斗争。他对民主党人肯尼迪经常不断地提出的"导弹差距"和夸大其词的谈论,表示愤怒和厌恶。在与共和党领袖们私下会见时,艾氏对民主党候选人的鞭挞是毫不留情的,他谈到肯尼迪和其他一些人"使用赌博手段和吓唬人民,来逃避谋害的罪责"。此后,艾森豪威尔从巴黎首脑会议回来,不顾医生的劝告,执意帮助副总统尼克松竞选。7 月 26 日,他在共和党全国代表大会上发表演说,他不谈尼克松接管椭圆形办公室的资格,而是强调他的政府所取得的成就。但他执政八年,问题重重,政绩平淡毕竟是不可抹去的事实,美国选民对此大失所望。这种情况,对立的民主党阵营看在眼里,喜在心头。他们由此认为,1960年的总统大选,民主党和共和党势均力敌,即使艾森豪威尔这位颇有众望的人物(他依然在公众舆论中遥遥领先于自己的政界同僚),也并非要认真对付不可的。

民主党人肯尼迪,是历史上最年轻的总统候选人,他老练而又冷静。在竞选活动中,他设法利用那些据认为是艾森豪威尔政府的弱点。他在批评共和党人处理国防问题的方式时,允诺壮大常规力量;他一再强调据说存在于苏美之间的所谓"导弹差距",以此作为对共和党人和艾森豪威尔政府的有力攻击。竞选结果,共和党失败,民主党获胜,肯尼迪当选为新任总统。

1961年1月17日晚上8时30分,艾森豪威尔前往电视台发表他的告别演说。他的主题是冷战。他谈到了战争与和平,谈到了"警察国家和自由"。他宣称:"我们面临着全球范围的无神论性质的、目的冷酷无情和手段阴险的敌对意识形态。"他说它造成的危险是"无穷的",他极力主张必须保持军事力量,但是,他告诫道,大量的和长期不断的军费开支对我们的生活方式产生潜在的危险。他最后说:"作为一个目睹过战争的恐怖和战争带来的绵绵不断的痛苦的人",他祈求和平赶快来临,"各国人民将得以在相互尊重和友爱的约束力量所保证的和平中,一起生活"。

1961年1月20日晨,天空飘着鹅毛大雪,这是一个特别的日子,新总统的就职典礼就在这一天举行,艾森豪威尔不得不离开白宫了。整个上午,他望着屋外的大雪,靠在空空的保险柜上,与女秘书安·怀特曼回忆往事。玛咪心里更是万分失落,仆人们排成一行,脸上挂着泪珠。肯尼迪一家前来作了简短的拜会。中午时分,当人们的注意力都集中到肯尼迪夫妇身上时,艾森豪威尔和玛咪悄悄地退出白宫,走上了返回故乡——堪萨斯州阿比伦的旅程。

各地的邀请信雪片一样飞来,因为艾森豪威尔绝非一个简单、普通的人物,他仍享有盛名,他作为二战的功臣和执政八年的总统,大家还是不会忘记他的。一些慈善机构、俱乐部大学及许多各种各样的团体都邀请他前去发表演讲,并且酬金可观。但历经沧桑的艾森豪威尔对他的晚年生活早已另有打算。他想买一个很大的农场,盖一幢别致的避暑庄园,在那里与玛咪游山玩水,谈古论今,过一种悠闲自得、清静安逸、与世无争的生活。他认为,自己为国效力五十年,已心力交瘁,得休息休息,不希望再作各种各样的演说报告和参与国家问题的讨论。不过,他却有一个宏伟的计划,即在青山绿水的农场里撰写自己的回忆录。对此,他早已做了一些可行的准备工作,他让安·怀特曼把保存的大量资料,包括私人信件、电话电报摘要、内阁会议内容记录等等送到了他的农场——葛斯底堡农场,艾森豪威尔同玛咪也搬进了这所属于他们的农场。

葛斯底堡农场,位于宾夕法尼亚州,占地二百四十六英亩,是艾森豪威尔在1950年从欧洲回来时买下的。住进来以后,他又新买了部分土地。艾森豪威尔之所以在葛斯底堡购置农场,一是因为那里四季气候温和宜人,风景秀丽;二是因为农场位置特别理想,既是乡间,又离纽约和华盛顿不远,不仅便于他们自己随时去城市游玩,也便于朋友们周末来访。艾森豪威尔很高兴自己有机会使18世纪祖先居住过的地方恢复富饶、肥沃。他在农场上轮种庄稼和牧草,饲养牛、马、狗等动物。他主要种植玉米、大豆、高粱和燕麦,把这些草料贮存起来,作为冬季牛、马的饲料。他饲养了百十头良种安古斯牛,这是他的主要现金收入;另有十四头荷尔斯泰因乳牛是来喂养他的安古斯牛犊的。他养马,主要是供孙儿们驰骋,养狗是给孙儿们逗乐玩耍的。艾森豪威尔能够天天和家人们欢聚一起,这使他非常开心。在白宫期间,白天几乎没有时间和玛咪在一起,现在,他可以长时间地和玛咪呆在向阳的走廊里俯视绿油油的田野。

经过半年的农场生活之后,艾森豪威尔便在他儿子约翰、"双日出版社"高级编辑塞缪尔·S·沃恩的帮助下,开始撰写他的《白宫岁月》回忆录。这远比写《远征西欧》要困难得多。因为《远征西欧》写的是自己取得胜利、结局美满的功绩,而《白宫岁月》除了八年任政期间的贡献可写外,还有尚未解决的政治、军事、外交等各方面的问题,这就给他的写作带来了一定的难度。经过四年的努力,两卷《白宫岁月》终于完成。第一卷《受命改革》于1963年11月9日出版;第二卷《缔结和平》于1965年出版。著名的美国政治评论家詹姆士·赖斯顿在《纽约时报》上写了一篇赞扬的评论。而著名的美国政治评论家拉尔夫·德·贝茨在《美国史》中却评价《白宫岁月》"许多地方确切地反映了艾森豪威尔政府的自满情绪",并批评"该书不负责任得出奇。该书始终镇定自若地叙述往事,根本就不承认犯过错误和发生过判断不当的事例"。拉尔夫·德·贝茨还列举了事例证明自己的批评是正确的,书中写道"当初曾宣布了(美国)将要解放东欧卫星国家的政策,然而,当1953—1956年在这些国家发生一系列起义时,这一政策在全世界众目睽睽之下,证明乃一纸空文。然而,此事在回忆录中竟只字未提。"又列举说,"公众对政府的露骨谎言感到震惊和沮丧,因而,被统治者和统治者之间出现了信用差距,回忆录对此也一声不吭。"不管评论如何,《白宫岁月》也是艾森豪威尔晚年的一部心血之作。

继《白宫岁月》之后,艾森豪威尔又撰写了自传体的《悠闲的话:对朋友们谈家常》,这部书发行量较大,《纽约时报》评论说:"《悠闲的话》叹为观止地把我们这个时代最持久、最受欢迎的英雄之一的形象写得有血有肉,栩栩如生。"

岁月无情,由于长期患病,艾森豪威尔的身体越来越差了,他明显地衰老了。当死神日益接近时,他越来越牵挂的便是玛咪。后来,美国议会通过了为前总统遗孀提供终生特工服务的法律,他便对儿子约翰说:"在我可能去见上帝时,我惟一放心不下的就是玛咪。至少这项法律使我在这方面放心了。"病魔把这位身材魁梧,曾驰骋沙场的英雄折磨得形容枯槁,探望的人见到他这副样子,无不伤心落泪,而艾森豪威尔却很平静,他对玛咪说,他希望和家里所有的人在一起。1968年的感恩节,玛咪特地作了安排,她要家里每个人和艾克共进火鸡宴。这是艾森豪威尔最后一次和家人共进宴会。他的儿媳妇看到他的样子感到凶多吉少。

1969年3月24日,艾森豪威尔心脏病严重发作,被送往华盛顿华尔特·里德陆军医院治疗。他的心脏不停地衰竭下去。到了3月28日,病情进一步恶化。他拼命挣扎着,紧紧握住玛咪的手,轻轻地说:"亲爱的,我们要分手了,上帝召我去了。"说罢,心脏停止了跳动,享年七十九岁,被安葬在他童年时的住宅里。

大器晚成的艾森豪威尔度过了轰轰烈烈的一生,最后留给世人的是两种截然相反的评价。

林登·约翰逊说:"坚定和持久的美德——荣誉、勇气、正直、礼仪,全都在这位杰出人物和卓越领袖的一生中得到了动人的表现。"

尼基塔·赫鲁晓夫说:"我想当这位总统不再当总统时,我们在自己的国家能提供给他的最好的工作将是某所幼儿园的园长。"

蒙哥马利

立志从军

英国的蒙哥马利家族有着悠久的历史。1887年11月17日伯纳德·劳·蒙哥马利出生在伦敦肯宁顿圣马克教区的牧师——亨利·蒙哥马利家中。不满两岁时，就随其父亨利主教前往澳大利亚的塔斯马尼亚住了十二年。

儿童时代的伯纳德·劳·蒙哥马利非常崇拜他的父亲亨利，把他看作一个朋友，比成世上的圣贤，并把儿童时代的感情和爱全都倾注给他的父亲，但对比他父亲小十七岁的母亲莫德则畏之如虎。莫德独揽了家中的财政大权，在家订下明确的家规，要求孩子们严格遵守，一有违反，立即惩罚。亨利虽然专心致志于宗教事业，兢兢业业、勤勤恳恳，但对年轻妻子的日益专横，似乎也抱着基督的宽恕精神，逆来顺受，听之任之。其他孩子对于母亲的家规和专横都能顺从，没有给母亲添什么麻烦。但排行第四身体瘦小的伯纳德却是一个反叛者，专门变着法子和母亲对着干。例如，当母亲在聚会时叫孩子们保持肃静，以"宣布下一步的指示时，伯纳德头戴红色野战帽，竟然高声吆喝："猪市的猪儿们别讲话，让老母猪先讲……"自然他被拖出去挨了一顿棍子。

每当伯纳德做错了事要挨母亲的鞭子时，他便躺在花园的草丛中呻吟："我是怎么搞的？我到底做错了什么事？"当他母亲看不见他时，便对其他孩子嚷道："去看看伯纳德在做什么，叫他不要做了。"伯纳德对自己做错的事从不撒谎，甘愿受罚。惩罚之后，他仍然我行我素，不思改悔。伯纳德儿时独特的性格由此可见一斑。他的整个童年生活都是在自由和鞭子的夹缝中度过的，吃尽了苦头。他与母亲的争执，每次总是以母亲获胜而告结束。

莫德那些奇特而又严厉的管理方法，虽然使母子之间缺乏亲切感，使家庭生活毫无乐趣，但也确实起到了某些好的作用。她的孩子都学会了说实话而不顾后果，每个人都循规蹈矩，没有一个孩子曾做过使她丢脸的事。家中没有飞短流长，闲言碎语，从没有人上过法庭或进过监狱，也没有人诉诸法律要求离婚。

1902年1月，十四岁的伯纳德从澳大利亚的塔斯马尼亚回到英国后，就被送入圣保罗学校就读。在上学的第一天便自己作主，选择了"陆军"班。当晚他把自己的决定告诉了父母，父母都出乎意料。亨利曾期待自己的儿子能够成为一个牧师，一听说他想当军人，不免大失所望，但他也没有试图劝阻，就明智地接受了伯纳德的选择，认为这是天意。伯纳德一旦下定决心以后，便拒绝更改。可是莫德却不那么容易让步，于是母子之间又爆发了一场激烈的争吵。结果，伯纳德平生第一次赢得了胜利。直到1958年他在《回忆录》中，仍坚信自己当时"这条路走对了。假如我再有一次生命，我也决不会作其他选择，我仍愿当一名军人。"

在圣保罗学校，伯纳德凭他对付功课的本事，完全可以悠哉游哉地混过去，所以入学后，他凭强健的体格猛攻体育运动。第一年，他当上了学校游泳队队员，并且能像鱼儿那样善于游泳。三年内，他便当上第十五橄榄球队和第十一板球队的队长。他虽然身体瘦小，但却目光敏锐，具有一种天赋的竞赛和领导才能，在同时代的人中，常采用一些特殊的战术。在家里他沉默不语,落落寡欢,但在学校里却生龙活虎,海阔天空,任意舒展。在球场上,他对对手凶狠异常,冷酷无情,充满野性,被人称为"猴子"。1906年11月,学校杂志刊登的一篇文章《我们不平凡的历史专栏——一号:"猴子"》,对他在球场上的表现作了如下的描写:

"这头机灵的动物,穿着球衣,以橄榄球场和其他这种可去的地方为家。它剽悍凶狠,精力无穷,邻近的动物见之害怕,因为它会把它们的头发拔掉。这叫做'擒抱'。经常可以看到它同它们一伙,一阵短跑,用一股动物的蛮劲,把一只椰子扔来扔去。它对异族决不留情,踩踏它们的脑袋,拧着它们的脖子,并且用许多难以想象的手段对付它们,目的无非是要证明它那颗爱国心。

"要猎取这头动物,是很危险的。它疯狂地直向你冲来,从不稍停,手里抱着椰子,由其中一个伙伴陪伴着。正当倒霉的运动员想干一家伙时,椰子却传给它的伙伴了。这位扑空的好猎手还未弄清情况时,这两头动物早已过去了。

"因此,大家还是不要猎取这头猴子为好。即便逮住了,也不见得好吃。它以食炸面饼圈为生。如果决心不听这个忠告,猎人最好先把自己的头皮剥掉,免得被做成肉卷。"

在圣保罗学校伯纳德过得很愉快,他体验到了社会生活的初步经验,在人生的道路上,第一次领略了什么是领导、什么是权威。对这两者他都不失时机地抓住它,加以应用。他一次又一次地计划和组织自己的战役,在激烈的竞争中获得胜利。此时,他已学会独立行动,成败自负,成为一个自我满足、无视权威、经得起惩罚的人。当他离开圣保罗学校时,一个很重要的原则已在他头脑中形成:生活是严峻的斗争,一个男子汉应该经得起冲击和挫折。倘欲成功,必须具备许多条件,其中有两条是关键的,即艰苦的工作和绝对的正直。

1906年7月,伯纳德面临家庭和学校之外的第一次考验。要想作一名陆军军官,就必须进桑德赫斯特英国皇家军事学院,而要进桑德赫斯特英国皇家军事学院,又必须首先经过考试。这种考试不算难,但却需要一些基本知识,而这些基本知识,不是在板球场上和足球场上可以学到的。当时伯纳德已是18岁半,在运动场上他叱咤风云,但在学习成绩上却令父母伤心。学校的评语说他是个与年龄不相称的落后学生,还加上:"该生要上桑德赫斯特皇家军事学院,把握不大,必须努力学习。"毫无疑问,当这份报告送到他父母手中时,一定会掀起轩然大波。这份报告也使他受到很大震动,他认识到自己正处在一个关键时刻,如果想在军队中任职,必须潜心学习才行。从此他便刻苦用功,奋力追赶。这种考试虽然不需很高的学术水平,但也并非不费吹灰之力就可轻而易举地通过。英国前首相邱吉尔曾两次报考桑德赫斯特皇家军事学院,但两次都名落孙山,直到第三次报考时,他才如愿以偿,但考试成绩只能够进骑兵学科。

与邱吉尔相比,蒙哥马利却幸运得多,第一次报考便被录取。当时要通过两种考试,先是检定考试,通过考试以显示考生在智力方面的某种最低标准,这是必需的。然后再进行竞争性考试,蒙哥马利通过了这两种考试,在被录取的一百七十七名新生中名列第七十二位。1907年1月30日,十九岁的蒙哥马利顺利进入桑德赫斯特皇家军事学院。

英国陆军当时并不吸引全国出类拔萃的学生。因为陆军生活开支相当大,靠个人薪金根本无法维持。一般情况下,即使在不大讲时髦的郡团里,一个士兵每年至少需要一百镑才能维持生计。在骑兵和较新式的步兵团中，要求一个士兵在被接受之前得有三百至四百镑的收入。但蒙哥马利决定以军事作为自己事业方向时，却对此一无所知，也没有人向他父母讲起过这些事情。这所军事学院的大多数学生来自一些很有名望的学校，并且大多数是陆军军官的子弟，只有一小部分来自牧师、律师和医生家庭。当蒙哥马利从一所毫无名气的学校走进这样一个特殊的军校时，作为平民子弟在军校的学费每年为一百五十镑，这包括食宿和一切必要的费用，但不包括零用钱。经过一番商量，母亲同意每月给他两镑零用钱，这对莫德来说似乎是够慷慨的了，因为家里并不富裕。后来蒙哥马利回忆说："外界许多有趣的事情吸引我，使我无暇考虑钱的问题，我只好一心放在运动和工作上。"

在体育运动方面，蒙哥马利开始玩他从未玩过的曲棍球。并被人称为"天才"。不久，他又被选入校队，成为十五橄榄球队的队员，并于1907年12月与伍尔维奇的皇家军事学院橄榄球队交锋，并大败该队获得全胜。在工作学习方面，他一开始就表现不错，仅经过六个星期的训练，他便被提升为一等兵。这是一种很大的荣誉。经这样选拔出来的学生被公认是学生中的优秀分子，到第二学期时，一般都成为佩戴红肩的中士，其中有一至二人则成为佩戴军剑的掌旗军士。掌旗军士是学生的最高军阶。

第一学期，蒙哥马利学习了军事行政管理、法律、历史、地理、战术、工程、地形、印度文、射击、体操和操练等项目。虽然他并没有十分用功，但学习成绩却令人满意。在期末考试中，他名列第87位，校长的评语是："成绩优异"。此时蒙哥马利可以说是福星高照，一路顺风。他只要在第二学期保持优异的成绩，便能如愿以偿，选择到一个好的军团去工作。谁知在那学期快结束时，他由于得意忘形，结果枝节横生，祸起萧墙。期终考试前，蒙哥马利一伙人对一个不受欢迎的同学恶作剧，事情闹到了几乎不可收拾的地步。他擦燃一根火柴，点着那个同学的衬衣下摆，结果把其臀部严重烧伤，并被立即送到医院。蒙哥马利当时还没有认识到这一问题的严重后果，最后他虽然没有被勒令退学或受罚，但却从一等兵降为普通学生级别。1907年12月学院从他们那部分学生中挑选一部分人毕业，蒙哥马利名落孙山，只得再留校学习六个月。这是他所受到的第二次打击。痛定思痛后他决心在这六个月中洗心革面，下苦功夫，争取以优异的成绩毕业。

由于蒙哥马利的经济状况和他所特有的个性，他要刻苦用功的决心比别人更容易付诸行动。每个月两英镑的零用钱，使蒙哥马利不可能经常参加学院里那些丰富多彩的社交活动。晚餐、舞会、去伦敦旅行，这些对他来说，只是可望而不可及的事情。他的气质已明显地表现出禁欲主义色彩。他不抽烟、不喝酒、不善交际，风流韵事更是与他无缘。对蒙哥马利来说，重要的事情只有一个，那就是成功和成功带来的权力。从在圣保罗学校选择"陆军班"那一天起，他就把军事作为自己毕生为之奋斗的事业，除了军事之外，他没有别的兴趣和爱好。

在桑德赫斯特皇家军事学院时经济上的窘境，对蒙哥马利来说，可谓是刻骨铭心。五十多年后，他在《回忆录》中写道："在那些日子里，手表刚开始出现，学院小卖部就有手表出售；大多数同学都有手表，我经常对那些手表投以羡慕的眼光。但那些手表不是为我准备的。直到1914年大战爆发，我才有一块手表。"毫无疑问，这种情况，必然会对他的心理和职业选择产生重大影响。由于经济上的原因，他不能在英国本土服役，因为单靠一个年轻军官的薪金是不能维持生计的。"当他离开桑德赫斯特皇家军事学院参军后，父母就不能继续资助他了。所以，在毕业前夕。他一改过去的志愿而报名参加英国驻印度军队。他这样做出于两种动机：一是想脱离莫德的精神和心理枷锁；二是想在经济上永远独立、因为驻印度军队的薪水高,靠自己的薪金也能维持生活。但参加印度军队的竞争十分激烈,在那年夏季毕业的学生中,有三十六名要被派往印度陆军,蒙哥马利经过刻苦努力,进步很大。成绩刚好排在第三十六名。但另有八名学生尽管他们的成绩不如蒙哥马利,可他们是来自印度陆军军官家庭。不管他们的成绩如何,都有参加印度陆军的权利。于是是蒙哥马利的希望落空了。

那些经常打蒙哥马利的小报告的人却幸灾乐祸,他们认为蒙哥马利傲慢和刚愎自用,完全缺乏桑德赫斯特的修养和社交风度。一位军官直率地对他说："你这个人毫无用处。你在英国陆军中将毫无作为"。当然,他这样说完全是出于意气用事而不是出于对蒙哥马利的预见能力。但蒙哥马利对此持完全不同的看法。他在《回忆录》中写道："我常想如果当时在桑德赫斯特我当了"B"连队的掌旗军士,我的未来又将怎样。据我个人所知,当时为全连之冠的学生,后来一个也没有晋升到陆军最高军阶。也许他们发展太快,但终于失败了。"

参加印度军队的希望落空之后,蒙哥马利需做第二次选择。他既无军界背景,在郡里又无门路,但又必须到印度去,只有在驻印英军中,他才能自食其力。于是他又选择了皇家沃里克郡团,该团的两个正规营有一个就驻扎在印度。

军旅扬名

1908年9月19日,蒙哥马利被分到皇家沃里克郡团,同批加入该团的还有三名高年级学生。当时,蒙哥马利远不是一个典型的士兵。同事们都认为他这个人有点稀奇古怪,令人费解。他与沃里克郡团的大多数同事不一样,缺乏修养,在军界里没有关系,不怎么会骑马,对上级也只是偶尔表示尊敬,对社交不感兴趣,缺乏年轻人应有的朝气,与人争论时常常翻脸。不管怎么说,他没有别的兴趣和爱好,选择军事这个职业后,他全身心投入进去。他后来能在同辈人中出类拔萃,最重要的是他有别人无法同他相比的敬业精神。他对自己的选择从不后悔。在这个团里,他庆幸能够置身于一群多少有点特别的军官之中。他们之中有些人很喜爱服军役,并且总是准备帮助任何具有同样思想的人。蒙哥马利在副官和他的第一任连长鼓励下,努力工作,打下了学习军事艺术的基础。

沃里克郡团第1营驻防印度,为了争得去印度服役的机会,他专门学了两门印度土著语言。1908年12月12日他被派往驻扎在印度西北边疆白沙瓦的第一营。当时他二十一岁,比大多数新来的尉官的年龄都大。该营的运输工具是骡车和骡子,因此他十分注意学习驾驭骡车及其有关知识。他认为,一个人要想获得成功,就必须精通他的本行业务。为了能使用和管理营里的运输工具,他把野战勤务条令背得滚瓜烂熟,对有关骡马的知识也作了深入的了解。为了同印度士兵沟通联系,他刻苦学习印度的乌尔都语和普什土语。由于蒙哥马利对成功的追求,终于使他在同僚中崭露头角,1910年4月1日,晋升为中尉。

蒙哥马利特别喜欢运动,曲棍球、板球、边疆探险、打猎、赛马,样样他都参加,并且表现不俗。使大家吃惊的是,他竟然花了一百卢比（当时合八英镑）买了一匹印度骑兵团的战马。这匹马并不是纯种马,它在印度骑兵团主要是驮行李,没有受过正规的训练,不能作赛马。蒙哥马利却骑着它打猎和参加越野赛马,并一门心思地训练它,哪怕最初付出了很大的代价也在所不惜。在一次赛马中,当其它的马冲出去时,蒙哥马利却从马背上摔了下来。要是换了别人,早就满脸羞愧地退出比赛。但蒙哥马利却不,他再次纵身上马,向前追去。使他自己也使观众吃惊的是,他的马很快就领先了!他使劲踢马,把脚蹬子都踢掉了。他把对手远远抛在后面,飞身驰过终点。正当他被宣布为胜利者时,他又从马上掉了下来。

　　1910 年 10 月,沃里克郡团第一营移防孟买。孟买的气候炎热、潮湿,使人总觉困倦、疲乏、浑身无力。那里的训练设施非常有限,一直都让人心灰意懒。但蒙哥马利却仍然精力充沛,反应灵活,热心于各种事情。当时都时兴自行车,认为骑摩托车有损于绅士的形象。但蒙哥马利却买了一辆摩托车,成为第一营惟一拥有摩托车的人。除了许多其他职责以外,蒙哥马利还主管营里的体育活动。他率领的足球队实力雄厚,打遍南印度无敌手。1910 年 12 月 14 日,德国皇储乘战舰到孟买进行一周的访问活动时,德国人提出与营里足球队比赛。因为料定德国人不堪一击,所以营副官告诉蒙哥马利不要派一流球员上场。但蒙哥马利个性倔强,争强好胜,喜欢争辩,对上级的指示,也偶尔打些折扣。比赛时,他安排足球队的主力倾巢出动。结果造成比赛一面倒——营足球队以四十比零大败德国人。事后营副官问他为什么不按指示办,他回答说:"嘿,对付这些混蛋,我可不能掉以轻心。"

　　1911 年 11 月 8 日蒙哥马利搭乘运输舰离开孟买,于 12 月初回到英国家中休假六个月。他已有三年未与家人见面了。家中没有多大改变。母亲依然是家中的主宰,父亲越来越退缩到书房里,专注于各种典礼仪式的研究。蒙哥马利在家中沉默寡言,与他在外边和军营里的表现判若两人。蒙哥马利在《回忆录》中谈到他的母亲时说:"当我还是孩童的时候,她使我畏惧。到我长大了,她已不再行使她的权威,于是畏惧之感消失了,取而代之的是尊敬之情。"尽管如此,蒙哥马利在心理上仍然没有摆脱莫德的影响。

　　1912 年 5 月 3 日,蒙哥马利度完假回到孟买时,恰值团里的补给官回家休假一年,许多资深的军官都想得到这个职位,但他却被委任为代理补给官。10 月他报名参加陆军通讯专业测验。该测验主要检查军官是否掌握陆军的各种通讯手段,要求十分苛刻。蒙哥马利全力以赴,把《陆军通讯手册》背得滚瓜烂熟,后来在为期 5 天的有关旗号、灯光信号等通讯测验中名列前茅。为了纪念这次通讯测验,他一直把这本《陆军通讯手册》留在身边。

　　1912 年 11 月 6 日,蒙哥马利很高兴能随部队一起离开孟买,于圣诞节返抵家园。孟买这个地方不仅气候令人难以忍受,而且训练设施简陋,使人无法认认真真地干事情,只好得过且过,敷衍了事。蒙哥马利很不情愿过那样的生活,所以,他在离开印度时,感到万幸的是命运没有让他以高分数离开桑德赫斯特学院而被选入印度军队。1913 年 1 月 2 日蒙哥马利被任命为皇家沃里克郡团第一营助理副官,驻防福克斯通附近的肖恩克利夫,在那里度过了他一生中最悠闲自在和无牵无挂的时光。就任助理副官以后,他到附近的海特射击学校的步兵军官训练班学习。到结业时,他的步枪射击优秀,机枪射击良好。那年他又成为陆军曲棍球队队员,同时又参加了网球运动。他还买了一部福特牌汽车,毫无顾忌地在营房附近风驰电掣般地兜风。

　　1913 年 1 月从坎伯利参谋学院毕业的勒弗罗伊上尉来到蒙哥马利所在的营。他俩都是单身汉,一见如故,很快成为知心朋友。蒙哥马利素有向上的志向,迫切需要掌握军事知识,正需要有良师益友的指导和鼓励,勒弗罗伊上尉就成为第一个向他指引前进道路的人。他俩常在一起谈论有关陆军的问题,谈论如何真正掌握军事艺术。勒弗罗伊上尉把蒙哥马利对军事问题的空想批驳得体无完肤,告诉他军事领域的知识浩如烟海、无边无涯;如果他想有朝一日在军中青云直上,就应精通战争理论,并从战争史中吸取经验教训。他俩常在一起并肩散步,海阔天空,畅谈学问。勒弗罗伊还指导他该读哪些书,如何进行研究。到1914年4月勒弗罗伊上尉从沃里克郡团调往陆军军部时,他已在蒙哥马利心中撒下一把雄心勃勃的种子。

1914年8月,第一次世界大战爆发后,时年二十六岁的蒙哥马利成为一名正式的中尉排长,随部长乘坐"卡利多尼亚"号运输舰,渡海抵达法国,驶进波罗尼港。当时英国远征军每千人配备两挺机枪,浩浩荡荡攻抵企图包围法军的德军面前。但与德军相比,英军在数量上处于劣势。此外,英军既无摩托化运输部队和重炮兵的支援,又无无线电或野战有线电通讯设备。所以英军的进攻仅仅是象征性的。当英军发现左右两翼的法军都已撤退时,便决定8月23日开始撤退。这一天蒙哥马利所在的皇家沃里克郡团第1营在波罗尼港上岸后,当晚11时就乘火车离开波罗尼,在勒卡托站下车后又向西北行军。8月25日,他们在掩护了一支向南撤退的英军后,晚上11时,全营冒着大雨也于凌晨4时向南撤退到奥库尔村。

8月26日英军的第四师在既无粮食、又无弹药、也没有师炮兵和骑兵的情况下,还未来得及撤退,就遭到德军的进攻,结果被打得落花流水。只好靠皇家沃里克郡团所在的第十旅来收拾残局。沃里克郡团第一营迅速梯次展开,蒙哥马利所在的连和另一个连担任第一梯队,他们在没有侦察、没有计划、没有火力掩护的情况下,冒着密集的枪弹和弹片向高地冲去,英军前赴后继,英勇无比,终于攻占了高地。德军的炮火对准高地猛轰,英军无法筑壕固守,只好退下高地。在这次攻击中,蒙哥马利挥舞着指挥刀跑在队伍的最前面。不幸的是,他只跑了几步远,便被自己的刀鞘绊倒,指挥刀被摔出老远。等他站起身来,再往前冲时,发现自己排里的大部分士兵已经阵亡。在第二次攻击中,蒙哥马利所在连的连长受伤,官兵伤亡惨重。后来,蒙哥马利带领第三连的两个士兵,回到高地上救回一名伤势很重的上尉。由于没有担架,无法抬他随部队行动,只好把他留在村中的神父处。此时,英军开始撤退,但蒙哥马利他们的连队没有接到撤退的命令,被抛到部队的后面。后来他们行进了三天,才赶上本师的部队。

1914年9月4日战场的形势发生变化,德军被迫后撤。蒙哥马利所在的营开始向德军追击。经过几百里的艰苦追击,终于在埃纳追上了德军后,双方彼此对峙、构筑工事,谁也不首先发动进攻。蒙哥马利在战斗中几次险些丧命,但因运气好,次次都逢凶化吉。有两次他身旁的同伴刚站起来,就被打死,而他却安然无恙。德军的前沿战壕离他们不过七百多米,一不小心便会被德军哨兵抓去,可他一直吉星高照。由于连长在第二次攻击中受伤,蒙哥马利暂时代理连长职务,在火线上指挥二百五十人。尽管战场环境艰苦,但蒙哥马利却充满了乐观主义精神。

在埃纳前线英军和德军僵持了一个多月后,蒙哥马利所在的营和英国远征军其余部分奉命从埃纳阵地移防,搭乘火车转往比利时。随后调转方向,行军两天,再搭乘火车,开往梅特朗参加战斗。1914年10月13日,一位退休上尉从英国调来担任连长,蒙哥马利中止代理连长职务,再次担任排长职务。在当天的激战中,蒙哥马利高举着指挥刀,率领全排前进。当他一步冲进德军战壕时,却发现一名德军正举枪向他瞄准。作为一名年轻军官,他受过不少训练,知道怎样同敌人拼刺刀。但眼下他既无步枪,又无刺刀,面对向他瞄准的德国大个子兵,他只有一把锋利佩剑。在这千钧一发之际,蒙哥马利已来不及多想,便纵身向那个德国兵猛扑过去,用尽全身力气猛踢他的下腹部,正好踢中其要害部位,使他痛倒在地,成为蒙哥马利有生以来的第一名战俘。

蒙哥马利带领全排士兵与敌人展开了肉搏战,一举夺占了敌人阵地。为了继续向村庄发动进攻,以肃清屋里的敌人,蒙哥马利布置好防御阵地后,跑到前面去回头观察布防情况,以了解从敌军的角度看阵地的情形。他刚从雨中站起来,就被守在屋里的德军狙击手一枪击中,子弹从他背后射入,从前胸穿出,穿透了右肺。他倒在地上,血流如注。为了不引起德军的注意,他静静地躺在那里。一名士兵跑过来替他包扎伤口,结果被一颗子弹击中头部,倒在蒙哥马利身上。德军狙击手继续向他俩射击,蒙哥马利的左膝又被击中一枪。但倒卧在他身上的那位士兵挡住了其余的子弹。排里的士兵以为他俩都死了。蒙哥马利在泥泞里躲了三、四个小时,直到天黑以后,排里的人才去救他。因为他们没有担架,只好用一件大衣把他抬到路上,恰巧碰上团急救站的担架兵,于是把他抬到皇家陆军卫生部队的前方急救站。医生认为他不行了,又因急救站要转移,就给他挖了一个坟墓。但是到转移时,他还活着,于是被抬上救护车,送往火车站。一路上汽车颠簸,他还勉强没有昏迷过去。但一上火车,他便完全失去了知觉。等他第二天完全清醒过来时,已经躺在英国伍尔维奇的赫伯特医院里了。

蒙哥马利负伤的第二天,即 1914 年 10 月 14 日,因他在进攻梅特朗作战行动中的英勇表现,被晋升为战时上尉军衔。他还由于"身先士卒、奋不顾身,用刺刀将敌人逐出战壕而身负重伤",荣获优异服务勋章。蒙哥马利几次大难不死,真是奇迹。

蒙哥马利住院后,二十多天胸部的伤口就已愈合,右肺也开始扩张得很好,但他仍感到呼吸困难。医生认为,胸部的剑伤对他的影响可能是永久性的。蒙哥马利请求出院后,院方让他回家休养三个月,但他只休了两个月就说服院方对他再作检查,结果是各方面都恢复得很好。在休养期间,蒙哥马利有时间进行思考,最后他得出"笔比剑更有力"这句古训多半是正确的。1915 年 2 月 12 日,蒙哥马利被派往驻曼彻斯特的第一百一十二步兵旅,接任该旅参谋长的职务。这个职位一般是由少校级军官担任的,于是陆军部同意将蒙哥马利的战时上尉衔改为正式上尉衔。从此,他便开始在旅一级的岗位上展示自己的才华。

英国陆军一百一十二步兵旅是 1915 年 1 月组建的,以后改为一百零五与一百零四步兵旅。1916 年 1 月一百零四步兵旅奉命开赴法国。该旅旅长麦肯齐将军是个睿智和宽宏大度的人。蒙哥马利由于思考缜密反应灵敏,遇事沉着镇定,办事有条不紊,且能吃苦耐劳,所以深受旅长的信任。对这位年轻的参谋长,旅长一方面赏识他的能力,什么事都让他去干,并给予全力支持;另一方面则向上级建议给他荣誉晋升和给他较高阶层的参谋职务。

蒙哥马利在圣保罗学校读书时,教师可能认为他的写作能力已无可救药。但在战场上,他叙述经验的清晰与扼要,却不能不令人叹服。蒙哥马利似乎没有丝毫的忧虑,他对眼前的工作全神贯注,从不杞人忧天,使其长官和部属对他钦佩不已。他对事物的洞察,简单明了。这在教室里并不显得重要,但瞬息万变的战场上,却是一种不可多得的禀赋。其他人可能对部下关怀过分,也可能观察战争的视野较宽,对盟军战略战术的得失更为敏感,但能像蒙哥马利那样对自己周围的环境观察得那么清晰的人,却是凤毛麟角。

1916年7月1日,索姆河战役拉开序幕。在这次战役中,蒙哥马利又几次险遭不测,但都侥幸逃脱。7月23日,他和一名军官去执行重要的侦察任务,结果有四发八英寸的炮弹在他们附近爆炸,随行的军官头部被弹片击中,而他却分毫未损。7月26日,他在阵地上协助一个营后撤,不得不到处奔跑,因为那个营散布较广。结果他被德军狙击手追踪射击,侥幸脱险,只有一块弹片击中他的手掌,但伤势不重,稍作处理后便能正常工作。在此后三年的东征西战中,蒙哥马利不仅在枪林弹雨中多次逢凶化吉,而且步步升迁。

1917年1月22日,蒙哥马利被调往第三十三师担任二级参谋,军衔仍是上尉。

1917年7月6日,晋升第九军二级参谋后,10月底,又正式晋升为一级参谋,主管部队作战,但其军衔仍然是上尉。

1918年6月3日,晋升为准少校。7月16日又晋升为战时中校,在戈林奇少将的第四十七伦敦师担任一级参谋。

戈林奇将军是陆军中最资深的少将。他认为蒙哥马利是一位理想的部属,像他自己一样是个单身汉,能专心致志地工作,有丰富的参谋经验,年轻力壮,周详缜密,不辞劳苦,对目标、战术、训练等问题有独到的见解。因此,他把这位三十多岁的一级参谋视为心腹,把全师的行政军务交由他负责。一些必要的重大决策由他自己作出,然后交由他去执行。这无疑为蒙哥马利提供了用武之地。

蒙哥马利接管第四十七师参谋部门后,没有浪费半点时间,很快就发出了他的第一道指示——第四十七师防御计划。他以简洁明了的风格,阐述了师的防御正面、师的责任、总的策略、受攻击时应采取的行动。一个月后,他又向部队发出一套“进攻作战指示”,要求部队按照他的计划,切实加以演练。在四十七师休整时,为了总结战争的经验,他向全师部队颁发了小册子《从1918年8—9月的战斗中获得的教训》。小册子包括通讯、司令部、坦克、炮兵、迫击炮、骑兵、机枪、工兵运用、补给、一般注意事项等十个部分。其中特别强调利用无线电通讯,夺取战术主动权,对部队进行特殊训练,步、炮兵协同指挥,经常,变更攻击发起时间以获得奇袭之利等内容。

蒙哥马利对实战训练也独具慧眼。1918年9月11日,在他发布的训练命令中强调:“必须牢记的原则是,我们务必从本师近来参加的战斗中吸取经验教训,而且必须将这些经验教训传授给本单位的部队。”这次训练为期两周。第一周每天上午做短时间的操练,然后分组进行训练;下午开展各种体能活动和竞赛。蒙将马利不仅要求士兵参加训练,而且要求所有营长、参谋和行政官员都参加旅的战斗教练,并且要求至少在实施训练前二十四小时把训练计划送到他手里。第二周利用现有的训练场地进行操练和战术演练。只有平日重视训练,才能在战场上得心应手。蒙哥马利认为,部队装备精良武器是必要的,但劣势装备的部队也不是没有作为的。如果经过高标准训练,又有很有能力的指挥官和控制机构,劣势装备的部队也是能够战胜优势装备之敌的。

在第四十七师期间,蒙哥马利还开始潜心研究师指挥部门如何才能迅速得到战斗进展的准确情报。因为这类情报非常重要,可使高级指挥官根据战斗发展情况及时调整部署。后来,他终于设计了一种系统,即向各个先头营指挥所派遣携带无线电设备的军官,通过无线电把最新情况传回师部。在那个年代,要弄到便携式、具备所需要的通讯距离并且性能可靠的无线电设备是困难的。这种系统大体上是临时凑合的，经常出故障，但总的来说，效果良好。这就是蒙哥马利在 1939——1945 年战争中加以发展的那种通讯系统的雏形。它大大地提高了作战效率。

1918 年 11 月第一次世界大战结束时，蒙时马利不仅在四年战火中增长了才干，而且他清楚地认识到，军事是一门需要终生研究的学问，要掌握它的全部奥秘，就必须献身于它。但应该如何去做，却不甚清楚。不过有一点他是肯定的，即必须进参谋学院深造。因为在他的军事生涯中，还未学过军事理论。

1919 年坎伯利参谋学院重新开办。有些军官凭着作战纪录，不经考试就获准入学。而蒙哥马利因为没有后台和靠山，结果第一期的希望落空。于是他便寄希望于第二期，结果又落选了。但蒙哥马利是个意志坚强的人，对此他并不善罢甘休。此时正好碰上驻德国的英国占领军总司令威廉·罗伯逊爵士邀他到科隆去打网球。过去蒙哥马利并不认识他，真是天赐良机，于是他决定不顾一切地抓住这次机会。他了解到，罗伯逊爵士是从士兵到元帅的第一人，他年轻时也经历了许多周折坎坷，对年轻人抱有同情心。打球休息时，蒙哥马利便向他倾诉了自己的苦恼和希望。在那次网球聚会后不久，蒙哥马利就接到通知，要求他 1920 年 1 月到坎伯利参谋学院报到，这使他早期军旅生涯中又有了一个满意的结局。

临危受命

1939 年 9 月，第二次世界大战这场有史以来规模最大的战争拉开序幕时，蒙哥马利初任第三师师长，就率部赴法国和比利时抗击德军。

1939 年下半年到 1940 年冬季，在还未与德军直接交锋前，英国远征军的主要任务实际上是训练自卫。蒙哥马利很清楚自己的职责必须在可供使用的极短时间内使第三师处于高效能状态。当第三师进入阵地位置，筑好防御工事之后，蒙哥马利使出浑身解数，对他的部队进行严格的训练。他亲自计划和指导了五次大规模的全师演习和许多小规模的演习，使第三师成为英国远征军中最训练有素的机动师。第一次演习四天，称之为"进入防御阵地演习"，演习的内容包括夜间汽车输送、昼间行军、封锁交通要道、实战状况下各级指挥部的报告和命令传送以及营、旅的电话通讯等。蒙哥马利所指导的演习使他的上司第二军军长布鲁克中将大开眼界，他在日记中写道："蒙哥马利自当师长以后每天都有进步，看到这些进步是我最高兴的事。"同时他也认识到蒙哥马利是个优秀的训练者和组织者，于是放手让他去干，大多由他自己作主。布鲁克对自己指挥的军感到自豪，他最满意的是蒙哥马利及其指挥的第三师。

1940 年 5 月 10 日，当德军入侵荷兰、比利时，英国远征军便立即向东疾速前进。蒙哥马利的第三师前进运动进行得像时钟一样准确，于 10 日夜间到达规定的比利时军防区时，蒙哥马利表面上对比军师长说："将军，我的师将毫无保留地接受你的指挥，加强你的防线"。实际上突出地表现了蒙哥马利的才能，他毫不费力地从比利时人手里接管了前线。这时尽管每天都有坏消息传来，但蒙哥马利却异常镇定。白天他外出，整天在前线转。会见下级指挥官，听取他们的汇报，作出决定并给予口头命令。大约在进茶时间，他总是回到师指挥部，会见参谋班子，发布当晚和第二天的命令。在晚餐后，他养成了一种不久即入睡的习惯。除紧急情况外，他睡觉时是不允许任何人打扰的。5 月 15 日夜间，一位参谋军官由于不知道蒙哥马利的这一习惯，便把他从梦中叫醒并报告说，德军已进入卢万。蒙哥马利勃然大怒，嚷道："走开，别打扰我，叫驻卢万的旅长把他们赶回去"。然后又继续睡觉。在整个盟军战场情况越来越令人不安的形势下，第3师却像一块屹立在汹涌急流中的磐石，巍然不动。后来由于南翼侧面暴露，蒙哥马利才不得不于16日下午2时下令撤退到登德尔河。

英国远征军如果要摆脱追击，就必须不断地采取完整的环形防御把自己保护起来，但5月27日布鲁克在视察环形防御区时，突然发现左翼侧的比军和法军已不知去向，这样，他不得不命令蒙哥马利的第三师进行强行军，前去堵住这个缺口。从纯军事的观点看，这次强行军可以和后来蒙哥马利所取得的任何一次重大成就相媲美，因为他执行的是一种众所周知的战争中最困难的战术机动。在一夜之间，他必须使全师同当面的敌人脱离接触，从第五师岌岌可危的战线后方仅几千码的地方，向北转移25英里，在拂晓前占领未经侦察的阵地，挖好战壕，筑好工事，准备迎接德军的进攻。整个晚上，布鲁克都在焦急不安地注视着第三师的行动。事实证明。他的担心是多余的。5月28日凌晨，第三师完全进入预定位置，缺口被填上了。布鲁克在5月28日的日记中高兴地写道："我发现他已经像往常一样，完成了几乎是不可能完成的任务。"

当英国远征军决定向敦刻尔克撤退后，随着部队的减少，大多数，高级将领便被命令返回英国。布鲁克在临回国前，作了一些必要的安排。他决定让蒙哥马利接管第二军，尽管他是三个少将中资历最浅的一个。当5月30日任命生效的当天下午，蒙哥马利便以军长身份参加了在敦刻尔克海滩前线总司令部召开的最后一次会议。这次会议命令蒙哥马利率第二军于5月31日和6月1日撤退，命令巴克率第一军最后撤退。会议刚结束，蒙哥马利急忙向远征军司令戈特提出，巴克不适合担任这种最后指挥职务，担任这种职务的人必须是一个镇静而头脑清醒的人，第一军第一师师长亚历山大才是具备这种品质的人。作为一个刚上任的军长和资历很浅的少将，蒙哥马利能看到这一点并毫不隐讳地说出来，是非同寻常的。

戈特马上接受了他的建议，把巴克送回英国，让亚历山大5月31日下午接任第1军军长，亚历山大当即表示，他决心不惜牺牲自己的一切，把第一军全部撤回英国，绝不投降一兵一卒。事实果真如此，亚历山大不负众望，沉着镇静、充满信心地撤出了所有的人。毫无疑问，正是由于蒙哥马利这种勇敢和"无礼"的行为，才使得许多英国士兵得以保全性命，或者至少免于在德国战俘营中受罪。

1940年6月1日晚，蒙哥马利回到伦敦后，便请求官复原职当"钢铁师"第三师的师长。当德军对英国的入侵迫在眉睫时，他又于7月21日接任了第五军军长，7月23日晋升为中将。他接任军长的第二天一早就来到军部，既没有请示军区司令，也没有报军区司令部备案，便发布了一系列新命令；一是原来的海滩防御工事立即停工。因为他认为即使有良好的海滩防御工事，也难以抗拒集中全力的突击。从第一次世界大战后期以来，蒙哥马利就是反对分散配置兵力的干将，他极力主张通过集中和机动增强战斗力。在当营长、旅长和师长时，他就将这种作战思想运用于实践，结果相当成功。二是第五军立即改编，抽出兵力担任机动预备队。他的改进措施简单明了，许多"朽木"必须砍掉，一批军官必须免职。同时向陆军军部请求派遣摩托联络军官七人，并要求增加情报军官。

蒙哥马利按照自己的战术思想大刀阔斧地做了一番整顿后，又马不停蹄地到部队视察。7月28日，他在一份关于第五十师的报告中指出："部队似乎一点警惕性都没有,我看不到他们眼中发出战斗的光芒。"他还在报告中警告说:"世界上最好的防御工事,本身并无重大价值,除非在防御工事里的部队,个个精神抖擞,保持警惕。"因此,蒙哥马利便把工作重心转移到部队的训练上。他很快制订出从 1940 年 8 月到1941 年春的训练计划,着重训练进攻,而不是防御。这一系列的措施未经南方军区司令部核准和认可即付诸实施,但获得了明显的成功。最后,他的防御思想得到了军事当局的确认。

蒙哥马利决心把第 5 军训练成一支能在各种气象条件下作战的部队。他命令第五军进行艰苦顽强的训练,无论是好天气还是坏天气,无论是白天还是黑夜,都必须善于与德军交战,发挥出最大的效率,这样才能打败德军。他要求所有训练,都必须向高水平发展,所有演习都必须根据一切可以想象得到的方式进行。他用万无一失的原则来检验他的部队。任何一级军官,只要不能经受紧张和艰苦的生活,或表现得厌倦无力,都必须免职。

蒙哥马利不仅重视团队士兵的体能训练,而且重视机关参谋人员的体能训练。他认为战场的胜利需要部队从上到下都处于完全健全的状态。健全的精神来源于健全的体魄。所以,10 月 23 日,他正式规定各司令部的全体参谋人员,每星期必须抽一个下午进行一次七英里长跑锻炼。这一规定适用于四十岁以下的人,无一例外。长跑规定遭到许多军官的反对,但尽管如此,他们还是都全部照办了。有些四十岁以上的人也参加跑步,以增强体质。当时蒙哥马利已五十三岁,照样与大家一起坚持长跑,后来在参谋长的劝告下,才改为快走七英里。而军里一位胖上校去找医生,说如果要他跑步,那就等于要他的命。医生则带他去见蒙哥马利,建议把他免了。蒙哥马利问他是否真认为跑步就会让他送命,那位上校回答说:"是的。"蒙哥马利就对他说,如果你现在就想到会死,不如现在就跑步,这样你的职务就能容易且顺利地被人接替。如果军官们在战斗打响闹哄哄的时候死去,那总是件麻烦事。结果那位上校参加了跑步训练,不仅没有死去,而且活得更好。

蒙哥马利虽然对部属要求十分严格,但他决不是个不近人情的人。他认为,如果对于人的因素保持冷漠无情的态度,就将一事无成,因此,他总是尽可能使每一个士兵感到他在起到个人的作用,而他的上司也在把他作为一个人来加以关心。在不准军官家属随军的情况下,他让军官们通过正常方式请假。经常探望家属。他要求部队在紧张严格的训练、工作和战斗之后,能住上舒适的营房,吃上可口的饭菜,并能洗上热水澡,有一定的物质和精神享受。对于部属的某些嗜好,他并不是一味地反对。如蒙哥马利滴酒不沾,并且习惯于把喝酒的人都看作是酒鬼。但当有的军官提出在接待室里摆一个酒吧,他也不反对,只是提出别拉他一起喝。

经过几个月的训练,蒙哥马利举行全军规模的大演习,这是自敦刻尔克之后,在英国举行的最大最重要的演习。无论从哪方面看,该演习都是开创性的。一年前,蒙哥马利的第三师在法国举行演习时,着眼于摩托化部队夜间运动,夺取防御阵地和有计划地撤退。这次演习则是预演各兵种在战斗中的运用,实验新战术,强调进攻作战和充分发挥现代化部队的全部潜力。蒙哥马利对轰炸机进行近距离空中支援尤其感兴趣。这两次演习的明显差异表明,蒙哥马利的战术思想正在不断地完善。同时,蒙哥马利还着手整训辖区内的地方部队,力求达到与正规军同等的水平。他认为要打败希特勒,就必须依靠全体武装部队协同力量,而不能只依靠战前训练出来的精锐部队。所以,他对正规军、地方部队和新征召来的部队都能一视同仁。

1941年4月27日,蒙哥马利又接任第十二军军长,负责防卫东海岸,保卫肯特和苏塞克斯地区的安全。他来到十二军所产生的影响,有人说就像在不列颠的这个乡村角落爆炸了一颗原子弹一样。蒙哥马利上任以后,在第十二军巡视一遍,便指出部队过于松散,生活得过于舒适。于是立即采取措施,军官太太被送上火车撤走;指挥官和参谋们被赶出办公室进行越野长跑;不称职的军官被撤换。一周之内,他撤换了三位旅长和其他六名"长"字号人物。蒙哥马利对第十二军的改造决不仅仅限于这些方面。他很久以前就认为,第十二军把三个师并列部署在肯特海岸线上,企图利用掩体和工事固守每一寸海岸,是错误的。尽管原第十二军军长可以升任军团司令官,但蒙哥马利对他的部署、战术观念和训练不屑一顾。他认为,原来那种防御配置,一无纵深,二要反击时又兵力不足,所以,他到职不满一周,便发布他的第一号训令,推翻其前任的战术原则,提出自己的防御作战原则。三天后,他又把第十二军的全体机关人员集合起来,详细说明自己的防御作战思想,并要求大家彻底铲除前军长的"海滩防御"思想。他提出。德军的任何入侵,必然包括空降和海上突击,而且后者有装甲部队支援。因此,应集中防御海岸上可以固守的地区据点。以等待预备队加入战斗。要不惜任何代价固守可能被德军用作桥头堡的主要港口、机场和通讯中心;要集结经过充分训练的机动预备队,用来痛击突破海滩的敌人,使其无法承受强大的步兵和装甲部队的协同攻击

蒙哥马利根据这种正确的作战思想,于6月份组织实施了名为"醉汉"的全军大演习,并在演习讲评会上指出。战争的胜利有三大因素;第一,正确的攻击;第二,低级指挥官的勇气、主动性和战斗技术;第三,部队的战斗精神。缺少任何一种因素,部队都会打败仗。他对演习的成功与不足之处分析得头头是道,令人叹服。

1941年8月4日,蒙哥马利又组织第十二军进行名为"大醉汉"的第二次大规模演习,主要演练反空降和抗登陆作战,进一步提高部队的机动作战能力。当他又开始计划名为"大大醉汉"的第三次大规模演习时,11月17日,接到了担任东南军区司令的命令。东南军区辖第十二军、加拿大军和一些地方部队。一旦在欧洲大陆开辟第二战场,他就会被任命为集团军司令。为了迎接这个时刻的到来,蒙哥马利把东南军区改称为"东南集团军",把自己列入"集团军司令"之林。这样,不仅能使他的属下的官兵习惯集团军指挥部的指挥程序,而且能使他易于向两个野战军及东南地区其他部队灌输他的作战思想。

蒙哥马利到任后,首先访问所属各部队长官,然后下达集团军司令个人备忘录,订出冬季训练计划。他的训练计划包括士兵的各种训练、部队的野外演习和不带实兵的各级司令部演习。他的第一份个人备忘录所关注的中心问题是军官训练,而军官训练的核心问题,就是决定第十二军于12月15—20日举办作战研究周,邀请加拿大军的指挥官参加;加拿大军于1942年元月举办作战研究周,邀请第十二军的指挥官参加。这两次作战研究周的举办,英、加两军都有很大的收获。

对蒙哥马利来说,指挥第十二军是毫无问题的。但指挥加拿大军却并非一帆风顺。尽管如此,他最终还是将它完全置于自己的控制之下。加拿大部队坚强而自信,蒙哥马利认为所欠缺的只是良好的领导。但加拿大军参谋长盖·赛蒙兹是位具有卓越能力的军官,蒙哥马利在他的协助下,他的战术理论被加拿大军采用,加拿大军的"击溃入侵计划",则完全以第十二军拟定的计划为蓝本。

在用人问题上,蒙哥马利有独到的见解。他认为作为集团军司令的首要任务是

了解部属,铲除庸劣,悉心提拔人才。他在《回忆录》中写道:"我的工作时间也许有三分之一用于人员的考虑上。在处理下属问题上,强烈的公正感是很重要的,因为这是对他们的全面评价。我亲自掌握包括营团级军官在内的指挥官的任用权。惟一选择标准是,过去的成绩、领导才能与工作能力。我的任务就是要了解所有指挥官,坚持高标准。优秀的高级指挥官一经选定,一定要加以信赖,并给以最大限度的'支持'。任何指挥官都有权得到他的直接上司的帮助与支持。得不到时,他可以把这归结为导致失败的一个因素。假如他获得了他所指望的帮助而失败了,那么他就应该离开"。蒙哥马利花了很多时间,采用各种方法来物色、选拔和任用有才华的军官。他每到一个新部队,总有一批不称职的"朽木"被罢官,总有一批优秀的军官选拔到各级领导岗位上。他不仅使自己身边有一个合格的参谋部,而且慎重地选拔下属将领,把一些表现极好的人提拔到军、师领导岗位上来。他的这种做法难免引起一些人的怨恨,但由于他知人善任,敢于大胆使用新人,他的部队的各级指挥班子都坚强有力、斗志旺盛。

蒙哥马利还极端蔑视高级司令人员不与前线士兵接触的现象。他从当营长、旅长、师长、军长一直到现在担任集团军司令都与部下保持密切的联系,因而对部队有巨大的号召力。他经常到各部队视察、参观、访问、参加演习、主持运动会、发表演讲、举办战术讲座。同各级军官和士兵会面、交谈。他总是尽可能使每一个士兵都清楚地懂得他应当做些什么,以及为什么要那么做。使每一个部属都认识他,了解他,从他身上获取力量和信心。由于蒙哥马利经常接触部队使他在部属的心目中树立起良好的形象,增强了部队对他的信任和信心,所以他的部队没有出现过信任鸿沟,每次重大战役前他去检阅部队时,都能使全体官兵倍受鼓舞。信心倍增,满怀必胜的信念和高昂的斗志投入战斗。

蒙哥马利这种无休止的活动,似乎表明东南集团军司令部充满了狂热的工作气氛,但实际上却恰恰相反。蒙哥马利说:"极端紧要的是,一个高级指挥官绝不应埋头于琐事中。我总是注意这一点。我经常花不少时间考虑,思索主要问题之所在。在战役中,一个指挥官必须考虑如何打败敌人。假如他陷入事务堆中不能自拔,而对于真正的大事却视而不见,他就做不到这一点。不抓大事,而把注意力花在对战役无关紧要的次要事情上,他就不能成为参谋人员的坚强靠山"。凡是与蒙哥马利共事或为其服务过的人,都会都觉得平时他像一个闲人,桌上永远没有任何文件,也没有任何干扰,要见他这位集团军司令,没有任何困难,一经约定时间,他就会准时在那里等你。他总是让人觉得,除了已掌握的事情以外,他根本无事可做。其实,他每次都亲自制定总体作战计划,而将具体计划工作交给参谋人员去完成,以便能够集中时间和精力去思考战争中有关全局的重大问题。在第二次世界大战中,能够像他这样想大事的人是比较少见的。

蒙哥马利此时作为闻名遐迩的训练专家,他把注意力完全集中在部队的训练和演习上。在军事研究周结束以后。接着是营、旅、师级和军级演习,他的作战思想也随着演习更为成熟。他通过在野外演习场上来验证在模型演习中所研讨的各种战术理论。蒙哥马利决心把部队训练到不仅能进行纵深防御作战,而且能成功地进行反攻作战。为此,蒙哥马利从 5 月 19 日开始到 5 月 30 日组织进行了"猛虎"演习。这次演习由第十二军对抗加拿大第一军,双方兵力超过十万人。参观演习的人蜂拥而至,包括华盛顿派来的首席参谋长艾森豪威尔将军。在演习中,蒙哥马利第一次遇见了艾森豪威尔,并给他留下了很好的印象。艾森豪威尔在 1942 年 5 月 27 日也写道:"蒙哥马利将军是位果断型人物,精力充沛,干练非凡。"

蒙哥马利组织的这次"猛虎"演习,是英国本土训练部队的顶点,也可以被称之为第二次世界大战转折点的彩排。二十年后蒙哥马利在演习讲评稿的档案上,用笔补注说:"至今在加拿大仍为人所乐道。"蒙哥马利把他训练军队以及在战斗中使用军队的观点逐步固定下来,一贯地应用于他所指挥的规模不等的部队。蒙哥马利说,他于 1941 年至 1942 年在英国发展的作战理论,"就是我于 1942 年带到非洲,1943 年带到西西里和意大利,以及 1944 年带到诺曼底的一套理论。"

正在蒙哥马利加紧演练防与攻时,1942 年英军在远东战场节节败退,在中东战场丢城失地,不断后撤,战场形势对英国极为不利。在这危急关头,蒙哥马利被任命为第一集团军司令还不足二十四小时,就又撤消命令,调他去埃及从奥金莱克手中接过沙漠中的第八集团军,但任第八集团军司令,这是他军旅生涯中最幸运的一件事。凭借第八集团军,他能够在首相和世界新闻记者的注视下,打败一个著名的敌人,赢得一次巨大的胜利,成为第二次世界大战中能征善战、足智多谋、敢打硬仗与恶仗的军事明星。蒙哥马利把他与恩爱妻子贝蒂留下的惟一儿子戴维安顿给预备学校的校长照顾后,便十分愉快,信心十足地于 1942 年 8 月 12 日到达开罗的中东司令部。从此,揭开了他军事生涯中最辉煌的一页。

巴　顿

标准斗士

1885 年 11 月 11 日,是一个普普通通的日子。这天,小乔治·史密斯·巴顿,诞生于美国加利福尼亚南部的雷克维尼亚德。

巴顿出生不久就得了一场大病,他的父母非常着急,认为巴顿活不了多久,但是,他却奇迹般地活了下来,并逐渐成长为一个身体健壮、充满活力的孩子。由于这种原因,父母对他加倍的疼爱。

巴顿的父亲是弗吉尼亚人,身材魁梧、英俊潇洒、能言善辩。由于有极好的口才,所以他成为当地有名的演说家。他曾就读于弗吉尼亚军事学院,毕业后当了一名律师,1884 年当选为地方检察官。

巴顿的母亲生于加利福尼亚南部一个有权势的富翁家庭。外公当过洛杉矶第一任市长。母亲受过良好的教育,24 岁时嫁给巴顿的父亲,她聪明漂亮、举止端庄、谈吐不凡,颇具贵夫人风度。

巴顿的曾祖父休·默塞尔,是美国独立战争时期民主联军的一位准将,是开国总统乔治·华盛顿的挚友。他为家族规定的信条是:"勇敢战斗! 前进! 前进! 千万不能辱没我们家族的荣誉! 万万不能玷污我们古老的姓氏!"

巴顿的祖父是弗吉尼亚军事学院的毕业生,在南北战争中担任联邦军上校。1846 年 9 月,在温切斯特战争中,不幸阵亡。

巴顿就是在这种充满优越感和自豪感的环境中成长起来的,他坚信自己是祖先的能力、意志、信心和理想的继承人。从中学时代起,巴顿就立下雄心壮志,要像自己的先辈那样,成为一个叱咤风云的伟大军人。

他爱好读书,尤其爱好读军事方面的书籍。

他爱好冒险,外公家的牧场为他练习射击提供了得天独厚的场所。

1903 年 9 月,18 岁的巴顿在父母等人的陪同下第一次离开家乡,踏上了东去的列车,进入弗吉尼亚军事学院学习。一年的军校生活,不仅坚定了巴顿献身于军旅的志向,而且使他的身体和心理都成熟起来了。他顽强锻炼,努力学习,取得了优异的成绩。一年后,在参议员托马斯·巴德的热心推荐下,不满 19 岁的巴顿考入了有名的西点军校。他梦寐以求的愿望实现了。

1904 年 6 月,巴顿在父亲的陪同下来到西点军校报到,开始了新的生活。

在西点军校就读期间,巴顿与比自己小两岁且青梅竹马的女友比阿特丽丝·拜林·埃尔小姐的感情与日俱增,两人保持着频繁的书信来往。于是两人的友谊逐渐发展为爱情。1908 年圣诞节期间,巴顿终于向比阿特丽丝小姐求婚,希望她嫁给自己。

1906 年 6 月,24 岁的巴顿以优异的成绩从西点军校毕业,分配到伊利诺斯州芝加哥附近的谢里登堡任骑兵连少尉。他渴望已久的真正的军旅生涯,就从此开始了。

1912 年,奥运会在瑞典斯德哥尔摩举行,奥运会开设的项目很多,其中有 5 项是新开设的军事比赛。这样一来,吸引了许多美国正规军官前来报名参加。

　　巴顿是个极爱冒险的人,对于这几项极富挑战的运动他是不会轻易放弃的,于是他第一个自费来到参赛地点报名参赛。比赛开始后,巴顿发挥了一种顽强的拼搏精神。当他游完 300 米时,已没有力气爬起来,人们不得不用钩子将他从池中捞上来;跑完了 4000 米越野赛后,他筋疲力尽,晕倒在终点线上。赛后的成绩是,他在 43 名竞赛者中获得了第 5 名,是参赛的美国正规军官中表现得最出色的一个。

　　这次比赛让巴顿名声大振。

　　回国后,巴顿像英雄凯旋一样,受到了热情的欢迎。应陆军参谋长伍德将军之邀,他还与史汀生等军界的头面人物一起共进晚餐,这使得巴顿受宠若惊。不久,他加入了军政要人云集的"大都市俱乐部",这些关系网为他以后的晋升奠定了基础。

　　1916 年 3 日,巴顿跟随美国陆军的潘兴将军到墨西哥镇压农民游击队。在追捕墨西哥游击队领导人的战斗中,对手的狡猾激怒了巴顿,于是,他采取了冒险的行动,抛下自己的部队,单枪匹马追过去了,最后,狡猾的领导人还是逃脱了。但紧追不舍的巴顿却追上了游击队领导人的保镖,俩人经过一阵激烈的枪战,保镖终于被巴顿打死了。这件事功劳不算特别大,却再次让巴顿大出风头。

　　潘兴将军常夸他:'我们的队伍中也有一名勇猛的'匪徒',就是巴顿这小子!他是一个真正的斗士!一个值得大家学习的斗士。"

　　潘兴将军评价一个军官的标准,首先就是看他是否是一个"斗士",而年轻的巴顿是个第一流的斗士,所以他获得将军的宠爱是当之无愧的。

　　1916 年以后,巴顿开始青云直上,晋升之快令他自己都感到吃惊,到 1918 年年底,他就已经升为少校。

　　其实,巴顿提升迅速的原因有几个,一方面他有卓越的才能,另一方面是时局发生了重大变化。这时的军队已不再是战争的摆设,它该发挥自己真正的作用了。因为美国军队要到欧洲大陆去同德国军队打仗,所以巴顿就成了首当其冲的领头人。

　　1917 年,美国宣布不再中立,正式对德宣战。潘兴将军被任命为远征军总司令,率军到法国参战。

　　巴顿作为潘兴的低级副官和司令部营务主任,也随军来到了前线。但他很快发现在此是英雄无用武之地,别人在战斗,他却当观众。一向心高气傲的巴顿坐不住了,他觉得自己只不过是庞大机构中的一个小卒子。而且,他与潘兴的关系也越来越疏远了,这让胸怀大志的巴顿非常失望。于是,他找到潘兴将军,请求把他调到前线的战斗岗位上去。

　　这时,潘兴正在设法组建美国第一支坦克部队。于是,他对巴顿说:"好小子,我非常理解你现在的心情。我这儿有两个职位供你挑选,你可以去指挥一个步兵营,或者去坦克部队。你想好后尽快作决定吧。"

　　坦克最初由英国人研制成功,并用到战场上,取得了不错的战果。之后,法国、德国也拥有了自己的坦克。但那时的美国,所谓的坦克部队其实是徒有虚名。

　　经过一番深思熟虑后,巴顿决定参加坦克部队。当他来到坦克部队并接触了坦克后,对坦克却并没有什么特殊的兴趣,甚至有一种厌恶感,但巴顿告诫自己:作为军人,既然选择了方向就只准前进,不准后退。于是,他抛弃了所有的念头,把全部精力都投入到工作中,从零做起。在进行正规训练之前,巴顿一个人先后去了英国和法国的坦克学校,他决心将自己训练成一个合格的坦克手。

在英国和法国的坦克学校里，巴顿是最刻苦、最虚心的一个学生，深得老师和同学们的喜爱，很快他就掌握了深奥的知识。于是巴顿回国后最先选择了轻型坦克作为突破点，还建立了一个训练中心，训练的对象是两个坦克营。

巴顿的目标实现了！由于军纪严格和战术指导正确，再加上近乎残酷的训练，美国远征军中极具战斗力的坦克部队就这样诞生了。虽然巴顿得到的是手下人的咒骂，但他毫不在乎。他焦急地等待着实战的来临，以检验自己的训练成果。

机会终于来了，巴顿指挥着自己的六个坦克连参加了一次地面进攻的战斗。

在战斗中，巴顿处于极度亢奋状态，他一会儿驾着坦克领队，一会儿又跳到地面大声叫嚷着，指挥车辆前进。如果看到有人不听他的指挥，他就会一阵又一阵地大声叫骂。

巴顿似乎忘了战斗的危险，他的身影出没于坦克内外。他不时地在阵地上跑着，忘了乘车。没多久，他就到了最前面的一个坦克排那里，看到士兵们驾驶得慢慢腾腾的，觉得不舒服。于是，他大声把一名士兵叫开，然后自己跳上去亲自驾驶。

由于巴顿开得飞快，不久，队伍被他丢在后面老远，他发现自己正独自驾一辆坦克面对着德军。此时，德军也发现了他，立即用几挺机枪对着他疯狂扫射。巴顿没有办法，只好迅速退回自己的阵地。

虽然上司批评巴顿目无军纪、自作主张、个人英雄主义思想严重，但这一天的冒险的确是让巴顿精神焕发，他觉得太刺激了。

巴顿就是这样一个天生喜欢战斗的人，似乎他的血管里永远流淌着不安分的血，他好像是为了战争才出生的。

报国无门

在平时，巴顿对士兵们的训练是很严格的，哪个士兵稍有一点不合他的要求，一定会遭到一顿臭骂。

在战斗中，他同士兵一起实施突破，冒着枪林弹雨往前冲，没想到有一次，当他接近德军防线时，一声猛烈的爆炸，把他掀倒在一个弹坑里。

"上校，从你的身体状况来看，你已不能再留在前线了。"一位医生劝他，"我们要尽快将你撤到最近的后方医院去。"

"走远点！"巴顿气极败坏地说，"别对我指手划脚。"

他想站起来，可接着又倒下了。这时，巴顿才知道自己确实丧失了战斗能力。他还不打算下火线，就又坚持指挥了一阵子，由于体力不支，结果晕了过去。

"勇敢战斗！前进！向前进！千万不能玷污我们祖先留下的荣誉！"这就是巴顿的信念。巴顿一睁开眼，见自己躺在病床上，他想站起来，马上回到前线去，继续那还未完的战斗，可是伤口撕心裂肺地痛，使巴顿一颗想逞强的心恼怒极了，恰在这时，又传来了美军准备进行最后决战的消息。

这让巴顿心急如焚，因为他极想搭上这趟战争的末班车。于是，他买通了一个勤务兵，驱车逃离了医院，赶往战场，但当巴顿到达前线时，德国人却请求停战了。这对他来说，不亚于被人当头重重地击了一棒。

由于他对坦克部队的贡献巨大，巴顿获得了一枚勋章，这是乔治·巴顿在这次大战中最后的纪念。

战争结束了,在和平年代里,巴顿似乎有些不适应,他是多么热爱战争、渴望战争啊! 他想在战争中体会乐趣、体会刺激、体会紧张和快感,他甚至认为自己是战争中不可分割的一部分。

1920 年 6 月,美国国会代表国民意愿通过《国防法案》。该法案规定,坦克兵属于步兵,不再作为独立的兵种存在。巴顿尽了最大努力也没能保住坦克部队的独立地位,于是他失望了好几天,但坦克部队还存在,巴顿就一心一意地为他的坦克部队奉献着自己的智慧和力量。

有一天,巴顿心血来潮,慷慨地自己出钱赞助一个发明家,研制了一种新型的坦克,并在军营中作了一次表演,并说服了陆军部的七位将军来出席观看这次表演。

这种新型坦克没有装甲,看起来只是装在履带轮上的一个平台。巴顿尽力施展自己的口才,介绍说这种坦克就是在沙地上,也能以每小时将近 50 公里的速度行驶。

"操纵十分简单,就是小孩子都能驾驶。"巴顿边说边邀请那些将军们坐上去,准备跑跑看,但无人答应。

巴顿又一次请求,仍然是一片沉默。无奈,巴顿只好转向自己的夫人说:"夫人,帮帮我来给他们表演一下吧。"

妻子看着执拗的丈夫巴顿,转身登上了坦克。在行驶中间,她的衣服、帽子上溅满了泥,但却能沉着而熟练地驾驶着坦克。巴顿自豪地对将军们高声宣布:"先生们,你们看,操作是很简单吧,现在谁愿意再来试一试?"

但是,还是没有人来试,巴顿失望极了。

1920 年夏天,巴顿挥泪告别了坦克部队,调入了骑兵部队。此后的 20 年,巴顿曾先后 10 次被调动,担任不同的职务,负责不同的工作。

巴顿的书房摆满了书,绝大部分是历史和军事方面的著作。他带着批判的眼光如饥似渴地阅读这些书,于是打下了深厚的军事理论基础。

1928 年,巴顿回到了首都华盛顿,在骑兵司令办公室任参谋。在这里,他有机会接触更多的军界名流,后来登上高位的艾森豪威尔、马歇尔将军等人,当时都成了巴顿的熟人。

作为一名标准的军人,巴顿在自己的社交圈子里有很多知心朋友,这些人后来都声名显赫、位高权重,他们为巴顿实现自己的理想,出了很大的力。但巴顿豪爽的性格,火爆的脾气、尖锐的态度往往令他的一些上级面子上过不去,对他也很有意见。因此,巴顿的仕途之路并不是一帆风顺的。

深受器重

巴顿独特的斗士风格,给自己带来了不少麻烦。在处理人际关系上,他常常掩饰不住自己的锋芒,因而得罪了一些大人物。

1935 年,在夏威夷,德拉姆少将使巴顿的军人生涯,发生了一次戏剧性的转折。为此,巴顿不得不为自己在军队里的前途而顽强地斗争。

当时,巴顿在德拉姆手下担任情报处长。巴顿喜欢和年轻人交往,而且玩起来也像工作一样投入,他常常举行丰盛的私人宴会,与夏威夷上层社会的名流有着密切的交往。但这却得罪了美军驻夏威夷最高军事长官德拉姆少将。

于是,德拉姆少将就寻找机会报复巴顿,这天,机会终于来了。在每年一度的全岛马球锦标赛上，当比赛进行到最激烈的时候，巴顿驱马迫使对手让开，并且尖声叫道："该死的，你这个狗东西，我他妈的一定要把你追到街上去！"

德拉姆将军坐在最前排，巴顿的话他听得清清楚楚。

比赛一结束，德拉姆就把巴顿叫到面前，当着众多显赫贵宾之面，冷冰冰地对巴顿说："我取消你的职务，巴顿中校。因为你当着女士们的面，说了这么多脏话，而且当众污辱比赛对手，你必须马上离开！"

"是，长官。"巴顿张口结舌，不知所措。

后来，迫于外界舆论的压力，德拉姆又恢复了巴顿的职务。但他的心里已经想好了报复的下一步行动。

1938年，巴顿按期应晋升为上校。他天真的认为德拉姆放过了自己，想象着自己会被安排到一个合适的岗位，能够施展自己的才干。但命运就是这么无情，他被以明升暗降的方式调到了克拉克堡指挥第五骑兵团。这个地方一点也不重要，被认为是无用之材在退休之前，最后享受快乐的位子。

这份"美差"正是一直寻机报复的德拉姆将军所赐。德拉姆将军自己的仕途一帆风顺，但是他的心里仍忘不了巴顿，他觉得对巴顿的报复还不够，于是一心想把巴顿整垮。巴顿在军队似乎已没有出头之日了。

恰在这时，一个意外的人插进来了，德拉姆将军继续向上爬的希望化为了泡影。

这个人，就是后来名声显赫的乔治·马歇尔将军！

马歇尔和巴顿是好朋友，虽然他们在军中的经历、资格和个性完全不同，但他们在军中的遭遇却惊人的相似。两人都是在第一次世界大战中出人头地，登上其事业的首次顶峰的。

早在20年前，巴顿与马歇尔就建立了深厚的友谊，那时，他俩都是潘兴将军手下得力的干将，巴顿给马歇尔的第一印象是：一名真正的军人！在战斗中，他了解到巴顿这个人斗志旺盛、技术过硬、手下的士兵个个斗志昂扬，凭着勇气和智慧，巴顿曾用借来的少量坦克以少胜多，打垮了敌人的一个旅。

他们的友谊在和平时期的交往中进一步加深。他们都不墨守成规，不拘泥于既定的条条框框，热爱本职工作。正因如此，巴顿和马歇尔互相仰慕，互相吸引。

1938年，马歇尔被推荐担任陆军总参谋长，从而登上了上将的高位。在三年之内，他以不可思议的速度走完了从中校到上将的艰难历程！

马歇尔青云直上之际，巴顿还在克拉克堡担任团长。巴顿凭着自己的嗅觉，感觉到了美国必将卷入二次世界大战。1938年7月，在马歇尔接受上将的职务后，他就对许多部队进行了一系列不留情面的改革，免掉了一批像德拉姆那样按部就班的官场型将领，使得巴顿能用一种全新的方法训练他的部队，认真地进行着备战。

铁心赤胆

1939年9月，德国对波兰进行了闪电式的袭击，第二次世界大战很快在欧洲全面爆发了。

1940年5月，德国坦克群突破了法国的"马其诺防线"，使得英法联军惨败。

欧洲战场进行得如火如荼，马歇尔上将想：一旦美国卷入，能打赢这场战争吗？答案是令人不安的。

　　希特勒和他的将军们创造了"闪电战"这种崭新的作战方式,即在航空兵火力掩护下,大量而集中地使用坦克极快地向前推进。希特勒使用了这种作战方式后,很快就使欧洲在自己脚下呻吟,让世界为之震惊。

　　可悲的是,英、法、美在坦克的使用上,命运是相同的——坦克被打入了冷宫。

　　美国长期以来没有认识到机械化部队的威力和今后的发展趋势,直到马歇尔上台后,才以清醒的头脑对部队进行了大刀阔斧的改革,将陆军向机械化的方面一步步推进。1940年7月,马歇尔终于迈出了决定性的一步。他下达命令,要求在尽量短的时间里,组建一支装甲部队——美国陆军第1装甲军。两天以后,马歇尔又作出了一项重大的人事安排:已经不年轻的巴顿负责组建一个装甲旅,并担任旅长。

　　巴顿在感情上产生了强烈的波动。负责组建一个装甲旅意味着,他不仅要永远离开习惯了的侈奢生活,而且要永远离别那种富有魅力的骑兵生活,巴顿很快平静下来了,因为他意识到自己终于得到了命中注定的机会。

　　1918年,巴顿曾经创建过一支坦克旅,这是他骄傲的业绩。那时他亲自过问大部份工作,往往自己动手去干。

　　现在巴顿还是老作风,他亲自去完成每一件细小的工作,但这种管理方式,不仅没有把士兵和车辆有效地组织起来,反而把一切都搅得杂乱无章。

　　其它官员都埋怨马歇尔点错了将,而马歇尔却说:"巴顿是心太大了,他想一个人把所有的事都做好,但毕竟一个人的精力还是有限度的。"

　　但巴顿就是巴顿,面对指责,他一夜之间突然明白自己该如何做了。

　　在一次会议上,他用简洁有力的语言阐明了装甲部队的优越功能,他强调说,一个装甲师最需要"勇敢和机智",这样才能在战斗中取得成就。

　　巴顿的发言给大家留下了深刻的印象,连新闻界也被吸引了,于是,巴顿的传奇生涯就这样开始了,当报纸上刊登出巴顿的讲话时,"勇敢和机智"两词竟变成了"赤胆和铁心"。从此以后"赤胆和铁心"成了巴顿一生不变的绰号。

　　此后,巴顿改变了管理方式,很快就成了精明能干、讲究实效的指挥官,从而名声大振。

　　巴顿一心要把自己的部下都训练成"顶呱呱的坦克手",但他手下的士兵有些是刚入伍,有些是"战后的一代",没有战斗的激情,只有享乐的思想。巴顿摸清了这些情况后,教育士兵们说:"一个人要想成为一名好军人,就必须遵守军队铁的纪律,要有强烈的自尊心,要对自己的同事和上级高度负责,要对自己有高度自信。"

　　为区别于其他的陆军士兵,巴顿还特地给他的坦克手们设计了一种独特的衣服,这是一件镶有黄边的绿色军服,平时,巴顿最爱标新立异,此次也不例外,他第一个试穿了这套衣服。结果,一个爱开玩笑的士兵惊呼:"看,绿色大黄蜂!"

　　很快,这个名字就传到了华盛顿,于是将军们都叫巴顿"绿色大黄蜂。"

　　经过巴顿的努力,第二装甲师的面貌在很短的时间里就焕然一新。为了检验部队的训练效果,1941年2月,巴顿举行了第一次公开检阅,并邀请了马歇尔等上级将领来检阅新兴的坦克部队。

　　阅兵的当天,天气糟透了,风雨交加,受阅的士兵简直连检阅台都看不清楚,更看不清那激发起他们无穷力量的巴顿。

　　这时的巴顿正站在坦克的炮塔上,头戴钢盔,手握望远镜,腰挎手枪,一副目空一切的样子。

阅兵命令下达后,坦克震耳欲聋,它们以每小时 20 英里的速度从检阅台前隆隆驶过。坦克手们以娴熟的技术、完美的队列通过了检阅台。检阅完毕,马歇尔给予了这支部队高度的评价:"我们的坦克从无到有,已经发展成了一支训练有素的、强大的战斗力量。"最后,陆军部长史汀生宣读了任命巴顿为该师师长、晋升为少将的命令。不久,巴顿又收到了马歇尔任命他为第 1 装甲军军长的命令。

"火炬计划"

1941 年 6 月 22 日凌晨 4 时,希特勒撕毁了《苏德互不侵犯条约》,对苏不宣而战。12 月 7 日凌晨,日本派出的庞大特遣舰队,袭击了美国在太平洋上最大的海军军事基地珍珠港,使得美国损失惨重,蒙受了奇耻大辱。此时,美国政府才如梦初醒,终于对日、德法西斯宣战,成为参战国。

战火熊熊燃烧,第 1 装甲军军长巴顿觉得自己的血液又在沸腾。他深信,自己的才能不会被埋没,不久就将被召回华盛顿,担任一个重要角色,到时可以大显身手。

可是,巴顿做梦也没有想到,自己等来的却是被调往加利福尼亚的因迪奥,负责创建一个沙漠训练中心。

"难道是我老得不能再赴沙场?"巴顿自言自语,接着陷入了深深的忧虑之中。

其实,这些都是马歇尔通过深思熟虑后的安排。当时,德国的"沙漠之狐"隆美尔将军卷起了大漠风暴,几乎要占领整个北非。马歇尔认为,一旦美军对德作战,首要任务就是支援英军,遏制"沙漠之狐"的行动,将来必定会进行沙漠作战,所以现在美军必须先做好细致而艰苦的准备工作,而巴顿便是承担这一任务的最佳人选。

失望归失望,巴顿还是以加倍的热情投入到训练中。他想给华盛顿的决策者们一种难忘的印象,证明自己在这场战争中是必不可少的。

于是,巴顿精心地在因迪奥选择了一块沙漠演习区,对受训部队进行了近乎残酷的实战训练。当时,正是沙漠里一年中最热的日子,经过一天的紧张训练,受训官兵累渴交加,可巴顿还要他们坚持再跑一公里,并身先士卒,士兵们也只好无可奈何地咬紧牙,跟随他朝前跑。"平时多流汗,战时才能少流血。"这,就是巴顿的训练哲学。

1942 年 7 月,巴顿终于被马歇尔召回了华盛顿。他知道自己将指挥一支美国特遣部队,成为率领美军参战的第一位美国将军。可在当时,特遣部队的"火炬行动"还只是一个十分粗糙的设想。

看到不够理想的装备,巴顿掩饰不住自己的不满情绪,便对马歇尔将军发牢骚说:"这个计划简直荒唐可笑,我需要更多的人员,更多的船只,才能夺取战争的胜利。"

"既然如此,回你的因迪奥去吧!"马歇尔严厉地说。

"喂,马歇尔,我想过了,我也许可以用你给我的兵力完成任务。"巴顿似乎是一个老顽童,他怕失去这次机会,就马上来个 180°度的大转弯。

马歇尔是不会轻易让巴顿走的,于是,巴顿留在了华盛顿,进一步筹划"火炬行动"。

巴顿就是这样一种人:为了参战,他可以改变自己,甚至低头认错。

巴顿的工作效率极高,办公室成立的当晚,他便拟定了一份工作计划。

艾森豪威尔被任命为指挥"火炬行动"的盟军总司令,但他对这一战役信心不足。

这时,巴顿找到了艾森豪威尔,两人认真讨论了战役实施中可能遇到的具体问题。巴顿的自信和豪情深深地感染了艾森豪威尔,也坚定了他的信心。

"火炬计划"很快完善起来。巴顿与海军少将休伊特合作,指挥西线特遣部队,由美国国土出发,横渡大西洋,在北非的卡萨布兰卡登陆。

休伊特的个性同巴顿截然相反:休伊特温文尔雅,办事特别小心,甚至有些迟钝;巴顿则火气旺盛,容易发怒,情绪变化大。

休伊特不紧不慢地向巴顿分析了此次行动的利弊。他认为,长途奔袭6000公里去发动大规模进攻,历史上还从来没有这样的先例。

巴顿对休伊特慢条斯理的态度十分反感,同时,对他手下的参谋不停地插话、强调远征的不利因素,更使巴顿怒不可遏。

巴顿一向是蔑视困难的,他从来也是过低估计其他军种完成任务所面临的困难的,这一次,他把海军的正当担忧当成了胆小和怯弱,因而渐渐地失去了耐心。

终于,他心中的怒火爆发了,嘴里喷出一连串不堪入耳的语言:"你们这些胆小鬼! 去你妈的! ……"

海军将士们目瞪口呆,几乎不敢相信自己的耳朵,纷纷逃离了现场。

休伊特将军受此辱骂,心中怒气难消。他对马歇尔将军说:"要么陆军撤换巴顿,要么海军退出这次战役。"

巴顿的坏脾气发在这样的关键时刻,再一次差点葬送了自己的前程。好在马歇尔将军对于他们两个一个也不想放弃。于是,他向休伊特解释说,巴顿的脾气有助于战役的胜利,绝不会影响军事行动,而且他向休伊特保证,以后这样的事情绝对不会再发生。休伊特将军为了顾全大局,接受了马歇尔将军的劝解,勉强同意留下来与巴顿继续合作。

这时,"火炬计划"已进入了实施阶段。巴顿雄心勃勃,准备用这支"火炬"燃烧整个北非,燃烧整个沙漠。

单纯的政治头脑

乔治·巴顿这次出征的心情,与其说是充满信心,还不如说是破釜沉舟、背水一战。临出征前,他还给自己深爱的妻子写了份遗嘱,因为他认为此次生还的机会很小。

1942年10月23日,巴顿登上了"奥古斯塔号"旗舰,远征北非的艰难历程从此开始了。护航舰队浩浩荡荡,一派勇往直前的景象。

巴顿站在旗舰的甲板上,眺望远方,心潮起伏。他不知道上帝会不会捉弄他,变幻莫测的大海会不会在关键的时候同他开个天大的玩笑。

害怕发生的事很快发生了,海上突然刮起了大风,而且风势越来越猛,波浪滚滚,浪声震天,船只不停地摇晃,随时都有翻船的可能。船上的人都紧张极了。巴顿在心里虔诚地祈祷:"上帝啊! 求求你不要捉弄我们吧,你知道这场战斗对我们有多重要吗? 为了这次战斗的成功,我们个个愿意战死在战场上,你怎么能让这大海把我们吞没呢? 快让大海恢复平静吧,我们离规定的登陆时间只有两天了。"

巴顿一边在心里祈祷,一边在脑子里想着可能采取的应急措施,艾森豪威尔将军也在指示参谋人员拟定应急计划。

不知是巴顿的祈祷起了作用,还是他们的命大,11月6日,大海又恢复了平静,他们离目的地越来越近了,巴顿高兴得说不出话来,因为上帝没有抛弃他。望远镜里,卡萨布兰卡的街景清晰可见。但是,由于不能实施和平登陆计划,巴顿只有靠自身的努力强攻卡萨布兰卡。

美国西线特遣部队的首次战斗打响了。登陆是在凌晨进行的,为了减少危险,指挥官命令所有的船只都熄火,上岸以后,由于缺少实战经验,士兵们乱作一团,伤亡在不断地增加。但为了登陆成功,士兵们个个英勇奋战。

巴顿领导的部队所到的地区情况也不妙,岸上敌军的探照灯将海滩照得通明,因为大炮的轰炸,机枪的扫射,使得登陆部队损失惨重。巴顿下了一道铁的命令,只准前进,不准后退。终于,敌人被打退了。

直到黎明时分,各个部队才逐渐恢复了秩序,于是开始按原计划行动,情况在一步步好转。

可是,由于通讯工具普遍发生故障,巴顿得不到另外两支登陆部队的消息,只好孤军作战。

巴顿断定,赢得这场战争的关键是运输供给,于是,他决定亲自过问这件事。

11月9日早晨,巴顿换上了一身漂亮的军装,精神抖擞地站在海滩上,他一边指挥,一边亲自动手推船。干了18个小时的活儿后,他累得衣服都湿透了。

他的话语粗野而又坚定,神情自若,美国士兵受到了极大的鼓舞。他身先士卒的作风又一次发挥了巨大作用。

奇迹出现了,经过巴顿一天的指挥,西线官兵精神振奋,各种物资源源不断地运上了岸,阵地变得有条不紊了。

这时,终于传来另外两支部队的消息,他们进展顺利,休伊特的海军舰队已抬起了炮口,随时准备发射,从航空母舰上起飞的飞机,也在城市上空进行着单调而令人不安的盘旋。

在美军强大的攻击下,法国军队投降了,巴顿成了征服摩洛哥的英雄。当时,德国打败法国后,包括在海外的部分法军依附了德国。

11月11日,美法两国指挥官在费达拉召开"和平会议"。巴顿让翻译官宣读了美方拟定的停火条约草案。

法国人听得脸色阴沉,诺盖将军用冷冰冰地语气说:"我不得不提醒你们,如果全部按你们的条件办事,那么法国对摩洛哥就没有任何保护权力了。"

虽然巴顿有钢铁一般坚强的意志,但他最经不起的就是弱者的哀求和眼泪。不打落水狗,这是巴顿的原则。诺盖正击中了巴顿那根软弱无力的政治神经。

"如果你们把这个苛刻的条件强加于我们,那么,你们就得承担该地区的所有责任。"诺盖将军说。

巴顿也害怕法国人真的不过问摩洛哥后,由于自己管理不善而导致该地区的无政府状态,于是,他拿起条约草案,当着众人的面撕掉了。他打算同法国人合作,维持现状。

这次谈判真是奇特无比!胜利者竟然完全向失败者妥协了。但这个结果却令双方都很满意,法国仍拥有对摩洛哥的保护权,美国则占据了打击德军的据点。

其实,巴顿也有自己的算盘:这儿离开美国本土6000多公里,直接统治这里是很困难的。摩洛哥一直由法国、西班牙共管,现在如果一味压制法军力量,那么亲近德国的西班牙有可能出击,这样一来,美军的状况就会变得非常糟糕。所以,巴顿那简单的政治头脑想的是:用这种方式安慰法国人,并争取他们最大的合作。

但是,诺盖玩起了政客的两面派手法,对巴顿阳奉阴违,但政治上反映迟钝的巴顿居然没识破他险恶的用心,仍然继续重用他。

有关摩洛哥的情况很快传到了国内,国内人民意见很大,于是驻摩洛哥的总督——巴顿将军成了矛头指向的对象。

此时,美国总统罗斯福为他开脱说:"在最危险的时刻,我们可以和魔鬼同行。"

集团军的收效

1943 年 1 月中旬,美、英两国首脑罗斯福和丘吉尔,在摩洛哥卡萨布兰卡召开重要会议,会议历时 10 天,作出了一系列重大决定。罗斯福和丘吉尔及其顾问们认为突尼斯不久便可拿下,便把注意力集中到了意大利的西西里岛,决定发动代号为"赫斯基"的战役。不久,巴顿就被艾森豪威尔召回前线,去制定进攻西西里战役的计划。

就在盟军为"赫斯基"战役做准备时,"沙漠之狐"隆美尔来到突尼斯,他决定把突尼斯的加夫萨作为主要突击方向,企图彻底摧毁盟军在突尼斯的防线。

艾森豪威尔得知这一消息后,马上决定让巴顿去突尼斯,接管军心涣散的第 2 集团军。

当天,巴顿就飞往君士坦丁堡报到,给亚历山大将军留下了深刻的印象:"他是一个富有朝气的男子汉,两边胯下都有一把柄上镶有珍珠的手枪,他的气势咄咄逼人,一提起德国鬼子,他就感情激动得难以控制,有时怒不可遏,有时声泪俱下。"

巴顿来到了第 2 集团军。这里的情况相当不妙,官兵们精神萎靡不振,士气低落。

"为了胜利完成任务,一位军队指挥官应该做他必须做的一切事情,我应该投入 80％的精力,来激发其部属的士气。"巴顿对自己说。他信心百倍,决心要把第 2 集团军带入"战斗竞技状态"。

首先,他从整顿军纪入手。他规定,早饭必须在 7 点 30 分完毕,这很快就解决了参谋人员上班迟到、拖拉的现象。他还规定,每个军人必须戴钢盔,包括护士在内,哪怕是上厕所也不能拿下来。

有一些官兵把巴顿的命令当儿戏,根本不听,巴顿便坐上吉普车,四下搜寻那些不戴钢盔的官兵,发现后,巴顿就要他们排好队,然后开始训话:"我不会容忍你们之中的任何一个兔崽子,我给你们一个最后选择的机会——要么罚款 25 美元,要么送交军事法庭,记入档案。"

于是,这些不守纪律的人伴随着恶毒的咒骂,被迫老老实实地如数拿出钱来。后来,这些士兵再也不会忘记他们的统帅——巴顿。

巴顿认为,仅靠外观的改变是不能解决内在问题的。于是,他又用富有特色的演讲,向士兵们灌输对德国鬼子的仇恨、对美国尊严的崇拜。他的话里夹杂着很多骂人的用语,但在士兵们听来,这些话是那么亲切可信,那么响亮动听。

一个星期过去后,巴顿认为这个军队基本上"恢复了纪律",可以进行新的战斗了。

巴顿的铁腕治军法又一次获得了成功。

此时,巴顿有一个好助手——布莱德雷。从此,在海外的美军,首先出现了三人共同领导军队的佳话,他们各有分工,又互相协助:艾森豪威尔负责组织协调,布莱德雷负责战略思想的制定,巴顿负责执行,是战场上的斗士。盟军的胜利进程与这三位将军的名字紧密地联系在一起。

3月17日,巴顿率领第2集团军向两个目标发起进攻,战斗进行得十分激烈,敌军发动的两次进攻,都被他们坚决打退了。

巴顿对第2集团军的表现十分满意。

3月28日,巴顿率领的美军第2集团军,从盖塔尔附近的阵地向加贝斯发动了一次进攻,以艾伦将军的第1师为左翼,埃迪将军的第9师为右翼,力求在敌人阵地中打开一个缺口,以便为沃德将军的第1装甲师投入攻击打开通道,最终第2集团军铺路。但是,巴顿的队伍只取得了极小的进展,战斗持续了一周,最终打成了僵持状态。

4月6日,正在指挥战斗的巴顿接到命令,要"不惜一切代价"夺取396高地。战斗打得相当激烈,双方阵亡人数都在骤增,士气也有所下降。此时,巴顿不顾个人安危,亲临前线指挥作战,并与士兵们一起战斗。他以身作则的行动激励着将士们。他不断地指挥本森的突击队"冲向海边"。4月7日,本森突击队被德军的地雷阵挡住了去路。巴顿不顾别人的劝阻,开着吉普车指挥部队穿过了雷区,与蒙哥马利的先头部队会合了。

就在这巨大荣誉就要到手之时,艾森豪威尔将军出人意料地来到了盖塔尔,要把巴顿又调回去搞所谓的"赫斯基"战役计划了。

"赫斯基"战役计划还没有形成最后的决议,几个初步计划都被推翻了。1943年4月中旬,第8号计划终于出台,确定由蒙哥马利领导的第8集团军攻占东面的锡拉库扎,由巴顿领导的第7集团军夺取西北角的巴勒莫,然后两军夹击墨西拿,一举歼灭轴心国的有生力量。

但是,一个举足轻重的人物——蒙哥马利,却反对"赫斯基"第8号计划,蒙哥马利是二战中英国的民族英雄,北非的辉煌战绩使他声名鹊起,并在亚历山大将军面前有极大的发言权。

于是,计划再次被修改,巴顿在巴勒莫登陆的计划也随之取消。

亚历山大知道巴顿的脾气,所以在向巴顿下达改变后的命令时,心情特别紧张,他担心巴顿会出口伤人。

但出人意料的是,此次巴顿听完命令后,两个脚跟一碰,只讲了一句话:'将军,我服从命令。"

虽然巴顿怒火中烧,但他知道发脾气也是没用的,于是他吸取了前几次的教训,克制住了自己。

浴血西西里

1943年5月,盟军最高司令部参谋部最终确定了"赫斯基"战役实施计划,英国第8集团军在西西里岛正面登陆,美国第7集团军在南部海岸登陆,盟军空军在空中保障,三路并进,从而形成对敌军攻击的绝对优势。

为了西西里战役,盟军建立了精干的指挥机构。艾森豪威尔将军任全部陆海空军总司令,英国亚历山大将军任副总司令,由副总司令负责领导由蒙哥马利指挥的英军第 8 集团军和巴顿指挥的第 7 集团军组成的陆军;英国海军上将坎宁安任联合海军司令,同盟国空军由空中绞杀战的热心拥护者——英国的特德将军指挥。

这次,巴顿和士兵们乘坐新旗舰"蒙罗维亚号"前往西西里岛。7 月 9 日晚,他们就到达了西西里岛海岸。这儿风平浪静,巴顿梦寐以求的时刻终于快来到了!

1943 年 7 月 10 日凌晨 2 时 45 分,惊心动魄的西西里登陆战役开始了。

巴顿指挥的美军第 3 师突击队首先登陆,他们按计划规定的时间,占领了预定登陆点——利卡塔附近的海滩。紧接着,艾伦的步兵第 1 师也开始登陆了。同时,米德尔顿的第 45 师和加菲的第 2 装甲师等部队,也相继在预定地点斯考格利蒂北面和南面的五个登陆点,实施登陆。

登陆进行几个小时后,巴顿就组织后勤部队将火炮和坦克等重武器陆续运上海滩。

上午 8 时左右,巴顿在"蒙罗维亚"号旗舰上获悉,各路部队进展顺利。

但是,真正的战斗还在后面。

很快,德军将领古佐尼开始组织反击了。他命令第 15 装甲师从西向东猛扑,以一个装甲旅堵住英军沿东海岸公路向北的进军,同时命令德国戈林师和两个精锐的意大利装甲师向杰拉的盟军发起猛攻,企图把立足未稳的巴顿部队赶下大海。

战斗的第一天,巴顿比较满意,因为各部队官兵作战英勇,于是美军轻而易举地夺取了滩头阵地,攻占了几个中小城市。

此时巴顿清楚地意识到,美军的当务之急是把火炮和坦克运上岸,否则,第二天敌人的装甲部队再发动全面反攻,那美军的后果将不堪设想。因此,巴顿立即改变了作战计划,命令第 2 装甲师和第 18 团停止前进,迅速做好战斗准备。在巴顿的指挥下,装甲部队连夜做好了部署。巴顿信心十足了,有把握夺得第二天的战斗胜利。

天一亮,古佐尼就下达命令,让戈林装甲师和利活德师分别从东面和西北两个方向对美军进行夹击。7 月 11 日 6 时 35 分,意大利的俯冲轰炸机,开始向杰拉登陆地区海上集结的盟军船只,进行猛烈地轰炸。6 时 40 分,德军坦克部队冲破了美军步兵第 1 师第 26 团第 3 营的防线。

为了同岸上部队取得联系,以便统一有效地指挥,巴顿在参谋长盖伊、副官斯蒂尔的陪同下,带着几名士兵离开休伊特将军的旗舰,乘登陆艇登陆了。他从头到脚打扮得漂漂亮亮,显得非常神奇。他脚登一双锃亮的高统皮靴,身穿紧身马裤和漂亮的毛料衬衫,上面佩带着三条勋章,而且正规地扎着领带,腰上插着一支柄上镶着宝石的手枪,脖子上挂着一副大号的望远镜和一块地图板,头戴钢盔,嘴上叼着大雪茄,肩上挂着一支卡宾枪,看上去威武极了。

在美军指挥所里,巴顿亲眼目睹了杰拉市大街最为激烈的巷战。美军突击队员与德、意军队短兵相接,浴血奋战。只见浓烟滚滚,火光冲天,德、意军的坦克瘫痪地躺在路边燃烧着,德、意士兵的尸体遍地横卧。

11 时 30 分,美军已牢牢地控制了杰拉的滩头阵地,在此深深地扎下了根,巴顿总算松了口气。

7 月 12 日到 14 日,美军按计划继续向前推进,对于巴顿来说这是稳步进展的 3 天。在 3 天的时间里,美军攻占一科米索、比斯卡和蓬蒂·奥立佛三个机场,滩头阵地的最后目标也已占领,就连蒙哥马利第 8 集团军预定的攻占目标恩纳,也被美军抢先一步占领了。美军第 7 集团军占领恩纳后,在国际国内引起了很大轰动。本来,巴顿的行动会更快一些,但他受到了亚历山大的严格限制。亚历山大强调:巴顿的主要任务是保护蒙哥马利的左翼。这一做法更明确地表达了英国军方对美军作战能力的怀疑和轻视态度,它把美军排斥在主要作战行动之外,其作用仅仅是掩护英军的后方和侧翼。

巴顿对此十分恼火,但他却极为冷静地接受了这一事实。他一声不响地点上一支大雪茄,开始考虑下一步的行动计划。

根据亚历山大的命令,美军第 2 军第 45 师被迫后撤,转到第 1 师的后面——等于从内地又退回滩头。就在这一天,希特勒作出决定:增援西西里,阻滞盟军的攻势,守住圣·斯特凡诺——埃特纳火山——卡塔尼亚一线。

7 月 16 日,亚历山大发来指令,明确规定:墨西拿是蒙哥马利的进攻目标,巴顿的任务是保护其侧翼和后方,使其在任何情况下都不致出现危险。

后来英军进攻严重受阻,使整个战局发生了戏剧性的变化,蒙哥马利在德军的顽强抵抗下一筹莫展,他希望从西线取得战果的计划已宣告破产。而与此同时,巴顿的部队却长驱直入,速度惊人,很快就占领了阿格里琴托和安佩多克莱港。

7 月 17 日,巴顿亲自飞往北非亚历山大的司令部,他决心说服亚历山大,以改变整个战役的进程。他用坚定的语气对亚历山大说:"将军,鉴于形势的发展,我请求你把命令改成这样:第 7 集团军迅速向西北和北面挺进,攻占巴勒莫,并割裂敌军。"此时,亚历山大对战局已经有了正确的了解,他明白,蒙哥马利的修订计划是错误的。因此,他很有礼貌地同意了巴顿的请求,希望巴顿能够使盟军夺回主动权。

巴顿一回到阵地立即火速进行战斗部署。他把第 3 师、第 82 师空降师和第 2 装甲师组成一个暂编军,由凯斯将军指挥,对巴勒莫进行决定性打击。同时,布莱德雷所属的美军第 45 师在西侧向北推进,切断海岸公路,与蒙哥马利的左翼部队保持同步。7 月 19 日,巴顿下令,各部队快速挺进。21 日,占领了卡斯特尔维特拉诺。22 日,抵达巴勒莫城下,美军闪电般的到达,使巴勒莫守军惊慌失措,根本无法组织抵抗,只好束手就擒。

23 日凌晨,巴顿步行进入了巴勒莫这座名城。

亚历山大的贺电写道:"这是一个伟大的胜利,干得漂亮!"

巴顿骄傲的笑了,高高地扬起了他那坚毅的头,他觉得终于又一次证明了自己的官衔当之无愧。

攻克巴勒莫是战术上机动作战的一个光辉典范。在酷暑敌人的疯狂抵抗下,美军四天之内推进了 200 英里,俘虏敌军 4 万多人,并取得了其他方面的重大胜利。

巴顿创造了一种崭新的战法——先以步兵打开缺口,再进行坦克攻击,用了这种敌人摸不清美军的攻击方法,从而达到了战役战术上出奇制胜的效果。

在西西里战役中,巴顿的表现自然要比蒙哥马利出色得多。在这场力量与智慧的角逐中,蒙哥马利相形见绌,光芒全被巴顿盖过。

冒险成功

经过了巴勒莫战斗,巴顿名声大振,举世皆知,艾森豪威尔的回忆录中这样写道:"巴顿迅速的行动使敌人很快只剩下墨西拿一个港口,它极大地挫伤了庞大的意大利军队的士气,而且,巴顿的部队从此就可以由西部进攻,打破东线的僵局。"

这样，西西里战役中最后一个争夺的焦点就只有墨西拿了。8月，巴顿率领第7集团军斗志昂扬地挺进墨西拿，希望能早日拿下这个港口城市。

德军第15装甲师驻守该地区，该师是希特勒亲自指定防守西西里最后一个港口——墨西拿的精锐之师，这个师装备精良，训练有素、士气饱满、并且能够利用有利的地形进行有力的反击。

战斗打响了，由于德军寸士必争，英美联军遇到了强有力的抵抗。8月1日，艾伦将军率领的第一军遇到了强大反击，被迫退回原地。同时，轴心国空军偷袭巴勒莫海港，全城被轰炸引起的大火照得通明。所幸的是美军军舰损失不大。

进攻实施后，美军第7集团军损失惨重，巴顿的每个师均减员不少，因为没有替补军官，巴顿就用军士充任基层指挥官。每一个士兵都是一股战斗力量，所以，每伤亡一个士兵，巴顿都感到心痛，感到烦躁不安。

正在这时传来了：英军在蒙哥马利率领下，已经取得了重大的进展。巴顿心里越发不舒服。

在他的心灵深处，蒙哥马利将军是美军战功上的竞争对手，于是巴顿就把墨西拿战斗看成是英美两国军队的重要竞赛。他想证明，美国的军队是世界上最优秀的军队，而自己则是一个伟大的军人，而此时自己却不如蒙哥马利。

于是巴顿彻夜不眠地研究扭转战局的方案，但还是没有找到圆满的解决办法。在德军装甲师的防线面前，美军仍然一筹莫展。巴顿不得不承认：这一次是自己拖了盟军的后腿。

敌人边打边退，第1师被人牵着鼻子走，巴顿预定的登陆计划一拖再拖。

这时，一向不服输的巴顿又使上了他的牛脾气，他决心再冒一次险。

1943年8月6日，巴顿把自己的战时指挥所移到了海边的一片橄榄树林中。这儿在敌军炮火的射程之内，炮弹不时在山谷中爆炸，弹片呼啸着飞过树林。"

巴顿把一个营改编成为一支小型的水陆两栖部队，冒险登陆，此招获得成功，德军不得不迅速后撤，巴顿喜出望外。

紧接着，巴顿又把布莱德雷叫到树林里，研究起第二次水陆两栖围歼敌人的行动来。计划很快就拟好了，实施步骤是在布罗洛强行登陆，从而使盟军沿海岸水陆齐进，冲向墨西拿。

但要具体实施这个计划却很困难，最重要的是与第3师的地面部队配合。所以，布莱德雷和第3师师长特拉斯科特都持不赞成的态度。

巴顿仍旧固执地下达了作战命令。

10日下午，巴顿接到了布莱德雷的电话，布莱德雷说："将军，第三师不能及时赶到，计划应推迟1天，请你批准。"

"不行，我的命令决不允许改变，我马上到你那儿去。"巴顿心急火燎地驱车赶往布莱德雷的指挥所。

经过一番研究讨论后，巴顿再次给布莱德雷下达命令："必须按规定时间登陆！此次战役若是赢了，全部功劳归你；若是输了，全部责任归我。这难道还不可以吗？"

但是，第3师师长特拉斯科特却不打算改变主意，甚至强烈抗议强行登陆。

"即使海军不能按时赶到，登陆也要进行。"巴顿盯着特拉斯科特，目光坚定，语气坚决："如果你不愿意执行这一任务，直接告诉我，我可以让别人来干！"

"这是你的权力。"特拉斯科特语气生硬，毫不让步。

"你害怕打仗吗?"巴顿的语气温和了一些。

这句话激怒了特拉斯科特,"将军,我并不是一个胆小鬼,你可以撤除我的职务,把我的师交给任何一个你喜欢的家伙。但是,像我这样服从命令的人,你可能再也找不到了。"

"是的,他妈的,我并不想撤你的职,你别忘记,是我推荐授予你优质服务勋章和少将军衔的。这次行动如同一支在弦上的箭,不得不发,你怎么能随便延期呢?"巴顿说。

"可是,你也得替我们想想,在狭窄的通道上实施支援有多么困难,有一段地方只能用骡马才能将大炮运过去。将军,我的步兵位置太偏西,的确不能及时在布罗洛会合。"

"那么,你就让你的部下快点! 勇敢些,老朋友! 拿酒来,让我们先为这次战斗的胜利干一杯吧!"巴顿大叫道。

如巴顿所愿,两栖登陆战役终于如期进行了。但巴顿的确是在冒险,因为步兵的支援离指定位置还相差很远。

好在援军终于在紧急关头赶到。巴顿知道这个消息后,长舒了一口气,兴奋得整整一夜没有合上眼。对于美军,对于他本人来说,这场战斗关系实在重大。

这次海岸登陆进行得非常成功。在西西里战役中,德军失去了最后的一个阵地,墨西拿已经毫无屏障地裸露在巴顿的面前。

巴顿再次成了全世界关注的焦点人物,因为他的冒险成功了。

谋位未就

巴顿将军在北非和西西里两大战役中的出色表现,引起了德国人的恐惧和尊重。德军认为他是战场上最危险的对手。并且把巴顿同德国的"沙漠之狐"隆美尔元帅相提并论。

无论巴顿出现在哪个战场,敌军都会拼命奋战到哪,于是,巴顿执行了一种特殊的使命,进行了一次"有意义的旅行"。他从科西嘉岛到地中海,再到意大利,给敌人留下了他将接管这些地方的假象。只有巴顿心里最清楚,这些地方都不会让他指挥。因为他的任务只是给德军一个假信息;盟军已把主攻方向选中了地中海沿岸,从而掩护盟军的"霸王"计划。

艾森豪威尔被任命为"霸王"行动的总司令,正在地中海的巴顿听到消息后,心中忐忑不安,他害怕自己失去参加更大的战役的机会,立即给艾森豪威尔将军送去了两只火鸡,并暗示他:有仗打时、有官封时,不要忘记老朋友。

其实巴顿盯上美国集团军群司令的位置已经很久了。但令他震惊的是,艾森豪威尔将军竟然选择了自己的下级布莱德雷担任了此职。

因为艾森豪威尔经过再三考虑认为,巴顿性情粗暴,极易冲动,这一弱点使他不能胜任更高的领导职位;但在诺曼底登陆中,又不能缺少巴顿这位能打硬仗的优秀的"进攻型"战术天才,所以,他任命巴顿为第三集团军司令,作布莱德雷的副手。

一连几天,巴顿闷闷不乐总在想这其中的奥秘。

1944年元旦,巴顿突然被免去了第七集团的司令之职,这令巴顿感到意外。紧接着,他又收到一封电报,电报上说,"你被调往英国另有重用。"

“要接受什么新任务呢?”巴顿冥思苦想,却不得其解,“听天由命吧! 不管什么职务,只要有仗打,我就感到满足了。”他自我安慰道。

巴顿很快来到了伦敦,见到了艾森豪威尔将军。

“巴顿,我猜你可能已经知道我想让你干什么?”艾森豪威尔一见到巴顿就问。

“我确实不知道。”巴顿一脸迷惑。

“巴顿,你将接管我的老部队——第三集团军。”艾森豪威尔变得严肃起来,“它也许将来是世界上最好的军队,但主力部队将在二月或三月才能到达。至于具体任务,将由布莱德雷决定和传达给你。”

之后,布莱德雷交给巴顿两项同时进行的任务:一是接管第三集团军;二是在“坚韧”行动中担任主角,迷惑敌人,干扰敌人注意力,以掩护“霸王”计划。

对于“坚韧”计划的担任情况,巴顿心里十分清楚。说是主角,其实是一个配角,他并不喜欢,他感到心里很难平静,觉得英雄无用武之地。

但不高兴归不高兴,巴顿工作起来照样卖力。“坚韧”计划很快取得了良好的效果。由于巴顿是德军重点注意的目标,德军确认美军主力一定由巴顿指挥,他所出现的地方就是主攻方向。结果,德军留下了整整一个集团军来对付他。可是德军做梦也没有想到,巴顿不在他们主攻的位置,这就为盟军诺曼底登陆作战成功创造了良好的条件。

同时,巴顿开始接管第3集团军。美军投入战争两年多的时间里,第3集团军一直在国内进行着军中训练。他们吃苦耐劳,勇敢顽强,但是缺乏实战经验。

巴顿组建了自己的司令部,并把自己原来在第7集团军的参谋班子调了过来。

针对第3集团军的特点,巴顿一方面训练他们的作战技能,一方面大力整顿作风和纪律,目的是让他们能够打硬仗、打大仗。巴顿认为,纪律至关重要,它能使军人士气高昂,使士兵们能够发挥最大的战斗潜力。于是在整顿作风和纪律方面花了很大的精力。

在巴顿的整治下,第3集团军的面貌焕然一新,士兵们好象是一把把利剑,随时准备刺向敌人的胸膛。

初施“霸王”

艾森豪威尔年纪比巴顿小,军衔却比巴顿高,所以对于他,巴顿有着一种复杂的感情,他们曾经亲密无间,可现在这位朋友越爬越高,已成为自己的顶头上司了,而自己还老要靠他的保护,才能获得一个晋升的机会。

还有布莱德雷,巴顿打心底里不服。他认为,这位昔日的手下没有自己高明,但现在,自己还不得不听布莱德雷的发号施令。“谁叫自己受制于人呢?”巴顿自我感叹道。

正在巴顿垂头丧气,无比灰心之时,“霸王”计划已逐渐成形。4月初,布莱德雷把巴顿叫去看了看作战计划。这多少令巴顿找回了一点安慰,他总算是参与“霸王”计划了——哪怕仅仅是提一点别人最后不一定接受的意见,他心里也觉得好受些。

“霸王”计划的目标明确,登陆的目的在于“在法国大陆夺取并确立一块滩头占领区,然后进一步扩大战斗范围。”

计划规定战役时间为 90 天,至于 90 天以后怎样行动,暂时没有拟定安排。

巴顿和第三集团军在计划中要如此行动：在登陆开始后，15 天至 60 天之间，他们将越过科唐坦半岛登陆，其任务分两阶段：第一阶段占领布列塔尼半岛，控制岛上各港口；第二阶段，扫清布列塔尼的残敌。

　　在登陆西欧的那个将永载史册的日子，巴顿必须留在英格兰担任可怜的骗局主角，而不能亲自指挥一支部队，驰骋疆场。这让他的自尊心再次受到了严重的伤害，他只有苦笑了，惟一欣慰的是，他和第三集团军在计划中总算还有一点作战任务，表明这次战役还有自己的份儿。

　　回到第三集团军司令部后，巴顿又细细琢磨了计划中的不足之处，然后自己设计了一个计划，并称之为"第三计划"，但没有人理睬他的"计划"，于是此计划的命运只是被锁在一个镀金的文件柜里。

　　时间一长，巴顿知道别人不喜欢自己乱提意见，也就不再过问"霸王"计划的对与错了，而是集中精力训练自己的军队。

　　1944 年 6 月 6 日凌晨，诺曼底登陆战役打响了。

　　就在盟军在诺曼底向德军发动猛烈进攻的时候，巴顿却呆在远离战场的英国中部地区，注视着战场局势的变化。炮声隆隆、战事正酣，而自己却不能冲锋陷阵，巴顿心急如焚。

　　艾森豪威尔之所以让巴顿继续呆在英国按兵不动，其主要原因有两个：第一，巴顿在"霸王"行动中的任务不是抢占滩头阵地，而是向内地扩大战果；第二，还要继续实施"坚韧"诱骗计划，来分散德军的注意力。

　　1944 年 7 月 6 日，巴顿接到了前往法国的通知。6 日，对巴顿来说是一个值得纪念的日子。他终于盼来了重返欧洲战场的时刻，他像一位腰缠万贯的游客前往法国去旅游一样投入战斗。他牵着爱犬，挺着胸脯，生气勃勃地来到机场，登上 C—47 型飞机后，翻开随身携带的《诺曼人的征服史》，仔细阅读书中所记述的英国征服者威廉在诺曼底和布列塔尼作战中曾跋涉过的道路，以备在今后的战斗中利用这些道路。

　　盟军在经过 40 天的激战后，并没有达到战役计划第一阶段的计划目标，也没有给巴顿创造出在右翼实施突破的机会。

　　巴顿对局势的发展感到痛心疾首。

　　盟军统帅部此时也感到了局势的严重，便毅然决定采取一轮新的攻势——"眼镜蛇"攻势，用来突破科唐坦德军阵地，攻取阿弗朗什。

　　"眼睛蛇"战役预定于 7 月 24 日开始，但由于气候恶劣，空军对地面的袭击不得不推迟了一天。7 月 25 日，天空晴朗，艾森豪威尔亲临前线督战。上午 11 时，盟军对圣洛西面一块长 5 英里、宽 1 英里的长方形德军防御阵地实施了大规模的炮击和空袭。

　　7 月 27 日，战事迅速发展。美军正以排山倒海之势朝着预定的目标前进。

　　曾为巴顿下级的布莱德雷指示巴顿："你以第 1 集团军副司令的身份，去指挥第 8 军打开布列塔尼的大门，打开之时，就是第 3 集团军投入战斗之日。"

　　巴顿接到命令后兴奋不已，他对布莱德雷的召唤期待已久了。

　　接到命令后，巴顿立即通知海斯利普将军（第 15 军军长）、加菲将军、巴多克斯上校（巴顿的作战处处长）和哈蒙德上校（巴顿的通讯主任），4 人一齐来司令部，于是他们 4 人立即驱车前往第 8 司令部。

　　7 月 27 日晚，巴顿看到德军仍据守着一块残缺不全的阵地。美德战线犬牙交错，第 8 军的先头部队离阿弗朗什还有 40 英里之遥。影响第 8 军在北面取得进展的主要问题是道路上的障碍,而不是德军的抵抗。

巴顿便决定以坦克冲锋在前、步兵推进在后的战法,取代其步兵在前,坦克在后的传统模式。

7 月 29 日凌晨,第 6 装甲师穿过第 90 师,阵地沿佩里埃—库坦塞斯公路南下并占领了库坦塞斯。

巴顿没有在自己创造的奇迹面前沾沾自喜,他命令部队继续向南进攻,占领河流和渡口。1944 年 7 月 31 日,两个装甲师顺利完成任务,并夺取了塞纳河上的两个水坝,防止德国毁坝放水,至此,布列塔尼门户洞开,注定要被盟军占领。

擅自下令

为了给德国人来一个突然袭击,艾森豪威尔决定:第 3 集团军暂时不使用自己的番号,也暂不使用新肩章和标志,并对外界严格封锁消息。

所以,当巴顿领着第 3 集团军狠狠打击德军的时候,希特勒还在询问他的情报部门:"巴顿在哪里?"

对巴顿来说,1944 年 8 月 1 日是具有重大意义的一天!第三集团军全力投入了战斗,巴顿本人也完全独立指挥作战了。

这时,诺曼底的战局仍旧混乱不堪,前线拉得就像一条弯弯的长蛇,盟军有 100 万的兵力圈集在这里,德军防线上的缺口被拉得越来越大,虽然抵抗仍很顽强,但有效的防御和反击已无法组织起来。

在这样急剧变化的形势下,第 3 集团军的第一个任务仍然是"霸王"计划中规定的布列塔尼,夺取半岛上的港口。

巴顿认为,此时夺取港口的意义已不如霸王战役先前预料的那么重要了。因为希特勒改变了主意,准备放弃布列塔尼,并撤出了这里所有的机动部队,把他们布置在盟军进攻的方向,准备进行正面的抵抗。

干是,巴顿建议修改战役计划,把主攻方向向左大转弯,将德军挤到塞纳河边的一个大口袋里,然后再来个瓮中捉鳖。至于攻打布列塔尼,只需留一个军就行了。

布莱德雷没有接受巴顿的建议,巴顿却得到了艾森豪威尔(此时已成了盟国地面部队的总指挥)的支持。有他撑腰,巴顿决心按自己的想法干下去。

8 月 1 日下午,第 3 集团军按巴顿的计划投入了战斗。对原来的主攻目标布列塔尼,巴顿只派了第 8 军去完成,并限定他们在 5 天内拿下布列塔尼南端的布雷斯特。他认为,"布列塔尼的敌人已不堪一击。5 天时间拿下来,应该绰绰有余。"

为此,巴顿还和持怀疑态度的蒙哥马利打了一个赌,赌注 5 英镑。巴顿认为自己赢定了。

当天,巴顿亲自指挥第 8 军,如猛虎下山一般,直扑布列塔尼。但是,第 8 军军长再次把装甲兵放在步兵后面,根本就发挥不出优势。巴顿无法容忍这种做法,又把他的部署颠倒过来,让装甲军打前锋。

第 6 装甲师师长的战术观点同巴顿一致,巴顿派他孤军直捣 300 公里外的布罗斯特。师长欣然受命,马上行动起来。

这时,布莱德雷来到了第 8 军司令部,军长马上诉苦道,"我手下的 2 万士兵有可能陷入包围和孤立之中,面临全歼的危险。"

听完汇报,布莱德雷也被巴顿冒险的战术行动惊呆了,对巴顿的一意孤行他感到震惊:"这个混蛋!只知道冒险,根本不管战术的重要和集体的配合行动,为了追逐个人名利,他不顾一切地命令部队向前冲,甚至不考虑整个战役。"

于是,布莱德雷下令让第6师立即集合,原路返回。第6师师长气急败坏,但也没有办法,只有遵命行事。

8月4日,怒气冲冲的巴顿出现在6师师长面前,咆哮着:"这是谁的混账主意?"

"是布莱德雷和军长的命令,将军。"

"我告诉你,从现在开始,任何让你停止前进的命令你都不要理会,除非是我下的。你马上向布罗斯特前进,剩下的事由我来处理。"巴顿大叫道。

于是,第6装甲师立即行动起来,马不停蹄地赶往布罗斯特。但是,就在他们撤退时,让德军获得了喘息的机会,防御加强了,后来,美军不得不花10天时间,才拿下它。

同时,在巴顿解除了来自军长的干预后,第4装甲师也迅速占领了一些地方,为全歼布列塔尼的敌人创造了条件。

巴顿的集团军情报队在这种"飓风式"的作战行动中,发挥了重要的作用。这支情报队被称为"禁卫骑兵队",他们经常绕过正常渠道,直接向集团军情报所汇报一些重要的情报。所以,巴顿的每一次行动并非盲目冒险,而是以这些准确的情报为后盾的。

战斗进行到此时,美军的主要任务是向东推进,进入欧洲腹地,巴顿的价值再一次被布莱德雷发现了。

这时,布列塔尼在战略上已毫无意义。巴顿把这盘剩菜交给了第8军去收拾,自己则把目光投向了更为遥远的腹地。

巴顿的心中充满了豪气,因为一个在法莱斯围歼德军的计划已经在他心中形成。

坎梦难圆

在英美军队的夹击之下,德军两面受敌,力不从心。它的右翼开始溃退,出现了一个巨大的缺口,机不可失,巴顿立刻调动他的装甲部队迅速插进,长驱直入,第15军攻占了勒芒,与友邻部队一起,对勒芒以北法莱斯地区的德军形成了合围之势。

这令巴顿欣喜若狂,因为他有可能在法莱斯地区圆一个梦,一个重现坎尼之战的梦。公元前26年的坎尼(现法国境内),迦太基的汉尼统帅同数倍于己的罗马军团相遇。他运用中路控制,两翼迂回的包围战术,全歼了对手,创造了战争史上一个空前的奇迹。从此,作为辉煌的战役典型的坎尼之战,激励着一代又一代的军事家。

巴顿认真地思考着如何去获得该种荣耀,这时,他突然得到了一份令人难以相信的情报:德军将在莫尔坦地区进行大规模的反攻。

稍有军事常识的人都知道,在盟军绝对优势大举进攻之前,希特勒似乎只有两种选择,要么全面撤退,要么收缩战线,但对战争狂人希特勒,可不能用常理来推断。

希特勒发现盟军(其实就是第3集团军)进展迅速,战线太长,侧翼完全暴露无遗,所以才想出了莫尔坦反攻计划,他决心利用这个空前绝后的良机,全面扭转战局,切断布列塔尼的美军后路,一举歼灭。

巴顿分析了得到的情报，发现德军投入这次反攻的只有严重缺编的四个师，不足为患。因此，他对德军不屑一顾，一面用三寸不烂之舌对付布莱德雷的警告，一面继续在他那分散的战线上展开作战行动。

1944 年 8 月 7 日，德军的反攻开始了，并取得了初步的战果。布莱德雷迅速而冷静地稳定了局势，但德军并不死心，又发起第二次攻势，结果又遭到美军的迎头痛击，其反扑彻底失败了。

德军把赌注压到了莫尔坦战役上，满以为此次反攻会成功，而巴顿根本没把他们当回事，继续做他的坎尼之梦。按他的命令，第三集团军利用德军发动正面进攻之机，对德军实施了包围。还有两个人和巴顿一样，做着相似的坎尼之梦：一个是蒙哥马利，另一个是布莱德雷。

最后，三个人经过研究，决定对德军来个关门打狗，瓮中捉鳖。

8 月 9 日，巴顿接到了布莱德雷的命令后，当即向 15 军下了一道具有历史意义的命令：将德军赶至巴黎和里昂之间的塞纳河边，并将德军歼灭于战斗前沿。

但人算不如天算。二千多年前的汉尼就曾指出：机遇和不可捉摸的人为因素往往制约着战争的胜利。不幸的是，在巴顿欲圆坎尼之梦的日子里，他同时遇到了这两个不利的因素。

第 15 军军长接受了巴顿的指令，于 9 日当天就开始了进军。这时，"自由法国"的第二装甲师被编入了第三集团军，8 月 11 日，美法军队向前推进了 15 英里，离阿让唐只有一半的路程了。

这时，德军突然发现有被盟军合围的危险，就停止了向莫尔坦反扑，将装甲部队向阿让唐方向紧急调动。

巴顿宣布，8 月 12 进攻的目标就是阿让唐，此时，阿让唐已乱成一锅粥，法军防线薄弱得不堪一击。

但是，8 月 13 日下午，布莱德雷下命令给巴顿，"不管出现什么情况，第 15 军不得超越英美军队在法莱斯——阿让唐一线的战区分界线。"

巴顿非常恼火，因为这意味着，虽然阿让唐垂手可得，他的部队却要原地踏步，毫无作为。他不明白一向精明的布莱德雷，为什么在关键的时候要下这么一道愚蠢的命令，于是，他打电话给布莱德雷，想说服其收回成命。

其实，布莱德雷也有自己的苦衷：首先，他得顾全大局，照顾英美两军的团结。因为如果巴顿继续前进，那么整个法莱斯将成为美军的囊中之物，而蒙哥马利也梦想着这个结果。其次，布莱德雷是稳健派，他怕美军被德军拦腰截断。第三，越过阿让唐就是盟军的轰炸区，他怕又出现"眼镜蛇"战役中，飞机误炸自家人的惨剧。

面对巴顿的请求，布莱德雷同艾森豪威尔商量。艾森豪威尔本来就想将德军围歼，但看到巴顿如此孤军深入，也被想象中的危险吓住了，于是，他同意了布莱德雷的主张，马上签发了"停止前进"的命令。

巴顿的请求被彻底否定了，他只能在阿让唐阵地上，无所事事。

即便如此，美军仍有机会痛歼德军，可是，根据英方的情报，布莱德雷错误地认为，法莱斯——阿让唐的包围圈中德军主力已经逃出重围，于是，8 月 14 日，布莱德雷又发布了一道错误的命令，命令只留两个师在阿让唐，主力部队则转向东北方向追击德军，这样，一个大好机会又被彻底葬送了。

直到 8 月 19 日，美军才发现，德军 12 个师还在包围圈中。但是由于此时此地美军兵力不足,包围圈的袋口无法扎紧,使得4万多名德军成功地突围出去了。

现代坎尼之梦终究还是一个梦,巴顿也只有空悲切!

重兵围歼

1944年8月14日,巴顿和他的第3集团军,在法国正式参战已经两个星期了,在这期间,他们向东推进了150英里,解放了大片法国领土,巴顿自豪地宣称:"第3集团军比历史上任何其他的军队都前进得更快、更远。"

但是,巴顿和他的第3集团军一直被"保密处理"。于是,所有各级的战报和新闻报道中,找不到关于他们的一点点记载。他们取得了伟大而辉煌的胜利,荣誉和桂冠却戴在别人的头上。

"这儿还有一点公平可言吗?"巴顿禁不住发出了呐喊,虽然他对功名不怎么在乎,但手下的士兵们怎么想呢?

这时,布莱德雷也有些过意不去了,请求艾森豪威尔对第3集团军解禁,却遭到了拒绝。

"巴顿给我找了这么多麻烦,让我可怜的脑瓜上只剩下了几根白头发,让他们再多干些时,再上头条新闻吧!"艾森豪威尔说。

巴顿的拥护者们却等不及了,他们强烈呼吁给巴顿应有的荣誉。

1944年8月15日,艾森豪威尔没有办法,只好举行了一个记者招待会,向全世界宣布:"第3集团军一直在战斗指挥他们的就是巴顿将军。"

很快,西方世界各大报纸的头条新闻都出现了巴顿的名字。

第3集团军在世无仅有的赞扬声在,继续大踏步前进了,根据巴顿的计划,他们应以最快的速度向塞纳河挺进并向东直取巴黎。

想象中的前景十分美好,但实际上还存在着许多没有预料的问题。因为第3集团军几乎是不费吹灰之力地大踏步前进,基本上没有进行什么真正的战斗。所以,德军的有生力量并没有被消灭,仍然有能力组织反扑。但是,巴顿仍然按自己的战术思想去指挥部队,继续大踏步地前进。

很快,第3集团军的装甲部队实施了胜利大进军,打通了通往巴黎的道路,并从三面对巴黎形成了半圆形包围,解放巴黎指日可待。

这时,包围巴黎的任何一个军出击,都可以轻而易举地占领巴黎。但艾森豪威尔却在犹豫,因为他有自己的考虑:一来法国戴高乐将军的民族主义情绪很浓;二是盟军后勤供应压力过大;三是由于德军实际已放弃巴黎,占领已没有什么实际意义。

8月16日,布莱德雷向巴顿下命令:第3集团军继续向塞纳河全速推进,粉碎德军逃跑的企图。

这就是说,进攻巴黎与第3集团军无缘。巴顿大失所望,但又无可奈何。

8月17日,巴顿的第15军从德勒向塞纳河推进了25英里,强占了芒特。在西欧一望无际的原野上,巴顿的装甲部队好像插上了双翅,风驰电掣般地向前狂奔。德军兵败如山倒,一溃千里,第7集团军、第5装甲军的残部以及从诺曼底、法莱斯等地溃退下来的部队抱头鼠窜,纷纷退缩至莱德利和奎恩之间的塞纳河的渡口附近。

为了抓住这一有利时机,实现对德军的最后包围,布莱德雷果断地下令:巴顿的第5装甲师立即沿塞纳河左岸调头向北,直奔卢维耶,第19军则冲向埃尔本夫。

17日夜里,芒特地区狂风大作,巴顿率领第3集团军各军迅速投入了战斗。

到8月下旬,德军拼命地往东撤退,潮水般地向塞纳河对岸涌去。但由于巴顿的迅速出击,占领了塞纳河上的大部分渡口,使德军重武器、车辆的撤退严重受阻。结果,在奎恩的南面和西面的两大转折处,挤满了等待过河的德军辎重和车辆。盟军空军趁机对这两个地区实施大规模空袭,给德军造成了灾难性的损失,炸死炸伤数万人,击毁各种军车4000余辆,其中包括200辆坦克。

这次围歼战打得干净利落,十分精彩。巴顿的果断指挥和第3集团军的神速推进,对战役的胜利起了关键作用赢得了军事专家和各国舆论界的一致赞扬。

但是,在成绩面前,巴顿没有沾沾自喜。他盯着作战地图,目光越过塞纳河,指向远方的德军心脏地区。一个更加宏大的进军计划在他心中形成。

突破西壁

巴顿想出了一个"必胜的计划"。它的主要内容是:用第3集团军3个军的力量快速渡过塞纳河,向东挺进,穿过德军空虚的"齐格菲防线"(又称"西壁"),直抵莱茵河;而后直捣柏林,争取在秋天彻底赢得欧洲战争的胜利。

布莱德雷基本上同意了巴顿的计划。但此时,由于蒙哥马利和布莱德雷在选择"一路突击"还是"两路进攻"的问题上发生争执,艾森豪威尔被迫要在两个截然不同的计划中选择一个,所以举棋不定。

巴顿本来是主张"一路突击"的,但在听了布莱德雷的解释以后,他忙改变了主意,和布莱德雷站在了一起。因为国家利益高于一切,巴顿毫不糊涂:"一路突击"代表的是英国的利益,而"两路进攻"代表的是美国的利益。

布莱德雷决定,军队首先得越过塞纳河去。于是,第3集团军又要开始跨越塞纳河投入战斗。但是,糟糕的情况出现了。艾森豪威尔却选择了蒙哥马利的"一路突击"计划:蒙哥马利在北路主攻,巴顿在南路实行辅助。因而,第3集团军的后勤供应(主要是汽油)将被大幅度削减。

巴顿心中的愤怒无法对人言说。虽然第3集团军也有进攻任务,但汽油供应减少,他便不能发动大规模的攻势。

8月底的形势对盟军极其有利。巴顿决定,即使没油,也要大踏步前进。8月28日晚,巴顿的部队已接近默兹河,正当他准备一举杀过默兹河,直捣"西壁"时,原先计划拨给第3集团军的汽油被调给了蒙哥马利,一些部队因为缺油被迫停止了前进。

巴顿在无计可施的情况下,重演了第一次世界大战期间他率领坦克部队在极端缺油的情况下继续战斗的一幕。他命令将所有的汽油都用于1/4的坦克,以便发起进攻。他登上第一辆坦克,亲自指挥,命令装甲部队迅猛向前冲击,越过默兹河,直至将油用完为止。这是一种冒险行为,如被德军发现进攻部队已无油,那将遭到灭顶之灾。当晚,巴顿的先头部队有大半在凡尔登和康麦斯两地越过了默兹河。

巴顿下令他的后勤处长想方设法去弄汽油。对于那些"不正统"的做法,巴顿默许、甚至鼓励。他甚至给偷油最多的士兵放三天假。他自己也是个揩"油"高手,常常只带一点汽油去布莱德雷的司令部,临走时不忘把他的油箱加满。

这样,第3集团军居然从各种渠道弄到了40多万升汽油,巴顿兴奋之极,命令先头部队继续向莱茵河和西壁前进,能走多远算多远。

但是,艾森豪威尔再一次限制了第3集团军的攻势,巴顿没有办法,只好就范。

同时,希特勒调兵遣将,"西壁"不再有名无实,它成了横在盟军前进路上的一堵高墙。

1944年9月4日,艾森豪威尔突然改变了主意,不再约束巴顿的行动,命令他迅速突破"西壁",并向法兰克福挺进。实际上,战场的实际情况比艾森豪威尔的想象慢了半拍,这样一来,第3集团军要完成作战任务,就多了许多障碍。

9月5日,第3集团军进入了洛林地区,它的对手是德第1集团军。这也是德军在这一地区最坚固的防线。进攻很不顺利,德军的守势很严密。

第3集团军陷入了苦战时,布莱德雷却找到了德军兵力空虚的地段,他大胆地命令第1集团军迅速插向"西壁",并占领了莱茵河渡口。

这一行动不仅粉碎了德军的反攻,而且对打破僵局起了推动作用。以后的事,就成了第1集团军和第3集团军的竞赛。

巴顿下令:无论哪位士兵,只要他能成为盟军第一个进入"西壁"的人,就可以连升数级,直至营长。

9月中旬,天气开始转冷,第3集团军的战区内阴雨绵绵,他们不得不在雨水和泥泞中奋勇前进,不久,第1集团军输掉了这场竞赛,倔强的巴顿并没有气馁。10月第3集团军奉命再次发起了攻势,目标是渡过莱茵河。

但是,瓢泼的大雨仍下个不停,道路泥泞不堪,河水猛涨,士气低落。巴顿决定用他特殊的语言鼓舞士气:"莱茵河近在眼前,如果我们勇猛地进攻,迅速插入敌军防御空虚的地点,那么,在我们到达莱茵河之前,结束战争的可能性就很大。因此,我们在进攻时,一定要拼命。前进!前进!再前进!"

11月8日,雨过天晴,战斗开始。盟军飞机紧急出动,向着敌军指挥所和阵地一通狂轰滥炸。随后,装甲部队神兵天降,如入无人之境。

巴顿兴奋地大叫:"如此痛快淋漓地追杀,我他妈的简直要为德国杂种感到悲哀!"

12月中旬,第3集团军终于突破了"西壁"。至此,盟军在两条战线上均成功突破"西壁",进入德国的心腹地区。

作嫁他人

就在人们以为胜利为期不远时,德军又一次在阿登发动了猛烈的反攻。希特勒想在这里再创造一个奇迹,以挽回失去的优势。

为了此次反攻,希特勒集中了25个师的兵力,同正面作战的盟军相比,它有较大的优势,而且盟军的疏忽,使希特勒有机可乘,此时阿登地区兵力薄弱,盟军最高司令部和各前线指挥员都不加重视。

对于德军即将发动的进攻,巴顿是高度警惕的。

12月13日,巴顿曾向布莱德雷发出警告,并提醒他:"在第8军的正前方,德军在数量和质量上都处于优势,而且还在不动声色地集结部队。"

巴顿的估计没有错。12月17日天刚破晓,德军对阿登山区的反攻开始了。5时30分,迷雾重重,德军2000门大炮一齐向第8军阵地猛烈轰击,大地震动,火光冲天。紧接着,德军3个满员的集团军,20万大军,在龙德施泰特元帅的统一指挥下,发起了大规模进攻,步兵跟在装甲车后面,潮水般地向美军第8军扑来。面对茫茫迷雾,从睡梦中惊醒的第8军阵脚大乱,无法组织有效的抵抗。德军的进攻突然且凶猛,第8军告急。

12月18日下午,布莱德雷召集巴顿去他的司令部召开紧急会议。

此时,德军已经在阿登地区突破了一个巨大的缺口,美军整个防线面临垮掉的危险。

不用多说,巴顿已明白自己要做什么,他必须停止自己的进攻,帮助布莱德雷度过此次危机,于是,他当即表示抽调3个师支援。

12月19日,艾森豪威尔在高级军事会议上决定:为解除阿登危机,盟军最少应以6个师的兵力向德军发动强有力的反击,巴顿担任这一行动的总指挥。

"巴顿,你什么时候可以行动?"艾森豪威尔问道。

这是巴顿一生中最受赏识和最光荣的时候,他肩负起了拯救危难中的美军的责任。他满脸坚毅,斩钉截铁地回答:"12月22日,只要3个师!"

会场上出现了骚动,有兴奋的,也有怀疑的。艾森豪威尔提醒他:"巴顿,别胡闹,这儿不是开玩笑的地方。"

"我没有胡闹,艾森豪威尔!请你相信我,我已经作好了一切必要的安排。"巴顿信心十足的说。

艾森豪威尔仍担心巴顿的兵力不足,就立即决定抽调第101空降师给第3集团军。

会后,艾森豪威尔亲自把巴顿送出大门。艾森豪威尔最近刚被提升为上将,"真有意思,巴顿,我的肩上每加一颗星,就要遇上敌人的一次进攻。"

"当你每一次遇到进攻时。"巴顿目光炯炯地看着艾森豪威尔,"我就会出现在你面前。"

巴顿以惊人的才干,在三天时间里,让第3集团军的作战方向来了大转变,并作好了一切准备工作。

12月22日早晨6时,美军在阿登地区向德军发动了进攻。

由于第3集团军的英勇作战,到1945年1月中旬,巴顿掌握了战场主动权,德军的进攻已是强弩之末,围歼德军的时刻已经到了。1月16日,巴顿命令部队从南北两路全速向赫法利策推进,夹击德军,拦腰折断德军的突出部队,在法赫利策会师,力图尽快结束阿登战役。23日,美军攻占圣维特。27日,第3集团军的前锋已抵达乌尔河。29日,巴顿召开记者招待会,宣布阿登战役以美军彻底胜利而结束。

阿登战役后,艾森豪威尔决定,发动一次全线出击的大战役,给德军以致命的一击。

根据艾森豪威尔的作战计划,巴顿于1月29日命令第3集团军4个军4个师的兵力部署在摩泽尔河、索尔河和奥尔河一线,准备在2月6日发动进攻,一举摧垮从萨尔劳藤向北至圣维特之间的"西壁"防线,巴顿的第一个攻击目标是比特堡。但就在巴顿即将发动进攻时,他又接到艾森豪威尔的命令:第3集团军不得采取任何行动,原地待命。

2月6日,艾佛尔战役打响了。

艾佛尔战役结束后,巴顿指挥的部队被特里尔城挡住了去路。特里尔是德军在该地区的军事要地,地形复杂,易守难攻。巴顿决心一口吞掉这只拦路虎,作为艾佛尔战役的额外补充。但此时巴顿遇到了两个难题:一是兵力不足;二是没有得到上级的批准。

巴顿决定抗命不从,他对部下说:"让我们袖手旁观,等待战争结束,这多么愚蠢而不光彩,我们决不会干这种傻事。"

巴顿决定在艾佛尔发动攻势,阻击德军撤退,同蒙哥马利一决高低。1945 年 2 月 6 日,艾佛尔战役打响了。3 月 1 日,巴顿攻下了特里尔城。

这时,巴顿和蒙哥马利开始了一场究竟"谁先渡过莱茵河"的激烈较量。为了抢在蒙哥马利之前渡过莱茵河,巴顿马不停蹄,以风卷残云之势夺取了科布伦茨。这时,他同蒙哥马利一样都来到了莱茵河边。

其实,蒙哥马利早就强攻到了莱茵河边。由于过分谨慎,他精心制订了一个"劫掠"计划,准备在 3 月 24 日正式发起进攻。

但根据情报分析,巴顿知道德军马上就要土崩瓦解,根本没有什么战斗力了。于是,就在 3 月 22 日晚 11 时,不等艾森豪威尔批准,巴顿就下达了渡河命令。德军的抵抗极其虚弱。到 24 晚,整个第 12 军都过了河,巴顿得意洋洋地对布莱德雷说:"我要让全世界的人都知道,第 3 集团军抢在蒙哥马利之前渡过了莱茵河。"

比蒙哥马利早 24 小时渡过莱茵河,是巴顿军事生涯最辉煌的时刻。对第 3 集团军来说,大规模的激烈战役就此结束了,接下来的就是追击余寇。

1945 年 4 月 30 日,希特勒自杀。5 月 8 日,德国正式宣告战败投降,5 月 10 日,巴顿发出了停止战斗的第 98 号命令。

在解放欧洲的战争中,巴顿和第 3 集团军留下了的奇迹般的记录。巴顿的指挥才能和军事领导艺术,在他率领第 3 集团军英勇作战的过程中表露无遗。

耳光事件

1943 年 8 月 3 日,巴顿来到医院。他在帐篷里亲切友好地同伤员们谈话。

巴顿心情愉快地正要离开医院时,突然看到一个大约 24 岁的小伙子,趴在包扎所附近的箱子上。他的身上没有一条绷带,显然没有受伤。

巴顿回头看看帐篷内伤势严重、浑身是血的伤员,再回头看看这位士兵,强压怒火走上前去。

"你他妈的在这儿晒太阳享受吗?为什么不上前线?"巴顿问道。

"我觉得自己忍受不了。"士兵倔强地回答。

"你妈的胆小鬼!"巴顿气势汹汹,一个耳光飞了过去。士兵往后跌倒在地,巴顿又抓住他的衣领,将他踢出了帐篷。

"不要你这个狗东西,我不许像你这样的胆小鬼,在军队败坏我们的荣誉!"巴顿怒火冲天,大声喊叫,"中校,马上审查这个人,把他送回前线。"

士兵还躺在地上,巴顿用手指着他:"听到我的话了吗?你要回前线去,马上,混蛋!"

在场的医护人员感到极度震惊。实际上,这个士兵发着高烧、慢性腹泻、患有痢疾。

这就是巴顿的脾气,对于那些临阵脱逃、胆小怕死的士兵,他冷酷无情,恨之入骨。他在日记中写道:"如果让士兵们认识到,患了所谓战斗疲劳症的人大部分都想偷懒,他们就不会给予同情了。那些说自己患了战斗疲劳症的人,是在逃避危险,而让那些勇敢的人去面对更大的危险。"

暴躁的巴顿犯下了一个巨大的错误。

好在士兵没有上诉,医务人员也认为将军的失态情有可原,于是这件事就没有再追究下去。巴顿也没有把它当回事,还向高级军官们发了一份备忘录,要求对那些不愿意打仗的人,要以临阵脱逃罪送交军事法庭审判。

一周以后,由于战场上出现了难以预料的困难,巴顿的神经再一次接近崩溃,第二记耳光又在另一医院打响了。

这一次,巴顿打的是职业兵保罗,保罗是名勇敢的战士,但在一次炮战中,当他看到自己最好的朋友被炮弹炸得七零八散、脑浆横飞之后,他的精神几乎完全崩溃。从此,他陷入了深深的恐惧和焦虑之中,无法自拔。医护人员非常同情这名可怜的士兵,所以,当他被巴顿的耳光打倒在地时,他们都异常愤怒。

军医长把这件事告到了艾森豪威尔将军那里。

权衡利弊之后,艾森豪威尔将军决定封锁消息,于是他向军医长解释道:"如果此事传出去,巴顿在战争中服役的机会就会失去,但巴顿是我们赖以取胜的关键人物之一,我别无选择。但我保证,绝不会让这样的事情在巴顿身上再发生。"同时,艾森豪威尔将军以个人的名义给巴顿写了封信,狠狠地责骂了他一通。

巴顿也意识到了问题的严重性,他认真执行了艾森豪威尔的命令,把被打士兵和所有相关人员都召集到了司令部,诚恳地表示歉意。他解释说:"我的本意是为士兵好,是为了帮助士兵恢复英勇的斗志,只是一时心太急,有点失态。"

大家原谅了巴顿将军,巴顿以为可以轻松一下了。但此刻的形势对他极为不利,因为随军的记者们知道了此事,他们对美国将军殴打士兵的行为极为愤怒,要求艾森豪威尔将军将巴顿送交军事法庭。

为了保全巴顿,艾森豪威尔将军不得不同记者们开诚布公,求得他们的谅解,他对记者们说:"在追击敌人和开拓局面时,我们需要一往无前的指挥官。倘若把此事张扬出去,巴顿有可能要离开部队,那么,对于整个军队来说,将是一种损失。"

最后,记者们与盟军最高司令部达成协议,同意"忘掉"这件事,严格封锁消息。

1943年10月,巴顿顺利地晋升为陆军上将,亚历山大将军也建议让巴顿指挥第5集团军,一切似乎表明打耳光事件已经了结。

但更大的风波在后头,美国国内已掀起了轩然大波。

"应当将巴顿赶出军队,如果一个军官连自己也不能控制,那么他指挥一个连都不配,更不必说指挥一个集团军了。"有些记者说。

"远征军士兵都是美国人,不是我们的敌人,如果虐待我们的士兵,那咱们不如请希特勒来!"又有记者说。

但美国陆军部最高领导层在这个问题上的立场却是一致的:巴顿必须参战,因为没有人能代替他,但同时,巴顿必须改过自新。

艾森豪威尔将军非常关心巴顿的命运,他说:"我们必须记住,虽然巴顿的行为不可原谅,但是他亲自支持、鼓舞士兵,并在物质上帮助士兵,这方面的事情又不胜枚举,这又该怎样解释呢?"

最后,经过马歇尔、艾森豪威尔将军的不懈努力,巴顿终于保住了军旅生涯,得以继续驰骋疆场。但巴顿火暴的脾气却一生也没有改变。

缺乏自律

1944年,在"霸王战役"中当配角的巴顿霉运高照,差一点把自己的前途彻底葬送。

当时,为了给初次参战的士兵打气,他进行了煽动力极强的演讲。他要士兵们迅猛地、凶狠地、不留情面地对待敌人,甚至说可以"杀死那些愚蠢的敢于和我们对抗的老百姓。"

巴顿本来是想用这些夸张的话语给士兵们鼓气,没想到却给自己招惹了麻烦。就在他发表演讲之后,他带的这个师,连续发生了屠杀德国战俘的事件。英美两国的战地记者都报道过此事。

知道这些恐怖的消息后,布莱德雷马上责问了巴顿,但巴顿却认为,这些新闻记者危言耸听。

布莱德雷对此事做了调查,有两名军官被接受审判。他们在答辩时,把巴顿硬牵扯进来。他们说,巴顿曾经告诉他们:"如果我们离敌人很近了,他们还在抵抗,那他们就得送命。"

有关对巴顿的指控,美军陆军部非常重视。于是,派监察官员从华盛顿赶到英国,就这项指控进行了专门调查,巴顿这才意识到了问题的严重性,煞费苦心地为自己准备了辩护词,认为两位被告有意曲解他的话,混淆是非。

调查的最后结论是:巴顿与屠杀战俘事件无关。

巴顿从这件事中吸取了很大的教训,在很长的一段时间里,巴顿那张爱惹事生非的嘴不怎么说话。但没过多久,那张嘴又给他带来了第二件麻烦事。

4月25日,他在一个开幕式上作了一个简短的发言。刚开始,他还管得住自己,讲了一些无关痛痒的话,但后来不知不觉就扩大了话题。他说:"毫无疑问,统治世界是英国人和美国人的神秘使命,当然也还有俄国人。"

这最后一句话,差点把巴顿赶回美国老家。第二天,美国出版协会没有征得巴顿的同意,就发表了巴顿的讲话,并且删去了"俄国人"三个字。

这一下引起了轩然大波,华盛顿的一些报纸批评巴顿是"说错话的头号人物"、"难以调教的孩子"。

巴顿对于发生的一切感到既气愤又委屈,同时又有一点恐慌。他感到自己像一条小船,处于一片汪洋大海中,只能毫无作为地坐在那里,等待命运的捉弄。

对巴顿,艾森豪威尔将军的态度也非常矛盾:一方面,他不想因为一件小事而丧失了一员虎将;另一方面,他又怕巴顿还会继续惹出什么乱子。

艾森豪威尔把巴顿召到了办公室里,语重心长地对他说:"巴顿,尽管由于你的轻率,造成了很坏的影响,但我还是尽了最大的努力保住了你。我这样做,完全是因为我相信,你是一个好指挥官。但这是最后一次了,你如果再出错的话,我也爱莫能助了。"艾森豪威尔将军说。

巴顿感动得热泪盈眶。他终于有机会继续留在军队了。

但巴顿并没有把教训记在心里,最后,还是这张不负责任的嘴毁了他。

晚年失意

西欧战场的战事结束了，枪炮声也停止了，这使巴顿感到有些失落，有些茫然。和平的到来意味着职业军人的辉煌成为永久的过去。巴顿不愿意接受平静的生活。

他在给妻子的信中写道："我热爱战争和振奋人心的事。和平对我来说，将是一座地狱。"

巴顿急不可耐，数次写信给参谋总长马歇尔将军，表达了自己愿意飞赴远东作战的急切心情。"哪怕只给我指挥一个师，我也心甘情愿！"

1945年5月20日，巴顿得到了明确的答案：他要求去远东参战的请求没有得到批准。于是他满腔的期望一时间化成了泡影。

不久，巴顿似乎又有机会重返战场。艾森豪威尔告诉巴顿，由于南斯拉夫铁托的势力在巴尔干地区迅速膨胀，美国欲派巴顿带领一支军队在意大利的北部遏制。

欣喜若狂的巴顿花了两天时间做好了准备。更令他高兴的是，第7集团军第15军也计划归巴顿指挥。

后来，命令突然被取消了，因为驻意大利的盟军总司令不想让巴顿进入意大利的势力范围。因为巴顿的鲁莽、倔强、不顾后果，以及"打耳光事件"的阴影，使他对巴顿采取了避而远之的态度。没有办法，巴顿只好喝下了自己酿造的苦酒。

巴顿产生了严重的失落感，思乡之情油然而生，他决定回国休假。

失意的巴顿回到美国，但美国人民则把他当作凯旋归来的英雄。6月7日，当佩带着24颗闪闪发光勋章的巴顿，乘坐的飞机在波士顿一着陆，便受到热烈的欢迎。在灿烂的阳光下，金色的马萨诸塞州州旗在微风中飘扬，100多万人排成长达25英里的队伍夹道欢迎巴顿将军。鲜花、彩带和欢呼的人群，很快又使巴顿那颗破碎的心振作起来。

但巴顿马上又发现，美国流行的和平思潮和自己好战的性格，发生了强烈碰撞。问题出现在巴顿在各地的演讲中。

在巴顿的演讲中，他的军人风度和英雄威武的姿态，给听众留下了良好的印象，有时，巴顿也显得极为谦逊。在洛杉矶市演讲时，他抚摩着胸前的绶带说："勇士们赢得了勋章，只不过由我们这些人佩带罢了。"说完，他热泪盈眶，不能自己。

但更多时候，巴顿总是用他战时那种激昂颠狂的情绪，来解释他那种充满杀气的思想和主张，好像一个好战分子在进行战争动员。巴顿在一次演讲中说道："人们普遍认为，只有在战场上牺牲的人才能算是英雄，但我倒认为，那些在战场上送了命的人往往是大傻瓜！"

此言一出，舆论哗然，巴顿又不得不出面向烈士的父母公开道歉，才算把此事解决完，他那些过激而不妥的讲话引起了人们的强烈不满。"战争英雄"的形象蒙上了一层厚厚的阴影。

马歇尔将军和艾森豪威尔将军，十分清楚巴顿的老毛病，在得知巴顿演讲造成西方国家和苏联之间的矛盾后，他们异常愤怒，几乎认为巴顿患有精神分裂症。尖锐地警告他："请你行为检点一些，闭上你的臭嘴！"

为了缩短巴顿在美国停留的时间，也为了恢复他的自信心和自豪感，艾森豪威尔给了巴顿一个驻巴伐利亚军事行政长官的职位，并催他尽快上任。

巴伐利亚是德国纳粹主义的诞生地,有许多棘手的问题需要处理。在那里巴顿还要第一次与社会主义苏联直接打交道,所以,巴顿对这一任职十分厌恶。他生平只知道打仗,他认为上战场就像参加有奖比赛,极富刺激性。他只热衷于战争,而对管理工作却十分陌生,对于政治更是极少考虑。因此,巴顿在巴伐利亚任职期间便惹出了许多致命的麻烦,从而导致他政治生涯的彻底完结。

战神归位

1945 年 10 月 2 日,美国《纽约时报》等具有重要影响的报纸,以头版头条的大字刊出,盟军最高司令艾森豪威尔将军免去巴顿将军第三集团军司令之职。

为了给这快被遗弃的英雄挽回点面子,美军最高司令部任命巴顿为第 15 集团军司令。

此消息一出,社会舆论反应强烈。《华盛顿邮报》这么评论道:巴顿将军这一不同寻常的职务变更,让每一个崇拜英雄的美国人都感到失落,他们不会忘记他的辉煌业绩,然而,这也许是一种比较妥当的安排,乔治·巴顿将军是本世纪当之无愧的最伟大的军事将领之一;然而,他的性格、所受的训练和战争的经历,使他不适宜担任和平时期的行政长官。

面对这次变更,巴顿本人则保持着一种异样的沉寂,他心里最清楚自己的脾气,要成为言行谨慎的政治家是不可能的。在长期的军事生涯里,因为自己任性的脾气、不负责任的言词,使他招致了多方面的攻击,甚至差点结束军旅生涯。现在,战争已经结束了,这意味着军人巴顿已不再必不可少,甚至牺牲他也无所谓。

10 月 7 日,巴顿怀着悲痛的心情与第 3 集团军告别。告别仪式结束时,巴顿噙着泪,把他最自豪的东西——第 3 集团军的军旗交给了特拉斯科特将军,军旗上绣着第 3 集团军的著名象征:一个由红、蓝色环绕着的大型白色 A 字。

1945 年 11 月 11 日,是乔治·巴顿 60 岁生日。回顾往事,巴顿并不悔恨,他相信自己度过的一生美好而有价值。

生日前,曾经在巴顿的帮助下获得解放的人们,给他送来了大量的礼物,比利时奖给他战争十字勋章和最高荣誉奖章,卢森堡简直把他当成自己的公民,授予他骑士大十字勋章。

艾森豪威尔也给他发来了一份生日贺电,这让巴顿百感交集!艾森豪威尔对他一次次的保护令他十分感激,但巴顿还是没能改变自己,他沿着自己选择的路一直走了下去,最后谁也救不了他。

巴顿并不害怕丢掉了权力,更不怕死亡,生命对于他来说,就是一次次冒险,不断地作出决策,不断地展现出自己的精明、高效和勇敢。

“我觉得,一个真正的战士应当是在最后一次战斗中,被最后一颗子弹击中而倒下。”这就是军人巴顿的职业信条,可惜,这句悲壮而浪漫的话没有在他自己身上得到证实,然而他相信自己就是一名这样的战士。

生日过后,巴顿又回到了欧洲。1945 年 12 月 9 日,巴顿在霍巴特·盖伊少将的陪同下,乘坐由上等兵伍德林驾驶的小轿车,前往莱茵法尔茨地区施佩耶尔附近的森林去打猎,行车途中不幸与一辆大卡车相撞,巴顿颈部受重伤,全身失去了知觉。

司机受的伤不重,但巴顿坐在后座的右边,结果就大不相同了。他先是被甩向前面,然后又猛地被抛向后面,鲜血从他前额和头部的伤口涌出来。

但是,巴顿仍然坚强地坐了起来,神态很清醒,并且第一个开口说话:"我觉得我瘫痪了,我感到呼吸困难。"

巴顿马上被送进了医院,车祸的消息立即传到了法兰克福,巴顿的军医几个小时内就赶到了医院,几名神经外科专家,也赶来参加会诊。结果表明,巴顿颈部以下将完全瘫痪。

巴顿夫人从美国赶到医院,巴顿安静地躺着,他以感激的微笑欢迎着他的妻子,坚强地说:"比,这恐怕是我们最后一次见面了。"

巴顿的病情就像他的脾气一样时好时坏,让人不好把握。

1945年12月20日下午,他突然呼吸困难,脸色灰白,巴顿将军正在经历他生平最后的一次搏斗,他正在为自己的生存而挣扎。

12月21日下午5时49分,巴顿的病情进一步恶化,心力衰竭,终于在妻子的怀中停止了呼吸。

第二天,世界各大报纸都在头版头条宣布:"巴顿将军长眠不醒,蓦然逝世。"

巴顿就这样平静地走了,这与他的身份与脾气是不相适宜的,因为作为一个勇敢的斗士,他应该战死在沙场。

几天后的一个细雨蒙蒙的早晨,巴顿的遗体被安葬在卢森堡哈姆的大型美军公墓里。他与第3集团军的6000名阵亡将士安葬在一起,就像他生前与士兵们亲密无间一样。他的墓碑朴素无华,上面镌刻着:

乔治·S·巴顿

第3集团军上将 军号02605

巴顿安葬后的第二天早晨,世界各地的大报纸发表了社论,向巴顿致哀。《纽约时报》的社论最令人感动:

"历史已经伸出双手拥抱了巴顿将军,他的辉煌地位是牢固的,他是美国最伟大的军事将领之一⋯⋯。

'远在战争结束之前,巴顿就是一个传奇式的人物,他引人注目,妄自尊大;他枪不离身,笃信宗教而又亵渎神灵。他是火与冰的奇妙混合体,他在战斗中勇猛而又残酷无情,他对目标的追求坚定不移。他决不是一个只知拼命的坦克指挥官,而是一个深谋远虑的军事家。

"他不是一位和平时代的人物,他所经历的战斗场面超过任何人。也许,他宁愿在他的部下都忠诚地跟随他的那一刻死去。他的祖国会以同样的忠诚怀念他。"

巴顿,美国历史上最伟大的将军之一,将永远留在人类的战争史中!

马歇尔

少年时代

1880 年 12 月 31 日,乔治·卡特利特·马歇尔出生在美国宾夕法尼亚州的龙尼恩敦。马歇尔的父亲结婚前,曾在美国内战中参加过一次战斗,对军队和战争有一定的了解。马歇尔降生时,他父亲是当地一家煤炭公司的董事长,在宾夕法尼亚州有几处储量丰富的煤场。他母亲是一位仁慈善良的家庭主妇。

乔治在 3 个孩子中年纪最小,比姐姐玛丽小 4 岁,比哥哥斯图尔特·布雷德福·马歇尔小 6 岁。玛丽聪明、自私、好吵吵嚷嚷,经常对弟弟发脾气。斯图尔特是父亲的宠儿,不想让弟弟分享这种宠爱,一有机会就利用父亲的溺爱欺负弟弟。要是马歇尔真能争口气,或许他的日子能好过一些。遗憾的是,他在少年时代却是个学习迟钝的孩子。

马歇尔最初在龙尼恩敦汤普森小姐的预备学校念书。不知什么原因,他不够用功,一次又一次考试,都在班里垫底。他后来承认,自己命中注定是像别人说的:"笨蛋一个"。9 岁那年,父亲为他提出转学申请,带他去见龙尼恩敦公立学校校长。学校当局当着他父亲的面,对他进行了一次口试,他对大部分"相当简单的问题"都答不上来。他记得,父亲看到儿子当众出丑,"面子实在下不来",只得说,家里有这样一个蠢材真让人害臊。这件事大大伤害了小乔治的心。但他已经认定自己不是学习的材料,要想避免今后失败引起痛苦失望,只有一个办法,就是根本不必努力,只装成满不在乎的样子就行了。

父亲对子女虽然偏爱,但是他脾气火爆,主张体罚。三个孩子中,马歇尔是挨打最多的一个。家里的地下室放着一根柳条棍,乔治的屁股常被它抽得火辣辣地痛,以至于他的裤裆不得不打上补丁。尽管他相信不打不成器,但马歇尔从未见到斯图尔特挨过一顿痛打。他以后承认,父亲从未无缘无故地打过他,但他对斯图尔特常常干了坏事却不受体罚愤愤不平,如果那些事出在他身上,肯定要挨一顿痛打。他后来说,"那也许是因为斯图尔特比较机灵。"

马歇尔的父亲一直有个愿望,希望他的一个儿子能成为美国军官。看来没有什么办法能够激发小儿子学业上进,乔治使他伤心失望。他把希望寄托在斯图尔特身上。后来,斯图尔特考取了列克星敦的弗吉尼亚军事学院,在那所历史悠久的军校中表现不错。斯图尔特并不喜欢军事专业,而对自然科学,特别是化学和物理颇感兴趣。毕业后,他永远离开了练兵场,到当地一个钢铁厂当了一名化学师。父亲失望之余,只得把希望转寄小儿子身上,但心中不无遗憾。

但是,这样一个无能之子怎么考得上一所像样的军事院校呢? 恰在此时,马歇尔的上进心激发起来了。突然之间,他坐立不安,缠住父母,要他们把他送到哥哥的母校——弗吉尼亚军事学院去,直到他们答应方休。军队对他有诱惑力,但并非是他突然爱上的事业,也不是为了穿上军装可以炫耀一番。正如他后来所说,当时他可远没有那种雄心壮志。他下那样的决心只不过是为了胜过他那自以为了不起、瞧不起人和总爱挑剔别人的哥哥。有一天，斯图尔特听说父母要把乔治送进弗吉尼亚军校，便坚决反对，"什么，要送那个没用的家伙上我的母校？要是我能作主决不让他去。"他马上找父亲辩论，马歇尔听到了他们的谈话。

"他竭力劝父亲不要送我去，"马歇尔后来说，"因为他觉得我会败坏家庭的名誉。这次谈话在我心里产生的影响，比老师、父母的压力，还有任何别的什么都大。我当时下定决心，要让他晓得他的话有多么荒唐。"

马歇尔终于找到了激发他上进的动力，这彻底改变了他对生活的态度。当然，他并没有立刻突飞猛进，成为学者或天才，也没有成为班上拔尖的学员。然而，哥哥的嘲笑使他打定主意，从此不再得过且过，不再知难而退。在他辉煌的后半生中，后边成功地解决了事关美国前途和世界命运的种种问题，也许正是这一点使他获得了这些成就。

翩翩士官

乔治·马歇尔于1897年9月考入弗吉尼亚军校，当时只有17岁。

刚入军校时，马歇尔是个瘦高个，敏感而腼腆。"他不谙操练，不善行军，常常满头大汗，看起来很不舒服，一讲起话来便显得局促不安。"但这些困难都很快被他克服了。第一学年结束时，他当上了学员分队长，获得了班上的最高军阶——学员下士。第二学年升为学员上士，担任全校学员大队长，每逢大型集会时，负责数百名学员的队列指挥。最后一年，他获得了大家最羡慕的学员最高军阶——第一上尉。

马歇尔不仅很快适应了军校生活，而且比同伴更早地开始了追求军人的荣誉。他的皮鞋总是擦得锃亮，他的步枪在同学中是保养得最好的……所有这些，对他今后的职业生涯都至关重要。

第三学年，马歇尔参加了校橄榄球队。作为一名前锋队员，虽然他的体重不足，但他的决心和毅力弥补了这方面的缺陷。每天下午三点到四点是球队训练时间，然后还要进行一小时的军事操练。在一次比赛中，他右臂韧带撕裂，而军校学员一天到晚都要不断地向上级敬礼，尽管每次抬臂都会钻心地痛，但马歇尔从未借故躲过一次敬礼。在操场上，他阴沉着脸，忍着伤痛，仍旧极有效率地带操，同学们看到他的表现，无不敬佩他的意志力；教官们则一致赞许他的指挥才能。

他的军事专业成绩十分优异，但其他学科却很一般。后来他曾谈到过在弗吉尼亚军校时的学习情形："我是一个很糟糕的学生，第一学期时，我的成绩很不好，在100多名同学中只名列第35名。但我后来赶了上来，最后一学年，我的成绩跃到第5名……"当时学校并不重视学术课程，他的一位同学说："学校的教育计划集中于军事训练，不让一般课程干扰军事训练。"

尽管马歇尔成绩优异，表现出色，在军纪记录本上没有一次记过，但他并非事事循规蹈矩。最后一年，他时常在点名后擅自离校，去和他追求的女友伊丽莎白·科尔斯·卡特小姐约会。在弗吉尼亚军校，这是严重的"越轨"行为，一旦被发现，不仅上尉军衔必撤无疑，甚至有被开除的危险。他的同班同学班克斯·哈德逊说："有一次，大家商量应派谁去通知他，他可能会被抓住，并被开除出校。我们抽签决定谁去，结果我中签担任此项任务。马歇尔见到我后，只说了一句：'由我来对付'。"马歇尔退休后，有人问他为什么要"越轨"，他答道："因为我爱她。"

莉莉(伊丽莎白的昵称)的家就在军校旁边,她和守寡的母亲一起生活。她沉着、自信、高雅、漂亮,在当地享有盛名。在弗吉尼亚军校,马歇尔决不是惟一和她谈情说爱的年轻人。不仅许多高班学员为她倾倒,就连一些年龄相当的教官也为她神魂颠倒。他哥哥斯图尔特就曾向她求过婚,但她拒绝了。事实上,莉莉正在他们当中寻找佼佼者。当学员们在操场上训练时,她常常驾着一辆双轮马车从旁边经过,有时还会停下来参观一会儿。她一定看到了马歇尔带队时的英姿。在母亲邀请军校校部人员的聚会上,莉莉曾听到他们议论马歇尔被高班生捉弄时的表现。尽管马歇尔不是惟一被议论的人,但他的英姿,特别是他坚韧顽强的性格和精神,却深深地吸引着她,尽管她比他大4岁。

临近毕业时,他们已海誓山盟。马歇尔寄希望于军旅生涯,莉莉则毫不含糊地表示,愿意同他共命运。他向她求婚,她接受了。他们商定,等他一接到军官委任令就结婚。

少尉马歇尔

马歇尔的毕业成绩名列前茅。校长希普将军写信给麦金利总统,保荐马歇尔为陆军军官。他在信中写道:"在弗吉尼亚军校这座冶炼炉多年炼出的钢铁中,乔治·马歇尔是最合适造枪铸炮的一块毛坯。"

1901年9月,马歇尔奉召到纽约参加授职考试,他轻而易举地通过了。1902年2月3日,他在尤尼恩敦面对公证人宣誓,接受美国陆军少尉军衔。几天后,他接到赴菲律宾服役的通知,命他在2月13日到华盛顿的迈尔堡报到。这就是说他只有几天时间办理婚事。

1902年2月11日晚,在莉莉家里他们举行了婚礼。第二天,这对年轻夫妇乘火车去华盛顿度蜜月。他们在那里得到消息,批准马歇尔少尉延长5天假期。但这一好消息并没能让他高兴起来,因为在他们蜜月初夜,莉莉讲了一件令他震惊的事。他知道莉莉的身体娇嫩,医生不许她从事任何劳累活动,甚至不许她参加舞会。那时她只告诉他这只是暂时现象,说这是参加社交活动过多引起的。如今她把真情告诉了他,她患有二尖瓣关闭不全性心脏病。他通过查阅医学辞典,了解到这是一种由"二尖瓣闭锁异常,导致血液向心脏瓣口反流,引起心脏衰竭"的疾病。她绝对不能冒生孩子的危险,而且还得当成半残废人来护理。

看来他只有把妻子留在国内,独自一人到海外服役了。对马歇尔来说,额外的5天假期实在是如坐针毡,令人难熬。对于这位与美丽的新娘如胶似膝、难舍难分的年轻人来说,这既是良宵苦短,又是愁夜恨长,一切一切,实在使他无所适从。莉莉选中马歇尔可谓慧眼识人。因为马歇尔并未感到后悔,在经过这次精神打击之后,他从未向任何人吐露过一个字,也从未对她流露出一点失望之情,他对她仍然一往情深。

在马歇尔以后的社交活动中,他遇到过许多才貌双全的女士,其中包括两位英国公爵夫人、一位有名的中国美女和一位当朝的欧洲皇后,但没有一位女士,甚至连他的第二位妻子,像莉莉那样使他倾倒,她是他的初恋情人和妻子。尽管婚后多年她没能为他生儿育女,而他做梦都想有个女儿,此外,妻子还成了他的负担,但他对她的爱和忠诚却始终不渝。

莉莉在华盛顿为马歇尔送行,这对新婚夫妇情意缠绵,依依不舍。随后,她回到弗吉尼亚列克星敦,陪伴母亲。

作为美国—西班牙战争中赢得的奖赏之一,美国接管了菲律宾群岛。许多美国军人和行政人员涌向马尼拉,但当地人对任何外来人根本不表示欢迎,反政府和反外来统治的游击武装异常活跃。马歇尔到达马尼拉之前的几个星期,驻菲美军平息了所谓的叛乱分子,但是,马歇尔任职期间,零星的游击战仍在继续进行。

奋发进取

1903 年夏,马歇尔从菲律宾回到美国,几个星期后,他将到里诺堡兵营任职。他怀着激动的心情急忙回到阔别一年的列克星敦,同莉莉团聚。从感情上说,莉莉为同他团聚无比喜悦,而从身体上说,岳母和医生都明确告诉他,她的身体仍然虚弱、娇嫩,经不起军营艰苦的生活。马歇尔在动身去里诺堡时,又一次经历了痛苦的依依惜别,因为他一如既往地爱着他的妻子。

1905 年春,他调到得克萨斯州克拉克堡第一骑兵团。不久又奉命执行一项特殊任务,即率领一个小分队勘察和绘制该州西南部地区的地图。他后来把这次经历称为"我在陆军中所经历的最艰苦的勤务"。

1908 年,马歇尔毕业后留在陆军参谋学院任教。1909 年,在他任少尉军 7 年后晋升为中尉军衔。但事业上的进步难以驱散生活中的忧虑。

1914 年第一次世界大战在欧洲爆发时,马歇尔 34 岁。他已当了 12 年军官,在美国陆军 14 个不同单位服过役;两度赴菲律宾任职,并在国民警卫队干过。不管在什么地方和什么岗位上,他都得到了上下级的一致称赞,获得了广泛的威信。在日常繁忙的机关工作中,他是位优秀军官,在带兵和组织部队训练演习中,他是一名善于调动部队的出色战术家,在情况危急时是一位足智多谋、可以信赖和坚如磐石的核心人物。然而,他仍然只是一名中尉而已。

1916 年他的指挥官约翰逊·哈古德将军在他的鉴定书中写道:"应该任命(马歇尔)为陆军准将,此事每拖延一日都是对军队和国家的损失。"但晋升委员会仍只提升他为上尉。他感到心灰意冷,在给弗吉尼亚母校校长尼科尔斯将军的一封信中写道:

陆军中晋升工作的绝对停滞不动使我作出了一俟工商业情况好转即行辞职的暂时打算。即使今冬(国会)真的立法增加晋升名额,但鉴于陆军中晋升前景深受法律和同一级别大量同龄军官积压情况的限制,我感到把美好的年华浪费在同难以克服的困难作无谓的奋斗上是错误的。

尼科尔斯将军复信劝他:"……耐下心来,坚持不懈。我确信到时候你将成为美国陆军级别最高的军官之一。"而马歇尔最终决定留下来,是因为他预见到美国将卷入战争。

1914 年—1916 年,当欧洲卷入第一次世界大战时,美国和墨西哥发生了军事冲突。此时,马歇尔第二次赴菲律宾服役。由于工作过于劳累,加之潮湿、炎热的气候影响,他得了失眠症和一种疼痛型"神经衰弱"。在四个月修养期间,他带莉莉去了中国东北和朝鲜,顺便考察了日俄战争的战场。他知道,此时在大洋彼岸,潘兴将军正率美军向墨西哥进军。他写信给尼科尔斯将军,希望及早回国,参加美墨战争。

1916 年 5 月,在美国远征军赴欧洲参加第一次世界大战前 11 个月,马歇尔回到美国。他被任命担任旧金山西部军区司令富兰克林·贝克少将的第一副官,他仍旧是上尉军衔,如今他在部队已服役14年。

贝克和潘兴将军同赴墨西哥作战,刚刚回国。贝克少将的主要任务是迅速充实兵力,总结美墨战争的经验教训。马歇尔上任后,出色地制订了一项对平民志愿人员的军事训练计划。不久,贝克将军调任纽约州东部战区司令,把马歇尔也带了去。贝克不幸患流感住进医院,全战区的军务由马歇尔全权负责,这使马歇尔得以大显身手,这对他锻炼极大。

与此同时,美国赴欧洲远征军正在加紧组建之中。远征军第1师师长塞伯特少将正为他的参谋部物色军官。马歇尔渴望能同首批远征军赴欧洲参战,他对一位朋友说,只要让我去参战,"我什么事都愿意做,甚至当一个传令兵也可以。"马歇尔终于被提名了。塞伯特少将给住院的贝克将军打电话,问他是否肯放他的副官。贝克同意了,并向马歇尔表示祝福。

一战之旅

马歇尔所在的第1师是第一次世界大战中最先在欧洲登陆的美国远征军部队,而乔治·马歇尔是第二个登陆上岸的人。1917年6月26日晨,当"特纳多斯"号运兵舰驶抵法国圣纳泽尔港时,他跟在塞伯特师长后面走下跳板。

他们到达法国后不久,美国远征军总部下达通知,说潘兴总司令要对第1师作一次快速访问,要他们组织一次演习给将军看看。当时,师长和师参谋长都不在(潘兴到来前才回来),马歇尔代行参谋长职责。他亲自设计和组织了一次运用新方法猛攻敌人战壕的演习。

马歇尔的这次大胆改革在以后的实战中得到了运用,并在第一次世界大战后被陆军指挥参谋学院引用,作为典型的参谋领导事例。

此时,马歇尔已是师代理参谋长。兰塞姆走进参谋长办公室。他后来说:"我走进参谋长办公室,是用挑衅的口气对他说,我想见师长本人,并说明为什么想见师长。"马歇尔上校心平气和地作了答复。他说坚守坎蒂尼十分重要,派第2连去是经过特别选择的,他相信这个连的官兵们一定能够完成这项任务,并且说,正在采取行动重新装备他们连。

马歇尔任师参谋长时间不长,但他制订的作战计划却十分出色。他和另一位上校共同制订了1918年8月圣米希尔进攻战役计划,此次战役联军以极小的代价取得了胜利,其意义十分重要,因为那是潘兴将军的新编第1集团军投入战场后首次大规模攻势。此后,马歇尔又受命制订大部队调运计划,把50万官兵、2700门火炮和数千吨作战物资从圣米希尔秘密地调往默兹—阿尔贡前线。这次为期两周的夜间调动十分成功,结果德军遭到全面袭击,联军的进攻十分顺利。布拉德将军在评价马歇尔的表现时说:"迄今为止,在所有参谋军官中,马歇尔在任参谋及作战处长的实际工作中有着最广泛的经验。"

马歇尔不愿总呆在参谋机关,而是极力争取下部队担任指挥职务。1918年6月18日,他呈上一份备忘录,请求去部队带兵。布拉德师长回忆说:"我不能批准他的请求,因为我知道马歇尔上校特别胜任参谋工作,而我怀疑在当时的陆军中带兵,不论是负责训练还是负责实际作战,他是否能取得同样的成就。"布拉德将军有他自己的想法,他向上级建议,调升马歇尔上校到潘兴将军总部任作战参谋。战争结束前,潘兴将军让马歇尔当了第1集团军的作战处长,并报请上级提升他为准将。但一个月后,提升尚未批准,战争就结束了。直到1936年他才成为准将,这使他又等了18年之久。相比之下,道格拉斯·麦克阿瑟则幸运得多,在马歇尔于弗吉尼亚军校毕业两年后,麦克阿瑟才毕业于西点军校,而在1918年,麦克阿瑟就升为准将,第一次世界大战结束时,他已是陆军第42师师长了。

战争结束后,马歇尔任驻德国美军第8军作战处长。时隔不久,潘兴将军把马歇尔调往巴黎担任他的副官。此后,这位副官经常干的差事就是骑马跟在总司令身后参加在巴黎、伦敦举行的盛大检阅,随将军出席应接不暇的各种招待会。

各种招待会一个接着一个,虽然官方的庆祝活动给马歇尔留下了深刻印象,但他显然对非官方的招待会更感兴趣。在1919年这段美好的日子里,马歇尔结识了欧洲许多上层名流显贵和众多艳妇美女,有的在多年后仍同马歇尔保持着联系。但这段时光对马歇尔来说是毕生难再了。

天津任职

马歇尔担任陆军参谋长潘兴将军的随从参谋达5年之久。1924年7月,在潘兴将军即将卸任之际,马歇尔被派往中国天津任美军第15步兵团执行官。该团的任务是根据1901年的《辛丑条约》,负责保证北京至出海口的铁路畅通无阻,以及驻华人员的安全。

马歇尔对中国文化和风俗很感兴趣。他从驻华武官、同事和中国官员那里了解1840年鸦片战争后中国的概况;在华期间他还学会了中国话,并能应付一般场合的会话。莉莉也很喜欢中国,天津凉爽的气候和清新的空气使她精神焕发,而且她没有家务负担,有10个保姆替她料理家务。她经常到海边散步或逛市场买东西,她常用空闲时间去北京旅游。在给国内亲属的信中,她把此次中国之行说成是一次愉快的"三年采购旅行。"

1927年6月,马歇尔在天津任职届满。他接到一项新的任命,担任美国陆军军事学院教官。

马歇尔回到华盛顿后,莉莉因患甲状腺肥大病而住院手术。在手术后恢复期间,马歇尔忙于布置家具,装饰新居。原计划9月16日莉莉出院,但就在当天上午,她正写信时,那颗埋在体内的定时炸弹爆炸了,心脏突然停止了跳动。

当时,马歇尔47岁,却成了美国陆军中最不幸的人。他默默地独自忍受着悲痛。莉莉死后不久,他得了面部痉挛病,嘴角被往下拉向一角。医生给他作了全面检查,发现他甲状腺有病,血压偏高,心律不齐,体重锐减。医生告诫他,要是再不注意保养自己,他的身体就会全垮下来。

尽管马歇尔一时难以驱散心中的悲痛和郁闷,但他不想被一脚踢出陆军,而且医生的警告也使他猛醒过来。就算留在军校,也得振作起来才行。就在此时,他接到一项新的任命,担任本宁堡步兵学校副校长,并兼任部分教学任务。他欣然接受,于1927年11月动身离开华盛顿。

本宁堡军校

本宁堡步兵学校是美国陆军著名的军事指挥院校之一,位于佐治亚洲哥伦布市郊几英里的地方,占地面积 9.7 万英亩,包括几个古老的种植园、森林、溪流和一些起伏的丘陵。从陆军的观点来说,这里是进行实战演习的理想地形。马歇尔上任后,经过进一步整顿和建设,步校有了自己的坦克部队,有了施放烟幕的飞机、大炮,以及和平时期一个受训士兵所能见到的最近似实战的训练场。

他在本宁堡步兵学校任职时间是 1927 年底至 1932 年,这是美国经济大萧条时期中最困难的几年。一个已婚的陆军二等兵,用每月 21 美元来供养全家,生计实在艰难。为了帮助已婚士兵,马歇尔定了一个制度,每个已婚士兵每天可以廉价从食堂买一顿热餐,带回家给妻子儿女吃。这样,既节省了家庭生活开支,又省去了妻子们每天做一餐饭的麻烦。由于规章制度不允许这么做,马歇尔作出这一规定是担了风险的。步校的一位军官说:"事情虽小,心境可贵啊!"除此之外,马歇尔还积极倡导各家各户喂养家畜,并亲自督促鸡舍、猪栏的修建工作,经常过问蔬菜的种植情况。

作为步校的副校长,马歇尔还承担了部分课题的讲授任务,主要是向学员和教官们讲授有关战略和领导艺术方面的理论。他堪称是一流的教官,能把复杂的军事问题凝炼成简短的寥寥数语。有一次,他讲美国内战的起因,只用了 5 分钟,就把问题讲得清清楚楚。更为重要的是,在实际领导工作中,马歇尔的领导方法和工作作风给部下留下了极其深刻的印象。

1929 年春天,马歇尔在本宁堡结识了一位名叫凯瑟琳·塔珀·布朗的漂亮妇女。一年半后,他们结了婚。男傧相是著名的潘兴将军。

他们结婚时,凯瑟琳 46 岁,比马歇尔小 4 岁。她是一位有三个孩子的遗孀。不平凡的经历使她成为一位非常讲究实际和善于处世的女人。她完全明白同马歇尔结婚意味着什么。马歇尔已 50 岁,而仅仅是美国陆军中的一个中校,看来不大可能爬上更高军阶就要退休。当时,在资历方面同马歇尔最相近的麦克阿瑟已是临时四星上将和美国陆军参谋长。按以往情形,看来乔治·马歇尔想获得一个准将军阶的前途似乎很渺茫。凯瑟琳正是看中乔治·马歇尔的人品,而不是因为他在军队的前途,才委身于他的。正如她后来说的,"我一开始就从未怀疑过,我给自己找了一个了不起的男人。"

在 1927 年底至 1938 年间,以上尉或少校军阶在本宁堡军校任职或学习的杰出军官,以及在马歇尔手下担任参谋并有出色表现的军官,后来都得到了马歇尔陆军参谋长的提拔重用,其中许多军官在第二次世界大战中成为战功卓著的将军。他们中包括艾森豪威尔、布莱德雷、史迪威、史密斯、柯林斯、李奇微、希尔德林、迪恩等一大批名将,以及其他近 200 名有才华的将校级军官。在马歇尔的晚年,曾有人问马歇尔,他是否也用他的小本子来记那些他认为庸碌之辈的名字。马歇尔回答说:"本上没有地方记了。"

马歇尔在本宁堡的几年,是他军旅生涯中最重要的阶段之一,对美国陆军的未来同样具有重要意义。他在训练和培养军官方面所作出的贡献,对国家在未来大战中的军事前途与命运有着深远的影响。仅仅几年之后,乔治·马歇尔和他认为有才华的许多军官在第二次世界大战中经受了考验,并赢得了战争,为国家和军队赢得了荣誉,也为军队的长远建设奠定了坚实的基础。

重返部队

　　1932 年,马歇尔在本宁堡的任期届满,随后得到了晋升所必需的任职——下部队工作。他被调往佐治亚州斯克利文堡第 8 步兵团担任中校营长,这意味着他的职务降低了。然而,他很快调整和适应了新职的要求。在斯克利文堡任职期间,他所关注的事仍如以往,不仅是维持全营日常工作的运行,而且注重官兵们的训练与发展。

　　多年来,马歇尔一直期望能到正规陆军部队任职,但 1933 年底,他的这一愿望突然成为泡影。他接到陆军参谋部的命令,要他到芝加哥去报到,担任伊利诺斯州国民警卫队的高级教官。国民警卫部队不是正规的陆军部队,一个正规军官去那里服役,即使到了晋升年限,也在不予考虑之列。马歇尔中校也是人,离开陆军部队使他极度失望。

　　1936 年,随着陆军部人事的变动,马歇尔的名字才被写进了晋升名单。1936 年 8 月 24 日陆军部正式批准授予乔治·马歇尔准将军衔。凯瑟琳听到她丈夫获得提升的消息后写道:"在美国陆军中再没有比他更无愧于这一提升的人了,品德和才干终于起了作用。"但是,马歇尔获得准将军衔时已 55 岁,离他 64 岁按规定退休只有 9 年时间。在提升后的几天内,他就接到命令,接任陆军第 3 师第 5 步兵旅旅长职务,该旅驻扎在华盛顿州的温哥华。

　　在温哥华兵营,也和他毕生的经历一样,马歇尔作为一位领导人能取得成功,其原因之一在于他听取和处理部下汇报的能力。他很快就能抓住基本要点,而且能清楚地记住每一个细节。一位军官回忆说:"就像我过去坐在他的办公室里一样,我现在可以看到他的身影。他是一位天才思想家,他的办公桌上总是井井有条,双手交叉在胸前,他转过椅子,眼睛似乎迷失在春天那柔软的绿茵之中。他厌恶多余的话、冗长的命令和解释。"

　　马歇尔在他的部下面前,总是不苟言笑,但是,所有官兵并不把他的沉默看作是障碍,他们并不害怕他。同以往几次一样,马歇尔在温哥华的 3 年任期同样是突然中止的。1938 年 2 月 27 日,《纽约时报》刊登了一篇短文:

马歇尔将军奉召赴华府

　　美联社华盛顿州温哥华 2 月 26 日电:温哥华军营司令官乔治·马歇尔准将,奉参谋长马林·克雷格将军电令,今天乘机离开此地前往首都华盛顿报到,以膺特殊使命……

　　此次奉召去华盛顿,标志着马歇尔将军带兵职务的结束,也意味着经过近 40 年的奋力攀登,如今他已攀临顶峰了。

攀临顶峰

　　马歇尔移交了旅长的工作,偕夫人和继女罗斯搬到华盛顿。现在,他已是陆军部作战计划部部长,并兼任陆军参谋长克雷格将军的特别助理。8 个月后,克雷格将军又进一步给他升了一级,任命他为陆军副参谋长。

　　当马歇尔到陆军部新办公室走马上任时,他感到过去自己一直关注的是部队训练、福利、院校教育和个人前途,而现在他要把国家安危放在首位了。英、法等国在慕尼黑对法西斯采取的绥靖政策,使那些明智的战略观察家们惊骇不已,即使普通百姓也对英、法等国的做法大惑不解。一次民意测验表明,当时43%的美国人相信战争正在来临,美国势必卷入。倘若果真如此的话,美国拿什么去打呢?马歇尔非常清楚,美国陆军总员额不过20万人,武器装备和训练均严重不足,只有海军的状况还差强人意。每年几亿美元的军费,不敷一支20万常备军的吃穿和弹药耗费,更不用说添置新的装备了。在讨论慕尼黑协定签订后的军事形势时,一位参议员宣称,美国现在得花"几百万美元用于军事目的。"马歇尔当即给克雷格将军递了一张条子,说"得有几百亿美元"才成。

1938年11月14日罗斯福总统在内阁成员和军事顾问参加的一次会议上,提出了制造一万架飞机的计划。到会的将军们听到这个计划很高兴,这正是他们所需要的。但马歇尔听到总统的提议后却大吃一惊。总统怎么能只提制造飞机的计划而不同时制订招募这些飞机所需飞行员、机组人员和地勤人员的计划呢?更使马歇尔大惑不解的是,所有与会者似乎都一致同意总统提出的建议,居然没有不同意见。总统讲完后,走到人们中间,最后在马歇尔面前停了下来。总统说,他认为他已为陆军参谋部提出的紧急扩军计划出了大力,并说:"乔治,你看是不是这样?"

马歇尔毫无表情地看着总统回答说:"对不起,总统先生,我完全不同意您的意见。"罗斯福脸上露出一丝惊讶神色。他本想问马歇尔为什么,但又改变了主意,会议就此结束了。会后,其他人默默地看着马歇尔,他们似乎认为马歇尔毁了自己的前程,他在华盛顿的差事就要完蛋了。

经过这次会议,马歇尔开始懂得自己不仅是单纯的军人,现在他多少要懂得一点政治。他其实已经学会迅速发布命令和当场拍板解决一些久拖不决的问题,而且善于抓住复杂问题的实质,并能识别官场上的权术。虽然他现在领会了罗斯福总统那些话的含义,明白了他的真实意图,但他仍然不同意总统的意见,仍然坚持认为,此时此刻的当务之急是要扩建美国陆军和航空兵部队,不要为了供应盟国武器而牺牲美国的军事前途。但他知道,陆军要想增加人员、枪炮和飞机,要是不经过一连串的游说议员、国会听证、讨价还价和讨论报酬等繁琐程序,是绝对办不成的。他必须努力成为掌握这一套本领的行家,但他不一定真的喜欢这种行当。难道这就是他献身陆军所要做的一切?

陆军参谋长马林·克雷格将军的任期将于1939年8月届满,一时间,华盛顿盛传总统正在广泛物色克雷格的接班人。在美国陆军圈子里,几乎没有人认为乔治·马歇尔会有中选的可能,单说一条,他在陆军部工作的时间并不长,在他上头还有21名少将和11名准将,这样,马歇尔要中选就得超过32位将军。但马歇尔也占有几样有利条件,他的品德、才能、经验,特别是在军事战略与谋略方面他不比任何将军逊色;他到陆军部工作时间虽不长,但表现得稳健而出色。

1939年初,他碰上了好运气,作为陆军副参谋长的任务之一,他负责落实总统制造飞机的计划,同时要为陆军增加人员和武器争取更多的拨款。结果,他干得相当不错,并在这项工作中得到负责此项工作的商业部长哈里·霍普金斯的赏识。

此后不久,竞争陆军参谋长职位的幕后活动开始了,各派头目严阵以待,积极活动,全力以赴。马歇尔发现他也有朋友在热心为自己奔走,对此他并不感到高兴,而且反对这么做。他认定在节骨眼上活动议员,只会失去而不是得到总统的好感。他认为别人在这点上做得都过火了,此时他应当默不作声才是。

1939 年 4 月的第一个星期天下午,他被召进白宫。罗斯福总统开门见山地说:"马歇尔将军,我考虑让您担任下一届美国陆军参谋长,您有什么意见?"

"没有,总统先生,"马歇尔回答说,"只有一点我要提醒您,我这个人惯于心里怎么想就怎么说,正如您知道的,这常常令人不快,这样行吗?"

罗斯福微微一笑说:"行!"

1939 年 4 月 28 日,罗斯福总统通告美国人民,在马林·克雷格将军于 8 月 31 日退休之后,陆军参谋长的职务将由乔治·马歇尔准将继任。这样,马歇尔从准将一跃而升为临时四星上将,跳过少将和中将军阶,也越过了比他资深的 21 位少将和 11 位准将。当时,他是第二位没进过西点军校而担任陆军参谋长的人。第一位是"哈佛大学的医生"伦纳德·伍德。

再膺重任

第二次世界大战结束后,正当美国和欧洲欢庆胜利之时,中国局势却令人担忧。以蒋介石为首的国民党官方政府军和以毛泽东为领袖的共产党人民军队之间正酝酿着一场内战。

1945 年 12 月 19 日,马歇尔和他的随行人员乘坐陆军航空兵的一架大型运输机从华盛顿起飞,飞往太平洋彼岸。

马歇尔在前往中国的长途飞行中,用一定时间阅读了有关中国形势的摘要。

此前,他与中国曾有过多次接触,对中国情况已有或多或少的了解。1914 年他在菲律宾服役时,曾用一个月的时间到中国东北观光;1924 年至 1927 年他在驻天津美军第 15 步兵团任职;1939 年他担任陆军参谋长后,对中国情况有了更广泛的了解。

使命维艰

马歇尔来中国的前一周,他同总统、国务院和五角大楼的首脑们共同研究了对华政策。国务卿贝尔纳斯重述了他的观点,"必须使中国共产党、其他持不同政见的党派和国民党组成一个联合政府,否则,苏联可能拿走中国东北和华北。"并说马歇尔去中国时,"手里应有足够的武器去诱惑中央政府和共产党政府合在一起。"

对这一点,马歇尔要求予以澄清。他说:"假如共产党做出可以接受的让步,而国民党政府却拒绝让步,怎么办?"贝尔纳斯说:"这样,那就应告诉国民党政府,我们本来要给予中国的援助将不再给予,诸如贷款、军事供应品、民用供应品、设立军事顾问团等;并且在华北撤走日本人的问题上,我们将直接与中共打交道。"马歇尔接着问:"如果是共产党不肯让步怎么办?"贝尔纳斯答道:"如果是这样,我们将全力支持国民党政府,我们将按需要把它的部队运到华北和东北。"

1945 年 12 月 11 日,马歇尔同几位首脑就对华政策等问题进行进一步研究。杜鲁门强调,他需要充分了解马歇尔在中国工作的依据是什么。贝尔纳斯说:"已经授权陆军和海军运送蒋介石的军队到中国东北……还命令陆海军秘密安排舰船和飞机运送蒋介石的军队到华北。"贝尔纳斯强调说:"在这两点上必须保密,以利于马歇尔压迫双方达成联合协议。"杜鲁门表示,他将全力支持马歇尔"为取得所希望的结果而作出的任何努力。"马歇尔说他理解了他们的意图。

这是一种运用权术手段对双方施加诱惑和强迫来促成联合的秘密政策,实际上是一种偏袒蒋介石的不公正的协议。狭隘、贪婪和奸诈狡猾的蒋介石必将从这种政策中获益颇丰。而马歇尔此行,不是作为一个公正的中间人,而是一个用胡萝卜和大棒向谈判双方示意的强硬说客。

12月20日马歇尔抵达上海,中国战区美军司令魏德迈和美国驻中国大使馆代办沃尔特·罗伯逊,以及中美士兵组成的仪仗队在机场迎接。

当天,马歇尔下榻在上海国泰饭店。他先与魏德迈进行了密谈。马歇尔把压缩到一张纸上的指示纲要递给魏德迈说:"你先看看这个,再把你的想法告诉我。"据魏德迈回忆,那份指示可以概括如下:

促使中国的各派对抗力量,即国民党、共产党和知识分子各派达成和解,实现联合。须说服他们,为了将来治理中国和中国人民,一定要联合组成统一的政府机关。

但是,1946年12月底,蒋调动了218个旅(占其全部兵力的90%)进攻解放区。大规模内战已经开始。

马歇尔眼看大规模内战全面爆发,无可奈何地宣布"调停"失败,于1947年1月8日返回美国。29日,美国宣布退出"军调处"。

初掌外交

美国国务卿贝尔纳斯因心脏病提出辞职。1947年1月6日,杜鲁门正式任命马歇尔担任国务卿。早在1946年7月,马歇尔就提名一位老中国通司徒雷登任驻华大使,并得到总统和参议院批准。

任命马歇尔为新国务卿,当时在美国政界和公众中的反应是良好的。人们深知,在刚刚结束的世界大战中,他指挥若定,组织有方,为国家赢得了胜利。政府官员赞赏他是一位虚心听取内行意见的专家,他得到了多数政治家们的信任。

曾一度当过国务卿、马歇尔的老上司、前任陆军部长史汀生,1947年1月10日在给他的信中写道:"你出任国务卿,就使我在国家前途问题上有了一种莫大的安全感。杜鲁门先生作了一项非常明智和独具慧眼的任命。"

对马歇尔的任命公布后,有人认为,他最有可能充当未来的总统候选人。但马歇尔不想惹此麻烦。他在华盛顿联邦车站的月台上接受记者们的提问时表明了态度:

我认为国务卿的职位,至少在目前情况下是非政治性的,我本人依此行事。我决不卷入政治活动,因此,我不能被看作是任何政治职务的候选人。

一般的观点是,不管一个人怎么说,他总可以被调去充当某一政治职位的候选人。这样的观点对我是用不上的,我决不会被征调去竞选任何政治职位。

我如此明确和强调这一点,是为了一劳永逸地结束把我的名字同政治职位联系起来的议论。

上任伊始,他就明智地解除了一些人对他的猜疑,赢得了人们的好感和赞誉。《美国新闻和世界报道》杂志发行人劳伦斯评论说:"首先,他一辈子都是一名陆军军官,懂得该脱离政治;其次,他比政府中任何人都清楚,要取得战时在他率领下作出最大牺牲的官兵们的信任,最好的办法就是缔造持久的和平……这是一位伟大人物的无私行为,这简单的举动就使美国和世界都受了益。"

1月21日,他宣誓就任新职后,便开始运用他的组织才能使国务院高效地运作起来。除必要的人事变动外,他最先采取的措施是建立国务院政策研究室。以后每谈到这一点,他总是感到很自豪。

马歇尔在国务院任职内的第一项挑战,是3月将在莫斯科举行的外长会议。该会议先后在莫斯科、伦敦、巴黎和纽约召开过,如今他要同英、法和苏联代表在对德和约、对奥地利和约以及附带政治经济等问题上寻求协议。涉及到的国家不止一个,问题错综复杂,关键是东欧一些国家的政治经济走向,核心是德国问题。

马歇尔了解到的情况是,苏联想在战败后的德国建立一个受其控制的中央政府,而不是难以控制的联邦政府。他知道,纳粹曾蹂躏过苏联,因此,苏联对德国不会放过,问题的关键在于美国对此应持何立场和观点,而与此相关的是英国人对此采取什么态度。

第二次世界大战后期,丘吉尔曾强烈要求派军队开进巴尔干地区,抢在苏联人之前到达那里,由于美国反对,使英国人的战略成为泡影。如今,战后英国极度贫困,对维护东欧和地中海地区的利益感到力不从心。在希腊、保加利亚、南斯拉夫和匈牙利,苏联支持的势力正在扩大,那里的经济已相当困难,人民正在忍饥挨饿,面临内战的威胁和困扰。英国却无能为力,正准备从希腊和土耳其撤军。

对此,美国国会展开讨论,杜鲁门主张,美国必须提出4亿美元来援助希腊、土耳其等巴尔干国家,并在世界各地坚决抵抗少数游击武装和外来势力的扩张。这是一种强硬的和对抗性的外交政策,以后被称为"杜鲁门主义"。

由马歇尔率领的美国代表团于3月9日到达莫斯科。成员包括驻德美军司令卢修斯·克莱将军,马歇尔的老下级、现驻奥地利军事长官马克·克拉克将军,美驻苏大使比德尔·史密斯将军,律师兼政治家墨菲,德国和苏联问题专家奇普·波伦,国务院苏联问题顾问本·科恩,以及共和党指派的两位会议观察员、纽约律师福斯特·杜勒斯。

会议开始后,西方各代表团的大多数成员很快就看明白了,苏联想要的并不只是对德、奥两国进行报复,而且要求把能从战败国家带走的资产席卷而去,作为对他们的赔偿。马歇尔倾向于同意苏联在德国问题上的一切要求。

但是,在讨论奥地利问题时,克拉克就寸步不让了。他诉说了苏联人怎样把价值数百万美元的奥地利资产运走,然后任凭它们在苏联边境的铁路支线上生锈。他为奥地利人民呼吁,要求允许他们享有重新开办工厂的权利,不要等他们一修复就被苏联人抢走。

然而,最使克拉克感到担忧的是国务院对苏联一味姑息、忍让,指望通过让步来达成协议,只要所有与会国家都在上面签字,不管什么样的协议都行。

"最后,我们谈到了赔款,"克拉克指的是苏联要求从奥地利拿走他们想要的一切东西。"这是全部问题的关键所在。如果这个问题得到了解决,其他问题就会迎刃而解。苏联人在这个问题上绝不会通情达理,绝不肯让步。"

在开会讨论奥地利问题的那天上午,美国代表团碰了一下头,商议对策。克拉克说,他草拟了一份协议立场书,并说服英、法代表在上面签了字。说完,他把这份文件交给了马歇尔。

"马歇尔将军,"他说,"今天就要讨论赔款问题了,这是美、英、法三国最后达成的一致意见,是我们作出让步的最后限度了,绝不能再让了。"

马歇尔把文件给每个人参阅,然后征求每个人的意见。大家都认为文件措辞过于强硬,苏联人不会同意。克拉克急忙说:"马歇尔将军,我可以谈谈我的看法吗?"

"我们已经知道你的看法了,"马歇尔厉声回答。

"那就让我再说一遍好了,"克拉克说,"我本不想到这里来,我在维也纳已经同这些恶棍打了两年交道。您绝不能再退让,否则,就会把我们为之奋斗、成千上万的人为之献身的东西全部断送。"

马歇尔站起身来说:"过些时候我再作决定。"

"您必须现在就打定主意,"克拉克坚持说,"因为下午两点钟就要开会,我必须根据您的明确意见进行准备,这需要一定的时间。这是最后一次发言,因此措辞必须慎重。您的发言将使这次会议收场了事的。"

大家望着马歇尔,马歇尔望着克拉克。

"克拉克,"马歇尔说,"就完全按照你的想法准备吧,写好后送到我房间来。"

下午,马歇尔带着克拉克准备好的意见书出席会议。

"会谈的言辞比以往任何一次都更加尖锐,"克拉克后来说道,"莫洛托夫(苏联外长)发言时,我、科恩和杜勒斯都忙着给马歇尔递条子。将近7点了,莫洛托夫的发言越来越令人讨厌了。"

克拉克写了最后一张条子:"现在是不是该念咱们的意见书了,也许这样能结束会谈。"

马歇尔找出克拉克起草的文件,念了起来。过了一会儿,莫洛托夫站起身,用冷淡、刻薄的语调提议休会。

从此以后,美苏在长达15年时间里再没有举行过会谈。然而,这次会谈却挽救了奥地利。

"如果我们对苏联人的要求让步",克拉克说:"奥地利就会垮了,苏联就可以随心所欲地毁坏、肢解和搜刮这个国家。但是,国务卿却因为会谈失败而大失所望。"

马歇尔和克拉克一起乘车返回美国大使馆。国务卿对克拉克说,"我认为你是个出色的将军,但作为一个外交家,我觉得你还不够成熟。"鉴于此次会议期间克拉克的言谈举止欠冷静,回国后又向新闻界发表"出格"的讲话,于是,马歇尔把他调出外交系统。结果,克拉克又回到陆军参谋长艾森豪威尔的麾下。

复兴欧洲

最初几个月,大家发现马歇尔当国务卿是在边摸索边工作,由于不熟悉外交,过于相信政界人士的许诺,有时难免有误。他为此受到一些批评。但正如有人所说,"他对那些指责泰然自若,从不为此伤脑筋。"

杜鲁门对一些政客们指责新任国务卿一概置之不理。"他是第二次世界大战中的军界要人",杜鲁门说,"他还将成为今后十年中最重要的国务卿。他品格坚强,善于组织,慧眼识人,而且为人谦和,平易近人,深受人们信赖。"他后来又说:"人们不仅认为他敢讲真话,实际上他的确在给他们讲真话。我当总统时,他总是对我推心置腹。"

杜鲁门认为,这些都是马歇尔独具的品德,他非常信任的人不多,马歇尔却是其中之一。"将军,"有一次杜鲁门对马歇尔说,"如果您觉得有必要做某件事,而且需要马上动手的话,您尽管去办就是,不用等我或者国会批准,事后由我去向议员们解释。"

正因如此,"马歇尔计划"于1947年夏天提出时,总统和世界上所有的人一样无不感到意外。

马歇尔上任伊始,就要求助手艾奇逊在任何情况下都要开诚布公,直言不讳,必要时甚至可以不顾情面,不必担心伤害上司的感情。他还说,"除了马歇尔夫人的感情不能伤害外,别的感情都无所谓。"

马歇尔并非没有感情,只是他尽量不让感情外露,不轻易流露激动神色,除非是为取得某种效果。然而,他却是个富有人情味、同情心和通情达理的人。在他任国务卿的第一年里,艾奇逊很快觉察到,马歇尔深为来自欧洲的报告怦然心动。从英国、法国、德国、北欧国家以及东欧各国那些饱受战祸的城镇,频频传来人们饥寒交迫、受苦受难的消息。如不迅速采取措施,这些国家和地区将会再次遭受一场可怕的灾难。

1947年4月28日,马歇尔心情忧郁地从莫斯科回到华盛顿。此次会谈不欢而散使他感到沮丧,欧洲面临的可怕前景使他焦虑不安。他深信,在已结束的这场大战中,美国是惟一没有伤元气的交战国,只有美国迅速行动起来,才能扭转欧洲的局面。他细心阅读了一大堆令人头痛的文件,然后通过电台向全国发表讲话:"欧洲人民正在受苦受难,迫切需要帮助,需要煤、食物和其他生活必需品。"他提醒美国人民:"医生们不紧不慢,可是病人已生命垂危。"他呼吁全国紧急行动起来,立即对欧洲进行援助。

此前,他已把国务院的官员们组织起来,抓紧制订一项援助欧洲的计划。他让艾奇逊和政策研究室主任凯南全权负责此项工作。

4月24日,凯南曾向各类专家征集意见,请他们谈当前英国、法国、意大利以及德国和奥地利的西方占领区的经济趋势,以及若这些国家在自给自足方面没有采取什么措施,他们将需要什么来维持生存。5月15日,政策研究室召开会议,到会人士一致同意必须用美国的经济力量去支援欧洲支离破碎的经济。

凯南的基本观点是"美国援助欧洲的工作不应该是直接同现存的共产主义斗争,而应该是恢复欧洲的经济健康和社会活力。"他使用了"马歇尔计划"演说中的一段几乎同样的语句写道:"正式的倡议必须来自欧洲,计划必须由欧洲形成,欧洲人必须为此承担主要责任。美国的作用是在欧洲的请求下友好地协助起草一项复兴计划,然后用财政或其他手段支持此项计划。"

显而易见,无论在性质上,还是在手段上,"马歇尔计划"与"杜鲁门主义"迥然不同。然而,问题的关键在于,总统和国会是否能同意这项经济援助计划。一个民主党议员代表团得知政府正在炮制该项计划的风闻,便通过艾奇逊警告国务卿和总统:假如政府打算造成既成事实,他们就拒绝拨款或贷款。

国务院人士认为,这项计划将得到全国民众的支持,但如何在不使总统和国会为难的情况下推行此项计划呢?办法只有一个,就是先让总统和国会蒙在鼓里,时机一到,便向国会和总统突然亮出计划。

1947年6月5日,哈佛大学要授予马歇尔名誉学位。国务卿征求艾奇逊的意见:在这种场合提出援助欧洲计划是否妥当?艾奇逊摇头表示:人们在授学位典礼上可没心思听演讲。马歇尔不说什么,只是让艾奇逊把计划草案拿来。艾奇逊告诉他,草案还没有写完。马歇尔吩咐他尽管拿来。

艾奇逊以为马歇尔跟总统商量过讲演的事,其实,马歇尔对所有的人都守口如瓶。

授学位仪式结束了,马歇尔被誉为"杰出的军人和政治家,美国历史上只有一个人(乔治·华盛顿)的才能和品质能与他相比。"马歇尔起身开始讲话了。他先向听众们描述了欧洲面临的困境,然后指出,美国必须挺身而出,把欧洲盟友从危难中解救出来。接着,他阐明了这种援助的性质:

我们的政策不是反对哪个国家或哪种主义,而是反对饥饿、贫穷、绝望和混乱。我们的政策目的在于恢复世界范围内的正常经济秩序,从而提供一个自由制度得以存在的政治社会环境。

我认为,绝不能随着各种危机的产生,零零散散地提供援助。美国提供的援助不应仅仅治标,而且要能治本。

我敢肯定,任何一个愿意加入这一复兴事业的国家,都将得到美国政府的全力合作。任何企图阻碍别国复兴的政府,都不会得到我们的帮助。此外,任何政府、政党和集团,若想让人类的苦难继续下去,想从政治上或其他方面捞取好处,必将遭到美国的反对。

然后,他简明扼要地谈了计划的要点,即如何缓和欧洲当前的灾难。他毕生尊奉的信念是:人必自助,尔后他助。他说:

显而易见,在美国作出进一步努力以缓解欧洲局势、帮助欧洲走上复兴道路之前,欧洲各国必须就形势的需要和他们自己的职责达成一致意见,以使美国政府所采取的任何可能的行动收到适当的效果。如果由美国政府单方面制订欧洲复兴计划,那既不妥当,也不会奏效。

这是欧洲人自己的事。我认为,欧洲必须首先创议。这应当是一次联合行动,应该得到欧洲多数国家(如果不是所有的国家)的一致赞同。美国的任务在于提供友好援助、制订援欧计划并在力所能及的范围内支持欧洲复兴计划。

这就是"马歇尔计划"。所有听众起立热烈鼓掌,但与其说是对他的精彩演讲鼓掌,还不如说是为他昔日的赫赫战功和他为人处世之道而鼓掌。

艾奇逊把马歇尔讲话的最后定稿发送通讯社,与此同时,他给三位有影响的英国驻华盛顿记者打了电话,向他们强调了这一讲话的重要性和严肃性,要求他们全文发回国内,并请他们让编辑转送一份给英国外交大臣欧内斯特·贝文。

艾奇逊后来说:"几年之后,贝文告诉我,当时英国的外交部常任次官威廉·斯特朗看过讲稿后,建议通过英国驻华盛顿使馆打听一下国务卿的具体想法。贝文先生不同意这一建议。他说他不想再去打听马歇尔将军有什么想法了,因为他的讲话对他来说已是再清楚不过了。"

贝文与法国外长乔治·皮杜尔通了电话,随后他们一起同苏联外长莫洛托夫商谈了复兴欧洲计划问题。起初,苏联似乎愿意参加,苏联的保护国捷克斯洛伐克赞同合作。但后来莫洛托夫突然改变了主意。

1947 年 7 月 3 日,贝文和皮杜尔邀请 22 个欧洲国家派代表到巴黎共同起草复兴计划的蓝图。其他国家也为讨论复兴计划作了准备,"马歇尔计划"就此起步了。

马歇尔认为,现在最棘手、最难办的事是说服国会为复兴计划拨款。尽管欧洲是美国盟友,全国对复兴计划也是一片赞成之声,但却不知注重金钱的国会是否肯出力。他有同国会打交道的丰富经验,但这次同样必须认真准备。

一天，国务院接到通知：参议院拨款委员会要在下周一上午就欧洲复兴计划召开听证会，请马歇尔在会上解释拨款的必要性。"马歇尔把我和奇普叫去，"当时的国务院顾问保罗·尼采说："告诉我们下星期一开会的事，让我们为他起草一份讲话稿。"这两位专家整整忙碌了一个昼夜，向马歇尔交了差。

马歇尔把讲稿看了一遍，半晌沉默不语。他往椅背上一靠，终于开口说道："我恐怕不能用这个稿子。"

"奇普和我都吃惊不小，"尼采后来说，"因为我们可是苦干了一场，着实费了大劲。"

马歇尔接着说："别误会，我认为这个讲稿写得很好。可是你们想想，如果我到国会去照本宣科，他们一定会知道这是你们写的。我想，不带讲稿会好得多。我要在周末研究一下这个讲稿，不管他们问什么，我都可以用你们准备好的论点来回答。这样他们就会感到满意，因为委员会真正想知道的是我对这个计划的看法和理解。"

正如尼采日后所说："马歇尔的话奇妙地应验了。他得到了他想要的东西，马歇尔计划所需拨款如数得到批准。"他又说："在这件事上，马歇尔施展了他的战略战术，从而也使我对他产生了不同的看法。马歇尔是以为人正直坦率著称的，但他也会用策略手段让人按照他的意图行事。"

不久，马歇尔飞往伦敦参加外长会议，在丘吉尔的肯特郡乡间别墅的晚宴上，他见到了许多战时的同事。他还设法去了趟巴黎，看望现任美国电影制片者协会的欧洲代理人、战时他的老部下麦卡锡。与此同时，"马歇尔计划"出笼了。

马歇尔更为高兴的是在伦敦与另一位故友重叙旧情。战争期间，他的座机曾多次在飞往欧洲的途中降落百慕大停机加油，每次都成为总督伯利勋爵的上宾。他对伯利夫人和她的女儿怀有好感。1947年初，马歇尔从伯利夫人的来信中得知她已离婚，因为她丈夫要与另一位美人结婚。

在伦敦会议期间，尽管会议和宴请不断，但马歇尔同玛丽伯利夫人至少单独吃了两次午饭和两次晚饭。毫无疑问，马歇尔喜欢同英国上流社会的女士交往，和她们在一起，他感到轻松、自在并有助于恢复活力，她们对他当然如痴如迷，也许他们还都对第一次世界大战后在伦敦的那段美好日子记忆犹新。

1948年春，马歇尔在伦敦遇到了另一位女士。一次晚宴结束后，一位极其漂亮、谈吐不凡的女士向人们谈论着欧洲形势和解决战后欧洲问题的办法。她就是29岁的希腊王后弗雷德丽卡。马歇尔后来承认，她给他留下了"难以忘怀的印象。"

她讲完话后，马歇尔走上前去，面带微笑地对王后说，她在几分钟里所讲的道理比他担任国务卿以来听到的任何一位政治家讲出的道理都多。她脸红了，向马歇尔道谢，说任何的称赞都不如他的称赞让她高兴。随后，他们进行了长谈。马歇尔从王后那里得知有关希腊的更多情况。她请求美国为希腊提供食品、经费、武器和技术性建议，指导希望打赢独立战争。正如马歇尔所说，直到遇到这位王后，他才开始重视希腊和希腊问题。

马歇尔受到了震动，当晚就给她写了一封信，注明"收信人亲启"，派人送到克拉里奇饭店。

陛下：

今晚我们在克拉里奇饭店谈话之后，我已安排范弗里特中将作为美国高级官员在您回雅典之前即赴雅典。这样，希腊政府，特别是希腊军队，便可以得益于我们在大战中提拔起来的这位勇敢、最具魄力的军团司令的建议。在诺曼底登陆时,他还是个团长,打到莱茵河西岸,他已成为率领 20 万大军的指挥官了,由此可见他才干非凡。尽管如此,他仍然保持着相当朴实、谦逊的作风。我认为他在同游击队的作战中,会给您们以极大帮助。

如果您不把此信内容示人,我将非常感激。我特别希望,您个人对范弗里特的关注会对事情有所帮助。

您的忠实的
乔治·马歇尔

从那时起,直至马歇尔去世,两人一直通过中央情报局保持着秘密通信联系。

国防部长

多年的职业生涯,使马歇尔养成了不甘寂寞的性格。他的威望和影响,也决定了人们不会让他逍遥自在。并非真正的退休生活才几个星期,马歇尔又犯了一个错误,他会见了美国红十字会代表,不久,他就当上了美国红十字会的新会长。

他天真地认为,这个工作不会占用他更多的时间,但他很快发现,战后的红十字会工作同大战期间一样繁重而艰苦。只有一点好处,他现在可以带凯瑟琳同行,出差时经常借用总统的"圣牛"号专机。

1950 年春,他写信给(已被赶出大陆,逃到台湾岛的)蒋介石夫人宋美龄说,他和凯瑟琳一道去夏威夷,执行一项红十字会任务。由于长途飞行,凯瑟琳得了一种带状疱疹,密密麻麻长在眼睑处,不能看东西。蒋夫人害了同样的病,手上长满了疱疹,不论什么药膏均属无效,无法缓解。她俩互相安慰,通过书信商量可能的治疗方法。

马歇尔的日常工作一下子忙碌起来,但不必像过去那样去为政治难题操心。尽管如此,他一年中要飞行 2.5 万英里之遥,去参加接连不断的红十字会会议。

希腊王后弗雷德丽卡得知马歇尔就任新职,无比高兴。她在给马歇尔的信中写道:"获悉贵体康复极佳,能为异常艰苦的红十字会工作,跋涉数千英里,真叫我高兴。希腊红十字会推我当会长,你看我们成了'战斗兄妹'了!"她接着写道:"不过我这封信不想谈红字会工作,而想谈谈希腊的局势……"

除此之外,蒋介石夫人也在不断给他写长信,谈论中国和亚洲局势。他仔细阅读每封来信,并给她们分别回信。如此两位举足轻重而又天姿国色的女子向他倾诉衷肠,使他喜不自胜,他为能有这样两位赫赫有名的女友和崇拜者而大喜过望。当然,他随时把她们来信所谈各自国家的政局转告国务院。

那年夏天,《时代》杂志在封面刊登了马歇尔的照片,以示敬意,赞扬他通过美国红十字会所作的种种努力,使希腊儿童免受东西方冲突之苦。与此同时,在远东爆发了一场重大危机,朝鲜爆发大规模内战,美国一下子卷进了朝鲜战争。

本世纪初,朝鲜沦为日本的殖民地,直到 1945 年日本在第二次世界大战中战败,朝鲜才获得解放。按照美、苏达成的协议,苏联军队进入中国东北和朝鲜对日作战。随后又确定对朝鲜实行托管,并以北纬 38°线为界,将朝鲜一分为二,美、苏军队分别进驻南北朝鲜。

在美国支持和帮助下,1948 年 8 月 15 日,在南朝鲜成立了以李承晚为首的"大韩民国政府"。同年 9 月 9 日,北朝鲜在苏联支持下成立了以金日成为领袖的朝鲜民主主义人民共和国。此后,南北双方围绕着国家统一问题,加紧扩编和训练军队,展开了尖锐的斗争。

1948年底至1949年中旬,随着苏、美驻军先后撤出朝鲜,使政治、军事原本尖锐对立的南北朝鲜之间的紧张关系更趋恶化。1950年6月25日,朝鲜内战终于爆发。

6月27日,杜鲁门给远东战区司令麦克阿瑟下达命令:美军出兵朝鲜,美国太平洋海军第7舰队进驻台湾海峡。

6月28日,中华人民共和国政府发表声明,强烈谴责美国出兵侵占中国领土台湾,严重干涉别国内政,主张和平解决朝鲜争端,从台湾海峡和朝鲜撤出一切外国军队。

美国出兵朝鲜后,形势对美不利。美军和南朝鲜军无力抵抗北朝鲜的反击,被迫撤到釜山地区坚守。华盛顿对朝鲜局势深感忧虑。

与此同时,美国国务院和白宫正在物色一位更为得力的国防部长,以应付世界各地,特别是远东地区日益紧张的局势。此时,杜鲁门又想到了乔治·马歇尔。他抓起话筒要电话员找马歇尔讲话。

电话员终于在密执安州一座树林的猎棚中找到了马歇尔,他正在那里悠闲自在地钓鱼。电话机在15英里之外的小镇商店里。马歇尔赶到那里去接电话时,有几个顾客认出了他,倾听着他讲的每一句话。

"马歇尔将军,"杜鲁门说,"我想请您当国防部长。"

"好的,"马歇尔回答了一句,随即挂断了电话。

马歇尔于9月6日晋见杜鲁门。总统对他同意出任国防部长表示高兴。"那地方挤满了人,都竖起耳朵听我讲话,"马歇尔对总统说,"我不想让他们听到我们在谈什么,所以才一口答应下来。"

杜鲁门问马歇尔能不能"担任国防部长以度过危机,假如我能取得国会批准的话。"马歇尔提醒说:"我希望您想一想,任命我对您和您的政府会有什么影响。他们还在指控我要为蒋介石政府在中国的垮台负责。我想帮您,不想连累您。"杜鲁门深为他的坦诚所感动,他写信给妻子:"你能想起来有任何其他人讲过这样的话吗?我是想不起来的。他真是伟大。"

国会经过一番激烈辩论之后,批准了这项议案。于是,马歇尔又回到总统身边工作了。杜鲁门认为,这才是马歇尔将军该呆的地方。

艾奇逊得知这一消息后喜不自胜,他后来说,"没有比这次换马更使我称心如意的了。只有一点令人为难,不管我怎样表示反对,将军总是小心翼翼,严守礼仪,把我当做首席阁员对待。他从不在我之前进出房门,从不走在我的左首;同乘一车时,他总让我先上,然后绕到汽车的另一边上车,坐在我的左边;每次开会,他总坚持让我先发言。我所尊敬和爱戴的老上司这样做真叫我如坐针毡。"

马歇尔的有利条件是他同军方领导人都很熟悉。新任陆军参谋长柯林斯将军、参谋长联席会议主席布莱德雷将军都是他的老部下和爱将,从此,高层会议的气氛起了变化。

从某些重大方面来说,马歇尔入阁可说是再及时不过了。白宫认为,南朝鲜遭到北朝鲜的进攻,显然以苏联支持为背景,清楚地表明了苏联今后将通过使用卫星国发动进攻的意图。为预防在欧洲发生类似事件,美国有必要联合各盟国成立共同防务机构,乃有成立北大西洋公约组织(简称"北约")之议。但是,当建议提出北约组织部队应包括西德军队在内时,仍在仇恨德国人的法国代表不同意。法国国防部长朱尔·莫克对此反应尤烈,因为他同德国人不但有国仇,而且有家恨。战争期间,他的儿子在战斗中被德国人俘虏,受到严刑拷打,最后死在盖世太保的毒气室里。他不愿看到自己的同胞同这帮恶棍并肩作战,哪怕是为了保卫欧洲也不行。

马歇尔首次以国防部长身份参加在纽约召开的联合国大会,当时正在讨论成立北约组织问题。在以往的会议上,他结识了莫克,彼此颇有好感。他以耐心和同情心向这位法国人说明需要捐弃前嫌,适应新的世界现实。他终于说服了莫克。艾奇逊后来写道:在我看来,马歇尔将军从两面提供了莫大帮助。他那崇高的威望、冷静的态度和强有力的阐述,都无疑使包括法国人在内的所有代表认识到,没有西德的参与,欧洲防卫无从谈起。他本人也确信这一点,他也能够说服五角大楼。

"大家(在联合国)看到他都很高兴,"马歇尔的助手卢克·巴特尔说,"大家对马歇尔就任国防部长表示欢迎。他一出场,裂缝就弥合了。他在那次会议上并没有做出什么惊人之举,但只要他一亮相,就是一副愈合剂,足以化干戈为玉帛。他竟有如此令人慑服的非凡威力,实在令人难以理解。"

马歇尔回到华盛顿,便施展出他的全身能量,来应付面临的各种问题。有朝鲜问题、中国问题,有国会审议他出任国防部长和对他的爱国心提出质疑等问题,还有远东战区司令麦克阿瑟问题。

新起"战火"

马歇尔就任国防部长时,正好赶上杜鲁门发出准许麦克阿瑟跨过三八线的重要指示。

9月25日,马歇尔收到五角大楼联合参谋部的建议。国务院和白宫迅速批准了这项建议。杜鲁门于9月27日发出指示。该指示通知麦克阿瑟:他的任务是摧毁北朝鲜军队,为此,他可以在三八线以北作战,但对作战条件规定了一些限制。(1)假如中共或苏联的军队已经进入北朝鲜;(2)假如中共或苏联的军队已经宣布进入北朝鲜;(3)假如中共或苏联的军队已经威胁要抗击联合国军的北进行动。在上述任何情况下都不得越过朝鲜与中国或苏联的交界点,此外,这些边界的沿线都不得使用非朝鲜籍的军队。明确禁止在支援军事行动时从空中或海上攻击中国东北或苏联领土。

但是,南朝鲜首脑、那位习惯于挑起争端、贪得无厌的李承晚,不断发表充满杀气的言论。他怒气冲冲地宣称:"战争不能只打到鸭绿江就罢休,要继续打到中国去",他要求美军进攻中国本土,"建立一个鸭绿江北侧10英里宽的中立区。""鸭绿江"这条中朝界河,对蒋介石以及美国那些主张扩大战争的人来说是战争号召;对美国的欧洲盟国来说是警钟;而对中国来说则是战争警报。

美国一些共和党人开始鼓吹启用台湾的国民党军队。英国人告诫美国人要格外谨慎从事。麦克阿瑟照样稳坐东京指挥战争,似乎并未察觉他的军队正走向一种危险的境地。

马歇尔同意军方的乘胜追击的观点。当美军第8集团军司令沃克宣布将在三八线停下来休整,等候批准追击的命令时,马歇尔致电麦克阿瑟:"我们要您在战术上和战略上都无牵制地向三八线以北推进。"麦克阿瑟充分地利用了这句鼓舞性的话,他兴奋地回电说:"我认为整个朝鲜都是我的用武之地。"

麦克阿瑟如此充满信心，是因为他对自己的判断力从来没有低估过。杜鲁门之所以同意美军越过三八线北进，是因为他完全相信麦克阿瑟的判断。还是在10月15日，麦克阿瑟在太平洋上的威克岛同杜鲁门会晤时，就坚定地向总统作了保证：中国将袖手旁观，他们无力干预，也不愿干预；苏联出兵的可能性很小。

10月1日，南朝鲜军率先越过三八线向北推进。10月3日，中国政务院总理兼外长周恩来通过印度驻华大使潘尼迦提出警告："如果美军越过三八线，中国不会坐视不管。"麦克阿瑟听到这一警告后，冷笑了一下，声言这一威胁纯属吓唬人，如果中国真有此意，就不会大肆宣扬了。10月7日，美军越过三八线。

时隔不久，麦克阿瑟就报告说，中国军队正在中朝边境地区集结。10月9日，五角大楼通知他，如果中国军队进入北朝鲜，他的部队只要能打赢就继续打下去；如果没有华盛顿的授权，他不能袭击中国领土。

华盛顿和麦克阿瑟担心中国介入，但又不相信中国军队真的有决心和能力出兵朝鲜。他们认为，中国刚刚结束大规模内战，新政权建立不到一年时间；中国陆军虽强大，但其主力仍在中国东南、西南和西北地区。全面内战消耗巨大，中国经济十分困难；他们没有空军和海军，不敢贸然同美国进行战争较量。麦克阿瑟确信："在釜山和仁川战事紧张时中国未介入，在北朝鲜军队即将覆灭的今天，中国是不会介入的。"

从表面上看，他们似乎有理由自信。10月11日，南朝鲜军队攻下了北朝鲜东海岸重镇元山；10月19日美军攻占了北朝鲜首都平壤；10月24日，麦克阿瑟命令联合国军全线出击，并取消了不得使用非朝鲜籍部队的限制。所有这些行动几乎没有受到顽强抵抗，也没有迹象表明中国军队已经入朝。

尽管马歇尔没有直接参与战争初期军事情况的分析与决策，而且远离朝鲜战场，但却嗅出了空气中某种咄咄逼人的东西。他的老部下、现任美国中央情报局局长的沃尔特·史密斯向他通报了一些令人不安的消息。

朝鲜内战爆发后，史密斯向中国、印度等亚洲国家派遣了谍员，千方百计搜集有关远东事务的各种报道。并派人秘密查寻了美国远东战区总部的档案，获得了大量重要情报。他在电话中通告马歇尔，麦克阿瑟并没有把朝鲜局势的全部情况报告给参谋长联席会议。首先，中国军队不仅正在策划出兵朝鲜，而且麦克阿瑟的谍报机关已经掌握了这一情报，却故意不向五角大楼报告；其次，麦克阿瑟的作战计划人员正在制订在远东打一场全面战争的计划，包括由海军封锁中国，从海上和空中轰炸中国的工业中心，以及派国民党军队在朝鲜和中国大陆作战。第三，从与中、苏直接联系的来源获悉，假如美国或联合国接受上述计划，那么苏联就会卷入战争，战争将不再局限于远东地区，一场全球性的战争可能就要爆发。

与此同时，马歇尔收到麦克阿瑟从东京发来的一份电报，说中国军队已经入朝，并正向他的部队进攻，大量援军正源源不断地跨过鸭绿江。据此，他命令空军派遣轰炸机"敲掉"鸭绿江大桥。

五角大楼召开紧急会议，一致认为如不仔细考虑后果，就同意轰炸中国边境地区，结局将不堪设想。预定的空袭时间是1950年11月6日晨，还有几个小时予以制止。于是，给麦克阿瑟下了一道电令："暂缓轰炸中国边境5英里内的一切目标。"

麦克阿瑟对此大发雷霆。后来他把这道命令称作是"美国有史以来强加给战场司令官的毫无道理和糟糕透顶的决定。"同时，他当即复电声称，只有轰炸大桥，才能阻止大批中国军队通过鸭绿江进入朝鲜，才能使美军和盟军免遭伤亡。他报告说已

下令取消原定的轰炸,但又写道:

"对于你们强加于我的限制在物资上和心理上造成的灾难的后果,无论我怎样强调也不过分。我希望将此事提请总统注意,因为我认为,你们所下的命令将导致极大的灾难。在总统未能亲自和直接掌握局势之前,我不能对此事承担责任。"

至此,杜鲁门已非常清楚,麦克阿瑟对华盛顿已无尊重和信任而言。对此,马歇尔忧心忡忡,看来史密斯警告中内含的可怕预示终于应验了。他向总统建议:允许麦克阿瑟拥有一定限度的权力,同时直截了当地告诉他,华盛顿知道他未曾上报战局的全部情况。很快,麦克阿瑟向参谋长联席会议报告说,他的部队遭到中、苏战斗机的攻击,美国飞机一起飞迎战,那些飞机就飞返鸭绿江以北。他要求授权他的手下飞行员进行"穷追",并在敌方飞机视为安全的空域加以袭击。

这项要求使马歇尔感到特别担忧和棘手。此时,国会和公众舆论大哗,认为麦克阿瑟在朝鲜被"捆住了手脚",迫于压力,艾奇逊和杜鲁门打算让麦克阿瑟自行其是,马歇尔只好勉强同意。但最后还需征求美国盟友的同意才行。结果,所有欧洲盟国坚决反对,他们担心在远东扩大战争将严重影响欧洲防务,甚至导致苏联进攻西欧。

但是,后来情况突然起了变化。麦克阿瑟兴高采烈地报告说,中共军队销声匿迹了。战场如此平静,导致美国飞机再也找不到攻击目标。显然,中国军队只是象征性以示警告,或许他们被吓跑了。麦克阿瑟因此建议把他的部队开到鸭绿江边去打扫战场,然后,控制整个朝鲜半岛,他飞抵汉城亲临战场指挥。

失意丢官

马歇尔对朝鲜战局的突然变化和麦克阿瑟对形势的乐观判断心怀疑虑。11月9日,五角大楼再次召开会议,对最新形势和下一步行动计划进行了研究。

马歇尔主张不能过于乐观,而应慎重从事。他说:"第二次世界大战中和战后我到过中国。我们不能轻信中国人。世界古代大兵法家孙子是中国人,他们的战略战术很高明。中共军队打败了日本人,又打败了蒋介石几百万大军。'志愿军'很可能是他们的精华。毛泽东一贯主张初战必须打胜,同我们美国交兵,他们一定要派良将精兵来的。中国在历史上是个讲义气的民族,他们不会袖手旁观。所以,我们应慎重。"

经反复研究,最后决定先进行试探性进攻,如未遇大的抵抗,再发起总攻势。

麦克阿瑟声称:"这次行动如果顺利的话,将一举结束朝鲜战争。"他公开宣布:他希望美军士兵能回家过圣诞节。新闻记者马上把这次行动称之为"回家过圣诞节的进军"或"圣诞节总攻势"。

11月中旬,北朝鲜战场之所以那样平静,是因为西线中国军队(六个军)采取诱敌深入战术,按计划撤到预定地区后,严密伪装、隐蔽于山区丛林之中,并有意造成惊慌溃逃的假象,同时,另外的三个军夜行晓宿,伪装严密,已经神不知鬼不觉地翻山越岭渗入朝鲜,已做好在东线伏击美军的准备。

结果,东线美军于11月底遭到毁灭性打击,被迫转攻为守,旋转守为退。西线美、韩军队局势危急,北面有中国四个军的强大攻势,翼侧又遭到中国两个军的双重迂回包围。

美军第8集团军(位于西线)司令沃克报告说:一支强大的中国部队正向他进攻。

位于东线的第 10 集团军也同时受到攻击,海军陆战队的供应线已被切断。美军和联合国军全线撤退。

总统请马歇尔出主意,要他从军事上对战局作一评估。"马歇尔拒绝对战局作出判断,"艾奇逊后来说,"他坚持同我一起站在文职官员立场上,总说'我不作军事上的判断。我们能做些什么呢? 我们远离战场一万七千英里。我们对那里的地形,除了'恶劣'二字之外一无所知。我们有两个办法,一个是按过去的老办法,对战场司令官给予信任,对他说,干去吧,老弟! 而不说派这个师到这里,或把这些给养用车调到那里。丘吉尔试图那样干过,结果把事情弄成一团糟。第二个办法是把他撤职,可是谁愿意那样干呢?"

此刻,杜鲁门和他身边的人,好像谁也拿不出定见来。麦克阿瑟则开始接受他所中意的记者采访,他抱怨华盛顿上司迫使自己沿鸭绿江设置了一条隔离线,给他造成了"巨大的困难";他明白地暗示,要不是华盛顿那些胆小鬼和被吓得心惊肉跳的盟国捆住了他的手脚,绝不会有现在正在进行的撤退。华盛顿的不少人认为,面对中国军队日益猛烈的攻势,在遭受挫折的不幸时刻,麦克阿瑟关心自己的声誉甚于朝鲜局势。

马歇尔立即发出一道和艾奇逊联署的命令,严禁"军事指挥官和外交人员"直接通过新闻界议论军政大事。这道命令并不只是发给麦克阿瑟一个人,但大家都清楚,这是针对他而发的。

信口开河的不只是麦克阿瑟一人,杜鲁门讲话也走了火。在一次记者招待会上,有人问他是否会在朝鲜使用原子弹来挽回局势? 他坚持说,他不会排除使用美国军火库里的任何武器的可能性。这在全世界引起了一片惊慌。英国首相莱门特·艾德礼急忙飞到美国。他向记者宣布,英国决不同意使用原子弹。美国政府向他保证,那只不过是总统的一次失言。

与此同时,联合国军在朝鲜继续败退,伤亡惨重。美第 8 集团军司令沃克也在慌忙撤退途中死于车祸,许多官兵当了中国军队的俘虏。陆军副参谋长马修·邦克·李奇微匆忙赶到朝鲜,接替了沃克的职务。

正当华盛顿垂头丧气、一筹莫展之际,美、英双方领导人开始坐下来商讨朝鲜和世界战略问题。英国首相艾德礼认为,战争的威胁在欧洲要比亚洲大得多,他把朝鲜战争完全说成是共产党的一个花招,目的是要西方在错误的时间和错误的地点投入人力物力,以便真正进攻时能击中要害——在欧洲打败盟国。他明确表示,要是美国政府允许麦克阿瑟继续在亚洲采取行动,真不知他会把前途引向何处。

马歇尔和艾奇逊没有反对这一观点,只是说麦克阿瑟是位出色的将军,对战场司令官必须予以信任,不能因为英国人认为亚洲不及欧洲重要就予以放弃。杜鲁门插话说,即使各盟国抛弃朝鲜和台湾,美国也打算留在那里,战斗下去。

李奇微在华盛顿一直密切关注朝鲜战局,在他办公室墙上钉着他的座右铭:"一个司令官惟一不可饶恕的错误是被打了一个措手不及。"麦克阿瑟在朝鲜显然被打了个措手不及。李奇微先在东京稍事停留,同麦克阿瑟交换了意见,发现这位五星上将心情忧郁。李奇微受命坚守朝鲜这个堡垒的苦差事,要守到最后大难临头为止,或者守到达成停战协议。

1950 年底,马歇尔本希望能有几天时间同凯瑟琳一起过个轻松愉快的圣诞节,但杜鲁门宣布,由于朝鲜局势恶化,全国处于紧急状态,谁也不准离开华盛顿。12 月

26日,杜鲁门召集会议,共同研究起草了一份给麦克阿瑟的新命令。华盛顿认为,第三次世界大战的危险近在眼前,但朝鲜不是打世界大战的地方,指示麦克阿瑟今后在远东该如何行事:

一、由于"爆发大战的危险增加",而大战不会在朝鲜打,因此不再向朝鲜投入更多的兵力。

二、如果能以现有兵力顶住中国军队的进攻,削弱他们显而易见的声威,将对我国产生巨大的心理影响和增进我国的国家利益。

三、你的指导方针应是:步步设防,守住阵地,一切服从确保你部安全这一主要考虑,在此前提下尽可能多地杀伤敌人。

四、如果撤离朝鲜不可避免,应尽早报告,以便参谋长联席会议组织有秩序的撤离,特别要求麦克阿瑟将军提出自己对撤离条件的看法。

华盛顿的四点指示,完全不是麦克阿瑟希望得到的训令。他曾紧急要求至少增派四个师,并力主使用蒋介石的部队,认为这是在朝鲜站住脚的最低要求。此刻,他已明白根本得不到增援了。

麦克阿瑟一气之下,针锋相对地发回一项四点新计划。他宣称,这一计划不仅能够在朝鲜,而且能够在远东铲除共产主义的威胁,并强调说,如不实行这项计划,大难就将临头,就将被迫撤离朝鲜。

12月30日,马歇尔在他70岁生日的前一天看到了这份计划,发现它同几周前史密斯警告中透露给他的内容一模一样。

联合国军遭到11月份的那次沉痛打击后,从鸭绿江边一下子败退到三八线以南地区,并慌忙组织防御,以求喘息之机。但新年除夕之夜,中国军队又出人意料地发动了大规模攻势,迫使美军退到三七线以南地区。美军对中国军队如此不需休整、连续作战的能力深感惊讶。

李奇微上任后,发现部队因接连吃败仗,士气十分低落。于是,他开始细心调查研究,寻找恢复士气和转败为胜的办法。他查阅了大量的作战记录资料,惊奇地发现,中国军队一般都在有月亮的夜晚发动进攻,每次攻势一般持续七到十天。他确信,这是由于他们没有制空权。后勤供应几乎完全靠肩背马驮,因此,他们只能采取"月亮攻势"和"礼拜攻势"。对此,他决定采取一种"磁性战术",即在对方进攻时节节抵抗退守,并以空中、地面火力杀伤对方,待一周后对方粮弹消耗殆尽时,再发起反攻。

李奇微运用这一战术取得了一定成效,在随后的一次反攻中,迫使中朝军队从三七线退回到三八线地区。

此时,麦克阿瑟的野心又死灰复燃了。如果继续这样打下去,为什么不横扫朝鲜半岛打到鸭绿江边呢?还犹豫什么?为什么不跨过鸭绿江,直捣中国的据点呢?

与此同时,他得到华盛顿的指示,杜鲁门无意批准他的计划,甚至不打算进入北朝鲜,政府正设法从整个战争中"脱身"。

麦克阿瑟大感震惊。"什么,难道就白打了?数以万计的美国人难道就这样白白送命了?"他急忙从东京电告总统,在他看来,战争还远没有结束。他不满足只得到半个朝鲜,必须让他大干一场,占领整个朝鲜。

1951年2月11日,麦克阿瑟发回一个新的取胜计划:

一、对北朝鲜境内敌人后方的全部地区进行大规模轰炸,以造成混乱和动荡不

安,切断公路和铁路交通;

二、采取有效措施,制止中国增援部队跨过鸭绿江。如果仍然禁止轰炸鸭绿江和对岸地区,应在敌人的主要运输线上布设放射性废料,以切断北朝鲜与中国的联系;

三、在北朝鲜东西海岸上端实施两栖和空降部队登陆,对敌人实行大包抄。那时他们要不饿死,要不投降。

参谋长联席会议对这些建议只作了简要答复,似乎有点粗鲁。大意是:别提了,总统想脱身了。

1951年3月7日,麦克阿瑟在东京召集了一次记者招待会,他抱怨说,现在朝鲜前线已经稳定下来,危险在于陷入僵局。除非近期派出增援部队,否则敌人将再次发动反击,那就可能是一次残酷的大厮杀。必须在"最高国际水平"一级上对此作出决策。

麦克阿瑟见华盛顿毫无反应,便于3月15日安排了合众社董事长休·贝利的一次专访。在谈话中,他批评了不准他的部队越过三八线的命令,他抱怨说,这项命令远不能完成既定的军事使命,事实上,美国和它的盟国早已放弃了这一使命。

这些公开言论完全违背了马歇尔曾发布的关于禁止军事指挥官直接与报界接触的命令。但华盛顿没有追究此事,而是发给他另一份电报:

国务院将很快草拟一份总统声明:由于南朝鲜大部分地区业已肃清敌人,一般认为,在使用重兵挺进三八线以北之前,应进一步通过外交努力达成停战协议。决定作出外交反应和使重新进行谈判成为可能,都需要一定时间。

气急败坏之下,麦克阿瑟决定背水一战。在没有华盛顿授权的情况下,他擅自发表了一项充满挑战性、攻击性和羞辱性的公开声明。他大言不惭地欢呼他的部队重新取得了军事主动权,然后对中国及其军队的能力和素质加以羞辱性诋毁,最后进行战争叫嚣。他说:

甚至在联合国军的行动遭到种种禁令的约束,红色中国因而获得军事上好处的情况下,事实也证明红色中国完全无力凭武力征服朝鲜。

因此,敌军现在一定痛苦地认识到,联合国只要作出决定,不再耐心争取把战争局限在朝鲜地区,而是转为把军事行动扩大到中国沿海地区和内陆基地,就将使红色中国陷于土崩瓦解的凶险之中……

这是一个战争狂对心中不满的发泄和对华盛顿的展丑,是对中国的战争挑衅。时隔不久,中朝几十万军队发动了一次声势浩大的攻势,给麦克阿瑟当头一棒。

1953年3月23日晚上,马歇尔已经上床休息,助理国防部长洛维特打电话给马歇尔,把麦克阿瑟的声明念给他听。没等马歇尔说话,洛维特就说:"这次他的确走得太远了,我们只好撤他的职。"

"只有一个人有权撤他的职,"马歇尔说,"那就是总司令。"

第二天,杜鲁门召集会议,马歇尔因有重要约会没有参加,由洛维特代他出席。会议没有决定马上撤麦克阿瑟的职,只是发给他另一份电报,警告他今后的任何声明均须符合1950年12月6日的命令。

4月5日,共和党国会领袖约瑟夫·马丁宣读了麦克阿瑟于3月20日给他的一封信:

奇怪的是,有些人似乎觉得难以理解:共产党阴谋家选定了亚洲开始实现他们征服世界的图谋,因而我们才在战场上参与了由此引起的争斗,就在外交家们在欧洲唇枪舌剑,用言语反击共产主义征服的同时,我们却在这里手持武器为欧洲而战。如果我们在亚洲这场战争中输给共产党,那么欧洲的陷落就不可避免;如果我们打胜,欧洲就可能避免战祸,依然保住自由。正如你指出的,我们必须打赢。只有胜利,别无他途。

这封信不啻火上加油,使华盛顿颇为气恼。杜鲁门似乎已拿定主意让麦克阿瑟下台,但他要征求马歇尔、艾奇逊、布莱德雷和柯林斯等人的意见。

布莱德雷认为应该马上撤麦克阿瑟的职。马歇尔主张有必要把麦克阿瑟召回华盛顿交换一下意见。杜鲁门实在气恼已极,他要马歇尔马上去查阅档案,以证明麦克阿瑟一贯违抗上司命令。

次日上午,马歇尔告诉杜鲁门:"我已经查阅过最近几年麦克阿瑟将军同总统的来往电报和信件,得出的结论是,两年前就该撤他的职了。"

"谢谢您,马歇尔将军,"杜鲁门不动声色地说,"请您替我写一份解除麦克阿瑟指挥职务的命令,由我来召他回国。"

马歇尔只有服从命令,在洛维特的协助下,他草拟了一份简短、尖锐、语气严厉的电报:

兹免去您盟军最高司令、联合国军司令和远东总司令各职。令您将指挥权移交马修·邦克·李奇微中将,立即生效。您有权发布各项必要的命令,以完成您意欲前往的地点的旅行。在向您发出此项命令的同时,我将宣布撤换您的原因。

马歇尔拿着命令回到白宫请总统签字后,他建议由正在朝鲜巡视的陆军部长弗兰克·佩斯将此命令当面交给麦克阿瑟。总统同意了。

但此事办得并不周密,因为在麦克阿瑟收到正式命令之前,有人已获得"小道消息"。当杜鲁门听说报纸可能提前发表此消息时,便决定不再等了。他在午夜过后召开特别记者招待会,宣布了免职命令。结果,在东京的麦克阿瑟夫人从收音机里听到她丈夫已被免职的消息。

晚年生活

马歇尔退休后,仍保留现役陆军五星上将军衔,支领全薪,享受五星级的一切福利待遇,如政府提供的办公室、一位助理、一位秘书和一位勤务兵。如果是在第二次世界大战之前,他退休后却只能拥有少将军衔,并根据在军队服役的成绩领取退休金。建立永久五星军衔的法律,是在1948年杜鲁门提请国会通过的,马歇尔是陆军的首席五星上将。

跟许多退休军官不一样,马歇尔无需寻找新住宅。1942年,凯瑟琳在利斯堡买下了多多纳庄园,在大战结束时又在派恩赫斯特买了另一处房子。凯瑟琳一直都在盼望能同丈夫过上清静的日子,但这种愿望在乔治退休后的头两年内却难以实现,因为马歇尔的各种应酬实在太多。

1951年底,杜鲁门希望马歇尔再次出任美国红十字会会长,他谢绝了。他接受了不领薪金的"美国战争纪念文物委员会"主席职务,他的老上司潘兴将军曾担任此职。此外,他还担任了不领薪金的"弗吉尼亚军事学院基金会"主席职务,这是为他的母校筹集资金的。

马歇尔夫妇兴高采烈地从欧洲回国,但不久他又染上可怕的流感病毒。自从作了肾脏手术以来,他好像特别容易染上这种病毒。他急欲"摆脱周身的病菌",因为希腊王后弗雷德丽卡将陪同丈夫保罗国王于 10 月 30 日来美国访问,他邀请马歇尔当"私人主宾",出席希腊大使馆举行的答谢宴会。马歇尔不想错过这一良辰,但却无法摆脱那些令人讨厌的病菌。

医生们决定为他转院,为他作更周密的治疗和护理。艾森豪威尔总统为他派了专机,马歇尔住进了总统专用病房。但他的病情仍未见好转。弗雷德丽卡举行宴会的日子过去了,这使他万分失望。她的确让他倾倒,其程度之深很少有其他人能取而代之,而且越是到了体弱年迈之时,这种情感往往变得愈加强烈。

几天之后,弗雷德丽卡一阵风似地来到病房,好比一道阳光顿时驱散了满天愁云。她喜形于色地对马歇尔说:"两天后我就要回希腊了,所以,我丢下了所有的事情,取消了一切约会,不顾一切地飞到这里来了。"

那是一个幸福的下午,她容光焕发,满身活力,散发着她爱用的"欢乐"牌香水的气味,滔滔不绝(又全是些妙言隽语)地谈论着欧洲各种各样的问题,其高雅、亲切、引人入胜,简直要把病房变成皇家客厅了。他们的谈话被凯瑟琳的例行探视打断了。弗雷德丽卡嫣然一笑,说声必须"回到日程上去了",然后在马歇尔眉间吻了一下,便翩然离去,留下马歇尔兴奋得久久不能平静。

马歇尔高兴之余,提笔给他心目中的另一位美人宋美龄写信,破例提到他为之倾心的希腊王后:"她是撇开招待会到这里来的,她极漂亮,极风趣,称得上是'工作'王后,因为她确实把全部时间精力都献给了本国人民。"他接着写道:"她走后,我不禁想到,说来真有意思,每当我接待如此高贵的女子,竟总是在医院里。"

马歇尔在医院里得到消息:鉴于他在美国国务卿任期内始创马歇尔计划的卓越贡献,诺贝尔奖金委员会决定向他颁发和平奖。艾森豪威尔总统致电祝贺。马歇尔于 1953 年 11 月 2 日写信给总统表示感谢:

关于授奖一事;我还没有得到正式通知,只知道仪式将于 12 日在斯德哥尔摩举行。我打算乘船走南路,以避开恶劣天气。不消说,我听到获奖的消息深感意外,我是代表美国人民接受这一荣誉的,正因为有美国人民我才有可能荣获这一奖励。

经过近十天海上航行和空中飞行,加之途中不得不在意大利那不勒斯和法国巴黎稍事停留以恢复疲劳,两周后才总算顺利到达瑞典的斯德哥尔摩。他的老部下,驻欧美军司令汤姆·汉迪后来说,"我认为这次横渡大西洋的旅行真把他害苦了,我看他一直没有恢复过来。"

1953 年 12 月 31 日,马歇尔的 73 岁生日是在回国途中度过的。他回到派恩赫斯特后,立即卧床休息,惟一让他感到宽慰的,是那位中国美女的信正等着他呢。宋美龄在给他的祝寿信中写道:

转眼便是您的寿辰,到那一天我将格外思念您,祝您长寿幸福……请转告马歇尔夫人,我送她的手提包上绣着的中国字,意为"长寿"。按中国人的习惯,祝丈夫或夫人"长寿",也就是同祝夫妻长寿。

在此后两年中,马歇尔与宋美龄、弗雷德丽卡书信不断。弗雷德丽卡不愧是位"工作"皇后,她在信中恳切地求教马歇尔,应如何应付日益恶化的希腊局势。但她或许没有想到,这使马歇尔深感为难,因为这很可能招致现任国务卿杜勒斯的强烈不满。

马歇尔对弗雷德丽卡推心置腹,向她倾诉了自己心中的伤痛。他向她透露,杜勒斯对他并不友好,并说他从未向任何人谈起过麦卡锡对他的攻击,以及艾森豪威尔在为他辩护问题上是多么深深地刺伤了他的心,但他却无可奈何,只能表现出对受到如此不公正待遇毫不在乎。他提醒王后,他在政府中的影响已今非昔比了,1956 年 3 月他在给她的信中写道:

共和党内各主要集团为在大选前竭力诋毁民主党政府所做的一切,现正在攻击对外援助工作,对我极表敌视……您也许还不知道这一点,即在这一代的知名人士当中,迄今我所受到的恶毒攻击,其程度要比其他任何人都深。

有鉴于此,我担心我的协助……只会引起报界恶毒和充满敌意的攻击。

弗雷德丽卡回信说,尽管如此,她还是想亲往美国同他谈谈,请他帮助动员各方力量,促使美国政府认识到,帮助希腊度过当前的危机是多么重要,并提出她可否作为马歇尔夫妇的客人,悄悄前来多多纳庄园拜访他们,以便晤谈和策划。

一般情况下,王后的建议定会使马歇尔既感动又高兴,但眼下却是非常时期。他立刻回了信,说他和凯瑟琳"非常高兴,并极感荣幸",但却难以接受王后的建议,因为他们夫妇现在在北卡罗来纳州派恩赫斯特一幢小房子里过冬,凯瑟琳还照料着身患重病的姐姐。拒绝王后来访实在令人不安,因为她是"我们最愿意款待的客人,何况这位非凡的王后和她的国家正面临着一场可怕的危机。"

接下来,马歇尔写了谢客的真正原因:

显然,您以为可以秘密来访,其实非但不可能,而且会立即招致敌意,甚至恶毒攻击。

说来也怪,要是您不这样知名,不如此美丽动人,故对情绪倒会小一些。

就个人而言,我必须承认,(我的顾问们)几乎一致认为,恶毒的政治对头们一见到我就忍不住兴风作浪。我制定的政策使美国纳税人破费了几十亿美元,他们对此耿耿于怀。如今正是竞选蛊惑人心的混乱之际,他们再也不愿我从中施加影响,插手国事了……

我把一切都和盘托出了,贤仁如您,定能体谅我的处境。这些话实难落笔,但论情论理我又不得不说出来,谨致更为深切的爱慕和忠贞之情。

崇拜、忠于您的

G.C. 马歇尔

写此信时,马歇尔心中一定异常难过,因为他意识到,这次劝阻弗雷德丽卡,也许今生今世再也见不到她了。

马歇尔退休后,一些好心人劝他写回忆录,他却坚决表示自己不写,甚至连短篇的回忆文章也不写。1956 年,弗吉尼亚军事学院的校友和他的幕僚敦促他准许一位可能为他写传记的人向他采访,他同意了。

1956 年秋天,他开始在多多纳庄园同"马歇尔基金会"选定的传记作家谈话,后又继续在派恩赫斯特谈,偶尔也在五角大楼谈。他的身体越来越衰弱,走路也开始困难了,但他的记忆甚好,喜欢回忆往事,特别是他的少年时代。一次次谈话占去了他几个月中的大部分时间。1957 年春,他抱怨自己难以记清细节,提议将谈话推迟到夏天再进行,此后除了简单回答几个小问题外,谈话再也没有恢复。

1958 年 8 月,马歇尔再次住院检查身体,艾森豪威尔像往常一样送去鲜花以示慰问。马歇尔告诉总统,他入院将近一周,一切都顺利,不久可出院。然而,他跌了一跤,断了一根肋骨,又住院疗养了一段时间,开始迅速恢复,胃口大开,体重增加了

5磅。

1959年初，医务人员听到马歇尔挣扎的声音，连忙走进他的房间，发现马歇尔中风，已经不会讲话了。医务人员一面急救，一面召来救护车把他送进医院。中风使马歇尔瘫痪了，但到夏天他已经能坐在轮椅上接待来客，有时还可以同老朋友偶尔说几句话。

凯瑟琳一直守候在丈夫身边。马歇尔的继子、继女和教女，以及过去曾在他手下长期工作的老部下，如鲍德尔、弗兰克·麦卡锡、卡特等纷纷到医院探望。英国首相丘吉尔在艾森豪威尔总统陪同下，也来医院看望这位老伙计。但连续发作的脑痉挛已使他只能依靠导管进食和呼吸，他已认不出他的老朋友了。丘吉尔不禁潸然泪下。

两个月前，马歇尔还亲自执笔给弗雷德丽卡写信，现在，他却连由他人代笔写信也做不到了。1959年春，华盛顿流传马歇尔终于不治病危的消息。消息传到雅典，希腊王后发来急电："时刻惦念，盼早日康复。弗雷德丽卡。"

世间伤心事，再莫过于眼睁睁看着一位伟人渐渐老去、日见羸弱，一病不起，乃至下世。1959年7月，乔治上校给马歇尔昔日的副官卡特将军写信说："沃尔特·里德医院的这段日子真不好过，十天之内，马歇尔将军的体重又掉了5磅，只剩下136磅，瘦得不成样子。"他还谈到，马歇尔夫人日夜在床边守护，自3月份以来，她只离开过六七次。

1959年10月16日，在历经旷日持久的病痛折磨之后，乔治·马歇尔终于停止呼吸，悄然离世。

艾森豪威尔总统当即宣布全国举哀一日。凡是真正了解马歇尔对国家和国际事务所做贡献的真正价值的人，无不对这样一位伟人的谢世表示惋惜和哀悼。

丘吉尔在伦敦把人们的心情归结为一句话："他是（当代）美国最后的一位伟人。"

杜鲁门加上一句："他是我们这一时代伟人中之伟人。我衷心希望，当我跨进另一个世界时，马歇尔能收我为他的部下，这样我就能够报答他为我们所做的一切以及他为国家所做的一切。"